一、《梁太祖纪》：“天复元年正月，‘天子复立’，‘立’当作‘位’。”宋本作“位”。

二、又：“乾化元年正月，‘赦流罪以下因，求危言正谏’，‘因’当作‘囚’。”宋本作“囚”。

三、《周太祖纪》：“显德三年八月，‘课民种禾’，‘禾’当作‘木’。”宋本作“木”。

四、唐太祖家人《克宁传》：“‘存颢等各遣其妻入说孟氏，数以迫克宁’，‘孟氏’下应重‘孟氏’二字。此脱。”宋本不脱。

五、又《太祖子传》：“‘庄宗大怒，以兵围其第而族之’，此庄宗弟而云‘族之’，必有误。”宋本作“诛”，不作“族”。

六、《秦王从荣传》：“‘从荣尚忌宋王从厚’，‘尚’当作‘常’。”宋本作“常”。

七、《唐臣·郭崇韬传》：“‘唐军东保杨刘，彦章图之’，‘图’当作‘围’。”宋本作“围”。

八、《卢光稠传》：“‘刘龚已取韶州’，‘龚’当作‘䶮’。”宋本作“䶮”。

九、《皇甫遇传》：“‘以重威为都招讨使’，‘重’上脱‘杜’字。”宋本不脱。

十、《前蜀世家》论赞：“‘予读蜀书’，脱‘书’字。”宋本不脱。

十一、《楚·马希范世家》：“‘开封承制’，‘封’当作‘府’。”宋本作“府”。（以上各条见张元济《校史随笔》）

史家善用避讳知识是校勘一法。《商榷》卷六十一“虎帐冈”条：南史·范蔚宗传》云：“元嘉二十二年九月，征北将军衡阳王义季、右军南平王铄出镇，上于虎帐冈祖道。”考之《宋书》，本作“武帐冈”，通鉴》一百二十四卷亦作“武帐冈”，胡三省注引杜佑曰：“冈在广莫门宣武场，设行宫便坐于其上。”袁枢《通鉴纪事本末》同。《汉书·汲卷》：“上尝坐武帐，见黯。”应劭曰：“武帐，织成帐为武士象也。”孟康今御武帐，置兵阑五兵于帐中也。”颜师古同意孟康说。《通鉴》第四卷《汉昭帝纪》：“将废昌邑王，太后被珠襦，盛服坐武帐中，侍御从皆持兵期门，武士陛戟陈列殿下。”元嘉武帐，即取此义。后来史》者误以为李延寿避唐讳改作“武”，实当作“虎”，遂奋笔改之，

清代史学经典丛书

（清）王鸣盛 撰

陈文和 王永平 张连生 孙显军 校点

凤凰出版社

图书在版编目（CIP）数据

十七史商榷 / （清）王鸣盛撰 ; 陈文和等校点. --
南京 : 凤凰出版社，2023.6
（清代史学经典丛书）
ISBN 978-7-5506-3935-5

Ⅰ. ①十… Ⅱ. ①王… ②陈… Ⅲ. ①十七史—研究
Ⅳ. ①K204.1

中国国家版本馆CIP数据核字(2023)第060225号

书　　　名　十七史商榷
著　　　者　(清)王鸣盛 撰　陈文和等 校点
责 任 编 辑　李相东
特 约 编 辑　张淑婧
装 帧 设 计　陈贵子
责 任 监 制　程明娇
出 版 发 行　凤凰出版社(原江苏古籍出版社)
　　　　　　发行部电话025-83223462
出版社地址　江苏省南京市中央路165号，邮编:210009
照　　　排　南京凯建文化发展有限公司
印　　　刷　南京新洲印刷有限公司
　　　　　　江苏省南京市六合区雨花路2号　211500
开　　　本　880毫米×1230毫米　1/32
印　　　张　26.75
字　　　数　770千字
版　　　次　2023年6月第1版
印　　　次　2023年6月第1次印刷
标 准 书 号　ISBN 978-7-5506-3935-5
定　　　价　138.00元
　　　　　　(本书凡印装错误可向承印厂调换，电话:025-57500228)

前　言

《十七史商榷》一百卷，清王鸣盛撰。王鸣盛(1722—1797)，字凤喈，一字礼堂，号西庄，晚号西沚居士。江苏嘉定(今属上海市)人。乾隆十九年(1754)进士，授翰林院编修，擢侍读学士，充福建乡试主考官。累官至内阁学士兼礼部侍郎，左迁光禄寺卿。乾隆二十八年(1763)以丁内艰告归，迁居苏州，不复出仕，专以诗文著述为务。年七十六卒。

《十七史商榷》(以下简称《商榷》)对《史记》以下十三种正史，加上《南史》、《北史》、《旧唐书》、《新唐书》、《旧五代史》、《新五代史》，实际是十九部正史进行校勘和考订，因宋人习惯称为十七史，故沿用旧称。关于本书著述原委及经过，撰者在自序中有如下叙述:"尝谓好著书不如多读书，欲读书必先精校书。校之未精而遽读，恐读亦多误矣；读之勤而轻著，恐著且多妄矣。二纪以来，恒独处一室，覃思史事，既校既读，亦随读随校，购借善本，再三雠勘，又搜罗偏霸杂史、稗官野乘、经地志，谱牒簿录，以暨诸子百家、小说笔记、诗文别集、释老异及于钟鼎尊彝之款识，山林冢墓、祠庙伽蓝、碑碣断阙之文，尽佐证，参伍错综，比物连类，以互相检照，所谓考其典制事迹之本书的主要内容、方法和宗旨，正如钱大昕所指出:"《十七史卷，主于校勘本文，补正讹脱，审事迹之虚实，辨纪传之异同职官、典章、名物，每致详焉，独不喜褒贬人物，以为空言无(《潜研堂文集》卷四十八《西沚先生墓志铭》)《商榷》每一条考目，各条字数不等，少则几句话，多的竟等同于一篇小型依钱大昕所指示，分校勘与考订简述之。

王鸣盛所撰《商榷》百卷主于校勘本文，把毛晋汲正史，另加《旧唐书》、《旧五代史》，全校一周，改讹这在当时创了先例。

王氏校勘之精有与古本暗合者。《商榷》字"条，校出汲古阁本《新五代史》文字脱误若宋庆元刊本相校，可知《商榷》所指不误。如:

而初不知其本当为"武帐",并非因延寿避讳所改。陈援庵先生言避讳,亦举该例。

王氏应用此法有甚巧妙者。《商榷》卷七十"改昏葉宫"条:《旧纪》:显庆二年十二月,"改昏葉宫"。原本同,校本"宫"作"字","宫"字盖承上文"洛阳宫"而讹,当作改"昏葉"二字。王氏以意揣之,必是"昏"字之上"民"字、"葉"字之中"世"字犯讳,故改"昏"从"氏"、改"葉"从"册",校本是。其说亦为后世所遵从。

以文意校例。《商榷》卷五十九"谢玄语当从宋书"条:《谢灵运传》:"祖玄,晋车骑将军。父瑛,生而不慧。灵运幼便颖悟,玄甚异之,谓亲知曰:'我乃生瑛,瑛儿何为不及我?'"案《宋书》作"瑛那得生灵运"。考此语亦见《晋书·谢玄传》,彼"生"字上有"不"字,《宋书》脱。疑唐本已如此,李延寿不解其意,故易之,但一经窜改,使妙语顿成钝语。后之校此者从《商榷》。

以下举综合理校、他校一例。《商榷》卷七十五"文都"条:《旧·懿宗纪》:咸通四年四月,"敕徐州罢防御使,为文都,隶兖州"。王氏指出"文都"当作"支郡",原本误同。钱大昕《廿二史考异》卷五十七说同。《全唐文》卷八十四《降徐州为团练使敕》有"徐州本贯支郡,先隶东平"语,佐证王、钱之说。又据《唐会要》卷七十八,徐州节度使,"至咸通四年四月,降为支郡,隶兖州",则更明确。徐州本节度使治所,领泗、濠诸州,至是以银刀等军骄悍伏诛,降使额为防御,又罢防御使,改隶兖海节度为属州。

版本始终是与校勘紧密相联的。《商榷》卷六十"虞祭明堂"条:"王俭议:'正月宜缩礼二郊,虞祭明堂。'"王氏谓明堂安得称"虞祭"?北雍本误同。《南齐书·礼志》载王俭议作"虔癸",尤非。《商榷》所引此条见《南史》,《南齐书》王俭本传不载,王氏怀疑当为"虔祭",因他所见汲古阁本和北监本如此,所以只能推测。今查宋本《南齐书·礼志》作"虔祭",不作"虔癸",正可坐实。

以下略述考订。

王氏重视史书体裁,即今日属于历史编纂学的问题。他有整体的把握,常批评前人"皆无义例"、"史例甚差"、"史法大乱"等。《商榷》卷九十三"断代为史错综非是"条指出:"史家自班、范断代为史,体裁已定,准情酌理,百世不可易也。"但李延寿的《南史》和《北史》把各朝加以并合,本纪一类、列传一类,已属不当;又于列传中取各朝后妃总叙在前,其余仍以各朝分限,间或又于其中以一家兄弟子姓分仕各朝者汇聚一处,这两种新例尤其错误。薛居正的《五代史》力矫李延寿之失,以五代各自为一书,这很正确。但欧阳修的《五代史记》"乃错综记载,若合为一者",这在体例的安排上难免造成进退无据、照应欠周之处,所以反不如"《薛史》旧规"。王氏认为史书有通史,有断代史,唯这种"错综纪载"的体裁不值得效法。

王氏重视史实的考订,纠正史书记载的讹误。《商榷》卷二十八"更始将军"条:《王莽传下》王涉、刘歆、董忠等叛,"更始将军史谌行诸署"云云,考莽官本有更始将军,但上文言拜皇后父史谌为宁始将军,其事已在刘圣公改元为更始之后,当是"宁始",而此处还作"更始",并下文"更始将军史谌度渭桥",恐都是"宁"字之讹。沈家本《诸史琐言》卷八引王氏此条,详为申述,认为"王以'更'为'宁'之讹,其说是"。《商榷》卷二十七"班正史记误"条,考证《史记》、《汉书》有关贰师将军李广利投降匈奴原因的记载,指出是《史记》失实。王氏对史书记载有审查的眼光,不轻信盲从。《商榷》卷三十二"世纪荒诞"条指出,刘昭《郡国志》注引皇甫谧《帝王世纪》言三代以来地之顷数、民之口数,这些实数皇甫谧从何处得来,实难考证,而刘昭还相信,真是愚蠢。

王氏和钱大昕一样,在舆地方面都是卓有建树的大家。有关舆地的内容在《商榷》里分散于许多卷中,如果翻检他的《蛾术编》,可见"说地"有十四卷一百五十五条之多。《商榷》卷十八至二十一都是"地理杂辨证"。他对历代政区沿革、山川位置等相当重视。如南北朝时期的行政区划变革最为复杂,他能详为辨析。《商榷》卷五十七"扬州刺史治所"条,沈约《宋书·州郡志》云:"前汉刺史未有所治,后汉治历阳,魏、晋治寿春,晋平吴治建业。"王氏指出,沈约所举扬州刺史治所尚未备,接引马端临《文献通考》、乐史《太平寰宇记》、李吉甫《元和郡县志》及诸多列传史料,旁征博引千余言,剥蕉至心,理清头绪。王氏意犹未尽,最后就考证学发挥一精辟见解:"即一扬州刺史治所,上下千余年,其变迁无定如此。论古须援据,无一语落空方为实学;又须以己意融会贯穿,得其大要,方为通儒。"

　　王氏注重以金石证史。《商榷》卷六十八"以金石为史料"条指出，此事始于《史记·秦始皇纪》、《汉书·郊祀志》。南北朝时，魏收、郦道元、阚骃等已很重视。再举《商榷》五代史部分为例。在五代史部分的条目中，以金石证史的有近二十条，占全部条目的五分之一。在"吴越改元"条中，以苏州虎丘千人石畔《大佛顶陀罗尼石幢》铭文，证吴越忠懿王钱俶时不改元。王氏有感而发地说："予少与妹婿钱大昕。同游，访得此幢。及老，先后归田，予徙家洞泾，距虎丘三里，时往摩挲，妹婿来，又同观焉。八九百年中，著录自吾两人始，每叹金石之有关史学，惜同嗜者寡也。"在乾嘉学者中，钱、王是注重以金石证史的代表人物。

　　古代史籍中有关典章制度的内容既复杂而又不能不弄清原委，甚至有人认为考证学就是有关典章制度的学问。《商榷》于此用力最深，举凡官制、兵制、赋税、刑法等，都有详细的考证。《商榷》卷九十六"八十陌钱"条，引《薛史·食货志》："唐同光二年，度支请榜示府、州、县、镇，军民、商旅，凡有买卖，并须使八十陌钱。"王氏指出，短陌之制，即是以不足百钱充百钱用。顾炎武《日知录》考得自晋已有之，并历引《抱朴子》等七种典籍，以证梁武帝以下各朝短陌事甚详明，独无后唐庄宗同光中事。王氏又举宋洪迈《容斋三笔》，有以八十、七十、九十、三十五、八十五、四十八、七十七等充百钱事，也无同光事。此可见顾炎武与洪迈都没有见到《薛史》，王氏特为补出。他还指出，顾说与洪同，而不著洪名，"岂此为暗合耶"？这里在提示考证学的一个重要原则，引用别人的成果须注明。

　　清代考据史家对史料的鉴别取舍，是重官修正史，轻野史小说。如钱大昕《廿二史考异》对小说叙事不实多有指陈，一般地说，这并没有错。王鸣盛也有类似的观点："读史宜专心正史，世之学者于正史尚未究心，辄泛涉稗官杂说，徒见其愚妄。且稗史最难看，必学精识卓，方能裁择参订，否则涫讹泪乱，虽多亦奚以为。"(《商榷》卷三十八"后汉书年表"条)但对正史与小说谁是谁非的裁择，王氏有一示范，见《商榷》卷九十三"欧史喜采小说薛史多本实录"条，认为："大约实录与小说互有短长，去取之际，贵考核斟酌，不可偏执。……采小说未必皆非，依实录未必皆是。"这是通达的见解。

　　清代考据史家从治学实践中体会到目录学的功用，他们大多在这方面下过很大的功夫。王鸣盛也一样。他的学术笔记《蛾术编》中，从第一卷到第十四卷共二百十五条札记，名曰"说录"，所论即目录学。他在《商榷》开卷就强调："目录之学，学中第一紧要事，必从此问途，方能得其门而入，然此事非苦学精究，质之良师，未易明也。"又说："凡读书，最切要者目录之学。目录明，方可读书；不明，终是乱读。"他对典籍的成书经过、版本源流、体例篇卷、注释考校、作者生平等等，都有深切的了解，能够在考证过程中做到融会贯通、触类旁通，不愧一代史学大家。

《商榷》是史学名著，"援引之博，核订之精，议论之名通，皆卓绝今古"（李慈铭《越缦堂读书记》）。本文不揣浅陋，简述如上，希望得到读者的指正。

陈文和

扬州大学文学院

序

　　十七史者,上起《史记》,下讫《五代史》,宋时尝汇而刻之者也。商榷者,商度而扬榷之也。海虞毛晋汲古阁所刻行世已久,而从未有全校之一周者。予为改讹文,补脱文,去衍文,又举其中典制事迹,诠解蒙滞,审核踳驳,以成是书,故名曰“商榷”也。《旧唐书》、《旧五代史》毛刻所无,而云“十七”者,统言之,仍故名也。若《辽》、《宋》等史则予未暇及焉。大抵史家所记典制有得有失,读史者不必横生意见,驰骋议论,以明法戒也。但当考其典制之实,俾数千百年建置沿革,了如指掌,而或宜法,或宜戒,待人之自择焉可矣。其事迹则有美有恶,读史者亦不必强立文法,擅加与夺,以为褒贬也。但当考其事迹之实,俾年经事纬、部居州次,纪载之异同,见闻之离合,一一条析无疑,而若者可褒,若者可贬,听诸天下之公论焉可矣。书生匈臆,每患迂愚,即使考之已详,而议论褒贬犹恐未当,况其考之未确者哉!盖学问之道,求于虚不如求于实,议论褒贬皆虚文耳。作史者之所记录,读史者之所考核,总期于能得其实焉而已矣,外此又何多求邪?予束发好谈史学,将壮,辍史而治经,经既竣,乃重理史业,摩研排缵,二纪余年,始悟读史之法与读经小异而大同。何以言之?经以明道,而求道者不必空执义理以求之也,但当正文字、辨音读、释训诂、通传注,则义理自见,而道在其中矣。譬若人欲食甘,操钱入市,问物有名甘者乎?无有也,买饴食之,甘在焉;人欲食咸,问物有名咸者乎?无有也,买盐食之,咸在焉。读史者不必以议论求法戒,而但当考其典制之实;不必以褒贬为与夺,而但当考其事迹之实,亦犹是也,故曰“同”也。若夫异者则有矣:治经断不敢驳经,而史则虽子长、孟坚,苟有所失,无妨箴而砭之,此其异也。抑治经岂特不敢驳经而已,经文艰奥难通,若于古传注,凭己意择取融贯,犹未免于僭越,但当墨守汉人家法,定从一师而不敢佗徙。至于史,则于正文有失,尚加箴砭,何论裴骃、颜师古一辈乎?其当择善而从,无庸偏徇,固不待言矣,故曰“异”也。要之,二者虽有小异,其总归于务求切实之意则一也。予识暗才懦,一切行能举无克堪,惟读书校书颇自力。尝谓好著书不如多读书，欲读书必先精校书。校之未精而遽读，恐读亦多误矣；读之不勤而轻著，恐著且多妄矣。二纪以来，恒独处一室，覃思史事，既校始读，亦随读随校，购借善本，再三雠勘，又搜罗偏霸杂史、稗官野乘、山经地志、谱牒簿录，以暨诸子百家、小说笔记、诗文别集、释老异教，旁及于钟鼎尊彝之款识，山林冢墓、祠庙伽蓝、碑碣断阙之文，尽取以供佐证，参伍错综，比物连类，以互相检照，所谓考其典制事迹之实也。暗砌蛩吟，晓窗鸡唱，细书饮格，夹注跳行，每当目轮火爆、肩山石压，犹且吮残墨而凝神，搦秃毫而忘倦。时复默坐而玩之，缓步而绎之，仰眠床上而寻其曲折，忽然有得，跃起书之，鸟入云，鱼纵渊，不足喻其疾也。顾视案上，有藜羹一杯、粝饭一盂，于是乎引饭进羹，登春台，飨太牢，不足喻其适也。凡所考者皆在简眉牍尾，字如黑蚁，久之皆满，无可复容，乃誊于别帙，而写成净本，都为一编。计《史记》六卷，《汉书》二十二卷，《后汉书》十卷，《三国志》四卷，《晋书》十卷，《南史》合《宋》、《齐》、《梁》、《陈书》十二卷，《北史》合《魏》、《齐》、《周》、《隋书》四卷，《新》、《旧唐书》二十四卷，《新》、《旧五代史》六卷，总九十八卷，别论史家义例、崖略为《缀言》二卷终焉。闲馆自携，寒灯细展，指瑕索瘢，重加点窜，至屡易稿始定。噫嘻，予岂有意于著书者哉！不过出其读书校书之所得，标举之以诒后人，初未尝别出新意，卓然自著为一书也。如所谓横生意见、驰骋议论，以明法戒，与夫强立文法、擅加与夺褒贬，以笔削之权自命者，皆予之所不欲效尤者也。然则予盖以不著为著，且虽著而仍归于不著者也。学者每苦正史繁塞难读，或遇典制茫昧，事迹樛葛，地理职官，眼眯心瞀，试以予书为孤竹之老马，置于其旁而参阅之，疏通而证明之，不觉如关开节解、筋转脉摇，殆或不无小助也与。夫以予任其劳而使后人受其逸，予居其难而使后人乐其易，不亦善乎！以予之识暗才懦、碌碌无可自见，猥以校订之役，穿穴故纸堆中，实事求是，庶几启导后人，则予怀其亦可以稍自慰矣。夫书既成，而平生不喜为人作序，故亦不求序于人，聊复自道其区区务实之微意，弁之卷端。序所不足者，《缀言》具之云。进士及第通议大夫光禄卿前史官嘉定王鸣盛字凤喈号西沚撰。

目　　录

卷六　史记六

卷七　汉书一

卷八　汉书二

卷九　汉书三

卷十　汉书四

卷十一 汉书五

卷十二 汉书六

卷十三 汉书七

卷十四 汉书八

卷十五 汉书九

卷三十八 后汉书十

卷三十九 三国志一

卷四十 三国志二

卷四十一 三国志三

卷四十九　晋书七

卷五十　晋书八

卷五十一　晋书九

卷六十一　南史合宋齐梁陈书九

卷六十二　南史合宋齐梁陈书十

卷六十三　南史合宋齐梁陈书十一

卷六十六　北史合魏齐周隋书二

卷六十七　北史合魏齐周隋书三

卷六十八　北史合魏齐周隋书四

卷六十九　新旧唐书一

卷七十　新旧唐书二

卷七十四　新旧唐书六

卷七十五　新旧唐书七

卷八十四　新旧唐书十六

卷八十五　新旧唐书十七

卷八十六　新旧唐书十八

卷八十七　新旧唐书十九

卷八十八　　新旧唐书二十

卷八十九　　新旧唐书二十一

卷九十　　新旧唐书二十二

卷九十一　新旧唐书二十三

卷九十二　新旧唐书二十四

卷九十三　新旧五代史一

卷九十四　新旧五代史二

卷九十五　新旧五代史三

卷九十六　　新旧五代史四

卷九十七　　新旧五代史五

卷九十八　　新旧五代史六

卷九十九　　缀言一

卷一百　　缀言二

十七史商榷卷一

史记一

史记集解分八十卷

《汉志》:"《史记》百三十篇。"无卷数。裴骃《集解》则分八十卷,见司马贞《史记索隐》序。《隋志》始以一篇为一卷,又别列裴注八十卷,《新》、《旧唐志》亦然,不知何人刻《集解》亦以一篇为一卷,疑始于宋人。今予所据常熟毛晋刻正如此。裴氏八十卷之旧不可复见,不知其分卷若何。

目录之学,学中第一紧要事,必从此问途,方能得其门而入,然此事非苦学精究,质之良师,未易明也。自宋之晁公武,下迄明之焦弱侯一辈人,皆学识未高,未足剖断古书之真伪是非,辨其本之佳恶,校其讹谬也。有某氏者,藏书最称奥博,自夸其家藏宋刻开元本《史记》,升老子于列传首,居伯夷上,又自夸集诸宋板《史记》共成一书,凡一百三十卷,小大长短咸备,因李沂公取桐丝精者杂缀为一琴名"百衲琴",故亦戏名此为"百衲《史记》"。但百衲本既分一百三十卷,而开元本分卷若干,其为仍裴骃之旧乎,抑已改之乎,某之学不足以知此,竟未尝讨论及之。如某之搜奇访秘,多见多闻,较俭陋者诚不可同日语,惜其未有学识,枉见如许奇秘古本,竟不能有所发明以开益后人。如某但可云能藏书,未敢许为能校书、能读书也。或问予曰:"读书但当求其意理,卷帙离合有何关系,而子断断若此?"予笑而不能答。

索隐正义皆单行

《索隐》三十卷,张守节《正义》三十卷,见《唐志》,皆别自单行,不与正文相附,今本皆散入。明监版及震泽王氏、莆田柯氏刻并同。惟常熟毛晋既专刻《集解》外,又别得北宋刻《索隐》单行本而重翻刻之,是小司马本来面目。自识云:"倘有问张守节《正义》者,有王震泽行本在。"震泽本亦非唐本三十卷之旧,亦是将司马氏、张氏注散入裴本中者,但必出自宋人,故毛氏云然。张氏三十卷本,今不可得而见矣。

迁字子长

《集解序》张守节《正义》云:司马迁"字子长,左冯翊人也"。按:迁之字,《史记·自序》及《汉书》本传皆不见,惟见《法言·寡见》篇。《后汉书·张衡传》、《晋书·干宝传》、《文选》载其《报任安书》亦著司马子长,魏收《魏书》附收上书启亦称之。《新唐书·柳宗元传》亦云"韩愈评其文似司马子长",但杨子云既称之,则班氏岂有不知,而竟不著于本传?盖史例虽至班氏而定,每人辄冠以字某,某郡县人,而《迁传》即用《自序》元文,例不画一,故漏其字。又《自序》云:"迁生龙门。"《汉·地理志》左冯翊夏阳县:"龙门山在北。"故张氏以为左冯翊人。

子长游踪

司马迁自言:"生长龙门,二十南游江淮,上会稽,探禹穴,窥九疑,浮沅湘,北涉汶泗,讲业齐鲁之都,乡射邹、峄,厄困鄱、薛、彭城,过梁、楚以归。"此游所涉历甚多,阅时必甚久,约计当有数年,归后始仕为郎中。又奉使巴蜀,南略邛、筰、昆明,还报命。徐广以为"平西南夷在元鼎六年,其明年为元封元年",约计是时迁之年必在四十左右。元封初,其父谈卒,迁使还见父。父卒三岁始为太史令,而绅石室金匮书。又五年当太初元年,始论次其文,是时迁之年盖已五十。又七年遭李陵之祸,徐广以为天汉三年。既腐刑,乃卒述黄帝至太初,则书成时必六十余矣。后为中书令,卒必在武帝之末。《曹参世家》末言参之五世孙宗以征和二年坐太子死,即戾太子也。又田仁、任安二人皆坐戾太子事诛,而《史记·田叔传》及仁死事且云:"予与仁善,故述之。"又《报安书》作于安下狱将论死之时,则巫蛊之狱、戾太子之败,迁固亲见之。又四年武帝崩,《汉书》本传于《报任安书》后言迁卒,则在武帝末,或更至昭帝也。《孝武本纪》裴骃注云:"《太史公自序》曰'作《今上本纪》',又其述事皆云'今上'、'今天子',或有言'孝武帝'者,悉后人所定也。"愚谓迁实卒于昭帝初,观《景帝本纪》末云"太子即位,是为孝武皇帝",《卫将军骠骑传》末段亦屡称武帝,按其文义,皆非后人附益,间有称武帝为"今上"者，《史记》作非一时，入昭帝未久即卒，不及追改也。惟《贾生传》末述贾生之孙嘉"与余通书，至孝昭时列为九卿"，此"孝昭"二字则是后人追改，其元本当为"今上"耳。

《五帝本纪》赞自言"予尝西至空峒，北过涿鹿，东渐于海，南浮江淮"，《黄帝纪》云"西至空桐"，注引韦昭曰："山在陇右。"又"战于涿鹿之野"，注引服虔曰："涿鹿，山名。在涿郡。"迁东至海，南至江淮，即二十南游事。至空峒、涿鹿游迹，不知约在何年，其二十南游无空峒、涿鹿踪迹，《河渠书》赞则云："余南登庐山，观禹疏九江，遂至于会稽太湟，上姑苏，望五湖，东窥洛汭、大邳，迎河，行淮、泗、济、漯、洛渠，西瞻蜀之岷山及离碓，北自龙门至于朔方。"其庐山以下云云，盖即二十南游所历，瞻岷山、离碓即为郎中使巴蜀时事，意者其时并至陇右，故登空峒。若朔方及涿鹿则究无由至。《蒙恬传》赞云："吾适北边，自直道归，行观蒙恬所为秦筑长城亭鄣。"盖迁别自有北边之游，但不知此段游踪定在何时耳，不可考矣。《屈原传》赞云：余"适长沙，观屈原所自沈渊，未尝不垂涕，想见其为人"。此游踪即二十南游窥九疑、浮沅湘时事。《樊郦滕灌传》赞云："吾适丰沛，问其遗老。"即过梁、楚以归时事。

史记所本

本传云："孔子因鲁史记作《春秋》，左丘明论辑其本事，为之传，又纂异同为《国语》。又有《世本》，录黄帝以来至春秋时帝王公侯卿大夫祖世所出。春秋之后，七国并争，秦兼诸侯，有《战国策》。汉兴，伐秦定天下，有《楚汉春秋》。故司马迁据《左氏》、《国语》，采《世本》、《战国策》，述《楚汉春秋》，接其后事，讫于大汉。"裴骃全采此段为《集解》序。考《艺文志》，《春秋经》、《左氏传》外有《国语》二十一篇，亦左丘明著；《世本》十五篇，古史官记；《战国策》三十三篇，记春秋后；《楚汉春秋》九篇，陆贾所记。又诸子儒家别有《陆贾》二十三篇。《世本》今已亡，而《楚汉春秋》亦亡。今所传陆贾《新语》，绎其文，即列于诸子之儒家者，绝非《楚汉春秋》，而篇数只有十二，无二十三。子长于《郦生陆贾传》赞云"余读陆生《新语》书十二篇"，则知本十二，《汉书》乃言"二十三"，传写误也。

史记创立体例

司马迁创立本纪、表、书、世家、列传体例，后之作史者递相祖述，莫能出其范围。即班、范称"书"，陈寿称"志"，李延寿《南北朝》称"史"，欧阳子《五代》称"史记"，小异其目。书之名，各史皆改称"志"，《五代》又改称"考"；世家之名，《晋书》改称"载记"。要皆不过小小立异，大指总在司马氏牢笼中。司马取法《尚书》及《春秋》内、外传，自言述而非作，其实以述兼作者。

《新唐》一百九十七卷《循吏传》云：李至远撰《周书》，"起后稷至赧为传纪，令狐德棻许其良史"。周事载于经传诸子者已详，何劳复用《史记》体，强作编次？此为床上安床，德棻称之，无异儿童之见。

《史记》先本纪，次表，次书，次世家，次列传，《汉书》同，《晋书》载记、《五代史》世家附于末尾，盖以僭伪诸国，自不便居传之前，非必立意欲与《史记》别异也。若《新唐书》改为先志后表，《宋》、《辽》、《金》、《元》皆然，此则特变《史记》之例者也。魏收《北魏书》并改志居传后，盖收先著纪传奏上，以志未成，奏请终业，然后又续十志上之。自云："志之为用，网罗遗逸，晚始撰录，弥历炎凉，是以缀于传末。"而《五代史》亦从之。此变中之变也。《史记》"太史公曰"云云者，此其断语也，而班氏改称"赞"，陈寿改称"评"，至范蔚宗又改称"论"矣，而又系以赞，论为散文，赞为四言诗，沈约《宋书》改"论"称"史臣曰"，惟《赵伦之等传》一卷无论，校者以为非约原书。萧子显《南齐书》、姚思廉《梁》《陈》二书、魏收《北魏书》、令狐德棻《北周书》及《晋书》、《隋书》、《旧唐书》并同。《五代史》论直起不加标题，而辄以"呜呼"二字引其端，此皆其名目之不同者也。有论无赞者，《宋书》，《梁书》，《陈书》，《北魏书》，《北周书》，《隋书》，《南》、《北史》，《新唐书》，《五代史》，《宋》、《辽》、《金》三史也。论赞并用者，《晋书》、《南齐书》、《旧唐书》，而《南齐书》志亦有赞。《宋》、《辽》二史本纪称赞，列传称论，则变之尤者。《晋书》中间有唐太宗御论，改称"制曰"，但如《王羲之传》制专论其善书一节，则知太宗当日特偶然论及，未必欲以此作史论，史臣特援入之以为重耳。《梁书》本纪末史臣论后又赘侍中郑国公魏徵论一段，昭明太子及王茂等传杂用其父所作论，称为"陈吏部尚书姚察曰"云云，《陈书》亦然，此皆思廉之谬。至于李百药《北齐书》本纪之末，于论外又附郑文贞公魏徵总论一篇矣，而其余纪传有有论无赞者，有有赞无论者，有论赞俱无者，有论赞俱有者，其论或称"论曰"，或称"史臣曰"，参差不一，盖因《北齐书》多亡，仅存者十八篇，其余皆后人取《北史》充入，故体例错乱如此。若前明所修《元史》，全部皆无论赞，则几不足以为史矣。要总未有能出《史记》之范围者。

十篇有录无书

《汉·司马迁传》："著十二本纪、八书、三十世家、七十列传，凡百二十篇，而十篇缺，有录无书。"张晏注云："迁没之后，亡《景纪》、《武纪》、《礼书》、《乐书》、《兵书》、《汉兴已来将相年表》、《日者列传》、《三王世家》、《龟策列传》、《傅靳列传》。元、成之间褚先生补缺，作《武帝纪》，《三王世家》，《龟策》、《日者传》，言辞鄙陋，非迁本意也。"《史记·自序》末段裴骃即引此注之，而"兵书"二字作"律书"。《索隐》于《自序》末则云："《景纪》取班书补之，《武纪》专取《封禅书》，《礼书》取荀卿《礼论》，《乐书》取《礼·乐记》，《兵书》亡，不补，略述律而言兵，遂分历述以次之。《三王系家》空取其策文以续此篇，何率略且重，非当也。《日者》不能记诸国之同异，而论司马季主。《龟策》直太卜所得占龟兆杂说，而无笔削功，何芜鄙也。"今考《景纪》见存，是迁元文，不知张晏何以言迁没后亡，且此纪文及赞皆与《汉书·景纪》绝不同，又不知《索隐》何为言以班书补之。其《武纪》则是褚少孙所补，《礼书》、《乐书》虽是取荀卿、《礼记》，其实亦是子长笔，非后人所补，不知张晏何以云亡。《兵书》即是《律书》，观《自序》自明。师古谓本无《兵书》以驳张晏，诚误，但今《律书》见存即是《兵书》不亡，而张晏何以云亡？《索隐》亦误会也。《汉兴以来将相年表》惟太始以后后人所补，其前仍是子长笔，何以云亡？《日者》、《龟策》二篇，惟末段各另附褚先生言，其元文仍出子长笔，《索隐》以《日者传》司马季主事为褚补，非也。不知张晏何以云亡。而褚《龟策传》末则云：太史公作《龟策列传》，"臣往来长安中，求《龟策传》不能得，故之太卜官，问掌故文学长老习事者，写取龟策卜事，编于下方"。然则今所有《龟策》元文出子长者，褚所未见，又不知以何时出而得行也。《三王世家》直列三王封策书而不置一词，其赞云："王者封立子弟以褒亲亲,自古至今,由来久矣。非有异,故弗论著也。然封立三王,文辞烂然可观,是以附之世家。"此亦是子长笔,据文虽未定之笔,亦不可云亡,而张晏何以云亡。其后则有褚先生曰："臣好观太史公之列传①。传中称《三王世家》文辞可观,求其世家终不能得,窃从长老好故事者取其封策书,编列而传之。"据赞则取封策以当世家者亦子长所为,而褚乃以为其自所编列,是皆不可解。《索隐》据褚之言,以为褚所补。《傅靳传》俱是子长元文,并无补续,又不知张晏何以云亡。然则《汉书》所谓十篇有录无书者,今惟《武纪》灼然全亡,《三王世家》,《日者》、《龟策传》为未成之笔,但可云阙,不可云亡。其余皆不见所亡何文。

褚先生补史记

世皆言褚先生补《史记》,其实《史记》惟亡《武纪》一篇,余间有缺,无全亡者,说已见上,而褚所补亦惟《武纪》,其余特附益于各篇中如赘疣耳。《武纪》之补,固属可笑,其余皆鄙琐无谓,或冗复混目,已详见各条,惟《外戚世家》有数句可取,至若《建元以来侯者年表》末补武帝末年侯者四人,昭宣时所封及元帝初元间封者一人;《张苍传》末附征和以后并宣元诸相车千秋、韦贤、玄成、魏相、丙吉、黄霸、匡衡,此等虽无害,然《史记》本讫天汉,亦何劳赘述? 其《平津侯传》末附太皇太后赐公孙弘后当为后者关内侯爵诏一通,又采入《汉书》赞一篇。徐广曰:"此诏是平帝元始中王元后诏,后人写此及班固所称,以续卷后。"《索隐》云:案广所云,"则又非褚先生所录"。考张晏谓褚为博士在元成间,此非褚笔明矣。

徐广音义

裴骃,松之之子,宋南中郎参军,注司马迁《史记》,行于世,见《宋书》六十四卷及《南史》三十三卷。其自序云:"东莞徐广研核众本,为《史记音义》,粗有发明而殊恨省略,聊以愚管,增演徐氏。以徐为本,号曰《集解》。"考《宋书》五十五卷《徐广本传》云"字野民,东莞姑幕人"云云,此传

---

① "之列",据中华书局标点本《史记》增。

叙述颇详，并不言广注《史记》，《晋书》八十二卷本传、《南史》三十三卷本传并同，盖偶然漏略，诸传沿袭不补。广即太子前卫率逖字仙民之弟。

裴注所采

裴注于《尚书》则引郑玄、马融、王肃注，不但引伪孔安国；于《左传》则引贾逵、郑众、服虔注，不但引杜预；于《穀梁传》则引糜信注，不但引范宁；于《国语》则引贾逵、唐固注，不但引韦昭；于《孟子》则引刘熙注，不但引赵岐；于《战国策》则引綦毋邃、孙检注，不但引高诱。又引《尚书大传》、《韩诗章句》、《司马法》、《孙子兵法》、《尸子》、《鲁连书》、《皇览》、《楚汉春秋》、《茅盈内纪》、刘向《别录》、谯周《古史考》、皇甫谧《帝王世纪》，及宋忠《世本》注、左思《齐都赋》注、王肃《礼记》注。诸书今皆亡，借其采用，存千百之一二，亦为有功。所引虽系随手掇拾，非有鉴裁，然亦博雅。古书见存为其所引者不数。

裴注下半部简略

裴注上半部颇有可观，其下半部则简略，甚至连数纸不注一字。世家自陈涉以下，列传自张耳、陈余以下，裴于徐广旧注外，但袭取服虔《汉书注》，晋灼、臣瓒及蔡谟《汉书音义》，裴所自为者十无一二。《汉书》之所取者《史记》也，今《史记》注反取《汉书》注以为注，陋矣。大约自战国以前，关涉经传者尚属用心，一入汉事即无足取。

索隐改补皆非

《索隐》凡三十卷，前二十八卷贞采徐广、裴骃、邹诞生、刘伯庄旧注，兼下己意，按文申义，自序一篇附于末。其二十九卷及三十卷之上半卷，则贞嫌元本述赞未善而重为一百三十篇之赞，下半卷则补序一篇，自述其补之之由，又逐段论其改删升降之意，大旨谓五帝之前当补太皞庖牺氏、女娲氏、炎帝神农氏，并于其前又追补天皇、地皇、人皇三皇，总称《三皇本纪》。又欲将《秦本纪》、《项羽本纪》俱降为世家，又谓惠帝事不当没之而入于《吕后纪》中，欲依班氏分为二纪。又欲补曹叔振铎、许男、郑子、张耳、吴芮诸世家。又欲将列传中吴王濞升入世家，与楚元王同为一篇，淮南、衡山升入世家与齐悼惠王同为一篇。又欲将《陈涉世家》降为列传，又谓外戚不当入世家，其意盖亦欲降入列传。又谓子产、叔向不宜入《循吏传》，欲于管、晏后补吴延陵、郑子产、晋叔向、卫史鱼等传。又欲分老子与尹喜、庄周为一篇，韩非别入《商君传》末。又欲抽鲁连与田单为一传，邹阳与枚乘、贾生为一传，屈原与宋玉等自为一传。又谓《司马相如》、《汲郑传》不宜在《西夷》之下，《大宛传》宜在《朝鲜》之下，不宜在《酷吏》、《游侠》之间。贞所改补如此。后乃自悔其穿凿，俱仍旧贯，而聊附其说于此。惟《三皇本纪》一篇赘于卷末。然述赞犹于《李广》之下《卫青》之前抽出《匈奴》，入于《南越》之前。愚谓贞之改补诚不知而作，皆非是。至其又欲分《萧相国》、《曹相国》、《留侯》、《绛侯》、《五宗》、《三王世家》各为一篇作六篇，按今本固为六篇，而贞言如此，则不可解。意者此即所谓八十卷本之分卷邪？但子长于《留侯》下有《陈平》，方继以《绛侯》，而贞所举《留侯》下即《绛侯》，则又不可解。

贞所移易篇次，有非是者，有似是而不必者。如老、韩同传，正以老子清虚不有其身故，无情则必入于深刻，故使同传。今乃谓其教迹全乖而欲移之，真强作解事。李广、卫青事迹与匈奴相出入，故以《匈奴》参错于二人之间，今移之亦非。司马相如次西南夷下者，亦因相如实欲通西南夷者，移之则非其本意。其余皆多事而无谓，不必也。惟惠帝年十六即位，在位七年，年二十三而崩，《史记》将惠帝事亦入《吕后本纪》，此则似不如《汉书》别立《惠帝纪》为妥，然此惟《汉书》断代为史，立体必应如是，若《史记》本自疏阔，周七八百年只一纪，汉每帝一纪，已自详近略远，惠帝无纪亦复何害？

《周礼·春官》："外史掌三皇五帝之书。"则五帝以前固有三皇矣，但不知孰谓三皇，孰谓五帝。伪孔安国《尚书》序以伏羲、神农、黄帝为三皇，少昊、颛顼、高辛、尧、舜为五帝，而《史记》则以黄帝与颛顼、高辛、尧、舜为五帝，无少昊。考昭十七年《左传》"少皞氏鸟名官"，杜预云："少皞，金天氏，黄帝之子。"疏引《大戴礼·帝系》云："黄帝生玄嚣。"《史记》云："黄帝生二子，其一曰玄嚣，是为青阳。"据《世本》及《春秋纬》，皆言青阳即是少皞，黄帝之子，代黄帝有天下，号曰"金天氏"。虽《史记》言"青阳降居江水"，与诸书言"有天下"似不同，而其为黄帝之子则同，意者亦如帝挚立而不终，故当统于黄帝为一代而不得别为一帝。伪孔说非矣。且《史记》所数五帝,本之《大戴礼·五帝德》篇,此孔子之言,岂可不依?又《易·系辞》以伏羲、神农为上古,黄帝、尧、舜为后世圣人,二者显有区别,然则羲、农为皇,黄帝等为帝明甚。《困学纪闻》十一卷引五峰胡氏说,《易·系》以牺、农、黄帝、尧、舜为五帝,大谬。而伪孔之谬尤可知矣。《索隐》谓伪孔说惟皇甫谧《帝王世纪》与之同,岂知孔即谧之所假托,自撰自证以售其欺者乎?要之,羲、农为皇尚少一皇,不足三数。故司马贞必欲追补三皇,先取羲、农,从郑玄据《春秋纬》配以女娲犹之可也,乃复于其前追纪天皇、地皇、人皇则甚诞。郑樵、陆唐老皆以三皇冠于五帝前,若刘恕、陈桱则于三皇前又追叙盘古,皆非也。

十七史商榷卷二

史记二

殷本纪裴注误

《殷本纪》:盘庚"涉河南,治亳"。裴骃引郑玄曰:"治于亳之殷地,商家自此徙,而改号曰殷亳。"皇甫谧曰:"今偃师是也。"按:《尚书》疏引郑注,以亳在偃师,若皇甫谧则以亳为梁国谷熟县,此妄谈也。<small>详《尚书后案》</small>。安肯遵郑注乎?"皇甫谧曰"四字,裴骃妄加,裴于经注援引多误,今不暇详辨。

始皇本纪赞后人所乱

《秦始皇本纪》太史公赞采贾生之言,自"秦兼诸侯山东三十余郡"起至"是二世之过也",凡二千四五百字。今考此文见贾谊《新书》卷一《过秦》上、中、下三篇。予所藏系宋淳祐八年刻本,最为可据,自"秦孝公"至"攻守之势异也"为上篇,自"秦并海内,兼诸侯,南面称帝"至"是二世之过也"为中篇,自"秦兼诸侯山东三十余郡"至"而社稷安矣"为下篇,若如今本《史记》,则司马迁所采乃倒其次,以下篇为上篇,上篇为中篇,中篇为下篇矣。又《陈涉世家》末有褚先生曰"吾闻贾生之称曰"云云,即用"秦孝公"至"攻守之势异也"一段,若果《本纪》内已有此一段,则两处重出,不但迁必不如此,即庸陋如褚先生亦不应至是。今试取贾谊原书寻绎之,上篇是专责始皇,而每以陈涉与六国相形,以见其不施仁义,故前之灭六国易,后之亡于陈涉亦易,中篇亦数始皇罪恶,而下半篇却归罪二世,下篇则兼责子婴,故每并称三主,其次第甚明。再取徐广及裴骃、司马贞注详玩之,则知司马迁当日实取《过秦》中、下二篇为《始皇本纪》赞,上篇为《陈涉世家》赞,而中、下篇亦仍就贾生元次,未尝倒其文,班固所见司马氏元本本如此,徐广亦见之。《本纪》赞中"秦孝公"云云至"攻守之势异也"一段乃魏、晋间妄人所益,后人见其与《世家》赞重出，疑出褚少孙手，于是又妄改《世家》赞"太史公曰"为"褚先生曰"。

《始皇本纪》赞末段云"贾谊、司马迁曰：'向使婴有庸主之才，仅得中佐，山东虽乱，秦之地可全而有，宗庙之祀未当绝也。'秦之积衰，天下土崩瓦解，虽有周旦之材，无所复陈其巧，而以责一日之孤，误哉"云云，各本并同。愚谓上"司马迁"三字衍，"未当绝也"之下脱"司马迁曰"四字。

江西江东

《史记·项羽本纪》："秦二世元年七月，陈涉等起大泽中。九月，会稽守通谓项梁曰：'江西皆反，此天亡秦之时也。'"《陈涉世家》："二世元年七月，发闾左谪戍渔阳九百人屯大泽乡，涉为屯长。"徐广注：大泽乡"在沛郡蕲县"。然则所云江西乃指江北言。《本纪》又言：项梁收会稽兵得八千人，召平矫陈涉命，立梁为上柱国，曰：'江东已定，急引兵西击秦。'项梁乃以八千人渡江而西。又：范增说项梁曰："君起江东。"又：羽军败，欲渡乌江，乌江亭长曰："江东虽小，亦足王也。"羽曰："我与江东子弟八千人渡江而西，今无一人还，纵江东父兄怜而王我，我何面目见之。"臣瓒云："乌江在牛渚。"以上所言江东，指今之江宁、镇江、常州、苏州、松江、嘉兴、湖州等府而言，会稽守治则今之苏州府治也。而江西则古人西北通称，非以对东乃得称之。若《三国志·吴主传》："曹公恐江滨郡县为孙权所略，征令内移，民转相惊，自庐江、九江、蕲春、广陵户十余万皆东渡江，江西遂虚，合肥以南惟有皖城。"《吴宗室传》谓孙权初统事时，宾客诸将多江西人，而《孙策传》则谓："策说袁术，乞平定江东，术表策为折冲校尉，行殄寇将军。"又言："曹公表策为讨逆将军，封为吴侯。时袁绍方强，而策并江东。"又策临死谓权曰："举江东之众，决机于两陈之间，卿不如我。举贤任能以保江东，我不如卿。"彼时策之所有，会稽、吴、丹杨、豫章、庐陵五郡，则所云江西、江东，约略可见，要皆据大势约略言之，非有劈分定界。

郑注非康成

《项羽本纪》："怀王都盱台。"裴骃引郑玄曰："音煦怡。"案：康成不注《史》、《汉》，此所引郑注当是郑德《汉书》注，而《汉书·羽传》此下亦无郑德注，不知裴何据。常熟毛氏《索隐跋》谓宋刻"郑德"误作"郑玄"，则此亦宋人妄改。

项氏谬计四

项氏谬计凡四。方项梁起江东，渡江而西，并诸军，连战胜，及陈涉死，召诸别将会薛计事，此时天下之望已系于项梁，若不立楚怀王孙心，即其后破死于章邯之手，而项羽收其余烬大可以制天下。范增首唱议立怀王，其后步步为其掣肘。使沛公入关，羽得负约名；杀之江中，得弑主名。增计最拙，大误项氏，谬一。郦生劝立六国后，张良借前箸筹其不可，在刘如此，在项何独不然。章邯破灭项梁，羽之仇也，乃许之盟，与之和好，立之为王，此事秦民已不服，又诈坑降卒二十万，失秦民心，谬二。弃关中不都而东归，乃三分关中，王章邯及其长史司马欣、都尉董翳以距汉，岂知三人诈秦民降诸侯被坑，民怨之刺骨，安肯为守？坐使汉还定三秦如反掌，谬三。汉之败彭城，诸侯皆与楚背汉，范增劝急围汉王荥阳，范增诸所为项王计画惟此最得，乃又听汉反间逐增，使军心懈散，失汉王，谬四。

六国亡久矣，起兵诛暴秦不患无名，何必立楚后？制人者变为制于人。而怀王者公然主约，既约先入关者王之，而不使项羽入关，是明明不欲羽成功也，独不思己本牧羊儿，谁所立乎？既不能杀羽而显与为难，且不但不使羽入关而已，并救赵亦仅使为次将，所使上将则妄人宋义也。羽即帐中斩其头如探囊取物，迨至羽屠咸阳杀子婴后，怀王犹曰"如约"。"如约"者，欲令沛公王关中也。兵在其颈犹为大言，牧羊儿愚至此。范增谬计既误项氏，亦误怀王。

项王之失不在粗疏无谋，乃在苛细、多猜疑、不任人。韩信、陈平皆弃以资汉，至于屡坑降卒，嗜杀，失人心更不待言。《黥布传》赞云"项氏所坑杀人以千万数，而布常为首虐"，"用此得王，亦不免于身为世大僇"。子长著布之罪，而项羽之罪亦见。

高祖纪不书讳

《史记》于高祖云"字季"，不书讳。余帝则讳与字皆不书。《汉书》

本纪因之。马、班自以为汉臣故耳。其余各史则皆书"讳某、字某"。沈约曾仕宋,而《宋书》亦皆书讳。夫史以纪实也,帝王之尊,当时为臣子者固不敢书其名、字,若史而不书,后何观焉?各史不袭马、班,是也。

似君当作以君

《高纪》:吕后与两子居田中,有一老父过,相吕后曰:"夫人天下贵人。"相孝惠曰:"夫人所以贵者,乃此男也。"老父已去,高祖来追及,问老父。老父曰:"乡者夫人、婴儿皆似君,君相贵不可言。""皆似君",《汉书》作"皆以君",即上文"夫人所以贵者此男"之意。《汉书》凡"以"皆作"㠯",惟此作"以",盖就《史记》文去"人"旁故耳。彼如淳注云:"以或作似。"或又引《论衡》作"似"为据,但吕后貌似高祖,此何说乎?皆非也。"夫人、婴儿皆以君",荀悦《汉纪》作"夫人、儿子蒙君之力",语意尤觉显然。

刘项俱观始皇

秦始皇帝游会稽,项梁与籍俱观。籍曰:"彼可取而代也!"高祖繇咸阳,纵观秦皇帝,喟然太息曰:"嗟乎,大丈夫当如此也!"项之言悍而戾,刘之言则津津然不胜其歆羡矣。陈胜曰壮士"举大名耳,王侯将相宁有种乎",项籍口吻正与胜等,而高祖似更出其下。天下既定,置酒未央宫,奉玉卮为太上皇寿,曰:"始大人常以臣亡赖,不能治产业,不如仲力。今某之业所就孰与仲多?"其言之鄙至此。

刘借项噬项

两敌相争,此兴彼败,恒有之事,从无借彼之力以起事,后又步步资彼,乃反噬之,如刘之于项者。项起吴中,以精兵八千人渡江,并陈婴数千人,黥布、蒲将军亦以兵属,凡六七万人。又并秦嘉军,其势强盛。项梁闻陈王死,召诸别将会薛计事,沛公亦起沛往焉。此时沛公甚弱,未能成军。项梁益沛公卒五千人、五大夫将十人,始得攻丰,拔之。此后凡所攻伐,史每以沛公、项羽并称,两人相倚如左右手,非项借刘,乃刘依项。项氏之失策在立楚怀王而听命焉。羽欲西入关,怀王不许，而以命沛公，乃使羽北救赵，约"先入关者王之"，其后羽乃得负约名，此项之失策也。然当日若非羽破秦兵于钜鹿，虏王离，杀涉间，使章邯震恐乞降，沛公安能入关乎？羽不救赵破秦兵，秦得举赵，则关中声势转壮，沛公入秦何如此之易乎？沛公始终借项之力以成事，而反噬项者也，故曰"吾能斗智不斗力"，其自道如此。若使夫子评之，必曰"谲而不正"。

汉惟利是视

汉始终惟利是视，顽钝无耻，其言曰："吾与项羽，俱北面受命怀王，约为兄弟。"羽少汉王十五岁。《项羽本纪》："初起时年二十四。"时高祖年三十九。又徐广注：项王以始皇十五年己巳岁生，汉五年之十二月死，时年三十一。时高祖四十六。如其言，则汉王为兄，项王弟矣。鸿门之会自知力弱将为羽所灭，即亲赴军门谢罪，其言至卑，屈让项王上坐，己乃居范增之下，为末坐。纵反间以去范增，用随何以下黥布，有急则使纪信代死，不顾子女推堕车下，鸿沟既画旋即背之，屡败穷蹙不以为辱，失信废义不以为愧也。若以沛公居项羽之地，在鸿门必取人于杯酒之间，在垓下必渡乌江而王江东矣。

不许赵高

《史记》于《高纪》西略地入关之下，叙至"赵高已杀二世，使人来，欲约分王关中。沛公以为诈，乃使郦生、陆贾往说秦将，啖以利，因袭破之"。"以为诈"三字，《汉书》改为"不许"。近儒遂云：不许贼臣，真可云扶义而西者。考《始皇本纪》，沛公屠武关，"使人私于赵高"，然则沛公岂真扶义而不许高者乎？特"以为诈"耳，班之改马非也。

为羽发哀

为义帝发丧，祖而大哭，此犹自可。杀项羽，以鲁公礼葬，"为发哀，泣之而去"，天下岂有我杀之即我哭之者？不知何处办此一副急泪，千载下读之笑来。《郑当时传》：诏项籍故臣皆名籍。怨毒如许，哭之何为？

高祖年当从臣瓒

《高纪》：汉十二年四月甲辰，高祖崩。裴骃引皇甫谧曰："高祖以秦昭王五十一年生,至汉十二年,年六十三。"按:《六国表》秦昭王五十一年岁在乙巳,至汉十二年岁在丙午,则高祖年当为"六十二","三"字传写误。若如此说,则高祖以秦二世元年九月起兵,时年已四十八,至为汉王之元年年已五十一,至即真年已五十五。若《汉书·高纪》臣瓒注则云:"帝年四十二即位,即位十二年,寿五十三。"若如此说,则高祖以秦庄襄王三年岁在甲寅生,至起兵之年年三十九,为汉王四十二,即真四十六。愚谓当从臣瓒。秦昭王五十一年,周赧王以是年卒。皇甫谧欲推汉以继周,故妄造此言。王应麟信之,载《困学纪闻》十一卷,其实非也。

少帝诸王皆非刘氏

《史记·吕后纪》云:"惠帝崩,太子即位。元年,号令一出太后。四月,立孝惠后宫子强为淮阳王,子不疑为常山王,子山为襄成侯,子朝为轵侯,子武为壶关侯。二年,常山王薨,以其弟襄成侯山为常山王,更名义。四年,太后幽杀帝。五月,立常山王义为帝,更名弘。不称元年,以太后制天下也。以轵侯朝为常山王。五年八月,淮阳王薨,以弟壶关侯武为淮阳王。七年,立皇子平昌侯《表》作"昌平"。太为吕王,更名梁曰吕,吕曰济川。"其下又叙至八年七月,太后崩,诸吕欲为乱。之下则云:"当是时,济川王太、淮阳王武、常山王朝名为少帝弟。"以下又叙至诸吕诛后,大臣谋曰"少帝及梁、淮阳、常山王,皆非真孝惠子也。吕后以计诈名他人子,杀其母,养后宫,令孝惠子之,立以为后,及诸王"云云。其下叙立代王,后兴居、滕公除宫,谓少帝曰:"足下非刘氏,不当立。"载之出,代王入宫,"夜,分部诛梁、淮阳、常山王及少帝于邸"。一则曰"非孝惠子",再则曰"非刘氏",其文甚明。所诛梁王,即前封吕王,更名梁王,亦更名济川王名太者也;所诛淮阳王,即前封壶关侯,更封淮阳王名武者也;所诛常山王,即前封轵侯,更封常山王名朝者也;所诛少帝,即前封襄成侯,更封常山王,又立为帝,初名山,改名义,又改名弘者也。据《索隐》,改名弘农,今本无"农"字。张守节《史记正义》引刘伯庄云:"诸美人皆先幸吕氏,怀身而入宫生子。"而《汉书·高后纪》于元年既书并封二王三侯事,其作表乃以二王入《异姓诸侯王》,且注云:"皆高后所诈立孝惠子。"又于八年武、朝下皆注云:"以非子诛。"又以义、朝、武及太入《外戚恩泽侯表》,且注云:"皆吕氏子也。"此句今本脱,如淳《高后纪》注引之。又《五行志》云:"惠帝崩,嗣子立,有怨言,太后废之,更立吕氏子弘为少帝。"则诸子非刘氏甚明。何氏《读书记》谓少帝非刘,乃大臣既诛诸吕,从而为之辞,误也。《纲目》、《书法发明》皆云少帝非刘氏。

武纪妄补

《武纪》,褚少孙全取《封禅书》为之。观《文纪》赞云:"孔子言:'必世后仁。善人治国百年,可以胜残去杀。'汉兴,至孝文四十余载,德至盛也。廪廪乡改正服封禅矣,谦让未成于今。呜呼,岂不仁哉!"而《自序》则云:"汉兴五世,隆在建元,封禅,改正朔,易服色,作《今上本纪》。"以不改正服封禅为仁,则以改正服封禅为不仁。迁若作《武纪》,封禅固所必书,然必无专纪此事之理,且亦何取重见。其有录无书,岂诚未暇作乎?抑讳而有待也?而少孙率意补之,真妄人耳。

十七史商榷卷三

史记三

共和庚申以前无甲子纪年

《三代世表》云:"孔子序《尚书》,略无年月;或颇有,然多阙,不可录。疑则传疑,盖其慎也。余读牒记,黄帝以来皆有年数。稽其谱牒终始五德之传,古文咸不同,乖异。夫子之弗论次其年月,岂虚哉!"《太史公自序》云:"维三代尚矣,年纪不可考,盖取之谱牒旧闻,本于兹,于是略推,作《三代世表》。"子长之言如此。故《十二诸侯年表》断自共和庚申始,以前三代但作《世表》,无甲子纪年也。郑康成《诗谱序》亦云:"夷、厉已上,岁数不明。太史《年表》自共和始,历宣、幽、平王而得春秋。"乃张守节于裴氏《集解序》注云:"《史记》五十二万六千五百言,叙二千四百一十三年事。"又《论例》云:"《史记》起黄帝,讫汉武帝天汉四年,合二千四百一十三年。"此说诞妄已极,大约本之皇甫谧《帝王世纪》。谧恣意妄造以欺世,所说世系纪年亦皆以意为之,几于无一可信,幸其书已亡。而裴骃、司马贞、张守节皆无识,滥采入《史记》注。孔颖达作诸经疏,间亦引之,皆非也。今亦未暇详考,即如《五帝本纪》,《索隐》引其文云:炎帝神农氏至黄帝"中间凡隔八帝,五百余年"。《集解》引其文云:"黄帝在位百年而崩,年百一十一岁。"颛顼"在位七十八年,年九十八岁"。帝喾"在位七十年,年百五岁"。帝尧"以甲申岁生,甲辰即帝位,辛巳崩,年百十八岁,在位九十八年"。至荒远事岂得凿凿言之?况甲子古人但用以纪日,本不以纪年乎?至如宣三年《左传》云:"商载祀六百,周卜年七百。"《周易乾凿度》卷上云:"太任顺季,享国七百。"《孟子》云:"由尧舜至汤、由汤至文王、由文王至孔子,皆五百余岁。"此俱约略之词,若欲实指某年为某君元年、某年为某君崩年,则不能。张守节楷指若干年,非得之谧而何?皆非是。

《竹书纪年》云是晋太康二年,汲郡人不准盗发魏襄王冢所得,见

《晋书·束皙传》。今观其书起自黄帝轩辕氏，于五帝、三王纪事皆有年月日，立年、崩年，历历言之，可谓妄矣，必是束皙伪撰也。司马子长见黄帝以来牒记，又见《世本》，而不敢著其年，安得此书若是之历历明审？又《晋书》云："凡十三篇，记夏以来至周幽王。"今起黄帝，则今本恐并非元本，必又遭后世妄人增益。又有沈约注，《约传》并不言有此注，亦出流俗附会。胡三省《通鉴注·自序》乃言，《纪年》是"魏国史记，脱秦火之厄，而晋得之，子长不及见"，又可谓愚矣。《北史》第四十三卷《张彝传》：彝在北魏宣武帝时，"上《历帝图》五卷，起元庖牺，终于晋末，凡十六代，一百二十八帝，历三千二百七十年"。此等妄谈正是《竹书纪年》之类，其穿凿附会，不但不足信，亦不足辨也。大约妄人何代蔑有，全赖有识者屏黜之。有疑则阙，方为善读书。

刘歆《三统历》载于《汉书·律历志》者，惟云尧即位七十载，舜即位五十载，皆《尚书》正文，而皇甫谧乃故与违异，云尧在位九十八年。且《律历志》于黄帝、颛顼、帝喾皆无年，而谧又追言之，此其妄也。司马光《稽古录》，刘恕《通鉴外纪》、《外纪目录》，邵雍《皇极经世书》，金履祥《通鉴前编》，陈桱《通鉴续编》，薛应旂《甲子会纪》，南轩《通鉴纲目前编》，顾锡畴《纲鉴正史约》，钟渊映《历代建元考》虽各互异，而皆有三皇、五帝下至周初历年久近之数，列其甲子，此皆皇甫谧为之作俑也。愚谓直当概阙其疑，略而不道。《通鉴》之作，刘氏撰述，司马氏总领，两家史学精矣，然所当考者周秦以下，若共和前则可勿论。刘虽作《外纪》，仍题疑年，尚为有识。宋南渡后承误踵谬，降而愈下，自郐无讥矣。

王应麟《困学纪闻》卷九《历数》篇云："自帝尧元年甲辰至宋德祐丙子，凡三千六百三十三年。"王氏知诸家说开辟之年为茫诞，岂知尧元年甲辰以下亦茫诞，如王氏未敢许其有学识。近儒史学惟万斯同季野善于稽核，识见独精，所撰《纪元汇考》，断自共和庚申始，今本亦从此逆溯至唐尧。"元年甲辰"者，乃后人所附益也。

《汉·诸侯王表》云："周过其历。"应劭注云："武王克商，卜世三十，卜年七百，今乃三十六世，八百六十七岁，此谓过其历也。"《汉·律历志》上卷云："太史令张寿王治黄帝《历》，言黄帝至元凤三年六千余岁。丞相属宝、长安单安国、安陵栖育言黄帝以来三千六百二十九岁，不与寿王合。"此皆荒诞之言，姑勿论。下卷载刘歆之说云："夏后氏继世十七王，四百三十二岁。《三统》，上元至伐桀之岁，十四万一千四百八十岁。"殷世三十一王，六百二十九岁。《三统》，上元至伐纣之岁，十四万二千一百九岁。《春秋》鲁桓公元年，上距伐纣四百岁。《春秋》尽哀十四年，二百四十二年。秦昭王五十一年，秦始灭周。周凡三十六王，八百六十七岁。应劭之说盖本于此。但刘歆《三统历》不言尧、舜以前年固佳，而言三代年亦不的。彼于置闰不在岁终，及二日为旁死霸，十七日为旁生霸，皆不合古历法。况历法但能推年月日，不能推古帝王在位年数。《史记》既起共和，其前皆不可知，歆亦何据而知三代年数？此皆不足信。至于《稽古》、《外纪》之类，不但三皇五帝之年为荒诞，而所列三代之年亦当概置勿论，不待言矣。凡此诸书，予插架皆有之，然未暇遍观矣。荀悦《汉纪》首卷言夏四百四十二年，周七百六十七年。"四十二"当作"三十二"，"七百"当作"八百"，此传写误，皆与刘歆同。其余唐、虞及殷亦并同。

商年数诸书互异

《史记》本纪、《竹书纪年》，商皆三十王。《晋语》及《汉书·律历志》则三十一王。此"一"字似衍。至其年数，《史记》既不具，而诸书又复互异。《左传》云"商载祀六百"，《律历志》云"六百二十九年"，《左传正义》引以证六百之说。若《竹书纪年》，则起癸亥终戊寅，四百九十六年，与《左传》、《律历志》已绝异。《纪年》固不足信矣，而邵氏《经世》、金氏《通鉴前编》又改为六百四十四年，更不知其何据。胡渭《洪范正论》又于六百四十四年之外欲更进一年，盖因纣死于建丑月之初五日，依夏正言之，虽为十二月，若依商正则已是正月，胡因有此五日，故欲为纣更延一年位号，争其体面，而此其用心良苦，但未知确否？万氏《纪元汇考》亦与胡说同，则后人所益也。

世表末妄补

《三代世表》末褚先生忽缀一段，称大将军霍光为黄帝后。案：光父中孺，"以县吏给事平阳侯家，与侍者卫少儿私通生去病。中孺吏毕归家，娶妇生光"。"少儿女弟子夫得幸武帝"，为后，"去病以后姊子贵”，任光为郎。可谓琐琐臑仕，不足道也。少孙因光擅权，为此言以贡谀，遥遥华胄，至推为黄帝苗裔，抑何妄且陋哉！

余祭年表误

《十二诸侯年表》：吴余祭四年，是年为鲁襄公二十九年，岁在丁巳，“守门阉杀余祭”。以下仍以余祭纪年，直至十七年以下始为余昧元年，殊不可解。《吴世家》：余祭在位十七年，“卒，弟余昧立”，则似余祭并无被杀之事矣。其实余祭在位仅四年，余昧则在位十七年，倒错二王之年数耳。《索隐》于世家辨之。

周敬王以下世次

《史记·十二诸侯》及《六国表》纪年历然分明，然自敬王以下年代世次，诸说互异。窃谓《史记》为得其实。《年表》敬王元壬午、崩甲子，凡四十三年，其三十九年为鲁哀公十四年，则获麟之年也；四十一年为鲁哀公十六年，则孔子卒之年也。敬王实崩于哀公十八年。敬王子元王元乙丑、崩壬申，凡八年。元王子定王元癸酉、崩庚子，凡二十八年，其元年为鲁哀公二十七年，《左传》尽此。明年哀公卒，其说如此。《左传》：“哀十九年，叔青如京师，敬王崩故也。”案：其事似敬王有四十四年，与《史记》异。又《汲郡纪年》，敬王元壬午、崩乙丑，凡四十四年；元王元丙寅、崩壬申，凡七年。较之《史记》，敬王多一年，元王少一年，是敬王以哀公十九年崩矣。然《正义》云：“叔青如京师，自为敬王崩，未知敬王何年崩也。”考之鲁事，隐公三年三月，平王崩，至秋来求赗，以鲁不会葬，又不共奉王丧也。文公八年八月，襄王崩，明年二月“叔孙得臣如京师”。其急缓也若是，况哀公之季乎？逾年始往，固无足怪，不得执此以疑《史记》也。《世本》则以定王为贞王，且以敬王崩贞王介立，贞王崩元王赤立。其元王之名与《史记》名“仁”互异。及以敬王亦为崩于哀十九年，皆姑置勿论。惟《史记》元王为定王父，《世本》元王为贞王子，则迥不相合矣。宋忠为《世本》注亦疑而不能定。夫年代既远，世次颠倒，理固有之。但本纪定王有三子争立事：“长子去疾立，是为哀王。立三月，弟叔杀哀王自立，是为思王。立五月，弟嵬杀思王自立，是为考王。此三王皆定王之子。”元王既无此事，则马迁于此不应亦误，《世本》未足信也。杜预《世族谱》又以为敬王四十二年崩，敬王子元王十年，《春秋》之传终矣。如此则敬王崩于癸亥，元王元甲子、崩癸酉，其说与《史记》及《左传》、《纪年》、《世本》诸书皆不同，不知所据云何？恐未足信。且如此则敬王之崩，叔青逾三年而会葬，殊觉远于情事矣。最后皇甫谧作《帝王世纪》，又谓敬王元己卯、崩壬戌，凡四十四年；贞定王元癸亥、崩壬申，凡十年；元王元癸酉、崩庚子，凡二十八年，公子争立，立嵬为考王。《年表》已卯为景王之二十三年。景王崩于辛巳，凡二十五年。如谧说，则景王当削去三年，以二十二年戊寅崩矣。《国语》："景王二十三年，将铸无射，单穆公谏，不听。二十四年钟成，二十五年王崩。"则谧之言妄矣。且如此则敬王之崩，叔青逾四年而往，此尤必无之理也。其以定王为元王父，亦袭《世本》，而遂以三子争立皆移为元王，以就其说。但以"十一年癸未，三晋灭知伯"，则灭知伯乃十六年戊子事。是年为晋哀公四年、鲁悼公十四年，在春秋后二十七年。杜预引世家及年表以解《左传》，其事甚明。吴师道校鲍彪《战国策注》亦同。安得以为癸未事乎？又《索隐》亦从《世本》，以"定"当为"贞"字之误，而曰"岂周家有两定王，代数又非远乎？皇甫谧见此，疑而不决"，遂通于《史记》、《世本》之错谬，"因谓为贞定王"，未为得其实。案：《国语》景王崩，王室大乱；及定王，王室遂卑。又"敬王十年，刘文公、苌弘欲城成周，卫彪傒曰：'苌、刘其不没乎？'二十八年，杀苌弘及定王，刘氏亡"。是《国语》与《史记》合，周有两定王明矣。韦昭强改为"贞"，抑思《国语》所纪何容两处并误邪？若所谓贞定王者，据《索隐》系谧妄造。今《纪年》亦作贞定，而海宁周广业云：班氏《古今人表》亦作贞定。则非谧妄造，年代悠远，纪载错互，但当阙疑，不可强说。

八书所本

　　《史记》八书采《礼记》、《大戴礼》、《荀子》、贾谊《新书》等书而成。至《天官书》一篇，钱少詹大昕以为当是取《甘石星经》为之。愚考此书《汉·艺文志》已不载，而前明俗刻有之，疑唐宋人伪托也。

十七史商榷卷四

史记四

鲁世家与年表相违

《鲁世家》徐广注曰："自悼公以下尽与刘歆《历谱》合，而反违年表，未详何故。"今考之：平公，世家二十二年卒，若依年表当十九年，其余俱合无违。反者惟年表悼公元年"三桓胜，鲁如小侯"，此当在定王三年乙亥，今误入四年丙子。鲁共公元年，此当在烈王二年丁未，今误入元年丙午，则与世家遂多抵牾。然哀公既卒于定王二年甲戌，则悼公元年自当在三年乙亥，由此数之方与十四年知伯灭合。岂徐广于刘宋时所见之本已不免传写之误邪？又知伯灭之年，为晋哀公四年，各书所载皆同，但晋出公以十七年奔齐，其年为定王十一年癸未、鲁悼公九年也，明年甲申晋国无君。《史记》不详其事。盖知伯专晋如季孙意如事，而出公之卒当即在此一年中。若今本《史记》于世家知伯灭，又误十四年为十三，赖有《左传正义》所引正之，甚矣刊误之难也。

灭楚名为楚郡

《楚世家》："秦将王翦破楚，虏楚王负刍，灭楚名为楚郡云。"孙检注云："灭去楚名，以楚地为秦郡。""秦郡"，震泽王氏刻本作"三郡"，疑是，当从之。秦庄襄王名楚，本讳"楚"字，故于破楚虏王后除去楚名而为郡也。"楚郡"之"楚"字疑衍。"三郡"当谓南郡、九江、会稽，如黔中固是后来所置，非初灭六国时所有。南海、桂林、象郡亦然，且于楚亦仅羁縻，非其疆域。然如长沙郡则实楚地建为郡者，而孙检但言"三郡"，特约略之词耳，其实当言"四郡"，抑古人"四"字亦积画作"三"，故易混邪？

孔子世家

以孔子入世家,推崇已极,亦复斟酌尽善,王介甫妄讥之,全不考三代制度时势,不识古人贵贵尚爵之意。《困学纪闻·史记正误》篇又载王文公及潏水李氏说,皆非也。

外戚世家附

《外戚世家》末褚先生附三段:一段记武帝同母异父之姊修成君及卫子夫事,又述卫青尚平阳主事;一段记武帝所幸尹婕好、邢夫人事;一段记钩弋夫人事。每段各系以论断,皆鄙琐,惟卫青尚主事甚详,此事《史记》于《青传》只一句,而《汉书·青传》则采用褚所补语,惟此稍可取。

三召平

《项羽本纪》内广陵人召平矫陈涉命,封项梁。《吕后本纪》内齐王相召平举兵欲围王。亦见《高五王传》。《萧何世家》内有故秦东陵侯召平种瓜城东。三人皆同姓名,非一人,《通鉴》十三卷胡三省注已言之。

四 皓

四皓,留侯辅立惠帝,以致赵王如意母子冤死,成吕氏之乱。唐五王既杀二张夺武氏位,当迎立太宗他子之子,不但不当使中宗复辟,并高宗之子皆不当立。此二事者,吾皆恨之。

张 负

《史记·高祖纪》:"从王媪、武负贳酒。"武负诸家皆不注。《汉书》如淳注则云:"武,姓也。俗谓老大母为阿负。"师古曰:"刘向《列女传》云:'魏曲沃负者,魏大夫如耳之母也。'此则古语谓老母为负耳。王媪,王家之媪。武负,武家之母也。"《绛侯周勃世家》:"勃子亚夫为河内守,许负相之,曰:'君后三岁而侯。'"《索隐》引应劭《汉书》注云:"负,河内温人,老媪也。"又云:"按《楚汉春秋》高祖封负为鸣雌亭侯,是知妇人亦有封邑。"然则"负"为妇人之称明矣。若《陈丞相平世家》:

"户牖富人张负有女孙，平欲得之。"此张负则的系男子，观下文负既见陈平于邑中人家丧所，又随平至其家，语甚明白。而《索隐》乃云"负是妇人老宿之称"，"或恐是丈夫"，一何浅谬！

陈平邪说

陈平，小人也。汉得天下皆韩信功。一旦有告反者，闾左蜚语，略无证据，平不以此时弥缝其隙，乃倡伪游云梦之邪说，使信无故见黜，其后为吕后所杀，直平杀之耳。迨高祖命即军中斩樊哙，而平械之归。哙，吕氏党也，故平活之。其揣时附势如此。且平六出奇计，而其解白登之围，特图画美人以遗阏氏，计甚庸鄙，又何奇焉！

梁孝王世家附

《梁孝王世家》末附一段，记梁孝王欲为太子事，又记梁孝王杀袁盎，景帝使田叔。案：梁事已见《田叔传》，此重出，可厌。

五宗世家

《五宗世家》凡十三人，皆景帝子，以其母五人所生，号为"五宗"，殊属无理，《汉书》改为《景十三王传》是也。但其中临江哀王阏于，《汉书》作"阏"，去"于"字，《景纪》亦然，则未详。

三王世家

《三王世家》武帝之子，所载直取请封三王之疏及三封策录之，与他王叙述迥异。则迁特漫尔钞录，犹待润色，未成之笔也。据《汉书·武五子传》，武帝六男：卫皇后生戾太子，赵婕妤生昭帝，王夫人生齐怀王闳，李姬生燕刺王旦、广陵厉王胥，李夫人生昌邑哀王髆。迁但取闳、旦、胥，不及戾太子及髆者，闳、旦、胥之封在元狩六年，迁书讫太初，则三王自应入世家；髆封于天汉四年，既有所不及书，而戾太子之败，在征和二年，迁固目击其事，前则因其为太子不当入世家，后则既败不复补书，且有所讳也。

十七史商榷卷五

史记五

正义改列传之次

常熟毛氏刻《集解》及《索隐》，皆《伯夷列传》第一，《老子韩非列传》第三，此元本也。而震泽王氏刻，以老子、庄子居《伯夷传》之前，同为一卷，居第一，申不害、韩非为一卷，居第三，盖《正义》本也。开元二十三年奉敕升老子，庄子因老而类升，张守节从之。若监本，老子、伯夷同传第一，庄子、韩非同传第三，则又是后人所定。

刑 名

《老子韩非列传》云："申不害者，京人也。学本于黄老而主刑名。韩非者，韩之诸公子也，喜刑名法术之学。""刑"非"刑罚"之"刑"，与"形"同，古字通用，"刑名"犹言"名实"。故其论云："申子卑卑，施之于名实。"《商君列传》"少好刑名之学"，义同。陈氏瑚曰："申韩之学，其法在审合形名，故曰：不知其名，复修其形，形名参同，用其所生。又曰：君操其名，臣效其形，形名参同，上下和调。盖循名责实之谓也。"愚谓《礼记·王制》篇云："刑者侀也，侀者成也，一成而不可变。"《墨子·经上》篇云："力，刑之所以奋也。生，刑与知处也。"皆以"刑"为"形"。《吕氏春秋·君守览》云："皋陶作形。"高诱注引《虞书》"五刑有服"，则知"刑"与"形"通矣。《汉·张欧传》："孝文时，以治刑名侍①太子。"师古引刘向《别录》云："申子学号曰刑名。刑名者，循名以责实，其尊君卑臣，崇上抑下，合于《六经》。"

弟子籍

《仲尼弟子列传》裴骃注引郑玄注，如"冉季字子产"、"郑玄曰鲁

---

① "侍"原刻讹"傅"，据中华书局标点本《汉书》改。

人"、"秦祖字子南"、"郑玄曰秦人"之类,既非《论语注》,郑又不注《史记》,《家语》王肃私定,郑亦不见,竟不知此为郑何书之注。太史公曰:"《弟子籍》出孔氏古文。"然则亦是孔安国所得鲁共王坏宅壁中取出书也,盖康成曾注之。壁中书如《逸书》、《逸礼》,康成皆不注,而《弟子籍》则有注。

《弟子籍》出孔氏古文,所云"少孔子若干岁"云云,的确可信。

范雎倾白起杀之

白起破赵长平,诈坑其卒四十万,自谓建不世之功,孰知范雎已伺其后,倾而杀之。天道恶杀而好还,岂不可惧哉!若雎亦小人之尤也。夫起在秦则可谓劳臣矣,雎恶其逼己,必置之死地而后快。盖自古权臣欲窃人主之威柄,虽有良将在外,务掣其肘使不得成功,甚且从而诛夷之,其但为一身富贵计而不为人主计,有如此者。

张耳弑故主

张耳与陈余共立赵王歇,臣事之。耳初无德于余,及耳与赵王歇保钜鹿城,为王离、章邯所困,责陈余出死力以救之。陈余救之不力,其后项羽来救,破秦于钜鹿,围得解,而耳遂给夺陈余兵,此耳负余也。项羽立耳为常山王,余袭攻耳,耳亡走,乃遂忘羽救钜鹿及立己为王之大恩,而背楚归汉,此又耳之负羽也。余既定赵,迎歇复为赵王,其后耳遂与韩信破赵,击斩余泜水上,亦已甚矣;乃并赵王歇追杀之,较羽之弑义帝,殆有甚焉。义帝夺羽兵柄,而歇则无怨于耳,特以憾余并其故主杀之,尚得为有人心者乎?耳真小人,惟利是视,身既善终,子孙封侯,五世乃绝,不可解也。《汉·功臣表》师古注云:"张耳及子敖并无大功,盖以鲁元之故,吕后曲升之也。"此言甚确。

耳之后传至汉末,而俭且入党锢之魁,遂为清流所推重,刊章捕之,不自诣吏慷慨对簿,徒亡命自全,坐藏匿而糜烂者且数千百人,在党人中亦为下品。

诸传互见

六国之后惟魏豹、韩信、田儋三人有传,若魏王咎、韩王成与夫赵王歇、楚怀王孙心，则其事已互见于他处，故皆不为列传，不欲赘出耳。至诸田之称王者多矣，皆见《儋传》中，以儋实首事，聊用为标目耳。辟阳侯审食其当入《佞幸》，亦因事已他见，故不赘出。此随事立文，非有成例也。六国独燕无后，所立韩广、臧荼皆非燕之子孙，盖燕遣荆轲刺秦王不中，秦恨之刺骨，燕亡后遂尽灭其族，此史传所不载而可以意揣者。《汉书》皆因《史记》之旧，惟有魏豹、田儋、韩王信三传。

韩信兵法

韩信既破赵军，斩成安君，与诸将论所以胜赵之术，因引兵法曰"陷之死地而后生，置之亡地而后存"。此二句当在《武经七书》某篇，失记，俟考。《六韬》六卷、《尉缭子》五卷、《司马法》三卷、《吴子》六篇、《黄石公三略》一篇、《唐李卫公问对》一篇、《孙武子》十三篇，以上七书宋元丰间颁行武学，至今仍之。《太史公自序》云："汉兴，萧何次律令，韩信申军法。"《汉书·艺文志》分兵书为四种：一权谋，二形势，三阴阳，四技巧。权谋内有《韩信》三篇，班氏论之云："权谋者，先计后战，兼形势，包阴阳，用技巧者也。"又总论云："自春秋至战国，出奇设伏，变诈之兵作。汉兴，张良、韩信序次兵法，凡百八十二家，删取要用，定著三十五家。"观信引兵法以自证其用兵之妙，且又著书三篇、序次诸家为三十五家，可见信平日学问本原。寄食受辱时揣摩已久，其连百万之众，战必胜，攻必取，皆本于平日学问，非以危事尝试者。信书虽不传，就本传所载战事考之，可见其纯用权谋，所谓"出奇设伏，变诈之兵"也。形势内有《项王》一篇，项王尝学兵法，故良与信亦取而存之。以项之"形势"当信之"权谋"，则败矣。

信自立为假王

信定齐后，若不自请立为假王以镇之，高帝之忌而必欲杀之，犹未必如此之甚也。然张耳定赵，自请立为赵王以镇之，而高帝殊不介意。耳，庸材，因人成事，不足忌耳！

信反面攻故主

信本项氏臣，虽无异遇，非有深嫌，去而事刘，可也，反面而攻故主,亲斩杀之,可乎?故友钟离昧为汉所深怨,穷而归信,即斩其首归汉,其倾危至此。范雎怨魏齐,欲杀之,魏齐亡匿平原君所,秦绐平原君入关,而谓曰:"愿使人归取魏齐头来,不然,吾不出君于关。"平原君曰:"魏齐者,胜之友也。在,固不出也。"其意铮铮,读之令人气壮。信欲斩穷交以自赎,仍不免被擒,亦可羞矣。陈平称昧为"项王骨鲠之臣",信固尝与昧比肩事项王,信亲诛故主,何有于故友?昧欲依之固为不智,而信之惟利是视,诚反覆小人,钟室之祸,要非不幸也。然千载而下有可为信解嘲者。初为汉连敖,坐法当斩,同辈十三人皆斩讫,信以滕公救得生,死于钟室较死于连敖差胜矣。但荐信为大将,萧何也;绐信而斩之,亦萧何也。曾不少怜焉,何也?何之倾危殆与信等。

田荣击杀田市

　　田儋定齐自立,与其从弟荣、荣弟横俱起,为章邯破杀。荣收余兵走东阿,邯追围之,赖项梁救之,击邯,邯走而西,荣乃得免。齐人因儋死国无主,乃立故齐王建之弟假,未为大谬也。而荣甫脱大厄,旋击逐假,假亡走楚,乃立田儋子市为王,荣相之,亦可已矣。及项梁以东阿之役追章邯,而邯兵益盛,乞兵于荣,荣乃邀之,使杀田假乃出兵,楚以义不忍杀,则遂坐视章邯败杀项梁而不救。其后,项羽灭秦,分立诸侯王,乃徙田市王即墨,更封田都于临淄、田安于济北,而以田荣负项梁,不肯出兵助楚,不得王。羽之主约,人皆称其不平,而此事则未可非。荣逐田都,杀田安,且击杀田市于即墨,而并有三齐以自王,何其戾也?夫儋与荣、横三人为从昆弟,实齐之疏族,而假为故齐王建之弟,假之当立甚于儋。其立也又非取之儋手,荣必欲杀之,悖暴已极,乃因此仇项氏,以德为怨,又并儋子市而杀之,何哉?诚丧心害理之尤者。项氏之败,半为田氏牵缀,不西忧汉,而北击齐,以此致亡。汉宜心德田氏。然其后田横亡居海岛,高帝召之,则恐其为乱,非真欲赦之,横自知不免,来而自杀,高帝为流涕,葬以王礼。高帝惯有此一副急泪借以欺人,屡矣,不独于田横为然,心实幸其死,非真惜而哀之也。

灌婴于平诸吕为有功

　　诸吕之平,灌婴有力焉。方高后病甚,令吕禄为上将军,军北军,吕产居南军。其计可谓密矣。卒使郦寄绐说吕禄归将印,以兵属太尉,而诛诸吕者,陈平、周勃之功也。然其始惠帝崩,高后哭泣不下,此时高后奸谋甫兆,使平、勃能逆折其邪心,安见不可扑灭者?乃听张辟疆狂竖之言,请拜产、禄为将,将兵居南北军。高后欲王诸吕,王陵守白马之约,而平、勃以为无所不可,然则成吕氏之乱者平、勃也。幸而产、禄本庸才,又得朱虚侯之忠勇,平、勃周旋其间,而乱卒平,功尽归此两人,而孰知当留屯荥阳与齐连和之时,婴之远虑有过人者?齐王之杀其相而发兵,夺琅琊王兵,并将而西也,此时吕禄独使婴击之。婴,高帝宿将,诸吕方忌故大臣,而危急之际,一旦假以重兵,此必婴平日伪自结于吕氏,若乐为之用者,而始得此于禄,既得兵柄,遂留屯荥阳,待其变而共诛之。其时吕氏乱谋急矣,顾未敢猝发者,彼见大将握重兵在外,而与敌连和以观变,恐猝发而婴倍之,反率诸侯西向,故犹豫未忍决,于是平、勃乃得从容定计,夺其兵权而诛之。然则平、勃之成功,婴有以助之也。然婴不以此时亟与齐合引兵而归,共诛诸吕,乃案兵无动者,盖太尉入北军,吕禄归将印,此其诛诸吕如振槁叶耳,若婴合齐兵而归,遽以讨吕氏为名,则吕氏乱谋发之必骤,将印必不肯解,而太尉不得入北军矣,彼必将胁平、勃而拒婴与齐之兵,幸而胜之,喋血京师,不戕千万之命不止,此又婴计之得也。

十七史商榷卷六

史记六

郦陆传附

《史记·郦生陆贾传》末提行起附平原君朱建事，此传写者误提行，当连写。观论赞，则附建事当亦是子长笔，惟其中建劝黥布勿反，云"语在《布传》"，而裴骃云"《布传》无此语"，此为可疑。但太史公赞言："平原君子与余善，是以得具论之。"则知此段仍子长笔也。至此下又重述郦生初见沛公及说下陈留事，语皆重见，何用赘出？悉褚先生妄附益耳。其中误以籍孺、闳孺为一人，此道听途说，《索隐》已讥之，而今皆与元文相乱，何也？

张恢先

《史记·晁错传》："学申商刑名于轵张恢先所。"徐广曰："先即先生。"《汉书》则"先"直作"生"，师古曰："轵县之儒生，姓张名恢。"而此传末有邓公，则《汉书》作邓先。师古曰："邓先，犹云邓先生也。"又《匈奴传》：匈奴"见汉使非中贵人，其儒先"。裴骃曰："先，先生也。"《汉书》"先"亦作"生"，以"先生"为"先"，古有此语，班氏改"先"为"生"，以其亦可单称"生"也。《贡禹传》："天子报禹曰：'朕以生有伯夷之廉，史鱼之直。'"师古曰："生谓先生也。"《梅福传》："叔孙先非不忠。"师古曰："先，犹言先生也。"①《晋书·郭璞传》：璞好卜筮，才高位卑，著《客傲》，曰："无沉冥之韵，而希风乎严先。"严先者，严先生遵也。

聂翁壹

《史记·韩长孺传》、《匈奴传》俱有聂翁壹，《汉书》于《韩传》作"聂

---

① "犹言"，据中华书局标点本《汉书》增。

壹"，于《匈奴传》则仍作"聂翁壹"。盖"壹"者其名，"翁"者老称。《方言》"周、晋、秦、陇谓父为翁"，故可省。

匈奴大宛

《匈奴》赞但言《春秋》定哀多微词，又泛论宜择将帅。《大宛》赞只辨昆仑虚妄，余置不论。传中言"案古图书，名河所出山曰昆仑"，而赞则云"恶睹所谓昆仑"，有味可想。

《大宛传》始之以张骞，终之以李广利。叙骞事作结束之笔则云："于是西北始通汉矣，然张骞凿空。"著其首倡邪谋也。叙广利事作提唱之笔则云："欲侯宠姬李氏，拜广利为贰师将军，以往伐宛。"见此举志荒矣。班氏以二人截分两传，体例明整，马不如班；文笔离奇，班不如马。

往伐宛者数万人，入玉门者仅万余人，死亡十之九矣。《卫将军传》云："两军出塞，官私马十四万匹，复入塞者不满三万匹。"言马以见人也。

卫将军骠骑

《卫将军骠骑列传》叙述战功虽详，而指摘其短特甚。其论赞又补叙苏建责大将军至尊重，而天下贤士大夫无称，宜招选贤者。大将军谢以奉法不敢招士，与传中和柔自媚等语相应。其下则云："骠骑亦放此意。"而末束以一句云："其为将如此。"论体应加褒贬，此则叙述而止，无所可否，乃论之变例，隐以见其人本庸猥，用兵制胜皆竭民力以成功，岂真有谋略。"敌未灭无以家为"，亦是自媚之词，非其本心。"上益重之"者，与信燕齐怪迁士搤掔谈神仙同一受欺耳。此迁意也。

《李广传》赞美其死天下知与不知皆尽哀，忠心诚信于士大夫。《卫青传》赞则著其不肯招士，位尊而天下贤士大夫无称。两两相形，优劣自见。乃青名为不荐士，而倾危如主父偃，《汉书·偃传》云：立卫皇后，偃有功焉。此偃所以报青。残贼如减宣，皆其所荐。又为郭解请免徙关内。然则青特不荐贤耳，于不肖者未尝不交通援引也。

《佞幸传》末忽赘二语云："卫青、霍去病亦以外戚贵幸，然颇用材能自进。"一若以此二人本可入《佞幸》者，子长措词如此。

公孙弘等

公孙弘及主父偃、徐乐、严安皆倾险浮薄之徒耳，而其上书言事皆能谏止用兵，盖是时如若辈者犹倚正论以行其说，武帝亦喜而恨相见晚。武帝好文，故爱其辞而不责其忮己。偃既任用，遂请城朔方以为灭匈奴之本，与初进议论大相矛盾矣。

公孙弘以儒者致位宰相封侯，乃与主父偃同传。张汤、杜周皆三公也，乃入之《酷吏传》。子长恶此三人特甚，故其位置如此。至班氏欲体裁整齐，故遂提公孙弘与卜式、兒宽同传，而主父偃自与严助、朱买臣辈同传。搭配停匀，殊觉合宜，不似子长之不伦不类矣。至于张、杜两人，在子长轻薄之则可，岂料其子孙名臣相继，富贵烜赫，自不便复入《酷吏》，故班氏不得已而升入列传。夫两人皆残刻小人，致位三公亦过矣，乃其后复大昌，诚不可解。班氏求其故而不得，故于《汤传》赞则以"汤虽酷烈，及身蒙咎"为解，见其余殃不当又及子孙。若杜周则善终者，班氏几无以为解，故于传赞深致其疑讶，而终解之曰："自谓唐杜苗裔，岂其然乎？"见得除非因此或当流庆，此等措词之妙，班直不让马矣。吁！自有马、班，而二人之恶，孝子慈孙百世不改。若非良史，则为善者惧、为恶者劝，史权不亦重哉！苏氏洵讥班以畏张纯之徒，故升汤等于列传，殊未谅班之苦心。

汤之后有安世，有放，至东京则张纯为议礼名臣，与郑康成同传。周之后有延年，至东京则杜笃，在《文苑传》，而杜畿又魏之名臣，杜预又晋之名臣，直至唐之杜子美，乃为诗人弁冕，自子美以下始无闻，遗泽之远至千余年，代有名人。

司马相如

《战国策》叙苏秦贫贱时困厄之状，及佩赵国相印归，而父母郊迎三十里，妻侧目而视、侧耳而听。《史记》：司马相如窃妻买酒舍酤酒，令妻当炉，身着犊鼻裈，涤器市中。及拜中郎将，建节驰传，使蜀太守郊迎，县令负弩矢前驱，卓王孙喟然叹，自以使女得尚长卿晚。《汉书》：朱买臣贫，为妻所弃，后拜会稽太守，衣故衣，怀印绶，步归郡邸，守邸与上计掾吏惊骇，遂乘传去见故妻，载之后车，妻自经死。三者正是一副笔墨。史传中写小人得志情形亦多矣，而《国策》、《史》、《汉》尤善描摹。穷秀才诵之不觉眉飞色舞，作《四书》八股文者，每拈《孟子》"舜发畎亩"一章题，便将此段兴会阑入毫端，真堪一噱。然如苏秦及买臣终得惨祸，稍有识者犹知戒。若相如之事，轻薄文人自许风流，千载下犹艳羡不已，自知道者观之，则深丑其行而不屑挂齿牙间也。韦昭注相如事云："言其无耻也。"昭本通经，此言甚有识。若司马迁虽有识，究属文士，颇有取于相如之文而载之，讥之之意半，取之之意亦半。

司马相如传赞后人所乱

《司马相如传》赞："太史公曰：《春秋》推见至隐，《易》本隐之以显[①]，《大雅》言王公大人而德逮黎庶，《小雅》讥小己之得失，其流及上。所以言虽外殊，其合德一也。相如虽多虚辞滥说，然其要归引之节俭，此与《诗》之风谏何异。扬雄以为靡丽之赋，劝百风一，犹驰骋郑卫之声，曲终而奏雅，不已亏乎？余采其语可论者著于篇。"《汉书》赞全用其文，但于首加"司马迁称"四字，末尾删"余采其语"云云。大约《史记》一书为后世妄人附益甚多，"扬雄"云云，乃班氏之言；"余采其语"云云，仍是司马氏之元本。不知何人妄取班以益司马，遂成此惑。

儒林传

子长于《封禅》、《平准》等书，《匈奴》、《大宛》等传直笔无隐，至《儒林传》则力表武帝之能尊儒。又田蚡、公孙弘本传及他传恶之殊甚，而《儒林传》则言：蚡为相，始绌黄老、刑名百家之言，而延儒者。弘以《春秋》白衣为三公，而天下学士靡然乡风。皆是深许之。且又详载弘请置博士弟子等奏，制曰"可"，而结之曰："自此以来，则公卿大夫士吏斌斌多文学之士矣。"其归功于武帝君臣如此。此篇多是颂扬，可谓不以人废言，恶而知其美也。班氏所云"不虚美，不隐恶"，良信。而先黄老后《六经》，非子长本意明矣。

公孙弘疾汲黯，则请徙为右内史；疾董仲舒，则请使相胶西王。《五宗世家》言"胶西于王端为人贼戾，所杀二千石甚众"。弘之请使为

---

① "隐之以显"原作"隐以之显"，据中华书局标点本《史记》乙。

相,欲杀之也,与卢杞陷颜真卿正同。其后胶西王卒善待仲舒,媢嫉者为徒劳矣。

酷吏传

《酷吏传》论称十人,盖郅都、宁成、周阳由、赵禹、张汤、义纵、王温舒、尹齐、减宣、杜周也。而其叙首中又带叙侯封、晁错二人,共十二人。晁错虽刻深,究以文学进,子长不忍抑之与刀笔吏及攻剽为群盗椎埋为奸者伍,故只用带叙;侯封则于叙首中已明目之为酷吏矣,而不数者,子长意以酷吏惟郅都当景帝时,余皆盛于武帝之世,侯封高后时人,故略而不数。于《都传》中特提云:"是时民朴,畏罪自重,而都独先严酷,致行法。""民朴畏罪"则固无所事重法矣,"而都独先严酷"云云者,深著都实首恶,以为世戒也。次叙宁成、周阳由皆从景帝入武帝者,而又特提云:"武帝即位,吏治尚循谨甚,然由居二千石中最为暴酷。"末又结之云:自成、由后,"事益多,民巧法,大抵吏之治类成、由等矣"。见酷吏多而吏治坏,在武帝世也。又次赵禹,而言禹晚节吏愈严,而禹治反名为平。其用意如此。后又详述盗贼滋起,官事耗废皆由酷吏所致,乃又云"惨酷斯称其位",一似自相矛盾者,纡其词耳。

十二人中得免祸良死者仅赵禹、尹齐、杜周三人而已,弃市者五人,自杀者三人,髡钳者一人。杨仆不应提行另起,必是后世陋儒所改,非子长元本。班氏因此遂以杨仆列酷吏数中,子长不数也。详玩《史记》原文自明。且仆为将军,班以征伐事皆入《酷吏传》,尤不类。班氏于十二人之后增益昭、宣以下四人:田广明、田延年、严延年、尹赏也。良死者仅尹赏而已,余三人其二皆弃市,其一自杀。

通饮食

《史记·酷吏传》:盗贼滋起,乃使范昆等发兵兴击,"斩首大部或至万余级,及以法诛通饮食,坐连诸郡,甚者数千人"。"通饮食坐连",《汉》作"通行饮食坐相连"。彼《尹赏传》云:守长安令,捕长安中轻薄少年恶子数百人,"皆劾以为通行饮食群盗"。又《元后传》:绣衣御史暴胜之等"奏杀二千石,诛千石以下,及通行饮食坐连及者"。"通饮食"之义如此。

《后书·陈宠传》宠子忠上疏曰:"穿窬不禁,则致强盗;强盗不断,则为攻盗。故亡逃之科,宪令所急,通行饮食,罪致大辟。"注:"通行饮食,犹今律云过致资给,与同罪也。饮音荫,食音寺。"

滑稽传附

《滑稽传》末,褚先生附甚多,若王夫人请封其子于齐,事重出,可厌。邺令西门豹事,又不当附《滑稽》。

史通驳史记

《史通》曰:"太史公述《儒林》,则不取游、夏之文学;著《循吏》,则不言冉、季之政事;至于《货殖》为传,独以子贡居先。成人之美,不其缺如?"愚谓游、夏、冉、季、子贡已载《仲尼弟子列传》,《史通》妄也。《困学纪闻》有《史记正误》篇。愚谓子长与经传抵牾处诚多,至如《史通》此条,《纪闻》亦取之,则无识。

太史公

《自序》篇内自"谈为太史公"以下一段叙其父谈事,凡六称"太史公",皆指谈也。自"太史公曰先人有言"云云以下,既述父谈之言,又与上大夫壶遂相往复,又自述遭李陵之祸作《史记》事,凡四称"太史公",皆自谓。至其下文云"汉兴,文学彬彬稍进,百年之间,天下遗文古事靡不毕集太史公",此则又属其父。其下又云"太史公仍父子相续纂其职",则标明其父子相继为太史令,故皆得称"太史公"之旨。其下又序作纪、表、书、世家、列传凡百三十篇,"为《太史公书》序略"。此称父子共之。末又总结之曰:"太史公曰:余述黄帝以来至太初而讫。"此"太史公"则又属自称。若本纪、列传等篇之赞所云"太史公曰"者,则亦皆自称。班氏误以谈言为迁言,盖因名称参错炫目致涠。

司马氏父子异尚

《太史公自序》述其父谈论六家要指,谓阴阳、儒、墨、名、法、道德也。其意以五家各有所长,亦各有所短,并致其不满之词,而独推崇老氏《道德》,谓其能兼有五家之长,而去其所短,且又特举道家之"指约易操,事少功多",与儒之"博而寡要,劳而少功"两两相校,以明孔不如老,此谈之学也。而迁意则尊儒,父子异尚,犹刘向好《穀梁》而子歆明《左氏》也。观其下文称引董仲舒之言,隐隐以己上承孔子,其意可见。

汉初,黄老之学极盛。君如文景,宫闱如窦太后,宗室如刘德,将相如曹参、陈平,名臣如张良、汲黯、郑当时、直不疑、班嗣,《汉·叙传》。处士如盖公、《曹参传》。邓章、《袁盎传》。王生、《张释之传》。《盖宽饶传》亦有王生,其议论绝类老氏,但为太子庶子,且与文帝时代隔远,与《释之传》中王生非一人。黄子、《司马迁传》。杨王孙、自有传。安丘望之见《后书·耿弇传》。等皆宗之。东方朔戒子以首阳为拙,柱下为工,应劭曰:老子为周柱下史,朝隐,故终身无患,是为工也。是亦宗黄老者,而迁独不然。《汉》本传赞,谓迁论大道先黄老而后《六经》,此本班彪之言,见《后汉》本传,而固述之。桓谭谓大司空王邑纳言严尤曰:"老聃著虚无之言两篇,薄仁义,非礼乐,然好之者以为过于五经,自汉文景之君及司马迁皆有是言。"班彪、桓谭皆误以谈之言即迁之意。

《汉·叙传》述其从父嗣好黄老,父彪则尊儒,迁意与班同,但不便斥老,斥老则形父之短耳。

胶西盖公善治黄老言,曹参为齐相,厚币请之。盖公为言"治道贵清静,而民自定"。参于是避正堂舍盖公,其治要用黄老术。及入为相国,壹遵萧何约束,日夜饮酒不事事,民歌之曰:"萧何为法,较若画一;曹参代之,守而勿失。载其清静,民以宁壹。"盖萧、曹皆学黄老者。张良、陈平同传,《平传》称少好读书,治黄帝、老子之术。而良爱《黄石公书》。是良、平二人皆黄老也。

裴注引卫宏非是

裴骃于《自序》末引卫宏《汉旧仪注》云:"司马迁作《景帝本纪》,极言其短及武帝过,武帝怒而削去之。后坐举李陵,陵降匈奴,故下迁蚕室。有怨言,下狱死。"今观《景纪》,绝不言其短。又迁下蚕室在天汉三年,后为中书令尊宠任职,其卒在昭帝初,距获罪被刑盖已十余年矣,何得谓"下蚕室,有怨言,下狱死"乎?与情事全不合,皆非是。

十七史商榷卷七

汉书一

汉书叙例

今人家《汉书》多常熟毛氏汲古阁刻本，字密行多，篇帙缩减，诚简便可喜，予亦用之。但前明南监板有颜师古《叙例》，此削去不存，则来历不明。凡读书，最切要者目录之学。目录明，方可读书；不明，终是乱读。据《叙例》，注《汉书》者师古以前凡五种：一服虔，二应劭，各为《音义》，自别施行。三晋灼，西晋人，集服、应为一部，又以意增益，辨前人当否，号《汉书集注》，凡十四卷。永嘉丧乱，此书不至江左。自东晋迄梁、陈，江左学者皆弗见。四臣瓒，不知其姓，亦晋初人。总集诸家，续厕己见，名《集解音义》，凡二十四卷。又《史记集解序》："《汉书音义》称'臣瓒'者，莫知氏姓。"《索隐》曰："即傅瓒，刘孝标以为于瓒，非也。据何法盛《书》，于瓒以穆帝时为大将军，诛死，不言注《汉书》。又其注有引《禄秩令》及《茂陵书》，然彼二书亡于西晋，非于所见也。必知是傅瓒者。《穆天子传·目录》云：傅瓒为校书郎，与荀勖同校《穆天子传》，即当西晋之朝，在于之前，尚见《茂陵》等书。称'臣'者，以其职典秘书也。"《索隐》此说是。师古不信，太拘。又李廑芸云："臣瓒"，《水经注》多作"薛瓒"，并有逸文存参。五蔡谟。《晋书》七十七卷本传："谟，东晋元帝时始入仕。卒于穆帝永和末，年七十六。谟总应劭以来注班固《汉书》者，为之集解。"师古则云："谟全取臣瓒一部散入《汉书》。"然则谟但袭取瓒书，初不知取应劭以来众家，《晋书》非也。师古又云："自此以来始有注本。"盖汉人经注，与经别行，服、应、灼、瓒亦用此体，不载《汉书》正文，并合为一自谟始。师古据此五种折衷而润色之。又，《叙例》胪列诸家姓名、爵里、出处，凡二十三人，大约晋灼于服、应外添入伏俨、刘德、郑氏、李斐、李奇、邓展、文颖、张揖，揖所著，今传者有《广雅》，卷首题"魏张揖撰，隋曹宪音解"。宪避炀帝讳，改名《博雅》。上书表自称"博士臣揖"，当是曹魏人。苏林、张晏、如淳，《广韵》引《晋中经部》云："魏有陈郡丞冯翊、如淳注《汉书》。"孟康、项昭、韦昭《三国志·昭传》不言注《汉书》，然昭注《国语》今存，而传亦无，则传不备也。十四家。臣瓒于晋所采外添入刘宝一家。师古则于五种外又添荀悦《汉纪》并崔浩《汉纪音义》及郭璞注《司马相如传》三家。《叙例》云："储君上哲之姿，守器之重，以孟坚述作宏赡，服、应、苏、晋尚多疏紊，蔡氏纂集尤为抵牾，顾召幽仄，俾竭刍荛。"考《旧唐书》七十三卷本传："颜籀字师古，齐黄门侍郎之推孙也。其先本居琅邪，世仕江左。之推历事周、齐，齐灭始居关中。"师古贞观十一年为秘书少监，"时承乾在东宫，命师古注《汉书》，解释详明。承乾表上之，太宗令编之秘阁"。语与《叙例》合。《叙例》又云："岁在重光，律中大吕，是谓涂月，其书始就。"重光是辛年，当为贞观十五年辛丑。《旧唐》七十六卷《承乾传》言，承乾以十七年被废为庶人，徙黔州，则此书之成必十五年矣。师古十九年卒，年六十五，则书成时年六十一也。其述服、应、苏、晋、蔡氏，不及臣瓒，以蔡氏即全取臣瓒耳。但本传又言"师古叔父游秦撰《汉书决疑》十二卷，为学者所称。师古注《汉书》多取其义"。今《叙例》竟不及游秦，全书中亦从未一见。本传载："师古典刊正，引后进为雠校，抑素流，先贵势，富商大贾亦引进之，物论称其纳贿。太宗谓曰：'卿学识可观，但事亲居官未为清论所许。'"师古之为人如此，攘叔父之善而没其名，殆亦其一蔽乎？《新书》一百九十八卷《儒学·师古传》与《旧书》略同。

《史记》裴骃注引《汉书音义》，考之《汉书》往往为孟康等家之言，间亦有无诸家名而直为师古之言者，若果为师古之言，则裴骃是宋人，安得引之？可见师古剿袭旧注不著其名者，亦时时有之。张守节于《集解序》注云："《汉书音义》中有全无姓名者，裴氏直云'《汉书音义》'。大颜以为无名义，今有六卷，题云孟康，或云服虔，盖后所加，皆非其实，未详指归也。"大颜即游秦。即如是，师古亦宜如《九经疏》引《尔雅》某氏之例，称"某氏"，不当攘为己说。况如《地理志》末总论一段内"雒邑与宗周通封畿"句下颜注一段，今《毛诗·王风谱疏》引之，以为臣瓒注。孔颖达与师古同时，目睹旧注，知其为臣瓒而引之。师古公然攘取以为己有，此类非一。

许慎注汉书

许慎尝注《汉书》，今不传，引见颜注中者尚多，不知五种中是何种中所采。《叙例》不列其名，不知何故。慎所著全部惟《说文》存，余《五经异义》、《淮南子注》皆不存，但引见他书。

刘之遴所校汉书

　　《南史》五十卷《刘之遴传》：梁鄱阳嗣王范得班固《汉书》真本，之遴参校异同，录状云："古本《汉书》称永平十六年五月二十一日己酉，郎班固上，今本无上书年月日。古本《叙传》号为中篇，今本称为《叙传》。今本《叙传》载班彪事，古本云'彪自有传'。今本纪、表、志、传不相合为次，古本相合为次，总成三十八卷。今本《外戚》在《西域》后，古本《外戚》次《帝纪》下。今本《高五子》、《文三王》、《景十三王》、《武五子》、《宣元六王》杂在诸传中，古本《诸王》悉次《外戚》下，在《陈项传》上。今本《韩彭英卢吴》述云：'信惟饿隶，布实黥徒，越亦狗盗，芮尹江湖。云起龙骧，化为侯王。'古本述云：'淮阴毅毅，仗剑周章，邦之杰子，实惟彭、英。化为侯王，云起龙骧。'古本第三十七卷解音释义，以助雅诂，今本无此卷。"考其所云"今本"者，则梁世所行之本，与今刻不异，既编次体例若是之参错，则字句异者亦必甚多，乃仅举《韩彭》叙述数句，恐之遴等亦未能全校耳。云"《外戚》次《帝纪》下"，"《诸王》次《外戚》下，在《陈项传》上"云云，一似古本无表、志者。其实则《外戚》在表、志后，《诸王》在《外戚》后、《陈项》上耳，不以文害词可也。今《汉书》一百二十卷，而古本只三十八，中又有《音义》一卷，则古本卷甚大，其并合如何已无考，而《音义》在三十七，则《叙传》仍当居末，而无《音义》也。

监板用刘之同本

　　前明嘉靖初，南京国子监祭酒甬川张邦奇修补监中《十七史》旧板，并添入《宋》、《辽》、《金》、《元》，十一年七月成。其《汉书》所据建安书坊刘之同板也。盖自师古注后，传本不一。宋仁宗景祐二年，秘书丞余靖为《刊误》，备列先儒姓名二十五人，师古所列二十三人外添师古及张泌也。泌，江南人，归宋，太祖时收伪国图籍，召京朝官校对，皆题名卷末。今《艺文志》末附校一段不称"臣泌"。张良、司马相如、东方朔、扬雄四传末各附校一段则称"臣泌"，似泌等语皆附各卷末矣。而《贾谊传》中臣泌语则又插入颜注，不别附卷末，盖传写参错。《宋史》三百二十卷《余靖传》云："字安道，韶州曲江人。为秘书丞，建言班固《汉书》舛谬，命与王洙并校司马迁、范蔚宗二史。书奏，擢集贤校理。"与校例合。余靖之后又有宋景文祁校本，凡用十六本参对而成，建安板即用景文本为正，又别采入诸家辨论，凡十四家，刻于宁宗庆元中。既冠师古《叙例》于前，又附余靖、宋祁原校所采先儒姓名书目。之同又称景文所据为十五家。按：其目实十六，殆因江南本原系宋平江南所得，而舍人院本即江南本之藏舍人院者，一本二目，故并称之。之同所采三刘《刊误》，出刘敞与其弟攽、其子奉世撰。《宋史》三百十九卷《敞传》云："字原父，临江新喻人。"不言有此书。惟《攽传》云："字贡父。邃史学，作《东汉刊误》，为人所称。司马光修《资治通鉴》，专职汉史。"《奉世传》云"字仲冯，精《汉书》学"而已。其实《两汉》皆有三刘评论，虽与宋祁同时，而祁却未采。今书已亡，赖之同采之得存。毛氏汲古阁板于颜注外仅存臣瓒等五条，其余尽去之，不如监板所据之建安板为该备。

史汉烦简

《晋书·张辅传》："辅著论云：'司马迁叙三千年事唯五十万言，班固叙二百年事乃八十万言，烦省不同。此固不如迁。'"愚谓此强作解事。史体至《史记》而定，班踵马体，则才似逊，然论古正不必尔。若以烦简定高下，此何说乎？马意主行文不主载事，故简；班主纪事详赡，何必以此为劣？

刊误补遗

三刘氏作《刊误》，而昆山吴仁杰斗南又作《刊误补遗》，是当为"刊刊误"矣。今予于吴氏再为饶舌，则又当为"刊误补补遗"矣。展转驳难，纸墨益多，岂不无谓而可笑。人生世上，何苦吃饱闲饭作闲嗑牙？但《曝书亭集》于此书盛相矜许，人或因此遂奉为枕中鸿宝，而不察其为醇疵互见之作，则恐贻误后学。斗南辨析汉事，掊击小颜，甚有功，稍嫌援引多、裁断少耳。至纠缠诸经诂训，于史学中搀入经学，横加掎摭，剔剜不休，则非也，宜分别观之。即如"京兆"注，以京为绝高，又训为"大兆"，为"众"，此甚可通。而斗南以为不然，谓古人称"京师"者，"京"是地名，不必定天子所居；"师"则都邑之称，而非众也，援洛师为证。殊不知《洛诰》洛师郑康成注正以"师"为"众"，然则"师"之所以得为都邑之称者，正取众义也。而"兆"本众义，其取众明矣。又据《诗·公刘》篇"于京斯依"、"京师之野"，以为"京"是邠土别名，公刘时已称京师，不必天子，此则更妄。《公刘》篇乃召康公作，岂公刘时语？况毛、郑以"京"为绝高、"师"为众，吴反据以驳《汉书》注可乎？因论《人表》所列"八元"、"八恺"，遂以己意尽改《舜典》郑注及孔传。廷坚、伯与、朱虎、熊罴本四人耳，今分廷坚为二，朱虎、熊罴为四，凭臆而谈，不顾人笑来。尤可骇者，《胤征》篇胤所征之羲、和，与斟灌、斟寻风马牛不相及，忽然搅和打成一团，因羲、和是重黎之后，而《国语》黎后有斟姓，遂谓斟灌、斟寻即羲、和，谓《人表》分列为误。又东坡苏氏文士也，恃其才高，遂尔攘臂说经，要为强作解事。《书序》云："羲、和湎淫，废时乱日。"《序》，孔子所作，的确可信。东坡忽然翻案，谓羲、和乃夏之忠臣，党于太康与相者，胤则羿之党，而《胤征》一篇，乃羿之史臣所作。斗南承苏之说而演之，谓羿假王命以行，如司马氏讨诸葛诞而假魏主命。天下有忠臣而湎淫者乎？此事予别有辨。又以羿非即寒浞之子名浇者，《益稷》篇云："毋若丹朱傲。""傲"一作"羿"，即此人是。"罔水行舟"，即谓其荡舟；"朋淫于家"，即谓其与丹朱朋比为淫。此人在唐世，不与夏羿同时。又谓周之太颠即师尚父太公望。任意造言，纰缪斯极。《武成》篇是伪本，以丁未至庚戌为越三日，非是，当为越四日。孔颖达回护伪经，而以为"四"字积画误为"三"，此遁辞也。处士严发碑虽系汉碑，而书日之法与伪《武成》同。洪适《隶续》曲为解，皆非是。斗南谓《召诰》是《武成》非，并讥严发碑之非，其说善矣。然终不能辨《武成》为伪，则何也？又谓郑康成知方明为会盟之仪，而不知其为明堂，为知二五而不识十，亦妄。大约一涉经典便凿空杜撰，此赵宋人之恒态，凡大儒皆然，于斗南何诛？

十七史商榷卷八

汉书二

梦与神遇

《高纪》："高祖母媪尝息大泽之陂，梦与神遇。是时雷电晦冥，父太公往视，则见交龙于上。已而有娠，遂产高祖。"颜师古注："遇，会也。不期而会曰遇。"考《毛诗·草虫》云"亦既觏止"。传云："觏，遇也。"郑笺引《易》"男女觏精"。"梦与神遇"谓此也。颜注非。

见 怪

"高祖醉卧，武负、王媪见其上常有怪。高祖每酤留饮，酒雠数倍。及见怪，两家折券弃责。"《史记》则作"常有龙，怪之"，然后继以"高祖每酤"云云。考《国语》："水之怪曰龙、罔象。"是龙，固可称怪也。下文云"季所居其上常有云气"，即所谓"其上常有怪"也。《史记》上言"龙"，下言"怪"，中又插入"怪之"二字，殊嫌错杂，不如《汉书》删"怪之"二字而以二"怪"为一较明悉。

左司马得

"秦泗川守壮与沛公战，败走至戚，沛公左司马得杀之。"师古曰："得者，司马名。"《史记》"得"下有"泗川守壮"四字，则"得"者"得其人杀之"，非名。此注《史记索隐》已言其非。

不言姓

秦泗川守壮不言姓，似守不当言姓矣。然下文"沛公与项羽西略地至雍丘，与秦军战，败之，斩三川守李由"。应劭曰："由，李斯子。"则言姓。又其下言"沛公与南阳守齮战犨东"，《汉纪》作"吕齮"，则又不言姓。又其下言"高武侯鳃、襄侯王陵降"，鳃不言姓，王陵则言姓。皆是随便言之，并无义例。又如《项籍传》中会稽守通，注引《楚汉春秋》，知是殷通。如此之类，不言姓者甚多，亦皆随便言之，若云史失其传，亦非也。

《高后纪》：七年，"南越侵盗长沙，遣隆虑侯灶将兵击之"。应劭曰："灶姓周。"不言姓也。《文纪》："济北王兴居反，以棘蒲侯柴武为大将军击之。"则又言姓。而文帝崩，"中尉亚夫为车骑将军，属国悍为将屯将军，郎中令张武为复土将军"，一节之中，或言姓，或不言姓。《景纪》：四年，"御史大夫绾奏禁马高五尺九寸以上"，不得出关。卫绾也。而《武纪》：建元二年，"御史大夫赵绾坐请毋奏事太皇太后"，下狱自杀。二人官同也，一不言姓，一言姓。且《景纪》：三年，吴王濞反，"遣太尉亚夫将兵击之"。周亚夫也。后元年，"条侯周亚夫下狱死"。一人也，忽不言姓，忽言姓。皆无义例。

《霍光传》：废昌邑王，群臣连名奏上太后，自丞相、大司马大将军以下直至诸吏文学三十六人，惟夏侯胜以有同姓名者故，特变例著其姓，而其余皆无姓。即以赵宋人勒石镂板者考之，若《说文》末附进状及中书门下牒守，散骑常侍徐铉，秘书省著作郎句中正，翰林书学王惟恭、葛湍，中书侍郎平章事李昉，参知政事吕蒙正、辛仲甫诸人，尊卑悬绝，皆有姓。而吾吴《林屋洞神景观中书门下牒碑》所列群臣，上自宰执，下至通判，或有姓，或无姓，或且但列其官而姓名皆无，义例都不可晓。今日奏疏公移，姓名皆具，当以此为定。

《高纪》：五年，诸侯上疏尊帝为皇帝，曰："楚王韩信、韩王信、淮南王英布、梁王彭越、故衡山王吴芮、赵王张敖、燕王臧荼昧死再拜言。"凡诸侯王皆言姓。至《高后纪》：二年，诏差次列侯功定朝位，丞相臣平言："谨与绛侯臣勃、曲周侯臣商、颍阴侯臣婴、安国侯臣陵等议。"陈平、周勃、郦商、灌婴、王陵皆不言姓。《文纪》：群臣迎代王至邸，上议曰："丞相臣平、太尉臣勃、大将军臣武、御史大夫臣苍、宗正臣郢、朱虚侯臣章、东牟侯臣兴居、典客臣揭再拜言。"亦皆不言姓。或以郢等皆刘氏，不便岐出，故并平、勃及柴武、张苍姓亦不见。则《高后纪》所载五人皆异姓，而皆不言姓，又何说也？《宣纪》：本始元年，诏曰："故丞相安平侯敞杨敞。等与大将军光、霍光。车骑将军安世张安世。建议定策，功赏未加而薨。其益封敞子忠及丞相阳平侯义、蔡义。度辽将军平陵侯明友、范明友。前将军龙雒侯增、韩增。太仆建平侯延年、杜延年。太常蒲侯昌、苏昌。谏大夫宜春侯谭、王谭。当涂侯平、魏平。杜侯屠耆堂、姓复陆。长信少府关内侯胜夏侯胜。邑户各有差。封御史大夫广明为昌水侯，田广明。后将军充国为营平侯，赵充国。大司农延年为阳城侯，田延年。少府乐成为爰氏侯，史乐成。光禄大夫迁为平丘侯。王迁。赐右扶风德、周德。典属国武、苏武。廷尉光、李光。宗正德、楚元王之曾孙，刘辟疆子。大鸿胪贤、韦贤。詹事畸、宋畸。光禄大夫吉、丙吉。京辅都尉广汉赵广汉。爵皆关内侯。"亦皆不言姓，皆无义例。

《宣纪》：五凤二年"夏四月己丑，大司马车骑将军增薨"。韩增也。甘露元年二月，"大司马车骑将军延寿薨"。许延寿也。《成纪》：永始"二年春正月己丑，大司马车骑将军王音薨"。或言姓，或不言姓，皆无义例。

《惠纪》：二年"秋七月辛未，相国何薨"。萧何也。五年"秋八月己丑，相国参薨"，曹参也。《文纪》："二年冬十月，丞相陈平薨。""四年冬十二月，丞相灌婴薨。"《景纪》：二年"六月，丞相嘉薨"，申屠嘉也。《武纪》：元光四年"春三月乙卯，丞相蚡薨"，田蚡也。元狩二年"春三月戊寅，丞相弘薨"，公孙弘也。或有日或无日，或言姓或不言姓，皆无义例。

《后书·鲍永传》永子昱，"中元元年，拜司隶校尉，诏昱诣尚书，使封胡降檄。光武遣小黄门问昱有所怪不？对曰：'臣闻故事，通官文书不著姓，又当司徒露布，怪使司隶下书而著姓也。'帝报曰'吾欲令天下知忠臣之子复为司隶也'"。注："檄，军书，若今露布也。"《汉官仪》曰："群臣上书，公卿校尉诸将不言姓。凡制书皆玺封，尚书令重封。唯赦赎令司徒印，露布州郡也。"今以予所摘《前书》等句考之，殊不尽然。

两增句

《史记·高祖纪》："秦二世元年秋，陈胜等起蕲，至陈而王，号'张楚'。"下即紧接"诸郡县多杀长吏以应涉"，然后继以"沛令欲以沛应涉"，以便入高祖事。《汉书》则于涉为王下添入"遣武臣、张耳、陈余略赵地。武臣自立为赵王"二句横亘其间，文势隔阂。后再补"赵王武臣为其将所杀"，与上相应，实皆冗句。又《史记》叙雍齿与丰子弟叛高祖,高祖怨之,下即云:"闻东阳宁君、秦嘉立景驹为楚王,乃往从之。"亦紧相承接。《汉书》乃于"怨"之下删去"闻"字,增入"张耳立赵后赵歇为赵王"一句横亘其中,使上下语脉隔断,而上文"怨雍齿与丰子弟叛之"之语,亦为赘疣无著。两处增句皆非是,亦正相类。

高祖得天下不改元

吴兴凌稚隆《汉书评林》所采明人议论少佳者,如许氏应元谓高祖既得天下,正帝号而不改元,于礼为缺。愚谓武王承父业犹仍文王年数,不改称元年,详拙著《尚书后案》第三十卷。汉初质朴近古,其不改元盖因于前事。彼许应元也者,何足以知之。

高 起

高祖置酒雒阳南宫,问通侯诸将所以有天下者,高起、王陵对云云。臣瓒曰:"《汉帝年纪》高帝时有信平侯臣陵、都武侯臣起。魏相、邴吉奏高帝时奏事有将军臣陵、臣起。"钱大昭云:"《魏相传》述高帝时受诏长乐宫者,但有将军臣陵无臣起,《汉纪》亦无,'高起'二字疑衍。"

长 安

"车驾西都长安"。师古曰:"长安本秦乡名。"按:《地理志》:"长安,高帝五年置。"当是自取美名,非必因秦乡名也。《史记》作"关中",班氏以关中地广,都在长安,故追改之耳。

田 肯

田肯,《史记》同,而《索隐》曰:"《汉书》及《汉纪》作'宵'。"按:郭忠恕佩觿曰:"《汉书》田肯,'肯'本作'肻',故误为'宵'耳。"

高祖非尧后

高祖母与神遇而生高祖,高祖自知非其父太公所生,故项羽置太公高俎上欲烹之,高祖曰:"必欲烹吾翁,幸分我一杯羹。"即位后朝太公,家令说太公拥彗迎门,"心善家令言,赐黄金五百斤"。足见帝之不以太公为父矣。师古谓善家令"发悟己心,因得尊崇父号,非善其令父敬己"。

非也。《后书·蔡邕传》李贤注以司马迁书此事为著其不善,是也。班氏作赞乃远引蔡墨、范宣子之言刘氏出自陶唐,遂谓汉帝系本唐帝,承尧运得天统,是何言邪!司马迁赞则言三代异尚,周末文敝,汉救以忠,为得统,绝不及尧后之说。此班改马而远失之者。夫三代同祖黄帝,其说荒远,然犹有因。刘太公间左细民,乃以为晋士会之族,处于秦而为刘氏,其后又由魏徙丰,不亦诬乎?《后汉·贾逵传》:逵奏:"五经家皆无以证图谶明刘氏为尧后者,而《左氏》独有明文。"此亦未免阿谀。《新唐书》一百三十二卷《刘知幾传》:"知幾撰《刘氏家史》及《谱考》,上推汉为陆终苗裔,非尧后。""非尧后"固然矣,而为"陆终后"亦何据乎?此亦可笑。

《后书·杜林传》:光武令群臣议郊祀,"多以为周郊后稷,汉当祀尧"。"林独以为周室之兴,祚由后稷,汉业特起,功不缘尧",故事宜因。定从林议。

十七史商榷卷九

汉书三

天子冠期

《惠纪》："四年冬十月壬寅,立皇后张氏。""三月甲子,皇帝冠,赦天下。"考惠帝此时年已二十矣。《景纪》："后三年正月,皇太子冠。"皇太子即武帝,时年十六。《昭纪》:始元"四年春三月甲寅,立皇后上官氏"。此时昭帝年十二。元凤"四年春正月丁亥,帝加元服"。师古曰:"元,首也。冠,首之所著,故曰'元服'。"此时昭帝年十八矣。《哀纪》:成帝欲以为嗣,"为加元服,时年十七"。《平纪》："帝崩,年十四,始加元服以敛。"按:古者天子、诸侯皆年十二而冠,冠而生子。汉初经典残阙,天子冠礼已无明文,故无定期。

公卿除授立皇后

诸帝纪中所书公卿百官,但有薨、自杀、弃市、要斩,而无除授年月,惟其大有关系如《文纪》拜宋昌为卫将军之类则书之,其余则虽相国、丞相亦不见有除授年月也。而封王侯则必书之,即猥冗如封栾大为乐通侯之类亦书之,是不可解。读帝纪者每患突见某官某薨、某官某有罪自杀,而竟不知其于何年为此官,赖《百官公卿表》见之。然愚以为三公九卿政治之本,帝纪全史之眉目,除授、迁徙、薨卒、刑杀皆当见于纪也。至若立皇后一事,书法参差不一,则尤有不可知者。《惠帝纪》书"四年冬十月壬寅,立皇后张氏"。《景帝纪》:六年"秋九月,皇后薄氏废",而其前绝不见立皇后薄氏之文,其下则书七年"夏四月乙巳,立皇后王氏"。《武帝纪》:元光五年秋七月"乙巳,皇后陈氏废",而其前绝不见立皇后陈氏之文,其下则又书元朔元年"春三月甲子,立皇后卫氏"。《昭帝纪》书始元"四年春三月甲寅,立皇后上官氏"。《成帝纪》:建始二年三月"丙午,立皇后许氏"。鸿嘉三年

"冬十一月甲寅,皇后许氏废"。《哀帝纪》初即位即书"五月丙戌,立皇后傅氏"。义例不一,殊不可解。

惠帝年

《惠纪》:七年"秋八月戊寅,帝崩于未央宫"。臣瓒曰:"帝年十七即位,即位七年,寿二十四。"按:帝年五岁,高祖为汉王。二年,立为太子,年六岁。十二年,高祖崩,帝即位,时年十六。又七年,崩,年二十三。臣瓒误。

娿

《高后纪》:"吕禄过其姑吕娿。"师古曰:"娿,吕后妹。"按:吕娿,樊哙妻也。《说文》:"贾侍中说楚人谓姊为娿。"《离骚》"女娿之婵媛",王逸注:"女娿,屈原姊也。"《陈平传》:"高帝命平斩哙,道中计曰:'哙,吕后女弟女须夫。'"则其为吕后妹甚明,盖姊妹通称。

尽杀诸吕

周勃、陈平、刘章既诛产、禄,悉捕诸吕,无少长男女皆杀之,并樊哙之妻吕娿及其子伉皆杀之,除恶莫若尽,此之谓矣。惟其能断,故能定乱。而唐敬晖、桓彦范、袁恕己、张柬之、崔玄晖不诛诸武,仅斩二张,遂谓无事,谋疏若此,其及祸宜也。

刘郢

《文纪》:群臣上议有"宗正臣郢",文颖曰:"刘郢也。"按:《百官表》:高后二年,"上邳侯刘郢客为宗正,七年为楚王"。又《王子侯》、《诸侯王表》并作"郢客"。而《史记》表与此纪文皆作"郢",未知孰是。

连日食

"三年冬十月丁酉晦,日有食之。十一月丁卯晦,日有蚀之。"连日食无此理,此与《春秋》连日食同,必有误。其后"七年正月辛未朔,日食",见《五行志》及《汉纪》,而此纪不书,则又遗漏。《五行志》:鲁襄公"二十四年七月甲子朔,日有食之,既"。"八月癸巳朔,日有食之。董仲舒以为比食又既,象阳将绝"。仲舒之曲说邪？抑理固如此邪？

封悼惠王子

四年"秋九月,封齐悼惠王子七人为列侯"。荀氏《纪》同。按:《王子侯表》悼惠王子十人,皆以五月封。此作"七人","九月封"。表胪列而书之十人,不得为七人,然则表示纪误也。

令 免

"以中大夫令免为车骑将军屯飞狐,故楚相苏意为将军屯句注。"师古曰:"中大夫,官名,其人姓令名免耳。此诸将军皆书姓,而徐广以为中大夫令是官名,非也。"按:荀氏《汉纪》"令免"作"李勉",徐、颜皆误。且据《百官公卿表》,景帝初始更名卫尉为中大夫令,文帝时本无此官名,则徐说尤为安矣。苏意,《荀纪》作"苏隐"。《百官公卿表》:惠帝七年,"奉常免"。师古曰:"名免也。"存疑。

青 翟

《景纪》:元年,"遣御史大夫青翟与匈奴和亲"。文颖曰:"姓严,讳青翟。"臣瓒曰:"此陶青也。庄青翟武帝时人,此纪误。"师古曰:"后人妄增翟字。"按:《百官表》正作"陶青"。

夺爵免官

"吏受官属送财物,夺爵为士伍,免之。"师古曰:"谓夺其爵,令为士伍,又免其官职,即今律所谓除名也。谓之士伍者,言从士卒之伍也。"愚谓《淮南厉王传》有"士伍开章等",如淳曰:"律,有罪失官爵,称士伍。"如淳以官爵连称,特随便言之。其实古人有官有爵,夺爵者不必免官,惟犯赃者则然。今有革职留任及革任,夺爵即革职,免官即革任。

出宫人

"文帝崩,归夫人以下至少使。"景帝崩,亦"出宫人归其家"。至武、昭乃有奉陵之制。平帝崩,王莽乃复"出媵妾,皆归家"。要之,文景之制,信可以为后世法。

徙民会稽

元狩四年,徙关东贫民于"陇西、北地、西河、上郡、会稽凡七十二万五千口"。会稽生齿之繁当始于此,约增十四万五千口也。

通回中道

元封四年,行幸雍,"通回中道,遂北出萧关"。应劭以为"自回中通道至长安者"固非,师古以为"自回中通道出萧关"亦于文义不顺。盖自雍通道至回中,遂自回中北出萧关耳。

盛 唐

元封五年,"南巡狩,至于盛唐"。文颖云:"盛唐在庐江。"韦昭云:"在南郡。"师古是韦说。按:《地理志》无盛唐县。唐开元中改霍山县为盛唐。《寰宇记》谓"即汉县",虽无的据,然下文即云"登潜天柱山",潜县属庐江,天柱即南岳霍山,则盛唐必近潜县地,文颖谓"在庐江"者得之。

大 搜

天汉元年"秋,闭城门大搜"。臣瓒以为"搜逾侈者",李奇以为"搜巫蛊",师古是臣瓒。愚谓:逾侈止须禁止,何用搜索?其明年秋,即有禁巫祠道中大搜事,而征和元年冬,亦以巫蛊大搜闭城门索,事皆相类,知是搜巫蛊奸人,非逾侈者。

天 山

天汉二年,贰师将军"与右贤王战于天山"。颜氏以天山即祁连山,《史记索隐》已疑其非。今考《寰宇记》云:"天山一名白山,今名折罗漫山,自伊州北连亘而西至蒲类海东北,东西千余里。"《西河旧事》云:"天山最高,冬夏常雪,故曰白山。山中有好木及铁,匈奴谓之天山,过之皆下马拜。"又云:"祁连山在张掖、酒泉二郡界上,东西二百余里,南北百里,有松柏,美水草,冬温夏凉,宜畜牧。"是天山在碛北,跨唐、伊、西庭三州境；祁连在张掖西南二百里，两山相去二千余里。颜氏混而为一，后人地志因之误矣。

口　赋

《昭纪》：元凤四年，诏"毋收四年、五年口赋"。如淳曰："《汉仪注》民年七岁至十四出口赋钱，人二十三。二十钱以食天子，其三钱者，武帝加口钱以补车骑马。"何氏云：贡禹上书言，古民无赋，算口钱起武帝征伐四夷，重赋于民，民产子三岁则出口钱，故民重困，至于生子辄杀，宜令儿七岁去齿乃出口钱，年二十乃算。如淳所引《汉仪注》乃元帝以后之制也。

下　杜

《宣纪》："尤乐杜、鄠之间，率常在下杜。"孟康曰：下杜"在长安南"。师古曰："下杜即今之杜城。"案：《水经注》："长安南出东头第一门名覆盎门，其南有下杜城。应劭曰：'故杜陵之下聚落也。'"其地在杜陵县之西南、鄠县东北，所谓"杜、鄠之间"也。若唐之杜城即汉杜陵县，后魏改名杜城者，非下杜也。

宣帝嗣昭帝

霍光立宣帝，成中兴之业，可谓得人矣。其奏议曰："礼，大宗无嗣，择支子孙贤者为嗣。孝武皇帝曾孙病已，可以嗣孝昭皇帝后。"见本纪，亦见《戾太子传》。则非也。昭帝，武帝子；宣帝，武帝曾孙，以嗣昭帝，乱昭穆之叙，奚可哉？若平帝乃哀帝从昆弟，王莽立之，不但贪其幼小，汉家本传子不传弟，莽恨哀帝，竟以平帝为成帝后，而哀帝不为置后，见《宣元六王传》。尤大变异事也。《后书·安帝纪》：邓太后诏以清河王子祐为孝和皇帝嗣，是为安帝。然则殇帝竟从殇礼不为立后。天子不当有殇礼，此亦非也。至明，武宗在位十六年，立世宗以继孝宗，而武宗竟无后，尤不可解。

宣帝年

黄龙元年"十二月甲戌，帝崩"。臣瓒曰："帝年十八即位，即位二十五年,寿四十八。"按:监本作"四十二",汲古阁毛板"八"字误。其实宣帝即位明年乃改元,寿四十三,监本亦误。

哀纪赞矛盾

《哀帝纪》赞称其"雅性不好声色"。又云"即位痿痹,末年浸剧"。而帝即位,说董贤貌,有"断褒"之爱,令贤妻通籍殿中,又以其女弟为昭仪,"昭仪及贤与妻旦夕上下,并侍左右"。赞之言一何矛盾!

年时月日

诸纪中纪事书年、书时、书月、书日,参差错出,惟年与时无不书,而月日多不具者,或四者全书之,或但书年时无月日,或但书年时月无日,皆无义例。史失其传邪?抑随便言之邪?再考。

十七史商榷卷十

汉书四

内　言

《王子侯表上》襄嚵侯建，晋灼曰："音内言嚵菀。"或云"内言"当作"巧言"，《小雅·巧言》"跃跃毚兔"是也。但本卷又有猇节侯起，晋灼亦云："猇音内言鸮。"则"内言"当是读法，既有内言当必更有外言，如高诱注《战国策》、《吕氏春秋》、《淮南子》诸书有所谓急气、缓气、闭口、笼口之类。而刘熙《释名》亦云："天，豫、司、兖、冀以舌腹言之，天，显也，在上高显也；青、徐以舌头言之，天，坦也，坦然高而远也。""风，兖、豫、司、冀横口合唇言之，风，氾也，其气博氾而动物也；青、徐言风蹴口开唇推气言之，风，放也，气放散也。"可见此等读法，汉人已有之。平、上、去、入四声始于齐、梁。《梁书》第十三卷《沈约传》："约撰《四声谱》，以为在昔词人，千载不寤。高祖问周舍曰：'何谓四声？'舍曰'天子圣哲'是也。"朱竹垞作《重刻广韵序》误以为周颙之言。而《旧唐书·杨绾传》："绾生聪惠，尝夜宴亲宾，各举坐中物以四声呼之，诸宾未言，绾应声指铁灯树曰：'灯盏柄曲。'众咸异之。"此与"天子圣哲"同，皆于四声中各指一声言之，其实同一声也，以舌头言之为平，以舌腹言之即为上，急气言之即为去，闭口言之即为入。愚于声音之道无深解，性好务实，不喜系风捕影，于其所不知盖阙如也，聊举肤见如此。

王子侯郡国名

《王子侯表》末格内书郡国名者，非是国除之后其地入此郡国，以其中间有亦书县名者知之也。

临　蕾

《高惠高后文功臣表》：棘蒲刚侯陈武，"以将军前元年将卒二千五百人起薛,别救东阿,至霸上,一岁十月入汉,击齐历下军临菑,侯"。按:监板作"临菑",此"菑"字误。《淮阴侯传》,信袭历下军,定临菑,未闻有所谓陈武者,疑是时武兵属信,史家遂不别叙耳。若然则临菑之上恐脱"定"字也。

鄂 秋

安平敬侯鄂秋,"以谒者汉王三年初从,定诸侯,有功。秋,举萧何功,因故侯,二千户"。案:《萧何传》作"鄂千秋",《荀纪》同。此脱一字,监版脱同。

纪 通

襄平侯纪通,"父城以将军从击破秦,入汉","战好畤,死事,子侯"。监板同。按:此即《高后纪》中"纪通尚符节,持节矫纳周勃北军"者。彼张晏注云:"纪通,纪信子也。"晋灼曰:"纪信焚死,不见其后。《功臣表》纪通,纪成子。"然则作"城"者误。张晏说妄甚,信代高帝死,功莫大焉,而其后绝无所闻,意其人不但无子孙,并父母兄弟眷属无一存者。

左 王

《景武昭宣元成功臣表》昌武侯赵安稽,"从骠骑将军击左王,益封"。"左王",监板作"左右王",疑非。《史记》作"左贤王",是也。

襄城等四侯

《外戚恩泽侯表》襄城侯义、轵侯朝、壶关侯武、昌平侯大,四人并见《高后纪》。彼如淳注引《外戚恩泽侯表》曰:"皆吕氏子也。"此句今表脱去,监板脱同,应补。又彼纪尚有淮阳王强、恒山王不疑,在《异姓诸侯王表》,注云:"高后所诈立孝惠子。"予前于《史记》论少帝诸王皆非刘氏,可与相发。

三公九卿

《百官公卿表》篇首总叙,读之知孟坚乃通才,非经师也。何则?

上溯虑羲、神农至唐虞，不过以三十余言蔽之，不详述夏、殷，直云"亡闻焉"。惟周官稍详，然亦不过举其要耳，最为简净合宜，故曰"通才"。至于经义则不合也，其以冢宰、司徒、宗伯、司马、司寇、司空为六卿，太师、太傅、太保为三公，与六卿为九，说周制似是。而其下则又云："或说司马主天，司徒主人，司空主土，是为三公。"其下则又云："四岳谓四方诸侯。"愚谓《考工记》："坐而论道，谓之三公。"郑康成注虽以公为诸侯，其实是举外以该内。《地官序官疏》引《郑志》，据《尚书·周官》篇云"立太师、太傅、太保曰三公"。此伪《周官》文，郑所不见，而《郑志》据之者盖出伏生《尚书大传·夏传》。知者此《考工》疏谓郑偏说诸侯，是因三公已有成文，不言可知，故注伏生《夏传》即引"坐而论道"云云，可见《考工》注言诸侯是举外见内，真《周官》篇虽已亡，而伏生《大传》引之。《大传》列于学官，博士所习，在两汉家喻户晓，故不言可知。若然，伏生既引于《夏传》，则三公之制夏与周同。窃疑三公九卿，唐、虞、三代所同，不同者乃在大夫以下耳。又《昏义》云："天子立六官、三公、九卿、二十七大夫、八十一元士。"注云："三公以下百二十人，似夏时也。"疏云："三公分主六卿，三孤亦分主六官之职，总谓之九卿。"考《明堂位》云："有虞氏官五十，夏后氏官百，殷二百，周三百。"此百二十人与夏相近，故云"似夏时"。要之，此虽说夏三公九卿，周亦同。《考工记》又云："外有九室，九卿朝焉。"注云："六卿三孤为九卿。"三孤佐三公论道，六卿治六官之属。疏云："孤同卿数者，以命数同故也。"不言三公与六卿为九卿，而言三孤，以其命数相同故，不害三公六卿为九也。三孤，三公之副，举副以见正耳。既如此，则班以三公六卿为九，正合经义。而愚乃讥其不合者，伏生《大传》云："天子三公：一司徒公，二司马公，三司空公。""百姓不亲，五品不训，责之司徒；蛮夷猾夏，寇贼奸宄，责之司马；沟渎雍过，水为民害，责之司空。"郑注云："《周礼》天子六卿，与太宰、司徒同职者谓之司徒公，与宗伯、司马同职者谓之司马公，与司寇、司空同职者谓之司空公。一公兼二卿，举下以为称。"然则三公无职，兼六卿乃有职，所以《周礼》不列三公，但有六卿，而公孤之服位仪等旁见各职中。《大传》是七十子相传遗训，正说三公六卿之制，班氏不知，疑其未协周制而另为或说一条，瓜畴而芋区之何也？四岳亦即三公之出领诸侯者，今以为"四方诸侯"亦非。

降及汉代,以丞相、太尉、御史大夫为三公,奉常等为九卿,与周大异矣。然丞相即大司徒,太尉即大司马,御史大夫即大司空,犹有周之遗意,班氏不知,故以正制抽出为或说。而近儒乃谓或说是诸侯执政之卿,大国三卿,自秦、汉皆沿诸侯之制,近儒心眼沉浸俗学中,故不知古义。

将　军

太尉本三公,而武帝元狩四年置为大司马以冠将军之号,又于三公及三师之下即次之以前后左右将军者,盖古者天子六军,其将皆命卿,然则三公也、六卿也、将军也一也,故将军即系三公三师下。汉虽承秦乱,时犹近古,故与周制相出入。

司马在司徒上

司马本次司徒下,而哀帝元寿二年复以大司马位在司徒上,故帝欲极董贤之位,命为此官。帝崩,而王莽即代贤为之。

《后汉·窦宪传》:和帝永元元年宪击匈奴有功,拜大将军,"旧大将军位在三公下,置官属依太尉。宪威权震朝廷,公卿希旨,奏宪位次太傅下,三公上;长史、司马秩中二千石,从事中郎二人六百石"。官职之高下系乎时主之爱憎,此事与董贤事正相类。

事下丞相御史大夫廷尉

古三公在九卿中,汉三公在九卿外。古九卿:公孤与冢宰、司徒、宗伯、司马、司寇、司空。汉九卿:奉常、郎中令、卫尉、太仆、廷尉、典客、宗正、大司农、少府也。凡《汉书》中每有大事辄曰"事下丞相、御史",丞相、御史为政本故也。太尉多不与者,掌武事故也。有罪则曰"下廷尉治",或连"某郡"言之者,以其为是郡之人,或是郡之事,或罪人匿于是郡,当即讯之故也。三公九卿建治沿革,详见《朱博传》。

长水校尉

"长水校尉掌长水宣曲胡骑。"师古曰:"长水,胡名。"顾氏曰:"长水非胡名也。《郊祀志》:'灞、浐、沣、涝、泾、渭、长水,以近咸阳故,尽得比山川祠。'《史记索隐》云:'《百官志》有长水校尉。'沈约《宋书》云:

'营近长水,故名。'《水经》云:'长水出白鹿原,今之荆溪水是也。'"

二千石印文曰章

"比二千石以上皆银印。"师古曰:"《汉旧仪》云银印背龟纽①,其文曰章,谓刻曰某官之章也。"按:二千石其文曰章,故《朱买臣传》"视其印,会稽太守章也"。"比六百石以上皆铜印",则但曰印。今有伪为铜印作虫兽形,其文又或称章者,皆非真汉印也。

百官公卿阙文脱误

《百官公卿表下》,师古曰:"此表中记公卿姓名不具及但举其官而无名或言若干年不载迁免死者,皆史之阙文,不可得知。"按:有名无姓,如高帝五年廷尉义渠之类;有姓无名,如十一年卫尉王氏之类。颜以为阙文,是也。至但举其官而无名,则如景帝中二年第十二格但书"中尉"二字,武帝太始元年第十一格但书"大司农"三字,元帝初元元年第十三格但书"水衡都尉"四字,建昭元年第十三格但书"右扶风"三字。据颜以为史之阙文,但既无姓又无名,空举此官甚属无理,殊不可晓。颜说大可疑。而卷中如此者亦不为多,只此四处,若武帝太初元年及二年第十二格,两处俱有"中尉"二字而无姓名。考上卷篇首总叙云:"武帝太初元年更名中尉为执金吾。"是以此表自此年以下第十二格俱但有"执金吾"别无"中尉"。然则太初元年"中尉"之下脱"更为执金吾"五字,其二年之"中尉"二字的是衍文。由此观之,其余四处亦皆衍文也。观书者至此欲有所考,恐忘此格为何官,偶尔用笔记之,而传写者不觉,误以为正文一并誊入耳。其"但言若干年不载迁免死",则宣帝本始二年,"博士后仓为少府,二年。执金吾辟兵,三年"。辟兵有名无姓,"三年"以下皆阙文。又地节二年,"颍川太守广为右扶风,三年"。元帝初元元年,"大鸿胪显,十一年"。永光二年,"右扶风强,五年"。建昭四年,"中郎将丙禹为水衡都尉,五年"。颜说似也。但宣帝以前绝无此等,而宣帝以下则有此五条,恐俱系誊写脱落,非班氏之阙文。

《百官公卿表》班氏本多疏略,如表中所列本从高帝元年起,而列

---

① "背"原讹"皆",据中华书局标点本《汉书》改。

将军一项直至文帝元年方见，高帝、惠帝、高后三朝不见一人，明系漏去。其传写脱误者，如高后四年，"平阳侯曹窋为御史大夫"，误高一格；八年，"淮南丞相张苍为御史大夫"，误低一格。景帝三年第五格云："故吴相爰盎为奉常。殷。"缀一"殷"字，殊不可解，"殷"字之上当别有"奉常"二字，而另起为一条，今脱去，故不可读。又如：武帝元狩三年"三月壬辰，廷尉张汤为御史大夫，六年有罪自杀"。此谓汤为御史大夫六年而有罪自杀也，"六年"者合初任职及自杀之年计之也。他皆仿此。然则景后三年，"柏至侯许昌为太常，二年迁"。按：昌至武建元二年迁为丞相，当云"三年"，不当云"二年"。建元元年，"郎中令王臧，一年有罪自杀"。按：臧至明年建元二年自杀，当云"二年"，不当云"一年"。天汉元年，"济南太守琅邪王卿为御史大夫，二年有罪自杀"。按：《帝纪》，卿以三年二月有罪自杀，当云"三年"，不当云"二年"。此类不可枚举。以上自曹窋以下凡六条，予既以意改，校以南监，前五条彼皆不误，惟毛板误；王卿，监、毛并误。文帝后元年第九格有"廷尉信"，按：《景帝纪》元年诏"吏受所监临财物，论轻。廷尉信与丞相议"云云，师古无注，然其为即文后元年之"廷尉信"甚明，乃其后武帝征和二年又见"廷尉信"，距文后元年已七十三年，断无此事，疑必有误。南监误同。

泄秘书

《百官公卿表》：昭帝元凤四年，"苏昌为太常，十一年坐籍霍山书泄秘书免"。师古曰："以秘书借霍山。"顾氏曰："苏昌盖籍没霍山之书中有秘记，当密奏之，而辄以示人，故以宣泄罪之耳。山本传言'山坐写秘书，显为上书献城西第，入马千匹，以赎山罪'。若山之秘书从昌借之，昌之罪不止于免官，而元康四年昌安得又为太常邪？果如小颜说，则但当云'坐借霍山秘书免'足矣，何用文之重词之复邪？"顾氏说甚辨。案：苏昌以元凤四年为太常，而霍山之败在宣帝地节四年，相距凡十二年，故云"十一年坐籍霍山书"云云，昌为太常凡十二年而免也，作"十一年"者，传写误。

壬辰辛丑

地节三年"六月壬辰，御史大夫魏相为丞相"。"辛丑，太子太傅丙吉为御史大夫。"案：荀悦《汉纪》"壬辰"作"壬申"，而丙吉之拜则与魏相同日，非辛丑。"壬辰"、"壬申"似皆可，未能考其孰是。而丞相与副相同日而拜，则恐无此事，疑《汉纪》非也。《百官表》间亦有丞相、御史大夫同日拜者，恐皆是误书。

或谓史贵详，或谓史贵简，二者皆不尽然。必也详其所当详，简其所当简，乃可谓良史矣。班氏史家之冠冕，然亦未能副此言，岂班氏犹不得为良史与？曰：非也。班氏体例虽因《史记》，而断代为史，慎核整齐；其文则虽因实创，创者难为工，纵详略偶未当，尽美未尽善，何害为良史乎？三公之拜罢，本纪必宜书，《百官表》及本传不待言，若规制稍异，则《百官志》中亦宜见，一事而分作四番叙述不嫌太繁。乃魏相为丞相、丙吉为御史大夫，《宣纪》地节三年皆不书，疏矣。二府尚且如此，况九卿乎？

永始二年拜罢

《班书》本纪于三公之拜罢，或书或否，体例甚乱，摘之不可胜摘。而荀悦《汉纪》尤为谬妄，即以成帝永始二年之事论之。考《百官公卿表》，是年"正月乙巳，大司马音薨"。王音也。"二月丁酉，特进成都侯王商为大司马卫将军。""三月丁酉，京兆尹翟方进为御史大夫，八月贬为执金吾。"所谓"八月"者谓方进为御史大夫凡八月耳。又云："御史大夫翟方进为执金吾，一月迁。"方进为御史大夫八月而迁，为执金吾一月而迁，故又云："十月己丑，丞相宣免。""十一月壬子，执金吾翟方进为丞相。""诸吏散骑光禄勋孔光为御史大夫。"宣者薛宣也。而《成纪》但书"音薨"，其余一概不书，是三府之拜罢竟不见于纪，疏略太甚。然他纪书之者却甚多，则又自乱其例，此班之失也。而本纪于是年之末又书"是岁，御史大夫王骏卒"。同一御史大夫，卒者书，拜者不书，何例？书"是岁"者，亡其日月也。而表又不书骏之卒，是又表之失矣。表所书无月日者甚多，而骏不书，何例？且音薨之日，纪以"己丑"表以"乙巳"，是又纪、表互异。二月既有丁酉，三月安得又有丁酉？是又表之有误也。至荀悦以王商之为大司马、王骏之卒、翟方进之为御史大夫皆在三月丁酉，承《汉书》叠书"丁酉"之误，不能改正，而混以三事置于一月日之下，已为乱道。其下乃云"秋八月，方进贬为执金吾"，竟误认表中所云"八月"者以为是年之八月,殊不知以表数之,方进之贬执金吾乃十月中事耳。荀悦以汉人记汉事,乃于《班史》文义尚且茫然不晓若是,岂其假手子弟门客以成书,而己则曾不检照,故舛谬至此乎?其下又书"冬,黑龙见东莱",此永始元年九月事,见《谷永传》甚明,而悦又溷载入二年,其妄不可胜言。

张晏所讥

《古今人表》,张晏讥其差违失谬凡八条。第一条,老子不当在第四格。王侍御峻云:《评林》及汪本老子在第一格。赵希弁《读书附志》云:徽宗诏《史记》老子升于列传之首,自为一帙;《前汉·古今人表》列于上圣。汪本其据北宋本乎?按:汲古阁板老子在第四,如张晏说则汲古似班氏元本也,南监与汲古同。而《评林》及汪本所据之宋本则是后人所改。予从青浦邵玘借侍御评本往往称注本系明汪文盛刻,《评林》则万历间吴兴凌稚隆辑也。又一条,讥寺人孟子不当在第三,今乃在第四。南监与汲古同。又讥田单、鲁连、蔺相如不当在第五,今田单乃在第四,鲁连、蔺相如皆在第二。南监与汲古同。又讥嫪毐不当在第七,今脱。南监与汲古同。夫此表所载奚啻数千百人,张晏所讥不过八人,今不同者四人,脱者一人,则全卷中传刻脱误不知凡几矣。异哉,岂此四人者亦如老子之例,后人因张说而升之乎?但所据乃汲古本,如老子汲古是元本,何得此四人又依改本?且嫪毐之脱又何说邪?至张晏又讥大姬巫怪,陈人化之,不当在第三。按:表大姬在武王之下,与邑姜并列,注云"武王妃"。皆好巫怪之大姬乃武王之女、陈胡公之夫人,今陈胡公亦在第三格,而别列大姬之后,相隔甚远,则非一人,张晏误也。

鲁出公

鲁悼公在第六格,注云"出公子"。按:悼公,哀公子也。疑出公即哀公,哀公卒于越,故以号之。

十七史商榷卷十一

汉书五

志次当改

志之次：一《律历》，二《礼乐》，三《刑法》，四《食货》，五《郊祀》，六《天文》，七《五行》，八《地理》，九《沟洫》，十《艺文》。窃谓先后颠倒，叙次错杂，殊属无理。愚见当改为：一《天文》，二《五行》，三《律历》，四《地理》，五《沟洫》，六《食货》，七《礼乐》，八《郊祀》，九《刑法》，十《艺文》。如此方顺。改《河渠》为《沟洫》，名实不相应，亦非，故后世无从者。

律历本刘歆

班氏自言《律历志》本之刘歆，《续志》亦云然。

度权量等名

《律历志》："度者，分、寸、丈、尺、引也。"分本度之名，今人乃以为权之名，不知起何时。又"权者，铢、两、斤、钧、石也"。石本权之名，而今乃以为量之名。志"十斗为斛"，今改为五斗为斛，而十斗为石。又以十忽为一丝，十丝为一毫，十毫为一分，十分为一钱。皆未详所起，再考。

"合龠为合"，南监与汲古同。他本或作"十龠为合"，《尚书·尧典》疏所引同此，误也。说详《尚书后案》。

古尺小于今尺，是以步数、亩数、里数皆古小今大，详见《后案·皋陶谟》篇。古量亦小于今量，《后书·南蛮传》云"军行三十里为程"[①]，"人日禀五升"。李贤注云："古升小，故曰五升也。"是后汉时量小于今

甚远。窃谓古今人腹则同，今虽极健啖之人每日食至多亦不能至二升，而此乃言五升，是后汉量小于今且一二倍也，说亦详《后案·尧典》篇。《魏志·管宁传》末注："扈累，嘉平中年八九十，县官给廪日五升，不足食。"《晋书》第一卷《司马懿纪》："与诸葛亮相拒于五丈原，亮使至，帝问：'诸葛公食可几米？'对曰：'三四升。'帝曰：'孔明其能久乎！'"《蜀志·亮传》注作"食不至数升"。宋王楙《野客丛书》第十一卷历引《周礼·廪人》注、魏李悝、汉赵充国、《匈奴传》及《后汉·南蛮传》与晋顾臻之言，证古量之小。其第十一卷又引《北史》库伏连性啬，家口人食米二升，常有饥色。南北朝量比汉魏前已略大，然比今量则尚小。

畴　人

"畴人子弟。"李奇曰："同类之人俱明历者也。"如淳曰："家业世世相传为畴。"师古是如说。按：《尚书》"洪范九畴"，郑康成及《伪孔传》皆训"畴"为"类"。《易·否》"九四，畴离祉"，《九家注》云："畴者，类也。"然则李奇是，如淳非。程大昌《演繁露》乃云："古字假借，畴人即筹人，以算数而名。"尤谬也。乐官亦曰畴人，则不必定属治算数者矣。

太初三统历

武帝太初元年，诏大中大夫公孙卿、壶遂，太史令司马迁，方士唐都、落下闳造《太初历》，"定东西，立晷仪，下漏刻，以追二十八宿相距于四方，举终以定朔晦分至，躔离弦望"数语，造历之要已尽。自《太初历》出，古历皆废。至成帝时，刘向作《五纪论》；平帝时王莽秉政，向子歆又作《三统历》及《谱》，《三统历》，大抵皆祖述《太初历》者。

惊蛰雨水谷雨清明

"诹訾，初危十六度，立春。中营室十四度，惊蛰。今日雨水，于夏为正月，商为二月，周为三月。终于奎四度。降娄，初奎五度，雨水。今日惊蛰。中娄四度，春分。于夏为二月、商为三月、周为四月。终于胃六度。大梁，初胃七度，谷雨。今日清明。中昴八度，清明。今日谷雨，于夏为三月，商为四月，周为五月。终于毕十一度。"按：《大戴礼·夏小正》篇、《逸周书·时令解》俱先惊蛰后雨水、先谷雨后清明,与《汉志》同。《新》、《旧唐书》先启惊蛰后雨水亦同,而改谷雨在清明之后。至《宋史》始先雨水后惊蛰、先清明后谷雨,则与唐同。《元史》亦然。明程荣者汇刻《汉魏丛书》,内有《京房易传》,亦先雨水后惊蛰、先清明后谷雨,俗刻可疑。

五德相代

颛顼高阳氏水德。水生木,故帝喾高辛氏为木德。木生火,故唐尧火德。火生土,故虞为土德。土生金,禹为金德。金生水,汤为水德。水生木,周为木德云云。案:《后汉书·郎顗传》顗条便宜对曰:"孔子曰:'三百四岁为一德,五德千五百二十岁,五行更用。'"注:"《易乾凿度》孔子曰:'立德之数,先立木、金、水、火、土德,各三百四岁。'五德备凡千五百二十岁,太终复初,故曰五行更用。更犹变改也。"《乾凿度》在《纬书》中最为可信,据此则知五德相代,其说出于孔子。但孔子言三百四岁一德,《汉志》却言一代一德。历代运数短长不定,假如夏、商、周传世皆数百年,决无既定为一德矣,三百四岁后忽又更易一德之事,则孔子亦言其理而已,不必泥《汉志》是也。且此五德之运,王者循环相代,而所尚之色却不用五色者,以三正也:建子者,物初生,色赤,故尚赤;建丑者,物渐著,色白,故尚白;建寅者,物已成形,色黑,故尚黑。或作青,亦可。《礼记》"或素或青,夏造殷因"下郑注有此一条。大凡物之成形有黑者亦有青者。《舜典》"三帛"郑注甚明,详《尚书后案》一卷。又此三正临时酌用,不必一定挨次循环,所以夏建寅之后商不必从子起,却建丑,而周却建子,参错不齐,然与五德无涉。又五运相代,取相生不取相克,周木德也,宗灵威仰木生火,秦人应以火德王。乃《秦始皇本纪》云:"始皇推终始五德之传,以为周得火德,秦代周德①,从所不胜。"而用水德,遂以十月为正。误以周为火,又误以相生为相克,又误以五德改正朔,一事而三误,秦人不学如此。至汉则继周不继秦,故用火德,尚赤。王莽用土德代汉,又因汉称尧后,亦自称舜后,明正当受汉禅也,亦可笑矣。至魏始以土德继汉,色尚黄。

《张苍传》:苍推汉为水德,是承秦而不改。公孙臣又上书,谓汉当

---

① "德"字,据中华书局标点本《史记》增。

用土德,是亦承秦而言之,以秦人应火德故耳。无如秦已误用水矣,奈何汉又用土乎? 抑或又误用相克之说乎? 皆非也。

伐纣年月日

"《三统》,上元至伐纣之岁,十四万二千一百九岁"云云。案:历法逆推而上,可以追溯前世者,正《孟子》所谓"千岁之日至可坐而致"。至于古帝王历年之多少、国运之长短,则非历所能推。既无史编纪载,何从测验? 此《律历志》所载得之刘歆,而歆说似未必可信。盖《史记》共和以前无纪年也。至于"文王受命九年而崩","九年"当作"七年"。又言"岁在鹑火"云云,本之《国语》则不误。皆详予《尚书后案·太誓序》。又引《武成》逸文"惟一月壬辰"云云,皆不误。《逸周书·世俘解》与此纪日不同,是《逸周书》传写之误,当晋孔晁为注时已误矣,详见《后辨》。又刘歆以死魄为朔、生魄为望,亦非,亦见《后辨》。

律历逸文

吴江沈彤冠云云:"《春秋左传》襄二十四年疏引《汉书·律历志》载刘歆《三统》之术,以为五月二十二分月之二十乃为一交。交在望前,朔则日食,望则月食;交在望后,望则月食,后月朔则日食;交正在朔,则日食;既前后望,不食;交正在望,则月食;既前后朔,不食。"其文如此,而今《律历志》并无此文,不知何时逸去。

汉无礼乐

《礼乐志》本当礼详乐略,今乃礼略乐详。全篇共分两大截,后一截论乐之文较之前论礼,其详几三倍之。而究之于乐,亦不过详载郊庙歌诗,无预乐事,盖汉实无所为礼乐故。两截之首,各用泛论义理,全撮《乐记》之文,人汉事则云:"汉兴,拨乱反正,日不暇给。"以下叙叔孙通制礼,绝未述礼仪若何,即述贾谊、董仲舒、王吉、刘向四人论奏而止。叙通事结之云:"通定仪法,未备而通终。"叙谊事结之云:"谊草具其仪,大臣绛、灌害之,其仪遂寝。"其下又云:"武帝议立明堂,制礼服,窦太后不说,其事又废。"叙仲舒毕结之云:"上方锐志武功,不暇留意礼文之事。"叙王吉毕结之云:"上不纳其言,吉以病去。"叙刘向毕结之云："帝下公卿议，会向病卒，营表未作。"以上无非反覆明汉之未尝制礼，无可志而已。故其下又结之云："今叔孙通所撰礼仪，与律令同录，臧于理官，法家又复不传。汉典寝而不著，民臣莫有言者。又通没之后，河间献王采礼乐古事，稍稍增辑，至五百余篇。今学者不能昭见，但推士礼以及天子，说义又颇谬异，故君臣长幼交接之道浸以不章。"汉典不传，河间所辑又与汉无涉，故无可志也。《乐志》既述高祖"风起"之诗，武帝所立乐府造诗歌，末段乃言"河间献王献雅乐，乐官存之以备数，然常御及郊庙皆非雅声"。又言"汉郊庙诗歌，未有祖宗之事，八音调均，又不协于钟律，而内有掖庭材人，外有上林乐府，皆以郑声施于朝廷"。其下又叙成帝时，王禹献河间乐，平当议请修之，公卿以为久远难明，议复寝。又叙哀帝欲放郑声，然百姓渐渍日久，又不制雅乐有以相变，吏民湛沔自若。末复总结之云："大汉继周，久旷大仪，未有立礼成乐，此贾谊、仲舒、王吉、刘向之徒所为发愤而增叹也。"足明此志总见汉实无所为礼乐，实无可志。

子长《礼》《乐》二书亦空论其理，但子长述黄帝及太初，若欲实叙实难檃括，孟坚述西汉二百年何难实叙？只因汉未尝制礼，乐府俱是郑声，本无可志，不得已，只可以空论了之。

志中载贾谊语尚简净，至董仲舒对策，凡四五百字，皆见仲舒本传。王吉上疏约二百字，亦见吉本传。于此何用重出？徒烦纸墨，实属冗复，宜撮举大意，数言已足。又载刘向议礼事，约三百字，则《向传》所无。

济陟通

王吉上疏："驱一世之民，济之仁寿之域。""济"字本传同。《诗》"朝隮于西"，又"南山朝隮"。"济"与"隮"通也。监板志、传并改为"跻"，此俗儒所改，"跻"字《说文》无之。

有税有赋

《刑法志》："因井田而制军赋，有税有租。"案：下文即云"税以足食，赋以足兵"，师古曰："税，田租①。赋，发敛财也。"则合作"有税有

---

① "租"原讹"税"，据中华书局标点本《汉书》改。

赋"。又《食货志》前一段语意与此正同,亦云"有赋有税"。若作"租",租即税也,不可通矣。

刑法志三非

《刑法志》"大刑用甲兵,其次用斧钺"云云,语出《鲁语》。班氏据此故以战守之兵与墨劓等刑合为一志。毕竟刑平时所用,兵征讨所用,二者不可合,班氏虽有此作,后世诸史无从之者,一非也。于次宜先刑后兵,今先兵后刑,二非也。汉家虽不制礼,而未尝无兵法,一代之制岂无足述?今先之以考古,继之以议论,其下但云"高祖定天下,蹑秦而置材官于郡国,京师有南北军之屯。至武帝平百粤,内增七校,外有楼船,皆岁时讲肄"。叙汉事只此数语,毋乃太简,三非也。惟其撮举《周礼》井田军赋大略,最为简明,说《周礼》者罕能及。

肉　刑

文帝除肉刑,"当黥者,髡钳为城旦舂;当劓者,笞三百;当斩左止者,笞五百;当斩右止者,皆弃市。有轻刑名,实杀人。笞五百、三百,率多死"。班氏论之云:"除肉刑,本欲全民,今去髡钳一等,转入大辟。以死罔民。死者岁万数,刑重所致也。至穿窬之盗,忿怒伤人,男女淫佚,吏为奸臧,若此之恶,髡钳又不足以惩。刑者岁十万数,民不畏,又不耻,刑轻所生也。宜思清原正本,删定律令,撰二百章,以应大辟。其余罪次,于古当生,今触死者,皆可募行肉刑。"《魏志》陈群议云:"汉除肉刑而增加笞,本兴仁恻而死更众,所谓名轻实重也。名轻则易犯,实重则伤民。且杀人偿死,合于古制;至于伤人,或残毁其体而裁翦毛发,非其理也。若用古制,使淫者下于蚕室,盗者刖其足,永无淫放穿窬之患矣。夫三千之属,虽未可卒复,若斯数者,时之所患,宜先施用。汉律所设殊死之罪,仁所不及也,其余逮死者,可以刑杀。如此,则所刑与所生足以相贸矣。今以笞死之法易不杀之刑,是重人肢体轻人躯命也。"其旨本班氏。

卖　弄

《汉·刑法志》:"廷平将招权。"苏林曰:"招音翘。举也,犹卖弄也。"《后汉·灵帝纪》注:闵贡厉声责张让等卖弄国恩。又《朱浮传》:

"浮为大司空,坐卖弄国恩免。"又《杨震传》:震上疏言"亲近幸臣,卖弄威福"。皆一意。若欧阳永叔《得请归田寄友》云:"也卖弄得过里。"元人王实甫杂剧院本云:"卖弄你有家私。"此则指夸诩之义。今吴下里俗有此语,皆与宋元人语同,与两汉人语异。

补汉兵志

《补汉兵志》一卷,宋宗正少卿乐清钱文子文季撰,门人奉议郎知江州瑞昌县主管劝农营田公事陈元粹序,近日盛百二、李文藻刻之。班氏于《刑志》中带叙兵事,草草数语,全不详备。文子生千载之下,亦不过从《汉书》中绅绎而得。假令班氏欲志其详,何难委曲如绘,惜乎略之。唐兵制之善与汉同,但其后内为宦官所窃,外为方镇所据,初制固不然,惜史亦略也。宋厢军、禁军何尝不仿汉唐? 惟养兵冗滥,汉唐所无耳。文子考古以讽时,有心哉。

《通鉴目录》第三卷"汉灭项羽即帝位定都雒阳"下云:"兵皆罢归家。"明季某公批云:"兵皆罢,未妥,观后事可见。"汉此时新造,而法制已定,所云"罢归家",非真废兵不用,京师南北军固在也,所罢惟郡国材官耳,然以虎符召之即立至,特以汉人平日不养兵,有事乃召,事已即罢。某公竟认作真废兵不用,遂以其后反者数起事皆由罢兵所致,不亦误乎? 读文子此编便自了然。

《宋史·艺文志》以此书编入类书一门,真可发笑。

十七史商榷卷十二

汉书六

米 价

《食货志》："魏文侯臣李悝言，一夫治田百亩，岁收亩一石半，石钱三十。"沈彤谓一石当今二斗。又谓此钱乃景王大钱，其重半两，当今制钱二枚。俱未详是否。汉初"米石五千"。沈谓此荚钱也，视李悝时价十六七倍。此志下卷又云："汉兴米至石万钱。"宣帝时"谷石五钱，农人少利"。沈云"五"下当有"十"字，若石止五钱，则不得但云"少利"矣。元帝二年，"齐地饥，谷石三百余"。王莽时"谷价翔贵，雒阳以东米石二千"。六国至莽，米价略具此，但钱之制随时而变，量又古今不同，且秦汉时以百二十斤为石，乃权之名，非量之名，未可据以考今日之价。《秦始皇本纪》：三十一年，米石千六百。存参。

今以十升为一斗，五斗为一斛，二斛为一石，每升重一斤四两，每斗十二斤八两，每斛六十二斤八两，每石一百二十五斤。

饥

"小饥收百石，中饥七十石，大饥三十石。"何校"饥"俱改"饑"。蔡虚斋云："饥"、"饑"不同，谷不熟曰"饑"，人无食曰"饥"。亦可通用，但有"饥馑"无"饑渴"。

贾晁董论食货

《食货志》载贾谊、晁错、董仲舒奏议，三人本传俱不重出，足见《礼志》直因无可叙述，聊采论奏敷衍成篇。

常平仓

"宣帝时，大司农中丞耿寿昌白令边郡皆筑仓，以谷贱时增其贾而籴,以利农,谷贵时减贾而粜,名曰常平仓。民便之。上乃下诏,赐寿昌爵关内侯。"元帝即位,天下大饥,"在位诸儒多言常平仓可罢,毋与民争利。上从其议,罢之"。愚谓《萧望之传》,望之当宣帝时,已力言常平之非矣。《后书·刘般传》:永平十一年,"帝欲置常平仓,公卿议者多以为便。般对'常平仓外有利民之名,而内实侵刻百姓,豪右因缘为奸,小民不能得其平,置之不便'。乃止"。夫常平初制,于民无不益,于官则损中藏益,盖上下交利焉。惟商贾因上握其权,谷价常平,无所益耳。然而法立弊生,汉人已以"与民争利"讥之,况人心日巧,奸伪万端,猾吏贪胥上下其手乎?唐宋变为社仓,又名义仓,一切利病详见朱子《文集》、马氏《通考》。休宁戴震东原作其师《婺源江永慎修行状》曰:"先生家故贫,其居乡尝援《春秋传》丰年补败之义语乡之人,于是相与共输谷若田设立义仓,行之且三十年,一乡之民不知有饥。自古积粟之法莫善于在民,莫不善于在官,使民自相补救,卒无胥吏之扰,此先生之善于为乡之人谋者。"戴说片言居要,附记于此。

金钱布帛

《食货志》上卷言食,下卷言货,篇首云:"凡货,金钱布帛,夏殷以前其详靡记。太公为周立九府圜法:师古曰:"《周官》太府、玉府、内府、外府、泉府、天府、职内、职金、职币皆掌财币,故云九府。圜谓均而通也。"黄金方寸,而重一斤;钱圜函方,孟康曰:"外圜而内孔方也。"轻重以铢;师古曰:"言黄金以斤为名,钱则以铢为重也。"布帛广二尺二寸为幅,长四丈为匹。故货宝于金,利于刀,如淳曰:"名钱为刀者,以其利于民也。"流于泉,流行如泉也。布于布,谓布于民间。束于帛。"李奇曰:"束,聚也。"据此则周人所用货币凡有四种。卓文君《白头吟》云:"男儿重意气,何用钱刀为。"古人以"钱刀"连言者多矣,二者诚为一类。但班氏既分言之,则为二物,亦犹布帛相近而布究非帛。如淳注直以刀泉皆为钱,本一物,以其利名刀,以其行名泉,非也。今古钱存者有作刀形,予犹曾见之,刀盖钱中之别矣。或云布亦名钱者,《天官·外府》"掌邦布之入出",郑康成注:"布,泉也。其藏曰泉,其行曰布。"贾公彦疏"一物两名"是也。而与此处所言布帛之布则不同。言岂一端而已,各有所当也。元帝时贡禹言"铸钱采铜,民心动摇,弃本逐末,宜罢铸钱,毋复以为币,租税禄赐皆以布帛及谷,使百姓壹意农桑。"议者以交易侍钱，布帛不可尺寸分裂，禹议亦寝。禹议虽不行，然即此可见古固有以布帛为市者，而布固非钱也。"黄金方寸而重一斤"者，《孙子算经》卷上云"黄金方寸重一斤，白金方寸重一十四两"，是也。"轻重以铢"者，钱最轻者一铢，最重者十二铢也。《孙子算经》卷上云"称之所起，起于黍。十黍为一累，十累为一铢，二十四铢为一两"，是也。

《管子·国畜》篇云："先王以珠玉为上币，黄金为中币，刀布为下币。"所谓"先王"盖指虞夏以来，言黄金则似银铜不数。而《史记·平准书》云："虞夏之币，金为三品，或黄，或白，或赤；或钱，或布，或刀，或龟贝。至秦，币为二等，黄金为上币，铜钱为下币。珠玉、龟贝、银锡之属为器饰宝藏，不为币。"然则虞夏之制金、银、铜并用，《管子》言未可泥，言布不言帛亦从可知。如班氏言，周惟用金钱布帛，则秦罢珠玉等不为币，似亦因周之旧，非秦所创，但《平准书》省言"布帛"耳。自此以后遂为定制是也。《师丹传》："哀帝即位，有上书言古者以龟贝为货，今以钱易之，民以故贫，宜改币。"而黄金亦不为币，若专用银钱则直至明中叶始定，盖时势古今异，宜币之以银钱为定固不可易矣。《新唐书》五十四《食货志》："天下有银之山必有铜，唯银无益于人。"《宋史》一百七十四《食货志》："岁赋之物共二十七，银但居一。"此在唐宋则然。

敛散即常平

志引管仲之言曰："岁有凶穰，故谷有贵贱；令有缓急，故物有轻重。李奇曰："上令急于求米则民重米，缓于求米则民轻米。"民有余则轻之，故人君敛之；民不足则重之，故人君散之。"李奇曰："民轻之时，为敛籴之；重之时，官为散也。"赞曰："《易》称'裒多益寡'，《书》云'楙迁有无'，周有泉府之官，师古曰："司徒属官也，掌市之征布，敛货之不雠者，以其价买之。"而《孟子》亦非'狗彘食人食不知敛，应劭曰："以法度敛之。"师古曰："岁丰，菽粟饶多，可敛之。"野有饿莩弗知发'。郑氏曰："莩，零落也①。人饿死零落，不知发仓廪贷之。"故管氏之轻重，李悝之平籴，弘羊均输，寿昌常平，亦有从徕。"按：轻重敛散之法实出《周礼》，古人作钱原为此，设以备荒耳，便民交易犹其后也。若专为便民，是先王驱民背本逐末，非作钱之本意

也。"狗彘食人食不知敛",赵岐改为"检",解为"法度检敛",已非本义。朱子直云"制也",古训愈失矣。如班氏读,乃知《孟子》所言与《周礼》、《管子》相出入,虽孟子未读《周礼》,又鄙管仲,未必观其书,然亦可知发敛之说远有所承。前篇所述耿寿昌谷贱增贾而籴、谷贵减贾而粜,此正发敛之说也。若弘羊均输,尽笼天下货物,贵卖贱买,则直与民争利矣。班氏乃与管氏轻重、寿昌常平并称,谬矣。均输以盐铁为本兼及百货,常平之法谷而已矣,奸伪日滋,至后世常平亦难行,而补救之术几穷。

《后书·朱晖传》:肃宗时尚书张林请复用武帝均输法,晖以为不可。李贤注云:"武帝作均输法,谓州郡所出租赋,并雇运之直,官总取之,市其土地所出之物,官自转输于京,谓之均输。"

臧粟臧繦

"轻重敛散以时,则准平。使万室之邑必有万钟之臧,臧繦千万;千室之邑必有千钟之臧,臧繦百万。"按:孟康曰:"六斛四斗为钟。繦,钱贯也。"下文"算轺车贾人缗钱皆有差",师古亦云:"缗谓钱贯也。"《通典》注云:"缗者,丝也,以贯钱。一贯千钱,出二十为算也。《诗》云'维丝伊缗'。"宋人亦以千钱为一贯。窃谓同一钱贯而异其名,当有大小之别,缗既是千钱,则一繦当为百钱也。计万室之邑每室粟一钟,以李悝之言度之,可备四五人一月之食;每室钱千繦为钱一万,可备籴谷种及买耒耜器械并馈饷之用。曰"必有"者明其不可更少,实欲其浮于此数也。此万钟与臧繦皆人君所臧以赡民者,万钟以备散,臧繦以备敛也。

贾谊谏宜禁民盗铸钱,"上收铜勿令布,则采铜铸作者反于耕田。铜毕归于上,上挟铜积以御轻重,钱轻则以术敛之,重则以术散之"。与前减价粜增价籴及臧粟臧繦皆是一意。

《贾山传》:"文帝除铸钱令,山谏,以为钱亡用器,而可以易富贵。富贵人主之操柄也,令民为之,是与人主共操柄也。"其后复禁铸钱。

钱　制

古钱轻重以铢,而《国语》"周景王时患钱轻,更铸大钱"。唐固注云：“径一寸二分，重十二铢，文曰‘大泉五十’。”按：此乃王莽所造，据唐注则是莽钱皆如周景王制也，而秦钱轻重亦同。古者以二十四铢为一两，此大钱重十二铢，是为半两钱，古钱莫重于此。景王欲铸此钱，单穆公谏，“不听，卒铸大钱，文曰‘宝货’，肉好皆有周郭”。韦昭注云：“肉，钱形也。好，孔也。”据此则知景王以前钱皆无文，肉好亦无周郭矣。秦钱形质如周钱，惟文异，“文曰‘半两’，重如其文”。《平准书》《索隐》据顾氏引《古今注》云：“秦钱半两，径一寸二分，重十二铢。”与周景王同。“汉兴，以秦钱重难用，更铸荚钱。”如淳曰：“如榆荚。”据《平准书》裴注，“荚”上本有“榆”字，此传写脱。盖复景王以前钱制矣。《通典》注云：“荚钱重铢半，《索隐》云重三铢。径五分，文曰‘汉兴’。”又云：“高后所行五分钱即荚钱也。”孝文五年为钱益多而轻，更铸四铢钱，其文为“半两”。后四十余年，武帝更铸三铢钱，明年又铸五铢钱，五铢得中道，天下便之，故王莽纷更钱制天下大乱，而世祖受命荡涤烦苛，复五铢钱。亦见《后·马援传》。五铢之制，唐宋以下盖悉用之矣。东吴顾氏云：“五铢钱十枚当今之一两弱。”窃谓今以十钱为一两，如顾氏说，则今钱即五铢钱也，即有不同，大约轻重不甚相远，但彼一面文一面漫，今则两面有字，式既周正，文又明析，自三代、秦、汉以下，钱制莫善于此。

汉时钱稍重，奸民盗摩钱质取鋊。鋊，铜屑也。其下文有司请“周郭其质，令不得摩取鋊”。“鋊”误作“铅”。《文献通考》引之又误作“镕”。人心日巧，奸伪愈滋，近年民间多剪取钱边，钱日坏，严禁之始哉。至盗铸之禁，犯者至死而犹不免。要之，有犯必惩则自不能为害。惟私销之害，觉察最难，尤宜加意。大约铜贱钱贵则私铸，铜贵钱贱则私销，两平则翦取钱边，故即私铸私销之弊已绝，犹必严滥恶小钱之禁，俾其轻重一以五铢为准。禁恶钱见《旧唐》九十六《宋璟传》。

民间禁用铜器，以铅、锡、铁代之，凡铜器皆献之官，偿其价而以铸钱，此法正贾谊所陈，行之则官铜日裕，而私铸私销之弊亦绝，乃法之最善者。

顾氏曰：“明初铸钱犹不用纪年，自永乐以后专用纪年，始为常制。”

若 干

凡数之不可知而约略举之，或其文太繁而撮举之者曰“若干”，今人犹然。《食货志》下篇"轻钱百加若干"，应劭曰："轻则以钱足之若干枚也。"师古曰："若干，且设数之言也。干犹个也，谓当如此个数。"《百官公卿表》下篇卷首标题，师古注亦用此二字。《曲礼》下篇："问天子之年，对曰：'始服衣若干尺矣。'"疏云："古谓数为若干。《仪礼·乡射·大射》数射算云'若干纯'、'若干奇'。若，如也。干，求也。事本不定，当如此求之。"

张汤孔仅桑弘羊

桑、孔牟利，微汤之深文巧法，其策不能行也。人知桑、孔小人，而不知汤之赞画居多，告缗之比，皆汤所定，志中尤罪汤加桑、孔一等。

食货志校误

《食货》下卷自武帝以前皆取《史记·平准》元文，但《史记》误字、脱字、衍字甚多，皆当以《食货》为正。间亦有《平准》不误而《食货》误者，如"更令民铸荚钱"，当从《平准》裴注作"榆荚钱"，已见前。"公卿请令京师铸官赤仄"，当从《平准》作"钟官赤侧"，"侧"、"仄"字通，而钟官者，即下文"禁郡国无铸钱，专令上林三官铸"。裴骃注云："《汉·百官表》：'水衡都尉，武帝元鼎二年置，掌上林苑，属官有上林均输、钟官、辨铜令。'上林三官其是乎？"是也。"益广开置左右辅"，当从《平准》作"广关"。"不敢言轻赋法"，当从《平准》徐广注作"经赋"。二条已见何氏《读书记》。

十七史商榷卷十三

汉书七

最 后

《郊祀志》自驺子论五德终始，"而宋毋忌、正伯侨、元尚、羡门高最后"。师古曰："自宋毋忌至最后，皆其人姓名，凡五人。"按：服虔及司马贞说，最后者自是谓其在驺子之后耳，非姓名，其实止四人。颜注谬妄至此。

木 寓

"木寓龙一驷。"李奇曰："寓，寄也，寄生龙形于木也。"顾氏云："古文'偶'、'寓'通用。木寓，木偶也。《史记·武纪》作'木偶马'。李奇注非。"按：《封禅书》此文之上叙秦事，有木禺龙、木禺车马，《索隐》亦以"禺"音"偶"，谓偶其形于木。此志之下文又有"寓车一乘"、"寓马四匹"，又有"以木寓马代驹"，又有"寓龙马"，顾说是。《后书·刘表传》论，言表"犹木禺之于人"。李贤注："如刻木为人。"是与偶同矣。而其下文又引李奇注，自岐其说。

文帝王制

《封禅书》：文帝"使博士诸生刺《六经》作《王制》，谋议巡狩封禅事"。《汉·郊祀志》同。司马贞《索隐》引刘向《七录》云："文帝所造书有《本制》、《兵制》、《服制》篇。""《本制》、《兵制》、《服制》篇"者，即《封禅书》所谓《王制》也，而非今《礼记》中所有《王制》，卢植妄以当之。彼疏引郑《目录》云："名曰《王制》者，以其记先王班爵、授禄、祭祀、养老之法度，此于《别录》属制度。"又郑答临硕云："孟子当赧王之际，《王制》之作复在其后。"然则康成之意不以《王制》为文帝作明矣。《艺文志》："《礼记》百三十一篇，七十子后学者所记也。"其后大小戴删取之，今存四十九篇，《王制》在此内，与文帝所作何涉？许慎《说文·自序》

云:"壁中书者,鲁恭王坏孔子宅而得,《礼记》、《尚书》、《春秋》、《论语》、《孝经》。"《礼记》亦孔壁中所得,其非汉儒所作甚明。下文"武帝得宝鼎,命群儒采封禅《尚书》、《周官》、《王制》事"。此《王制》则是文帝所作。盖文帝原为封禅作之,武帝亦以议封禅采之也。

宽　舒

"使黄锤史宽舒受其方。"孟康曰:"二人皆方士。"按:《史记·封禅书》徐广注云:"锤县、黄县皆在东莱。"此说得之。黄锤之史其名宽舒,观下文宽舒凡五见,而绝不见所为"黄锤"者,孟康说谬甚。

泰一字衍

"祠泰一于忌泰一坛旁。"上"泰一"两字衍。《史记·封禅书》及《武纪》并无"忌泰一坛"者,"亳人谬忌奏祠泰一方"所作坛也,上文已言,后有人上书言祠三一,"令祠于忌泰一坛上",此则后人复有言祠黄帝等方,故又祠于坛旁也。

益延寿

"甘泉则作益寿、延寿馆。"师古曰:"益寿、延寿,二馆名。"按:黄长睿云:"《史记》作益延寿馆,而近岁雍耀间耕夫有得古瓦,其首作'益延寿'三字,瓦径尺,字画奇古,即此馆当时瓦也。"又《括地志》云:"延寿观在雍州云阳县西北八十一里通天台西八十步正,今耀州地也。"然则当以《史记》为正,《汉·郊祀志》误衍一"寿"字耳。师古云"二馆",非也。

泰山明堂

武帝封泰山,"泰山东北址古时有明堂处"。按:《孟子》:"齐宣王问曰:'人皆谓我毁明堂。'"赵岐注:"泰山下明堂,周天子东巡狩朝诸侯之处,齐侵地而得有之。"是也。

贡韦匡谷

汉人郊祀渎乱无理,几同儿戏。"元帝好儒,贡禹、韦玄成、匡衡等相继为公卿。禹建言汉家宗庙祭祀多不应古礼,上是其言。后玄成为丞相,议罢郡国庙,自太上皇、孝惠帝诸园寝庙皆罢。"成帝即位,丞相匡衡、御史大夫张谭又奏言:武帝所立郊祀与古制殊,罢甘泉泰畤、河东后土祠,定南北郊于长安。衡又请罢紫坛伪饰、女乐、鸾路、骍驹、龙马、石坛之属,及雍鄜、密、上下畤、北畤、陈宝祠一切淫祀皆罢。成帝末年,谷永说上曰"明于天地之性,不可或以神怪;知万物之情,不可罔以非类"云云。班氏赞云:"究观方士祠官之变,谷永之言不亦正乎!"愚谓韦、匡庸相也,贡、谷陋儒也,然郊祀赖其驳奏,古制获存,是其所长。至郑康成注《礼》皆据经典,而赵宋以后妄徒动辄诋其用汉制解经,有识者毋惑也。

《越绝书》卷二《吴地传》:"高皇帝封兄子濞为吴王,治广陵,并有吴。立二十一年,东渡之吴,十日还去。匠门外信士里东广平地,吴王濞时宗庙也。太公、高祖在西,孝文在东。去县五里。永光四年,孝元帝时,贡大夫请罢之。"郡国僭立之庙为贡禹所奏罢,而见于传记者此其一也。然元帝时濞之灭百余年矣,而庙始得罢,贡禹正礼之功伟矣。

三　五

谷永论淫祀求仙之妄而曰:"周秦之末,三五之隆,已尝专意求之。旷日经年,靡毫氂之验。"师古云:"三谓三皇,五谓五帝。"刘仲冯驳之,以为三五指三世五世,谓文武。刘说确甚。汉兴,高帝一世,惠帝二世,文则三世,武则五世也。文帝虽令主,公孙臣、新垣平已为文成五利,导夫先路,故约言之。

天文志无注

《天文志》师古竟全卷无注,其中讹字及与他书不同者颇多,宜以《史记》及《吕氏春秋》、《淮南子》、《甘石星经》、诸史《天文志》参订之。

星日月本在地

经星常宿,五星日月"皆阴阳之精,其本在地,而上发于天"。语本《史记》。疑七十子以来相传微言。《说文》卷七上《晶部》"曑"字注云:"万物之精,上为列星。"与《汉志》合。

二十八宿叙次

二十八宿叙次以东西南北中五宫为纲，而监板于南宫"权，轩辕"一节提行另起，既以五宫为纲，"权"字不当提行，毛板是。

暒

"天暒而见景星。"又"天暒晏。""暒"，《说文》卷七上《夕部》以"暒"为"姓"，"雨而夜除星见也"。徐铉曰："今俗别作'晴'。非是。"

九道九行

"日有中道，月有九行。"案：《洪范》："日月之行，则有冬有夏。"郑注："四时之间合于黄道也。"详《后案》。

天文志所引

《天文志》引甘氏、石氏《经》，又引夏氏《日月传》、《星传》。不知夏氏何人？又有但称《星传》不云某氏者，贾、孔诸经疏中每引武陵太守《星传》，疑即其说。《五行志》亦引《星传》，又引刘向所引《星传》，然则《星传》乃汉初已有。

五行志所引

《五行志》先引"经曰"一段是《尚书·洪范》文，次引"传曰"一段是伏生《洪范五行传》文，又次引"说曰"一段是欧阳、大小夏侯等说，乃当时列于学官、博士所习者。以下则历引《春秋》及汉事以证之，所采皆董仲舒、刘向、歆父子说也，而歆说与传说或不同，志亦或舍传说而从歆。又采京房《易传》亦甚多，今所传京氏《易传》中皆无之，则今所传京氏《易传》已非足本。间亦采眭孟、谷永、李寻之说，眭、谷语略皆见其传中，寻说则传无之也。

"《史记》成公十六年，公会诸侯于周"云云，师古于"史记"下注云："此志凡称'史记'者，皆谓司马迁所撰也。"愚谓师古注此书成，年已六十一，六十五而卒，学识本不甚高，又已老悖，故舛谬颇多。此注以左氏为司马迁，竟如不辨菽麦者。

王　立

"成帝河平二年夏,帝舅五人封列侯。"师古曰:"谭、商、立、根、逢时,凡五人。"凌稚隆本"立"作"音"。沈炯云:《外戚恩泽侯表》红阳荒侯立与谭、商、根、逢时俱以河平二年六月乙亥封,五人皆皇太后弟。安阳敬侯王音以皇太后从弟大司马车骑将军侯,其封在鸿嘉元年六月己巳。以"立"作"音"乃凌本之误。又《成纪》亦作"立",与表同。而音之封不见于纪,史漏之也。

二志矛盾

《五行志》上卷末段以罢郡国庙及太上皇、惠帝寝庙,徙甘泉泰畤、河东后土于长安南北郊。又罢雍五畤、郡国诸旧祀。皆致水灾之应,而不言其说出于何人。观《郊祀志》刘向之言,知其出于向也。夫毁庙徙郊等皆复古而得礼之正者,贡禹、匡衡、谷永说皆是也,而向乃以为能致水灾,向之曲说如此。《班书》采辑诸书而成,有未加裁剪者,如《郊祀志》赞云:"究观方士祠官之变,谷永之言不亦正乎!"是固以毁庙徙郊为正也,而此志乃复云云,殊自相矛盾矣。

鼠妖证青祥

貌传自成公七年以下一段所引《春秋》三节、汉事二节,皆以鼠妖证青眚青祥,此不可解。后思心传中又以鼠妖证黄祥,一事复出卷中如此甚多。又隐公三年日食,而以为其后"郑获鲁隐",注引狐壤之战,此自是隐为公子时事。洪迈讥之。桓公三年日食,而以为"楚严称王,兼地千里"是其应,不知楚自武王称王,历文、成、穆至严已四世,而严之霸,去桓公三年将百年矣。刘知幾讥之。此等舛谬,不可枚举。

吴二城门

"吴王濞二城门自倾,其一门名曰楚门,一门曰鱼门。吴地以船为家,以鱼为食"云云。范成大《吴郡志》第三卷《城郭》篇:"阊门亦名破楚门。"而无所谓楚门、鱼门者。要之,二门必当在今苏州府治吴、长洲、元和三县地。此志特因吴本属吴国,而濞又尝东渡之吴留十日去,故此下文遂以二门之倾为濞亡之兆。其实濞都广陵,不都吴,若据此文误认濞之所都即今苏州府治,则非矣。详《地理杂辨证》。

五行志引大传

引《书序》及伏生《大传》"伊陟相太戊,桑谷共生"事,其下又引刘向说,以桑谷为高宗、武丁时事,此向之误,而班氏聊存异说耳。师古乃疑伏生差谬,殊愦愦。

雨鱼信都

"成帝鸿嘉四年秋,雨鱼于信都,长五寸以下。"案:荀悦《汉纪》作"雨鱼于新都,长五尺"。新都见《王莽传》,乃谓新野之都乡。《地理志》本无此县,辨详后,《汉纪》误也。

七国秦无日食

《五行志》说春秋及汉兴以来日食详矣,七国及秦始皇、二世之时,生民之祸甚烈,宜日食不胜书,而志无之,史失其官,不可考耳。《秦本纪》、《始皇本纪》所书灾祥甚多,而独无日食。

十七史商榷卷十四

汉书八

地理论古

《地理志》叙首论古太繁，刘知幾讥之云："春秋赋《诗》见志，《左氏》惟录章名。《地理》论古，至夏世宜曰《禹贡》已详，何必重述古文，益其辞费?"刘氏之说颇当。而师古又从而剿袭《伪孔传》以为注，更觉饶舌可厌；孔传所无者又取本志注之，更为可笑。况又强作解事，如沂出泰山郡盖县临乐山，今乃截取之云"沂出泰山"，此成何语?

十三部

冀、兖、青、徐、扬、荆、豫、梁、雍、幽、并、营，此唐虞之十二州也，汉无营州，其十一州皆有之，但改梁名益、改雍名凉，而又南置交趾、北置朔方之州，凡十三部，部刺史员十三人，此见于《地理志》、《百官表》及师古所引胡广《记》者也。据文似十一州，外添交州、朔方为十三部矣。但河内、河南二郡注云："属司隶。"而各郡国无属朔方者。《百官表》："司隶校尉，武帝征和四年置。察三辅、三河、弘农。"三辅是京兆、冯翊、扶风，三河是河内、河南、河东。《续郡国志》此六郡与弘农正属司隶。东汉如此，西汉可知。杜佑《通典》于西汉十三部亦不数朔方，而数司隶。且《地理志》叙首虽云"置朔方之州"，而朔方刺史果亦在员数之内，则朔方郡宜专属之矣。今乃注云"属并州"，则知所谓十三部者，实是于旧十一州外添交州与司隶为十三，朔方不数。《平当传》："当以丞相司直坐法，左迁朔方刺史。"师古曰："武帝初置朔方郡，别令刺史监之，不在十三州之限。"是也。惟《晋书·地理志》述汉制数朔方为十三。《晋书》此段谬误甚多，不可据。

刺史察藩国

《百官表》："部刺史奉诏条察州。"师古引《汉官仪》，惟一条察强宗豪右，其五条皆察二千石。师古引《汉官仪》亦见《续百官志》刘昭注。而历考诸传中凡居此官者，大率皆以督察藩国为事。如《高五王传》：青州刺史奏菑川王终古罪。《文三王传》：冀州刺史林奏代王年罪。《武五子传》：青州刺史隽不疑知齐孝王孙刘泽等反谋，"收捕泽以闻"。亦见《不疑传》。又昌邑哀王之子贺既废，为宣帝所忌，后复徙封豫章为海昏侯，扬州刺史柯奏其罪。《张敞传》：拜冀州刺史，"既到部，而广川王国群辈不道，贼发，不得。敞围王宫，搜得之，捕格断头，县王宫门外，因劾奏广川王，削其户"。盖自贾谊在文帝时已虑诸国难制，吴楚反后，防禁益严，部刺史总率一州，故以此为要务。

《后书·郅恽传》：恽子寿为冀州刺史时，"冀部属郡多封诸王，宾客放纵，寿案察之，无所容贷。乃使部从事专住王国，又徙督邮舍王宫外，动静得失，即时骑驿言上奏王罪及劾傅相"。袁宏《后汉纪》第十六卷：永宁元年，"立济北王子苌为乐城王。苌骄淫失度，冀州刺史举奏苌罪至不道"。然则刺史以察藩国为事，东京犹然。

刺史权重秩卑

刺史初不常置，武帝元封五年始常置，见《百官表》。其权甚重而秩则卑，盖所统辖者一州，其中郡国甚多，守相二千石皆其属官，得举劾，而秩仅六百石，治状卓异始得擢守相。如《魏相传》："相为扬州刺史，考案郡国守相，多所贬退。居部二岁，征为谏大夫，复为河南太守。"《何武传》："武为刺史，所举奏二千石长吏必先露章，服罪者亏除，免之，不服，极法奏之，抵罪或至死。"而《王嘉传》云："司隶、部刺史察过悉劾，二千石益轻，或持其微过，言于刺史、司隶，众庶知其易危，小失意则离畔，以守相威权素夺也。"《京房传》："房奏考功课吏法，时部刺史奏事京师，上召见诸刺史，令房晓以课事，刺史以为不可行。房上弟子晓考功课吏事者，中郎任良、姚平愿以为刺史，试考功法。石显疾房，欲远之，建言宜试以房为郡守。元帝于是以房为魏郡太守，得以考功法治郡，房自请，愿无属刺史。"可见守相畏刺史如此。又《朱博传》：

"为冀州刺史行部,吏民数百人遮道自言,博使从事敕告吏民:'欲言县丞尉者,刺史不察黄绶,各自诣郡。欲言二千石墨绶长吏者,使者行部还,诣治所。'"师古曰:"丞尉职卑皆黄绶。""治所,刺史所止理事处。"所弹劾者如是。而所举荐者则如《王褒传》:"王襄为益州刺史,使褒作《中和》、《乐职》、《宣布诗》,奏褒有轶才。"《王莽传》:"莽风公卿奏言,州部所举茂才异等吏,率多不称。"此虽莽欲揽威柄故云尔,要刺史有举扬人才之任亦可见。合而观之,刺史之权可谓重矣,及其迁擢也,黄霸为扬州刺史,以高第为颍川太守;见《循吏传》。陈咸由部刺史历楚国、北海、东郡太守;见《翟方进传》。张敞为冀州刺史,盗贼禁止,守太原太守满岁为真;见本传。王尊为徐州刺史,迁东郡太守;见本传。马宫由青州刺史为汝南、九江太守。见本传。知其秩卑也。

《冯奉世传》:"子参由渭陵寝中郎超迁代郡太守。"中郎出为太守云"超迁",而刺史则多有以卑秩得之者,故京房请以中郎补是职也。又如《孔光传》云:"博士选高第为尚书,次乃为刺史。"而满宣"由谒者出为冀州刺史",见《贾捐之传》。张敞"由太仆丞出为豫州刺史",见本传。皆以朝臣之卑者充之。其岁尽辄奏事京师,见《翟方进传》注。九岁称职方得为守相。见《朱博传》。其内迁则如翟方进、何武仅得为丞相司直,特丞相之门下属官耳。各见本传。若王尊为郿令迁益州刺史,见本传。令可以径迁刺史,亦由秩卑故也。

刺史隶御史中丞

刺史权重矣,而又内隶于御史中丞,使内外相维。《陈万年传》:"子咸为御史中丞,总领州郡奏事,课第诸刺史。"《薛宣传》:"为御史中丞,执法殿中,外总部刺史,上疏曰:'圣化不洽,吏多苛政,大率咎在部刺史。'宣数言政事便宜,举奏部刺史郡国二千石,所贬退称进,白黑分明。"是也。《续百官志》云:"御史中丞一人。"刘昭注引蔡质《汉仪》云:"丞,故二千石为之,或选侍御史高第,执宪中司,朝会独坐,内掌兰台,督诸州刺史。"又《后书·酷吏·周纾传》注引《汉官仪》曰:"御史中丞,外督部刺史,内领侍御史,纠察百司。"

郡国官简

十三部分为郡国一百三,其属县有蛮夷者曰道,公主所食曰邑,侯所封为侯国。每部有刺史,每郡有太守,守之下则都尉与丞;诸王初以内史治民,中尉掌武职,相统众官。后省内史,令相治民如郡太守,中尉如郡都尉,此成帝时制,见《百官表》。而何武于哀帝时奏中尉官罢,职并内史,见本传。武与莽为仇。大约元始仍复旧制。每县有令,小县称长,令长之下有丞尉。汉官员数据表有十二万二百八十五人,而郡国官其简如此。至于令史掾属多有通经术至卿相者。而十里一亭,亭有长;十亭一乡,乡有三老掌教化、啬夫听讼收赋税、游徼循禁贼盗。其非长吏而代长吏治民者,又未尝概从简省也。盖其时风气犹朴,故能成治,若后世之吏员,其中固无人才,而所谓里长、保正、总甲、牌头者,又乌可多设乎?郡国县道下所注若铁官、盐官、家马官、工官、服官、发弩官、云梦官、楼船官、陂官、湖官、均输官、铜官、金官、木官、橘官、牧师官、圃羞官、洭浦官、羞官之类,皆微未下吏,盖不足道,且多随时随地立,事过辄罢,不常置者。其正官则部刺史、太守、县令、都尉、丞尉外,别无他官。汉郡国官制可谓简矣。

汉制依秦而变

《续百官志》云:"汉之初兴,法度草创,略依秦制。"虽依秦亦递变之,秦分天下为三十六郡,以郡领县,无冀、兖等州名,有监御史,有守,有尉,有令,有丞,见《史记·秦始皇本纪》。又《曹参传》:"击胡陵、方与,攻秦监公军,破之。东下薛,击泗水守军薛郭西。"孟康曰:"监,御史监郡者。"晋灼曰:"秦一郡置守、尉、监三人。"《萧何传》注苏林亦曰:"秦时无刺史,以御史监郡。"《高本纪》:"秦二年,沛公守丰,秦泗川监平将兵围丰,与战,破之。"文颖曰:"泗川,今沛郡也,高祖更名沛。秦时御史监郡,若今刺史。"其下又云:"沛公引兵之薛,秦泗川守壮兵败于薛。"如淳曰:"秦并天下为三十六郡,置守、尉、监。"又李斯上书,"请天下有藏《诗》《书》百家语者,诣守尉烧之"。合观之,秦制可见。

监既在守之上,则似汉之部刺史。但每郡皆有一监,则又非部刺史比矣。盖秦惩周封建流弊,变为郡县,惟恐其权太重,故每郡但置一监、一守、一尉,而此上别无统治之者。

《夏侯婴传》亦云:"攻胡陵,婴与萧何降泗水监平,平以胡陵降。"

《樊哙传》亦云:"击泗水监丰下,破泗水守薛西。"此与《曹参传》《高本纪》所述皆一事。

《严助传》:"秦时使尉屠睢击越,使监禄凿渠通道。"张晏曰:"郡都尉,姓屠名睢。""监郡御史,名禄。"《陈涉传》:"攻陈,陈守令皆不在,独守丞与战谯门中。"考秦三十六郡中无陈郡,陈是县名而为太守治所,故云"守令皆不在"。每县令之外有丞守,丞必陈县之丞代令守城者。又《张耳陈余传》:"耳说赵豪杰曰:'陈王奋臂,天下莫不应,县杀其令丞,郡杀其守尉。'"《叔孙通传》:"通对二世曰:'群盗鼠窃狗盗,郡守尉令捕诛,何足忧。'"汇而考之,秦制已明,而汉制则仍秦而递变者。

秦监郡御史亦名郡长。《灌婴传》云:"转南,破薛郡长。"师古曰:"长,亦如郡守也,时每郡置长。"又云:"破吴郡长吴下,得吴守。"如淳曰:"长,雄长之长也。"师古曰:"此说非也。吴郡长,当时为吴郡长,婴破之于吴下。"愚谓此所谓郡长,必即监郡御史,师古两注皆未明。

《南粤王赵佗传》叙元鼎六年平南粤事,有"粤桂林监居翁",服虔曰:"桂林部监也。姓居名翁。"按:每部设监,此秦制也,汉改部刺史,则监罢不设矣。佗本秦吏,故南粤尚用秦制;郡有监,此桂林即秦时所置郡也,服注非。

《三国·魏志·夏侯玄传》:"玄议时事云:'秦不师圣道,奸以待下,惧宰官之不修,立监牧以董之,畏督监之容曲,设司察以纠之,宰牧相累,监察相司,人怀异心,上下殊务。汉承其绪,莫能匡改。'"观此知汉制因秦也,宰官即县令,监牧即郡守,司察即监郡御史。玄又谓:"五等之典,虽难卒复,可粗立仪准。今长吏皆君吏民,横重以郡守,累以刺史。若郡所摄,唯在大较,则与州同,无为再重。宜省郡守,但任刺史。"

刺史太守屡更

刺史、太守汉制屡有改更。《朱博传》:"翟方进奏:'古选诸侯贤者为州伯,《书》曰"咨十有二牧"也。今部刺史居牧伯之位,秉一州之统,选第大吏,所荐位高至九卿,所恶立退,任重职大。《春秋》之义,用贵治贱,不以卑临尊。刺史位下大夫,而临二千石,轻重不相准,失位次之序。请罢刺史,更置州牧。'博奏:'汉家置郡县,部刺史奉使典州,督察郡国,吏民安宁。故事,居部九岁举为守相,其有异材功效著者辄登擢,秩卑而赏厚,咸劝功乐进。丞相方进奏罢刺史,更置州牧,秩真二千石,位次九卿。九卿缺,以高弟补,其中材则苟自守而已,恐功效陵夷,奸轨不禁。臣请罢州牧,置刺史如故。'奏可。"愚考因方进奏改刺史为州牧,由六百石进二千石,事在成帝时。先时刺史擢太守,此时则太守擢乃得牧矣。所以方进之子义由弘农太守、河南太守乃得为青州牧也。此制行未久,哀帝时为朱博奏仍复旧制,至元寿复改为州牧。王莽变革,光武建武元年复置牧,十八年又改刺史。若汉末,袁绍、曹操辈为州牧,位尊权重,与西汉初制迥不相同。《魏志》刘馥等传评曰:"自汉季以来,刺史总统诸郡,赋政于外,非若曩时司察之而已。"至唐而刺史之名又移之太守矣。

太守别称

《晁错传》称郡守为"主郡吏"。《严助传》:助为会稽太守,帝赐书谓之"郡吏"。而《尹翁归传》:"拜东海太守,过辞廷尉于定国。定国家在东海,谓其邑子曰:'此贤将。'"《孙宝传》:"宝为京兆尹,吏侯文亦称宝为'将'。"又《酷吏传》:"严延年为涿郡太守,掾蠡吾赵绣称延年为'新将'。"注:"新为郡将也,谓守为将,以其兼领武事。"此皆太守之别称也。至后汉亦有此称。如《后书·马援传》:"援戒兄子严、敦书:'杜季良豪侠,郡将下车辄切齿,吾常为寒心。'"又《鲁恭传》:"恭弟丕为郡督邮功曹,所事之将,无不师友待之。"《郑均传》:"不应州郡辟召,郡将欲必致之。"《第五伦传》:"会稽俗多淫祀,前后郡将莫能禁。"此皆谓太守为将也。又《循吏童恢传》:"恢弟翊辟孝廉,除须昌长。闻举将丧,弃官归。""举将",当是郡守之曾举翊者。

守尉改名

《百官表》:"郡守,秦官,掌治其郡。景帝中二年,更名太守。""郡尉,秦官,掌佐守典武职甲卒。景帝中二年,更名都尉。"而史文间有追称之者,如《樊哙传》云:"攻围都尉、东郡守尉于成武。"刘攽云:"围,县名,有尉无都尉。又郡都尉,景帝方置,明此衍'都'字。"愚谓都尉在围,即可称围都尉。刘以为县尉太卑,未必能守城。恐刘亦误。但秦本无都尉名,郡都尉与县尉同称尉,汉之改名当亦为其易溷。今此上言"圉都尉"必是追称,而下言"守尉"则是都尉代守守郡者耳。知者《高纪》:"秦三年,攻东郡尉于成武。"彼与《樊哙传》同述一事,彼孟康曰:"尉,郡都尉也。"师古曰:"本谓之郡尉,至景帝时乃改曰都尉。"据此知《樊哙传》云"守尉",是都尉代守守。

《史记·南越尉佗传》"二世时,南海尉任嚣病且死,召龙川令"云云,徐广注云:"尔时未言都尉也。"《周勃传》:"免相就国,每河东守尉行县至绛,勃被甲持兵以见。"考此当文帝时,尚未改名。

十七史商榷卷十五

汉书九

侯王相有别

诸郡国下所属县有注侯国者,即所谓王子侯、恩泽侯等侯国也。《王子侯表》所载而《地理志》于其县下不注者,如丹杨郡之胡孰、秣陵、丹杨之类,此因元始时其国已除故也。《儒林传》云:"郡国县邑有好文学,敬长上,肃政教,顺乡里,出入不悖,所闻者令相长丞上所属二千石。二千石谨察可者,常与计偕,诣太常,受业如弟子。"师古曰:"令,县令;相,侯相;长,县长;丞,县丞也。二千石谓郡守及诸王相也。"此注甚分明。大县称令,小县称长,侯国之相如令长,王之相如太守,同名而实异。《王莽传》:"莽出就新都侯国,南阳太守选掾宛孔休为新都相。"此侯国相,故太守得选掾为之,然亦必权摄,非真也。

令长守相有高下

《冯野王传》:"补当阳长,迁为栎阳令,徙夏阳令。"《孔光传》:"宣帝时,诸侯王相在郡守上。"然则令、长、守、相虽相等,而其中又自有高下,长迁乃得令,守迁乃得相也。

郡国兵权

《百官表》虽言守治郡、尉典武职,而实守兼掌之。韩延寿为颍川太守,传中述其"都试讲武"甚备。翟义为东郡太守,"以九月都试日,勒车骑材官士起事"。如淳曰:"太守、都尉、令长、丞尉会都试,课殿最也。"《后书·耿弇传》:弇"见郡尉试骑士,建旗鼓,肆驰射,由是好将帅之事"。注引《汉官仪》曰:"岁终郡试之时,讲武勒兵,因以校猎,简其材力也。"弇事虽当王莽时,其实沿汉旧制,故注引《汉官仪》以明之。又《后书·百官志五》李贤注引《汉官仪》云:"八月,太守、都尉、令、长、相、丞、尉会都试,课殿最。水家为楼船,亦习战射行船。边郡太守各将万骑,行鄣塞烽火追虏。"或言八月,或九月,或岁终,大约总在秋冬。《淮南王安传》:"安欲发兵反,先令人作旁近郡太守、都尉印。"可见守尉互掌兵权也。又安与太子反谋闻,"上遣廷尉监与淮南中尉逮捕太子。王与太子谋召相、二千石,欲杀而发兵。召相,相至,内史以出为解。中尉曰:'臣受诏使,不得见王。'王念独杀相而内史、中尉不来,无益也,即罢相"。观此知诸侯王国中兵权,相与内史、中尉兼掌之,互相牵制,三者有一不肯,即不能发兵。

王自除丞尉

《衡山王赐传》如淳注引《汉仪注》:"吏四百石以下,诸侯王得自除国中。"《百官表》云:"县丞、尉四百石至二百石。"《汉仪注》所言指丞、尉也。《贾谊传》言诸侯王不法事云:"彼自丞、尉以上遍置私人。"如此则非制矣。

监刺史从事

《萧何传》:"何,沛人,为沛主吏掾。秦御史监郡者,与从事辨之。何乃给泗水卒史。"考沛郡注云:"故秦泗水郡。"沛是泗水属县,何为监郡御史从事能辨治,故进为郡卒史。《王尊传》:"为郡决曹史,举幽州刺史从事。"如淳曰:"《汉仪注》刺史得择所部二千石卒史与从事。"监与刺史大略相似,故择用所部卒史从事同。《朱博传》:"敕告民为吏所冤及言盗贼辞讼事,各使属其部从事。"刺史从事之权如此。

郡不言何属

《地理志》郡国一百三,言所属者凡七十九,不言所属者凡二十四,详考之,其不言者皆疏漏,非有义例也。即如"临淮郡",不言何属,而其上文琅邪、东海二郡皆云"属徐州"。临淮之属徐州无疑,而独不言。泗水国不言何属,而其上文楚国、下文广陵国皆云"属徐州"。泗水之属徐州无疑,而独不言。九真郡不言何属,而其上文南海、郁林、苍梧、交趾、合浦,其下文日南六郡皆云"属交州"。九真之属交州无疑,而独不言。即此三处推之,则其余郡国之不言者皆疏漏可知。且其所属有属冀州、属兖州、属青州、属徐州、属扬州、属荆州、属豫州、属幽州、属并州、属益州、属交州、属司隶,而独无雍州改名之凉州,亦皆疏漏耳。《百官公卿表》明言"部刺史奉诏察州,员十三人"。《地理志》明言汉兼《禹贡》、《职方》,州名有徐、梁、幽、并,改凉、益,增交趾、朔方为十三部。《平纪》:元始元年,置"大司农部丞十三人,人部一州,劝农桑"。若凉州不为部,则仅十二人矣,足明郡国之无属凉州者乃疏漏也。自武都以下至北地凡十郡,皆不言何属。据《续志》,内惟天水,东汉改名汉阳,而皆属凉州。东汉如此,西汉可知。班不言,非疏漏而何?又据《百官表》及《续志》,司隶所属有七郡,今独河内、河南言属司隶,余皆不言,亦疏漏也。《续郡国》逐州分叙界画井然,似反胜于《前志》。

元始户口

每郡首列户口之数,而于京兆尹冠以"元始二年"。师古曰:"汉户口元始最盛,故举之以为数。"愚谓:元始,平帝号,是岁壬戌王莽秉政,户口之盛必多增饰,班氏岂不知之?盖取最后之籍以为定,不必以其盛也。

但有合郡户口数,每县下无之,而京兆尹长安县,左冯翊长陵县,右扶风茂陵县,颍川郡阳翟县、傿陵县并有户口。河南郡雒阳县、南阳郡宛县、蜀郡成都县、鲁国鲁县、楚国彭城县有户无口。其详略皆无义例,有则书之,无则阙。各县户口皆注于其县之下,独雒阳注于郡名下,书法参差亦无义例。

郡国属县之数

《周勃传》:"勃东定楚地泗水、东海郡,凡得二十二县。"泗水郡即沛郡也。今《地志》沛、东海二郡共有七十五县,盖元始时汉新置之县比秦已多再倍有余。又云:"降太原六城。"今《地志》太原凡二十一县,亦比秦多再倍有余。《高纪》六年以太原郡三十一县为韩国,徙韩王信都晋阳。高祖之六年在周勃降太原之后,而其数与《勃传》及《地志》皆不同。又云:"定雁门郡十七县,云中郡十二县。"今《地志》雁门十四县,比旧反少三县;云中十一县,比旧反少一县。又云:"定代郡九县。"今《地志》代郡十八县,则比旧多其半。又云:"定上谷十二县,右北平十六县,辽东二十九县,渔阳二十二县。"今《地志》上谷十五县,比旧多三县;右北平十六县,数适相符;而辽东只有十八县,渔阳只有十二县,比旧反少甚多。《高纪》:"十年,赵相周昌奏常山有二十五城。"《地理志》常山属县仅十八,比旧反少七县。《靳歙传》:"降邯郸郡六县。"今《地志》赵国即秦邯郸郡,属县仅四,比旧反少二县。其分割之详不可考矣。

建置从略

地理建置,沿革无常,以最后为定。户口据元始,疆域当亦据元始也。考《文三王传》:梁孝王国四十余城。孝王卒,景帝中六年分为五国,四人别为济川、山阳、济东、济阴四国,而太子共王买仍封梁。共王子平王襄以罪削五县,余尚有八城。此武帝时事,当武帝末削之。梁国得初封五之一,属县有十三。今志于彼四国则有山阳郡、济阴郡,皆即景帝故国,东平国即济东国,独不见济川国,惟此一国疆域竟无所见,已属缺漏。《史记》世家:梁孝王子明,孝景中六年为济川王。七岁坐罪废,地入汉为郡。今志无济川郡。又志:济阴属县九,东平属县七,皆与梁国略相等,独山阳属县多至二十三,决不此国独多如此。然则山阳郡下本注虽言景帝中六年为国,"武帝建元五年为郡",其实郡界非国旧界,大约别割他地益之,或即将济川一国并入未可知。且以四十余城分为五,计之十三也、九也、七也,三国已得二十九;加山阳二十三,四国已得五十二;尚有济川不在内,数大不符,可见山阳郡界非国界。《文三王传》:"山阳王,景中六年立。立九年,国除。"适当建元五年,此志与传合,独属县非国之旧,而班略之。此皆分割大事,班氏概略之。窃谓史法贵简,独建置沿革乃地理之至要,宜条析而详书之,词繁而不杀为佳。无如志之一体,班氏所创,风气初开,义例疏阔,不能详析也。凡如此类,不可枚举,举一以资隅反。

分割虽据元始,又有不拘者。《文三王传》:清河王年当地节中已国除,元始二年立年弟子如意为广宗王。亦见《诸侯王表》。广宗是元始所建国,志中略不载,则是又不据元始矣,例俱不定。

传言梁国削余八城,志梁国所属恰八县。若据此,则是梁孝王之孙平王襄当武帝时削五县,余尚有八县,直传至元始时,尚是武帝时之故疆矣。而今考之则不然。襄立四十年薨,其下传五世至名立者嗣,立为王当成帝元延中，又坐罪削五县，则余只有三县矣。至元始中，立又坐废为庶人自杀，国除。"后二岁，莽白太皇太后立孝王玄孙之曾孙音为梁王，奉孝王。后莽篡，国绝"。志据元始梁国当三县，而列八县，何也？足见班氏于建置从略。又如志列淮阳国，而此国屡为郡屡为县，注绝不及，已详后。淮阳郡，《汲黯传》云云一条，而《梁平王襄传》："元朔中，睢阳人犴反，人辱其父，而与睢阳太守客俱出同车。犴反杀其仇车上，亡去。睢阳太守怒，以让梁二千石，求反急。"睢阳是梁国属县，县不当称太守。《史记》世家述此事作"淮阳太守"，彼是也，《汉书》误作睢阳太守耳。然武帝时制，王国有内史治民，中尉掌武，皆二千石。若太守则治郡者，王国无之。可知武帝时淮阳为郡不为国，而志不及，建置之略如此。"犴反"，《史记》作"类犴反"，《索隐》云"人姓名"，恐当从《汉书》。

《武五子·燕剌王旦传》："武帝末年坐罪，削良乡、安次、文安三县。"其后昭帝时又"益封万三千户"，其下文即云："发民大猎文安县。"则昭帝时益封已还其所削县矣。其后谋反发觉，自杀国除。今《地志》大字无燕国，而安次、文安则属勃海郡，良乡则属涿郡，可见燕国除后其县入此二郡，而二郡注皆云"高帝置"。不知几经分割后尚是高帝之旧乎？必不同矣。且燕地必更有入渔阳、右北平等郡者，不止二郡，今皆不可考。又《旦传》：宣帝又封旦太子建为广阳王，传至莽不绝。志有广阳国，注云："高帝燕国，昭帝元凤元年为广阳郡，宣帝本始元年更为国。"属县只四县，首县蓟下注云："故燕国，召公所封。"旦令群臣亦曰"燕虽小，召公建国"，则蓟必是旦所都。元凤之广阳郡即燕国除为之，及更为国，嫌太大，故又割入勃海等郡，仅存四县也。班于建置沿革太略，然此等分割纠纷若必逐县详注又嫌繁琐，则似亦有不得不如此从略者。

志山阳郡注云："故梁。景帝中六年别为山阳国。武帝建元五年别为郡。"其属首县昌邑注云："武帝天汉四年更山阳为昌邑国。"《武五子传》云："昌邑哀王髆天汉四年立。薨，子贺嗣。昭帝崩，征贺立之，淫乱废归国，赐汤沐邑。国除，为山阳郡。"惟此一郡由国而郡、由郡而国、由国而复为郡，最为详析，合志传观之，首末具见。他郡国皆不能如此。

十七史商榷卷十六

汉书十

刺史治所

《续汉·百官志》云："刺史各主一州,常以八月巡行所部郡国,录囚徒,考殿最。"既以八月出巡,则平日必有治所。乃刘昭注则云："孝武始制刺史,监纠非法,传车周流,匪有定镇。"昭说未的。而阎氏若璩遂云："《通鉴》齐孝王孙谋发兵临淄,杀青州刺史。此刺史适在临淄,非必治所。胡三省乃云'临淄,青州刺史治'。岂知西汉刺史称传车,居无常处者乎?"阎虽云尔,而刺史治所明见《朱博传》。又《武纪》:元封五年,"初置刺史部十三州"。师古注引《汉旧仪》云："初分十三州,假刺史印绶,有常治所。"阎似失考。但《地理志》于刺史所治之县竟未一及耳。

《三国·魏志·夏侯玄传》:"玄议时事,司马宣王报书云:'故刺史称传车,其吏言从事,居无常治。'"又《唐六典》第三十卷云:"武帝元光三年初置部刺史十三人,居无常所。《后汉》则皆有定所。"此阎说所本。然朱博非前汉乎? 大约因其乘传周行故随便言之。

太守治所

太守都尉皆当有治所,今都尉治所夹注中甚多,而太守治所竟绝不一及,何也? 夫都尉治所大率不在首县,且与太守不同治,是以注明。乃太守治所亦不尽在首县,而竟绝不一及,则疏矣。

《续书·郡国志》刘昭注引潘岳《关中记》云:"三辅旧治长安城中,长吏各在其县治民。光武东都之后,扶风出治槐里,冯翊出治高陵。"今《前志》于高陵注云:"左辅都尉治。"盖京城只长安一县,三辅共治之,左冯翊亦治长安,故高陵得为都尉治,都尉不与太守同治也。

阎若璩云:"《郡国志》凡县名先书郡所治,此惟东汉则然,西汉不尔,历考志传以证之:为治者二十有六,江陵也,平襄也,宛也,阳翟也,蓟也,彭城也,邯郸也,临淄也,雒阳也,广陵也,昌邑也,吴也,寿春也,郯也,相也,成都也,长子也,濮阳也,无盐也,鲁也,江州也,涿也,僰道也,故苴兰也,邛都也,滇池也。不为治者三,梁国首砀却不为治,治睢阳。王国以内史治民,而《梁孝王武传》:梁内史韩安国从王于睢阳也。汝南郡首平舆,亦不为治,治上蔡,以《翟方进传》知之。左冯翊首高陵亦不为治,治长安,以《赵广汉传》、《景帝纪》注及《百官表》知之。而《韩延寿传》云延寿为左冯翊出行县至高陵,尤明证也。胡三省注《通鉴》地理号佳者,亦不知西汉第一县非必郡治。如云《班志》'襄平县,辽东郡治所'犹可,而云'汉中郡治西城县'岂可乎? 又云:'汉五原郡治稒阳。'不知稒阳都尉治,太守不与都尉同治也。"愚谓阎说是矣,而有未尽者。据《高纪》下卷汉六年韦昭注推之,丹阳郡首宛陵而其实不为治,治丹杨,说详后第十七卷,而阎遗漏未举。南阳郡首宛县,而《翟义传》云:"以南阳都尉行太守事,行县至宛。"若南阳太守治宛,则不得言"行县至"矣,知宛亦非太守治也,而阎亦遗漏未举。西河郡首富昌不为治,治平定,见《东观汉记》。唐《元和志》叙汾州沿革一段内,言汉武帝置西河郡,理富昌。亡友休宁戴吉士震辨其误,见《戴氏遗书》之二十三《文集》卷八,而阎亦不知也。

《水经》三十七卷《叶榆水》篇注:"麊泠县,汉武帝元鼎六年开,都尉治。交趾郡及州本治于此。"然则交趾郡太守及交州刺史与都尉皆同治此县也,此南蛮地新开者,不可以一例论。至后汉则交趾太守改治龙编、交州刺史改治广信矣。

都尉漏书

即以都尉论之,郡国一百三,有都尉者凡五十九,无都尉者四十四。此四十四郡国果无都尉乎? 抑有而不书乎? 京兆尹下当有都尉,阙漏不书,别见。其他如河东都尉赵护拜为广汉太守,见《成纪》及《薛宣传》;张汤之玄孙放亦尝为河东都尉,见《汤传》;周阳由亦尝为河东都尉,见《酷吏传》。河东有都尉甚明,而今志河东无都尉。哀帝擢右师谭为颍川都尉,见《息夫躬传》,颍川有都尉甚明,而今志颍川无都尉。景帝召拜枚乘为弘农都尉,见本传;据志,武帝元鼎四年置弘农郡,则景帝无此郡，当系追书。又尹翁归举廉为弘农都尉，见本传；弘农有都尉甚明，而今志弘农无都尉。杜周之曾孙业尝为上党都尉，见《周传》，上党有都尉甚明，而今志上党无都尉。又义纵为河内都尉，亦见《酷吏传》；河内有都尉甚明，而今志河内无都尉。赵充国至金城渡河，遂至西部都尉府。孟康曰："在金城。"金城有都尉甚明，而今志金城无都尉。皆脱漏也。且即以《百官表》所列都尉名目论之，于平常都尉之外，别刊者仅有关都尉、农都尉、属国都尉三种名目，而关都尉必司关津，天下关津多矣，乃仅巴郡鱼复县江关都尉一见。他如弘农郡弘农县下注云："故秦函谷关。"考杜周之曾孙业亦曾为函谷关都尉，此事亦见《周传》；而辛庆忌之子遵亦曾为之，见《庆忌传》；丞相车千秋之弟亦曾为之，见《魏相传》；张敞亦曾为之，见本传。此正《百官表》所谓关都尉也，志乃但注关名不言有关都尉，明系脱漏，则其他脱漏者多矣。农都尉必司农事。《叙传》云："班况为上河农都尉。"师古曰："上河，地名。农都尉者，典农事。"是也。此亦必不止一处，乃仅张掖番和县一见何也？其必有脱漏明矣。属国都尉，志五见，天水勇士县、安定三水县、上郡龟兹县、西河美稷县、五原蒲泽县是矣，而张掖亦属国都尉。《匈奴传》："右贤王、犁污王四千骑入日勒、屋兰、番和，张掖太守、属国都尉击破之。"是也。今志张掖郡但云"都尉"，无"属国"二字，此又脱文也。若乃左辅、右辅都尉，以三辅故别之；各郡东部、西部、南部、北部、中部都尉，以一郡中不一都尉故别之，亦非别立名，不必提出。至于骑都尉，天水獭道一见；宜禾都尉，敦煌广至一见；主骑都尉，安定参䜌一见；浑怀都尉，北地富平一见；匈归都尉，上郡一见。既别立名，自与平常都尉不同，宜于表中提明，此官制所关，而表竟不言，是又表之疏漏也。

王温舒为广平都尉，尹齐为淮阳都尉，皆见《酷吏传》，而今志此二国无都尉，此则非漏书，盖此是国非郡，国但有相、有内史、有中尉，不当有都尉。但二国曾罢为郡，终为国，观《年表》及《汲黯传》黯曾为淮阳太守即可见，《酷吏传》据为郡时耳。志所载二十国无一都尉，知二国亦不当有。

书法体例不一

以都尉书法论之,大约皆注于其所治县下,而五原郡下注云:"东部都尉治稒阳。"属县稒阳下不注;朔方郡下注云:"西部都尉治窳浑。"属县窳浑下不注;而其他县渠搜下则又注"中部都尉治",广牧下则又注"东部都尉治",此其体例之不一者也。汝南郡下注云:"莽分为赏都尉。"其属县汝阴下注云:"都尉治。"宜禄下注云:"莽曰赏都亭。"未详。又以杂官书法论之,大约皆注于其所置之县下,如京兆尹郑县下注"有铁官"之类,至弘农郡下注"有铁官,在黾池",又于宜阳县下注"在黾池,有铁官也",而黾池县下反不注。河南郡下注"有铁官、工官",其属县无之。泰山郡下注"有工官",不言在何县,其属县奉高下又注"有工官"。广汉郡下注"有工官",其属县雒下又注"有工官"。《贡禹传》如淳注但言广汉有工官,亦据文而说耳。太原郡下注"有盐官,在晋阳",其属县晋阳下又注"有盐官"。此亦其体例之不一者也。以山之书法论之,大约皆注于其所在之县下,而雁门郡下注"勾注山在阴馆",其属县阴馆下不注,此亦其体例之不一者也。以水之书法论之,大约皆注于其所出之县下,然有详言其过几郡行几里者,有不言过几郡行几里而但言其所出所入者,此亦其体例之不一者也。以各郡建置之书法论之,有但云某帝置者,有详述某帝某年置者;又郡国皆注建置沿革,县无之,而亦间或有之,此亦其体例之不一者也。盖本无一定体例,有因其故籍之详略而详之略之者,有临文粗疏失于检照遂成疵类者,有传写差误未经校改者。鲁地一条末云"当考",师古曰:"当考者,言当更考核之,其事未审。"《班书》之当考者盖亦多矣。

敦煌郡效谷县下注"本渔泽障也"。考《孙宝传》尚书仆射唐林坐朋党比周,"左迁敦煌渔泽障候"。则效谷县下当注云"有候官",今无者亦脱漏,且其上敦煌县下有"步广候官",而效谷无候官,脱漏显然。想杂官脱漏者,当不止此一处。

王　都

凡县之封侯者必注云"侯国",仍属郡,与他县不为国者同,而王国则改称国。若县之为王都者,如江夏郡邾县注云"衡山王吴芮都",清河郡清阳县注云"王都",泰山郡卢县注云"济北王都",桂阳郡郴县注云"项羽所立义帝都此",南海郡番禺县注云"尉佗都",信都国信都县注云"王都",广陵国广陵县注云"江都易王非、广陵厉王胥皆都此",可见王都不必定在第一县,其书法详略参差,并以现在之王与已往之故王杂错而书之,不必论。但王都多矣,独见此七处何也? 其义例不可晓。

《文三王传·代孝王参传》"代王都晋阳",今太原郡晋阳不注,此类甚多,不悉出。

梁国属县八,睢阳居末,此国自孝王武始封,而七国反,梁守睢阳,孝王又广其城,大治宫室,睢阳为梁都甚明,贾谊请徙代王都睢阳。代王即孝王武,后果徙王梁,当如谊策。乃居末。此国直传至元始方除,盖始终都睢阳,而志以居末,可见王国都不必定首县,举一可知其余。

十七史商榷卷十七

汉书十一

故 郡

秦以京师为内史,京师之外分三十六郡:河东郡,太原郡,上党郡,三川郡,东郡,颍川郡,南阳郡,南郡,九江郡,泗水郡,钜鹿郡,齐郡,琅邪郡,会稽郡,汉中郡,蜀郡,巴郡,陇西郡,北地郡,上郡,九原郡,云中郡,雁门郡,代郡,上谷郡,渔阳郡,右北平郡,辽西郡,辽东郡,南海郡,桂林郡,象郡,邯郸郡,砀郡,薛郡,长沙郡,见班《地理志》。但《史记·秦始皇本纪》云:"秦初并天下分为三十六郡。"裴骃注历举三十六郡之名,虽与《班志》约略相同,而无南海、桂林、象郡三郡,却以内史充数,又添入鄣郡、黔中,是为三十六。《晋书·地理志》同。愚谓《班志》、裴注各有误,何则?《始皇本纪》又云:"三十三年,发诸尝逋亡人、赘婿、贾人略取陆梁地,为桂林、象郡、南海。"《南越尉佗传》亦云:"秦时已并天下,略定扬越,置桂林、南海、象郡。"则三郡为秦置无疑。《史记·南越传》于叙毕武帝元鼎六年破南越事之下乃云:"南越已平矣,遂为九郡。"徐广注九郡名有南海、郁林、日南。郁林即桂林,日南即象郡,此皆秦郡,非武帝始置也。然并天下系二十六年事,其时已定三十六郡,南海等三郡是三十三年所置,相去已八年,不应入三十六郡之数,《班志》疑误。《后书·南蛮传》:"秦并天下,威服蛮夷,始开领外,置南海、桂林、象郡。"详蔚宗意亦非谓一并天下即有领外,意亦是说后来所置。《汉·西南夷传》:"楚威王时,使将军庄蹻将兵循江上,略巴、黔中以西。蹻至滇池,方三百里,旁平地肥饶数千里,以兵威定属楚。欲归报,会秦击夺楚巴、黔中郡,道塞不通,因以其众王滇。秦时尝破,略通五尺道,诸此国颇置吏焉。十余岁,秦灭。汉兴,皆弃此国。"巴郡虽在三十六郡数内,而黔中更荒远,略通置吏仅十余岁,而秦已灭,则黔中之属秦已当始皇三十年以后,去二十六年初并天下亦已久矣,自不当在三十六郡数内,裴注亦误。至《两粤传》云："闽粤王无诸及粤东海王摇，其先皆粤王句践之后。秦并天下，废为君长，以其地为闽中郡。"此一郡则《班志》、裴注皆未之及，此置郡亦必在始皇三十年后，非初并天下事。且秦虽置郡，仍为无诸与摇所据，秦不得而有之，所以汉击楚，二人即率越兵来助，故不当在三十六郡数也。然则于《班志》去三外应入内史，盖《班志》郡国一百三，连三辅数，则秦三十六郡亦应连内史数，外尚少二，姑阙其疑。鄣郡亦似非，说见下。

《高纪》：汉二年，"章邯自杀。雍州定，八十余县，置河上、渭南、中地、陇西、上郡"。服虔曰："河上，即左冯翊也。渭南，京兆也。中地，右扶风也。"师古曰："凡新置五郡。"按：陇西、上郡乃秦故郡，非新置，其余三郡皆新置，见本志。盖雍州地已为雍、塞、翟三国，今灭其国置五郡，三郡新置，二郡复故非新置，而不分析者，史约言之耳。又《高纪》：汉二年，韩信虏魏豹，"定魏地，置河东、太原、上党郡"。《魏豹传》略同。三郡皆秦故郡，而此云云者，非谓汉始置此郡也。项羽王豹于河东，为西魏王，则此三郡为魏国，不为郡矣。今虏豹以其地仍为郡，复故非新置，史约言之。又《荆王刘贾传》："贾击临江王共尉，尉死，以临江为南郡。"南郡，秦故郡，此亦复故非新置，据文当云"复以临江为南郡"，史约言之。又《高纪》：汉三年，"击赵，获赵王歇。置常山、代郡"。常山，高帝新置；代郡，秦故郡，复故非新置，不分析者史约言之。惟《高纪》汉五年，"以长沙、豫章、象郡、桂林、南海立番君芮为长沙王"。刘攽辨豫章传写误加此条，则刘说是，非豫章新置，余四郡秦故郡，而史家约言之之谓。

《樊哙传》："破河间守军于杠里。"河间国，文帝二年置。此云"河间守"亦必楚汉间权立其名。

河南郡，故秦三川郡，高帝更名。《高纪》：秦二年，"斩三川守李由"。应劭曰："三川，今河南郡。"其下文叙项羽分割诸侯，以"申阳为河南王，都洛阳"。其下文：汉二年，"河南王申阳降汉，置河南郡"。郡名因项氏所立故国名。

《高纪》：汉六年，"以故东阳郡、鄣郡、吴郡五十三县立刘贾为荆王，以砀郡、薛郡、郯郡三十六县立弟文信君交为楚王，以云中、雁门、代郡五十三县立兄宜信侯喜为代王，以胶东、胶西、临淄、济北、博阳、城阳郡七十三县立子肥为齐王，以太原郡三十一县为韩国，徙韩王信都晋阳”。此段乍观之，以一“故”字贯下诸名，似有十六郡，皆秦故郡矣。详考之，则惟砀郡、薛郡、云中、雁门、代郡、太原六郡为秦故郡，其余若吴郡，则后汉所分，说详后，非秦郡。至东阳，文颖以为即下邳，乃东海属县，非秦郡。临淮属县有东阳，名同地异。鄣郡，文颖以为丹杨。文颖是说楚汉间鄣郡地，即汉武帝丹杨郡地，非说郡治在丹杨县。盖武帝时，丹杨郡所治自在丹杨，其前则为鄣郡治故鄣，故韦昭曰：“鄣郡今故鄣县也，后郡徙丹杨，转以为县，故谓之故鄣也。”此即今广德州，春秋以来名桐汭，当鄣郡治此之时不知何名。后武帝改郡名为丹杨郡，其治亦徙丹杨县。其后直至孙权，方改秣陵为建业，丹杨郡治徙于此，六朝都此，以丹杨尹比京兆尹，今江宁府上元、江宁二县也。而太平、宁国二府交界处，疑是西汉丹杨郡治。于是鄣郡所治之县即谓之故鄣，而鄣郡实非秦郡。沈约《宋书·州郡志》云：“丹杨，秦鄣郡，治今吴兴之故鄣县，汉武帝元封二年，为丹杨郡，治今宣城之宛陵县。晋武帝太康二年，分丹杨为宣城郡，治宛陵，而丹杨移治建业。”如约说，汉丹杨郡治宛陵；如韦昭说，则治丹杨。韦昭，三国吴人，通经大儒。沈约，齐、梁人，轻薄文士。沈说自不如韦说可据，今定从韦。郯郡，文颖以为东海郡。志于东海下注“高帝置”。应劭则云：“秦郯郡。”而郯郡实非秦郡，疑此皆楚汉间权立其名。胶东、胶西、临淄、济北、博阳、城阳，除胶东、城阳汉国外，余以本纪及《诸侯王表》并《史记·齐悼惠王世家》等篇考之，或为文景以后所建国，或为县名，不但非秦故郡，并有非汉郡者。此在秦，皆齐郡、琅邪郡二郡地耳。作史者立文取便，随意言之，假借后名以纪前事，故其文参错如此。其县数，云中、雁门、代郡志凡四十三县，此云“五十三”；太原志凡二十一县，此云“三十一”。“四”误为“五”、“二”误为“三”耳，余姑勿深考。

丹杨郡注“故鄣郡”，刘敞原父《刊误》云：“秦分三十六郡无鄣郡，此但当云‘故鄣’，不当益‘郡’字。”此刘之误，非班之谬，刘固未喻班意也。凡秦所置故郡汉因之者，则如河东郡但注云“秦置”是也；秦所置其后有所改易而复故者，则如颍川郡注“秦置，高帝五年为韩国，六年复故”是也；秦所置汉直改之者，则如河南郡注云“故秦三川郡，高帝更名”是也；不因秦名屡经改易卒从后定者，则如京兆尹注云“故秦内史，高帝元年属塞国，二年更为渭南郡，九年罢，复为内史。武帝建元六年分为右内史，太初元年更为京兆尹”，是也。若庐江郡注云：“故淮南,文帝十六年别为国。"所谓"故淮南"者,即《高帝纪》四年立黥布为淮南王是也;所谓"文帝十六年别为国"者,即《淮南王传》文帝立厉王子赐为庐江王是也。然则高帝即称"故",不必秦。《高纪》六年已有鄣郡,故云"故鄣郡",何必以秦无鄣郡欲去"郡"字邪?《吴王濞传》:"荆王刘贾为黥布所杀,高祖破布,立濞为吴王,王三郡。"吴即荆。《诸侯王表》:"东带江、湖,薄会稽,为荆吴。"文颖曰:"即今吴也。高帝六年为荆国,十年更名吴。"师古曰:"荆、吴,同是一国。"三郡即东阳郡、鄣郡、吴郡。其下又云:"孝惠、高后时,吴有豫章郡铜山。"韦昭注云:"此有豫字,误。但当云章郡,今故章也。"其下又云:"及削吴会稽豫章郡书至。""豫"字亦衍。然则汉初已有鄣郡甚明,但不知其所始。

《灌婴传》:既斩项籍,度江,"定吴、豫章、会稽郡"。此《史记》文班用之者。会稽,秦故郡;豫章,新置;至于分吴、会稽为二,则据《续志》后汉顺帝始。然班固卒于和帝永元四年,分二郡之事固所未及见,况司马迁乎?《吴王濞传》云:"上患吴会稽轻悍。"亦以吴、会稽并言。若谓汉初已有吴郡恐未必然,盖会稽郡属山阴县注:"会稽山在南,扬州山。越王句践本国。"此实今绍兴府治。若苏州府治吴县,则吴本国也。秦人无端忽移越国都之山名以名吴国都,名实不相应,当时人称谓之间必有不顺于口而嫌于举此遗彼者,故往往以吴会稽连言之,由今揣之当必为是。范成大《吴郡志》第四十八卷《考证门》历引三国六朝人言,吴会皆指两郡而言,非谓吴门为东南一都会。此虽在既分两郡后,而西汉人之称吴会稽意亦如此,读者皆勿泥。《庄子·释文》云:浙江今在余杭郡,后汉以为吴会分界。吴、会稽,犹言吴越。

县名相同

郡国县邑名同者,则加东、西、南、北、上、下或新字以别之。京兆尹有新丰,沛郡有丰,故此加"新";有下邽,陇西郡有上邽,故此云"下";河南郡有新郑,京兆尹有郑,故此加"新";东郡有东武阳,犍为郡有武阳,故此加"东",而泰山郡又有南武阳;陈留郡有外黄,魏郡有内黄,故此云"外";颍川郡有新汲,河内郡有汲,故此加"新";南阳郡有西鄂,江夏郡有鄂,故此加"西";江夏郡有下雉,南阳郡有雉,故此加"下";山阳郡有南平阳,河东郡有平阳,故此加"南",而泰山郡又有东平阳;钜鹿郡有下曲阳,常山郡有上曲阳,故此云"下",而九江郡亦有曲阳,《续志》作西曲阳;清河郡有东武城,左冯翊有武城,故此加"东",

而定襄郡亦有武城；涿郡有南深泽，中山国有深泽，故此加"南"；勃海郡有东平舒，代郡有平舒，故此加"东"；千乘郡有东邹，济南郡有邹，故此加"东"；济南郡有东平陵，右扶风有平陵，故此加"东"；五原郡有西安阳，代郡有东安阳，故此云"西"；辽西郡有新安平，涿郡、豫章郡俱有安平，故此加"新"；<small>甾川国又有东安平，阙骃云：博陵有安平，故云"东"。</small>而辽东又有西安平。<small>阙说详后。</small>中山国有北新成，河南郡有新成，故此加"北"，而北海郡亦有新成；东平国有东平陆，西河郡有平陆，故此加"东"。惟常山郡有南行唐，而他郡别无"行唐"，则不可考。

　　其无东西等字为别者，据钱大昭考得相同者亦甚多。有一县三见者，如曲阳一属九江郡，一属东海郡，一属交趾郡；<small>交趾作"昜"，师古曰"古阳字"。</small>建成一属勃海郡，一属沛郡，一属豫章郡；安定一属钜鹿郡，一属安定郡，一属交趾郡。有一县两见者，如剧一属北海郡，一属甾川国；定陶一属济阴郡，一属定襄郡；西平一属汝南郡，一属临淮郡；阳城一属颍川郡，一属汝南郡；平昌一属平原郡，一属琅邪郡；成阳一属汝南郡，一属济阴郡；东安一属东海郡，一属城阳国；新阳一属汝南郡，一属东海郡；钟武一属江夏郡，一属零陵郡；成一属涿郡，一属泰山郡；新市一属钜鹿郡，一属中山国；建阳一属九江郡，一属东海郡；平安一属千乘郡，一属广陵国；平城一属北海郡，一属雁门郡；临朐一属东莱郡，一属齐郡；新都一属南阳郡，一属广汉郡；昌阳一属东莱郡，一属临淮郡；定陵一属颍川郡，一属汝南郡；高平一属临淮郡，一属安定郡；饶一属北海郡，一属西河郡；高阳一属涿郡，一属琅邪郡；武城一属左冯翊，一属定襄郡；广平一属临淮郡，一属广平国；阴山一属西河郡，一属桂阳郡；乐成一属南阳郡，一属河间国；富平一属平原郡，一属北地郡；成安一属陈留郡，一属颍川郡；复阳一属南阳郡，<small>师古"音房目反"。</small>一属清河国；<small>应劭"音腹"。</small>酂一属南阳郡，<small>孟康"音赞"。</small>一属沛郡；<small>应劭"音嵯"。</small>武阳一属东海郡，一属犍为郡；郑一属京兆尹，一属山阳郡；成乡一属北海郡，一属高密国；安阳一属汝南郡，一属汉中郡；阳乐一属东莱郡，一属辽西郡；武都一属武都郡，一属五原郡；归德一属汝南郡，一属北地郡；东阳一属临淮郡，一属清河郡；黄一属山阳郡，一属东莱郡；安丘一属琅邪郡，一属北海郡；开阳一属东海郡，一属临淮郡；乐陵一属平原郡，一属临淮郡；安成一属汝南郡，一属长沙国；西阳一属江夏郡，一属山阳郡;安平一属涿郡,一属豫章郡;高成一属南郡,一属勃海郡;新昌一属涿郡,一属辽东郡;新成一属河南郡,一属北海郡。

三　辅

分一内史为左右,又改右内史为京兆尹、左内史为左冯翊。又改主爵都尉为右扶风,亦治右内史,是为三辅,武帝太初元年所定,此《地理志》文,而亦见《百官表》。彼下文云:"元鼎四年更置三辅都尉。"元鼎在太初之前,然则三辅分治其制当元鼎已定,特其名尚未改耳。读者不以文害辞可也。

《东方朔传》建元三年,"诏中尉、左右内史"云云,师古曰:"时未为京兆、冯翊、扶风,故云中尉及左右内史。"其下又云"三辅之地尽可以为苑"云云,师古曰:"中尉及左右内史则为三辅矣,非必谓京兆、冯翊、扶风也。学者疑此言为后人所增,斯未达也。"再追溯之,则前引《高纪》河上、渭南、中地,高帝时已分为三。

据《百官表》,三辅各有一都尉。而《地理志》左冯翊高陵县"左辅都尉治",右扶风郿县"右辅都尉治",京兆尹独无都尉,此系疏漏。汲古阁刻《百官表》作"二辅都尉",何义门改"三",南监本亦作"三"。《赵广汉传》云:"为阳翟令,以治行尤异,迁京辅都尉。"京辅即京兆,其治华阴,见《宣纪》本始元年注。三辅俱有都尉甚明。《张敞传》云:"京兆典京师,长安中浩穰,于三辅尤为剧。"左右辅有都尉,无京兆独无之理。

《循吏传》:"黄霸,淮阳阳夏人。补左冯翊二百石卒史。"如淳曰:"三辅郡得任用它郡人,而卒史独二百石,所谓尤异者也。"凡卒史皆用本郡人,禄百石,三辅不然,故如淳云云。

宗室不宜典三河

《刘歆传》"歆忤执政大臣,求出补吏,为河内太守。以宗室不宜典三河,徙守五原"云云。"宗室不宜典三河",不晓其何故。他无所见,独见于此,俟考。

十七史商榷卷十八

汉书十二

地理杂辨证一

京兆尹郑县："周宣王弟郑桓公邑。"其说甚明白，而臣瓒乃谓："周自穆王都西郑，不得以封桓公。桓公为周司徒，寄帑于虢、会。幽王既败，灭会、灭虢，居郑父之丘，是以为郑桓公，无封京兆之文。"师古驳之谓"穆王无都西郑事"，桓公死幽王之难，其子武公始东迁新郑是矣。按：《说文》："郑，周厉王子友所封。宗周之灭，郑徙潧洧之上，今新郑是也。"河南郡属县有新郑，特加"新"字，所以别于京兆之郑为桓公始封邑也。兖州山阳郡之郑则与此无涉。

湖，"故曰胡，武帝建元年更名湖"。按：《郡国志》注："《前志》有鼎湖。"此大字"湖"字之上脱"鼎"字，小字"胡"应加"水"傍，"建元"之下脱"一"字，"更名"之下又脱"鼎"字。南监本脱、误并同。

南陵"沂水出蓝田谷，北至霸陵入霸水。霸水亦出蓝田谷，北入渭"。师古曰："兹水，秦穆公更名以章霸功，视子孙。""沂音先历反。视读曰'示'。"京兆安得有沂水？嘉定钱坫献之云："据《水经注》第十六卷《浐水》篇、《说文》卷十一上《水部》，'沂水'当作'浐水'。"钱说是。颜乃读沂为"先历反"，则以此为音"析"，谬甚。唐初本已误矣。又"北入渭"之下衍一"师"字，"视子孙"之下脱"师古曰"三字。南监脱、误并同。

左冯翊夏阳，"《禹贡》梁山在西北，龙门山在北"。按：《禹贡》山水，班载之者分三等，但称《禹贡》者盖博士所习今文家说；云"古文以为"云云者，此孔壁中所得，孔安国说；有不称古文并不著《禹贡》而直言"在某处"者，盖以目验著之。此梁山即冀州治梁之梁，龙门即导河至于龙门者也。详《尚书后案》。司马迁《自序》云"迁生龙门"。徐广曰："龙门在冯翊夏阳县。"张守节曰："迁即夏阳县人，至唐改韩城县。"

怀德，"《禹贡》北条荆山在南，下有强梁原。洛水东南入渭，雍州浸"。按：北条荆山即所谓"导岍及岐至于荆山"者，马融"三条"之说本此，详见《后案》。《职方》："雍州，其浸渭、洛。"郑注："洛出怀德。"非"导熊耳"之洛。

征注云："《左传》所云'取北征'。""取"上南监有"王"字。

右扶风鄠，"古国。有扈谷亭。扈，夏启所伐"。详《后案·甘誓》。又云"酆水出东南，北过上林苑入渭"。即雍州"丰水攸同"。亦见《后案》。

麋注云"音怡"。"怡"，南监作"胎"，是。

郁夷，"《诗》'周道郁夷'"。师古曰："'周道倭迟'，《韩诗》作郁夷。"《书·盘庚》"迟任"。陆德明音"直疑反"，又引徐邈音"持夷反"。《匡谬正俗》云："迟任音夷，亦音迟。""陵迟"或言"陵夷"，"迟"即"夷"也。

美阳，"《禹贡》岐山在西北"。详《后案·禹贡·冀州》。

漆，"水在县西"，即雍州"漆、沮既从"，详《后案》。

汧，"吴山在西，古文以为汧山。雍州山"。即《禹贡》"导岍"。详《后案》。《职方》"雍州，其山镇曰岳山"是。

武功，"太壹山，古文以为终南。垂山，古文以为敦物。皆在县东"。俱见《禹贡·雍州》。详《后案》。

弘农郡弘农，"衙山领下谷，烛水所出，北入河"。"衙"，南监同；《水经注》作"衡"，传写误。

卢氏，"熊耳山在东。伊水出，东北入雒"。熊耳山见《禹贡》"导洛"。伊水见豫州。俱详《后案》。

新安，"《禹贡》涧水在东，南入雒"，见豫州，详《后案》。

上雒，"《禹贡》雒水出冢领山，东北至巩入河，过郡二，豫州川"。"过郡二"，弘农、河南也。"豫州川"，《职方》"豫州，其川荥雒"是也。巩县入河，汉时水道，后世洛口东移矣。详《后案》。

河东郡属县二十四，而《尹翁归传》云："田延年为河东太守，重翁归，署督邮。河东二十八县，分为两部，使闳孺部汾北，翁归部汾南。"彼"八"字必是"四"字之误。

垣，"《禹贡》王屋山在东北，沇水所出，东南至武德入河，轶出荥阳北地中，又东至琅槐入海，过郡九，行千八百四十里"。此即所谓"导沇水东流为济"云云者。此志但云垣，而郑康成彼注称东垣，《职方》注及《说文·水部》同，未详。武德入河为禹迹，其后改从温县入河，而河北济源日短。说详《后案》。何氏《读书记》于河内郡温县下评云：《续书·郡国志》温下注，济水所出，王莽时大旱，遂枯绝。孟坚不载，岂为此邪？济四渎之一，孟坚岂有不载？河内、河东相隔一缏纸，读《汉书》太善忘矣。此书误者不悉出，聊一见之。"过郡九"谓河东、河内、河南、济阴、山阳、东郡、平原、勃海、千乘也。

　　彘，"霍太山在东，冀州山"，即《禹贡》"冀州，至于岳阳"，《职方》"冀州，其山镇曰霍山"是。详《后案》。

　　北屈，"《禹贡》壶口山在东南"，即冀州壶口。详《后案》。注云："翟章救郑，至于南屈。""至"，南监作"次"。

　　太原郡榆次，"梗阳乡，魏戊邑"。"戊"南监作"成"。

　　邬，"九泽在北，是为昭余祁，并州薮"。见《职方》。

　　汾阳，"北山，汾水出，西南至汾阴入河，过郡二，冀州浸"。按："过郡二"，太原、河东也。《职方》"冀州，其浸汾、潞"。

　　上党郡长子，"浊漳水，入青漳"。"青"南监作"清"，是。

　　沾，"大黾谷，清漳水所出，东北至邑成入大河，过郡五，冀州川"。休宁戴震东原云："'黾'本'要'字，篆文'要'似'黾'，故误。"戴说是。"邑成"当作"昌成"，后汉改"阜成"，故郑注《禹贡》作"阜成"。《诗·邶鄘卫谱》疏引此志作阜成者非元文。清漳即《禹贡》"冀州，至于衡漳"。"过郡五"，上党郡、魏郡、广平国、钜鹿郡、信都国也。"冀州川"见《职方》。俱详《后案》。

　　壶关注云："有羊肠版。""版"南监作"阪"，是。

　　泫氏注云："绝水所出。""绝"字疑，南监同。《后书·万修传》："子普封泫氏侯。"注："泫氏，县名，属上党郡。西有泫谷水，故以为名。今泽州高平县也。"

　　河内郡州，其"州"下南监空一格，是，此误连。"北山，淇水所出"，郑康成以为共水，即《禹贡》所谓"导河北过降水"者。详《后案》。

　　朝歌，钱大昭云："《续志》谓《前书》注'鹿台在城中'，今无此句。"

　　鄻王，"太行山在西北"，即《禹贡》所谓"太行恒山"者。详《后案》。

荡阴，注云："荡水东至内黄泽。""荡"《广韵》作"蕩"。"泽"字上下疑有脱误。

河南郡雒阳注："《春秋》昭公二十一年。"南监作"二十二年"，当作"三十二年"。

中牟，"团田泽在西，豫州薮"。见《职方》。

卷，《广韵》作"卷"。《后·马援传》亦作"卷"。李贤注："卷县故城在今郑州原武县西北。"

谷成，"禹贡瀍水出替亭北"。见豫州。详《后案》。《续志》作"谷城"。

密，"有大騩山，溱水所出"。《说文·水部》作"大隗"。

新成，《续志》作"新城"。

开封，注："梁惠王发逢忌之薮以赐民，今浚仪有逢陂忌泽是也。"哀十四年《左传》疏引此，"发"作"废"，"逢陂忌泽"作"逢忌陂"。

成皋，《续志》作"成睾"。班注有"虎牢"。而颜注作"兽牢"，避唐讳。

东郡顿丘注："顿丘谓一成而成。"南监作"一顿而成"是，此误。

东武阳，"禹治漯水，东北至千乘入海，过郡三"。即《禹贡》兖州"浮于济、漯"之漯；"过郡三"，东郡、平原、千乘也。详《后案》。

临邑"有泲庙"。"泲"南监作"沛"是，此误。

寿良注："世祖父叔名良，故曰寿张。""父叔"南监作"叔父"是。"故"当作"改"，南监亦误。世祖九岁而孤，养于叔父良，故讳之。

乐昌，《水经注》作"昌乐"，非。

陈留郡小黄，成安，"黄"下南监空一格是，此误连。

封丘，"濮渠水首受泲"，南监作"沛"是。

儁，《续志》作"隃"，属梁国。

浚仪，"睢水首受狼荡水，东至取虑入泗，过郡四"。杜预《释例》曰：睢水受汴，东经陈留、梁国、谯郡、沛国，至彭城县入泗。

颍川郡崈高，"古文以为外方山"。即《禹贡》所谓"熊耳外方"。详见《后案》。

纶氏，《续志》注云："建初四年置。"建初是后汉章帝号，如此县果系建初所置，班氏安得载之？疑彼文误，或是武帝太初，或是元帝建昭、成帝建始、哀帝建平。

汝南郡，"莽曰汝汾。分为赏都尉"。案：此郡属县宜禄县"莽曰赏都亭"，则此"分为赏都尉"者，疑即赏都之尉别治者，非以都尉连文也。

女阳，注："女读曰汝"，"下汝阴同"。汝阴当作"女阴"。南监亦误。

铜阳，注：孟康曰"铜音纣"。南监此下有"红反"二字是，此脱。

新息，"息"《说文》作"郋"，云："姬姓国，在淮北。今汝南新郋。"

南阳郡穰，《说文》作"鄴"，云："今南阳鄴县。"

比阳，注云："比水所出。"《水经注》二十九卷有泚水，实即此比水，俗刻多误作"沘水"，并庐江灊"沘水"亦误作"泚"。观《班志》愈见彼俗刻之误。《后汉·皇后纪》："章德窦皇后父勋，尚东海恭王强女沘阳公主。和帝即位，尊后为皇太后。皇太后尊母沘阳公主为长公主。"两"沘"字皆当作"泚"。

平氏，"《禹贡》桐柏大复山在东南①，淮水所出，东南至淮陵入海，过郡四，行三千二百四十里"。"淮陵"，《禹贡疏》引之，又误作"睢陵"，其实则当作"淮浦"。《水经》云："淮水至广陵淮浦县入海。"淮浦县属临淮郡，晋改属广陵。"过郡四"者，南阳、汝南、九江、临淮也。"行三千二百四十里"，太远，"三千"当作"二千"。南监误并同。

春陵，后汉建武十八年更名章陵。师古曰："元朔五年以零陵泠道之春陵乡封长沙王子买为春陵侯。至戴侯仁，以春陵地形下湿，上书徙南阳。"案：《王子侯表》戴侯名熊渠，孝侯名仁。师古乃引作"戴侯仁"，非也。

复阳，注：在"下复山之阳"。"下"当作"大"。南监误同。

南郡江陵，"故楚郢都，楚文王自丹阳徙此"。按：后丹杨郡丹杨县下云："楚之先熊绎所封，十八世，文王徙郢。"《庄子·外篇·天运篇》陆氏《释文》云："郢，楚都，在江陵北。"江陵即今湖北荆州府治。而丹杨颇多异说，辨见后。

临沮，"《禹贡》南条荆山在东北，漳水所出，东至江陵入阳水，阳水入沔，行六百里"。南条荆山，即《禹贡》"荆及衡阳惟荆州"之"荆"。漳水即"导漾"节所谓"沧浪之水"。阳水即夏水，亦即沧浪，但随地异名。

---

① "大复"二字，据中华书局标点本《汉书》增。

详《后案》。

华容，"云梦泽在南，荆州薮。夏水首受江，东入沔，行五百里"。"云梦"见《禹贡》；荆州薮见《职方》；夏水见上，亦即荆州"沱潜既道"之沱。俱详《后案》。

中庐，《郡国志》作"中卢"。

枝江，"江沱出西，东入江"。师古曰："即江别出者。"此说非是，郑康成驳之。《尔雅》"水自江出为沱"，师古妄附会之。详《后案》。

编，注云："有云梦官。"南监同。校本改作"宫"，此特因下江夏郡西陵县有云梦宫耳，其实未见必为"宫"。

巫，"夷水东至夷道入江，过郡二，行五百四十里"。高成，"洈山，洈水所出，东入繇。繇水南至华容入江，过郡二，行五百里"。巫与夷道、高成与华容，俱属南郡，二水所过俱不当有二郡，"二"俱当作"一"。南监误同。

江夏郡竟陵，"章山在东北，古文以为内方山"。章山，郑康成《尚书注》作"立章山"，《郡国志》同，不知是别名，抑或传写误分"章"字头别加"立"字？详《后案》。

安陆，"横尾山在东北，古文以为倍尾山"。详《后案》。

江夏郡沙羡，晋灼曰"羡音夷"。杨慎曰："文之谧辞曰羡文，璧之谧瑑曰璧羡。"沙羡音夷，盖方言耳。

庐江郡寻阳，"《禹贡》九江在南"，说见下文。详《后案》。

灊，"沘山，沘水所出"。沘水见《水经注》三十二卷，俗刻多误作"沲水"，观此益知彼俗刻之讹，此与前南阳比阳、比水无涉。

皖从"目"，《后·马援传》作皖从"日"，传写误耳。彼李贤注："皖，今舒州怀宁县。"俗乃作"皖"，《说文》绝无此字，俗妄作之，遂盛行，幸《汉书》可考。九江郡注云："秦置，高帝四年更名为淮南国，武帝元狩元年复故。"第一县寿春邑注云："楚考烈王自陈徙此。"《水经注》三十卷《淮水》篇云："淮水东北流经寿春县故城西。县即楚考烈王所徙，秦始皇立九江郡治此，兼得庐江豫章地，故以九江名郡。"按：此九江即《禹贡》所谓"九江孔殷"、"九江纳锡大龟"者，详见《后案》。赵宋人妄造异说，未读《汉书》耳。

合肥，应劭曰："夏水出父城东南，至此与淮合，故曰合肥。"按：夏水与淮合之淮，郦氏《水经注》引作"肥"，而云阚骃之言与应劭同。余按：川流派别无沿注之理，方知应、阚二说非实证也。盖夏水暴长施合于肥故曰合肥，非夏水自父城经合肥也。

曲阳，《郡国志》作"西曲阳"，常山有上曲阳，钜鹿有下曲阳，此"西"字不可省。

山阳郡"户十七万二千八百四十七，口八十万一千二百八十八"。案：《张敞传》："户九万三千，口五十万。"以上二者不同，志据元始故也。即此可见元始比盛汉倍之。

湖陵，"《禹贡》'浮于泗、淮，通于河'，水在南"。"泗淮"当作"淮泗"，"河"当作"菏"，见《说文·水部》所引，当从之。今《尚书》亦作"河"，误与《班志》同，赖《说文》引得存古文。说详《后案》。又《说文》作"胡陵"。本注应劭曰："章帝封东平王苍子为湖陵侯，更名湖陵。"疑此二"湖"字俱当作"胡"。许慎、应劭俱据《后汉》所改而言。

橐，"莽曰高平"。汉章帝复莽故号曰高平。

钜壄，"大壄泽在北，兖州薮"。大壄即大野，见《禹贡》。详《后案》。又见《职方》。

十七史商榷卷十九

汉书十三

地理杂辨证二

济阴郡注云：“《禹贡》菏泽在定陶东。”定陶县注云：“《禹贡》陶丘在西南。陶丘亭。”凡《禹贡》山水皆载逐县下，此以菏泽注郡下、陶丘注县下，别无义例，随手援引，遂多岐出耳。详见《后案》。又据《史记集解》所载郑康成《禹贡》注引《地理志》云：“陶丘在济阴定陶西北。”今志作“西南”，“南”字误。

成阳，“《禹贡》雷泽在西北”。详《后案》。《曹诗谱》疏引此作“雷夏泽”。

秅，《说文》卷九下《广部》云：“厏，从广，秅声。济阴有厏县。”此作“秅”误。

乘氏，“泗水东南至睢陵入淮，过郡六，行千一百一十里”。说详《后案》。睢陵属临淮郡，今为睢宁县治，非泗入淮处。睢陵当作“淮阴”，亦详《后案》。

沛郡，《说文》卷六下《邑部》云：“䣜，沛郡。从邑，市声。”

下蔡，“故州来国，为楚所灭，后吴取之，至夫差迁昭侯于此”。昭侯上脱一“蔡”字，南监亦脱，并误“于此”作“如此”。《春秋》哀公二年蔡迁于州来。

丰，《郡国志》云：“丰有枌榆亭。”注引《前志》注“枌榆社在县东北十五里”。今此志注无此句。

虹，《续》作“红”。

鄋，“莽曰赞治”。应劭曰“音嵯”。《说文》作“鄌”，云“沛国县”。

魏郡邺，“故大河在东北入海”。按：此本漳水与河经流，徒骇相乱，班因目为“故大河”，实非《禹》河。说详《后案》。

馆陶，“河水别出为屯氏河，东北至章武入海，过郡四，行千五百里"。章武属勃海郡，郡治浮阳，即今沧州。"过郡四"者，东郡、清河、平原、信都也。除去所出之魏郡及入海之勃海郡不数，故但言"四郡"，若连首尾言之则六郡。他水皆连首尾为所过郡，此又不画一。郑康成以屯氏河为《禹》河。详《后案》。

内黄注："吴会诸侯于黄池，掘沟于齐、鲁之间。""齐"当作"商"，即宋也。

黎阳，晋灼曰："黎山在其南，河水经其东。其山上碑云县取山之名，取水之阳以为名。""水之阳"南监作"水在其阳"，郦道元引仍作"水之阳"。详《洛诰后案》。

即裴，《说文》卷十二上《手部》作"掔"，云："捽也。从手，即声。魏郡有掔裴侯国。"《王子侯表》上有掔裴戴侯道，郑氏曰："掔裴音即非，在肥乡县南五里。"

钜鹿郡，王莽分钜鹿为和成郡，居下曲阳，见《后书·邳肜传》注所引《东观汉记》。班固虽颇载莽所更改于志，而此类亦皆略去不悉见也。

钜鹿，"《禹贡》大陆泽在北"。详《后案》。又云："纣所作沙丘台在东北。"沙丘台疑即鹿台。

南䜌，《郡国志》作"南蛮"，误。

下曲阳注："荀吴灭鼓，今鼓聚昔阳亭是。"案："昔"，宋本作"晋"。

鄡，《说文》作"鄔"，云钜鹿县。

堂阳，"尝分为泾县"。"泾"南监作"经"是，此误。

常山郡，"高帝置"。《高帝纪》云："三年置"。

元氏，"沮水首受中丘西山穷泉谷"。"中"宋本作"申"。按：中丘县名在下文，宋本似非。

石邑，"洨水所出"，"洨音效"。"效"字脱，宜从南监增。

灵寿，"《禹贡》卫水出东北"。上曲阳，"恒山北谷在西北。并州山。《禹贡》恒水所出"。恒、卫详《后案》。并州山见《职方》。

关，《通鉴注》引作"开"是也，此误。宋白曰："栾城县本汉开县，后魏太和十一年于开县故城置栾城县。"《续郡国志》常山有栾城而无开，则不始于后魏太和矣。

涿郡故安，"易水出，并州浸"。见《职方》。

蠡吾，《赵广汉传》云："涿郡蠡吾，故属河间。"

勃海郡，《说文》卷六下《邑部》云："郭，郭海地。从邑，字声。一曰地之起者曰郭。"

安次修市，"次"下南监空一格是，此误连。

平原郡，殷注"音通坦反"，宋本同，南监作"逋垣"，一作"连完"。

阿阳，天水郡亦有此县。钱大昭以为名同。愚谓《五行志》："成帝过河阳主作乐，见舞者赵飞燕幸之。"《外戚传》云："赵飞燕微时属阳阿主家，成帝微行，过阳阿主，见说之，召入宫。"师古曰："阳阿，平原县，俗书阴作'河'。又或为河阳，皆后人妄改。"赵明诚《金石录》载《李翕碑》云："汉故武都太守汉阳阿阳李君。"后汉汉阳郡即前汉天水郡，系明帝改名，碑当时所作必不误，《外戚传》连称"阳阿"亦当无谬。据师古注及碑校之，似平原当作"阳阿"、天水当作"阿阳"。《后书·宋均传》："均之族子意拜阿阳侯相。"注云："阿阳故属天水郡。"《郡国志》汉阳郡有阿阳县。然则天水之县名阿阳甚明。而青州平原郡则不复有阿阳，亦无所谓"阳阿"者，疑是光武建武六年所省并，钱大昭说误也。

楼虚，《水经注》作"杨墟"。

千乘郡，湮沃。按：此县之名当从濕水得名，流俗误以濕水之"濕"为"燥湮"之"湮"，而濕水则改为"漯"，"湮"字废不用。今此刻反以"燥湮"之"湮"当"濕"字用，小学谬乱不可爬梳，近日名公校此者俱未校出。

博昌，时水，"幽州浸"。见《职方》。

乐安，《水经注》引应劭曰"取休令之名"。

济南郡邹平台。"邹"下误空一格，"平"下误连，顾氏已辨，南监板误同。李赓芸云："鲁国自有驺县。古'驺'与'邹'通。此济南郡则当为邹平县，非邹也。"愚考《续志》济南郡有台县，有邹平原。《水经注》亦言台县，李说甚确。传写之误，纠纷不可爬梳。而《续志》又以邹平与下东朝阳误连，世少善读书者，有望而眯目耳。

朝阳，《郡国志》作"东朝阳"。下文猇县，苏林注亦称"东朝阳"。前南阳郡已有朝阳，则此合称"东"，"东"字疑脱。而前注引应劭曰"在朝水之阳"，朝水未知其审，而此注又引应劭云云，与前注同，必有一误，与两曲阳同注者正相似。

猇注:"蔡谟音由,音鸮。"师古曰:"蔡音是,音于虬反。""由"字下疑脱一"又"字。南监亦脱。"鸮"南监作"鸮"是。"是"字下疑脱一"由"字。南监亦脱。

泰山郡注云:"汶水出莱毋,西入济。"师古曰:"毋与无同。"愚按:下文属县莱芜之下既言"原山,《禹贡》汶水出西南入泲",此郡名下何用重言之? 前言山水不在县下,而在郡名下,已为自乱其例,此重复则尤为冗谬。

博,"岱山在西北,求山上"。"上"一作"下",其实皆非也。"求山上"三字当作"兖州山",见《职方》。

盖,"临乐于山,洙水所出,西北至盖入池水"。"于"南监作"子",《水经》二十五卷作临乐山,郦注引此志同本卷,《沂水》篇注及《尚书》疏所引并同,然则作"于"作"子"皆衍字也。又郦引作"至盖入泗水",而其下又云"或作池字,盖字误也",则知"池"字在郦道元所见本已误。本注又云:"又沂水南至下邳入泗,青州浸。"详见《后案》。《禹贡》沂在徐州。《职方》云"青州浸"者,徐地周入青也。

莱芜,"原山,甾水出东至傅昌入泲,幽州浸"。甾《禹贡》作"淄",晋人改,《说文》无"淄"字,此犹存古。"傅"南监作"博"是。甾水《禹贡》在青州,而《职方》以为"幽州浸"者,青地周入幽也。此注又说汶水,已见上。

蒙阴,"《禹贡》蒙山在西南"。详《后案》。

式,《郡国志》作"成",云"本国"。案:《左传》"卫师入郕",杜预曰:"东平刚父县西南有郕乡。"作"式"误也。

北海郡有平寿县、寿光县、斟县,应劭以平寿为"古斟寻"、寿光为"古斟灌"。而班氏于斟县自注云:"故国,禹后。"考《史记·夏本纪》,夏后有斟姓,即此斟"故国,禹后",是也,此其确然者。而斟灌、斟寻则事见襄四年传魏绛、哀元年传伍子胥之言,据彼杜注云:"二国,夏同姓诸侯。"疏以为《世本》文。斟故国与平寿、寿光二县相近,故应劭遂析言之,杜预亦用之。至于启子太康失邦,昆弟五人须于洛、汭,此《书序》文也。夏都安邑本在河北,如《书序》言则是太康为羿拒逐于河南,盖河北之地皆为羿所据矣。太康崩,弟仲康立;仲康崩,子相立。此《夏本纪》文也。据杜预谓相依于二斟,则自太康以下三世,皆因失国无归而依同姓,乃羿因夏民代夏政后又为寒浞所弑,浞使其子浇灭斟

灌、斟寻及夏后相,夏遂绝祀,直至相之遗腹子少康长而灭浇及其弟
豷,夏之遗臣靡复收灌寻余烬以灭浞,而少康返国,则复归于河北矣。
窃计羿、浞相继僭立者在安邑,太康、仲康、后相相继拥虚号者在二斟,
此《书序》《左传》与应劭、杜预说之可信者。宋末金履祥、邹季友说粗近
之,但云太康居河南阳夏、相居河北帝丘,则不知何据。臣瓒乃依《汲郡古文》
"太康居斟寻,羿亦居之,桀亦居之"。然则魏绛安得云羿因夏乎?《王
制》有"因国"。昭元年传"商人是因"是。若羿居斟寻,则非因矣。《汲
郡古文》束皙伪撰,何足为凭?乃因此并谓斟寻在河南,不知斟故国在
北海,去河南甚远。且伍子胥谓少康祀夏配天"不失旧物",自是返国
河北,而桀都亦在河北,详予《汤誓序案》中。瓒说皆非也。斟,《说文》十
四上《斗部》无,未详。

东莱郡腄,"有之罘山祠。居上山,声洋丹水所出"。"上山"当作
"山上"。"声洋"未详。其下文师古"音洋为祥",则非衍文矣。南监并
同,而于"所出"之下又衍一"丹"字。

当利,"莽曰来莱亭"。"来"南监作"东"是。

琅邪郡长广,"奚养泽在西,幽州薮"。见《职方》。

横,"故山久","久"南监作"名"是。

东莞"术水,青州浸"。见《职方》。彼作"沭"。

椑,《说文》:"稗,禾别也。从禾,卑声。琅邪有稗县。"此作"椑"
误,南监同。此字去声,而应劭于此注云"音裨"。《艺文志》小说家"出
于稗官"。如淳"音排"。则此字固有平声矣。

东海郡下邳,"万峄山在西,古文以为峄阳"。"万"当作"葛",说详
《后案》。

海曲,"曲"当作"西"。《郡国志》:广陵郡"海西故属东海"。

缯,《说文》卷六下《邑部》作"鄫",注云:"姒姓国,在东海。"

祝其,"《禹贡》羽山在南"。详《后案》。

曲阳注,应劭曰:"在淮曲之阳。"此注前九江郡曲阳县下亦引之,恐非。

都阳,钱大昭云:"应劭曰'《春秋》'齐人迁阳"是'。案:此注又见
城阳国阳都县下。杜预《左传》注云:'阳,国名。'《正义》曰:'杜《世族
谱》土地名阙,不知所在。'"

郚乡,《说文·邑部》云:"郚,东海县。"

临淮郡徐，"故国，为楚所灭"。按："楚"南监作"吴"，是。事见《春秋》昭公三十年。

厹犹注："厹音仇。"《说文》卷十四下《厹部》："人九切。"二音不同。而彼云"兽足蹂地"①，则非县。惟卷二上《口部》云："叴从口，九声。临淮有叴犹县。"然则作"厹"误也。

播旌，《郡国志》作"潘旌"。

海陵，"莽曰亭间"。"间"南监作"门"。

---

① "足"字，据陈昌治刻本《说文解字》增。

十七史商榷卷二十

汉书十四

地理杂辨证三

会稽郡下注云："秦置。高帝六年为荆国，十二年更名吴。景帝四年属江都。"按：后广陵国下注云："高帝六年属荆国，十一年更属吴，景帝四年更名江都，武帝元狩三年更名广陵。"所属广陵县下注云："江都易王非、广陵厉王胥皆都此，并得鄣郡，而不得吴。"班氏会稽、广陵两注自相矛盾。刘敞于此郡驳云："景帝四年封江都王，并得鄣郡，而不得吴，然则会稽不得云属江都。"愚考《江都易王非传》：景前二年立为汝南王。吴楚反，自请击吴，"吴已破，徙王江都，治故吴国"。师古曰："治谓都之。"既云"治吴"，则广陵注云"江都易王非都此"者误。《越绝书》卷二《吴地传》云："汉高帝封刘贾为荆王，并有吴。十一年淮南王英布反，杀刘贾。后十年，高帝更封兄子濞为吴王，治广陵，并有吴。立二十一年，东渡之吴，十日还去。立三十二年，反。"奔还东殴，杀濞。据此，吴王濞实治广陵，而江都易王则治吴，不都广陵；广陵注所言"江都易王都此"者实误。都且在吴，乃云"不得吴"，更误矣。刘敞所驳大谬。又考《高帝纪》：六年，"以故东阳郡、鄣郡、吴郡五十三县立刘贾为荆王"。十二年诏曰："吴，古建国，日者荆王兼有其地，今死亡后。朕欲复立吴王。"其立沛侯濞为吴王。《吴王濞传》："高祖立濞为吴王，王三郡五十三城。"其下文朝错又言"吴以兄子王吴五十余城"，即谓东阳郡、鄣郡、吴郡五十三县也。其下又言"削吴会稽、章郡书至"，吴国之有会稽显然。而江都因吴故封，其得吴明矣。广陵厉王胥以元狩六年封，本传载其赐策言："大江之南，五湖之间。"则广陵厉王之得吴明矣。广陵注与刘敞驳实皆误也。至于吴郡、鄣郡等名，皆非故秦郡，史家随便称为，故不足泥。又按：《史记·夏本纪》云："禹会诸侯江南，计功而崩，因葬焉，命曰会稽。会稽者，会计也。"裴骃注引《皇览》曰："禹冢在山阴县会稽山上。"秦置郡本取此山为名,然郡守治所则治吴不治山阴。《项羽本纪》:秦二世元年九月,项梁与籍杀会稽守殷通,举吴中兵八千人,梁为会稽守,籍为裨将,乃渡江而西。此所谓吴中即今苏州府治吴、长洲、元和三县地也。严助、朱买臣拜会稽太守,皆其地。

吴,"具区泽在西,扬州薮,古文以为震泽。南江在南,扬州川"。震泽详《后案》。薮与川皆见《职方》。南江者松江也,《职方》云"其川三江",故班以此与下文毗陵北江及丹阳郡芜湖之中江当之。

毗陵,"江在北,扬州川"。"江"上脱"北"字。南监同。

由拳,"柴辟,故就李乡,吴、越战地"。"柴"当读如"寨","辟"当读如"壁"。

钱唐,"西部都尉治"。按《越绝书》二卷云:"汉文帝前九年,会稽并故鄣郡,太守治故鄣,都尉治山阴。前十六年,太守治吴郡,都尉治钱塘。"观此则似会稽止一都尉,下文"回浦,南部都尉治",疑后来增设。但前汉既有西部,亦宜有东部。《金石录》载永平八年会稽东部都尉路君阙铭,《吴志》张纮亦为会稽东部都尉,而《后汉·循吏·伍延传》"尝为会稽西部都尉",则后汉固东西并设。志称建武六年省诸部都尉,既经省并,不应后汉所有前汉反无。此志未知有脱漏否?

治,师古曰:"本闽越地。"回浦,"南部都尉治"。考县名"治"当作"冶",南监本误同,班氏以二县连书,而《郡国志》:"章安,故治,闽越地,光武更名。"注引《晋元康记》曰:"本鄞县南之回浦乡,章帝章和元年立。"而无回浦县。按:《严助传》:"闽王举兵于冶南。"苏林曰:"山名,今名东冶。"冶之为闽越无疑,但后汉所改名章安者,必是并冶与回浦二县为一而改名之,师古当于回浦下注云"此与冶皆本闽越地",不当但于冶言之。

《严助传》"会稽东接于海,南近诸越,北枕大江"三语,已尽前汉会稽形势。后汉顺帝分吴、海盐、乌程、余杭、毗陵、丹徒、曲阿、由拳、富春、阳羡、无锡、娄别为吴郡,则今镇、常、苏、太、松、嘉、湖、杭七府一州地也。北境俱属吴,惟南境仍为会稽。司马彪于会稽郡下自注云:"秦置。本治吴,立郡吴,乃移山阴。""立郡吴"当作"立吴郡",传写误。会稽本山阴山名,以此名郡而治吴,名实乖矣,吴郡治吴为是。

丹扬郡、故鄣郡属江都,武帝元封二年更名丹阳。"扬"字从"手",

其属县丹阳则从"阜",而南监板俱作"阳"。考《晋书·地理志》或作"扬",或作"阳",纷纷不一,而属县则作"杨",且注云:"丹杨山多赤柳,在西也。"然则县名从"木"甚明,而郡亦当以此得名,凡从"手"、从"阜"疑皆传写误也。唐许嵩《建康实录》第一卷解《禹贡》扬州,引《春秋元命包》云:"厥土下湿而多生杨柳,以为名。"扬州之"扬"从"手",李巡《尔雅注》以为人性轻扬,此不可牵合。刘敞曰:"秦分三十六郡,无鄣郡。此注但当云'故鄣属江都',不当益'郡'字。"愚按:刘说似是而非,辨已见前。故鄣郡属江都也者,乃谓武帝之前,此郡地名鄣郡属江都国耳,岂谓秦哉?如刘云云,则但故鄣一县属江都乎?不通极矣。鄣郡非秦郡名也,而《高帝纪》云:六年,"以故东阳郡、鄣郡、吴郡立刘贾为荆王"。广陵国注云:"高帝六年属荆国,十一年更属吴,景帝四年更名江都,武帝元狩三年更名广陵。"江都、广陵皆"并得鄣郡"。以上所说郡名,其中居然有鄣郡,或系楚汉分争之际暂置复废,其后得称"故郡",不必秦郡方得称"故"。当秦三十六郡时,此郡所属十七县地既非丹杨郡,又非鄣郡,皆是会稽郡地耳。刘昭亦误以秦有鄣郡。

於朁,师古"音潜"。《郡国志》直作"潜"。

故鄣,胡三省《通鉴注》云:"汉属丹杨郡,其地本秦鄣郡所治,故曰'故鄣'。今广德军是故鄣县之地。"《文献通考》古扬州秦郡五,有鄣郡、会稽郡、九江郡。秦无鄣郡,说已详上。胡三省、马端临皆非。

"句容泾","容"下空一格是,监误脱"容"字,又与"泾"误连。凡毛是监非不悉出,聊一见之。

丹杨"楚之先熊绎所封,十八世,文王徙郢"。郢即南郡江陵县。江陵即今县,湖北荆州府治,说已见前。而丹杨则为今太平府当涂县之南境地,与宁国府连界处也。据乾隆十八年宁国知府宋敦所修《宁国府志》,似当有本。《晋书·陶回传》:"苏峻之乱,回请早出兵守江口。峻将至,回复谓庾亮曰:'峻知石头有重戍,不敢直下,必向小丹杨南道步来,宜伏兵要之。'亮不从。峻果由小丹杨经秣陵。"此小丹杨疑即当涂南境地名。汉武帝以此改郡名为丹杨郡。《史记·楚世家》云:"成王封熊绎于楚,居丹杨。"即此是矣。乃徐广注则云:"在南郡枝江县。"《山海经》:"丹山在丹阳南。"郭璞注云:"今建平郡丹阳城,秭归县东七里。"《水经》郦道元注云:"丹阳城据山跨阜,周八里二百八十步,东北悉临绝涧,南枕大江,崄峭壁立,楚熊绎始封丹阳之所都也。《地理志》以为吴之丹杨，寻吴、楚悠隔，缱绻荆山，无容远在吴境，非也。"于是沈括《梦溪笔谈》、王楙《野客丛书》、王应麟《诗地理考》及《通鉴地理通释》皆主此，据晋人及北魏人说，不信班氏。毕竟班氏是，后儒皆未必然。《左传》"筚路蓝缕以启山林"，宣十二年文，指若敖、蚡冒言。又"僻在荆山，筚路蓝缕，跋涉山林"，昭十二年文，则指熊绎言。郦引此驳班似也。但楚境大矣，即使蓝缕启山在荆州，而熊绎始封何妨在扬州丹杨乎？周成王时吴尚微甚，其地狭小，僻在苏、松一隅，何知丹杨郡之丹杨必吴境非楚境乎？志末总论一段，以丹杨为吴分，此班氏就晚周之吴境言之耳，其实丹杨未必吴始封即得也。《后书·王郎传》有丹阳，李贤亦云"在秭归"。盖名同地异。

石城，"分江水首受江，东至余姚入海"。此条实不可解，当阙疑，详《后案》。扬州及导汉东为北江入于海，导江东为中江入于海之下。此分江水据胡氏渭《禹贡锥指》，谓在今池州府贵池县。考石城县属丹杨，后汉同，晋改属宣城郡，隋平陈，改名秋浦，仍属宣城。《新唐书》谓唐析宣州之秋浦、南陵二县置池州，秋浦为其治所；又析置青阳县。赵宋《地理志》则池州池阳郡治贵池县，无秋浦县，盖即秋浦所改名也。然则《锥指》此条确甚。

黝，师古曰："音伊，字本作'黟'，音同。"按：黝，《水经注》卷四十《渐江水》篇引之正作"黟"。《说文》卷十一上《水部》"渐"字注同。又卷十上《黑部》云："黟，黑木也。从黑，多声。丹阳有黟县。"若从幼，安得有"伊"音？直传写误耳。师古于小学全不通。

豫章郡彭泽，"《禹贡》彭蠡泽在西"。详《后案》。

历陵，傅易川，"古文以为傅浅原"。详《后案》。

安平，后汉更名平都。

桂阳郡耒阳，"耒"《说文》作"耜"。注："耒山，耒水所出。""耒"南监作"春"，疑是。

武陵郡镡成，"玉山，潭水出，东入郁"。其下注引应劭曰："潭水出，入郁，音淫。"孟康曰："镡音谭。"师古曰："孟音是。"宋本"潭"皆作"镡"。以县名及应音参之，作"镡"是。南监既脱"作潭"，又脱去"音淫"及师古云云，竟不可读。

酉阳，应劭曰："酉水所出。"按：下文"充县，酉原山，酉水所出"，此注疑有误。

佷山，孟康曰：“音恒。出药草恒山。”末二字衍。南监同。

零陵郡零陵，“阳海山，湘水出”。《水经》三十八《湘水》篇：“湘水出零陵，始安县阳海山。”注云：“即阳朔山也。应劭曰：‘湘出零陵山，盖山之殊名也。’”何氏校本据《地理通释》直改为阳朔，非也。

钟武，应劭曰：“今重安。”案：重安后汉永建三年改。

汉中郡沔阳，应劭曰①：“沔水出武昌，东南入江。”“昌”南监作“都”是，此误。

广汉郡汁方注：“汁音十。”南监“汁”皆作“什”。《功臣表》汁防侯雍齿，“汁音什。防音方”。《续志》又作“什邡”，皆古字，通。

葭明，应“音家盲”。师古“明音萌”。《水经注》作“萌”。此县下当有潜水，班失载。详《后案》。

甸氏道，李奇曰“甸音滕”，师古“音食证反”。案：“甸”古读为“乘”，又或为“陈”，详《周礼军赋说》一卷。又此道与刚氏道、阴平道，《续志》俱属广汉属国。

白水，“应劭曰”云云，与上文甸氏道下班氏自注重出，非也。

阴平道，“莽曰摧虏”。“摧”字脱，从南监增。

蜀郡，“《禹贡》桓水出蜀山”。案：此即“梁州和夷底绩”之“和”。详《后案》。

郫，“《禹贡》江沱在西”。案：此说郑康成驳之。详《后案》。

青衣，“《禹贡》蒙山溪大渡水东南至南安入湔”。“湔”当作“洣”，师古“音哉”非。详《后案》。

江原“鄯水”云云，郑康成以为沱。详《后案》。

湔氐道，“《禹贡》岷山在西徼外，江水所出，东南至江都入海，过郡七，行二千六百六十里”。案：江水所经，于汉为蜀郡、犍为、巴郡、南郡、长沙、江夏、豫章、庐江、丹杨、会稽、广陵凡十郡一国，而志云“过郡七”，盖江都在江北，据北岸言之，故不数南岸长沙、豫章、丹杨、会稽也。阎若璩曰：“《水经》江水‘东过夷陵县南’，注说‘宜昌县流头滩’，而引袁山松曰：‘自蜀至此，五千余里。’干宝《晋纪》：‘吴使纪陟如魏，司马昭问吴戍备几何？对曰：西陵至江都五千七百里。’宜昌，今宜都

---

① “应劭曰”三字，据中华书局标点本《汉书》增。

县,在西陵之东。自江发源松潘,至此四千四五百里。西陵,今宜昌府治东湖县,自此至江都不过四千里。山松与陟言皆夸,然其计亦当有八千余里。'二'当作'八'。"阎说精绝。

越隽郡莋秦,《续志》作"莋奏"。

三绛,《续志》作"三缝"。

青蛉,《水经》卷三十七《淹水》篇作"蜻蛉"。注云:"仆水出徼外,东南至来惟。""惟"南监作"唯"。益州有来唯,南监是。又云:"则禺同山,有金马、碧鸡。据《水经注》,"则"字衍。

益州郡弄栋,《说文》卷六上《木部》作"桥",云:"桥,木也。从木,弄声。益州有桥栋县。"

牂柯郡谈指,"指"南监作"扺"。《说文》十二上《手部》:"扺,给也。从手,臣声。""章刃切"。《续志》仍作"指"。今人虽不识"扺"字,然北方以物掷与人犹有扺音。《说文》字今人废不用者多,此字既见此志,宜存之。

进桑,《续志》作"进乘"。《水经注》有进桑关。此注亦云"有关"。疑作"乘"非。

巴郡垫江,孟康"音重叠之叠",《续志》同。《说文》卷八上《衣部》云:"褺,重衣也。从衣,执声。巴郡有褺江县。"从土非。

朐忍,师古"音劬"。《续志》同。韩昌黎《盛山十二诗序》作"朐䏰"。《通典》一百七十五卷《州郡》篇同。《说文》卷四下《肉部》有"朐"字无"䏰"字。不知何时复讹为"胊"、"䏰",读为"蠢闰"。徐氏援入新附,注云:"虫名。汉中地下湿,多此虫,因以为名。"恐系后人妄造。

自汉中以下诸郡皆属益州,莽既逐郡改其名,班氏并注明。而莽又改益州为庸部,见《后书·公孙述传》及《廉范传》注,班氏则略而不载。

武都郡武都,《续志》作"武都道"。注"东汉水"云云、沮"沮水"云云,俱详《后案》。又于沮水之下云"荆州川",见《职方》。

陇西郡注:"陇坻,在其西也。""西"当作"东"。

氐道,"《禹贡》养水所出"。"养"与"瀁"、"漾"同。详《后案》。

首阳,"《禹贡》鸟鼠同穴山在西南,渭水出"。详《后案》。

临洮,"洮水东入西"。"西",南监作"河"是。又云"《禹贡》西顷山在县西",详《后案》。

西,"《禹贡》嶓冢山,西汉所出"云云,详《后案》。

金城郡河关,"积石山在西南羌中。河水行塞外,东北入塞内,至章武入海,过郡十六,行九千四百里"。章武属勃海。河所过郡,据郑康成《尚书》注当为金城、天水、武威、安定、北地、朔方、五原、云中、定襄、雁门、西河、上郡、河东、冯翊、河南、河内、魏郡、钜鹿、东郡、清河、平原、信都、勃海,凡二十三郡,此言"十六",疑有阙漏。详《后案》。

允街,"莽曰修远"。上允吾已有,此文误。

临羌,"有弱水、昆仑山祠"。此弱水殆即昆仑山下之水,非"导之至合黎"者。昆仑详《后案》。又注"西有毕和羌","毕",南监作"卑"。

天水郡望垣,《续志》作"望恒"。

冀,《说文》卷十上《马部》作"骥",云:"天水有骥县。"又注"《禹贡》朱圉山",详《后案》。

武威郡武威,"休屠泽,古文以为猪壄",详《后案》。"猪",南监作"豬",是。

张掖郡删丹,"桑钦以为道弱水自此,西至合黎"。居延,"居延泽,古文以为流沙"。俱详《后案》。

敦煌郡效谷,师古曰"本渔泽障也。桑钦说"云云。"渔"南监作"鱼"是。胡渭曰:"'师古曰'三字后人妄加,此非师古所能引也。《地理志》引桑钦者六,皆班氏原注,桑钦传孔壁真《古文尚书》者。《地理志》亦引《禹贡》古文山水十一条,皆孔安国义,则知班氏好古。此效谷下桑钦说,亦必班氏原注也。"胡说确甚。

安定郡泾阳,"开头山在西,《禹贡》泾水所出,东南至阳陵入渭,过郡三,行千六十里,雍州川"。案:《毛诗·邶风·谷风》疏引郑康成《尚书注》所引《地理志》作"行千六百里",且其上文先说泾水自发源至入渭几二千里。《禹贡》疏所引《地理志》亦作"千六百里"。今毛刻及南监皆作"六十",误也。余详《后案》。"雍州川",见《职方》。

祖厉,"祖音置",南监作"音置"是。《续志》作"租"。

鹯阴,《续志》作"鹯阴"。

北地郡直路,"沮水出东"。详《后案》。

鹯孤,《续志》作"鹯觚"。

归德,"洛水出北蛮夷中"。详《后案》。

弋居"有盐官"。《续志》云"有铁"。

大覈注:"覈即古要字。"详《后案》"衡漳"节。《后书·邓禹传》:"分遣将军别攻上郡诸县,归至大要。"注:"大要,县名,属北地郡。"

上郡,莽改为增山,见《后书·马援传》。援之兄员为增山连率。注云"连率亦太守"是也。班氏于莽所改郡县之名皆载,而间亦有漏去者。

上郡白土,"圜水出西,东入河"。《水经注》"东"作"南"。

西河郡觟是,《说文》卷四下《角部》作"觟氏",云:"觟,角觟曲也。西河有觟氏县。"古"氏"与"是"通,见《洪范后案》。又《禹贡》桓是即桓氏。

朔方郡渠搜,"莽曰沟搜"。《水经注》云:"莽曰沟搜亭。"

五原郡文国,《续志》作"父国"。

蒲泽,南监作"蒲泽"。

南兴,《水经注》作"南舆"。成宜,"中部都尉治原高"。《水经注》作"原亭"。

稒阳,"此出石门障"。"此",南监作"北",是。

定襄郡武皋,"荒于水出塞外"。《水经注》作"芒于水"。

代郡平邑,《续志》作"北平邑"。

广昌涞水,"并州浸"。见《职方》。

上谷郡军都,"温余水东入洛"。"洛",南监作"沽",是。

上谷郡宁,《续志》作"甯"。

且居,"乐阳水出东,东入海"。下"东",南监作"南",是。

渔阳郡泉州"有盐官"。《续志》云"有铁"。

右北平郡石成,南监作"石城"。

骊成"大揭石山在西南"。详《后案》。

辽东郡文,《续志》作"汶"。注:"莽曰受亭。"南监作"文亭",是。

番汗,"沛水出塞外,西南入海"。应劭曰:"汗水出塞外,西南入海。番音盘。"师古曰:"沛音普盖反。汗音寒。"南监无"应劭曰"以下十二字,则"番音盘"似班氏自音矣,无此例也。且师古先音"沛"后音"汗",所音即音应劭"汗水",非县名之"汗"也。南监似妄人删去,非是。近何氏校本据宋本无"应劭曰"三字,亦无解于"番"字为班自音之非。若移"师古曰"三字于"番音盘"之上,又太专辄,宜从毛刻。

沓氏,应劭曰:"氏水也。"师古曰:"凡言氏者,皆谓因之而立名。""氏水"南监作"沓水"。观师古注即解应注宜从毛刻。

玄菟郡西盖马,《续志》"马"作"乌"。

乐浪郡东暆,《说文》卷七上《日部》云:"暆,日行暆暆也。乐浪有东暆县。读若酏。"

南海郡中宿"有洭浦官"。官即"关"也。管叔《墨子》作"关叔"。《说文》卷十一上《水部》云:"洭水出桂阳县庐聚山,洭浦关为桂水。"

郁林郡,《说文》卷五下《鬯部》云:"郁,芳草也。远方郁人所贡。郁,今郁林郡也。从臼、缶、冂、鬯,彡,其饰也。"

交趾郡"口七十四万六千二百三七"。"三"下脱去"十"字。

安定,《续志》作"定安"。

麊泠,《马援传》注引《越志》同。但《说文》卷七上《米部》云:"䣛,溃米也。从米,尼声。交趾有䣛泠县。武移切。"应劭"音弥",与《说文》合。从鹿,非声,传写误也。《水经》三十七卷《叶榆水》篇又作"麋",皆非。

九真郡无切,《续志》及《马援传》皆作"无功"。

日南郡西捲,《续志》作"西卷"。

十七史商榷卷二十一

汉书十五

地理杂辨证四

广平国，"武帝征和二年置为平干国，宣帝五凤二年复故"。此注疏漏殊甚。"武帝征和二年"句，"国"字句，"复故"也者，所复为何故邪？乍观之，几令人茫然不解所谓。李赓芸曰：考广平为故秦钜鹿郡。汉景帝中元元年，改名广平。武帝征和二年，以封赵敬肃王子偃为平干王国。宣帝五凤二年，偃子缪王元坐杀谒者，会薨，不得代，国除，复为广平郡。至哀帝建平三年正月，又封广德夷王之弟广汉为广平王。此注当云：故赵，秦置钜鹿郡，景帝中元元年更为广平郡，武帝征和二年置为平干国，宣帝五凤二年复故，哀帝建平三年更为国，始为详核。平干之废置沿革见于《武帝纪》及《诸侯王表》、《景十三王传》。广平王之封亦见《诸侯王表》、《景十三王传》暨《哀帝纪》。而广平之为秦钜鹿，又得之于《水经注》卷十《浊漳水》篇也。《武纪》云："立赵敬肃王子偃为平王。"则汲古阁脱去"干"字。监板"平"下原有"干"字。《水经注》云："封赵敬肃王子为广平侯国。"则又误以"平干"为"广平"、以王为侯矣。《酷吏传》王温舒曾为广平都尉，惟郡得有都尉，国则无之，此事在元朔、元狩之间，其时犹未建平干国，故有都尉也。李说确甚。志据元始，在哀帝之后，故为广平国，而亦自有钜鹿郡。然则当景帝、宣帝时亦必钜鹿、广平两郡并置，武帝征和中亦必平干国与钜鹿并置可知，盖景帝实以一郡分为二郡者耳。《王子侯表》宣帝所封平干顷王子凡有九人，内有成乡质侯庆，国除，入广平。今《地志》广平国属县有城乡，即成乡也。而表所载平干顷王子又有曲梁安侯敬、平利节侯世、平乡孝侯壬，国除皆入魏郡；广乡孝侯明，国除入钜鹿。今志曲梁、平利、平乡、广乡四县皆属广平，则是于宣帝之后又割来隶而史失书。又《地志》于曲梁注"侯国"，彼三县不注"侯国"，当是志据元始，其时三侯已废故也。表又有阳城愍侯田，国除，不书入何郡。志广平属有阳台，注云"侯国"，疑是阳城之误。表又有平纂节侯梁，国除入平原。今平原、广平皆无此县。成陵节侯充、祚阳侯仁，国除皆入广平。今广平无此二县，他郡亦不见，疑皆省并也。

信都国，"莽曰新博"。案：莽改信都国为新博郡，见《后书·李忠传》注。此但云"莽曰新博"，但见改名不见改国为郡，非也。应劭曰："明帝更名乐安。"钱大昭曰："'乐安'当作'乐成'。《明帝纪》：'永平十五年改信都为乐成国。'"

昌成，《续志》作"昌城"。详《后案》。

河间武隧，《续志》作"武遂"。

广阳国，"高帝燕国，昭帝元凤元年为广阳郡，宣帝本始元年更为国"。《续志》则云："广阳郡，高帝置，为燕国，昭帝更名为郡。世祖省并上谷，永平八年复。"略去宣帝一层不叙，非也。而属县第一县为蓟，则二志同。《前志》注云："故燕国，召公所封。"《续志》注略同。《说文》卷六下《邑部》云："郪，周封黄帝之后于郪也。从邑，契声。读若蓟。上谷有郪县。"《乐记》："武王克殷，未及下车，而封黄帝之后于蓟。"陆德明《释文》云："蓟，即燕国都。孔安国、司马迁及郑皆云'燕国，召公与周同姓'。按：黄帝姓姬，君奭盖其后也。或黄帝之后封蓟者灭绝，而更封燕乎？"考成王崩后，召公尚在朝未就封，则武王未下车所封必非召公。德明两说以后说为是不待言。但群书皆作"蓟"，而《说文》独作"郪"，虽"读若蓟"，而"蓟"自在卷一下《艸部》，注云"芙也"，非地名，此不可解一也。二志上谷郡皆无郪县，而既云黄帝之后所封，似"郪"即"蓟"矣，乃不云广阳反云上谷乎？此不可解二也。存考。

胶东国下密"有三台山祠"。"台"《郊祀志》作"户"。

东平国，"景帝为济东国，武帝元鼎元年为大河郡，宣帝甘露二年为东平国"。按：济东国除为大河郡，见《文三王传》。而《夏侯胜传》云："初，鲁共王分鲁西宁乡以封子节侯，别属大河，大河后更名东平。"节侯见《王子侯表》，不言"国除为大河"者，略之。韦贤子《玄成传》"迁大河都尉"。服虔曰："今东平郡也。本为济东国，后王国除，为大河郡。"

《儒林传》："王式，东平新桃人。"《班志》东平无新桃。

亢父、樊，《成帝纪》：建始二年，"东平王宇有罪，削樊、亢父二县"。

今志仍有此二县者，其后又复，详见宇本传。纪但书削不书复，脱漏也。

鲁国，"故秦薛郡，高后元年为鲁国。属豫州"。其属县有薛县。考《史记·鲁世家》，鲁为楚所灭，秦灭楚后改为薛郡者，当以其所属之薛而名之。《礼记·投壶》篇有鲁鼓、薛鼓，则知当时鲁、薛并称，故改鲁国为薛郡也。如此则秦时已不见有鲁国之名矣。而《高纪》云："既斩项羽，楚地悉定，独鲁不下。持羽头示之，鲁乃降。"其下又云："初，怀王封羽为鲁公。及死，鲁又为坚守，故以鲁公礼葬羽。"然则楚、汉之际，此地复为鲁也。羽始为鲁公，及其后自立为西楚霸王，王梁、楚地九郡，虽都在彭城，今徐州府治铜山县。而鲁地亦在九郡之中，盖泗水郡地也，故以鲁公礼葬之。或疑如此则楚、汉之际此地即复为鲁，何以《地志》直至高后时方复为鲁国邪？案：《张耳传》："高后六年，立耳之孙偃为鲁王。"似《地志》"元年"当作"六年"。楚、汉之际名称不定，古名今号杂举互陈，盖一时随便言之，皆非定制。或鲁或薛，殆错言之，直至张偃就封，方定改薛郡为鲁国耳。又《高纪》云："项梁击杀景驹、秦嘉，止薛，沛公往见之。"其下文又云："沛公如薛，与项梁共立楚怀王孙心为楚怀王。"此薛则指鲁国所属薛县。彼时诸侯之兵初起，尚仍秦制，此地大约仍为薛郡之属县，未必遽复鲁国之称。但薛郡实是鲁故国，且春秋时薛尝与滕俱朝鲁，可见其服属于鲁。鲁既亡，鲁、薛遂通称。项氏初起在薛，故其后羽有鲁公之封。

卞，"泗水西南至方与入沛"云云①，详《后案》。又云"青州川"，见《职方》。

驺，"故邾国"。《说文》卷六下《邑部》云："邹，鲁县。古邾国。从邑，刍声。"《史记》"孟子邹人"，又有邹忌、驺衍、驺奭，古字通。

泗水国凌注："凌水出，入淮南。"南监作"南入淮"，是。

广陵国，"高帝六年属荆州，十一年更属吴"云云。"荆州"当作"荆国"，"十一年"当作"十二年"。南监亦误。

六安国安丰，"《禹贡》大别山在西南"。详《后案》。

长沙国收鄙注："孟康曰：'音铃。'"南监"收"作"攸"，注"音收"二

---

① "沛"原讹"沛"，据中华书局标点本《汉书》改。

字于其下，此误直作"收"，又误连。然南监本于"攸"下直注"音收"，亦属无理。何氏所见北宋本"音收"二字在"音铃"下，据此可见皆孟注，但其初必是"音收"之上别有"孟康曰"三字，而在"攸"字下方是。传写脱去三字，而又误移于下耳。北宋本亦误。

湘南"《禹贡》衡山在东南"。详《后案》。又云"荆州山"，见《职方》也。

"县邑千三百一十四"，《续志》注云：元始二年，"县邑千四百八十七"，"道三十二"。《后汉·仲长统传》注作"三十四"。"地东西九千三百二里"，《后书》注作"九千二百二里"。"南北万三千三百六十八里"，《后书》注无"三千"二字。"民户千二百二十三万三千六十二，口五千九百五十九万四千九百七十八"，《续志》注云："元始二年，民户千三百二十三万三千六百一十二，口五千九百一十九万四千九百七十八。"

"其三千二百二十九万九百四十七顷可垦不可垦。"此误衍"不可垦"三字，南监无，是。

"至于王赧"，南监作"赧王"，是。

"雒邑与宗周通封畿"，师古注："三都得百里者，方千里也。"南监作"二都得百里者百，方千里也"，是。

"今淮阳之地。陈本太昊之虚。""地"下误空一格，南监"陈"字误提行起，皆非是。

"高士宦"，南监作"仕宦"，是。

"燕地尾箕"云云，误连上。南监提行，是。

"北新城"当作"成"，南监亦误。

"东平、须昌、寿良"，南监作"寿张"。此与前东郡下"良"字不当互异，作"良"是。

秦地图

代郡属县班氏注："秦地图书班氏。"考"秦地图"，各郡国下皆无，独见于此。《叙传》自述其先班壹，当秦始皇之末，避地于楼烦，"以财雄边"。楼烦，雁门属县，而代郡与雁门相连，疑县名因此而起，故特著之。

总论有误

班氏于志末总论三代、战国、秦、汉以来列国之星土疆域、建置沿革、分封世系、形势风俗甚备,然曰"魏地南有汝南之召陵、瀙疆、新汲、西华、长平,河南之开封、中牟、阳武、酸枣、卷",燕地"南得涿郡之易、容城、范阳、北新成、故安、涿县、良乡、新昌"。考新汲志属颍川非汝南,酸枣志属陈留非河南,北新成志属中山非涿郡,此则皆班氏偶然误记,而遂成行文之谬者。

沟洫志注误

《沟洫志》前半篇全取《河渠书》,而彼注却往往取之此志注。裴骃辈本不通经,随手牵引,凡涉《禹贡》者多误。如"道河至大邳",此志注郑氏以为"在修武、武德",张晏以为"成皋皆是也",而臣瓒以为"在黎阳",张守节取之,非也。"酾二渠以引河",孟康云"其一出贝丘西南南折","其一漯川"云云,司马贞采之,殊不明析。下文"北行二渠,复禹旧迹",即此二渠是也。同为逆河入于勃海,臣瓒以为禹河入海在碣石,不入勃海,此说非是,裴骃取之亦非。三条并详《后案》。

屯氏河

《沟洫志》所以特改《河渠》之名者,以其杂叙水事不专于河也。前半篇全取《河渠书》,其下自撰者颇错乱,未加裁断,至云:"自塞宣房后,河复北决于馆陶,分为屯氏河,东北经魏郡、清河、信都、勃海入海,广深与大河等。"据此则屯氏河起于武帝晚年,而郑康成《禹贡》注则以屯氏河为禹河故道,二者大不同,疑郑是也。说详《后案》。

严　熊

严熊,《史记》作"庄熊罴"。"严"字避明帝讳,去"罴"字恐班氏之误。

十七史商榷卷二十二

汉书十六

尚书古文篇数

《艺文志》云："《尚书古文经》四十六卷。"班氏自注云："为五十七篇。"颜师古引郑康成《叙赞》云："后又亡其一篇。"故五十七。此孔安国所得壁中古文也。其下又云："《经》二十九卷。"班氏自注云："大、小夏侯二家。"此则指伏生今文也。不与古文相混，故别载之。孔颖达《尚书疏》谓伏生二十九篇，是计卷；若计篇，则三十四。考二十九篇者，《尧典》一，连"慎徽"以下。《皋陶谟》二，连"帝曰来禹"以下。《禹贡》三，《甘誓》四，《汤誓》五，《盘庚》六，《高宗肜日》七，《西伯戡黎》八，《微子》九，《太誓》十，《牧誓》十一，《洪范》十二，《金縢》十三，《大诰》十四，《康诰》十五，《酒诰》十六，《梓材》十七，《召诰》十八，《洛诰》十九，《多士》二十，《无逸》二十一，《君奭》二十二，《多方》二十三，《立政》二十四，《顾命》二十五，连"王出"以下。《费誓》二十六，《吕刑》二十七，《文侯之命》二十八，《秦誓》二十九也。颖达又谓郑注三十四篇，于伏生二十九篇内分出《盘庚》二篇，《康王之诰》，又《泰誓》二篇，为三十四篇。更增益二十四篇为五十八篇。以二十四篇为十六卷，以二十九加二十四为四十五卷，而云四十六者盖兼序言之。陆德明《释文》云"马、郑之徒，百篇之序，总为一卷"，是也。桓谭《新论》云"《古文尚书》旧有四十五卷为五十八篇"者，除序言之也。郑云"又亡其一篇"者，所亡之篇则《伪武成》。疏引郑云"《武成》逸书，建武之际亡"是也。此说出阎若璩，最为精确，故予从之。友人江声驳之谓《武成》是建武乃亡，则前汉未亡，班作《前汉志》，不应因后日之亡而豫虚前汉时之篇数。窃谓《班志》所以少其一者，非为《武成》亡之故，盖为不分《康王之诰》而然。愚考《汉志》所载四十六卷五十七篇，古文也。《康王之诰》"王若曰"下疏云："欧阳、大、小夏侯同为《顾命》。"此今文也。班氏岂以今文篇数为古文篇数哉？必无此事。郑分伏生"王若曰"为《康王之诰》，即依壁中古文分之。郑本即孔安国本，岂有班载孔氏古文反合之之理？大字云"四十六卷"，则元数已见；小字注云"五十七篇"，则据建武以后实数言之，两不悖也。江说恐误，仍以阎说为是。凡学之谬陋者，不但不可采，亦不必辨，何也？不足辨，故不屑辨也。江之学甚精，予多从之，而间或辨之者，足辨也，重其学也。江著述未流布，予为辨之，使后人观之则经益明，故不可不存其辨。余已详予所著《尚书后案》及《后辨》。

史籀十五篇

《艺文志》于小学首列《史籀》十五篇，班氏自注云："周宣王太史作大篆十五篇，建武时亡六篇矣。"又总说之云："汉兴，萧何草律，著其法，曰：'太史试学童，能讽书九千字以上，乃得为史。'"此段之文，许氏《说文·自序》往往用之。而"讽书"彼作"讽籀书"是，当从之。"乃得为史"，彼作"乃得为吏"。贾子《新书》云："胡以孝弟循顺为，善书而为吏耳。"亦以作"吏"为是。

"籀书九千字以上"，即史籀所著大篆十五篇也，《说文》谓之《史篇》。《说文》卷四上《丽部》云："燕召公名奭。《史篇》名丑。"徐锴曰："《史篇》，史籀所作《仓颉》十五篇也。"按史籀作大篆十五篇，李斯作《仓颉篇》。错误。今《说文》十四篇五百四十部九千三百五十三字，其数似与此志所谓"籀书九千字以上"相合。但《说文》或取古文，或取大篆，或取小篆，许氏以意参酌而定之，并非专取《史籀》者，数虽似合实不可牵而为一，况《史籀》十五篇"建武亡六篇"，当许氏时已无全本，许氏岂能尽遵用之？余详予所著《蛾术编·说字门》。

此志下文云："《史籀篇》者，周时史官教学童书也，与孔氏壁中古文异体。"《说文》序云："宣王太史籀著大篆十五篇，与古文或异。至孔子书《六经》，左丘明述《春秋传》，皆以古文。"所谓古文者，黄帝史官仓颉所作，乃书之本也。史籀所作即是周代之通俗文字，与古文并行，彼时书即自有两体，但志直云"与古文异体"，而《说文序》云"或异"，下一"或"字，极有斟酌，盖虽变古不全异也。此志下文云《苍颉篇》"多古字"，李斯等所作尚然，况史籀乎？孔子宪章文武，梦见周公，文、武、周公，但知有古文而已。孔子书《六经》用古文，不用籀文者，不但好古，即所以"从周"。

试学童六体首古文误

萧何又以六体试学童之为史者，"课最者，以为尚书、御史、史书令史。六体者，古文、奇字、篆书、隶书、缪篆、虫书。皆所以通知古今文字"。而许氏《说文·自序》则谓秦李斯省改史籀大篆作小篆，又有隶书"以趋约易"，而苍颉古文绝矣。"自尔，秦书有八体，一大篆，二小篆，三刻符，四虫书，五摹印，六署书，七殳书，八隶书。汉兴，尉律：学童十七已上，始试，讽籀书九千字，乃得为吏，又以八体试之。郡移太史并课最者以为尚书。亡新改定六书：一古文，孔子壁中书也；二奇字，即古文而异者；三篆书，即小篆，秦始皇帝使下杜人程邈所作也；四佐书，即秦隶书；五缪篆，所以摹印也；六鸟虫书，所以书幡信也。"若依《汉志》，则是萧何所以试学童者即亡新所定六体，西汉与王莽无异制也。且古文是孔子壁中书，亦即苍颉书，在西汉列于功令，人人传习者矣。若依许氏，则六体乃王莽所定，西汉试学童者即秦八体，非六体也。二说大相矛盾。以予考之，许说是，《汉志》非也。八体与六体同者四，小篆、虫书、摹印、隶书也，置勿论。八体有六体无之，刻符、署书、殳书，其体茫昧，亦置勿论。若大篆亦八体有六体无，据《说文》以为史籀所作，与古文异，秦人废古文遂以大篆居首。萧何本秦时刀笔吏，自宜沿袭秦故。王莽虽好古，不应废大篆。其六体中古文、奇字之下即当继以大篆，然后及小篆，乃竟去大篆而不列六体中者，小篆即系省改大篆，举此该彼，无烦复出，故总名篆书耳。其实六体中兼包大篆，非真无也，许氏亦举小篆该大篆耳。惟古文及奇字，秦时已绝，直至王莽始复出，西汉无之，故六体有八体无，汉试学童用八体非六体，许说是，《汉志》非也。

凡论文字必以许慎为正。班虽在许之前，且曾续扬雄《训纂》，亦是小学家，不专是史家，但究系史才长小学短，考之不审，不如许氏确也。且伪孔安国《尚书序》云："鲁共王好治宫室，坏孔子旧宅，以广其居，于壁中得所藏古文虞、夏、商、周之书及传《论语》、《孝经》，皆科斗文字。科斗文字废已久，时人无能知者。"此所谓科斗文，即苍颉古文。此序出西晋皇甫谧假托，然谓西汉人无能知古文则是也。《太史公自序》云："周道废，秦拨去古文，焚灭《诗》《书》，明堂石室金匮玉版图籍散乱。"《水经·泗水》篇郦道元注引《晋书·卫恒传》:恒作《书势》,皆谓古文绝于秦。恒说亦见《三国·魏志·卫觊传》注。汉兴而人不识古文,故逸在秘府不立学官。哀帝时刘歆欲立古文,帝令与五经博士讲论,博士不肯置对,深闭固距以不诵绝之。杜林得漆书古文,语其徒云"古文不合时务"。可见古文遭秦而绝,萧何安能以此试学童著之律令乎?阎氏若璩辟伪《古文尚书》最精,因此遂驳伪序,据《艺文志》谓西汉时人人习古文,则误也。

《平纪》:元始五年,征天下通知小学、《史篇》者,"在所为驾一封轺传,遣诣京师"。又《王莽传》:"莽奏征天下通《史篇》文字者,皆诣公车,令记说廷中。"孟康注曰:"《史篇》,史籀所作十五篇古文书也。"师古曰:"周宣王太史籀所作大篆书也。"籀所作是大篆非古文,师古是孟康非也。《莽传》所载与《平纪》是一事,据此可见,王莽方求能通大篆之人,所定六体必不反遗大篆,盖总称篆书,其中即兼大篆也。萧何草律,既著讽籀书九千字得为吏,则西汉时传习甚盛,何烦特求能通者?盖习者虽多,能通《史篇》十五篇者则少耳。

所谓"尚书、御史、史书令史"者,谓给事尚书、御史之令史能为籀书者耳。臣瓒曰:"史书,今之太史书。"未详"太史书"何义也。

《元纪》赞曰:"元帝多材艺,善史书。"应劭注曰:"周宣王太史史籀所作大篆。"又,《王尊传》:"少善史书。"又《贡禹传》:"武帝时盗贼起,郡国择便巧史书者以为右职,俗皆曰:'何以礼义为?史书而仕宦。'"又《西域传》:"楚主侍者冯嫽能史书。"又《外戚传》:"孝成许皇后聪慧善史书。"《后书·安帝纪》:"年十岁,好学史书。"又《皇后纪》:"和熹邓皇后六岁能史书。顺烈梁皇后少好史书。"又《章八王·清河孝王庆传》:"安帝所生母左姬,字小娥,善史书。"又《齐武王缤传》:"北海静王兴之子敬王睦善史书,当世以为楷则。"《明八王传》:"乐成靖王党善史书,喜正文字。"《魏志·管宁传》:"颍川胡昭,字孔明。善史书,与钟繇、邯郸淳、卫觊、韦诞并有名,尺牍之迹,动见模楷。"《晋书·隐逸传》:"郭荷,字承休,略阳人。善史书。"

三苍以下诸家

"《苍颉》七章者,秦丞相李斯所作也;《爰历》六章者,车府令赵高所作也;《博学》七章者,太史令胡母敬所作也:文字多取《史籀篇》,而篆体复颇异,所谓秦篆者也。""汉兴,闾里书师合《苍颉》、《爰历》、《博学》三篇,断六十字以为一章,凡五十五章,并为《苍颉篇》。武帝时,司马相如作《凡将篇》,无复字。元帝时,黄门令史游作《急就篇》。成帝时,将作大匠李长作《元尚篇》,皆《苍颉》中正字也。《凡将》则颇有出矣。至元始中,征天下通小学者以百数,各令记字于庭中。扬雄取其有用者,以作《训纂篇》,顺续《苍颉》。"案:《说文》序云:"扬雄作《训纂篇》,凡《苍颉》以下十四篇,凡五千三百四十字,群书所载略存之矣。"愚考《苍颉篇》不见篇数,此于《训纂》下言"《苍颉》以下十四篇",似《训纂》篇数部分悉从《苍颉篇》也。但只五千三百四十字,比《史籀》反少,未详其故。《史篇》不知亡于何时,又并《三苍》以下诸家尽亡之,《急就》虽存,非其要者,而《说文》遂为小学之冠矣。要之,《说文》从《史篇》溯原而上,兼取古文,又复下参秦篆,会通古今,既精且博,所收之字比扬雄又甚多,固已美备,况又当诸家尽亡之后,欲求识字舍此奚适耶?唐、宋、元、明知尊信《说文》者绝少其人,甚至如郑樵讥《说文》止得象形、谐声二书,六书失其四,何其妄也!予谓欲读书必先求识字,欲识字必先通《说文》。后生浅涉未得其门,须先将《汉志》此一段与《说文序》及慎子冲上书参互绅绎,以考字书之来历,然后将五百四十部详加研究,则文字明矣。若从《玉篇》、《广韵》、《集韵》、《类篇》问津,岂不茫无畔岸哉!

予别有《蛾术编》,分十门,第一门《说录》,全以《艺文志》为根本,就中《尚书古文》是予专门之业,而小学则尤其切要者,今先摘论之,余在《蛾术》,此不具。

汉艺文志考证

王应麟《汉艺文志考证》十卷,所采掇亦甚博雅,但此志以经为要,考得汉人传经原流、说经家法明析,且分别其是非美恶,俾后学识取途径,方尽其能事,此则未能也。于《易》亦知推尊象数,然未能标举孟喜、京房为宗,又未能将后汉之郑康成、荀爽、吴之虞翻三家与孟、京异流同原处发挥之。于《书》则全不知汉人真古文,反信孔颖达、陆德明妄说,以为张霸伪作。至于朱文公以《书序》为非孔子作,胡五峰以《康诰》为武王命康叔，此等亦竟信而收载之。于《诗》不专尊毛氏，反拳拳于鲁、齐、韩，亦不得其要领。至采及所谓李氏说，诋郑笺繁塞，而其失愈多。郑长《礼》学，以《礼》训《诗》，是按迹而议性情，如此妄谈，取之奚为？其于本原之地未曾究通，则博雅乃皮毛耳。歙县金修撰榜语予曰："不通《汉·艺文志》不可以读天下书。《艺文志》者，学问之眉目，著述之门户也。"修撰经术甚深，故能为此言，予深叹服。自唐高宗、武后以下，词藻繁兴，经业遂以凋丧。宋以道学矫之，义理虽明，而古书则愈无人读矣。王氏亦限于时风众势，一齐众咻，遂致茫无定见，要意求切实，于宋季朋辈中究为硕果仅存。若某巨公者于《礼古经》下所云"《记》一百三十一篇"等本《礼记》也，而以为《仪礼》；于后苍《曲台记》，戴德、戴圣、庆普及曹褒父子之学，皆《仪礼》也，而反以为《礼记》；于左氏《春秋经》则载之于《公羊》、《穀梁》，不知其别自有经，遂删去之，何异眯目而道白黑者乎？此其病痛正坐不善读《艺文志》耳，又不如应麟远矣。

十七史商榷卷二十三

汉书十七

名字郡县义例不定

《后书·班彪传》：彪继《史记》作后传数十篇，略论曰："司马迁序司马相如，举郡县，著其字，至萧、曹、陈平之属，及董仲舒并时之人，不记其字，或县而不郡者，盖不暇也。今此后篇，慎核其事，整齐其文。"师古注云："《史记》'卫青，平阳人'，'张释之，堵阳人'，并不显郡之类。"愚谓《史记》风气初开，例不画一，宜矣。至班氏父子，既已慎核整齐矣，乃考之《汉书》，则又有不然者。如"杜周，南阳杜衍人"，"严助，会稽吴人"，"司马相如，蜀郡成都人"，此郡与县俱具者。如"李广，陇西成纪人"，《地理志》成纪属天水郡，不属陇西，此郡县皆具而郡误书者。或据广时制，后分割他属。如"苏建，杜陵人"，"儿宽，千乘人"，"贾谊，雒阳人"，此但言县无郡者。如"张骞，汉中人"，陈寿云汉中成固人。"卜式，河南人"，"直不疑，南阳人"，"终军，济南人"，此但有郡无县者。如"路温舒，钜鹿东里人"，"卫绾，代大陵人"，此但言县无郡而又著其乡。如"东方朔，平原厌次人"，此以后县书前人者。师古曰："《高祖功臣表》有厌次侯爰类。厌次之名其来久矣，说者乃云后汉始为县，于此致疑，斯未通也。"按：厌次之名虽久，而《地理志》平原郡无厌次县，或者疑之是也，此必平原一乡亭之名，后汉为县，故追书之。如李广利，全无郡县；如石奋，则云"其父赵人"；如卫青，则云"其父郑季，河东平阳人"，此又其变者。至司马迁，则用其《自叙》，云"迁生龙门"，义例皆未定。窃谓宜画一书某县人，县有名同者则冠郡。

《史记》因英布曾犯罪而黥，遂称黥布；《汉书》因田千秋乘小车号"车丞相"，遂称之为车千秋。汉人之随意立文如此，若唐宋以后则必无此矣。

或有字，或无字，参差不一。董仲舒一代大儒，公孙弘、儿宽皆以文学致卿相，而无字，殊不可解。若杨王孙者，既为传矣，乃不但无字，无郡邑乡里，且为约略之词曰"武帝时人"，汉人记事疏略，不似唐宋以下之详整。据常璩《华阳国志》第十卷载王孙事，以王孙为城固人。

或郡县皆具，或不具，本无义例，并非失其传而不书，如傅介子，北地义渠人，已见《赵充国传》赞，而本传但云"北地人"。

项　它

《项籍传》："韩信破齐，羽使从兄子项它为大将，龙且为裨将，救齐。"师古曰："《高纪》云项声，此云项它，纪传不同，未知孰是。"考《高纪》于是役但书龙且，不言项声，师古云云，不知何据？而南监板竟无此注，当是传写脱去。考其实，则当作项声，纪所以不言者，以传中可互见，且羽虽不信人，以项氏子监军，而龙且实主兵，故其叙事皆据龙且无项声也。《史记·项羽纪》及荀悦《汉纪》亦皆但有龙且，而《史记·高纪》则又以是役为龙且与周兰二人。《曹参传》叙此事云："从韩信击斩龙且，虏亚将周兰。"《灌婴传》略同，皆与《史记·高纪》合。若然，则是役楚所遣将凡有三人矣，今姑勿论。惟项声、项它二人皆是楚将，其战事散见于诸纪传中者甚多，观《高纪》"楚使项声、龙且攻黥布"，《曹参传》有"东击龙且、项佗定陶，破之"，与《灌婴传》"击项羽将龙且、魏相项佗军定陶南，破之"，是一事。然则二人皆尝与龙且同事，所以史书致误。其实《灌婴传》"降彭城，虏柱国项佗"，其事在破斩龙且之后，相距甚远，项它如果与龙且同救齐，其时且死、周兰被获，全军尽没，不应它独得免，安然在楚，直至彭城方始被虏，故知救齐乃项声，非它也。

二府三府四府五府

《刘向传》："二府奏佞谄不当在位。"如淳曰："二府，丞相、御史也。"御史者，御史大夫省文耳。《后书·何敞传》窦宪刺杀都乡侯畅，敞说太尉宋由曰："二府以为故事三公不与盗贼。"注："二府谓司徒、司空。"司徒即丞相，司空即御史大夫，亦称两府。《杜延年传》："常与两府及廷尉分章。"如淳曰："两府，丞相、御史也。章有所疑，使延年决之。"车千秋等传赞："丞相、御史两府之士，不能正议。"《赵充国传》：

"两府白遣义渠安国行视诸羌。"《萧望之传》:"张敞请入谷赎罪,望之以为不可。天子下其议两府,丞相、御史以难敞。"《薛宣传》:"宣考绩功课,简在两府。"《翟方进传》"司隶校尉初除,谒两府",是也。亦称大府。《杜周传》:"周为廷尉,诏狱益多,郡吏大府举之廷尉。"师古曰:"举,皆也。言郡吏大府狱事皆归廷尉也。"郡吏,太守也。"大府,丞相、御史之府也",是也。《淮南王安传》:"安欲反,先作丞相、御史大夫印。"《伍被传》:"被为淮南王画反计,诈为丞相、御史书,请徙豪杰。"《陈汤传》:"丞相匡衡、御史大夫繁延寿论郅支王首勿县。"《于定国传》:"宣帝即位,数引见丞相、御史。"《丙吉传》:"虏入边,诏召丞相、御史。"《车千秋传》:"诏丞相、御史督二千石。"《贾捐之传》:"上以问丞相、御史。"《东方朔传》:"丞相、御史知指。"此类甚多,皆以丞相、御史并言,不可枚举。《霍光传》:废昌邑王,群臣连名奏太后,首丞相杨敞,次大司马大将军霍光,车骑将军张安世,度辽将军范明友,前将军韩增,后将军赵充国,以下即次以御史大夫蔡谊。盖大司马有时冠三公之首,而将军亦介其间。要之,二府为政本,丞相固助理万机,而御史大夫即佐之。故《朱云传》:"华阴守丞嘉荐云试守御史大夫。云:'御史之官,宰相之副,九卿之右。'"又:"云为槐里令,丞相韦玄成奏其亡状,云自讼,而御史中丞陈咸与相善,为求下御史中丞。事下丞相,丞相乃考其罪。"可见汉时二府权重,有大事必下二府治之。御史大夫副宰相,在九卿之右,而中丞权亦几与相埒也。

《后书》则多称三府。《承宫传》:"三府更辟,皆不应。"注:"三府谓太尉、司徒、司空府。"《郎𫖮传》:"今选举牧守,委任三府。"注:"三公也。"《贾琮传》"中平元年,交趾屯兵反",执刺史太守。"灵帝特敕三府精选能吏"。《朱浮传》:"旧制,州牧奏二千石长吏不任位者,事先下三公。光武明察,不复委任三府。"《陈元传》:"大司农江冯言,宜令司隶校尉督察三公。事下三府。"《寒朗传》:"章帝召见朗,诏三府为辟首。"又《通鉴》:"后汉显宗永平十四年,御史寒朗理楚王英事,帝曰:'何以不与三府议?'胡三省曰:'三府,太尉、司徒、司空府也。'"是也。亦称三司。《后书·胡广传》:"广一履司空,再作司徒,三登太尉。所辟命皆名士。与故吏陈蕃、李咸并为三司。"《郑康成传》:"举贤良方正有道,辟大将军三司府。"此"三司"亦谓太尉、司徒、司空。盖古以司徒、司马、司空为三公，后虽改名太尉，而太尉即司马，故云三司也。合大将军亦称四府。《后书·赵典传》："建和初，四府表荐。"注："四府，太尉、司徒、司空、大将军府也。"《质帝纪》："四府掾属通经者，各令随家法。"《和熹邓皇后纪》："选四府掾史诣东观雠校传记。"《应奉传》："四府举奉，才堪将帅。"是也。亦有以三公并太傅称之者。《后书·虞诩传》注："四府谓太傅、太尉、司徒、司空之府也。"是也。或称五府者，《后书·樊宏传》："宏族曾孙准，永初之初上疏曰：'五府调省中都官吏京师作者。'"注："五府谓太傅、太尉、司徒、司空、大将军也。"是也。

《晋书·职官志》云："开府仪同三司，汉官也。殇帝延平元年，邓骘为车骑将军，仪同三司，仪同之名，始自此也。及魏黄权以车骑将军开府仪同三司，开府之名，起于此也。"愚谓"仪同三司"者，盖言其仪同于三司耳。

《唐书·百官志》："凡鞫大狱，以尚书侍郎与御史中丞、大理卿为三司使。"此三司则与上两条三司大不同。

尚 右

尚右、尚左之说纷纷不一。《王陵传》云："陈平以位让周勃，乃以勃为右丞相，位第一；平徙为左丞相，位第二。"此汉人尚右之明文。故《高纪》云："汉廷臣无能出其右者。"师古曰："古以右为尊，故云。"《诸侯王表》云："作左官律。"师古曰："汉依上古法，朝廷之列以右为尊，故谓仕诸侯为左官。"《文纪》云："右贤左戚。"师古曰："以贤为上，然后及亲。"《周昌传》："高帝使昌为赵相，曰'吾极知其左迁'。"《灌夫传》："贵戚在己右必陵之，在己左益礼敬。"合而观之，汉人尚右则诚然矣。若谓本当如此，自古皆然，则师古之妄也。天左旋，日月五星右旋。天贵乎？日月五星贵乎？天道尊左，地道尊右。见《内则》"道路男子由右，女子由左"郑康成注。天贵乎？地贵乎？左阳右阴，左生长之方，右肃杀之地，故大明生于东，月生于西。阳贵乎？阴贵乎？《内则》："子生鬌发为鬌，男左女右。男拜尚左手，女拜尚右手。"男贵乎？女贵乎？其当尚左显然。所以有尚右者，其说有二：吉事尚左，凶事尚右。吴仁杰《两汉刊误补遗》，据《檀弓》孔子有姊之丧，故拱而尚右，并诲弟子以当尚左。又兵车则尚右，乘车仍尚左。汉初人习于兵革，故相沿尚右。

其说确矣。又一说则仁杰不知也。古宫室之制，前堂后室，室中以东向为尊，户在其东南，牖在其西南。堂以南面为尊，王位在户外之西、牖外之东，所谓户牖之间南向之坐也。以《尚书·顾命》篇、《尔雅·释宫》篇、《礼记·明堂位》篇、《毛诗·斯干》篇及《仪礼》各篇经注疏参之，人君在堂上南面临群臣，自然东为尊、西为卑。及入户至室中，在东者近户出入处，其势又以坐西而东向者为尊矣。而分侍两旁者，则北为上、南为下也。汉近古宫室之制，未大变，故《周勃传》："勃不好文学，每召诸生说士，东乡坐责之。"如淳曰："勃自东乡，不以宾主之礼也。"《田蚡传》："蚡坐其兄盖侯北乡，自坐东乡，以为汉相尊，不可以兄私桡。"《盖宽饶传》："平恩侯许伯入第，公卿皆贺，宽饶不行。许伯请之，乃往，从西阶上，东乡特坐。"师古曰："自尊抗，无所诎。"此皆在室中也。若《史记·项羽纪》，沛公见项王鸿门，项王东向坐，亚父南向坐，沛公北向坐，张良西向侍。其坐次尊卑历然，而侍则立而不坐，为最卑矣。此虽在军中，要之亦仿室中之制。凡此诸文皆尚右，于礼未尝不合，乃并堂上亦尚右，则泥古而误者，师古顾谓古制朝廷一概尚右，岂不谬哉。

　　古者堂上有东西序，而南一面则空无门户，惟室乃有之，而室与堂相连比，汉犹如此。唐宋以来则堂有厢而无序者多，其南一面皆为门不空，而室之户牖则随便安设，不拘何面，且亦堂自为堂、室自为室，不相连比矣。《论语·乡党》云："疾，君视之，东首，加朝服，拖绅。"包咸曰："夫子之疾，处南牖之下。"皇侃疏云："病本当在北壁下。君既来，而君不宜北面，故移处南窗之下，令君入户而西转面得南向视之也。"《龚胜传》："王莽遣使奉玺书迎胜，使者欲令胜起迎，久立门外。胜称病笃，为床室中户西南牖下，东首加朝服拖绅。使者入户，西行南面立，致诏付玺书。"此事正与《乡党》同。盖胜虽不欲出迎，犹以臣道自处，莽使者直以君道临之。观此则汉宫室与春秋同。惟其如此，所以有尚右一说，而概主尚右则沿袭之讹。至于《外戚·孝哀傅皇后传》："哀帝崩，王莽白太皇太后下诏曰：'定陶共王太后与至尊同称号，终没，至乃配食于左坐。'"应劭曰："若礼以其妃配者也。坐于左而并食。"顾氏曰："终没配食左坐，谓合葬渭陵，配食元帝。"盖庙中之室亦东向为尊，配食左坐仍是旁侍，非并坐。

《新五代史·附录》："契丹大会聚、视国事，皆以东向为尊。"此固不可谓之合于古。

屠浑都

《周勃传》：勃击卢绾，"得绾大将抵、丞相偃、守陉、太尉弱、御史大夫施屠浑都"。师古曰："姓施屠，名浑都。"按《史记索隐》曰："施，名也。屠，灭之也。《地理志》浑都县属上谷。"师古之妄谬如此。

十七史商榷卷二十四
汉书十八

五　德

《张苍传》：苍"推五德之运，以为汉当水德之时，上黑"。"苍为丞相十余年，鲁人公孙臣上书，陈终始五德传，言汉土德，其符黄龙见"。"苍以为非是，罢之"。"其后黄龙见成纪，文帝召公孙臣为博士，草立土德时历制度"。张晏曰："以秦水德，汉土胜之。"《贾谊传》：谊以为汉宜改正朔，数用五，色上黄。赞曰："谊欲改定制度，以汉为土德，其术已疏矣。"案：秦人用水德本自讹舛，不可承。况五德取相生，不取相克，即欲承秦，何为以土胜之？张苍固非，而公孙臣、贾谊亦非，故赞曰"术疏"，说详前。汉当为火德，亦见荀悦《汉纪》第一卷。

汉初人才已盛

曹参攻城野战，身被七十创，疑其专以摧坚陷阵为能。及其以清净为治，遂致画一之歌。申屠嘉材官蹶张，能折辱。邓通得大臣体。汉初大乱初平，人心甫定，文学未兴，风气犹朴，而人才已盛如此，传世之远所自来矣。

北　魏

《郦食其传》"破北魏"。师古曰："谓魏豹也。梁地既有魏名，故谓此为北。"案：项王前此已封豹为西魏王，西北通称。

箕　踞

《陆贾传》："尉佗箕踞。"师古曰："伸其两脚而坐，其形如箕。"盖古人无交椅，席地坐，皆危坐，以伸其脚为不敬。今人虽不席地，而北方多用床上坐，谓之盘膝坐，此尚合古礼，不伸脚。若南人皆坐交椅，背及两手皆有椅，无不伸脚者矣。《隽不疑传》"见暴胜之登堂坐定，不疑据地"云云。古人所坐席皆布于地，故不疑据地致敬，知汉无椅式也。

椅本木名，见《说文》卷六上《木部》，注云"梓也"。《毛诗·小雅·湛露》篇"其桐其椅"，《释文》"椅，于宜反"是也。《新五代史·晋臣·景延广传》："延广进器服、鞍马、茶床、椅榻。"以椅字为人所坐，呼若倚音，始见于此。宋王铚《默记》云："南唐李后主被房后，徐铉往见。老卒取椅子相对，铉曰：'但正衙一椅足矣。'李主出，铉辞宾主礼，引椅偏乃坐。"又无名氏《宣政杂录》云："宣和初，京师伎者以长竿系椅于杪，伎者坐椅上。"又周辉《清波杂志》云："绍兴十三年，再兴太学，吕荥义为《上庠录》投进，倡和诗有'影妻椅妾'语。"又叶梦得《石林燕语》云："殿庐幕次，三省官为一幕，枢密院为一幕，两省官为一幕，尚书省官为一幕，御史台为一幕。中司则独设椅子，坐于隔门之内。"又张端义《贵耳录》云："今交椅，古胡床也，自来只有栲栳样，秦太师始制荷叶托首，曰太师样。"据此诸文知椅起唐末而盛于宋，假借木名之字用之。

椅非胡床，张端义误也。古人坐虽在地，寝固有床，见《小雅·斯干》篇，其后则坐亦用床矣。《三国·魏志·苏则传》"则从文帝猎，槎桎拔，失鹿，帝大怒，踞床拔刀"云云。何氏焯云："据宋本'床'上有'胡'字。胡床三国已有。"何说如此。其实已起汉末。《后书·向栩传》云："坐板床积久，板乃有膝踝足指之处。"《三国·魏志·管宁传》注引《高士传》曰："管宁自越海及归，常坐一木榻，积五十余年，未尝箕股，其榻上当膝处皆穿。"此皆危坐不伸脚，正如今所谓盘膝坐，若椅则小于床，不可盘膝，无不伸脚者，知椅非胡床也。

今人所用桌，盖与胡床同起。古人坐于地，下藉席，前据几，坐席固不用椅，而几则如《书》所谓"冯玉几"、《诗》所谓"授几有缉御"之类，其制甚小。今桌甚大，俗名八仙桌，谓可坐八人同食，与几虽相似，实大不同。按文似从木，卓省声，而字书皆不收。明宣德中，嘉定章黼道常作《韵学集成》，第十卷"卓"字注"古作桌"，未详。凡文字著述从无用者，文义鄙陋，诚觉难用。《说文·木部》有"机"字，此亦木名，与几席之"几"无涉，而突见于《三国志·华歆传》。彼时既有胡床，觉小几颇不适用，别制高大者，而规制与几不同，未便，仍其故，故用"机"字以代，此与借椅为坐具同。与其从流俗妄造鄙陋不通之"桌"字，毋宁依《三国志》。

合而考之，周汉以前席地坐冯几，寝则有床；汉末、三国坐始有胡床，几制亦大变，文作"机"，然尚无小交椅，直至唐末、五代始有之。

叔孙通圣人

叔孙通为秦二世博士，亡去，事项梁。梁败，从怀王。王徙长沙，留事项羽。羽亡，降汉。面谀亲贵，辕固所讥，曲学阿世，通之谓矣。及荐诸生为郎，赐之五百金，诸生遂称为"圣人"。欧阳子《五代史》述冯道事乃云"当时谓之圣人"，正此意。

舆地图

《淮南王安传》："日夜与左吴等按舆地图。"苏林曰："舆犹尽载之意。"《后书·明八王传·陈敬王羡传》亦云："案舆地图，令诸国户口皆等。"愚谓《孟子》"晋之《乘》"，赵岐注："兴于田赋乘马之事，因以为名。"朱子兼采："或说云：'取载当时行事而名。'""或说"颇通，正与苏林合。《孟子》本列诸子，不必拘家法。赵岐，汉之俗儒，不尽可从也。宋地记家欧阳忞、祝穆、王象之等所作皆以"方舆"、"舆地"为名，出于此。

爽

《贾谊传》："下数被其殃，上数爽其忧。"沈彤曰：爽，甚也。谓下疑上则必反，而上必甚其忧也。爽有猛烈意，是甚之义。如淳曰"忒也"，与上文不贯。

他 所

"诸侯之地其削颇入汉者，为徙其侯国及封其子孙也，所以数偿之。"师古曰："徙其侯国，列侯国邑在诸侯王封内而犬牙相入者，则正其疆界，令其隔绝也。封其子孙者，分诸侯王之国邑，各自封其子孙，而受封之人若有罪黜，其地皆入于汉，故云颇入也。""偿者，谓所正列侯疆界，有侵诸侯王者，则汉偿之。"南监同。沈彤云："也"当作"他"，连下"所"字句绝，谓诸侯或以罪黜其地被削多入于汉者，若即其所存地建国则国小，而其子孙有不得侯者，故为之徙其侯国并封其子孙他所,如其被削之数偿还之也。注误。

植遗腹

顾氏曰:"'植遗腹',必古有此语,所谓君死而世子生者也。季桓子命其臣正常曰:'南孺子之子,男也,则以告而立之。'"

一堂二内

《晁错传》:"论募民徙塞下云:'古之徙民,先为筑室,家有一堂二内。'"张晏曰:"二内,二房也。"案:郑康成谓古者天子、诸侯有左右房,大夫、士则但有东一房西一室,无左右房。房者,旁也,在室两旁也。其制与室不同之处尚未能详析,而大约总以郑说为可据。今此论徙民似指庶民居多,而容或亦有大夫、士。盖前为堂后为室,而室之东旁为一房,此大夫至庶人皆同者。张晏混言"二房",非也。此事详《尚书·顾命后案》,予又别有论著。

举贤良

"诏举贤良文学士,晁错在选中。"此事有三论。错为陇西太守公孙昆邪所举,昆邪事见其孙贺传,又作浑邪,尝著书,见《艺文志·阴阳家》。错非陇西人,又未尝为陇西官属,而陇西太守举之,一也。诏列侯、九卿、郡守举人,而错为平阳侯等及廷尉宜昌、太守昆邪所举,则是一人之身必备有三项,举主方许其对策,二也。错时已为太子家令,秩八百石,又应试,唐、宋亦仿此,非如明制,一赐及第出身,终身无再对策事,三也。

古　音

"配天象地,覆露万民;绝秦之迹,除其乱法;躬亲本事,废去淫末;除苛解娆,宽大爱人;肉刑不用,罪人亡笞;非谤不治,铸钱者除;通关去塞,不壁诸侯;宾礼长老,爱恤少孤;罪人有期,后宫出嫁;尊赐孝悌,农民不租;明诏军师,爱士大夫;求进方正,废退奸邪;除去阴刑,害民者诛;忧劳百姓,列侯就都;亲耕节用,视民不奢。"按:此一段皆用古音,"除苛"以下八字当在"万民"之下,如此则韵皆合。

晁错所缘坐

丞相青翟等劾奏晁错要斩,"父母妻子同产无少长皆弃市"。错之罪即如其劾奏之说,迥非谋反大逆可比,何至是?且上文方颂"罪人亡帑",此遽斩同产耶?盖车裂、腰斩、具五刑、夷三族,皆秦之酷法,汉初沿袭行之,韩信、彭越、英布皆受此,至《文纪》元年冬十二月尽除收帑相坐律令,十三年夏五月除肉刑法矣。然景帝于晁错,武帝于郭解、主父偃、公孙贺、李陵、李广利、公孙敖、任安、田仁、刘屈氂,犹皆腰斩、夷族,则《文纪》云云徒虚语耳。

王恬咸

《张释之传》:"中尉条侯周亚夫与梁相山都侯王恬咸见释之持平,结为亲友。"南监同。沈彤曰:"王恬"下"咸"字误。据《功臣表》,有山都贞侯王恬启,《史记》作"开",开即启也,"咸"当作"启",连上句绝。

淮阳郡

《汲黯传》"拜为淮阳太守,黯自言'弃逐居郡'"云云。其下文又云"居郡政清",又言"上令黯以诸侯相秩居淮阳",则淮阳是郡名明矣。而今《地理志》有淮阳国无淮阳郡,注但云"高帝十一年置,属兖州"。绝不见其曾为郡。愚以《异姓诸侯王表》、《诸侯王表》及《高五王》、《文三王》、《景十三王》、《宣元六王》等传考之:高帝之子友以高帝十一年始立为淮阳王,至惠帝元年徙王赵,是为赵幽王,则淮阳国除为郡矣。惠帝薨,高后以假立惠帝之子强为淮阳王。强死,又以武代。文帝立,武被诛,则淮阳国又除为郡矣。其后文帝之子武以文帝三年又立为淮阳王,王十年而徙梁,是为梁孝王,则淮阳国又除为郡矣。其后景帝之子余以景帝二年又立为淮阳王,王二年而徙鲁,是为鲁共王,则淮阳国又除为郡矣。其后宣帝之子钦以宣帝元康三年又立为淮阳王,是为宪王,自立后传子及孙凡有国六七十年,至王莽乃绝。此郡始为国,改为郡,后复为国,如此展转改易凡八九次,终为国。《地理志》以最后之元始为据,故言国,而中间沿革则俱略去也。汲黯为淮阳守当武帝时,而其前申屠嘉亦尝为之,见本传及《爰盎传》,此当惠帝元年以后国除为郡之时。又司马安亦尝为之,见《郑当时传》;灌夫亦尝为之,见本传;田广明与其兄云中相继皆尝为之,见《酷吏传》,此则皆在武帝时。又韩延寿亦尝为之,此则在昭帝时。盖自景帝四年为郡,直至宣帝元康三年,为郡者约九十年,故为守之见于史者如此之多。若《郑弘传》"兄昌为淮阳相",此则在宣帝时,宪王钦之国以后事矣。读书贵贯串,今人惯眊善忘,顾此失彼,又性懒畏考核,宜乎史学之无人也。尹齐为淮阳都尉,见《酷吏传》,亦在武帝为郡之时。若国则不当有都尉。

富态韵

《郑当时传》:"翟公署门:'一死一生,乃知交情;一贫一富,乃知交态;一贵一贱,交情乃见。'""富"与"态"为韵者,盖古音未变,"富"本读若"废"也。

十七史商榷卷二十五

汉书十九

韩王相难

《韩安国传》载其与王恢以伐匈奴相难，凡七往复，反覆千余言，浮文寡要，乃后世好事者借此以腾驾蔓词，效《战国策》赵武灵王骑射习战一篇，《史记》本无，班氏掇入，支赘可厌，殊不解其何取。

礼 记

《艺文志》无《礼记》之名，然《说文·自序》说鲁共王坏孔子宅而得壁中书，即有《礼记》。《河间献王传》叙王所得书中有《礼》，又有《礼记》。是前汉本有此称，非始于郑氏作注之时所题。但鲁共王、河间献王所得篇数多寡则与大小戴所删未必同。

从读纵

《李广传》"将数十骑从"，张晏曰："放从游猎也。"师古曰："张读纵非。直言将数十骑自随也。"按：《史记》："将骑数十纵。""从"字应如张解。《礼记·曲礼》篇"欲不可从"，陆氏《释文》云："从，足用反，放纵也。"是也。

弥 节

"弥节白檀。"李奇曰："弥节，少安貌。"按："弥"与"弭"同。《九歌·湘君章》云："夕弭节兮北渚。"王逸云："弭，安也。"《司马相如传》："楚王乃弭节徘徊。"郭璞曰："弭，犹低也。节，所仗信节也。"

卫青报公孙敖

《卫青传》言其微时大长公主执欲杀之，其友骑郎公孙敖往篡之，得不死。后为大将军出塞,李广本以前将军从,宜在前当单于,青乃徙之出东道,使其回远失道者,非但以其数奇,恐无功,实以公孙敖新失侯,欲令俱当单于,有功得侯,以报其德故,徙广乃私也。

终　阳

《董仲舒传》:"阳布施于上主岁功,阴入伏于下时出佐阳;阳不得阴之助,亦不能独成岁。终阳以成岁为名。"沈彤曰:"'终'上当有'阴'字。'阴终阳'本《易传》'地道无成而代有终'义,然终阳之事即助其成功,故曰'以成岁为佐'。'名'当作'佐',形似而讹也。"按:沈说近是。但《说文》无"佐"字。"又,手也。""ナ,ナ手也。""右,手口相助也。""左,手相左助也。"《周易·泰卦》"以左右民"郑注、《尚书·皋陶谟》"左右有民"马注,皆以左右为助,俗乃别作"佐佑"。此文上下二"佐"字皆当作"左",作"佐"者后人改,非班氏本文。未通小学不可说《五经》、《史》、《汉》。

选　郎

仲舒封策云:"长吏多出于郎中、中郎,吏二千石子弟选郎吏,又以富訾,未必贤也。"详玩此节,"中郎"句绝,"郎吏"句绝。其上文专言郡守、县令之重,长吏即守令,郎吏即郎中、中郎也。据其义当云:长吏多出于郎中、中郎,选郎吏多出于吏二千石子弟,又以富訾。盖选郎大约出任子、算訾二途者尤多,故未必贤。古人之文每如此,以横担句法兼倒装句法者也。王应麟《玉海》论此事云:"郎选其涂非一,有以父兄任子弟为郎者,如张安世、爰盎、杨恽、霍光是也;有以富訾为郎者,《张释之传》如淳注引《汉仪注》谓'訾五百万得为常侍郎',如释之及司马相如是也;有以献策上书为郎者,娄敬、主父偃是也;有以孝著为郎者,冯唐是也。"愚谓《冯唐传》但言其以孝著,非因孝行得为郎,王说独此条不确,其提纲是,而所举之人多漏者,予已为补入。其提纲亦漏者,汉有以举孝廉为郎者,如王吉、京房、各见本传。孟喜见《儒林传》。是也;有以射策甲科为郎者,《儒林传》云"岁课甲科为郎中",如马宫、翟方进、何武、各见本传。召信臣见《循吏传》。是也;有以六郡良家子为郎者,如冯奉世是也。见本传。大约汉之郎选尽于此六途,应麟所举任子、富訾两条即是仲舒之所病,此外仅添两条,而一条又误,则应麟于考据之学尚疏。至于算赀为郎,始于汉初,事见《景纪》,并非入粟拜爵,而今人又往往误解。窃谓后世荐举人有身家殷实一条,乃其遗制耳。《食货志》云:"入财者得补郎,郎选衰矣。""郎选"二字与此同,但入财补郎,此乃武帝晚年事,仲舒对策当武帝即位初时,尚无此,不可牵以当之。

薛　县

《公孙弘传》云:"菑川薛人。"今志菑川国无薛县,薛县乃属鲁国。彼国注云:"故秦薛郡,高后元年为鲁国。"据此注,秦时称此郡为薛郡者,当以其有薛县而称之;至汉,因此郡属县有鲁,是伯禽故国,故改为鲁国,而薛县则不知何时曾改属菑川,故弘得为菑川薛人。《地理志》据最后元始为定,故薛仍属鲁国。但各列传每人书某郡县人,亦当据后定,乃偏据一时,称菑川薛。予前所论名字郡县义例不定者,此亦其一也。东海郡下邳县,应劭曰:"邳在薛,其后徙此,故曰下。"所云"邳在薛"者,即鲁国之薛也。东海下邳今邳州。

公孙弘年

陈氏鹏年曰,按:《史记》公孙弘以建元元年辛丑征为博士,不合罢归,年六十;至元光五年辛亥,凡十一年,年七十一矣,是年即以博士为左内史;元朔三年乙卯为御史大夫,年七十五;五年丁巳十一月为丞相,年七十七;元狩二年庚申三月薨,在相位二年余,年八十。

北　发

《公孙弘传》:"北发渠搜,南抚交趾。"师古曰:"言威德之盛,北则征发于渠搜,南则绥抚于交趾也。"此注文义极明妥。考其上下皆整对句法,则师古注是矣。渠搜有二:一在西戎,为汉金城河关之西地名,则《禹贡·雍州》所言者是;一在朔方,则此传所言者是。此传所言本出《礼·三朝记》,《水经·河水注》引之,乃即以为《禹贡》之渠搜,则非是。古人言西北虽往往通称,而此既有两地则不可合,故《武纪》云"北发渠搜,氐羌徕服"。此以西北相对,玩彼应劭、晋灼、臣瓒注自明。而师古于彼注与《公孙弘传》注同,其以"北发"为地名、国名者皆误。若

《史记·五帝本纪》云："南抚交趾、北发，西戎、析枝、渠廋、氐、羌，北山戎、发、息慎，东长、鸟夷。"《索隐》以为北发当作"北户"，而下三句则读"羌"字、"慎"字、"夷"字句绝。然则彼下"发"字似衍，虽"南抚交趾"与此传文同，而彼所谓"北发渠廋"与此传亦皆无涉。

五百岁

《司马迁传》："迁为太史令当太初元年，天历始改，曰：'自周公卒五百岁有孔子，孔子至于今五百岁。'"按：自孔子卒至太初元年，实止三百七十七年，乃云"五百岁"何也？盖因《孟子》历论道统之传云："由尧、舜至于汤五百有余岁，由汤至于文王五百有余岁，由文王至于孔子五百有余岁。"唐虞至周皆以五百岁为期，故迁发此论，其言虽夸，而其尊慕孔子则可以解先黄老后《六经》之疑矣。

乱　伦

平阳公主与卫青合葬犹之可也，馆陶公主至与董偃合葬则已甚矣，见《东方朔传》。昭帝之姊盖主夫亡后私近丁外人，而诏外人侍主。江都王建女细君嫁乌孙昆莫，其孙岑陬欲尚之，主不欲，而武帝诏从其俗。汉之乱伦如此。

杨　恽

《杨敞传》：敞以给事霍光幕府，为光所厚爱，致位宰相。而敞之子恽即以告霍氏反封侯，亦可谓倾危之士矣。

东　阁

《朱云传》："薛宣为丞相，云往见之。宣备宾主礼，谓云曰：'在田野亡事，且留我东阁。'云曰：'小生乃欲相吏耶？'"按：公孙弘为丞相，"起客馆，开东阁以延贤人"。师古曰："阁者，小门，东向开之，避当庭门而引宾客，以别于掾吏官属也。"然则属吏皆从当庭中门入，东阁相延正所以示敬，备宾主礼，非欲相吏也，而云言乃如此，其强项可见。但既若是之负高气，不待其就而相请辄先往见之，得无进退无据乎？

户牖法坐

《梅福传》:"当户牖之法坐。"师古曰:"户牖之间谓之扆,言负扆也。法坐,正坐也,听朝之处。"案:"户牖之法坐",即《尚书·顾命》篇所谓"牖间南向"是也。详《后案》。

十七史商榷卷二十六

汉书二十

六郡良家子

赵充国"以六郡良家子善骑射补羽林",师古曰:六郡,"陇西、天水、安定、北地、上郡、西河也"。《东方朔传》:建元三年,上始微行,与"待诏陇西、北地良家子能骑射者期诸殿门"。则陇西、北地固在六郡之数,余四郡无所见。而《冯奉世传》:"武帝末,奉世以良家子选为郎。"奉世,上党人,而云"良家子",然则六郡中何以无上党?疑师古注未确。

罕 幵

《赵充国传》:"先零、罕、幵。"师古曰:"罕、幵,羌别种。今羌姓有罕幵者。"罕幵,唐时既有此姓,则亦当有姓羌者,而书传不载,今吾嘉定独有此姓。

口 钱

《贡禹传》:"禹上书,以为古民亡赋算口钱,起武帝府藏耗竭,重赋于民,民产子三岁则出口钱,故民重困,宜令儿七岁去齿乃出口钱,年二十乃算。"案:《食货志》:"田租口赋,二十倍于古。"汉取民所以比古若是之重者,半由增加口赋故也。若古之制,《孟子》谓"有布缕之征,有粟米之征,有力役之征"。三句尽之,安有口赋?《周礼·天官·太宰》"九赋",郑康成注:"赋,口率出泉也。今之算泉,民或谓之赋,此其旧名与?"疏引"汉法,民年二十五已上至六十出口赋钱,人百二十以算"。其实康成意不过因汉谓口钱为口赋,故援以解"赋"字之义。见此"九赋",亦钱谷并出,非谓口钱三代已有也,口钱实始于汉耳。

韦传附庙制

《韦贤·玄成传》末附论庙制,凡四五千字,繁重已极,大非传体。《后汉书·祭祀志》注:"蔡邕《表志》曰[1]:'宗庙迭毁议奏,国家大体,班固录《汉书》,乃置《韦贤传》末。臣以问胡广,广以为实宜在《郊祀志》,去其中鬼神仙道之语,取《贤传》宗庙事置其中,使祀事以类相从。'"是古人已有议及者。刘昭又云:"国史明乎得失者也。孝武淫祀妄祭,疲耗苍生,后王深戒,志之所取,于焉斯允。不先宗庙,诚如广论;悉去仙道,未或易罔也。"昭此论尤佳。

魏相报仇

魏相为河南太守,为霍光所恶,下之廷尉狱,久系始赦,后为御史大夫,遂奏霍氏专权,举发其弑许后事,虽未免报复私仇,然其言则是未可以挟私訾之。

青　紫

《夏侯胜传》:"胜谓诸生曰:经术苟明,取青紫如拾芥。"师古曰:"青紫,卿大夫之服。"叶梦得曰:"汉丞相、太尉皆金印紫绶,御史大夫银印青绶,此三府官之极崇者。胜云青紫谓此也。小颜但据当时所见,误以为卿大夫之服,汉卿大夫盖未服青紫也。"叶说是。《杨雄传》:析圭担爵,怀符分禄,"纡青拖紫,朱丹其毂"。注云:"青紫谓绶之色。"此注则是,而二注自相岐。

便　面

《张敞传》:"自以便面拊马。"师古曰:"便面,所以障面,盖扇之类。不欲见人,以此自障面则得其便,故曰便面,亦曰屏面。今之沙门所持竹扇,上衺平而下圜,即古便面也。"《王莽传》有"云母屏面"。南齐褚渊"以腰扇障日"。《通鉴》注云:"腰扇佩之于腰,今谓之折叠扇。"以上诸文参之,今之聚头扇竹骨纸身者,即此遗制。

---

① 原文无"注"字,亦无"志"字,皆据中华书局标点本《后汉书》改。

孔子十四世孙

《孔光传》："孔子十四世之孙也。孔子生伯鱼鲤，鲤生子思伋，伋生子上帛，帛生子家求，求生子真箕，箕生子高穿。穿生顺，顺生襄，襄生忠，忠生武，武生延年，延年生霸，霸生光。"案：此言十四世乃连前后并及身而总言之，凡后人言谱牒者皆当以此为例。沈约《宋书·自序》述其七世祖名延，延子贺，贺子警，警子穆夫，穆夫子林子，林子子璞，璞子即约，可证。萧子显《南齐书》以太祖道成为汉相国萧何二十四世孙，何生延，延生彪，彪生章，章生皓，皓生仰，仰生望之，望之生育，育生绍，绍生闳，闳生阐，阐生永，永生苞，苞生周，周生矫，矫生逵，逵生休，休生豹，豹生裔，裔生整，整生俊，俊生乐子，乐子生承之，承之生道成。虽附会不足信，而其例则同。

行内署门户

《孔光传》："光为帝太傅，位四辅，给事中，领宿卫供养，行内署门户，省服御食物。"师古以"内"字句绝，注云："行内，行在所之内中，犹言禁中也。"蒋氏杲云：字子遵，长洲人，康熙癸巳进士。户部郎中，廉州知府。疑当以"宿卫供养"为句，"行内署门户"为句。行，巡行也。内署，诸在内给事之官，如中书以下谒者是也。胡三省《通鉴注》与予意同，其以"行内署门户"为宿卫事，"省服御食物"为供养事，尤分明，可证师古之误。

每　朝

"令太师毋朝，十日一赐餐。赐太师灵寿杖，黄门令为太师省中坐置几，太师入省中用杖，赐餐十七物，然后归老于第，官属按职如故。"师古曰："言十日一入朝，受此宠礼。它日则常在家自养，而其属官依常各行职务。"南监板同。陈氏鹏年曰："毋朝"当作"每朝"，"十日"句绝。寻颜注自见，王莽、哀帝时，亦十日一赐餐也。

此传描摹光之丑状可云尽致矣。赞中历举公孙弘、蔡义、韦贤、玄成、匡衡、张禹、翟方进、孔光、平当、马宫及当子晏皆以儒宗居宰相位，而蒙阿谀之讥。予谓马宫、平晏遂仕莽，光幸前死，否则必为莽臣。

下朝者

《王商传》"太中大夫张匡,上书愿封近臣陈日蚀咎。下朝者左将军丹等问匡,对曰"云云。师古读"下朝者"为句,引文颖曰"令下朝者平之也",孟康曰"中朝臣也",以文说为是。窃谓"下"字读微断,"问"字句,而后接"匡对曰"云云。"下"谓"下之"。《王嘉传》亦有"下朝者",孟注是也。时左将军等皆中朝臣,故目为朝者。《朱博传》"诏左将军彭宣与中朝者杂问",与"下朝者"同义。

吕不韦春申君

皇太后诏问王商女,欲以备后宫,商不欲,王凤诬构以罪,始惧而纳女。张匡以吕不韦、春申君之事陷之。不韦以邯郸姬献子楚在质赵时,直至楚立为王,始以不韦为相,而匡竟谓不韦为丞相,纳有身之女于王;春申君献有身妻,所产者幽王,而匡误言怀王。随口附会,不顾事实。

万岁之期

《翟方进传》:绥和二年春,李寻奏记,方进责数之,因备述星变,而云"万岁之期,近慎朝暮"云云。师古注以"万岁之期"为指方进之死,"言其事在朝夕"。顾氏曰:据文,"万岁之期意谓宫车晏驾,故此下郎贲丽欲以此灾移于宰相也"。师古注谬处不可胜摘,先儒已著而未行世者,聊出之。

大 诰

《翟义传》"莽依《周书》作《大诰》"云云,何氏焯评云:"将此篇所依据摹窃者以覆校《周书》元文,则可知汉人释经之意。"何先生固是笃学好古之士,故有如此议论,非流俗所能及,今人所临何评逸此一条。

户殿门

《王嘉传》:"为郎,坐户殿门失阑免。"师古曰:"户,止也。《左传》曰'屈荡户之'。"弟诸生鸣韶曰:宣十二年传作"屈荡尸之",注训"尸"为主。吴下钱氏所藏淳熙《九经》作"户",疏亦作"户"。长平游御史本、巾箱本并同。宣六年《公羊传》:"入其门,无人门焉者。""户之"、"门焉",一也。

南　陵

王嘉本平陵人，"光禄勋于永除为掾，察廉为南陵丞"。师古曰："南陵，县名，属宣州。"案：南陵，薄太后陵耳。汉南陵属京兆，其属宣州者系唐县，乃汉丹杨郡之春谷县地也，颜舛谬至此。南监板无此注，殆校者因其舛谬竟删去之。

蜀无它扬

《扬雄传》：周伯侨"以支庶食采于晋之扬，因氏焉"。周衰，扬氏迁蜀岷山之阳曰郫。扬季官太守，"至雄五世传一子，故雄亡它扬于蜀"。方氏以智曰：杨升庵谓晋有羊舌氏，叔向子伯石食邑于杨，曰杨食我。晋既灭羊舌氏，分其田为三县，曰平阳，曰杨氏，则羊也、阳也、扬也同出一姓。扬子云自以为"蜀无它扬"，字不从木，班氏据之。然杨修曰"吾家子云"，则知扬、杨同出，子云特好奇耳。窃谓姓亦何奇之有，古今渺莽，姓谱皆附会，其说不一。雄自言姓扬甚明。杨修少年聪颖，考究未深，且古人凡事假借诙谐，故曰"吾家子云"，今乃欲改雄之姓，可乎？赵凡夫亦以子云为木旁杨，正坐此病。方说甚确。升庵蜀人，欲援子云为宗。唐《杨珣碑》以国忠之父而亦引子云之祖，皆非也。刘攽《后汉书刊误》于《杨震传》亦尝辨之。吴仁杰《刊误补遗》谓扬雄与杨震同是木旁之杨，此说武断之至。

太玄法言字数

扬雄作《解嘲》，自述"作《太玄》五千文，支叶扶疏，独说十余万言"。案：今《太玄经》具存，晋范望叔明所注，共十卷，后附陆绩《述玄》、王涯《谈玄》，宋右迪功郎充两浙东路提举茶盐司干办公事张寔所校勘也。按其正文大约与五千文之数合，至"说十余万言"则当为《法言》，非指《太玄》。然今《法言》亦具存，凡十三篇，分为十卷，晋李轨，唐柳宗元，宋宋咸、吴秘、司马光注。按其正文，大约不及万言，而此云"十余万言"则不可解。

十七史商榷卷二十七

汉书二十一

儒林删史记

《儒林传》"仲尼既没，弟子散游诸侯，子张居陈，子羽居楚"云云，此段皆用《史记》文。而《史记》尚有"子路居卫"一句，裴骃云："子路死时，孔子犹在。"班氏觉其非，故删此句。

郡国县官

按：《史记》作"郡国县道邑"。道乃蛮夷，未必能受业。此"官"字当为"邑"字之误。

上属所二千石

按：当作"上所属二千石"。

氂 氂

"差以毫氂，谬以千里。"此古语，《汉书》屡见，"氂""里"为韵，而或作"豪氂"，如《司马迁传》引此作"氂"，字相似而误也。《说文》卷二上："氂，西南夷长髦牛也。从牛，𠩺声。""里之切。"疑古假借"氂"作"氂"，遂误为"氂"耳。乃《儒林传》有禽滑氂，《孟子》有慎子名滑氂，则"氂"字疑亦传写之误。而师古遂云"氂音离"，师古不识字如此。

《刘屈氂传》字作"氂"甚明，而《五行志》作"刘屈氂"。《后书·岑彭传》：彭之玄孙熙为魏郡太守，舆人歌之曰："我有枳棘，岑君伐之。我有蟊贼，岑君遏之。狗吠不惊，足下生氂。含哺鼓腹，焉知凶灾？我喜我生，独丁斯时。美矣岑君，于戏休兹！"直以"氂"字读为"氂"音，乃知汉人亦已有识别字者。

商　瞿

《儒林传》："鲁商瞿子木受《易》孔子。"师古云："商瞿，姓也。"司马贞云："商姓，瞿名。"以下文鲁桥庇子庸、江东䭷臂子弓、燕周丑子家、东武孙虞子乘、齐田何子装例之，司马说是，子木其字也。《儒林传》中每人书郡县、书姓名、书字三项，备者多以其有传经之功，而无事迹、无著述，故备著之；其不备者，或失传，或随便立文。

孟喜京房之学

《儒林传》："孟喜从田王孙受《易》，喜好自称誉，得《易》家候阴阳灾变书，诈言师田生且死时枕喜膝，独传喜，诸儒以此耀之。同门梁丘贺疏通证明之，曰：'田生绝于施雠手中，时喜归东海，安得此事？'又蜀人赵宾好小数书，后为《易》，饰《易》文，以为'箕子明夷，阴阳气亡箕子；箕子者，万物方荄兹也'。宾持论巧慧，《易》家不能难，皆曰'非古法也'。云受孟喜，喜为名之。后宾死，莫能持其说。喜因不肯仞，以此不见信。上闻喜改师法，遂不用。"京房受《易》焦延寿，"延寿云尝从孟喜问《易》。会喜死，房以为延寿《易》即孟氏学，翟牧、白生不肯，皆曰非也。成帝时，刘向校书，考《易》说，以为诸《易》家皆祖田何、丁将军，大谊略同，唯京氏为异，党偶同。延寿独得隐士之说，托之孟氏，不与相同"。案：此一篇多诬喜之词，班氏本史才，非经师，于诸经皆未能精，而《易》尤甚。刘向不通经，而班氏又误信之，故其言如此。

孔颖达《周易疏》序云："西都则有丁、孟、京、田，东都则有荀、刘、马、郑，大体更相祖述。"更相祖述是异流同原矣，后世妄儒既无学识，又好苟驳前师以自标举，遂致《易》义坠落殆尽。然丁、田虽无存，孟、京犹可考。吾友中通《易》者凡三人：惠征士栋、褚员外寅亮、江上舍藩也。惠氏《周易述》未成而没，上舍补之，所采虽博，大旨究以孟、京为宗，能尊信此书者，员外与予外无多人焉，若徇班说，先贬孟、京，《易》何由明？

师　法

孟喜受《易》于田王孙，田王孙受《易》于丁将军宽。喜之改师法乃为梁丘贺辈所诬耳,其实不改也,而汉人说经重师法则于此可见。下文胡母生之弟子东平嬴公则表其"不失师法"是也。《外戚传》:"定陶丁姬,《易》祖师丁将军之玄孙。"师古曰:"祖,始也。《儒林传》丁宽《易》家之始师。"自夫子传至宽,宽为大师,故以为始师。又《张禹传》:萧望之"奏禹经学精习,有师法"。《汉·翼奉传》,元帝问:"善日邪时,孰与邪日善时?"奉对引师法。又《李寻传》:"治《尚书》,与郑宽中同师。宽中等守师法。"《五行志》:朱博为丞相,"受策,有大声如钟鸣",上问李寻,寻对引师法。《后书·卓茂传》"元帝时学于长安,事博士江生,习《诗》、《礼》",究极师法。又《鲁恭传》:恭弟丕上疏曰:"臣闻说经者,传先师之言,非从己出。""法异者,各令自说师法,博观其义。"又《刘宽传》注引《谢承书》曰:"宽学欧阳《尚书》、京氏《易》、韩《诗》,究极师法。"又《吴良传》,东平王苍上疏荐良曰:齐国吴良"治《尚书》,学通师法,经任博士"。汉人重师法如此。又称家法,谓守其一家之法,即师法也。沈约《宋书·百官志》:"汉武建元五年,初置《五经》博士。宣、成之世,《五经》家法稍增,经置博士一人。至东京凡十四人。"《后书·儒林传》:"光武中兴,爱好经术,未及下车,而先访儒雅,采求阙文,补缀漏逸。""于是立《五经》博士,各以家法教授。"光武好经甚于前汉武帝,明、章尤加隆焉,故东京经术甚于西都,而其守家法益严。《质帝纪》:本初元年"夏四月庚辰,令郡国举明经年五十以上、七十以下诣太学。自大将军至六百石,皆遣子受业,岁满课试,以高第五人补郎中,次五人太子舍人。又千石、六百石、四府掾属、三署郎、四姓小侯先能通经者,各令随家法"。又《鲁恭传》:"拜《鲁诗》博士,由是家法学者日盛。"又《左雄传》,雄上言:郡国所举孝廉,请"皆先诣公府,诸生试家法"。注云:"儒有一家之学,故称家法。"又《宦者蔡伦传》:元初"四年,帝以经传之文多不正定,乃选通儒谒者刘珍及博士良史诣东观,各雠校家法"。又《郑康成传》论曰:王父豫章君"传授生徒,专以郑氏家法"。此蔚宗谓其祖父豫章太守宁。李贤注云:"言宁教授专崇郑学。"盖前汉多言师法,而后汉多言家法,不改师法则能修家法矣。

两汉尊师法,而俗学即出乎其间。刘歆移书让太常博士,有云:"缀学之士,苟因陋就寡,分文析字,烦言碎辞,信口说而背传记,是末师而非往古,岂不哀哉!"徐防永元十四年上疏亦云:"伏见太学试博士弟子,皆以意说,不修家法。孔子称'述而不作',又曰'吾犹及史之阙文',疾史有所不知而不肯阙也。今不依章句,妄生穿凿,以遵师为非义,意说为得理,诚非诏书实选本意。"观此则知俗学之妄,古今同慨。自唐中叶以后,凡说经者皆以意说,无师法。夫以意说而废师法,此夫子之所谓"不知而作"也。

翟孟白之学

"繇是有翟、孟、白之学。"以上文施雠、下文梁丘贺二段例之,此当云"繇是孟有白、翟之学"。

食子公

《儒林传》:蔡谊以《韩诗》授食子公与王吉,吉为中尉,食生为博士,由是《韩诗》有王、食之学。宋景文公引萧该《音义》云:"按《风俗通》:'食我,韩公子也,见《战国策》。'汉有食子公,为博士。食音嗣。"

筦 路

疏广以《公羊春秋》"授琅邪筦路,路为御史中丞"。师古曰:"筦亦管字也。"宋引萧该《音义》云:"艸下完,音完,又音官。今《汉书》本却作竹下完。《风俗通·姓字》篇有莞、管二姓,云:'莞苏,楚大夫,见《吕氏春秋》。汉有莞路,为御史中丞。'即此是也。又有管姓,汉有管魏,为西河太守。莞路是艸下完,非竹下完及竹下官。'莞'见《说文》卷一下《艸部》。'筦'、'管'见卷五上《竹部》。"萧说是。

郅 都

郅都得姓见《后书·郅恽传》注,彼又云:"《前书音义》郅之目反。""目"当作"日",与《史记索隐》"音质"合。彼引《音义》当为臣瓒注而师古遗之者。此音是,不当删,大约师古去取多失当。又《史记》"都,杨人",而此云"河东大阳人",非是,《史记正义》辨之。

货 殖

马迁《自叙》既下于理,家贫财赂不足以自赎,故传《货殖》。班氏讥其述《货殖》则崇势利而羞贱贫，已为不得其情，乃班又仍踵故辙传《货殖》，何也？且彼固谐语发愤之所为作，班顾易以庄语，取市井贾人脶列满纸，范蠡、计然辈与汉无涉而亦阑入，尤非也。

财 成

引《易》"财成辅相"。"财"与"裁"同，而师古以为"资财用以成教"，非。

乌 氏

乌氏赢。师古云："乌氏，姓也。赢，名也。"《史记》注引韦昭云："乌氏，县名，属安定。"师古非。

嗽

《佞幸传》："文帝病痈，邓通为嗽吮之。"师古曰："嗽，山角反。吮，自兖反。""嗽"字今吴中尚有山角反之音，呼若"束"；常熟呼"角"为"禄"，皆古音也。

班正史记误

《匈奴传》上卷之前半截全用《史记》元文，叙至"天汉四年，贰师将军李广利将骑六万，步兵七万出朔方。单于以十万骑待余吾水南，与贰师接战。贰师乃解而引归"。之下《史记》尚有"贰师闻其家以巫蛊族灭，因并众降匈奴，得来还千人一两人耳"云云，《汉书》删去，直接"游击亡所得，因扞与左贤王战，不利，引归"。盖《史记》原讫于天汉，此段系后人附益，错谬不可读。贰师降匈奴是征和三年事，妄入此，大非。张守节已辨之。

赵佗年

南粤王赵佗，"至武帝建元四年，佗孙胡为南粤王"云云，《史记》作"至建元四年卒"，徐广引皇甫谧云："尔时汉兴已七十年，佗百岁矣。"按：佗于文帝元年已自称"老夫处粤四十九年"，历文帝二十三年、景帝十六年，至武帝建元四年，凡四十三年，即以二十余岁为龙川令，亦一百十余岁矣。

闽中郡

《两粤传》云："闽粤王无诸、东海王摇，皆句践之后。秦并天下，废为君长，以其地为闽中郡。"师古曰："即今之泉州建安是。"按：《地理志》所载秦三十六郡无闽中郡，盖此郡之置已在始皇晚年，且虽属秦，而无诸与摇君其地如故。属秦未久，旋率兵从诸侯灭秦矣，故不入三十六郡之数。说已见前。

河　源

《西域传》云："河有两原：一出葱岭山，一出于阗。于阗在南山下，其河北流，与葱岭河合，东注蒲昌海。蒲昌海一名盐泽，去玉门、阳关三百余里，广袤三百里。其水亭居，冬夏不增减，皆以为潜行地下，南出于积石，为中国河。"其下又云："于阗之西，水皆西流，注西海；其东，水东流，注盐泽，河原出焉。"苏林曰："即中国河也。"按：此西海即《水经》所云雷翥海也，其河原则汉人之说如此，甚分明可据，而唐杜佑、刘元鼎，元都实皆与之异。未详。

共　禀

"大月氏国，不属都护，为冒顿所破，乃西击大夏而臣之，共禀汉使者。"师古曰："同受节度也。"按：月氏既不属都护，岂有远迁大夏反受节度之理？"禀"当为廪给之义，"共"与"供"同。

高　附

大月氏有五翖侯：一曰休密翖侯，二曰双靡翖侯，三曰贵霜翖侯，四曰肸顿翖侯，五曰高附翖侯。"凡五翖侯，皆属大月氏。"案：《后书》五部翖侯曰休密、双靡、贵霜、肸顿、都密，其后"贵霜翖侯丘就却攻灭四翖侯，自立为王，国号贵霜王。侵安息，取高附地"。"诸国称之皆曰贵霜王。汉本其故号，言大月氏云"。高附在大月氏西南，亦大国，"所属无常，天竺、罽宾、安息三国强则得之，弱则失之，而未尝属月氏。《汉书》以为五翖侯数，非其实也。后属安息。及月氏破安息，始得高附"。

捐 毒

　　李氏光地曰："捐毒即身毒，又作'天笃'，又作'天竺'，皆语有轻重耳，一也。明帝迎佛在班氏前，而班于此略不一及，故知其事本微，后人张大之耳。"李说精绝。

古　音

《外戚传》武帝《悼李夫人赋》以"踌躇"与"去"、"伤"与"怅"、"信"与"亲"为韵，盖古无四声之分，平仄通为一音也。而师古曰"踌合韵音丈预反"，"伤合韵音式向反"，"信合韵音新"。合韵，犹吴才老所谓叶韵，此字本无此音，改以叶之也。又赵昭仪居昭阳舍，"壁带往往为黄金钉"。师古曰："钉音工，流俗读之音江，非也。"钉、江皆从"工"得声，何所别异？沈约以江居东、冬、钟之后，音犹未变，至唐乃变为"似良反"矣。师古全不通古音，不能枚举，聊一出之。

丞相非衍

《孝成赵皇后传》"成帝欲拜左将军孔光为丞相，已刻印，乡晨暴崩。皇太后诏大司马莽、丞相大司空"云云。刘敞曰："是时孔光为丞相未拜，又无大司空，然则衍'丞相大司空'五字也。"案：即其夜于大行前拜受丞相博山侯印绶，见《孔光传》，何云未拜？

奈何令长信闻

《外戚传》叙赵昭仪杀后宫皇子事，有云："奈何令长信得闻之？"颜注但云"谓太后"，而语意不详。案：太后是元帝王皇后、成帝之母。顾氏补注云："奈何令长信闻之者，谓何道令太后得闻也。"顾说是。

年九岁

"平帝即位，年九岁。"见《外戚传》及《元后传》。刘原父曰："衍'年'字。"愚案：《王莽传》亦有此一句。又《元后传》于孺子婴亦曰"年二岁"。《后汉》本纪亦云"冲帝年三岁"、"质帝年九岁"。窃恐"年若干岁"，古人亦自有如此句法，未必果是衍字。

第宫误

"平帝后，莽女也。元始四年，遣大司徒宫、大司空丰、左将军建、右将军甄邯、光禄大夫歆奉法驾，迎皇后于安汉公第。宫、丰、歆授皇后玺绂。"宫即上文大司徒马宫也，而师古以"第宫"为句，注云："本自莽第，以皇后在是，因呼曰宫。"师古之妄如此。

五女同节

元始四年，莽女入宫为后时，平帝年十三，莽女十四。至五年，帝即为莽毒死，后立仅岁余。且《冯昭仪传》谓平帝"生未满一岁即有眚病"，《元后传》亦谓帝年九岁征入，常年被疾，然则帝与莽女不能成好合也。"莽即真，后常称疾不朝会。莽欲嫁之，更号为黄皇室主，令人褥饰往问疾。后大怒，鞭笞旁侍御，发病不起。莽败，女自投火中死，曰：'何面目见汉家！'"凡守节十九年，年三十三。莽乃有如此贤女，异哉！后曹操篡汉，而其女为献穆曹皇后，以《后书》本纪所载观之，操女亦可谓贤正，与莽女相类。偶见近儒考证书中有一条，以莽、操女皆有节操。又宇文泰女为西魏废帝后，帝为泰废，以酖崩，后亦以忠于魏罹祸。杨坚女为周宣帝后，帝崩，坚以大丞相专政，后知坚有异图，意不平，及禅代，愤惋愈甚，坚内愧之，封为乐平公主，后又议夺其志，后誓不许，坚乃止。李昪女为吴让皇太子琏妃，及昪篡位，封女永兴公主，女闻人呼公主必呜咽流涕而辞。五女同节。

新 都

《王莽传》："永始元年，封莽为新都侯，国南阳新野之都乡，千五百户。"新野是南阳郡属县，而都乡则新野之乡也，故名新都侯。莽罢就国，南阳太守"选门下掾宛孔休守新都相"。

毛诗周官

"莽奏起明堂、辟雍、灵台，为学者筑舍万区，制度甚盛。立《乐经》，益博士员，经各五人。征天下通一艺教授十一人以上，及有逸

《礼》、古《书》、《毛诗》、《周官》、《尔雅》、天文、图谶、钟律、月令、兵法、《史篇》文字,通知其意者,皆诣公车。"愚谓莽之奏,刘歆为之也。歆当哀帝时,已欲立《左氏春秋》及《毛诗》、逸《礼》、古文《尚书》皆列于学官。哀帝令与《五经》博士讲论其义,诸博士不肯置对。歆移书责让之,诸儒皆怨恨,奏歆改乱旧章,由是忤执政大臣,惧诛,求出补吏,至是柄用乃得行意。郑康成称刘歆"识古故能表章坠典",意良厚矣,惜乎所事非其人,重为世所诟病。逸《礼》、古《尚书》几存而复亡,然《毛诗》、《周官》之兴则颇有力焉。君子不以人废言,如歆是矣。

更始将军

《王莽传下》:王涉、刘歆、董忠等叛,"更始将军史谌行诸署"云云。考莽官本有更始将军,但上文言拜皇后父史谌为宁始将军,其事已在刘圣公改元为更始之后,当是"宁始",而此乃作"更始",并下文"更始将军史谌度渭桥",恐皆"宁"字之讹也。

史记多俗字汉书多古字

张守节《史记正义·论例》云:"《史》《汉》文字相承已久,若'悦'字作'说','闲'字作'閒','智'字作'知','汝'字作'女','早'字作'蚤',缘古少字通共用之。《史》《汉》本有此古字者,乃为好本。程邈变篆为隶,楷则有常,后代作文,随时改易。卫宏官书数体,吕忱或字多奇,钟王等家以能为法,致令楷文改变,非复一端,历代文字,体乖日久。"颜师古《汉书注·叙例》云:"《汉书》旧文多有古字,解说之后屡经迁易,后人习读,以意刊改,传写既多,弥更浅俗。今则曲核古本,归其真正。"庆元间,建安刘之同刻跋云:"自颜氏后又几百年,向之古字,日益改易,书肆所刊,只今之世俗字耳,识者恨之。今得宋景文公所校善本,雌黄所加字一从古。"张守节、颜师古学识皆不甚高,至于刘之同也者,不过赵宋时刻书之人,尤为浮浅。然此三家者犹知好古,故其议论如此,亦足以针砭俗学。今就毛板《史》《汉》考之,《史记》多俗字,《汉书》多古字。如《史记·武帝本纪》"张羽旗设供具",《封禅书》同,而《汉书·郊祀志》"供"作"共";《史记·齐悼惠王世家》"魏勃夜扫齐相舍人门,舍人伺之得勃",而《汉书》"伺"作"司";又,《史记·灌夫传》

"令门下候伺",而《汉书》"伺"亦作"司";《汉书》于《赵广汉传》亦云"微司丞相门内不法事";《说文》卷八上《人部》"伏"字注云"司也",徐铉曰:"司,今人作伺。"又"伺"字在新附,徐铉曰:"从人,后人所加。"《史记·留侯世家》"良为他人言皆不省",而《汉书》"他"作"它";《史记·萧何世家》"发踪指示兽处者人也",而《汉书·何传》"踪"作"纵";《史记·郦食其传》"臣闻其下乃有藏粟甚多",而《汉书》"藏"作"臧";《史记·自序》"藏之名山",而《汉书》"藏"亦作"臧";《史记·吴王濞传》"袁盎见上言事,晁错在,请屏错,错趋避东厢",而《汉书》以此事入《错传》,"厢"作"箱";《汉书·董贤传》:太皇太后召贤,"引见东箱"。义门何氏校改作"厢",恐误。《史记·韩长孺传》"以慰士大夫心",而《汉书》"慰"作"尉",师古曰:"故尉安之字正如此,其后流俗乃加心耳。"《汉书·车千秋传》"尉安黎庶",《中山孝王兴传》"以尉其意"并同;《史记·长孺传》又有"贪嗜财",而《汉书》"嗜"作"耆"。今《说文·火部》既有"尉"字,《心部》又收"慰"字;《老部》既有"耆"字,《口部》又收"嗜"字。此等当皆是汉俗字,或出秦人,非周所有,而许氏有之,许氏参酌古今定此书,虽好古,实则大半皆从秦汉人说,详予所著《蛾术编·说字门》。《史记·自序》"小子何敢让焉",而《汉书》"让"作"攘",《汉·艺文志》亦云"尧之克攘",今《尚书·尧典》云"允恭克让",此晋人所改。据此诸条观之,则《史记》多俗,《汉书》多古可见。惟《史记·货殖传》"领南、沙北①固往往出盐",古无"岭"字,只作"领",此古字仅存者。而《南越尉佗传》云"兵未逾岭",《东越传》云"令诸校屯预章梅岭",仍从俗,两处"岭"字《汉书》皆作"领",盖张守节虽以有古字为好本,未及详改,至宋而好本尽亡,《汉书》之存古则宋景文力居多。

凡《史记》"以"字,《汉书》皆作"目"。《冯唐传》唐论李齐不如廉颇、李牧,上曰:"何已?""已"即"以"也。古作"目",隶变为"已"。又旁加人遂作"以"。又分为二,"已"为止,"以"为虚字。惟《汉书》存古,而传写成"目"。此云"何已"者,谓"何以言之"。师古曰"已犹耳",其谬不待言。而近代名公评云:"已"与"以"通,《史记》作"以"。名公全不识字。又《儒林传》"目立先王之教"。"目"字下注"音以"二字,而无

"师古曰"。考南监板本无此二字，而毛板突有之。师古虽不通小学，然陋不至此，其非师古注显然，乃明季妄庸人所为。

汉　纪

荀悦《汉纪·自序》云："凡《汉纪》十二世、十一帝，通王莽二百四十二年。""建安元年，上巡省许昌，以镇万国。外命元辅，征讨不庭，内齐七政，允亮圣业，综练典籍，兼览传记。其三年，诏给事中秘书监荀悦钞撰《汉书》，略举其要。""悦于是约集旧书"，"通比其事"。"凡在《汉书》者"，"大略粗举"，"而求志，势有所不能尽"。"凡所行之事"，"删略其文"，"为三十卷"，"无妨本书有便于用"。"会悦迁为侍中，其五年书成，乃奏记云四百有一十六载，谓书奏之岁，岁在庚辰。"观其书盖专取《班书》，别加铨次论断之，而《班书》外未尝有所增益，玩《自序》可见。而其间或与《班书》亦有小小立异者，在悦似当各有所据。若《班书》传刻脱误处，借此校改者亦间有之，然已仅矣。悦，淑之孙、俭之子，《后书》本传称其初辟镇东将军曹操府，盖始进即依曹氏。而从弟或又为曹谋主，故此序有"元辅征讨"云云。要之，此时献帝仅存虚号，如悦、或亦未足多责。四百有一十六载，本传无"一十"两字。据高祖元年未即真之元年数起。数至献帝庚辰，恰四百有六载。"一十"两字后人误加之。据嘉靖戊申黄姬水刻。其篇首当言"十一世十二帝，通王莽二百三十年"，今云云者亦皆误。

悦自言"志不能尽"，而其实于志文亦往往摭入，非但取纪传者。

后汉书一

范氏后汉书用司马彪志补

范蔚宗之前作《后汉书》者已有数家，今皆不传，而范氏独存，说详后。蔚宗著书指趣及其为人，说详后《南史》篇中。范书无志，梁刘昭注之，即以司马彪《续汉书志》补入。孙氏承泽、李氏光地皆指为范氏书，观陈振孙《书录解题》第四卷《宋馆阁书目》已如此，误也。此志每卷首题云"梁刘昭注补"，不知何人题，正因以司马志补范书即刘昭所为，故后人题之如此。别本改云"补注"，岂司马志有所阙，昭补之兼注之邪？司马志无阙也。抑昭之前已有注司马志者，而昭又补其注耶？昭之前未见有注者也。姑再考之。又《天文志》第三卷通卷无注，必系亡失，非刘氏原本。至《五行志》第四卷通卷无注，其为亡失更属显然。盖《五行志》多伏生《鸿范五行传》文，刘昭于貌言视听传皆采郑康成注，独此卷思传刘注亡，郑注亦因之遂亡也。

《晋书》八十二卷云："司马彪字绍统，高阳王睦之长子。出后宣帝弟敏。初拜骑都尉，泰始中为秘书郎，转丞。以'汉氏中兴，迄于建安，时无良史，记述烦杂，谯周虽已删除，然犹未尽，安、顺以下亡缺者多'，彪乃讨论众书，缀其所闻，起于世祖，终于孝献，编年二百，录世十二，通综上下，旁贯庶事，为纪、志、传凡八十篇，号曰《续汉书》。后拜散骑侍郎，惠帝末年卒，年六十余。"今彪书志现存凡三十卷，篇即卷也，则其纪传仅五十篇，未免太略。范蔚宗书纪传共百卷，较彪且不啻倍之。观彪自述嫌旧史烦杂志在删除，则彪意于志稍详而于纪传则甚略，所见稍偏。刘昭用范纪传而补以彪之志，颇为合宜。

蔚宗非不作志，未成而诛死。后为谢俨取其稿蜡以覆车，故惟存纪传。事见李贤《后汉书》第十卷下《公主传》注、洪迈《容斋四笔》第一卷、陈振孙《书录解题》第四卷。洪云："李贤谓出沈约《宋书·谢俨传》，《俨传》却无之。"江祏诣谢朓，朓适作一诗，命左右取以示祏，既而曰"正复不急"遂已。祏以为轻己，潜而杀之。李贺平日素轻一友，贺夭亡后，其人取贺所作诗投溷中，故贺诗传世者不多。以蔚宗之恃才傲物取憎群小，如江祏之恨谢朓者必多矣，故共诬以重罪而杀之，乃身后著述之遭厄又与李贺同，千载而下可为陨涕。然人皆有一死，蔚宗毕竟常在天壤，彼妒贤嫉能之小人如谢俨者，亦何为哉？

蔚宗又别自作《选簿》以述百官梗概，钦明阶次详悉。见萧子显《南齐书·百官志》叙首。蔚宗固非不能作志者。

刘昭李贤注

《梁书·文学传》："刘昭字宣卿，平原高唐人。幼清警，外兄江淹早称赏之。天监初，起家奉朝请，累迁征北行参军，尚书仓部郎，除无锡令。历宣惠豫章王、中军临川王记室①。集《后汉》同异注范蔚宗书一百八十卷，世称博悉。迁通直郎，出为剡令，卒官。"《南史·文学传》略同。考昭注范氏纪传、司马氏志，今世所行纪十二卷、志三十卷、传八十八卷即其本也。《梁书》所云"一百八十卷"，"八十"当作"三十"。唐章怀太子贤既用其本改其注矣，于志仍用昭注，注纪传易，注志难，避难趋易也。且昭所注《续志》颇有可观，则其纪传注必佳，仍旧可耳，何必改作？唐初诸皇子好以著述争名，太宗子承乾命颜师古注《汉书》，泰引萧德言等撰《括地志》矣，贤又招儒臣为此，枉使刘注零落不全，恐有意存掩美，改坏旧注，并袭取旧注攘为己有者。

为章怀太子注范蔚宗《后汉书》者，张大安、刘讷言、格希玄、许叔牙、成玄一、史藏诸、周宝宁等，见《新唐书》八十一卷章怀本传，又见八十九卷《张公谨传》、一百二卷《岑长倩传》，诸人皆无所表见，学识未必佳，于刘昭或袭取或改坏，恐皆不免。格希玄姓格，晁公武《郡斋读书志》作"革希玄"，未知何据。《宰相世系表》格氏允格之后，辅元相武后，希玄即其弟。然则作"格"无疑。

唐刘知幾《史通》第五卷云："范蔚宗之删《后汉》，简而且周，疏而不漏，盖云备矣。而刘昭采其所捐，以为补注，言尽非要，事皆不急。

---

① 下"王"字，据中华书局标点本《梁书》增。

譬人有吐果之核,弃药之滓,愚者重加捃拾,洁以登荐,持此为工,多见其无识也。"愚谓知幾称蔚宗之美甚确,至其诋斥刘昭,恐未必然。大约唐初人有此一种议论,所以李贤辈有事改撰,昭注遂遭废去大半。就如知幾之言,则昭注似裴松之之于陈寿,松之虽少裁断,其博亦有可取,此等入正文则烦猥,入注犹差可,况昭注必胜松之邪?凡著述空际掉弄,提唱驰骋,愈多愈乱人意,纪载实事以备参考,虽多不甚可憎。

刊误补遗

　　《两汉刊误补遗》十卷,前八卷皆《前汉》,而《后汉》仅居其二,详案之,亦醇疵互见也。其中最精者一条,《赵岐传》岐著《要子章句》,《刊误》"要"当作"孟",而不能言"孟"所以误为"要"之故。仁杰则云:"古文'要'作'𢝫',与'黾'相近,疑'孟'与'黾'通,《岐传》本作《黾子章句》,而误作'𢝫'耳。"此条实精妙无比,似深于小学者。乃于"牙门"一条内论"车"字"古皆音尺奢切,从汉以来始有居音"。此则全不识古音而乱道矣。"牟"字一条,据欧阳永叔《诗本义》,强指"来牟"为后稷初封所赐祭器,而斥毛、郑"赤乌以牟麦俱来"为诞,大约赵宋人说经,如村氓演剧、里巫降神,一派系风捕影,如仁杰的是赵宋人口吻。"涂山"一条,以《郡国志》为范蔚宗所作,岂非目视而不见其睫者邪?

十七史商榷卷三十

后汉书二

光武先主同出

光武与蜀先主同出于景帝。《光武纪》云："景帝生长沙定王发，发生春陵节侯买，买生郁林太守外，外生钜鹿都尉回，回生南顿令钦，钦生光武。"《三国志·蜀先主传》云："先主姓刘，讳备，涿郡涿县人，汉景帝子中山靖王胜之后。胜子贞，元狩六年封涿县陆城亭侯，坐酎金失侯，因家焉。"是同出也。《前书·景十三王传》贤愚不等，贤者如河间献王，诸侯中所仅见；其凶残悖乱者，至无复人道。而后汉与蜀则又同出于此，亦异矣。

《前地志》陆成系中山国属县，非涿县亭。未详。

六 队

《光武纪》："与王莽前队大夫甄阜战。"李注："王莽置六队郡，置大夫一人，如太守。南阳为前队，河内为后队，颍川为左队，弘农为右队，河东为兆队，荥阳为祈队。"按：《前书·莽传》："分河东、河内、弘农、河南、颍川、南阳为六队郡。"刘奉世谓其下文别有"河南大尹改为保忠信卿"，则知六队中无河南，"河南"二字当作荥阳。刘说得之李贤此注。

淯 阳

"伯升破秩宗将军陈茂于淯阳。"注："淯阳，县，属南郡。"按：淯阳，《地理》、《郡国》二志皆属南阳，此作"南郡"，当是脱"阳"字。

兵法六十三家

"王莽征天下能为兵法者六十三家数百人。"按：《莽传》云："征诸明兵法六十三家术者各持图书受器械。"此"者"字宜在"家"字之下。

司马彪《天文志》述此事亦云"能通兵法者六十三家",亦误也。

宗佻

"骠骑大将军宗佻。"《更始传》作"宋佻"。

破虏将军

"更始遣光武以破虏将军行大司马事。"按:上文云"破虏大将军",此似脱一"大"字。

舞阳

"更始使舞阴王李轶屯洛阳。"注:"舞阳,县,属南阳郡。"按:《地理》、《郡国志》皆云南阳有舞阴,《帝纪》及《冯异传》皆云李轶为舞阴王,此注误。《更始传》作"舞阳王",亦误。

光武封更始

建武元年,诏曰:"更始破败,弃城逃走,今封为淮阳王。吏人敢贼害者,罪同大逆。"愚谓更始因伯升起,实以无罪杀伯升,光武封之,类以德报怨矣,但当如盆子待以不死耳。

卢方

"卢方起安定。""方"当作"芳"。

真定王扬

建武二年,"真定王扬谋反"。注:"扬,景帝七代孙。"按:扬,常山宪王舜七代孙,当作"景帝八代孙"。

东阳津乡

建武三年,"建义大将军朱祐与延岑战于东阳,斩其将张成"。按:《续志》育阳有东阳聚,注:"朱祐破张成处。"又:"五年,征南大将军岑彭伐田戎于津乡。"案:《续志》南郡江陵有津乡。

乔扈

建武七年，"云中太守乔扈降"。按：《卢芳传》作"侨扈"。

高句骊

建武八年，"高句骊王遣使奉贡"。按：王莽更名高句骊王为下句骊侯，至是复故。

下　辩

"中郎将来歙破公孙述将王元、环安于下辩。"注："县名，属武都郡。"按：下辩，道名。《地理志》有下辩道，《续志》脱"道"字。《隶释》"武都丞等题名"有"下辩道长任诗"，则知后汉仍为道。注"县名"，非也。

三校尉

建武十五年，"复致屯骑、长水、射声三校尉官"。注："七年罢。"按：此纪凡"置"字皆误作"致"，不知何故。此"致"字亦误，但本纪七年仅云"省长水、射声校尉官"，不言屯骑，此注恐尚有小误。

叶

建武十七年，"幸叶、章陵"。注：叶，县，属南郡。按：叶、章陵俱属南阳，注脱"阳"字。

复南顿田租岁

建武十九年，"幸汝南南顿县舍，复南顿田租岁"。按：据文不见岁数，系"岁"上脱一字。其下文"父老叩头言'愿复十年'。帝笑增一岁"。而其下文"二十年，复济阳六岁"。南顿当与济阳同，则此当为初复五岁，增一岁为六，所脱疑"五"字。

中　郎

建武二十二年，"匈奴薁鞬日逐王比请和亲，使中郎李茂报命"。

按:《匈奴传》作"中郎将",此疑脱一字。比后为南单于,自此世为汉用矣。

中元元年

中元元年夏四月己卯,"改年为中元"。按:《祭祀志》:"四月己卯,大赦天下,以建武三十二年为建武中元元年。"此用四字纪元亦见《东夷》倭国传,传写误脱"建武"二字。钟渊映《历代建元考》采《通鉴考异》及胡三省注引洪适《隶释》,辨之甚详。

光武年

中元二年"二月戊戌,帝崩于南宫前殿,年六十二"。按:光武二十八岁起兵,中更更始二年、建武三十一年、中元二年,则崩时年六十三。此"二"字传写误也。

吴 常

《显宗纪》:永平八年,"初置度辽将军"。注:"以吴常行度辽将军。"按:"吴常"当作"吴棠"。

良 成

永平十五年,"帝耕于下邳。征琅邪王京会良成"。注:"良成,县名,属东海。"按:《续志》良成属下邳。

西河王敏

永平十六年,"大司农西河王敏为司徒"。注:"《汉官仪》曰,敏字叔公,并州隰城人。"案:据此则王氏在并州者尚有西河一望,不止太原。

两二月

永平十七年"二月乙巳,司徒王敏薨。二月癸丑,汝南太守鲍昱为司徒"。两"二月",下衍。

司　寇

永平十八年，诏"令天下亡命，自殊死以下赎：死罪缣三十匹，右趾至髡钳城旦春十匹，完城旦至司寇五匹"。一本"寇"下有"作"字。按：此上文十五年诏亦有此三条，"寇"下亦无"作"字。而《和熹邓后纪》亦云右趾以下至司寇。但《章帝纪》建初七年诏，先言"系囚鬼薪、白粲以上，皆减本罪各一等，输司寇作"，然后继之"亡命赎死罪"云云。章和元年诏同。如此则"寇"下可省"作"字。而元和元年诏亦有"输司寇作"之文。若永平十五年、十八年诏其上文绝无"输司寇作"字样，何得但言"司寇"？实属不成文理，此非脱"作"字，乃史家因吏牍之文而失者。

今　城

《肃宗纪》：建初二年，"烧当羌叛，今城太守郝崇讨之"。"今城"当作"金城"。

产子复

元和二年，诏："人有产子者复，勿算三岁。"按：《前·高纪》七年"令民产子复，勿事二岁"，此多一岁。

讳　肇

《和帝纪》："帝讳肇。"注："伏侯《古今注》曰：'肇之字曰始。肇音兆。'臣贤按：许慎《说文》'肇音大可反[①]，上讳也'。但伏侯、许慎并汉时人，而帝讳不同，盖应别有所据。"愚考《说文》卷十二下《戈部》"肇"但云"上讳"，并无"大可反"之音，亦无解释。惟徐铉注云："后汉和帝名也。李舟《切韵》云：'击也。从戈，肁声。直小切。'"卷三下《攴部》"肇"字则注云："击也，从攴，肈省声。治小切。"卷十二上《户部》"肁"字注云："始开也。从户，从聿。治小切。"《释诂》："肇，始也。又谋也。"《释言》："肇，敏也。"《大雅·江汉》"肇敏戎公"，《毛传》用"谋"训。

---

① "大"原作"火"，据陈昌治刻《说文解字》改。下并同。

合而考之,此字训"始"者当作"峈",不当从"攴"。今伏侯既谓"讳和帝名,曰始",而字又为"肇",非也。从"攴"者训"击",则从"戈"者不训"击",李舟之言亦非。至和帝名既训"始",则音兆者是。《说文》反切用孙恉,虽出于徐氏,而当李贤时盖已有附入者,但音肇为"大可反",殊属舛谬。

二月壬辰

《和纪》云:"章和二年二月壬辰,即皇帝位。"按:《章纪》章帝以"正月壬辰崩",而此纪和帝即位在二月壬辰,二者书日必有一误。

阜陵王种

永元三年,"夏六月辛卯,尊太后母比阳公主为长公主。辛丑,阜陵王种薨"。注:"阜陵王种之子。"按:"太后"上脱"皇"字,"比阳"当作"沘阳"。种,阜陵王延之子。注中"种"字传写误传作"冲",毛板脱误不悉出,聊偶著之。

租　更

永元九年,诏"今年秋稼为蝗虫所伤,皆勿收租、更、刍稿"。"更"谓践更之役也。

赵　世

"烧当羌寇陇西,遣越骑校尉赵世等讨破之。"赵世,《西羌传》作"赵代",彼避唐讳,一书中有避、有不避,疏略也。今不悉出,聊一见之。

辽东昌黎

"复置辽东西部都尉官。"注:"西部都尉,安帝时以为属国都尉,在辽东郡昌黎城。"按:《地理志》辽西郡交黎县,应劭注曰:"今昌黎。"昌黎之名始见于此。而西汉实无昌黎县,应劭于后汉虽言昌黎,而《郡国志》亦无此县。唐贞观八年置此县,隶营州都督,地在异域,茫昧难知。今之昌黎县隶永平府者,则金所改移之名,又非唐之昌黎县也。若汉辽东之西部都尉治无虑县,不治交黎县。李贤以汉辽西交黎之名被之辽东,殊误。若韩文公自称昌黎,《旧唐书》亦云昌黎人,而韩实南阳人,非昌黎。再考。

龙　眼

元兴元年,"南海献龙眼、荔支"。注:"《广雅》曰:'益智,龙眼也。'"按:龙眼与益智非一物,《广雅》误,说详唐慎微《经史证类备用本草》第十三卷,文多不载。

十七史商榷卷三十一

后汉书三

史书五十五

《安帝纪》:"好学《史书》。"注:"周宣王太史籀所作书。五十五篇。"按:《艺文志》"史籀十五篇",此云"五十五",上"五"字衍。

清河王

"十二月甲子,清河王薨。"按:清河王庆不名,殆以其为安帝之父故耳。然勃海王鸿,质帝之父,仍名何也? 例乱矣。

犍为南部

永初元年春正月"戊寅,分犍为南部为属国都尉"。按:《续志》云:"犍为属国,故郡南部都尉,永初元年以为属国都尉,别领二城。"

两三月

永初元年书"三月丙午",其下书"丁卯",又其下书"三月癸酉",上"三"字当作"二"。

不调会稽

"调扬州五郡租米",赡给他郡。注:"五郡谓九江、丹阳、庐江、吴郡、豫章也。扬州领六郡,会稽最远,盖不调也。"按:下文七年,"调零陵、桂阳、丹阳、豫章、会稽租米"。则会稽或但此役不调,非以远故免。

辽 蒋

永初四年,"辽蒋太守耿夔讨南单于"。"蒋"当作"东"。

元初元年多误

元初元年一年中纪事多脱误,如"三月己卯,日南地坼","三月癸酉,日有食之"。连书三月既无理,己卯与癸酉相距五十五日,日亦有误。其下文又书"冬十月戊子朔,日有食之",一岁再日食,恐亦误。其下文又云"十一月。是岁,郡国十五地震"。"十一月"下又有脱。

太仆山

元初二年,"太仆山太山马英为太尉"。上"山"字衍。

无虑夫犁

"八月,辽东鲜卑围无虑县。九月,又攻夫犁营。"注:无虑县,"属辽东郡。虑音闾。有医无闾山,因以为名焉"。"夫犁,县名,属辽东属国"。按:志辽东郡及辽东属国皆有无虑县。医无闾山则在属国之无虑县,不在郡所属之县;至夫犁,则郡与属国皆无此县。注于二者皆有误。

听行三年丧

元初三年,"初听大臣、二千石、刺史行三年丧"。按:《刘恺传》云:"旧制,公卿、二千石、刺史不得行三年丧,由是内外众职并废丧礼。元初中,邓太后诏长吏以下不为亲服者,不得典城选举。"谓此事也。建光元年三月,邓太后崩,安帝始亲政。其年十一月,"复断大臣二千石以上行三年丧"矣。其后桓帝永兴二年,又"听刺史、二千石行三年丧服"。延熹二年,"复断刺史、二千石行三年丧"。此事反复乃尔,国将亡必多制也。

与马城

建光元年,"鲜卑围乌桓校尉与马城"。按:"与"当作"于"。

春　秋

延光二年,"诏选三署郎及吏人能通《古文尚书》、《毛诗》、《穀梁春秋》各一人"。按:"春秋"上脱"左氏"二字。

北海乐安二王

延光三年,"北海王普、乐安王延来朝"。北海王普于上年薨,此乃恭王嗣位来朝。"普"当作"翼",何氏焯已辨之。愚考乐安王此时名鸿,"延"字亦误。

右校令左校丞

"初复右校令、左校丞官。"按:志左右校皆有令、丞,刘昭注并云"安帝复"。此当作"右校、左校令丞官"。

高　王

延光四年,"济南王香薨"。注:"光武曾孙高王错之子。"按:"高王"当作"简王"。

琅邪王遵

永和三年,"琅邪王遵薨"。按:本传及《安帝纪》,"遵"俱作"尊"。

济北王

永和四年,"封故济北惠王寿子安为济北王"。按:"安为济北王","安"本传作"安国"。

冯　赦

建康元年,扬、徐盗贼掠城邑,"遣御史中丞冯赦讨之"。按:《隶释》曰:以冯绲为冯赦,纪之误也。此事亦见绲本传,而袁宏《后汉纪》第十九卷又作冯放。"放"、"赦"字相似,殊不可解。

质帝纪宜补一条

冲帝永嘉元年春正月戊戌,帝崩。"清河王蒜征至京师"。其下叙质帝"封为建平侯,即皇帝位",之下当补一条云:"清河王蒜罢归国。"则上文蒜征至京师之句,方有下落。

堂邑曲阳东城

《质帝纪》："广陵贼张婴反，攻杀堂邑、江都长。九江贼徐凤攻杀曲阳、东城长。"按：堂邑下当有"令"字，《隶释·费凤碑》有"堂邑令"是也。但《顺帝纪》"海贼曾旌杀句章、鄞、鄮三县长"，此三县未必皆是长，恐当有令，则是令长通称。至注云："曲阳，县，属九江郡，故城在今豪州定远县西北。东城，县，故城在定远县东南。"考曲阳县，《前志》九江、东海二郡皆有之。《续志》东海曲阳改属下邳，九江曲阳加"西"字，此处不知是范氏误脱去"西"字邪？抑李贤误以为九江所属也？又考东城县《前志》属九江，《续志》则无此县，今据此纪及注，则似后汉实有此县矣。未详。

马勉称皇帝

"九江贼马勉称'皇帝'，九江都尉滕抚讨斩之。"按：监本"皇"作"黄"，《滕抚传》亦作"皇"。后华孟称"黑帝"，则此宜作"黄"。

帝弟顾

《桓帝纪》：建和二年，"封帝弟顾为平原王"。按："顾"本传作"硕"。

长沙国

永寿三年，"长沙蛮叛，寇益阳"。注："县名，属长沙国。"按：长沙是郡非国。

己　酉

延熹八年先书"春正月"云云①，其下即书"丙申晦，日有食之"云云，又其下又书"己酉"云云。按：既云"丙申晦"，则"己酉"上脱"二月"二字。

泾　阳

《灵帝纪》：建宁元年，"破羌将军段颎破先零羌于泾阳"。注："泾

---

① "延熹"原作"永寿"，据中华书局标点本《后汉书》改。

阳,县名,属安定。"按:《前志》泾阳属安定,《续志》安定无泾阳。

建宁五年

袁宏《后汉纪》第二十三卷:建宁"五年春正月,车驾上原陵,诸侯王公及外戚家妇女、郡国计吏、匈奴单于、西域三十六国侍子皆会,如会殿之仪"云云。案:纪建宁五年"夏五月己巳,大赦天下,改元熹平"。则此事当书于熹平元年。

甘陵王恢

熹平元年,"甘陵王恢薨"。按:"恢"当作"理",章帝六世孙,清河王蒜之子。

中山王畅无子

熹平三年三月,"中山王畅薨,无子,国除"。按:中山王本传云:"畅薨,子节王稚嗣。"纪、传不同。

河间王建孙

熹平四年,"封河间王建孙佗为任城王"。按:《任城王传》以佗为建之子,非孙。纪、传不同。

东平王瑞

光和二年,"东平王瑞薨"。按:"瑞"当作"端"。

安平王续

中平元年,"钜鹿人张角反。安平人执其王应之"。注:"安平王续。"按:"续"本传作"绩"。

十月庚寅

中平二年"冬十月庚寅"云云,按:是年十月朔日为丙申,则是月中不得有庚寅日,此书"庚寅"误也。

叙事无根

《灵帝纪》末突书宦官杀何进，嫌无来历，宜言"进谋诛宦官，谋泄，为所害"。又并州牧"董卓杀执金吾丁原，董卓自为司空"，其下即书"董卓废少帝为弘农王"，而其上文未书明大将军何进召董卓入，则叙事无根，亦其失也。

邓　泉

兴平二年，"李傕、郭汜等杀光禄勋邓泉"。按：《五行志》作"邓渊"，此作"泉"者，唐人避讳改。

为辅国将军

《献帝纪》：建安元年，"封卫将军董承为辅国将军，伏完等十三人为列侯"。按：董承下"为"字衍。

槁

《皇后纪》："光武郭皇后，真定槁人也。"按：《地志》真定国有槁城县，此但作"槁"，未详，或省文耳。

窦后比吕后

章德窦皇后，窦宪之妹，崩后太尉张酺等请"依光武黜吕太后故事，贬其尊号，不合葬先帝"。按：窦后私幸都乡侯刘畅及宪女婿射声校尉郭举，事见《窦传》，与吕后私辟阳侯审食其正同，故以为比。

仪比敬园

和帝之母梁贵人为窦后所忌，以忧卒。和帝立，"乃改殡于承光宫，葬西陵，仪比敬园"。注："敬园，安帝祖母宋贵人之园也。"案：《和纪》：章和二年三月"癸卯，葬孝章皇帝于敬陵"。即所谓敬园也。注反以后事为比，大谬。

和熹邓后纪

《和熹邓皇后纪》:"谅暗既终"下有"久旱,太后比三日幸洛阳,录囚徒,理出死罪三十六人,刑罪八十人,其余减罪死右趾以下至司寇"。凡三十八字,此脱,监本脱同。

卑 整

虞美人、陈夫人皆"以梁氏故,荣宠不及。议郎卑整请加尊崇"。注引《风俗通》:"卑氏,郑大夫卑谌之后。"则作"卑"信矣。而袁宏《后汉纪》第二十四卷作"毕整",《蔡邕集》有雁门毕整为胡广掾,即此人,二者未知孰是。

改姓薄

桓帝邓皇后,后少孤,母改嫁梁纪。纪,梁冀妻孙寿之舅也。后随母冒姓梁氏。及立为后,"帝恶梁氏,改姓为薄"。按:《五行志》"薄"作"亳"。

父讳武

桓思窦皇后,"父讳武"。按:后父不当言讳,"讳"字衍。

太后后

"熹平元年,太后卒于比景,后感疾而崩。"按:"太后"之下脱"母"字,"后"之上脱"太"字。

曹后薨年

"献穆曹皇后讳节,曹操女。建安十八年,操进女为夫人。十九年,拜为贵人。伏后被弑,明年,立为皇后。后在位七年。魏氏既立,为山阳公夫人。自后四十一年,魏景初元年薨。"案:在位七年者,通为贵人至降为山阳夫人之年总数之,故得七年也。"景初"当作"景元",传写误耳。《三国·魏志·三少帝纪》:陈留王奂景元元年夏六月己未,"故汉献帝夫人节薨,使使持节追谥夫人为献穆皇后",是也。自魏氏初立,后降为山阳公夫人,数至此恰四十一年。又《武帝纪》叙操之祖曹腾事,裴松之注引司马彪《续汉书》曰"腾父节,字元伟"云云。宦官有曹节,而腾之父亦名节,盖同姓名者。然则于献穆皇后为高祖,不应"献穆"命名上同之。二者必有一误。

舞阳长公主

世祖光武皇帝长女义王,"建武十五年封舞阳长公主,适延陵乡侯太仆梁松"。注:"松,梁统之子。其传云:'尚光武女舞阴公主。'又,《邓训传》:'舞阴公主子梁扈,有罪,训与交通。'此云舞阳,误也。"按:《章德窦皇后传》亦作"舞阴"。

十七史商榷卷三十二

后汉书四

续志所本

梁刘昭注晋司马彪绍统《续汉书志·自序》云："司马《续书》总为八志，律历之篇仍乎洪、邕所构，车服之本即依董、蔡所立，仪祀得于往制，百官就乎故簿，并借据前修，以济一家。"范志全缺，序例所论，颇褒其美，"乃借_{疑当作"仿"}"。《前志》，注以补之，分为三十卷，以合《范史》"。此序汲古阁毛氏不载，遂令读者茫昧。宛平孙氏、安溪李氏皆以司马志为范书矣。洪者，刘洪也；邕者，蔡邕也；董者，董巴也；蔡即邕也。据此序则知《范史》有序例，今刻亦无。京房论律以候气为主，其说受之焦赣，此《易》学与律历之微言必出于孔门七十子之徒，乃不见于《前志》，而司马氏特详著之，盖蔡邕所取也。《礼仪志》注引谢承《后汉书》曰："太傅胡广博综旧仪，立汉制度，蔡邕因以为志，谯周后改定为《礼仪志》"。《祭祀志》注云："《谢沈书》曰：'蔡邕引中兴以来所修者为《祭祀志》，此志即邕之意也。'"《天文志》云："明帝使班固叙《汉书》，而马续述《天文志》。今绍《汉书》作《天文志》，起王莽迄献帝。"注云："蔡邕撰建武已后，星验著明，以续《前志》，谯周接继其下者。"考马续字季，则马援之从孙、严之子、融之弟也，附见《后书·援传》末。《五行志》云："《五行传》说及其占应，《汉书·五行志》详矣。故泰山太守应劭、给事中董巴、散骑常侍谯周并撰建武以来灾异。今合之，以续《前志》"。《百官志》云："故新汲令王隆作《小学汉官篇》，诸文倜说，较略不究。惟班固《百官公卿表》，差有条贯，然皆孝武奢广之事。世祖节约之制，宜为常宪，故依其官簿，以为《百官志》"。

甲 子

《续·律历志》云："记称大桡作甲子。"刘昭注引《吕氏春秋》曰：

"黄帝师大桡。"《月令章句》:"大桡探五行之情,占斗纲所建,于是始作甲乙以名日,谓之干,作子丑以名日,谓之枝,枝干相配,以成六旬。"按:《周礼·春官》冯相氏"掌十有二辰、十日之位"。注云:"十二辰,子丑之等也。十日,甲乙之等也。"

季冬腊

《礼仪志》:"季冬之月,大享腊。"注:"高堂隆曰:'帝王各以其行之盛而祖,以其终而腊。火生于寅,盛于午,终于戌,故火家以午祖,以戌腊。'"按:汉家行夏时已久矣,此季冬月岂戌月乎? 高堂隆说非也。

甘　石

《续·天文志》云:"魏石申夫,齐国甘公,皆掌天文之官。"刘昭于石申夫下注云:"或云石申父。"按:《前志》于枪、欈、棓、彗诸星及二十八宿与五星,皆引甘氏、石氏《经》,而此志则与苌弘、梓慎、裨灶并称,当为战国时人。予所见前明隆、万间人汇刻书中有《星经》,分为上下两卷,首题云"汉甘公石申著",壹似并二人为一人者,已属大谬;其第一行又题云"原缺文一张",亦未详。《前志》所采甘、石说,此经中皆无之。

危八度

《续·五行志》:"建武二年正月甲子朔,日有食之。在危八度。"案:袁宏《后汉纪》"危八度"作"十度",此下所载说与袁宏《纪》大同小异,不知宏所取即司马氏《续志》文乎? 抑或别有所取也。

三　史

《郡国志》:"今录中兴以来郡县改异,及《春秋》、三史会同征伐地名。"按:"三史"谓《史记》,《前》、《后汉书》,而《后汉》则指谢承或华峤书。

省并朔方

司隶校尉自为一部,其余豫、冀、兖、徐、青、荆、扬、益、凉、并、幽、交分为十二州，州各刺史总统之，合司隶共为十三部，此制已详《前书》。后汉同。惟朔方刺史于建武十一年省并交州，见《光武纪》及《郭伋传》，与前汉异。

郡国太守刺史治所

《郡国志》叙首云："凡县名先书者，郡所治也。"郡太守所治之县自宜先书，此例甚当。《前志》每郡先书者不必定太守治，则太守所治宜逐郡详书之，乃都尉治则书，太守治不书，此《前志》之不如《续志》者。至刺史治《续志》皆详书之，而《前志》亦不书，说已见前。若都尉《前志》有治所《续志》无者，《百官志》言"建武六年，省诸郡都尉，并职太守"，注云"每有剧贼，郡临时置都尉，事讫罢之"，故《郡国志》无其治所。

司隶校尉部独为一卷，其治所自当在雒阳，故不注。刘昭于卷尾注引《汉书旧仪》曰："司隶治所。"此例之异者。《汉旧仪》或出卫宏，或出应劭，或出蔡质，皆不可知。"书"字误衍。至交州部苍梧郡所属广信县下注云："《汉官》曰：'刺史治去雒阳九千里。'"此"刺史治"三字疑是司马彪原注。盖刘昭既用小字注此志，乃以司马氏原注进为大字，见昭自述，则此"刺史治"似当为大字在注之上，传写误移入注矣，非司马氏独漏此州也。若九江郡所属历阳侯国，大字云"刺史治"。而寿春县下小字云："《汉官》云刺史治，去雒阳千二百里，与志不同。"二说之所以不同者，何氏焯谓志据中兴以后，《汉官》据末年。考志据永和五年。而交州注引王范《交广春秋》云："交州治赢陵县，元封五年移广信县，建安十五年治番禺县。"元封前汉武帝号，以此例之，可见志据永和，而《汉官》亦不据末年。若据末年，何不书交州刺史治于番禺乎？何说未的。

各州皆书刺史治，惟益州广汉郡雒县、凉州汉阳郡陇县独书"州刺史治"，多一字，亦宜删归画一。

世纪荒诞

《郡国志》刘昭注所引皇甫谧《帝王世纪》，"禹九州之地，二千四百三十万八千二十四顷，定垦者九百二十万八千二十四顷，不垦者千五百万二千顷"。又言"民口一千三百五十五万三千九百二十三人。周公相成王,致治刑错,民口一千三百七十一万四千九百二十三人,多禹十六万一千人"。又言"齐桓公二年,周庄王之十三年,五千里内,非天王九侯之御,自世子公侯以下至于庶民,凡千一百八十四万七千人,除有土老疾,定受田者九百万四千人"。此等实数,皇甫谧从何处得来?乃言之凿凿如是。试思虞夏及周成王年数尚且不可知,乃详述其地之顷数、民之口数,岂不可笑?谧之谬妄乃尔,而刘昭信之,可谓愚矣。又云:"元始二年,郡、国百三,县、邑千四百八十七,民户千三百二十三万三千六百一十二,口五千九百一十九万四千九百七十八人,多周成王四千五百四十八万五十五人。"按:《班志》县邑一千三百一十四,户千二百二十三万三千六十二,口五千九百五十九万四千九百七十八,与谧言俱不合,谧之荒诞肆臆妄造,幸其著述多不传,而引见他书者尚足惑人,故辨之。

郡国建置沿革非刘昭注

河南尹下小字注云:"秦三川郡,高帝更名。世祖都雒阳,建武十五年改曰河南尹。"其下继以"应劭《汉官》曰'尹,正也'"云云,又其下则大字云:"二十一城,永和五年户二十万八千四百八十六,口百一万八百二十七。"各郡国仿此。但河南雒阳是京师,故各郡国于沿革下又多"去雒阳若干里"一句。愚谓《前志》每郡下必小字系以建置沿革,其下若有颜注则以"师古曰"三字别之,其下则大字书户口若干。盖《前志》凡班氏本注亦用小字,因颜注既有"师古曰"三字为识别,不虑其相溷也,而户口数却作大字书之。《续志》既取司马氏本注进为大字,而各郡国名下小字建置沿革即班氏遗规,故仍其旧,不进大字。若以"秦三川郡"云云为刘昭注,则非矣。

郡国名下本注亦作小字,与昭注无别,而仍有别者,本注不引他书,昭引他书以隔之。其有不引者,济北国加"臣昭案"字,琅邪国、辽东郡下加"案"字,其清河国"桓帝"云云、丹阳郡"孙权"云云、犍为郡"刘璋"云云、益州郡"诸葛亮"云云、张掖郡"献帝"云云,无识别例,有小出入,要皆彪语非昭注。而大字则专主永和五年,但济北国、琅邪国既插入"臣昭案"云云,而其末雒阳里数一句仍彪本注。间厕错杂,殊为眩目。

郡国去雒阳里数

各郡国皆注在雒阳东、西、南、北若干里,此《前志》所无,而甚有理。但又有阙书者,右扶风、鲁国、常山国、北海国、太原郡、上郡、五原郡、云中郡、定襄郡、朔方郡、广阳郡凡十一郡国,此自乱其例也。又凡属国皆不注"去雒阳若干里"一句,而辽东属国独有之,例皆不定。《旧唐书·地理志》各州府下皆言至京师里数,法《续汉志》也。

刺史治去雒阳里数

太守所治既注去雒阳里数,而刺史总统一部反不注,此司马之阙漏,故刘昭每条辄采《汉官》注之。乃又有如山阳郡昌邑县兖州刺史治、东海郡剡县徐州刺史治、齐国临菑县青州刺史治、九江郡历阳侯国扬州刺史治、广汉郡雒县益州刺史治、太原郡晋阳县并州刺史治凡六处,皆失注"去雒阳若干里",此似刘昭之自乱其例矣。详考之,昌邑、剡县、临菑、雒县、晋阳皆先书者,则皆太守治也,而刺史亦治之。又有如广阳郡蓟县、苍梧郡广信县,皆刺史、太守同治一县者,此制似后汉则然而前汉未必尔,俟再考。昌邑等四县既为刺史、太守同治,则注于郡下不必复注于县下,此不得谓刘之自乱其例也。并前条所摘广阳之蓟县,既注于县下亦不必复注于郡下,亦不得谓刘之自乱其例矣。但太原之晋阳,郡下、县下皆无此一句,则何以解乎?苍梧之广信,郡下注"雒阳南六千四百一十里",县下注"去雒阳九千里",彼此不同,则又何以解乎?司马氏既多罅漏,刘昭欲推明司马氏之指,而反滋疑窦如此,可见古人著述能无遗恨者亦少。

城即县

《前志》大字"户口"下提行重起书县若干,《续志》则郡国名小字沿革之下即用大字,先书若干城,然后连书户口若干、城即县若干。

志据永和

河南尹下户口据永和五年。永和,顺帝号也,则疑郡国建置亦据此年,但志宜据最后为定,故《前志》据元始,永和以下汉运尚有八十年，不知何以据此？志尾总论亦言顺帝，盖司马氏偶得永和之籍，遂据之，而以后之籍未之得故也。刘昭云："岂此是顺朝时书，后史即为本乎？"此意昭已见之。今历考郡国下小字本注、各属县下大字本注，或言"某帝所置"，或言"某帝所更名"，或言"某号某年改"，皆在永和五年以前，间有下及永和三年者，而从无五年以下，则知此志以永和五年为定，至汉末事仍有偶见者，要无害于大字之为专主永和，如清河国注"桓帝建和二年改为甘陵"，然大字仍书清河，则可见。

国随郡次

《前志》每郡注属某州，既不如《续志》径分各州之直捷，而将各国总聚于各郡之后，遂致东西间隔、南北错互，亦不如《续志》随各国道里附近之郡编次为惬当。

十七史商榷卷三十三

后汉书五

郡国杂辨证

河南尹谷城"瀍水出"。"瀍"字，《说文·水部》无，新附亦无，今《禹贡》，《洛诰》，《前》、《后汉》皆有，此汉俗字，或出魏晋，古当只作"廛"。

河南尹之末，监本有平县，汲古脱此一县，则与上文"二十一城"不合。

河内郡"州平睾"，"州"下当空一格，误连。

修武"有㶽城"，"㶽"当作"隤"，注同。

共"本国。淇水出"。注引《博物记》曰："有绿竹草。"即《卫风》"淇澳菉竹"。

河东郡濩泽"有祁城山"。按："祁城"，《前志》作"析城"，此误。

京兆尹长安注："长安城方亦十三里，十三城门。"按："亦"当作"六"，"十三"当作"十二"。又安帝永初四年，置京兆虎牙都尉居长安，此志不载。

有兰池，注："刻石为黥鱼。""黥"当作"鲸"。

钱大昭曰：《隶续·刘宽碑》阴"永安长京兆下圭骆口伯彦"，又有"京兆下圭"六人。《前志》京兆有下邽，今《郡国志》无，疑司马氏脱此一县，或中叶以后省。按：郑县注引《黄图》云："下邽县并郑，桓帝西巡复之。"此志本据永和五年，其时已省下邽，至桓帝始复。而刘宽碑立于灵帝中平二年，钱云司马脱非也，谓中叶省是也。据此益可见《郡国》皆载永和五年。

右扶风汧"有吴岳山，本名汧，汧水出"。按：今《禹贡》作"岍"，《说文》无"岍"字，此云"本名汧"，谓山名汧也。

安帝永初中置扶风都尉，居雍县，献帝省都尉，分置汉安郡。此志于都尉本略不载,故雍县下无都尉,而献帝所置,则以此志据永和故不载。

美阳,注:"成王有岐山之蒐。""山"当作"阳"。

周城,注:"南有周源。""源"当作"原"。

颍川郡颍阴"有圻亭"。"圻"当作"峄"。

梁国砀"山出文石"。按:砀,县名。"山出文石",注也。后汉未尝改县名,后人误读,遂谓后汉改名砀山,非也。

薄"故属山阳所都"。按:《梁王传》云:"建初四年,以济阴之薄益梁。""济阴"二字误。此刻"所都"上脱"汤"字。

沛国注"秦泗州郡"。按:沛国即前沛郡,所属县以《前志》参对不见者多,疑皆光武所省。泗州据《前志》当作泗水。

沛县,《孔宙碑》阴作"小沛"。

蕲:"高祖击黥布于会甄"。"甄"当作"甀"。

公丘"本胶国"。"胶"当作"滕"。

红县,注:"《地道记》云:《左传》昭八年'大蒐于红'。"按:"红",《前志》作"虹",与"虹"同。昭八年"蒐于红"。杜曰:"红,鲁地。沛国萧县西有红亭。远。"据此不当在虹县,注恐非。

太丘。按:故敬丘,明帝更名。

陈国,注:"高帝置为淮阳,章和二年改。"属县扶乐无注。案:此当注云:"故属汝南,建武三十年以汝南之扶乐益淮阳国。"

长平"故属汝南"。案:建武三十年以汝南之长平益淮阳国。

鲁国所属有鲁,"国"下空一格又云"奄国"。案:当以"鲁"字为句,下脱"本"字。"国"下"奄"上是"故"字,误空一格。

"豫州刺史部,郡、国六,县、邑、侯国九十九。"按:"侯国"上疑脱"公"字,以宋为公国也。

常山国高邑"刺史治"注:"法雒阳一千里。""法"当作"去"。

中山国"母极","母"当作"毋"。

安国,无注。按:延熹元年属博陵郡,此永和后事,故不载,下仿此。

蠡吾"故属涿"。按:延熹元年属博陵郡。

安平国,注:"故信都,高帝置。明帝名乐成,延光元年改。"属县首列信都。按：信都，延熹元年属博陵郡。

观津，司马氏无注。按：当注云："故属清河，建初四年，以清河之观津益乐成。"

饶阳"故名饶，属涿"。安平"故属涿"。南深国"故属涿"。按：南深国，"国"当作"泽"。建初四年，以涿郡之饶阳、安平、南深泽益乐成国，故此三县皆注云"故属涿"也。安平、南深泽，延熹元年又属博陵郡。

河间郡。"郡"当作"国"。

高阳"故属涿"。案：延熹元年属博陵郡。

陈留郡济阳，注："光武王。""王"当作"生"。

酸枣，注："东有地乌巢。""地"下少"名"字。

祭城，注："僖二十八年会盟宛濮，注曰近濮水。""会"上脱"卫"字，"注曰"当作"杜预曰"，下仿此。

东郡临邑"有沛庙"。"沛"当作"沛"。

竿城，注："《前书》故发干城。""城"当作"县"。

东平国"章寿张"。"章"下当空一格，误连。

泰山郡"茬侯国"，"国"下当空一格，此与下"莱芜"误连。

莱芜"有原山，潘水出"。按：此"潘水"当作"淄水"，传写误作"潘"，但《说文》亦无"淄"字，《前志》只作"甾"。

济北国"茬平"。"茬"当作"茌"。

山阳郡钜野"有大野泽"。注："县西南有郥亭。"案："郥"当作"溴"。

济阴郡"戍阳"。"戍"当作"成"。

"兖州刺史部，郡、国八。"案：前淮阳国属兖州，今《续志》无，其县有入陈留者。

琅邪国琅邪，注：《越纪》，或改《越绝》，其实此书名《越纽》。

广陵郡，注："建武中省泗水国，以其县属。"而所属凌县本注云："故属泗水。"案：此所言泗水国与秦所置之泗水郡无涉，但《前志》泗水国所属有三县，今惟凌改属，余皆不见，疑光武省。

东阳"故属临淮"，此下误空一格，当与下文"有长洲泽"云云连书。

济南郡，注："故齐。"此所谓"故"者，指秦时言之，非西汉也。盖济南郡之地在秦时本齐国地，文帝分为济南国，景帝又为济南郡耳。至此志又有齐国注云"秦置"者，意与济南注同，而小异其文，以济南与齐国虽同为齐地，而齐国治临菑，乃其本都故也。《续汉》之齐国，即前汉之齐郡，盖西汉改国为郡，后汉又改郡为国耳。若王莽又改前汉之齐郡为济南，则任意纷更，淆乱名实，殊为可憎。

"邹平东朝阳。""平"下当空一格，误连。

北海国，注："建武有菑川、高密、胶东三国，以其县属。""有"当作"省"。

下密"安帝复拒"。"复"下当空一格，误连。

东莱郡"牟平惤"。"平"下当空一格，误连。

"卢乡长广。""乡"下当空一格，误连。

"齐国"即前齐郡，但所属之县有光武省去者，此类多有，不悉出。

南郡江陵，注："孙叔敖冢在城中四十里。""中"当作"东"。

中卢，注："鼻，厌可小，小便。""鼻"当作"皋"，上"小"当作"少"，见《水经注》。

"印侯国。""印"当作"邔。"

江夏郡"沙羡邾"。"羡"下当空一格，误连。

"下雉蕲春。""雉"下当空一格，误连。

"鄂平春。""鄂"下当空一格，误连。

零陵郡零陵，注："雍水"，当作"灌水"。

"洮阳都梁。""阳"下当空一格，误连。

长沙郡湘南，注："禹案其文治水。""文"下脱"以"字。

"下隽罗。""隽"下当空一格，误连。

"丹阳郡丹阳。"疑郡、县名俱当作"杨"。

"泾歙。""泾"下当空一格，误连。

庐江郡"襄安皖"。"安"下当空一格，误连。

安丰，注引杜预曰："有鸡备亭。""备"或改"人"，今注疏本仍作"备"。

会稽郡，注："秦置。本治吴，立郡吴，乃移山阴。""立郡吴"当作"立吴郡"。

"郯乌伤。""郯"下当空一格，误连。又注："分县南乡为长山县。""长"当作"常"。

"余姚句章。""姚"下当空一格，误连。

"鄞章安。""鄞"下当空一格，误连。

吴郡吴"震泽",注中有"句山","句"当作"包"。又大雷、小雷,周处曰:"舜渔泽之所。""臣昭案:此僻在成阳是也。"愚谓昭辨舜渔在成阳不在此,何得反言是也,必有误。

余杭,注:"顾来。"当作"顾夷"。

毗陵"北江在北"。阅此益知《前志》但云"江在北"无"北江"之称者,实脱落也。

何氏焯曰:"《吴郡图经续记》:汉顺帝永建四年,分会稽为吴郡,以浙江中流为界,故余杭、富春皆属吴郡。但《前书》有钱唐,灵帝时朱儁封钱唐侯,而今志无之。按《戴就传》:'扬州刺史欧阳参收就于钱唐狱。'明当时未尝并省,盖阙文也。"愚谓顺帝永建云云乃本志文,何氏不引,而但引《图经续记》朱长文之言,稍嫌无根。钱唐盖于后汉初曾并省,《郡国志》系据顺帝永和,永和以后盖又复置,灵帝之事不足相难,而何氏据之,何氏似不知志据永和者。至戴就,见《独行传》,因扬州刺史欧阳参遣部从事薛安案会稽太守成公浮臧罪,收就系狱。及事白,就为后会稽太守刘宠所举。考《循吏传》,宠自会稽太守征为将作大匠,转宗正、大鸿胪。延熹四年,代黄琼为司空。延熹是桓帝号,四年上距永和五年已二十二年,则就在钱唐狱必是永和五年以后复置钱唐县耳,当永和五年前钱唐固尝并省,故志无之。何云"未尝并省而志阙文",恐误。欧阳参为扬州刺史,成公浮为会稽太守,疑亦必在永和以后,但未有据,俟再考。

豫章郡南野"有台领山"。"台"下误空一格,当与"领"字连书。

历陵"有傅易山"。当作"傅易山"。

"彭泽县"下空一格,然后书"彭蠡泽在西"。误,当连书。

平都"侯国,故安平石阳"。安平下当空一格,误连。

汉中郡"上庸本庸国房陵"。庸国下当空一格,误连。又房陵注:"建安十三年别属新城郡。""蜀"当作"置"。

巴郡,注:"刘绰分巴。""绰"当作"璋"。

江州注引杜预曰:"有涂山,禹娶涂山。"按:涂山在今凤阳府怀远县,古今沿革不常,异说已不胜其繁,若依杜预,则又在巴郡矣。或疑"娶涂山"与会诸侯之涂山是两处,予则直疑杜说乃妄造耳。

广汉郡"雒县州刺史治"。案:《刘焉传》:"益州刺史郤俭在政烦扰。益州贼马相杀绵竹令，进攻雒县，杀都俭。"是州刺史治雒县之证也。

蜀郡"灖氏道"。"灖"当作"湔"。

犍为郡江阳，注："潜从县南流至汉嘉县入大穴，中通刚山下，因南潜出。""刚"当作"崍"，"因"当作"西"。

越嶲郡"莋奏"。"奏"当作"秦"。

益州郡滇池"黑水祠"，注："水是温泉。有白蜎山，淮有蜎。""淮"字当作"涯"。

"石室山出锡，甋町山出银、铅。"按："锡"下误空一格，宜连书。

桥栋。"桥"，一作"弄"。

永昌郡"邪龙云南"。"龙"下当空一格，误连。

蜀郡属国汉嘉"故青衣，阳嘉二年改。有蒙山"。"改"下误空一格，当连书。又注："洙水从西来。""洙"疑当作"沫"，"西"当作"邛"。

"严道有邛僰九折坂。""僰"，疑当作"崃"。又注："王阳行步。""步"当作"部"。

陇西郡"河关故属金城。积石山在西南"。"金城"下误空一格，当连书。

汉阳郡冀"有缇群山。有雒门聚"。"山"下误空一格，当连书。

西，注引郑康成《尚书》注："西在陇西西，今谓之八充山。""八充山"当作"兑山"，传写误分一字以为二，又于从"口"、从"儿"之上误加"亠"。详《后案》。

武都郡"上禄故道"。"禄"下当空一格，误连。

安定郡朝那注："泾水出县西丹头山。""丹"当作"开"。

武威郡"鹯阴"。"鹯"当作"鹑"。

"租厉"，当作"祖厉"。

酒泉郡安弥"故曰缓弥"。"缓"当作"绥"。

敦煌郡敦煌"古瓜州"。"古"上误空一格，当连书。

张掖居延属国，注："安帝别领一郡。""郡"当作"城"。

"凉州刺史部，郡十二。""郡"下脱"国"字。

上党郡长子，注："《山海经》曰：'有发鸠之山，章水出焉。'《上党记》曰：'关城，都尉所治。'"又屯留"绛水出"注："《上党记》曰：'有鹿谷山,浊漳所出。'"案:若论水道"鹿谷山浊漳出"云云,亦当在长子之下,不当入屯留,郦道元亦误,刘昭不足以知之。详予《尚书后案》。

铜鞮,注:"晋别宫墟关犹有北城。""犹"下脱"存"字。

沾县,注:《山海经》"有少山"云云,"郭璞云在沾"。案:当云"在此"。

壶关,注:"今名无罜。"当作"平罜"。

泫氏"有长平亭"注:"《史记》曰,白起破赵长平。《上党记》曰:'白城在郡南山中百二十里。'"按:"白城","白"字衍。

谷远,注:"羊头山,泌水所出。""泌"当作"沁"。

太原郡晋阳晋水,注:"杜凯曰。""杜"下脱"元"字。

榆次,注:"《左传》曰谓涂水。""曰"字衍。

"于离兹氏。""离"字下当空一格,误连。

虑虒。当注云:"音卢夷。"

西河郡,注:"雒阳北千二百里也。""也"字衍。

"五原郡父国。""父"当作"文"。

"成宜"之下,"西安阳"之上当空一格,此误空二格。

雁门郡"埒"。当作"坪"。

马邑,注:"秦人筑城,城崩数矣。有马驰走其地,周旋反复,依以筑城,乃不崩。""其地"当作"一地"。

朔方郡"大城"。"城"当作"成"。

广阳郡,注:"高帝置,为燕国,昭帝更名为郡。世祖省并上谷,永平八年复。"按:据《前志》,"昭帝更名"当句绝,"为郡"当句绝,此下当增一句云"宣帝更为国",然后接"世祖"云云,"复"字下当增"为郡"二字。

上谷郡潘"永元十一年复甯"。案:"复"字下当空一格,误连。"甯"当作"宁"。

"广甯。"当作"广宁"。

涿鹿,注"张宴曰","宴"当作"晏"。

右北平郡"俊靡无终"。"靡"下当空一格,误连。

辽东郡"汶"。当作"文"。

玄菟郡"西盖鸟"。"鸟"当作"马"。

乐浪郡"淇水"。"淇"当作"浿"。

辽东属国"宾徒"。"徒"当作"从",因下有徒河相涉而误。

交趾郡“定安”。《前》作“安定”。

九真郡“无功”。《前》作“无切”。袁宏《后汉纪》第七卷光武帝建武十九年作“无功”，疑以“功”为正。

总论刘注抵牾

志尾总论，刘注多所抵牾。总论云：“至于孝顺，民户九百六十九万八千六百三十，口四千九百一十五万二百二十。”注引应劭《汉官仪》曰：“永和中，户至千七十八万，口五千三百八十六万九千五百八十八。”永和，孝顺帝号也，此数已与大字总论不合。此下又引《帝王世纪》“永嘉元年永嘉，冲帝号。元年，汲古作“二年”，从义门何校改。户则多九十七万八千七百七十一，口七百二十一万六千六百三十六”。“应载极盛之时，而所殊甚众，舍永嘉多，取永和少，良不可解。皇甫谧校核精审，复非谬记，未详孰是。”愚谓志例应载极后非极盛，永嘉既在后，且又较盛，固应载，或偶得永和籍不得永嘉亦可。但皇甫谧惯造伪言，为鬼为蜮，比应劭更难凭依，刘乃云“校核精审”，愚矣。此下又引“伏无忌所记，永嘉元年，户九百九十三万七千六百八十，口四千九百五十二万四千一百八十三”。按：以应劭数，皇甫加若干算，应户一千一百七十五万八千七百七十一，口六千一百八十万六千二百二十四，又与伏无忌不合，刘昭总为皇甫谧所误耳，岂知谧专以夸诞欺人。高祖父太公，尚为制名字，诡妄如此，其言何足信！前所云汲古以“元年”为“二年”，必又是南宋书坊妄改，因数不合以此弥缝之。

博陵郡

《前汉·地理志》涿郡属县有安平，辽东郡属县有西安平，甾川国属县有东安平。按：辽东地大约在涿郡之北耳，未必在其西，是以王莽改名北安平，而师古于东安平下引“阚骃云博陵有安平，故此加东”。博陵安平即涿郡安平也，盖涿郡安平不言方向，是最在前，余两安平则以东、西分列之。但《汉志》实无所谓博陵郡，阚骃特借后名以言前事耳。赵明诚《金石录》、洪适《隶释》有博陵太守《孔彪碑》，立于灵帝建宁中，而《续汉·郡国志》亦无所谓博陵郡。惟《后书·桓帝纪》延熹元年六月“分中山置博陵郡”。李贤注云：“博陵郡，故城在今瀛州博野县。后徙安平。"唐博野县据《皇舆表》,乃两汉蠡吾县,今之蠡县,与今之博野县名同地异,二县今并属直隶保定府。博陵郡名实始于此。《水经》第十一卷:"滱水东过博陵县南。"郦道元注云:"博陵县即古陆城,汉武帝元朔二年,封中山靖王子刘贞为侯国。《地理风俗记》曰:博陵县,《史记》蠡吾故县矣。汉质帝本初元年,继孝冲为帝,追尊父翼陵曰博陵,因以为县,又置郡焉。汉末,罢还安平。"郦说如此。考《后书》质帝乃勃海孝王鸿之子,翼乃桓帝之父,置郡乃桓帝事,非质帝,郦注于此大谬,而其余亦多可疑,并《后书·桓帝纪》亦有疏漏,何则?《孔彪碑》阴及灵台杨著等碑阴所列博陵郡所属之县有连署博陵者,上为郡名下为县名,而此县外又有安国、蠡吾、信都、安平、南深泽、高阳凡七县,碑乃当时所刻,必不误。惟《杨震碑》阴列有博陵三人,此乃指郡名,非县名,不可据。今《续志》无博陵县,而安国、蠡吾二县属中山国,高阳属河间国,惟此外三县属安平国耳。然则郦何以但言"罢还安平"而不及中山、河间乎?意者《续志》但据顺帝永和五年,其时诸县分隶三国,而汉末罢还之时又俱割入安平乎?可疑一也。郦谓博陵县即蠡吾县,博陵郡实置于此,是说下与李贤合矣。但又以为"即陆成县",而《前志》陆成属中山国,《王子侯表》有陆城侯贞,其蠡吾县自属涿郡,则非一地无论。陆成是县,《三国志》以为涿县之亭,误不待言。而如郦说,则是博陵也、陆成也、蠡吾也,三者实一矣,恐非。此县似与陆成无涉,且《续志》之所以无博陵郡、博陵县者,以其据永和不及延熹所置故也。而亦无陆成县,岂后汉初又并陆成入蠡吾乎?可疑二也,姑勿论。又据各碑阴所列博陵郡属县以考《前志》,蠡吾、安平、南深泽、高阳皆属涿郡,安国属中山国,信都属信都国,若《续志》所列则与《前志》不同,已详上文,此永和制也,延熹当无大异,然则《桓纪》当言"分中山、安平、河间置博陵",何以但言中山乎?故曰亦疏漏也。至博陵本治汉蠡吾、唐博野,而李贤云"后徙安平"者,据《皇舆表》,安平县汉属涿郡,东汉属安平国,曹魏仍属博陵郡,晋为博陵国治,元魏属博陵郡,高齐为博陵郡治,故李贤云云也。桓帝暂立此郡,不久即罢,乃魏晋以下则复置之,遂使博陵之名甚著且久,而安平实为所治,故唐人遂错互言之,如崔玄晔封博陵郡王,其从孙戎,李商隐称为安平公,而哭以诗云"文人博陵王名家"是矣。予始问钱坫,坫善读书,稍开予,予又自考得其详。

十七史商榷卷三十四
后汉书六

令 长

《前·百官表》云:"万户以上为令,万户以下为长。"《续志》云:"每县、邑、道,大者置令一人,千石;其次置长,四百石;其次置长,三百石;侯国之相,秩次亦如之。"应劭《汉官仪》又云:"三边武帝所开,县户数百而或为令。荆扬江南七郡,惟有临湘、南昌、吴三令耳。及南阳穰中,土沃民稠,四五万户而为长。桓帝以江南阳安为女公主邑,改号为令,主薨复其故。"钱大昭作《郡国令长考》,据纪传及碑碣,并《隶释》、《隶续》,考某县为令、某县为长,当让其单行,西都则未之及。

周 官

《续·百官志》云:"昔周公作《周官》,分职著明,法度相持,王室虽微,犹能久存。今其遗书,所以观周室牧民之德既至,又其有益来事之范,殆未有所穷也。"司马彪此论表明周官之美,实为笃论,后世无知鄙儒纷纷疑且非之;即能信者,亦从未举此志以评定,何也?

十四博士

"博士十四人。《易》四,施、孟、梁丘、京氏。《尚书》三,欧阳、大小夏侯氏。《诗》三,鲁、齐、韩氏。《礼》二,大小戴氏。《春秋》二,《公羊》严、颜氏。掌教弟子。国有疑事,掌承问对。"此条最明析,终两汉之世,常立学者不出此。今综而论之,狃于所习,蔽于所见,选择去取之间,未为公明。如梁丘贺乃忌贤嫉能之小人,欧阳、大小夏侯皆汉之俗儒,为郑康成所贱,三家《诗》鲁为近之,而齐、韩则疏甚矣,乃皆得立。至若《尚书》有孔氏古文,杜林、卫宏、贾逵所传乃孔壁真本,《诗》毛氏出于子夏,《春秋》左氏亲受孔门,《周官》及《逸礼》三十九篇皆周公、孔子之真本也,反不得立,禄利之路,每少真赏,在汉已然。惟《易》立孟、京为最善。下至宋、元,仅存京房《易传》、伏生《尚书大传》、王伯厚所辑《三家诗》及《韩诗外传》而已,然皆非全本,然则虽谓十四家之学皆亡亦可也。亡之最可惜者,孟、京《易》也。

《朱浮传》注引《汉官仪》曰:"博士,秦官也。武帝初置五经博士,后增至十四人。太常差选有聪明威重一人为祭酒,总领纲纪。其举状曰:'生事爱敬,丧没如礼。通《易》、《尚书》、《孝经》、《论语》,兼综载籍,穷微阐奥。隐居乐道,不求闻达。身无金痍痼疾,世六属不与妖恶交通、王侯赏赐。行应四科,经任博士。'下言某官某甲保举。"又,《徐防传》:"永元十四年,防上疏曰:'汉承乱秦,经典废绝,收拾缺遗,建立明经,博征儒术,开置太学。孔圣既远,微旨将绝,故立博士十有四家,设甲乙之科,以勉劝学者。"李贤注引《汉官仪》曰:"光武中兴,恢宏稽古,《易》有施、孟、梁丘贺、京房;《书》有欧阳和伯,夏侯胜、建;《诗》有申公、辕固、韩婴;《春秋》有严彭祖、颜安乐;《礼》有戴德、戴圣。凡十四博士。"与《官志》同。

《三国·魏志·王朗传》注引《魏名臣奏》载朗节省奏,谓"西京学官博士七千余人"。其盛如此,东京可知。

皇后太子官

执金吾之后次太子太傅、大长秋,次太子少傅,皆皇后、太子之属官,自宜聚于一处。太子少傅之下方次以将作大匠,甚明析。《前志》以将作大匠杂于太子太傅、少傅之后,詹事、大长秋之前,殊为失之。

掌树桐梓

"将作大匠掌树桐梓。"案:《周礼》庶民不树者无棺椁,此以见天子亦必自树以为宫室器用。

越 骑

"越骑校尉。"如淳曰:"越人内附以为骑。"晋灼曰:"取其才力超越。"刘昭取晋说。案:胡骑、越骑相对为名,以示威服之远,非必善骑也。如说是。

官　奉

《百官志》末载:"百官受奉例:大将军、三公奉,月三百五十斛。中二千石奉,月百八十斛。二千石奉,月百二十斛。比二千石奉,月百斛。千石奉,月八十斛。六百石奉,月七十斛。比六百石奉,月五十斛。四百石奉,月四十五斛。比四百石奉,月四十斛。三百石奉,月四十斛。比三百石奉,月三十七斛。二百石奉,月三十斛。比二百石奉,月二十七斛。一百石奉,月十六斛。斗食奉,月十一斛。佐史奉,月八斛。凡诸受奉,皆半钱半谷。"刘昭注引《古今注》曰:"建武二十六年四月戊戌,增吏奉如此志。"考《光武纪》:"建武二十六年春正月,诏有司增百官奉。"彼李贤注即引《续汉志》以释之,则与此志之文宜无不同矣。今以二者参对:彼千石月九十斛,比千石月八十斛,与此不同。考其上下,二千石有比二千石,六百石有比六百石,四百石有比四百石,三百石有比三百石,二百石有比二百石,何以千石别无比千石? 明系《百官志》传写者于"千石奉"之下误脱落"月九十斛比千石"七字耳。但彼文"比六百石月五十五斛,四百石月五十斛,比四百石月四十五斛",三者皆与此文互异,则殊不可解。至于西京官奉之例,《前书》不见,而颜师古注乃于《百官公卿表》题下详述其制。今以李贤所引《续志》细校之,内惟比六百石颜云六十斛,李贤云五十五斛,此为小异,而其余一概相同。夫颜师古所述前汉制也,李贤所引后汉制也,何相同乃尔? 且《光武纪》文于"增百官奉"之下即继云:"其千石已上,减于西京旧制;六百石已下,增于旧秩。"今以校颜注,则是千石已上建武固毫无所增,而六百石已下仅有比六百石一条不同,而如颜说,则建武反减于西京五斛,何云增乎? 此必师古失记建武增奉之事,直取《续汉志》以注《百官表》,以后汉制当前汉制也。要之,颜与李贤同时,所见《续汉书》志本与刘昭所据之本传录参差,未知孰是,而西京官奉之制则已无可考。

奉既钱谷各半,而刘昭又引荀绰《晋百官表》注,备陈汉延平中,自中二千石下至百石钱米之数,以《续志》并李贤、颜师古二条细参,乃知各条所说数皆是立法如此,临时尚须按照当时谷价之贵贱以钱代给其半也。《前·贡禹传》:"禹上书曰:'臣禹为谏大夫,八百石,奉钱月九千二百。为光禄大夫,秩二千石,奉钱月万二千。'"今荀绰所说中无八百石之秩,而二千石止钱六千五百,比二千石止钱五千,多寡相悬如此。延平乃后汉殇帝号,如荀说,后汉奉减于前汉远矣,何云增乎?但《前·盖宽饶传》,宽饶为司隶校尉,"奉钱月数千"。司隶校尉秩二千石,而云月数千,则又与贡禹所言不同,存疑备考。

十七史商榷卷三十五

后汉书七

卒吏

《刘盆子传》:"属右校卒吏刘侠卿。""卒吏"当作"卒史"。

山东山西

河北之山莫大于太行,故谓太行以东为山东。《后汉·邓禹传》:"光武安集河北,在邺。""及王朗起兵,光武自苏至信都,使禹别攻乐阳,从至广阿。"以上所说皆在今河北之彰德、大名、广平、真定等府。而其下文则言:赤眉西入关,光武筹长安必破,"欲乘衅并关中,而方自事山东,未知所寄"。是谓河北为山东也。下至李唐,尚有以河北为山东之言,详见后第九十卷。《邓禹传》于此下又述禹率诸军大破樊参、王匡等军,"遂定河东。光武使使持节拜禹大司徒,策曰'前将军禹斩将破军,平定山西'"云云,是谓河东为山西也。汉河东、太原、上党诸郡皆在太行之西,即今山西省太原、平阳、蒲州、潞安、汾州、泽州等府,自汉以来名称不易,近儒乃谓惟河东一郡在山西,殊非。

又《郑兴传》"更始诸将皆山东人,劝留洛阳,勿迁都长安。兴说更始曰'陛下一朝建号,山西雄桀争诛王莽,开关郊迎'"云云。注:"山西谓陕山以西也。""陕,隘也。侯夹切。"见《说文》十四下《阜部》。大约《邓禹传》之山东、山西,总据太行分东西;《郑兴传》之山西,即谓关中,今陕西西安府是,其指陕山以西固不待言。而所云山东者,亦指陕山以东,注虽未及,可以意揣,与《邓禹传》之山东、山西皆无涉。

《陈元传》:"元上疏曰:'若先帝所行而后主必行,则陛下不当都山东也。'"此谓洛阳为山东,其实亦是指陕山以东。

又《寇恂传》"高祖任萧何于关中","无西顾忧,所以得专精山东"。又《郑康成传》:"造太学受业,又从东郡张恭祖受诸经,以山东无足问,乃西入关,事扶风马融。"此山东与《史记·秦本纪》太史公引贾生言:"秦并兼诸侯山东三十余郡"、又"山东豪俊遂并起而亡秦"之山东同,亦皆谓陕山以东。

若《吴盖陈臧传》论:"山西既定,威临天下。"注:"谓诛隗嚣、公孙述。"则陇蜀皆得名山西,又不但如《郑兴传》以关中为山西矣。

进见东向

"显宗即位,以禹先帝元功,拜为太傅,进见东向,甚见尊宠。"李贤注:"臣当北面,尊如宾,故令东向。"愚谓室中以东向为尊,其在堂上,则君南面以临,臣北面拜,后分侍两傍,固以在左而西向者为尊、在右而东向者为卑也。三代以上,君燕其臣皆在室中,则臣固有居宾位而东向者矣,或君东向、臣南北向,其贱者西向立侍亦可,如鸿门之会是。明、章之际,敬大臣、礼师傅,禹进见东向,盖在室中待以宾礼,帝盖南向也。李贤不分堂上、室中,而混言之耳。说详《前书》《尚右》一条。

邓禹论

论曰"邓公功虽不遂,道亦宏矣! 及威损枸邑,兵散宜阳,褫龙章于终朝,就侯服以卒岁,荣悴交而下无二色,进退用而上无猜情,君臣之美,后世莫窥其间"云云。蔚宗此论不甚贬禹,而亦深许光武,最为平允。袁宏《后汉纪》第七卷为禹论,乃深责光武,以功高不赏,反覆为禹惋惜呼冤。愚谓禹粗定长安,旋为赤眉所败,废然而返,功颓业丧,虽归大司徒印,仍封侯食邑,及中元元年复行司徒事,为幸多矣,宏此论殊不平。

侍中将

《邓禹传》末云:"邓氏中兴后,累世宠贵,侯者二十九人,公二人,大将军以下十三人,中二千石十四人,列校二十二人,州牧、郡守四十八人,其余侍中、将、大夫、郎、谒者不可胜数。"案:"侍中"下当有脱字,盖单言"将"不足以成文也。疑当为"中郎将"。五官中郎将、左右中郎将、虎贲中郎将、羽林中郎将皆光禄勋属官宿卫之职,故可以中郎将概之。邓氏勋戚家正当为此。《耿弇传》末亦云:"耿氏自中兴已后迄建安末，大将军二人，将军九人，卿十三人，尚公主三人，列侯十九人，中郎将、护羌校尉及刺史、二千石数十百人，遂与汉兴衰。"二者文势正同。凡传刻脱误显然者不悉出，疑似者著之。

《窦宪传》："窦氏父子兄弟并居列位，充满朝廷。叔父霸为城门校尉，霸弟褒将作大匠，褒弟嘉少府，其为侍中、将、大夫、郎吏十余人。"此条"将"字之上疑亦脱"中郎"二字。

急况发兵

《寇恂传》："为上谷太守耿况功曹。王郎起，遣将徇上谷，急况发兵。"按：当作"急发况兵"。

护军将军

《冯异传》："异遣校尉护军将军将兵，与寇恂合击苏茂。""将军"二字衍。

骆盖延

《冯异传》于赤眉既破之后，叙述余寇之窃据者凡十二人，其十一人皆一字为名，而中有骆盖延，"盖"字当是衍文。盖延乃光武之虎牙将军。当时同名者王莽有太师王匡，更始亦有定国上公王匡；赤眉贼帅有樊崇，邓禹西入关所部亦有骁骑将军樊崇，如此非一。然此则当是骆延，传写误衍。

封牟平侯

《耿弇传》：弇父况，与弇弟舒攻彭宠，"宠死，天子嘉况功，使光禄大夫持节迎况，赐甲第，奉朝请。封牟平侯"。案："牟平"之上脱"舒为"二字。

大　彤

尤来、大枪皆贼之名号，而《耿弇传》两处皆作大彤，《刘植传》、《伏隆传》亦然，未详。

车骑都尉

《耿弇传》：弇之从子夔，"永元初，为车骑将军窦宪假司马，北击匈奴，转车骑都尉"。刘攽曰："案文，'车骑都尉'之'车'字衍。"愚谓此车骑将军之都尉，刘谓衍文，非也。

高密侯

《李忠传》："父为高密都尉。"李贤注以高密是国非郡，郡乃有都尉，国但有中尉无都尉，引《郡国志》高密侯为证。"侯"字当作"国"。

信都尉

《万修传》："更始时，为信都尉，与太守任光、都尉李忠共迎世祖。"案：此事见前《任光》、《李忠传》，"信都尉"当作"信都令"。

库　钧

《窦融传》：金城太守库钧注："《前书音义》：库姓，即仓库吏后。今羌中有姓库，音舍，云承钧之后也。"舍，古音若庶；西域则奢上声，而其音开口呼之；唐以后佛书盛，故其音变；今松江府有库公山。考《说文》卷九下《广部》："库，兵车藏也。"而《厂部》无"库"字，此流俗妄造，正如角里别造"甪"字代之。郑樵《通志·氏族略》载"厍氏音舍，天台括苍有此姓"。此樵妄据委巷小人之姓，遂欲以为典，实不足信。

写

《窦融传》：融作书与隗嚣，劝降汉，光武嘉美，诏之曰"从天水来者写将军所让隗嚣书"云云。案：《曲礼》："器之溉者不写，其余皆写。"注谓："传之器中。"汉人因借为传钞书写之字。《前书·艺文志》："孝武世，建藏书之策，置写书之官。"

窦宪论

《窦宪传》因论宪遂及士之不用，以此致慨。蔚宗议论如此，信肮脏之士乎？自负杰思有以也，但未合危行言孙之宜耳。

自　搏

《赵憙传》："憙欲报兄仇，挟兵往。仇家疾病，无相距者，皆卧自搏。"注："自搏犹叩头也。"考《三国志·吴韦曜传》："孙皓收曜付狱，曜上辞曰：'谨叩头五百下，两手自搏。'"裴松之虽无注，然上文既言叩头，下文即言自搏，则自搏非叩头，李贤注殊误。叩头以首叩地，自搏以手自搏击，悔过而痛，自责之意也。

大司徒司直

《杜林传》："林从陇坻归三辅，征拜侍御史，后代王良为大司徒司直。"袁宏《后汉纪》第八卷作"迁司马直"，脱去下"司"字，固属显然；而"司徒"之作"司马"，亦传写之误无疑。《王良传》亦作"大司徒司直"。盖司直乃司徒掾属，见司马彪《百官志》。司马无之。

掌乐大夫

《桓谭传》："当王莽居摄篡弑之际，天下之士，莫不竞褒称德美，作符命以求容媚，谭独自守，默然无言。莽时为掌乐大夫。"按：《前书·翟义传》："莽依《周书》作《大诰》，遣大夫桓谭等班行谕告当反位孺子之意。还，封谭为明告里附城。"是谭党于莽曾受其封爵，非扬雄素不与事可比。

代郡中尉

《苏竟传》："拜代郡中尉。""中尉"当作"都尉"。又"武王伐纣，上祭于毕，求助天也"。"助天"当作"天助"。

于　吉

《襄楷传》："顺帝时，琅邪宫崇诣阙，上其师于吉所得神书。"注引《江表传》吉为孙策所杀事。案：《吴志·策传》裴注亦引此，而云"顺帝至建安中，五六十岁，吉是时已百年"。策死在建安五年之四月，大约距杀吉时不久。

窦固军云云

《苏章传》:"章祖父纯,永平中,为奉车都尉窦固军,出击北匈奴、车师有功,封中陵乡侯。"案:"窦固军"云云,此文上下必有脱误。

东　园

《羊续传》:"灵帝欲以续为太尉。时拜三公者,皆输东园礼钱千万,中使督之,名为'左骀'。"案:"东园"当作"西园"。

永平之初

《樊宏传》"宏族曾孙准迁御史中丞。永平之初,连年水旱"云云。案:"永平"当作"永初"。

王嘉数年改刑法百余事

《梁统传》统上疏曰:"哀、平继体,丞相王嘉轻为穿凿,亏除先帝旧约成律,数年之间,百有余事。"注谓"《嘉传》及《刑法志》并无其事,统与嘉时代相接,所说固不妄矣,但班固略而不载也"。近儒谓王嘉以建平二年十月为御史大夫,三年四月为丞相,元寿元年三月下狱死,为相不过二期,安得"数年之间,亏除百余事"?宜乎《班史》之不取。愚则以嘉为相出入三年矣。《祭遵传》:"大汉累世十余,历载数百。"注云:"汉兴至此二百余年,言'数百'者,谓以百数之。"须知古人自有此等文法,二百年可称数百载,三年何不可言数年?《班史》纰漏多矣,不害为良史。若以耳食之见有意尊班抑范,则非也。

张　纯

张纯之六世祖汤,酷吏也。父放,佞幸也。纯少袭爵土,哀平间为侍中。列侯九百二人为莽求九锡,纯列名于首。王莽时至列卿,则又仕异姓者也。既以敦谨保全前封,又以议礼为中兴名臣,异哉。

幅　巾

《郑康成传》:"大将军何进辟之,州郡以进权戚遂迫胁康成,不得已诣之。进为设几杖，礼待甚优。康成不受朝服，以幅巾见，一宿逃去。"案：《韦彪传》："彪之族孙著，入山采药，不就征。灵帝即位，中常侍曹节白帝就家拜著东海相。不得已，解巾之郡。"注："巾，幅巾也。既服冠冕，故解幅巾。"《冯衍传》："衍审知更始已没，乃幅巾降于河内。"注："不加冠帻，但以一幅巾饰首而已。"《鲍永传》："永知更始亡，封上将军列侯印绶，悉罢兵，但幅巾诣河内。"注："幅巾谓不着冠，但幅巾束首也。"《周磐传》："公府三辟，皆不应。临终戒其子，敛用濯衣幅巾。"注："幅巾，不加冠也。"《符融传》："融幅巾奋褒，谈辞如云。"注："幅巾者，以一幅为之也。"《逸民韩康传》："亭长见康柴车幅巾，以为田叟也。"又《法真传》："恬静不交人事，太守请见之，乃幅巾诣谒。"《三国·魏志·华歆传》："孙策略地江东，歆幅巾奉迎。"沈约《宋书》第十八卷《礼志》云"汉末王公名士，多委王服，以幅巾为雅"，是也。

康成注经

康成"注《周易》、《尚书》、《毛诗》、《仪礼》、《礼记》、《论语》、《孝经》"云云。案：康成所注诸经，《周礼》尤其精者。此但言《仪礼》、《礼记》，不言《周礼》，盖传写脱去。又注云："《谢承书》载康成所注与此略同，不言注《孝经》，唯此书独有。"今所行《十三经注疏》内《孝经注》，据疏云是唐开元中御制，而疏则但题"宋邢昺奉敕较定"，当非昺撰。《新唐书》第二百卷《儒学·元行冲传》云："玄宗自注《孝经》，诏行冲为疏，立于学官。"然则此疏是行冲作明矣。若《艺文志》所列梁皇侃，唐贾公彦、孔颖达与行冲皆有《孝经疏》，彼三家所疏盖用郑康成注也。郑注自魏晋以来有之。又有孔安国注，则出于隋刘炫，殆即炫作。行冲于《御制序》疏中，谓孔郑二家皆非真实。又引齐陆澄说，谓郑注非康成所注。又于篇首疏中，历诋郑注为伪，"其验有十二"。又载开元七年刘子玄、司马贞两家议，子玄欲"行孔废郑"，贞则以郑为优、孔为伪。行冲虽并黜两家，而其意则尤不许者郑也。又有傅注者，不知何人，作序一篇云：子玄驳郑有十谬、七惑。大约行冲"十二验"即祖子玄余唾。观范蔚宗以为出康成，则可信矣。乃自唐以来，孔、郑并亡已久。近日孔注从日本传至中土，而郑注独不可得，诚恨事也。

康成"经传洽孰，称为纯儒，齐鲁间宗之"。案：考之《北史》及《三国·王粲传》，郑学天下所宗，岂但齐鲁！蔚宗此言稍陋。然论云：郑康成"括囊大典，网罗众家，删裁繁诬，刊改漏失，自是学者略知所归"。赞云："玄定义乖，孔书遂明。"其推重如此，则蔚宗非不知康成者。"齐鲁间"一语，或偶承谢承、华峤之旧耳。

其次于张纯、曹褒之后，此有深意，正是极尽尊崇。盖纯、褒皆汉名臣，手定典礼。康成终身处士，未尝一日登朝，乃跻之，使与并列。自康成外，何休、服虔、许慎皆但入《儒林》，不升列传，此与司马子长进孔子于世家义同。王安石全不知三代贵贵尚爵制度，辄讥子长，诚妄人也。

十七史商榷卷三十六

后汉书八

晦日食

《郑兴传》：建武七年，"三月晦，日食。兴上疏曰：日月交食，数应在朔，而顷年日食，每多在晦。先时而合，月行疾也。日君象，月臣象，君亢急则臣下促迫"。此条足与《洪范》郑注相发。

度　尚

《度尚传》："尚为郡上计吏，拜郎中，除上虞长，迁文安令。延熹五年，自右校令擢荆州刺史。"案：县长四百石，或三百石，令千石。右校令、将作大匠属官六百石。尚为上虞长，立曹娥碑时为桓帝元嘉元年，岁在辛卯，见《古文苑》。自辛卯至延熹五年壬寅，凡十二年，始迁至此。

范矫班失

《班彪固父子传》论云："彪、固讥迁，以为是非颇谬于圣人。然其论议常排死节，否正直，而不叙杀身成仁之为美，则轻仁义，贱守节愈矣。"此虽华峤之辞，而蔚宗取之，故蔚宗遂力矫班氏之失，如《党锢》、《独行》、《逸民》等传，正所以表死节褒正直而叙杀身成仁之为美也，而诸列传中亦往往见重仁义贵守节之意，善读书者当自知之，并可以想见蔚宗之为人。

袁宏论佛法

《楚王英光武子。传》叙英奉浮屠事，李贤注引袁宏《后汉纪》云："浮屠者，佛也。西域天竺有佛道焉。佛者，汉言觉也，将以觉悟群生也。其教以修善慈心为主，不杀生，专务清净。其精者号为沙门。沙门者,汉言息心,盖息意去欲而归于无为也。又以为人死精神不灭,随复受形,生时所行善恶皆有报应,故所贵行善修道,以炼精神而不已,以至无生而得为佛也。佛身长一丈六尺,黄金色,项中佩日月光,变化无方,无所不入,故能化通万物而大济群生。初,帝梦见金人长大,项有日月光,以问群臣。或曰:'西方有神,其名曰佛,其形长大,陛下所梦,得无是乎?'于是遣使天竺,而问其道术,遂于中国而图其形象焉。有经数千万言,以虚无为宗,苞罗精粗,无所不统。善为宏阔胜大之言,所求在一体之内,而所明在视听之外。世俗之人,以为虚诞,然归于玄微深远,难得而测,故王公大人观死生报应之际,莫不矍然自失。"此段内有脱落处,既据袁本书以补之矣。而"有经"以下,则李贤所未及引。"千万言","言"字予以意增也。试详味之,乃知佛法大意已尽于此。明帝感梦事亦见《西域传》,亦见《魏书·释老志》、唐《圣教序》。要之袁宏最在前。

《魏书·释老志》谓:"汉哀帝元寿元年,博士弟子秦景宪受大月氏王使伊存口授浮屠经,未之信了也。后孝明帝遣郎中蔡愔、博士弟子秦景等使天竺,得佛经不过《四十二章》而已。"襄楷当桓帝时上封事所引"天神献女于佛",李贤注以为出《四十二章经》是也。今此书具存,尚觉平实。但就楷所言绎之,汉末佛书恐不止此一种。若止此一种,则楷安得言之娓娓如此。又路粹诬奏孔融,谓与祢衡放言"父之于子,当有何亲? 论其本意,实为情欲发耳。子之于母,亦复奚为? 如寄物瓬中,出则离矣"。此等邪说不出佛书而何? 至袁宏是东晋人,言佛经有"千万言",则较多于汉世矣,然犹未炽盛也。王巾简栖卒于梁天监四年,所撰《头陀寺碑》,李善注所引经,仅有《维摩经》、释僧肇注又序,又竺道生注,又罗什注。《华严经》、《法华经》、一名《妙法莲华经》,刘虬注。《涅盘经》、《瑞应经》、《胜鬘经》、《金刚般若经》、谢灵运注。《大品经》、《泥洹经》、《摩诃摩耶经》、《头陀经》、《金光明经》、《弥勒成佛经》、《大灌顶经》、《不退转法经》、《发迹经》,凡十六部;所引论,仅有《涅盘论》、僧肇。《大智度论》、《百法论》、僧叡师《十二法门序》,凡四部;所引律,仅有《僧祇律》、《昙无罗谶》,凡二部,如是而已。若《圆觉》、《楞严》等之精深者,犹未著也。《释老志》又言:"熙平元年,诏遣沙门惠生使西域,采诸经律。正光三年冬,还京师。得经论一百七十部,行于世。"事亦见

《资治通鉴》一百四十八卷。自"魏有天下,至于禅让,佛经流通,大集中国,凡有四百一十五部,合一千九百一十九卷"。则其猥冗支蔓,亦已甚矣。至唐玄奘法师往游西域十有七年,穷历道邦,得三藏要文凡六百五十七部以归,贞观十九年二月六日奉敕于宏福寺翻译,布之中夏,见《圣教序》。则较之南北朝盖已数倍之。自开元以后,南能北秀,迭为废兴。下迄宋元,益不胜其繁矣。

秀水朱检讨谓太原县西五里有山曰风峪,风穴存焉。中有北齐天保时所刻佛经,凡石柱一百二十有六。又谓太原傅山行平定山中,见洞口石刻佛经林立,与风峪等皆北齐天保间刻。又房山亦有之,隋人刻。此三种今皆不可见,然皆在魏后,不知有出于一千九百一十九卷之外者否? 武林卢学士文弨拓得风峪佛经,予未见。

胡广传叙次颠倒

《胡广传》自少至老历叙事实,及叙至"灵帝立,陈蕃被诛,代为太傅,时年已八十,而心力克壮"。其下文则云"继母在堂,朝夕瞻省,言不称老。及母卒,居丧尽哀"云云。其下文则继以"性温柔谨素,常逊言恭色",直至"陈蕃等朝会避广,时人荣之"。此段乃是总叙广一生大略。而其下文乃云"年八十二,熹平元年薨"。其下则盛称死后褒赠之荣、丧仪之美,而结之曰:"汉兴以来,人臣之盛,未尝有也。"以下则又盛陈其著述之富以终之。夫八十而有继母,人事之常,不足为怪。然则自"居丧尽哀"云云,以上俱是按年顺叙之文,而"性温柔"云云一段实系总叙,宜在"未尝有也"之下,今横亘其间,叙次颠倒,稍觉失伦。此蔚宗偶不检处。

刺广寓于褒颂

西京张禹、孔光,东都胡广皆以文学著,皆小人之至无耻而享大福者。孟坚于张、孔直笔诋斥,尽丑描摹,洵不愧良史矣。而蔚宗于胡乃别换一种笔墨,冷讥毒刺寓于褒颂夸誉中,其党恶误国反为藏过,读之辄为击节叹赏,亦不觉捧腹绝倒。夫质帝为梁冀所弑,时李固为太尉,与杜乔执议,必欲立清河王蒜。冀以蒜年长有德,恐为后患,贪蠡吾侯志童昏,欲立之,广与司空赵戒附会成之,是为桓帝。于是李固罢黜,卒死冀手。而广即代固为太尉，广之罪于是为大。桓帝立，乱政亟行，后虽诛冀，而宦官之权转盛，汉亡实兆于此。原广之心非必欲乱汉也，特贪位惧祸耳。但鄙夫之误人国家，正为患得患失使然。当时广若能与李、杜同心，立清河王，无桓则亦无灵矣。蔚宗作此传全用美词。其前但叙顺帝欲立皇后，有宠者四人，莫知所建，欲探筹定选，广与尚书郭虔、史敞上疏谏，乃立梁贵人，则已明著广之党于梁氏矣。时权在尚书，郭、史乃戚宦之党，广又首先创议，冀勋德比周公，锡之山川土田附庸，见《黄琼传》。及叙至质帝崩，之下但云"代李固为太尉，录尚书事。以定策立桓帝，封育阳安乐乡侯"。夫倾固而夺其位，又以定策受封，党恶之罪显然矣。下叙冀诛，则云"广坐不卫宫，减死一等，夺爵土，免为庶人"。深恶其幸免罪重而所坐轻也。《黄琼传》则云"广坐阿附梁氏"。其总叙云："共李固定策，大议不全。""大议不全"者何谓也？至劣之行以蕴藉出之。其下即云："在公台三十余年，每逊位辞疾，及免退归里，未尝满岁，辄复升进。"鄙夫情状，曲曲道破。通读一遍，此传若有美无刺者而已，不啻铸鼎象之、然犀照之，且各传中互见已多矣。肆而隐，微而彰，其《范史》之谓乎？

《太平御览》引《世说》云："胡广本姓黄，五月生，父母恶之，乃置之甕投之于江。胡翁见甕流下，闻有小儿啼声，往取养之以为子。登三司，流中庸之号。广后不治本亲服，云'我于本亲已为死人也'。世以此为深讥焉。"按：今《世说》不载此条，疑晏元献削去之。夫求忠臣必于孝子，广之不忠自当不孝，而传中乃称其"朝夕瞻省继母"，名高位极，而瞻省小节，可以为孝乎？又言"居丧率礼无愆"，"率礼无愆"誉词入妙，此传故作扬笔，而浮泛其语以示意。

生平忠言嘉谟只三事：一是为梁氏作地；一则驳左雄改察举制，议论冗陋，而亦与郭虔、史敞同上，其与二人比周可知；又载他人荐广者只一事，而其人亦即同党之史敞也。蔚宗之笔刻毒至此。

总叙称广所荐举"皆天下名士"，而其前又言"为济阴太守，以举吏不实免"。其事详见《左雄传》中。

班超论有脱

《班超传》论："时政平则文德用，而武略之士无所奋其力能，故汉世有发愤张胆,争膏身于夷狄以要功名,多矣。"案:"力能"之下疑脱落四句。

殷人迁洛

《杨终传》:"殷人近迁洛邑,且犹怨望。"此指周公迁殷顽民于洛邑,殷民"迪屡不静"、"惟逸惟颇",事见《多士》、《多方》等篇。李贤注乃引"盘庚五迁,将治亳",殷亳与洛非一地,此注非。

风俗通

《应奉传》:奉子劭,"撰《风俗通》,以辩物类名号,识时俗嫌疑。文虽不典,后世服其洽闻"。论曰:"劭撰著篇籍,甄纪异知,虽云小道,亦有可观者焉。"案:劭著述今存者惟《风俗通》,前明新安吴琯刻仅四卷,予所藏有十卷,元大德丁未无锡州守刘平父刻,系三衢毛希圣所携本,有太中大夫行都水监李果序,比俗刻多且倍之。然由今考之,此书卷帙甚富,此刻亦非全本。即如李贤注所引出于此刻外者甚多,则知佚者多矣。劭,汉俗儒也;《风俗通》,小说家也。蔚宗讥其"不典",又云"异知"、"小道",可谓知言。《王充传》云:"著《论衡》八十五篇,释物类同异,正时俗嫌疑。"此与《风俗通》品题略同,尤为妙解。盖两书正是一类,皆摭拾谀闻,郢书燕说也。

十七史商榷卷三十七

后汉书九

王充称孝

《王充传》:"充少孤,乡里称孝。"案:充《论衡·自纪篇》历诋其祖父之恶,且又直呼父名不言讳,而盛自夸誉,其言如此,恐难称孝,此史文之谬者。

仲长统传注

《仲长统传》:统《昌言》曰:"汉二百年遭王莽乱,民户残灭,倍乎秦、项。"此下注说平帝时郡国、县邑、道、侯国及地东西南北广袤之数,及民户、口数,皆据《前·地理志》。但"道三十四","四"彼作"二";"地东西九千二百二里","二百"彼作"三百";"南北一万三百六十八里","万"下彼有"三千",此脱,当以彼为正。

台 阁

《昌言》曰:"光武忿强臣窃命,矫枉过直,虽置三公,事归台阁。自此以来,三公备员而已;权移外戚、近竖。怪异数至,水旱为灾,皆戚宦所致。反以策让三公,至于死免。"李贤曰:"台阁谓尚书也。"愚案:李注甚确。汉世官府不见台阁之号,所云台阁者犹言宫掖中秘云尔。《蔡邕传》邕上封事云:"司隶校尉、诸州刺史,弛纵莫相举察,公府台阁亦复默然。"以公府与台阁并称,所谓宫中府中也。盖尚书令、尚书仆射与尚书皆宦者与士人迭为之,权归于此,有事可直达上前,故三公无权,有事反借尚书以达于上。自成帝以灾异令丞相翟方进自杀,终汉世,三公以灾异死免者,至多不可枚举,皆散见诸传中,最为可笑。直至魏黄初二年,方诏天地眚勿劾三公耳。统论切中其弊。

《黄琼传》云:"迁尚书仆射。初,琼随父在台阁,习见故事。及居职,达练官曹。"《文苑·黄香传》云:"香迁尚书令,上疏曰:'臣弱冠特蒙征用,连阶累任,遂极台阁。'"皆谓尚书为台阁也。又《袁绍传》:"绍檄曹操云:'坐召三台,专制朝政。'"注云:"汉官尚书为中台,御史为宪台,谒者为外台,是为三台。"据此则知台阁者尚书也。又《酷吏·阳球传》:"举孝廉,补尚书侍郎,闲达故事,其章奏常为台阁所崇信。"

《三国·魏志·王肃传》:"太和四年上疏曰:'除无事之位,损不急之禄,止浮食之费,并从容之官;使官必有职,职任其事,事必受禄,禄代其耕,乃往古之常式,当今之所宜也。官寡而禄厚,则公家之费鲜,进仕之志劝。各展才力,莫相倚仗。敷奏以言,明试以功,能之与否,简在帝心。是以唐、虞之设官分职,申命公卿,各以其事,然后惟龙为纳言,犹今尚书也,以出内帝命而已。夏、殷不可得而详。《甘誓》曰"六事之人",明六卿亦典事者也。《周官》则备矣,五百视朝,公卿大夫并进,而司士辨其位焉。其《记》曰:"坐而论道,谓之三公;作而行之,谓之士大夫。"及汉之初,依拟前代,公卿皆亲以事升朝。故高祖躬追反走之周昌,武帝遥可奉奏之汲黯,宣帝使公卿五日一朝,成帝始置尚书五人。自是陵迟,朝礼遂阙。可复五日视朝之仪,使公卿尚书各以事进,废礼复兴。'"肃立言虽若为欲汰冗员,其实则专为防壅闭。盖尚书之官,汉以宦者士人迭为之,公卿之权分于近幸,而君臣不相接见,上下否隔,祸有不可胜言者。王肃所论,正仲长统所谓"事归台阁,三公备员而已"者也。

尚书固为权要,而汉又别有中书。为尚书者,士人多宦者少,中书则皆宦者也。以尚书与三公对言,三公权不及尚书;以尚书与中书对言,尚书又不及中书矣。《前汉·萧望之传》"望之以前将军领尚书事",而弘恭、石显则中书令仆射也,望之卒为恭、显所杀矣。尚书、中书皆管机密,出纳王命,其职皆要,而官则微。《百官公卿表》篇首叙九卿,其于少府之属官有尚书及中书谒者,皆为属官,其品秩皆不高。而表中并无尚书、中书官也。望之官之尊在前将军,而其要则在尚书,故恭、显使张朋告其罪,必候其假归洗沐方上之。要之,士人必不如宦人之尤亲密,故恭、显终能杀望之。万斯同《补东汉将相大臣年表》有尚书令、尚书,无中书,盖此官侍直宫禁,不在朝廷大臣之列。其后"魏文帝黄初中,改秘书为中书,以刘放为监、孙资为令,各加给事中,遂掌机密",见《三国志·放传》。中书令之为宰相始于此矣。《王肃传》注："明帝太和中,秘书丞薛夏以公事移兰台。兰台自以台也,秘书署耳,谓夏为不得移,当坐。夏报曰:'兰台为外台,秘书为内阁,台、阁一也,何不相移之有?'"然则台阁之名本在尚书也,而又属之中书矣。官不论贵贱,惟视其职之闲要,而闲要惟视时主之意向,其制无时不改,是以书之史籍,纷若乱丝,使人眩目,因论台阁连及之。

柴 门

《杨震传》:"使者策收震太尉印绶,于是柴门绝宾客。"李贤无注。愚谓:此柴门与杜诗"柴门不正逐江开"、"相送柴门月色新"之柴门不同,彼谓以茅柴横木为门,此则当为杜塞之意。《说文》:"柴,小木散材。"徐铉曰:"师行野次,竖散木为区落,名曰柴篱。后人别作寨,非是。"《宋书·柳元景传》:"程天祚柴未立。"此正以柴为寨,区落、柴篱有杜塞义也。《酷吏·周纡传》:纡为洛阳令,令属吏折辱皇后弟黄门郎窦笃,免官。"后窦氏贵盛,纡自谓无全,乃柴门自守,以待其祸",是也。

奏收彪下狱

震曾孙彪传:"曹操诬彪欲图废置,奏收下狱。"《魏志·满宠传》作"故太尉杨彪收付县狱"。时彪已以疾罢,而天子都许,彪亦在许,宠方为许令。县狱者,许县狱也。

修渝淳则

杨彪子修为曹操所杀,而赞云:"修虽才子,渝我淳则。"愚谓:震、秉、赐、彪,四世名德。彪为操所忌,几死得免。修当远去权势,韬晦以避之。反为操谋主,总知内外,且与丕、植亲昵,又数炫其才于操,死非不幸,赞语最为平允。袁宏《后汉纪》第三十卷言,自震至彪,皆儒素相承,孝友笃诚,不忝前列,修有俊才而德业之风尽矣。意与范氏同。

曹腾说立桓帝

永嘉元年冲帝崩,李固欲立清河王蒜,既已征至京师,而梁冀与太后定策,舍蒜而立质帝,蒜遂罢归国。及质帝又为冀所鸩弑,则公卿皆归心于蒜,欲必立之。乃中常侍曹腾又力劝冀勿立蒜,而立桓帝。此见于《冲质本纪》、《章八王传》及梁冀、李固各传中者也。汉之亡实腾此举为之,而腾养子嵩实生操以代汉,曹氏固世为汉贼者。《宦官传》叙云:"自曹腾说梁冀,竟立昏弱。魏武因之,遂迁龟鼎。"此数言最为扼要。

赵　腾

《张皓传》:"顺帝即位,清河赵腾上言灾变,讥刺朝政,章下有司,收腾系考。"案:《杨震传》"河间男子赵腾诣阙上书",乃安帝时事,此乃以为顺帝。又,彼言"河间",此云"清河";彼言"腾伏尸都市",此言"皓谏帝悟,减腾死罪一等",亦不合。

张衡论史

《张衡传》:"衡条上班固所叙不合者,又以为王莽本传但应载篡事而已,至于编年月,纪灾祥,宜为元后本纪。又更始居位,人无异望,光武初为其将,然后即真,宜以更始之号建于光武之前。"愚谓:衡两说皆迂谬,不可从。以更始之号建于光武之前者,衡意直谓宜别作《更始本纪》耳,非如今书以更始元、二年书于《光武纪》,而更始自为列传也。范蔚宗固未尝用衡之谬说。

更始虽立,而力不能一天下,若守臣节,则汉业堕矣。且伯升首义,而更始信谗杀之,是固不当臣附。王郎既诛,遂贰于更始,至河北关西略定,方建尊号,可无惭德。乃袁宏《后汉纪》第三卷宏为论曰:"王莽乘权窃有神器,刘氏德泽实系物心。于斯时也,君以义立,更始之起乘义而动,号令禀乎一人,爵命班乎天下。及定咸阳而临四海,清旧宫而飨宗庙,成为君矣。世祖经略,受节而出,奉辞征伐,臣道足矣。然则三王作乱,勤王之师不至;长安犹存,建武之号已立。虽南面而有天下,道未尽也。"宏此论竟以光武即尊号为大非,其迂谬又出张衡之下。

马融传叙事颠倒

《马融传》历叙其事,至顺帝阳嘉间上疏言征西羌之下即云:"三迁,桓帝时为南郡太守。"下又追叙"先是以事忤梁冀",然后接"冀奏融在郡贪浊,髡徙朔方。赦还,复拜议郎,以病去官"。下接"融才高博洽"云云一段,总说一生性行著述。下又追叙"初,融惩于邓氏,遂为冀草奏李固"云云。其下则接"年八十八,延熹九年卒"云云。其下则接族孙日碑事云云。叙事颠倒,错杂眩目。窃谓:为冀草奏李固,据《固传》是质帝朝事。忤冀而为其髡徙,据《冀传》是桓帝元嘉时事。于《融传》亦宜挨年叙入,今以草奏李固抽出另叙,又置于总叙一段之下,则错乱眩目殊甚。当于叙完言征羌下即接草奏李固事,其下接忤冀事,下接累迁南郡太守、冀奏免官云云,至"以病去官"下,即接"年八十八"云云,其下接总叙一段,其下接日碑云云,方明白。

蔡 质

《蔡邕传》:"邕叔父卫尉质与将作大匠阳球有隙。球即中常侍程璜女夫,璜使人飞章言邕、质私事。"注:"质字子文,著《汉职仪》。"愚谓:《邕传》末宜附质事,此不言质反不得比马融之日碑乎?遗漏也。

十 意

"邕撰《后汉记》,会遭事流离,不及成,因上书自陈,奏其所著十意。"注云:"犹《前书》十志也。"又引《邕别传》载其上书全文,中云:"臣欲删定者一,所当接续者四,《前志》所无臣欲著者五。""《律历意》第一,《礼意》第二,《乐意》第三,《郊祀意》第四,《天文意》第五,《车服意》第六。"案:此下疑脱落四句,即以司马氏志八篇较此,已有《五行》、《郡国》、《百官》三种为此目所无,且《前志》所无邕欲著者五,而此六者之中仅有《车服》一种为《前志》所无,其为脱落甚明。

邕无子

"臣年四十有六,孤特一身。"案:邕无子孙,故云然。《列女·董祀妻传》:"曹操素与邕善,痛其无嗣。"

马蔡论赞

《马融》、《蔡邕传》各为一卷，而论分赞合，变例也。马论虽贬之，实惜之，反覆有味。蔡论则全是申雪矣。赞亦抑马扬蔡，平允而意致深长。

延熹四年

《周举传》："延熹四年，辟司徒李郃府。""延熹"当作"延光"，安帝号。

李杜相荐举

李固为将作大匠，上疏称"侍中杜乔，学深行直，当世良臣"。乔守光禄大夫，徇察兖州，亦"表奏太山太守李固政为天下第一"。君子以同道为朋，岂不然乎？二人同传，赞亦并推，而论但言固，盖言固则乔自见矣。至云"顾视胡广，犹粪土也"，《广传》皆为微词，至此则痛诋不能忍矣。

卢植传有遗漏

灵帝崩，何进谋诛宦官，于是张让等劫少帝走河津，卢植追帝从之。此植一生大节，传中宜一见，而云"详《何进传》"，今竟无一语，而突见论中，非也。

长　吏

《陈蕃传》：蕃为太尉，奏宦官罪，宦官疾蕃甚，"选举奏议，辄以中诏谪郤，长吏以下多至抵罪"。案："吏"当作"史"，太尉府有长史，因蕃抵罪也。

陈蕃传论

《陈蕃传》论推明忠义心事，悲愤壮烈，千载下读之凛凛犹有生气。以王允与蕃合传，其与允也至矣。

郑公业

《王允传》:允与司隶校尉黄琬、尚书郑公业等谋共诛董卓。此郑泰,而称其字为公业者,蔚宗父名泰,故讳之。太本传篇首一见其名,以不没其实,而仍改"泰"为"太",其余俱称字。《郭泰传》同。泰谋诛董卓事,亦见《三国·魏志》泰之弟浑传。

十七史商榷卷三十八

后汉书十

党锢传总叙

《党锢传》首总叙，说两汉风俗之变，上下四百年间瞭如指掌，下之风俗成于上之好尚，此可为百世之龟镜。蔚宗言之切至如此，读之能激发人。袁宏《后汉纪》第二十二卷论党锢一段，蔚宗虽亦稍取之，然彼乃深斥党人之非，用意与蔚宗不同。

范滂传宜补一句

《范滂传》叙至滂就逮辞母，母训滂之下宜补一句云"滂竟被害"，然后继以"行路闻之，莫不流涕"云云。

滂母以其子与李、杜同祸为幸，皇甫规以不得与党锢为耻，光武、明、章尊儒劝学，其效乃尔，得蔚宗论赞，以悲凉激壮之笔出之，足以廉顽立懦。

外黄令

《张俭传》：俭亡命，流转东莱，"外黄令毛钦操兵到门"。顾氏曰："外黄，'外'字衍。"

孔融传论

前《陈蕃传》论，以汉乱而不亡百余年，为蕃等之力。《孔融传》论，以曹操之不敢及身篡汉，为融之功。至《儒林传》论，则又以汉经学世笃，故桓、灵以后，国势崩离，而群雄不敢遽篡者，皆为儒学之效。蔚宗之表扬节义、推奖儒术如此。沈约《宋书·郑鲜之传》云："后汉乱而不亡，前史犹谓数公之力。""前史"即《范史》。

改刺史为牧

《刘焉传》："灵帝政衰,四方兵寇,焉以为刺史威轻,建议改置牧伯。"案:此事在中平五年。《酷吏·樊仲华传》:仲华当光武时,而传言拜扬州牧。此追言之,不必泥。

曹 腾

曹腾,宦者中之最奸狡误国者,而传中不著其恶,反多美词。以《三国志》注校之,乃知皆司马彪之文,而蔚宗袭之。司马氏或因《东观记》元文,观《孙程传》注引《东观记》可见。或魏代人润饰也。

赵 典

"颍川堂溪赵典。"案:"赵"字衍,据《三国志·魏武纪》校。

单超等

桓帝欲图梁冀,以语单超等。超曰:"图之不难,但恐陛下复中狐疑。"昏懦为若辈窥见,一语道破。

将军侍御史

单超葬,"发五营骑士,将军侍御史护丧"。案:"将军"二字衍。

阉 党

明有《阉党传》,制名特妙。盖不目之为佞幸、为奸臣者,以其人又在佞幸、奸臣之下也。读《宦者传》,乃知汉已有之。

齐鲁韩毛尚书

后汉立《五经》十四博士,已详《百官志》。而《儒林传》云:"光武立《五经》博士,《易》有施、孟、梁丘、京氏,《尚书》欧阳、大小夏侯,《诗》齐、鲁、韩、毛,《礼》大小戴,《春秋》严、颜,凡十四博士。"此衍一"毛"字。时《毛诗》未得立也,且如此乃十五非十四矣。其下文即云:"又诏高才生受《古文尚书》、《毛诗》、《穀梁》、《左氏春秋》,虽不立学官,然皆擢高第为讲郎。"若"毛"非衍字,则自相矛盾矣。又《灵帝本纪》云:光和三年,"诏公卿举能通《尚书》、《毛诗》、《左氏》、《榖梁春秋》各一人,悉除议郎"。《尚书》上脱"古文"二字。盖此皆不立学,故能通为难。若立学者,则博士所恒习,何烦特举乎?合三条考之益明。

世世相传

"济南伏生传《尚书》,授千乘欧阳生,欧阳生授同郡儿宽,宽授欧阳生之子,世世相传,至曾孙欧阳高。"案:《前书》云:"宽授欧阳生子,世世相传。"近人遂有以上"世"字属上读为欧阳生子名世者。此增一"之"字,则知读为"世世相传","世"非名。

都　亭

《独行·陆续传》:"续,会稽吴人。仕郡户曹史。岁荒民饥,太守尹兴使续于都亭赋民馔粥。"案:唐陆广微《吴地记》:"都亭桥,寿梦于此置驿,招四方贤客,基址见存。"宋范成大《吴郡志·桥梁门》:"阊门有都亭桥,在吴县西北。故传吴王寿梦尝于此作都亭,以招贤士。今遗址尚存。"范言"遗址尚存",而今相去又六七百年,桥固尚存,土人仍以故名呼之,仍在阊门内吴县之北,此即寿梦招客、陆续赋民粥地也。但此特是吾吴之都亭耳。张皓子纲传云:"迁侍御史,埋车轮于洛阳都亭。"《李充传》云:"充,陈留人,署县都亭长。"《王乔传》云:"乔为叶令,每朝门下鼓不击自鸣,帝迎取其鼓置都亭下。"《列女传》云:"酒泉庞淯母赵娥,父为同县人所杀,娥后遇仇于都亭,刺杀之。"然则都亭处处有之,不独吴。《三国·魏志·太祖纪》"九锡"下注列劝进诸臣名,有都亭侯二人王忠、蒋洪。又列传魏吕布、公孙瓒、任峻、徐晃、臧霸、庞德、曹仁,蜀马超俱尝封都亭侯,各见其本传。晋庾亮亦封都亭侯,见《晋书·亮传》。又沈约《宋书·文帝纪》首上表诸臣名有都亭侯纲。又宋王淮之,梁裴之平、柳偃俱尝封都亭侯,见《宋书》王弘,《梁书》裴邃、柳恽等传。又《宋书》沈约《自序》,其王父林子居建康都亭里。可知是都邑亭名之通称。

松 江

《方术·左慈传》:"曹操顾坐客曰:'今日高会,所少吴松江鲈鱼耳。'"注:"松江在今苏州东南,首受太湖。""吴"字当略读,不与松江连文。唐宋以下皆误连,近人则并加"水"傍,作"淞"矣。

梁鸿雪父耻

梁鸿之父让,仕莽,为城门校尉,封修远伯。鸿之终身不仕,所以雪其父之耻也。

鲍宣妻传宜增一句

鲍宣妻入《列女传》。传末云:"宣,哀帝时官至司隶校尉。"此下宜增一句云:"以不附王莽见杀。"

字系姓

曹世叔妻班昭,字惠班。阴瑜妻荀采,字女荀。盖古人有从夫姓者,如昭称曹大家之类,故于字系姓。

马融从昭受汉书

班昭就东观藏书阁踵成《汉书》。"《汉书》始出,多未能通者,同郡马融伏于阁下,从昭受读。"案:观此可以见汉人读书之法,与后世不同。汉人读书必有师传,无师不能读,故千里步担寻师。既得师,贫无资用,或执厮养之役,从而听讲受业焉。及其既通,终身守师法,不敢改。而终身所得力,亦尽在此书矣。文章议论,功名事业,皆从此出。其术则似约而实广,其功则初难而后易。即如伏生,当秦乱壁藏《尚书》,汉兴已求得其书,是时除挟书之律,文帝但当下诏济南从伏生檄取其书,上之秘府足矣,何必特使人往受?不特此也,晁错此时已以文学为太常掌故,秩六百石,赫然为当代名臣,非如初就傅之童子未通句读者,文帝欲使人往受,必妙选俊异,如错方可,使若庸碌之人,仍不能往受。错至,伏生老不能正言,门徒各散,嗣子尚幼,无人代为讲授,然而简策具存,伏生略说大意,错似能领会。乃若有万不得已者,不避男女之嫌,而必使其女传言教错,此其故何也?汉人传经,其文字音读、章句训诂,必有明师面授,方能承学,无师不能自读也。若如后世人读书,一介小夫,马医夏畦之子,略识租牛券中字,便可抗颜为师而教弟子;为弟子者即三家村中至顽钝小儿,一闻"钦,恭敬也","明,光明也","文,文章也","思,意思也",便自谓了然矣,安用此仆仆不惮烦哉!然此犹曰传经不可苟也。至于班固,以汉人记汉事,有何难解?马融又与班固同代之人,且融聪明特达,卓然有名,乃必伏于阁下从女子受读,而不敢自以己意读。《三国·吴志·吴主五子传》:孙权之长子登,既立为太子,"权欲使读《汉书》,知近代事,以张昭有师法,重烦劳之,乃令昭之子休从昭受读,还以授登"。可见孙权尚知读书之法。而宋、明人不知也,动辄妄为大言,高自位置,蔑弃前人,而胸驰臆断,其实但可欺庸人耳,自有识者观之,曾不足以当一笑,后之学者尚其戒之。

曹娥碑

《曹娥传》注引《会稽典录》,盛夸邯郸淳碑文之美,蔡邕题云:"黄绢幼妇,外孙齑臼。"谓绝妙好辞也。今观其文,浅陋荒率,何绝妙之有?皆文士增饰耳。

吕　荣

许升妻吕荣遭寇贼,欲犯之,不从,为所杀。"是日疾风暴雨,雷电晦冥,贼惶惧叩头谢罪,乃殡葬之"。《曝书亭集》以为许升妻为黄巾所杀,糜府君敛钱葬之。不引正史,而但以为传闻之言,名字、事迹又皆互异。

雕

《西南夷传》:"冉駹夷,武帝开,为汶山郡。宣帝省并蜀郡为北部都尉。依山居止,累石为室,高者十余丈,为邛笼。"李贤曰:"今彼土夷人呼为'雕'也。"案:今四川徼外大金川、小金川诸土司有碉房,"碉"字字书不见,殆李贤所谓"雕"矣。

诣实降

《西羌传》:"钟羌良封等寇陇西、汉阳,拜前校尉马贤为谒者,镇抚诸种。良封亲属诣实降。"案:"实"当作"贤"。

楚王英桓帝

《西域传》:"天竺国一名身毒,其人修浮图道。世传明帝梦金人,长大。或曰西方有神名佛,于是遣使天竺,问佛道法。楚王英始信其术,中国因此颇有奉其道者。后桓帝好神,数祀浮图、老子,后遂转盛。"案:英以反诛,桓实亡汉,其效可睹矣。

李氏光地曰:此传论前叙佛说所自来,多有微词。又言"道书之流",又言"邹衍、庄周未足概其万一",与宋景文公李蔚赞所云"大抵与黄、老相出入,而谲诞华人取庄、列之说以助其高,因而层累腾架,直出其上者"同意。《魏书》太平真君七年诏曰:"虽言胡神,问今胡人,共云无有。皆是前世汉人无赖子弟刘元真、吕伯强之徒,乞胡人之诞言,用老、庄之虚假,附而益之,皆非真实。"《李蔚赞》又出于此诏。文载《魏书·释老志》。

后汉无二名

《前书·匈奴传》:"王莽奏令中国不得有二名,因使使者风单于,宜上书慕化,为一名。单于从之,上书言:'乐太平圣制,臣故名囊知牙斯,今谨更名曰知。'"考《礼记·曲礼》上篇:"二名不偏讳。"郑注云:"偏,谓二名不一一讳也。"然则古未尝有二名之禁,而莽为此制,此其乖谬也,乃后汉人遂沿为定制。赵明诚《金石录·跋学生题名残碑》,谓后汉无二名者,碑多二名,以此辨其非是。今观《后汉书》人名两字者,惟苏章族孙名不韦,梁商子名不疑,与古人同名,当是别有所取。任文公、谢夷吾、公沙穆、樊志张、费长房、蓟子训、计子勋、上成公、解奴辜、王和平,皆《方术传》中人耳。

后书多脱误

何义门云:《后汉书》传刻脱误较《前书》多且倍之。观刘氏《刊误》

诸条,乃知北宋时已无善本。至李贤注,嘉靖中南国子监刻者,已经删削。毛板犹完书,故是一长。

翟公巽重修

《困学纪闻》:"翟公巽谓蔚宗书冗陋,别作《东汉通史》。"吁! 史裁如范,千古能有几人? 公巽何物,妄加讥贬重修? 王氏妄载之,何为无识甚矣。

后汉纪

晋东阳太守袁宏《后汉纪》三十卷,其著述体例及论断,全仿荀悦《前汉纪》为之。但《悦书》在班之后,全取《班书》宜也。《宏书》则在范之前,然亦皆《范书》所有,范所无者甚少,何邪? 宏《自序》云:"予尝读《后汉书》,烦秽杂乱,睡而不能竟也,聊以暇日,撰集为《后汉纪》。其所掇会《谢承书》、《司马彪书》、《华峤书》、《谢忱书》、《汉山阳公记》、《汉灵献起居注》、《汉名臣奏》,旁及诸郡《耆旧先贤传》,凡数百卷。前史阙略,多不次叙,错谬同异,谁使正之? 经营八年,疲而不能定。始见张璠所撰书,其言汉末事差详,故复探而益之。"据此,则宏所采者亦云博矣,乃竟少有出《范书》外者。然则诸书精实之语,范氏摭拾已尽。谢忱当作谢沈,《晋书》第八十二卷《沈传》云:"字行思,会稽山阴人。博学多识。会稽内史何充引为参军,以母老去职。康帝即位,以太学博士征,母忧去职。服阕,除尚书度支郎,迁著作郎,撰《晋书》三十余卷。卒,年五十二。沈先著《后汉书》百卷。"是也。又九十二卷《文苑传》云:"袁宏字彦伯,侍中猷孙。父勖,临汝令。宏为安西将军、豫州刺史谢尚参军,迁大司马桓温府记室。自吏部郎出为东阳郡。太元初,卒于东阳,年四十九。撰《后汉纪》三十卷。"《文选》第四十七卷录其《三国名臣序赞》,李善注引檀道鸾《晋阳春秋》云:"陈郡人,为东郡守。""阳"字当在"东"字之下,传写误耳。太元是孝武帝号,上距康帝即位初约二十余年,则《谢沈书》在袁宏之前,故宏得引之。

后汉书年表

《后汉书年表》十卷,宋右迪功郎前权沣州司户参军事熊方撰。以范蔚宗但作纪传,刘昭补注旧志又不及表,故补之。自序云:"一据范、刘旧文,不敢复取他说。"今观其取材于范、刘外惟《三国志》,其余一无所采,诚为固陋。但读史宜专心正史,世之学者于正史尚未究心,辄泛涉稗官杂说,徒见其愚妄。且稗史最难看,必学精识卓,方能裁择参订,否则涍讹泪乱,虽多亦奚以为。熊氏在宋人中实矫然出群者,惟是于本书亦多脱漏,则不无遗恨。

《前书》同姓王侯分为二,熊氏则以王侯合而为一。自言"西汉之王者,连城数十,或戴黄屋;东汉之王,所食不及十一二,仅与西汉侯等,故不分也"。《前汉》有功臣、外戚、恩泽等侯,熊氏亦不分析,概以异姓诸侯。以其以功者或亲,以恩者或功多,互见难分,故并之,而各书其状于始封之下。熊氏亦已自言之。此皆特变前例而可通者。惟是宦者封侯之滥,后汉为甚,前汉未之有也。今乃一概搀杂,总名异姓诸侯,太觉不伦,殊非类族辨物之道,宜别立"宦者侯"一门。

凡都亭侯之下方或注郡邑名,或不注郡邑名。盖以都亭各处多有,知为某处之都亭者书之,不知则不书。但都乡疑亦都亭之类,而概云常山,则不可解。

第八卷异姓侯有寿亭侯关羽,其下格注云:"武陵。"考《蜀志》本传,曹操表封羽为汉寿亭侯。此传写误脱去"汉"字,说详后第四十一卷。

《前汉·百官公卿表》以三公、三师、将军、九卿皆聚于一篇之中,按年而胪列之。后汉官制与前略同。乃《熊表》自大鸿胪以上为一截,宗正以下为一截,离析殊觉无谓,或以其累坠欲图轻省尚差可。又复以顺帝而下划分卷帙,弥嫌烦碎。

进表云:"陛下奋神武而拨乱,致太平而中兴。"盖其时为高宗朝也。《自述》云:"臣迁疏蹇浅之末学,奇穷艰苦之余生,荒松菊而出游,驻桑榆而筮仕。"又进状云:"昨尝投进,未蒙指挥。"时进书受赏者多,方独如是,信识真之难遇。今书幸岿然特存,惜未有刻板行世。

汉制考

王应麟《汉制考》四卷,所采惟《三礼》、《诗》、《书》、《论语》、《孟子》、《国语》、《公羊注疏》及《说文》,取材既嫌太简,又此制宜分门编次,以类相从,今乃即以原书所出为次,盖随手抄撮,未成之书。

十七史商榷卷三十九

三国志一

陈寿史皆实录

《晋书》八十二卷陈寿本传："字承祚，巴西安汉人。少师同郡谯周，仕蜀为观阁令史。入晋，累官至治书侍御史。元康七年，卒，年六十五。"元康是惠帝纪年，寿当生于癸丑，是蜀后主建兴十一年。计蜀亡之岁，寿年已三十有一，旧君故国之思，最为真切，具见篇中，可一一寻绎而得之。

《晋书》称"寿作《三国志》，善叙事，有良史之才"。语气已足。其下又称，"或云丁仪、丁廙有名于魏，寿向其子索千斛米，不与，竟不为立传。寿父为马谡参军，谡为诸葛亮所诛，寿父亦坐髡。寿为《亮传》，谓将略非长，无应敌之才。议者以此少之"。《晋书》好引杂说，故多芜秽，此亦其一也。索米一说，周柳虬、唐刘允济、刘知幾皆信之。近朱氏彝尊、杭氏世骏辨其诬，谓寿于魏文士，惟为王粲、卫觊五人立传，粲取其"兴造制度"，觊取其"多识典故"。若徐幹、陈琳、阮瑀、应玚、刘桢，仅于《粲传》附书。今《粲传》附书云："沛国丁仪、丁廙，弘农杨修，河内荀纬等，亦有文采。"又于《刘廙传》附见云："与丁仪共论刑礼。"如此亦足矣，何当更立专传乎？且寿岂特不为立传而已，于《陈思王传》云："植既以才见异，而丁仪、丁廙、杨修等为之羽翼。"于《卫臻传》云："太祖久不立太子，方欲贵临菑侯，丁仪等为之羽翼。"是夺嫡之罪，仪、廙为大。又毛玠、徐奕、何夔、桓阶之流皆鲠臣硕辅，仪等交构其恶疏斥之。然则二人盖巧佞之尤，安得立佳传？然此犹陈寿一人之言也。王沈撰《魏书》，一则曰"奸以事君"，一则曰"果以凶伪败"。鱼豢撰《魏略》，称文帝欲仪自裁，仪向夏侯尚叩头求哀。张骘撰《文士传》，称廙盛誉临菑侯，欲以劝动太祖。则知寿所书仪、廙事皆实，而寿之用心实为忠厚。毛玠，仪所谮也。玠"出见黥面，其妻子没为官奴婢者，曰'使天不雨者盖此也'"。寿不属之仪,而第曰"后有白玠者",白者为谁?非仪则廙,寿为之讳也。尚得谓因索米不得而有意抑之乎?街亭之败,寿直书马谡违亮节度,为张郃所破,初未尝以私隙咎亮。至谓亮"将略非长",则张俨、袁准之论皆然,非寿一人之私言也。朱、杭所论最为平允。寿入晋后,撰次亮集,表上之,推许甚至。本传特附其目录,并上书表,创史家未有之例,尊亮极矣。评中反覆盛称其刑赏之当,则必不以父坐罪为嫌。廖立、李平为亮废窜,尚能感泣无怨;明达如寿,顾立、平之不若邪?亮六出祁山,终无一胜,则可见为节制之师,于进取稍钝,自是实录。

寿本传论曰:"丘明既没,班、马迭兴,奋鸿笔于西京,骋直词于东观。自斯已降,可以继明先典者,陈寿得之!江汉英灵,信有之矣。"其推许至此。索米等说,特史家好采稗野,随手掇拾,聊助谈资耳。寿史才之高,作《晋书》者固已知之,非有意欲抑之也。

《晋书·王沈传》:"正元中,迁散骑常侍、侍中,典著作。与荀颉、阮籍共撰《魏书》,多为时讳,未若陈寿之实录也。"此条虞世南《北堂书钞》第九十九卷引之。

《困学纪闻》十三卷,邵公济《谒武侯庙》文,谓"寿奸言非公",与"误国不忠"之谯周并贬。此等乱道,的是宋人声口。王应麟无识,妄载之。

《纲目》改《通鉴》,斥魏帝蜀,诚属定论。第此论习凿齿已争之,见《晋书》本传,不始于朱子也。汉绝而复续则黜新莽,魏灭蜀后禅晋前尚有二年,予晋则已早,不予晋则无所系,此《通鉴》"不夺魏"之意邪?

司马温公《与刘道原书》云:"周、秦、汉、晋、隋、唐皆尝混一天下,传祚后世,子孙微弱播迁,犹承祖宗之业。今全用天子法临统诸国。其余蜀、魏、吴、宋、齐、梁、陈、魏、齐、周、五代诸国,地丑德齐,不能相一,名号匹敌,本非君臣者,皆用列国法。至如刘备,虽曰承汉,然族属疏远,不能纪其世数名字,亦犹宋高祖自称楚元王后、李升自称吴王恪后,是非难明,今并同之列国,不得以汉光武、晋元帝例为比。"载章俊卿《山堂考索前集》十六卷。此论甚允。《通鉴》尚且如此,况《三国志》乎?

裴松之注

　　《宋书》六十四卷《裴松之传》云："字世期，河东闻喜人。年二十，拜殿中将军、员外散骑侍郎。义熙初，为吴兴故鄣令，入为尚书祠部郎。高祖北伐，领司州刺史，以松之为州主簿，转治中从事史。召为太子洗马，除零陵内史、国子博士。太祖元嘉三年，出使湘州。转中书侍郎，司、冀二州大中正。上使注陈寿《三国志》，松之鸠集传记，增广异闻，既成奏上。上喜曰：'此为不朽矣。'出为永嘉太守，入补通直为常侍，复领二州大中正。寻出为南琅邪太守。十四年致仕，拜中散大夫，寻领国子博士，进太中大夫，博士如故。二十八年，卒，时年八十。"松之当生于晋简文帝咸安二年，计晋亡之岁，松之年四十九。

　　刘知幾《史通》第五卷云："裴松之《三国志注》，广承祚所遗，而喜聚异同，不加刊定，恣其击难，坐长烦芜。观其书成表献，自比蜜蜂兼采，但甘苦不分，难以味同萍实矣。"知幾讥松之与讥刘昭同，要之皆未可废。

十七史商榷卷四十

三国志二

武帝生出本末

《魏武帝纪》前既云"汉相国曹参之后"，其下即言中常侍曹腾养子嵩生太祖，"莫能审其生出本末"，乍读之似自相矛盾者，此正陈寿立文之妙。陈琳为袁绍作檄，目操"奸阉遗丑"，见《后汉·绍传》及《文选》，虽敌国诋讥，乃道其实也。《史通》云："周之亶父、季历，晋之仲达、师、昭，位乃人臣，迹参王者，追尊建名，比之天子可也。当涂所出，宦官携养，帝号徒加，人望不惬。故《国志》所录，无异匹夫。"愚谓：虞、夏、商、周庙制，已详《尚书·盘庚后案》、《咸有一德后辨》矣。汉太上皇崩后，竟未加尊号；太上皇以上，亦不知以何人充四亲之数，竟无可考。至于曹腾虽追尊，而腾以上只有节，节以上亦无可见。追尊先世及定四亲，皆至司马氏而后粗为明审。至唐立九庙，则又变礼之甚者。

帝王之兴，不容无本，据传闻者书之，聊复尔尔。《孙破虏传》云："孙坚字文台，吴郡富春人，盖孙武之后也。""盖"者疑词，正与《魏武纪》同。评云"孤微发迹"，安得追考其先世若是之远邪？

范书以刘表为"鲁恭王后"，陈寿不取，是矣。至《夏侯惇传》则云"夏侯婴之后"。案：《汉书》滕公之后皆随外家姓为孙氏，则此为附会。此固不可与《武纪》为"曹参后"之言一例论。

绍使人说太祖

兴平元年，吕布"东屯山阳。于是绍使人说太祖，欲连和"。"绍"，宋本误同。元修本作"为"，疑"伪"字。一云当作"给"，亦通。

称太祖公王

《武帝纪》前段但称太祖。自建安元年为大将军，则三公矣，改称为公。至二十一年,进爵魏王,则改称王。虽似有理,愚见以为既为作本纪,跻之帝王之列,自不如概称太祖为直截,省却多少葛藤。至其后欧阳公于朱温亦仿此例,则殊觉无谓。

许邺洛三都

《文帝纪》黄初二年注引《魏略》,以长安、谯、许昌、邺、洛阳为五都。其实长安久不为都,谯特因是太祖故乡聊目为都,皆非都也。真为都者,许、邺、洛三处耳。自建安元年操始自洛阳迎天子,迁都许,备见《武帝纪》中,并每有征伐事毕下辄书"公还许"。至九年灭袁氏之后,则又迁于邺矣。封献帝为山阳公,都浊鹿城,皆怀州修武县地,则都邺明矣。纪虽于此下屡书"公还邺",或书"至邺",而尚未能直揭明数语,使观者醒眼。《后汉书·献纪》亦无此。至二十四年,则书"还洛阳"。二十五年,又书"至洛阳",其下即书"王崩于洛阳"。至其子丕受禅即真位,皆在洛。盖自操之末年,又自邺迁洛矣。沈约《宋书》三十三卷《五行志》:"魏文帝即位,自邺迁洛,终黄初不复还邺。"纪所书亦宜再加醒眼之句。作史贵据事直书,详明整赡。凡帝王建都地及临幸地,虽非都,而驻跸所在,皆当一一谨志之,使观者了然心目。予尝恨《新唐书》本纪于武后、中宗之在长安、在洛阳全不分明。陈寿意主简严,尚令读者稍蒙昧,较《新唐书》则已远胜之。

弱者胜

两敌相争弱者胜。越灭吴,韩、魏灭智伯,乐毅胜齐,刘灭项,曹灭袁。

袁、曹同起义兵,袁颇信用曹,后乃为仇,与刘、项事亦相类。

三　祖

《魏志·明帝纪》:景初元年六月,"有司奏:武皇帝拨乱反正,为魏太祖。文皇帝应天受命,为魏高祖。帝制作兴治,为魏烈祖"。注引孙盛曰:"谥以表行,庙以存容,皆于既没然后著焉,未有当年而逆制祖宗,未终而豫自尊显。"愚谓:盛知魏人生存而豫为庙号之非,然未尽也。礼,祖有功,宗有德。自李唐始,无代不称宗,其滥斯极。要未有若魏之三世连称为祖，尤振古未闻。不但叡不能称此名，即丕亦因父业，何功之有？《三少帝纪》景初三年十二月诏书，及《管宁传》陶丘一奏，皆称"烈祖明皇帝"。高贵乡公即位诏则直称"三祖"，亦见刘放传，又见《晋书·礼志》。陈寿于《武纪》称太祖武皇帝，而文、明二纪但书文皇帝、明皇帝，没其"祖"称，是有深意。

沈约《宋书·五行志》亦云："魏明帝景初元年，有司奏帝为烈祖，与太祖、高祖并为不毁之庙。从之。案宗庙之制，祖宗之号，皆身没名存，乃正其礼。故虽功赫天壤，德迈前王，未有豫定之典。此言之不从，失之甚者也。"沈约此言与孙盛正同。

凌云盘

景初元年注引《魏略》云："是岁，徙长安铜人、承露盘。盘折，铜人重不可致，留于霸城。大发铜铸铜人二，号曰翁仲，列坐司马门外。"又引《汉晋春秋》云："帝徙盘，盘折，声闻数十里，金狄或泣，因留于霸城。"又引董寻谏曰："作无益之物，黄龙、凤凰、九龙、承露盘。"愚按：古来铸金人者三主：其一，秦始皇铸铜人十二，见《史记》本纪；其二，汉武帝筑通天台，去地百余丈，云雨悉在其下，上有承露盘，仙人掌擎玉杯以承露，见《三辅黄图》第五卷；其三，则魏明帝也。秦所铸铜人，已为董卓椎破，见《后汉书》及《三国志》卓本传。则似景初所毁，当为汉武帝之金人。然《李长吉歌诗》卷二《金铜仙人辞汉歌》自序，以明帝徙盘为青龙元年八月事，年月与《魏略》不合。故西泉吴正子注长吉诗辨之："据《黄图》言，始皇所造为董卓所销，尚余二人未毁，明帝欲徙洛阳，重不可致，留霸城。仙不可言狄，知长吉未可非。青龙元年所徙，是汉武铜仙；景初元年所徙，是秦皇铜人也。"吴说如此。然则《魏略》言景初所徙，不当言有承露盘，此微误。

魏人造陵云台，见《文纪》黄初二年，又见《高堂隆传》。成时，使韦仲将题榜，见《世说新语》中卷之上《方正》篇刘孝标注所引《文章志》。何平叔《景福殿赋》云："建凌云之层盘。"李善注云："凌云，盘名。"又《卫觊传》明帝时役务方殷，觊上疏曰："昔汉武信求神仙之道，谓当得云表之露以餐玉屑，故立仙掌以承高露。陛下通明，每所非笑。汉武有求于露，而由尚见非，陛下无求于露而空设之，不益于好而糜费工夫，诚圣虑所宜裁制也。"据诸文与《魏略》参观，则知魏人于青龙既徙秦铜人，不可致；至景初又徙汉铜仙，又不可致，愤怒；遂又大发铜自铸仙人掌承露盘，名曰凌云盘，而又造凌云台置于其上焉。凌云即通天意也。其侈如此。其所铸翁仲，制名与仙人绝不同，且既言"列坐司马门外"，则非台上之仙人可知。

秦金狄为董卓所毁。魏欲徙，后留霸城者，蓟子训尝摩挲叹息，见《后汉·方术传》。后苻坚又毁其二为钱，其一百姓推置陕北河中，见李石《续博物志》第七卷。其余汉武、魏明所铸竟无下落，史籍纪载从未一及。又金狄留霸城者，胸前有铭，见陶弘景《真诰》第十七卷，古今谈金石文字者亦从未一及。

程大昌也者，无知而好立议论，最为可厌。所作《雍录》第十卷强改徙金人者为汉明帝而非魏明帝，今不取。

齐王芳被废

齐王芳即位后，纪历著其通《论语》、《尚书》、《礼记》，则假太后令废之，谓其"耽淫内宠，沉漫女德"，非诬之乎？盖司马懿杀曹爽至此六年，而司马师废王政去曹氏。

懿用操智

懿取魏，即操取汉故智也。目所习睹还用之，甚便也。操辛苦而仅得者，子六年，孙十二年，一瞬耳。操有灵，悔不终为汉处士，春夏读书，秋冬射猎。

董袁等传

董卓、袁绍、袁术、刘表等传，以范书较之，范之详几倍于陈寿，凡裴松之所采以入注者，皆范氏取入正文者也。陈之精简固胜于范，然范赡而不秽，铨叙井井，亦不厌其繁。

袁绍传注误

《袁绍传》注引《九州春秋》，谓"绍延征北海郑玄而不礼"。案：玄本传称"绍总兵冀州，遣使要玄，大会宾客，玄最后至，乃延升上坐。与诸客辨对，莫不嗟服。应劭亦在坐，北面愿为弟子。绍乃举玄茂才，表为左中郎将，皆不就"。其事如此，安得有不礼之事？此注又引《英雄记》载曹公云："郑康成行酒，伏地气绝。"此乃曹欲甚袁之罪，故造此语。本传又称"绍与曹操相拒官渡，逼玄随军。不得已，载病到元城县，疾笃不进而卒"。则安得有"行酒气绝"事？皆妄也。

刘表传少长子琦后事

陈寿总求简严，然如刘表二子琦、琮，若于琦竟一字不提亦已矣，乃上文既并出琦、琮，而下文但叙琮降曹后事，琦竟不见颠末。不特事迹不全，行文亦无结束，不如范蔚宗于传尾兼及琦云"操后败于赤壁，刘备表琦为荆州刺史，明年卒"，较为完善。

二刺史不当称字

《臧洪传》：广陵太守张超引洪见其兄邈，"与语大异之。致之于刘兖州公山、孔豫州公绪，皆与洪亲善"。案：兖州刺史刘岱字公山，豫州刺史孔伷字公绪，皆起兵讨董卓者，见《太祖纪》。今此段乃陈寿自执笔叙臧洪事，非词命，何为于二刺史称其字乎？汉季风气好称人字，此必寿沿袭他人纪载之言，未及改正耳。《公孙瓒传》云"朝议以宗正东海刘伯安"云云。此亦寿叙事，非词命，而称字，亦非体，与《臧洪传》正同。当云刘虞。

州郡中正

《夏侯玄传》：玄议时事，以为"铨衡专于台阁，上之分也；孝行存乎闾巷，优劣任之乡人，下之叙也。欲清教审选，在明其分叙，不使相涉而已。自州郡中正品度官才有年载矣，孝行著于家门，岂不忠恪于在官乎？仁恕称于九族，岂不达于为政乎？义断行于乡党，岂不堪于事任乎？但中正干铨衡之机于下，而执机柄者委仗于上，上下交侵，以生纷错。且台阁临下，考功校否，众职之属，各有官长，旦夕相考，莫究于此；闾阎之议，以意裁处，而使匠宰失位，众人驱骇，欲风俗清静，其可得乎？天台县远，众所绝意。所得至者，更在侧近，孰不修饰以要所求？所求有路，则修己家门者，已不如自达于乡党矣；自达乡党者，已不如自求于州邦矣。开之有路,而患其饰真离本,虽严责中正,督以刑罚,犹无益也。岂若使各帅其分,官长则各以其属能否献之台阁,台阁则据官长能否之第,参以乡闾德行之次,拟其伦比,勿使偏颇。中正则唯考其行迹,别其高下,审定辈类,勿使升降。台阁总之,如其所简,或有参错,则其责负自在有司。中正辈拟比,如其不称,责负在外。则内外相参,得失互相形检,孰能相饰"?案:夏侯玄之意,专为州郡中正据乡党评议,以上挠铨衡之权,故发此论。大约汉末名士互相品题,遂成风气,于时朝廷用人,率多采之。魏武已恨之,故《武纪》于建安十五年载其下令曰:"天下未定,求贤之急时也。'孟公绰为赵、魏老则优,不可为滕、薛大夫'。若必廉士而后可用,齐桓其何以霸!今天下得无盗嫂受金未遇无知者乎?二三子其唯才是举,吾得用之。"又十九年令曰:"有行之士未必能进取,进取之士未必能有行。陈平岂笃行?苏秦岂守信?而平定汉业,秦济弱燕。士有偏短,庸可废乎!有司明思此义,则士无遗滞,官无废业矣。"二十二年令曰:"韩信、陈平负污辱之名,有见笑之耻,遂能成就王业。吴起贪将,杀妻自信,散金求官,母死不归,然在魏,秦不敢东向,在楚,三晋不敢南谋。今天下得无高才异质,负污辱之名,见笑之行,不仁不孝,而有治国用兵之术,其各举所知,勿有所遗。"操以邪见,欲破格用人,心术不正可知。然清议不为衰止,是以《何夔传》:"夔言于太祖曰:'军兴以来,制度草创,用人未详其本,各引其类。至今所用,必先核之乡闾。'"夔盖目睹操之以权道破格用人,流弊不小,故请使用人参取乡评也。其后文帝即王位之初,而陈群始制九品官人之法,州郡中正之设当始于此时。但《群传》只此一句。《国志》但有纪传,而无志,选举科条不可得详,竟不知所谓九品者为何。夏侯玄之议,则在正始以后,其时中正之权重矣。后晋时,陈寿以服中使婢丸药犯清议,遂沉滞累年。而南北朝亦恒设中正,如《南史·宋武帝》《齐高帝纪》于受禅即位大赦,皆有"犯乡论清议者,一皆荡涤,洗除先注"等语。此所洗即中正所注也。汉光武、明、章尊儒重道,风俗之美,留遗如此之久。夫乡评有权,虽不无流弊,然三代以下,士惟恐不好名耳,恐挂清议而勉思自好者多,究亦维风俗之一法。

　　《新唐书·儒学·柳冲传》:"魏氏立九品,置中正,尊世胄,卑寒士,权归右姓。其州大中正、主簿,郡中正、功曹,皆取著姓士族为之,以定门胄，品藻人物。晋、宋因之，始尚姓已。然其别贵贱，分士庶，不可易也。于时有司选举，必稽谱籍，而考其真伪。"据此则似中正之设，专以门第定人才高下矣。《文选》第四十卷沈休文《奏弹王源》一首，"给事黄门侍郎兼御史中丞吴兴邑中正臣沈约稽首言"云云，以南郡丞东海王源，是晋右仆射雅曾孙，嫁女于吴郡满璋之之子鸾。"璋之姓族，士庶莫辨。源蔑祖辱亲，请免官，禁锢终身"。即此以观，中正所重门第，自魏晋至六朝皆然。然以夏侯玄言参之，其始本论品行，后乃专重门第耳。魏崔亮创停年格，亮外甥司空谘议刘景安与亮书，论其弊云："立中正不考才行，空辨姓氏。"要是流弊如此，非其初制本然。

沈约《宋书·臧焘徐广傅隆传》论云："选贤于野，则治身业宏；求士于朝，则饰智风起。汉世登士，闾党为先，故仕以学成，身由义立。自魏氏膺命，选贤进士，不本乡闾，铨衡之寄，任归台阁。"九品中正起于魏，而约之言乃如此。

《三国》本无志，《晋书》、《宋书》、《南齐书》、《北魏书》，各书虽有《官志》，而于中正一官绝不及之。惟《隋书》第二十七卷《百官志》，叙北齐官言："清都郡邺、临漳、成安三县，上上郡、上上县各有中正。"卷末叙"流内比视官十三等"，亦及之，然甚略。中正平日于其境内人才豫铨，定为九品，以待司衡者之采择，其科指史不及也。至晋及南北朝，各史列传中散见者则甚多，不可枚举。或称某州大中正，或称某郡大中正，或无大字，大约多以他官兼摄，无专员。又或以致仕家居者为之，不必定以现任官摄也。至唐始废。史文既略，其制皆无考。杜氏《通典》第三十二卷《职官门》中，叙至州郡官，始详述其制，可补史家之阙。详见后第四十七卷。

《南齐书·高帝纪》：建元元年十月，诏"宋元徽二年以来，诸从军得官者，未悉蒙禄，可催速下访，随正即给。才堪余任者，访洗量序。若四州士庶，本乡沦陷，簿籍不存，寻校无所，可听州郡保押，从实除奏。荒远阙中正者，特许据军簿奏除。或戍扞边役，末由旋反，听于同军各立五保，所隶有司，时为言列"。《南史·梁敬帝纪》：太平二年，"诏诸州各置中正。旧放举选，不得辄承单状序官，皆须中正押上，然后量授。其选中正，每求耆德该悉，以他官领之"。观此则中正之权亦重矣。

夏侯玄传附许允王经

魏氏之亡，始于曹爽之诛，而终于齐王之废，及高贵乡公之弑。爽之骄溢，其败有由。然爽不死，司马之篡不成。若夏侯玄、李丰之狱，则师、昭相继，逆节彰著。诸公身沉族灭，皆魏室之忠臣也。故于《玄传》末以许允、王经终之，以见其皆亡身殉国者。而皆贬其以过满取祸，则庾词以避咎耳。世愈近言愈隐，作史之良法也。

袁　涣

义门何氏校云："'涣'当作'焕'，今太康县有魏袁焕碑。"案：北平黄叔璥玉圃辑《中州金石考》，陈州府扶沟县有魏袁涣碑。此县又有汉国三老袁良碑。《方舆纪要》云："《金石林》载入太康县。"何氏因此遂以为在太康，但作"涣"甚明，不知何以云当作"焕"？惟是《蜀志·许靖传》云："靖与陈郡袁焕亲善。"且其字曰曜卿，则又似从"火"为合。且其父名滂，不应"涣"亦从"水"，未知其审。

袁张凉国田王邴管传

诸人生于乱世，或不忘故君，或甘心死节，其仕于操者，皆因缘托寄，非其本心也，况皆未入黄初，篡夺之事不与焉。以管宁终之，以见隐见不同，臭味各别。必如宁之志行，方为最高耳。

《邴原传》末所附三人，皆曾贵仕者。《管宁传》末所附二人，皆能终遁者。义类谨严，非漫然也。二人者，张臶一百五岁，胡昭八十九岁，亦以寿高相为类。管宁客辽东，公孙度及文帝征宁，遂将家属浮海还郡。不但知公孙氏将亡，亦以不还则必结怨于曹氏也。洁其身，异其迹，可谓两得之矣。

"诏问青州刺史程喜：'宁为守节高乎？审老疾邪？'喜上言：'揆宁前后辞爵之意，独自以生长潜逸，耆艾志衰，是以栖迟，每执谦退。此宁志行不为守高。'"喜可云善为我辞矣。全宁之节者，喜也。其后正始二年，太仆陶丘一等荐宁宜备礼征聘，而奏末又言："若宁固执守志，斯亦圣朝同符唐、虞，虽出处殊涂，于兴治美俗一也。"此又诸公之留此退步，以为宁地者。然此时宁年已八十四，宁亦自知必免矣。

田畴字

"田畴字子泰,右北平无终人。"案:陶潜《拟古》诗云:"辞家凤严驾,当往至无终。""闻有田子春,节义为士雄。""春"字之下注云:"一作泰。"予所据者,从友人朱奂文游借得,宋绍熙壬子冬,赣川曾集刻本。观此则知,或作子泰,或作子春,宋人已不能定,然毕竟以春为正也。至宋姚宽《西溪丛语》下卷,据《汉书·刘泽传》"高后时,齐人田生游,乏资,以书干泽"云云。晋灼注引《楚汉春秋》云:"田生字子春。"以此当陶诗所用,则大谬。不但田生以干谒为事,与田畴不相类,且陶诗既云无终,则非齐人甚明,何得牵合? 有一等人不能看正史,旁搜宋元小说以掩其短,如姚宽之辈,未尝学问,而好为议论,自有学识者观之,虽多亦奚以为?

贡禹两龚之匹

评以袁涣、邴原等为贡禹、两龚之匹,意指显然,其待魏室之轻重亦有在矣。盖借禅让以为篡窃,始于莽、操,莽败操成,其开后世以巧夺之门一也。陈寿目睹两朝,故尤谨之。而寓其意于诸贤出处之间,示进退于列传先后之际,其用心良苦矣。

耳 耳

《崔琰传》:"杨训发表称赞功伐,琰与训书曰:'省表,事佳耳!'"太祖怒曰:"谚言'生女耳','耳'非佳语。"案:《谷音》柯芝诗:"耳耳非佳话,陆陆难为颜。"以"耳耳"连读。此宋季人读,恐不可据。按文当以"生女耳"为句。

先世名臣

《钟繇传》:繇与"司徒华歆、司空王朗,并先世名臣。文帝罢朝,谓左右曰'此三公者,乃一代之伟人也'"。愚谓:虽云一代伟人,实则两朝达节。陈寿以此三人作合传,故引丕语,以著其合之之意。而先书"先世名臣"四字,则不待贬而其失节自见。然朗之子肃作诸经传训解,忌郑氏康成名高而攻诋之,其名位既极隆赫,华歆之孙峤,又秉史笔作《汉后书》，又于《谱叙》中增饰歆之美，谓"文帝受禅，而歆以形色忤时"，夫歆既为魏相国，又何忤哉？发壁牵后，谁所为也！甚而孙资之玄孙盛，亦作《魏氏春秋》《晋阳秋》，鄙夫佞人，昌后乃尔，幸其书皆不传。陈群子泰传，裴松之注引孙盛《魏氏春秋》而云："检盛言诸所改易，皆非别有异闻，率更自以意制，多不如旧。凡记言之体，当使若出其口。辞胜而违实，固君子所不取，况复不胜而徒长虚妄哉？"据此则孙盛之史多曲笔，而华峤可知。

弟子避役

王朗子肃传注引《魏略》云："从初平之元，至建安之末，天下分崩，儒道尤甚。至黄初元年后，新主乃复始扫除太学之灰炭，补旧石碑之缺坏，备博士之员录，依汉甲乙以考课。申告州郡，有欲学者，遣诣太学。太学始开，有弟子数百人。至太和、青龙中，中外多事，人怀避就。虽性非解学，多求诣太学。太学诸生有千数，而诸博士率皆粗疏，无以教弟子。弟子本以避役，竟无能习学，冬来春去，岁岁如是。虽有精者，而台阁举格太高，加不念统其大义，而问字指墨法点注之间，百人同试，度者未十。是以志学之士，遂复陵迟。"案：补旧碑缺坏，疑即指蔡邕石经。而言太和、青龙，正孔明屡出祁山之时，所谓避就者即避役也。刘馥子靖传：靖上疏曰"黄初以来，崇立太学二十余年，寡有成者，盖由博士选轻，诸生避役，高门子弟，耻非其伦"云云，正指此事也。上文《朗传》注中引《魏名臣奏》载"朗节省奏，谓西京学官博士七千余人"。"博士"下当脱"弟子"二字。今此曰数百人、曰千数，较汉盛时多寡悬殊乃尔。

程郭董刘蒋刘传

诸人皆魏之谋主也。运筹决胜，功效卓然。至于篡汉之迹，肇自董昭；倾魏之端，启于资、放。列叙诸人，而以刘放殿之，且以孙资附入《放传》，以明智计之士，见利忘义，不可保信，以此始者，必以此终，著戒甚深。不然以诸人之谋略且与二荀肩随矣，何独区而别之乎？贾诩地望无可言，然观其处父子之间，勉丕以孝，答操甚忠，则尚优于诸人。离之此，而合之彼，其例密矣。

魏民比汉一郡

《蒋济传》："景初中，外勤征役，内务宫室。济上疏曰：'今虽有十二州，至于民数，不过汉时一大郡。'"按：《陈群传》："青龙中，营治宫室，百姓失农时。群上疏曰：'今丧乱之后，人民至少，比汉文、景之时，不过一大郡。'"群之言与济正同。彼文下臣松之按："《汉·地理志》云：元始二年，天下户口最盛，汝南郡为大郡，有三十余万户。则文、景之时不能如是多也。《晋太康三年地记》，晋户有三百七十七万，吴、蜀户不能居半。以此言之，魏虽始承丧乱，方晋亦当无大殊。陈群之言，于是为过。"再考杜畿子恕传："太和中，恕上疏曰：'今大魏奄有十州之地，而承丧乱之弊，计其户口不如往昔一州之民。'"今考明帝即位，建元太和，太和七年改青龙，青龙五年改景初。傥如松之之言，以陈群为过，则蒋济亦过也，杜恕近之，然亦甚其词矣。又考《张绣传》："破袁谭，绣增邑二千户。是时天下户口减耗，十裁一在。"操破袁氏之时，天下乱极，生灵涂炭，《张绣传》云云，斯为实录。其后稍平定，至青龙、景初生聚孳息三四十年，户口当必渐加，故松之以陈群为过。自此以至晋太康，生聚孳息，又不下四五十年，而中间虽有征役，绝无大乱，若黄巾、董、袁之甚者，则其户口自当益以滋殖，岂可遂据太康以例青龙、景初时乎？

南齐竟陵王子良密启武帝，论民户疲耗，有曰"以魏方汉，犹一郡之譬"。见萧子显《南齐书》本传。然则蒋济、陈群之言，从来相传如此，何得云魏始承丧乱，时与晋无大殊？又《南史·齐东昏纪》："张欣泰谓裴长穆曰：'以秦之富，今不及秦一郡。'"南朝既不及秦一郡，则魏初只可及汉一郡可知。

鸡栖树

《刘放传》注引《世语》曰："放与孙资久典机任，夏侯献、曹肇心不平，殿中有鸡栖树，二人相谓：'此亦久矣，其能复几？'"案：颜师古《急就篇》注："皂荚树，一名鸡栖。"

放资传多微词

放、资传多微词。如云："放、资既善承顺，又未尝显言得失，抑辛毗而助王思，以是获讥于世。"案：王思在《梁习传》。放、资之罪，在引司马耳。然此不可得而言也，故以他罪入之，著其事而微其词也。其上文先言齐王即位，以决定大谋增邑。所谓大谋者何也？援纳篡贼也。则抑毗助思，固其小小者矣。用意不亦彰明较著哉！

戾渠陵大堨水

刘靖迁镇北将军，假节都督河北诸军事。"修广戾渠陵大堨，水溉灌蓟南北；三更种稻。"案："三更"未详。"渠陵"字当乙。《水经注》作"戾陵堰车箱渠"，并载刘靖《造堨开渠碑》，元文详见第十四卷《鲍丘水》篇。

五人俱逝

《王粲传》："文帝为五官将，及平原侯植皆好文学。粲与徐幹、陈琳、阮瑀、应场、刘桢并见友善。"其余虽有文采，不在此七人之例。案：此所谓建安七子也。其下文载文帝《与吴质书》："昔年疾疫，徐、陈、应、刘一时俱逝。"而其上则言，粲以"建安二十一年从征吴。二十二年春，道病卒"。又言"瑀以十七年卒。幹、琳、场、桢二十二年卒"。幹、琳之下，毛板脱去"场"字，今增此，正所谓"一时俱逝"者也。但粲亦以此年卒，则七人中五人俱逝，而独遗粲者，意粲道病卒，不在邺下，且又虽同在一年中，而非一时故邪？东汉从洛迁关中，又从关中还洛。建安元年，魏武乃迎天子都许。九年，破袁尚，定邺，又迁邺。七人饮酒赋诗皆在邺也。

后世文人浮华轻薄之习，七人开之。曹丕命甄夫人出拜客，刘桢平视之。又命吴质谛视郭后。俱见王粲等传注。而夏侯惇为陈留太守，举卫臻计吏，命妇出宴。见《臻传》。一时风气流荡若此。

傅嘏才达

《王粲卫觊刘廙刘劭傅嘏传》评末云："傅嘏用才达显。"松之云："嘏识量名辈，实当时高流。而云'用才达显'，不足以见嘏之美。"案：此书于易代之际有贰心以邀功者，必加微词。司马氏势虽逼主，然师死于淮，昭方在许，亦事之至危也。嘏专心奉戴，拥众还洛，大柄已得，魏祚倾矣。故首列王粲，书其劝琮纳土之谋。中传卫觊，特著还汉助禅之事。终之以锻，则奉马倾曹。此始此终，著鉴甚明。故评中特表徐幹之冲虚，以示优劣焉。如幹犹扬雄之不与事耳，此外皆与闻乎篡者，称锻"才达"，节不足见矣。松之未明作者之凡也。

陈群劝刘备勿东争徐州

《陈群传》："刘备临豫州，辟群为别驾。时陶谦病死，徐州迎备，备欲往，群说备曰：'袁术尚强，今东，必与之争。吕布若袭将军之后，将军虽得徐州，事必无成。'备遂东，与袁术战。布果袭下邳，遣兵助术，大破备军，备恨不用群言。"陈氏景云字少章，吴县学生。曰：是时，吕布正据兖州，与曹操相持，何暇分兵规取徐州乎？及布为操所破，乃东奔备，已在备领徐州之明年。至备与袁术战，术诱布袭取下邳，此又在布奔徐州之后一年。当群时，止可料袁术之争徐，不能逆睹吕布之为害也。况备虽名领豫州，不过屯徐之小沛。谦既卒，而备不领州事，徐州为他人所有，备亦安得有容足之处哉？他日袁、吕相为首尾协领徐州，此变生意外，初非始谋不臧，轻举贪得，致贻颠蹶，又何追恨之有？斯实由《魏史》以事后而附会虚谈，陈寿未及刊削。

回　倒

《徐宣传》："帝船回倒。""回倒"无注。或作"回旋"，倾倒意，亦得，未可定。何氏焯云："回即桅也，古字通。"今世呼舟中植帆木诚有回音，至其字作"桅"，则不知所出。《说文》："桅，黄木可染者。"假借用之，未审起于何时。若与"回"通，恐未可。此说当阙疑。

太学课试

《文纪》：黄初五年，"立太学，制五经课试之法"。亦见《明纪》太和四年。《高堂隆传》："景初中，诏'科郎吏高才解经义者三十人，从光禄勋隆、散骑常侍林、苏林。博士静秦静。分受四经三礼，主者具为设课试之法'。"案：太学课试之法，略载前、续二《汉书·儒林传》。魏亦行之如上所引，而又略载《王肃传》，说已见前。然其科条不可得详，所可见者，惟汉于五经立十四家，今增《穀梁春秋》一家，又用王朗《易传》课试。《三国志》但有纪传，别无志，遂使遗制零落难寻。

毌丘俭反

　　《毌丘俭传》:"俭与夏侯玄、李丰善。扬州刺史文钦,微赏不许,怨恨。俭以计厚待钦。正元二年正月,俭、钦矫太后诏,罪状大将军司马景王,举兵反。"案:凡作史者书法,先书其反,而后言其罪状,则是正其罪而书之,坐以实反也。先具其状,然后言反,则所云反者乃不得已而言之。俭反司马师非反魏,显然可见。

十七史商榷卷四十一

三国志三

刘璋传脱误

《刘二牧璋传》："张鲁骄恣，璋遣庞羲等攻鲁，所破。"《通鉴》作"数为所破"。又"璋闻曹公征荆州，已定汉中，遣河内阴溥致敬于曹公"。"已定汉中"四字，殊不可解，必有脱误。曹公定汉中，张鲁遁走，在建安二十年，距此时相后数年。

山　势

《先主传》："先主与夏侯渊、张郃等相拒，自阳平南渡沔水，缘山稍前，于定军山势作营。"案：《法正传》云："于定军兴势作营。"此"山"字误。其下脱文，何氏已详之。

劝学从事谯周

建安二十五年，群臣劝进先主，内有"劝学从事谯周"。顾氏曰："《谯周传》：'建兴中，丞相亮领益州牧，以周为劝学从事。'"与此不同。周卒于晋泰始六年，年七十二。当先主即位，年仅二十三，未必与劝进之列，从本传为是。

宫　府

《诸葛亮传》：亮率军北驻汉中，上疏曰："宫中府中俱为一体，陟罚臧否，不宜异同。"案：府者即三公之府，见《前汉书》。宫中者，黄门常侍也。弘恭、石显排击萧望之、周堪，曹节、王甫辈反噬陈蕃、窦武，此宫府不一之祸也。时虽以攸之、祎、允分治宫中政令，犹恐后主柔暗，或有所昵，故首以此为言。其后董允既卒，黄皓专政，而国亡矣。当检《允传》同观，又可与三十七卷"台阁"一条参寻之。

若无兴德之言

亮上疏曰："讨贼兴复不效,则治臣之罪,以告先帝之灵。责攸之、祎、允等之慢,以彰其咎。"案:此文载《文选》,李善注谓"责攸之"之上有"若无兴德之言"六字,《蜀志》本有,《文选》脱。今《蜀志·诸葛亮传》反脱,而《文选》反有之者。考此六字《董允传》中亦具载,李注所云《蜀志》有者,盖指《允传》之文。其《亮传》盖本自脱,而《文选》则后人因善注添入。

亮诛马谡

习凿齿论诸葛亮诛马谡云:"晋人规林父之后济,故废法而收功;楚成暗得臣之益己,故杀之以重败。今蜀僻陋一方,才少上国,而杀其俊杰,退收驽下之用,将以成业,不亦难乎!"亮之误非误于诛谡,误于用谡不得其当耳!谡幼负才名,以荆州从事,随先主入蜀,才器过人,好论军计,盖其所长在智谋心战之说。亮既用之,赦孟获以服南方,终亮之世,南方不复敢反,此其明证也。祁山之役,令为先锋,统大众在前,以运筹决策之才,而责以陷阵摧坚之事,是使萧何为将而韩信乃转粟敖仓以给军也,宜其败矣。此则亮之误也。

十二更下在者八万

裴注:"亮在祁山,十二更下,在者八万。"案:《周官·小司徒》:"均土地以稽其人民而周知其数:上地家七人,可任也者家三人;中地家六人,可任也者二家五人;下地家五人,可任也者家二人。"《司马法》曰:"六尺为步,步百为亩,亩百为夫,夫三为屋,屋三为井,井十为通,通为匹马三十家十二人徒二人。"以《小司徒》参之,司徒之可任者如此之多,《司马法》之出士徒数如彼之少。古人用兵皆为不胜计,以虑败也,故不尽用之,虽败尚可扶持,故《小司徒》只言其可任者,非实数也。自此以后,调发者皆用实数,不幸而败,不可救矣。晋作州兵,乃尽数调发,非先王之法。他如鲁成作丘甲;苏秦以齐临淄之中七万户,不下户三男子,而卒已二十一万;曹操谓崔琰曰:"昨案户籍,可得三十万众,故为大州。"是皆以实数调发。惟孔明不然,一蜀之大,兵多不过十二万,孔明所用八万,常留四万以为更代。蜀之强,以孔明不尽用之。及其亡,尚有十万二千,数年之间,所折不过二万耳。详见予《周礼军赋说》。

汉寿亭侯

《关张传》:"曹操表封羽为汉寿亭侯。"裴松之无注。熊方《后汉书年表》第八卷《异姓侯》有寿亭侯关羽,其下格注云:"武陵。"此传写误脱去"汉"字,而注"武陵"则确也。《续汉·郡国志》,武陵郡属县"汉寿,刺史治"是矣。王氏世贞《弇州山人续稿》第六十一卷有《汉前将军汉寿亭侯庙记》。前将军是刘先主所授,汉寿亭侯是曹操所封,王氏连称之此非是,而以"汉寿"连文则是也。洪迈《容斋四笔》第八卷"辨寿亭侯印"一条云:"荆门玉泉关将军庙中,有寿亭侯印一钮,其上大环,径四寸,下连四环,皆系于印上。相传云:绍兴中,洞庭渔者得之,入于潭府,以为关云长封汉寿亭侯,此其故物也,故以归之庙中。南雄守黄兑见临川兴圣院僧惠通图印形,为作记。而复州宝相院又以建炎二年,因伐木于三门大树下,土中深四尺余得此印,其环并背俱有文云:'汉建安二十年寿亭侯印',今留于左藏库。邵州守黄沃叔启,庆元二年复买一钮于郡人张氏,其文正同,只欠五系环耳。予以为皆非真汉物。且汉寿乃亭名,既以封云长,不应去'汉'字。又其大比它汉印几倍之。闻嘉兴王仲言亦有其一。侯印一而已,安得有四?云长以四年受封,当即刻印,不应在二十年,尤非也。是特后人为之以奉庙祭。其数必多,今流落人间者尚如此也。"以上皆洪语,其辨甚精。流俗无知之辈,或创异解云:本是封为寿亭侯,陈寿特加一"汉"字,以著明其为汉。试问彼时地名中安得有所谓"寿亭"者乎?况使果作寿亭侯,则其时操方身为汉臣,其表封关公,系假汉帝之命以行此,其为汉亦何待言,而陈寿必为赘加一"汉"字乎?不通古今之妄人,其谬一至于此。

又《尚书·禹贡》荆州疏引郭璞《尔雅》注云:"有水从汉中沔阳县南流,至梓潼、汉寿。"汉寿即汉广汉郡葭明县,蜀先主始改名汉寿,晋又改晋寿。此不但与武陵汉寿本非一地,全无干涉。且当操表封关公时,先主尚未入蜀,蜀地未有此名也。《唐诗鼓吹》第一卷刘梦得《汉寿城春望》诗,明古冈廖文炳解,于题下既云"城在今四川保宁府广元县",则以为蜀汉寿矣。而于首联"荒祠古墓对荆榛"解云:"古荆州治亭下,有子胥庙、楚王故坟。"则又似武陵。此不知考核两汉寿之名同地异也。

《魏志·刘放传》:黄初三年,封"魏寿亭侯"。裴亦无注。此疑亦武陵汉寿。此虽吴地,因其时孙权臣服,魏人遥改名之,与蜀之汉寿无涉。

傅士仁

"将军傅士仁屯公安。"案:杨戏作《辅臣赞》及《吴主传》并称士仁,《吕蒙传》亦然。然则姓士名仁,"傅"字衍。《吴志》汉末有交州刺史士燮,则当时固有士姓矣。常璩《华阳国志》第六卷作"傅士仁",此吴琯《古今逸史》俗刻校者妄改,不可据。

关传注多诬

裴松之注专务博采,若《关云长传》所采《蜀记》六条、《典略》一条,内惟"庞德子会灭关氏家"一条,或系实录,其余尽属虚浮诬妄。松之虽亦尚知驳正,然徒劳笔墨矣。观裴注,愈知陈寿史法之严。

益 德

张飞字益德甚明,而《古今逸史》中所刻《华阳国志·刘先主志》作"翼德",甘肃兰州刻同,此妄人所改。

关张赞稍不称

《关张传》赞云:"关羽、张飞为世虎臣,羽报效曹公,飞义释严颜,并有国士之风。"夫关公之所以为国士者,以其乃心汉室耳。若其与张辽策马刺杀袁绍将颜良于万众之中,遂解白马之围,公之所以为国士,岂专在此哉!且其报曹正为归刘地也。若徒以报曹为公义举,未为知公之心,此赞稍嫌不称。即张桓侯之美,亦不宜但以释严颜一节当之。

蜀诸臣年

李商隐《筹笔驿》诗:"管、乐有才终不忝,关、张无命欲何如。"愚谓先主语诸葛亮"君才十倍曹丕"。夫亮与丕岂可相提并论？十倍固不足言。即管、乐虽本亮自称，亦恐有所未尽，不如老杜"伯仲之间见伊、吕"一语，品题尤当。而痛惜关、张无命，则是也。张少于关数岁，其死年必未老，固可恨。而诸葛年亦仅五十四，马超四十七，庞统三十六，法正四十五。《黄忠传》言其"勇毅冠三军"，而名望不高，则年亦必尚未老。乃先主为汉中王之明年遽卒。赵云卒于建兴七年，其年想亦不过五十。余惟空虚无实之许靖年逾七十耳。天欲废汉，人不能兴之矣。

马谡逃亡

《向朗传》："朗素与马谡善，谡逃亡，朗知情不举，亮恨之。"案《廖立传》：立诋朗"奉马良兄弟，谓为圣人"。即此传所云"素与马谡善"也。至《谡传》，但言其败于街亭，"下狱物故"，并无逃亡事。而此传乃云云，意谡逃而被获，故下狱死。若然则罪所应得，而习凿齿尚讥亮杀谡为非，何也？其事殊不明悉。

郤正造降书

《郤正传》：景耀六年，后主"遣使请降于邓艾，其书，正所造也"。陆游《筹笔驿》诗："一等人间管城子，不堪谯叟作降笺。"用意相形甚妙，但不知造降书者乃郤正，非谯周也。

郭 循

《费祎传》："延熙十六年岁首大会，魏降人郭循在坐。祎欢饮沉醉，为循手刃所害。"案：《魏书·三少帝纪》齐王芳嘉平五年作"郭修"，本书《张嶷传》及《吴书·诸葛恪传》注引《志林》并同，惟《费祎传》作"循"，明是传写误。

姜维志在复蜀

《姜维传》末叙维为魏将士所杀事。维本志在复蜀，不成被杀，其赤心则千载如生。陈寿蜀人而入晋，措词之际有难焉者。评中于其死事反置不论，而但讥其"玩众黩旅，以致陨毙"。寿岂不知不伐贼，王业亦亡；惟坐待亡，孰与伐之？特敌国之词云尔。若以维之谋杀钟会而复蜀为非，则寿不肯为此言，此其所以展转诡说以避咎也。维之于蜀，犹张世杰、陆秀夫之于宋耳。注引孙盛云："盛以永和初从安西将军平蜀，见诸故老，及姜维既降之后密与刘禅表疏，说欲伪服事钟会，因杀之以复蜀土，会事不捷，遂至泯灭，蜀人于今伤之。"其下文皆盛贬维之言。盛佞人子孙，言固难据。考永和三年，李势破灭，是年丁未，去蜀亡景耀六年癸未，凡八十五年。

杨戏辅臣赞

杨戏，《华阳国志》作"杨羲"。《昭烈赞》以"兴"与"音"为韵。案：《秦风·小戎》末章"兴"与"音"为韵。《大雅·大明》七章与"林"、"心"为韵。"兴"本蒸韵，此等乃偶沿方俗之音，非其正也。而此赞即据《小戎》、《大明》用之。诸葛丞相赞首用"滨"、"真"、"文"韵，第八句用"风"韵，第九句用"心"韵，第十句用"身"韵。"风"古音在侵，此以"风"与"心"为韵，间杂二韵于其间；而"身"则仍与"滨"、"真"、"文"为韵。

十七史商榷卷四十二
三国志四

汉吴始终

汉高祖始为汉王,居南郑,至蜀先主以汉中王终之。吴孙坚始封乌程侯,至孙皓亦以乌程侯入即位终之。

吴志有阙

《陆士龙集》第八卷《与兄平原书》云:"云再拜,诲欲定《吴书》。陈寿《吴书》有魏《赐九锡文》及《分天下文》,《吴书》不载。又有严、陆诸君传,今当写送兄。"所谓陈寿《吴书》者,似即《三国·吴志》,非别有《吴书》,所谓严、陆诸君传,严当是严畯,而陆似是陆逊、抗等。但机、云抗子,称谓不别异,未详。至《九锡文》,今载《吴主孙权传》,而《分天下文》,《吴志》独不载,尤不可解。又考《薛综传》孙皓时华核上疏曰:"大皇帝末年,命太史令丁孚、郎中项峻始撰《吴书》。孚、峻俱非史才,所作不足纪录,至少帝时,更差韦曜、周昭、薛莹、梁广及臣五人共撰。"然则士云所称《吴书》不冠以陈寿者,当即五人作。裴松之注中亦引《吴书》。

虎 亭

《吴志·孙权传》:建安二十三年,"权将如吴,亲射虎于虎亭"。庾子山《马射赋》云"飞镞于吴亭之虎",谓此事也。《元和郡县志》虎亭垒在丹杨县东四十七里。

鲁肃凡品

赵咨谓孙权"纳鲁肃于凡品,是其聪也",案:张昭毁肃,谓其年少粗疏,是不为时论所归,故云"凡品",其实肃人才岂出周瑜之下!

孙氏阴谋

孙权称臣事魏已久,及黄武元年春,大破蜀,刘备奔走,势愈强盛,则魏欲与盟而不受。九月,魏兵来征,又卑辞上书,求自改悔,乞寄命交州,乃随又改年,临江拒守,彼此互有杀伤,不分胜负。十二月,又通聘于蜀。乃既和于蜀,又不绝魏,且业已改元,而仍称吴王。五年,令曰:"北虏缩窜,方外无事。"乃益务农亩。称帝之举直隐忍以至魏明帝太和三年而后发,反覆倾危,惟利是视,用柔胜刚,阴谋狡猾。陈寿评以句践比权,诚非虚语。

不郊祀无宗庙

嘉禾元年注采《江表传》孙权不郊祀事。案:《宋书·五行志》云:"权称帝三十年,竟不于建业创七庙,但有父坚庙,远在长沙,而郊禋礼缺。末年虽一南郊,北郊遂无闻焉。三江、五湖、衡、霍、会稽皆吴、楚之望,亦不见秩祀,反礼罗阳妖神,以求福助。"窃谓权本僭盗,而郊祀宗庙在汉尚无定制,于权乎何诛。

小 其

"赤乌八年,遣校尉陈勋将屯田及作士三万人凿句容中道,自小其至云阳西城,通会市,作邸阁"。案:今水道自常州府城外经奔牛、吕城以至镇江府丹阳县城外,自此再西北,行至府治丹徒县城外入江。此道大约当吴夫差尚未有,直至孙权方凿之。吴人争霸上国,开邗沟通江淮,而战舰仍不能达,尚由海入淮,若从常、镇间北至江岸,则尚有陆无水,直至三国方有。云阳,即今丹阳县也。《太平御览》引《吴志》:"岑昏凿丹徒至云阳杜野、小辛间皆崭绝陵袭,功力艰辛。"杜野属丹徒,小辛属曲阿。曲阿亦即今丹阳县。至今此道舟行,望两岸高如山,正所云"崭绝陵袭"者。"小其"当作"小辛",传写误也。萧子显《南齐书·州郡志》云:"南徐州,镇京口。吴置幽州牧,屯兵在焉。丹徒水道入通吴会,孙权初镇之。"观此,则知自今吴县舟行过无锡、武进、丹阳至丹徒水道自孙氏始。说见《尚书后案·禹贡》扬州。

察 战

《三嗣主·孙休传》:"永安五年,使察战到交趾,调孔爵、大猪。"注:"察战,吴官名,今扬都有察战巷。"案:沈约《宋书》作"蔡战",或遂疑为人姓名,但《孙奋传》注引《江表传》孙皓"遣察战赍毒药赐奋死",未必蔡战一人至皓时又受此使,《宋书》特传写误耳。《晋书·五行志》云:"吴孙休永安五年,城西门北楼灾。六年,石头小城火。时嬖人张布专擅,兼遣察战等为内史,惊扰州郡。"是也。

封禅国山

《孙皓传》:"天玺元年,吴郡言临平湖开,得石函,中有小石,青白色,刻皇帝字。于是改年,大赦。"又云:"秋八月,吴兴阳羡山有空石长十余丈,名曰石室,在所表为大瑞。乃遣兼司徒董朝、兼太常周处至阳羡县,封禅国山。明年,改元,大赦。"案:《吴禅国山碑》见宋赵明诚《金石录》,而其文久漫灭,近日博学如东吴顾氏、秀水朱氏皆未之见,惟亡友山阳吴玉搢山夫《金石存》著于录,云:"此碑篆书,碑甚巨,今存者止二十行,行九字,而字皆不可辨识,审视谛观稍可见,亦不能成句。"赵明诚跋约举其文,仅百许字,而赵彦卫《云麓漫钞》第一卷载之颇详,约八九百字,前历言诸祥瑞,后云"旃蒙协洽之岁,月次陬訾之舍,日惟重光大渊献,受上天玉玺,文曰吴真皇帝,乃以柔兆涒滩之岁,钦若上天,月正革元,郊天祭地,纪号天玺,实彰明命。于是丞相沇、太尉璆、大司徒燮、大司空朝、执金吾修、城门校尉歆、屯骑校尉悌、尚书令忠、尚书昏、直晃昌、国史莹等,佥以为众瑞毕至,宜行禅礼,遂于吴兴国山之阴,告祭刊石"①云云。考"旃蒙协洽"为乙未,"陬訾之舍"亥月也。据碑则得石文本是天册元年十月事,是年岁在乙未,故于其明年改元天玺。"柔兆涒滩"是丙申,"月正革元"是正月也,其年八月行禅礼,故于明年改元天纪也。大司空朝即兼司徒董朝,而碑无周处,《晋书》五十八卷《处传》言处"仕吴为东观左丞,孙皓末为无难督",则是武臣,而此乃云"兼太常",盖其所兼之虚衔耳。

子 乔

《孙翊传》："子松为射声校尉、都乡侯，黄龙三年卒。蜀丞相诸葛亮与兄瑾书曰：'既受东朝厚遇，依依于子弟。又子乔良器，为之恻怆。见其所与亮器物，感用流涕。'其悼松如此，由亮养子乔咨述故云。"此段文义殊不可晓，考亮兄瑾仕吴，其第二子曰乔，字伯松，亮未有子，求乔为嗣，瑾启孙权，遣赴蜀为亮子。然则据文似子乔即谓养子乔，陈寿既叙完"悼松如此"，又解之云：亮之所以知松者，由其养子乔咨述之故也。详玩之，其实不然，子乔当即松之字，非指伯松咨述，观"良器"之文自明。"由亮"以下九字疑后人妄附益，非陈寿元文。

周瑜子胤废死

周瑜大功尽在赤壁一战，而瑜死后，子胤以罪徙庐陵，诸葛瑾、步骘连名讼瑜，其称功但有"摧曹操乌林"一句，殊不敢显然详叙瑜之定计破曹，盖以权晚年任数，多猜忌，果杀戮，故归美于上而隐瑜之功。及权答书则数胤之罪，但有"酗淫自恣"，别无他恶也。意者胤必有颂言父当年之功，泄漏上闻者，故权恨之如此。若但以酗淫，自可戒饬，何至废绝以死？且功臣之子而以酗淫闻，此岂权之所恶乎？

策权起事在吴

《鲁肃传》云："孙策薨，权住吴。"案：项梁与羽、策与权起事之处皆在吴，即今苏州府治吴、长洲、元和三县地。盖自阖庐、夫差以来，吴兵甚强，汉魏时尚有遗风，非如今日吴人之柔脆，不足为用武地也。项事已见前，知策、权起吴者，《周瑜传》云："策谓瑜曰：'吾以众取吴会，卿镇丹杨。'建安三年，瑜还吴，策亲自迎瑜，瑜年二十四，吴中皆呼为周郎。"是策之始立在吴也。又云："建安五年，策薨，权统事。瑜将兵赴丧，遂留吴。"是权之始立在吴也。《策传》谓策"引兵渡浙江，据会稽"，自领会稽太守，以朱治为吴郡太守，但会稽太守治山阴，吴郡太守治吴，策虽领会稽而志量实在江淮上游，在吴犹近之，若居山阴，太远，不及事矣，故下文即云"曹公表策为讨逆将军，封吴侯"。是时袁绍方强，而策并江东也。《权传》云："策薨，以事授权。曹公表权讨虏将军，领会稽太守,屯吴。"此权在吴起事之明文。自此以下,屯吴凡十二年。赤壁破曹之后,方徙治秣陵,改为建业。《张纮传》云:"纮建计宜出都秣陵,权从之,令还吴迎家。"居建业者又十年,取关公,得荆州之后,又徙武昌,两徙皆为据荆,不但为拒曹。黄龙元年,仍还建业,自此至薨皆在建业。

唐许嵩《建康实录》叙孙权于建安五年策薨以后事付权之下,历叙权事,至十三年将与刘备合谋拒操而尚未破操赤壁之前,书曰:"权始自吴迁于京口而镇之。"自注云:"案《地志》:吴大帝自吴迁朱方,筑京城,南面、西面各开一门,即今润州城也。因京岘立名,号为京镇,在建业之北,因为京口。"嵩所引《地志》是唐以前古书可信者,时根本仍在吴而迁京口,欲渐为居秣陵地也。其下叙破曹事,其下又书"十四年,权居京口"云云,至十六年乃书"权始自京口徙治秣陵","十七年,城楚金陵邑地,号石头,改秣陵为建业",叙次甚分明,胜于陈寿。

瑜肃异而同

英雄举事,贵争先著,一落人后,便非俊物。袁绍欲迎献帝不果,遂为曹操所先。及与绍相拒官渡,刘表坐守荆州,不能出一步以袭许救袁,而孙策阴欲袭许迎帝,未发,为人所杀,若其事成,操败矣。非争先著者乎?周瑜方结刘拒曹,曹甫败,旋欲制刘以取荆而并图蜀,著著争先,真俊物也。鲁肃与孙权合榻对饮,为画大计,与瑜同耳。至破曹之后,仍劝权以荆州借刘,此则与瑜异者,然肃之计为孙不为刘,权虽谓此计为一短,但荆州新附,其势吴难独占,两雄相争,徒为敌利,然则肃计亦未为短,故瑜病困,荐肃自代,二人之计异而同者也。至《肃传》载肃与关公单刀俱会之言,注又引《吴书》云云,两人各为其主,亦复旗鼓相当。

三　史

《吕蒙传》注引《江表传》曰:"权谓蒙曰:'读书但当涉猎,孤统事以来,省三史、诸家兵书,大有益。'""三史"似指《战国策》、《史记》、《汉书》。《孙峻传》注引《吴书》曰:"留赞好读兵书及三史,每览古良将战攻之势。""三史",元本作"三略",愚谓彼时不但未有范蔚宗书,并谢承、见《妃嫔传》。华峤、见《晋书》列传第十四《华表传》。司马彪见《晋书》列传第五十二本传。之书皆未有,则三史自不得指为《史记》、《前》、《后汉》,

即《晋书·傅玄传》云："玄撰论三史故事，评断得失，各为区例。"玄卒于晋武帝时，所称"三史"亦未必有《后汉》，直至唐宋以来学者恒言乃皆曰"五经"、"三史"，则专指马、班、范矣。愚窃以为宜更益以陈寿称"四史"，以配"五经"，良可无愧。其余各史皆出其下。

孙策袭袁术

《蒋钦传》"孙策之袭袁术，钦随从给事，及策东渡，拜别部司马"云云，案：策本袁部曲，虽后绝之，安得有袭袁事？误不待言。校者改为"李术"，亦恐非是。考孙策之表用李术为庐江太守，乃在东渡以后，且《志》中亦并无袭李术事，则改"袁"字为"李"字者，非矣。窃疑"袭"字当为"依"字，或"就"字之讹，观"随从给事"之言，殆如《朱治传》中言"治扶翼策，依就袁术"耳。

治贼黝贼

"治贼"当作"冶贼"，东冶之贼也。"黝贼"，"黝"亦作"黟"，黟县之贼也。

黎　斐

《丁奉传》："太平二年，魏大围之。遣朱异、唐咨等往救，复使奉与黎斐解围。奉为先登，屯于黎浆，力战有功，拜左将军。"据此文，则"魏大围之"似所围者即奉也。下文何云复使奉解围乎？元修宋板"魏大"下有"将军诸葛诞据寿春来降魏人"凡十二字，然后接"围之"云云，此脱去，故不可解。《文选》陆机《辨亡论》，李善注引《吴志》正与宋板同，而善所引于"奉为先登"之下，即云"黎斐力战，有功"云云。此作史者因黎斐无传，故于《丁奉传》中带叙黎斐事耳。俗刻误衍"屯于"二字，又误"斐"为"浆"，遂以"黎浆"为地名，而"力战有功，拜左将军"，似皆为奉事矣。岂知上文奉先为偏将军、冠军将军、灭寇将军，封都亭侯，又为虎威将军，进封安丰侯，何待此时方拜左将军乎？下文叙建衡元年战事毕，即云"三年卒"，其下乃又说奉"有功骄矜"云云。俗刻脱"卒"字，又不可读。古书传钞镂刻，脱误既多，又每为无学识者改坏，一开卷辄叹千古少能读书人。

吴 会

《朱桓传》："桓为荡寇校尉,授兵二千人,使部伍吴、会二郡。"此谓吴与会稽也。《孙韶传》注"孙河从策平定吴、会"亦谓二郡,今人竟以为吴中之称。"会"字如字读,不读若"脍",援唐王勃《滕王阁序》"指吴、会于云间"为证,皆非也。

张温党暨艳

《张温传》"温聘蜀,还,使入豫章部伍出兵,事未究。权既衔温称美蜀政,又嫌其声名太盛,思有以中伤之。会暨艳事起,遂因此发举,幽之有司,下令"云云,"将军骆统表理温"云云。案:权之下令历数温罪,但言其交结暨艳、在豫章闻曹丕来不出兵、卖恩署置等事。所谓欲加之罪,何患无词者,绝不言其称美蜀政,其中惟责其将殷礼到蜀"扇扬异国,为之谭论",亦是借题影射。骆统申理,亦只就权所责者辨之而已,共约千余言,不及其美蜀政也。作史者探权隐情,表而出之,最妙。但其上文但言使蜀而还,所谓称美蜀政者绝不叙及,则突然而出,又嫌著语无根,意其语已失传故耳。殷礼,吴之名贤,而终不大用,亦为温累耳。暨字在质韵者,《集韵》云:"居乙切,姓也。吴有尚书暨艳。"陶宗仪云"音结"。但暨艳事并见温及陆逊两传中。裴松之两处皆无音,则宋元人所音不知何据。

陆逊用火攻

《陆逊传》:"黄武元年,刘备率大众来伐,从巫峡、建平连围至夷陵界。逊乃令人各持一把茅,以火攻之,通率诸军同时俱攻,破其四十余营。备大败,走。"愚谓逊仍用周瑜火攻之策,此地多山林险阻,待其傍岩依树,结营既密,然后用之。连营愈多,烧毁愈易,逊久有成算,而其上书于权及所以告诸将者略不宣泄,机事密故能成功也。但此法只可用之赤壁、巫峡耳,平原非所宜,至后世铳炮起,而火器又为之一变,且并用之以破城矣。

刘 廙

南阳谢景善刘廙先刑后礼之论,逊呵之。案《魏志》:刘廙,南阳安众人,与丁仪共论刑礼,传于世。景之州里前辈也。

斯 姓

《贺齐传》:"守剡长。县吏斯从轻侠为奸。""斯",《御览》作"期",但《广韵》"斯"字注中正引此文。

杸 堑

《贺齐传》:"黟贼陈仆等屯林历山。山四面壁立数十丈。齐募轻捷士,为作铁戈,密于隐险贼所不备处,以戈拓斩山为缘道,夜令潜上。"案:二"戈"字,《新安志》皆作"弋"。据《水经注》,上"戈"字当作"杸",下"戈"则不误。杸,所以缘而上也。妄人见下有"戈",妄改之。"斩"字《新安志》作"堑",是,当从之。"堑"下"山"字衍文。"缘道"之下,《御览》有"道成"二字。

山 越

《诸葛恪传》:"恪以丹杨山险,民多果劲,出之可得甲士四万。众议以丹杨与吴郡、会稽、新都、鄱阳四郡邻接,周旋数千里,山谷万重,其幽邃民人未尝入城邑,皆仗兵野逸,征伐为难。权拜恪抚越将军,领丹杨太守。恪移书四郡属城长吏,令各保界,分内诸将,罗兵幽阻,不与交锋,候其谷熟,纵兵芟刈,山民饥穷,渐出降首,人数皆如本规。权遣薛综劳军曰:'山越恃阻不宾,皇帝命将西征。元恶既枭,种党归义,故遣迎致犒赐。'"案:山越者,自周秦以来,南蛮总称百越,伏处深山,故名山越。"山越"二字自《恪传》外,又见《吴主孙权传》建安五年、嘉禾三年,又见太史慈、孙贲、吴主权徐夫人、周瑜、黄盖、韩当、朱治、张温、贺齐等传中,或言"镇抚",或言"讨平",或言"山越怀附畏服"云云。考吴所有者,扬、荆、交、广四州。交、广山越必多,然距京都甚远,彼既不来,我亦不往,任其兽伏鸟窜而已。荆州南境零陵,桂阳等郡亦稍远,惟扬是所都,扬所辖各郡中,丹杨一郡正是秫陵所都之地,税敛调发,举足辄及,而山越为梗,故吴世恒以此为事。秣陵,今江苏江宁府,而汉丹杨郡之境兼今安徽之宁国、池州、太平、徽州等府,广德一州又得浙江湖州、杭州二府之西北境,郡之东南境皆与吴、会稽二郡为界,吴人于建安十三年分丹杨之黟、歙为新都郡,又于十五年分豫章郡为鄱阳郡,故《诸葛恪传》言丹杨与吴、会稽、新都、鄱阳四郡邻接也。然山越顽抗,大约尤在与新都、鄱阳邻接处。今徽、宁二府与江西饶州界,万山环绕,正山民负固不服地,故孙策平定宣城以东,惟泾以西六县未服,太史慈住泾县,立屯府,大为山越所附,策躬自攻讨,始见囚执,见《慈传》。程普为吴郡都尉,治钱塘,徙丹杨都尉,居石城,石城,今池州府贵池县。汉丹杨都尉治歙县,盖吴人徙此。复讨宣城、泾、安吴、陵阳、春谷诸贼,破之,见本传。又歙贼屯安勤山及乌聊山,黟贼屯林历山,贺齐破之,建安、鄱阳、新安三郡山民作乱,钟离牧为监军使者,讨平之,亦各见本传。可见山越莫盛于此处,予曾两至旌德县。癸巳,由浙江湖州府长兴县之四安镇登陆,行过安徽广德州渡河沥溪,过宁国府宁国县,行乱山中,过石凫山以至旌德,皆自东而西。此路荒僻,行人甚少,叠嶂盘回,险仄殊甚,中有前明万历间开路碑,盖自古为行旅所苦,直至明方开。乙未,则从荆溪过东坝,渡固城湖至宣城,自北而南,过泾县琴溪以往,此路差大,然亦险甚,自此而南至新安,山愈深矣,宜三国时为贼所据也。此在吴为心腹之疾,故《张温传》权谓温曰:“若山越都除,便欲大构蜀。”而陈寿于贺、全等传评云:“山越好为叛乱,难安易动,是以孙权不遑外御,卑词魏氏。”盖山越之为害如此。

《后汉·度尚传》:“抗徐字伯徐,丹杨人,守宣城长,移深林远数椎髻鸟语之人置于县下。”此可见宣歙间在后汉为蛮夷,与外间隔绝不通,至三国而顽梗如故,此吴人所以重劳经营。《陈书》三卷《世祖本纪》:“授会稽太守,山越深险皆不宾附。”《新唐书》百八十二卷《裴休传》:“贞元时,浙东剧贼栗锽诱山越为乱。”然则山越历六朝,至唐为害未息。

三国疆域

《三国》但有纪传,无志,余姑勿论,惟是地理建置不可无考。毗陵洪亮吉作《三国疆域考》,予未见,姑就《通典》所列,参以本志,并万氏

《补表》,考之如左。

《魏志·夏侯玄传》云:"司马宣王报玄书曰:'秦时无刺史,但有郡守长吏。汉家虽有刺史,奉六条而已,故刺史称传车,其吏言从事,居无常治,吏不成臣,其后转更为官耳。'"刘馥等传评云:"自汉季以来,刺史亦部从宋本改,俗作"统",非。诸郡,赋政于外,非若曩时司察之而已。"案:秦虽无刺史,亦有监御史,即刺史之意。至汉,刺史虽居无常治,然亦未尝无,说见《朱博传》,详前第十六卷。其云"后转更为官司",正指汉末方镇而言,与刘馥等传评合。

东汉十三州,司隶、豫州、冀州、兖州、徐州、青州、荆州、扬州、益州、凉州、并州、幽州、交州也。杜佑《通典》一百七十一卷《州郡门》云:"魏据中原,有州十二,司隶、荆河、兖、青、徐、凉、秦、冀、幽、并、扬、雍。"小字夹注云:"分凉州置秦州,理上邽,今天水郡。扬治寿春,今郡。徐治彭城,今郡。荆治襄阳,今郡。兖治武威,今郡。并因前代。"荆河者,《禹贡》"荆河惟豫州",本是豫州而改称者,杜佑避唐代宗讳也。"兖治"之下脱文甚多,未得他本参对,未敢辄添。其下文云"蜀全制巴蜀,置益、梁二州","益治成都,今郡。梁治汉中,今郡","吴北据江,南尽海,置交、广、荆、郢、扬五州","交治龙编,今安南府。广,孙权置,治番禺,今南海郡。荆治南郡,今江陵郡。郢治江夏,即今郡。扬治建邺,今丹杨郡江宁县"。

东汉司隶所辖,既有弘农、京兆、冯翊、扶风,故不别置雍州。魏人盖仍其旧,而却又别置雍州,其置当在建安中操统事后。观《魏·张既传》"太祖时不置凉州,自三辅拒西域,皆属雍州。文帝即王位,初置凉州",则可见矣。《杜恕传》:"太和中,恕以为古刺史奉宣六条,以清静为名,可勿令领兵,以专民事,乃上疏曰:'今魏有十州,荆、扬、青、徐、幽、并、雍、凉缘边诸州皆有兵,所恃内充府库、外制四夷者,惟兖、豫、司、冀。'"荆、扬非魏地,但带言之。而其有司又有雍则显然。但雍州始置,既不载于《续汉·郡国志》,而《魏志》本纪又遗之。且汉人但名司隶,魏人则又往往称司,六朝司州之名起于此。观杜恕上疏云"兖、豫、司、冀",又云"天下犹人体,腹心充实,四肢虽病无患。今兖、豫、司、冀,天下之腹心"云云,是也。又考《荀彧传》:"建安九年,太祖拔邺,领冀州牧,或说太祖'宜复古置九州,则冀州所制者广大'。"或以为不可,遂止,其后建安十八年遂诏并十四州,复为九州,见《太祖纪》。《梁习传》:并土新附,习领并州刺史。"建安十八年,州并属冀州"。文帝践阼,始复置并州。彼时又尝并凉于雍,即上所引《张既传》是也。余所并三州则无考。建置沿革,事之大者,本纪宜详书之,今各纪于省并分置之郡甚多,而省并分置之州仅一见,亦不详,恐多漏。即如《通典》置秦州事,本纪无之,则可见。齐王芳嘉平五年云:"自帝即位,至于是岁,郡国县道多所置省,俄或还复,不可胜纪。"则其不载者多矣。

《通典》虽言魏有十二州,而荆、扬正吴地,魏不得有之,特缘边有镇戍,聊立此名耳。杜恕于太和中言有十州,蒋济于景初中言有十二州,二者不同,大约一数荆、扬,一不数荆、扬耳。除此二州,余有十州,又除自置秦州不数外,大约魏得汉之司隶、豫州、冀州、兖州、青州、并州六全州,此外三州,徐州但得其西境,凉州但得其东西及北境,幽州但得其西南境,不全得也。蜀得益州一全州及凉州之南境,又自置梁州。吴得荆州、扬州、交州三全州及徐州之东境,又自置广州。其杜佑所云郢州未详,说见下文。若幽州之东北境,则公孙氏据之,直至景初二年始为司马懿所灭。

《蜀后主传》于降晋后,注引王隐《蜀记》,但有户口数,无郡国县道数。《吴三嗣主传》于孙皓降晋后,注引《晋阳秋》则曰:"王濬收其图籍,领州四,郡四十三,县三百一十三。"案:"领州四"者,汉旧有之荆、扬、交三州及吴自置之广州是也。据此则吴无郢州,且《文纪》黄初三年,以荆州江北诸郡为郢州,旋复故。然则此州乃魏所立,且旋废矣。不知杜佑何以云云,俟再考。《晋阳秋》"郡四十三",《太平御览》引作"三十三",考《晋书·武帝纪》作"四十三",《御览》误也。至三国所得汉郡与其所增置并省之郡,备详《晋书·地理志》,而《晋书》于此等处每多游词,未知确否,是以皆未可据。

沈约《宋书·州郡志》叙首言"三国鼎跱时,吴得汉之扬、荆、交三州,蜀得益州,魏氏犹得九焉",谓冀、幽、并、兖、青、徐、豫、凉及司隶也。此特言其大略,不如予今所考为得,说详后《南史》篇中。

十七史商榷卷四十三
晋书一

晋书唐人改修诸家尽废

《晋书》作者最多。王隐则有《晋史》，建兴中过江，祖纳荐为史官。元帝以草创务殷，未遑史官。太兴初，乃召为著作郎，令撰《晋史》。豫平王敦功，赐爵平陵乡侯。以谤免，黜归家。后依征西将军庾亮于武昌。亮供其纸笔，书成。年七十余卒。虞预则有《晋书》，凡四十余卷。预亦在东晋初。至苏峻平后卒。孙盛则有《晋阳秋》，尝从桓温平蜀，又从入关平洛。出为长沙太守。以赃为温槛车征之，舍而不罪。迁秘书监给事中，卒。《晋阳秋》成，温见之，怒谓盛子曰："枋头诚为失利，何至如尊君所说！若此史遂行，关君门户事？"时盛年老还家，诸子号泣请改。盛怒不许。盛写两定本，寄慕容俊。太元中，孝武帝博求异闻，始于辽东得之，以相考校，多有不同，书遂两存。干宝则有《晋纪》，自宣帝讫愍帝五十三年，凡二十卷。邓粲则有《元明纪》，凡十篇。谢沈则有《晋书》，凡三十余卷。康帝时为太学博士。尝为何充、庾亮、蔡谟所荐。庾冰亦称之。习凿齿则有《汉晋春秋》，起汉光武，终晋愍帝，凡五十四卷。其意以晋继汉，不继魏，故为此书。徐广则有《晋纪》，义熙初，为员外散骑常侍，领著作。尚书奏："圣代有造《中兴记》者，道风帝典，焕乎史策。而太和以降，世历三朝，玄风圣迹，倏为畴古。宜敕著作郎徐广撰成国史。"于是敕广撰集。义熙十二年，勒成《晋纪》四十六卷，表上之。年过八十。宋元嘉二年卒。三朝者，简文帝、孝武帝、安帝也。郗绍则有《晋中兴书》，高平人。数以书示何法盛，法盛有意图之，谓绍曰："卿名位贵达，不复俟此延誉。我寒士，无闻于时。如袁宏、干宝之徒，赖有著述，流声于后，宜以为惠。"绍不与。至书成，在斋内厨中。法盛诣绍，绍不在，直入窃书。绍还失之，无复兼本，于是遂行何书。自徐广以上八家，并见今《晋书》八十二卷。而广又与郗绍俱见《南史》三十三卷。其后，齐臧荣绪括东、西晋为一书，纪、录、志、传凡百一十卷，见《南齐书·高逸传》，又见《南史·隐逸传》。荣绪，东莞莒人。纯笃好学，隐居京口教授。司徒褚渊少时尝命驾寻之。建元中启太祖曰："荣绪，朱方隐者。蓬庐守志，漏湿是安，灌蔬终老。撰《晋史》十帙，赞论虽无逸才，亦足弥纶一代。臣岁时往京口,早与之遇。近报其取书,始方送出,庶得备录渠阁,采异甄善。"上答曰:"公所道臧荣绪者,吾甚志之。其有史翰,欲令入天禄,甚佳。"永明六年卒,年七十四。梁沈约亦作《晋书》,百一十卷,见《梁书》约本传。夫王隐等以晋人记晋事,载录未全,固必须改作。即沈约在臧荣绪之后,卷数又同,谅不过润色臧书,亡佚犹未足深惜。若荣绪既勒成司马氏一代事迹,各体具备,卷帙繁富,谅有可观,即以垂世,有何不可?观荣绪卷数,比徐广以上八家或倍之,或三倍之,则知其为东、西晋之全史。乃唐贞观中房玄龄奏令狐德棻重修《晋书》,德棻为先进,其类例既多所诹定,而河东人敬播又同定之,其余则预柬者,凡十有八人共撰此书,见《新唐书》一百二卷及一百九十八卷。于是遂号其书为"太宗御撰",而荣绪之书竟废,吾为荣绪愤之。

王隐、虞预、谢沈似只有西晋无东晋,干宝、习凿齿更不待言。其孙盛虽记东晋事,然就其本传考之,则盛之卒似桓温尚在,温死于孝武帝宁康元年,则孙盛之书大约不过至海西公或简文而止矣,其后所缺者尚多。邓粲只有元帝、明帝两朝,徐广只有简文帝、孝武帝、安帝三朝,尤不得为晋史全书。然则欲求晋史全书,自当以荣绪为正,惜其为唐人所压,遂致失传也。

《旧唐书·令狐德棻传》:"贞观十八年,诏改撰《晋书》。房玄龄奏德棻令预修撰,当时同修一十八人,并推德棻为首。"考《玄龄传》云:"奏取八人。"则"一十"二字衍。《新唐书》盖仍误本《旧唐书》而未及正也。

《旧唐·李淳风传》:"贞观十五年,除太常博士。寻转太史丞,预撰《晋书》及《五代史》,其《天文》、《律历》、《五行志》皆淳风所作也。"

何超晋书音义

胡三省《通鉴注·自序》云:"《晋书》之杨正衡注,吾无取焉。"《宋史·艺文志》则云:"杨齐宣《晋书音义》三卷。"明南京国子监刻《二十一史》,《晋书》有何超字令升所撰《音义》三卷,天宝六载,其内兄杨齐宣字正衡为之序。胡及《宋史》误以为杨撰耳。古以舅之子为内兄弟、姑之子为外兄弟,故杨述令升为我仲舅之子而称为内弟。此书胡虽不取,然是唐初人撰,所引吕忱《字林》颇多。又引《文字集略》,又引周迁《舆服姓事》,又引柳顾言说,又引《珠丛》,又引《风土记》,此等书今皆亡矣。又引《风俗通》"僻姓贲甫、眘景",予所藏元大德刻《风俗通》,比俗刻多两倍,亦无此一条,何在唐初尚见足本。然则此书非全无足取者。汲古阁板无何氏《音义》。

十七史商榷卷四十四

晋书二

南郡太守杨俊

《晋书·宣帝纪》："帝河内温人。少有奇节。南郡太守同郡杨俊名知人,见帝,未弱冠,以为非常之器。"案:杨俊,河内获嘉人,为南阳太守,《三国·魏志》有传。此云"南郡",误也。

大谋奇策

"汉建安六年,郡举宣帝上计掾。魏武帝为司空,辟之。帝知汉运方微,不欲屈节曹氏,辞以风痹。及魏武为丞相,又辟文学掾,敕曰:'若盘桓,便收之。'惧而就职。魏国既建,每与大谋,辄有奇策。"愚谓辞不就征者,世乱虑祸耳。"知汉方微,不欲屈节",饰词也。大谋、奇策,篡汉阴谋也。一人之身,少壮则为魏画篡汉策,及老则又自为子孙定篡魏策,兴亡若置棋,亦可叹矣。

谏不徙都

"关羽围曹仁于樊,于禁等七军皆没。时汉帝都许昌,魏武以为近贼,欲徙河北,宣帝谏不当迁"云云。案:《魏志·蒋济传》:"关羽围樊,太祖以汉帝在许,近贼,欲徙都。济与宣王说太祖。"其词正与此同。此不及济者,欲专美于司马懿也。

武　昌

黄初五年,天子南巡,"帝留镇武昌"。"武"当作"许"。

水军破吴

宣帝对魏文帝曰:"吴以中国不习水战,故敢散居东关。若以陆军向皖城,引权东下,为水战军向夏口,乘虚击之,破之必矣。"案:厥后平吴,卒赖水师并进,懿之远识何减荀彧、贾诩一流!

曲笔未删

太和四年,"宣帝西屯长安,讨诸葛亮。亮将芟上邽麦,帝卷甲赴之,亮望尘而遁。进次汉阳,与亮遇,兵才接亮退,追至祁山。亮屯卤城,帝攻拔其围,亮宵遁,追击破之,俘斩万计"。案:据《魏志·明帝纪》:太和四年,"诏大司马曹真、大将军司马宣王伐蜀。九月大雨,伊、洛、河、汉水溢,诏真等班师"。《蜀志·后主纪》:建兴八年秋,"魏使司马懿由西城,张郃由子午,曹真由斜谷,欲攻汉中。丞相亮待之于城固、赤阪,大雨道绝,真等皆还"。如是而已,安得有遁逃破败之事?彼时亮正大举北伐,虽马谡小挫于街亭,而斩王双,走郭淮,遂平武都、阴平二郡,安得被魏俘斩万计邪?懿从不敢与亮交锋,屡次相持,总以案兵不动为长策,遗之巾帼犹不知耻,假托辛毗杖节止战,制中论之甚明。此纪特晋人夸词,在当日为国史,固应尔尔。今《晋书》成于唐人,而犹仍其曲笔,不加删改何也?"屯卤城","卤"字乃"西"字之讹。

公孙文懿

青龙四年,"辽东太守公孙文懿反"。案:公孙渊称字,避唐讳。

曹马构衅

正始五年,"尚书邓飏、李胜等欲令曹爽建立功名,劝使伐蜀。宣帝止之,不可"云云。六年,"曹爽毁中垒中坚营,以兵属其弟中领军羲。帝以先帝旧制禁之,不可"。七年,"吴寇柤中,夷夏万余家避寇北渡沔。帝以沔南近贼,若百姓奔还,必复致寇,宜权留之。曹爽不从,帝与辨难往复"云云。愚谓:曹、马构衅,不在争伐蜀及还沔南民也。懿久有篡心,曹爽无能,适为之先驱耳。又八年,"曹爽用何晏等谋,迁太后于永宁宫,专擅朝政。帝不能禁,于是与爽有隙"云云。愚谓:曹、马隙成已久,岂至是始见乎?史家随笔纪载,未得其实也。又九年,"爽、晏谓帝疾笃,遂有无君之心,与黄门张当密谋图危社稷"云云。愚谓:此马图曹,非曹图马。即或有谋,亦但欲危懿耳,非欲危社稷也。

此在臧荣绪《晋书》，成于易代之后，已不当留此曲笔，况唐人乎？

杀曹爽

嘉平元年正月，"天子谒高平陵，爽兄弟皆从。是日，太白袭月。帝于是奏永宁太后废爽兄弟"云云。案：待其出国门而后发，乃得机会，不烦血刃矣。上文先大书天变，见篡弑之本已见于此，垂象甚明也。

司马懿谥文宣

嘉平三年"秋八月，崩于京师，年七十三。九月，葬于河阴，谥曰文贞，后改谥文宣"。案：《文帝纪》作"宣文侯"。《礼志》同。

安　风

《景帝师纪》：正元二年，"毋丘俭、文钦作乱，帝征之。遣诸葛诞督豫州诸军，自安风向寿春"。案："安风"，即下文所谓"安风津"也。

诸葛诞作乱

《文帝昭纪》：甘露二年，"镇东大将军诸葛诞以淮南作乱，遣子靓为质于吴以请救"。帝表请魏高贵乡公亲征，曰："今诸军可五十万，以众击寡，蔑不克矣。"愚按：诞乃宿将，非王凌、毋丘俭、文钦之比，故昭不肯从众议轻遽用师，必挟天子，兴重兵，厚集其势，以遏其锋。然是时吴国内乱，孙綝辅政，多行无礼，将士不附，诞无外援，故卒至灭亡耳。若吴无内衅，则淮南三叛，成败未可知也。

邓艾异议

景元四年，司马昭倡议伐蜀，谋于众云"绊姜维于沓中，使不得东顾，直指骆谷，出其空虚，以袭汉中，彼剑阁不下守险"云云。"下"当作"暇"。又"邓艾以为未有衅，屡陈异议，昭患之"。邓艾不终之隙已兆于此。

全载九锡劝进

景元四年，天子以伐蜀献捷交至，"乃申前命"云云。此既全载命司马昭为晋公九锡文矣。其下文又载昭辞让，司空郑冲率群官劝进笺全文。陈寿《魏志》虽载曹公九锡册书，尚不及辞让劝进，则犹有裁量，此何其不惮烦乎？猥冗甚矣。

防钟邓

咸熙元年春正月乙丑，昭"奉天子西征，次于长安"。案：此时钟会、邓艾已破蜀，会欲反而先谮艾反。即会之反谋，邵悌先言之，昭亦已先觉之。"次于长安"者，防钟、邓也。

世　祖

晋武帝受禅，号师世宗，昭太祖。纪末赞云"世宗继文"云云，又"世祖无外"云云。"世祖"当作"太祖"。

昭构炎攸嫌隙

《武帝纪》："帝讳炎，文帝长子也。魏累迁中抚军，晋国建为世子。初，文帝以景帝既宣帝之嫡，早世无后，以帝弟攸为嗣，特加爱异，自谓百年之后，大业宜归攸，每曰：'此景王之天下也，吾何与焉。'将议立世子，属意于攸。何曾等固争，'中抚军有超世之才'，由是遂定。"愚谓：昭本以爱攸之故，欲废长立少耳，岂为攸嗣师后，奉其兄烝尝计邪？《攸传》云："每见攸，必抚床呼其小字曰'此桃符坐也'。"乃云此景王之天下，将欲谁欺？不思炎、攸皆其子乎？卒令兄弟遂成嫌隙，昭实构之。

二十七王

泰始元年，"封皇叔祖父孚为安平王"云云。案：此同时受封者凡有二十七王，可谓盛矣。曹氏抑损宗室，夷于平民，山陵未干，祚移他姓。故司马氏广封诸王，以力矫其弊。但此诸王非有功勋，皆由恩泽，初无德器，漫据富贵，何足以巩维城之固哉！未几而有八王之祸，贻谋之不臧也。

鸡鸣歌

泰始二年正月庚寅，"罢《鸡鸣歌》"。案："歌"元板作"鼓"。

罢山阳禁制

泰始二年，"罢山阳公国督军，除其禁制"。案：罢军除禁者，盖为时已隔二代，且欲移其禁山阳者以禁陈留也。抑观此则知山阳、陈留虽幸终天年，不至若零陵王以下之例皆弒死，然其制防监禁，实与幽囚无异。

王祥薨年

泰始四年夏四月戊戌，"太保、睢陵公王祥薨"。案：祥本传薨于泰始五年，此纪乃在四年四月，互异。

阳　平

泰始五年春二月，"以雍州陇右五郡及凉州之金城、梁州之阳平置秦州"。案："阳平"，《地理志》作"阴平"，宜从之。

大　雩

泰始七年闰五月，"大雩，太官减膳"云云。案："雩"元板作"雪"。以《五行志》校之，"雩"是也。

丁　丑

"冬十月丁丑，日有食之。"《天文志》作"丁丑朔"，此脱一字。

大举伐吴

咸宁五年十一月，"大举伐吴，遣镇军将军、琅邪王伷出涂中，安东将军王浑出江西，建威将军王戎出武昌，平西将军胡奋出夏口，镇南大将军杜预出江陵，龙骧将军王濬、广武将军唐彬率巴蜀之卒浮江而下，东西凡二十余万"。愚谓：因巴蜀之卒顺流而下，则西塞不守，势如破竹,此平吴所以必在平蜀后也。平西将军胡奋,下文太康元年二月甲戌即云"平南将军胡奋克江安",俟考。又"壬申,王濬以舟师至建业之石头,孙皓降于军门"云云。观此,则平吴之功以濬为首。但吴甫平,其明年,太康二年三月,即迁"孙皓妓妾五千人入宫",则武帝之志荒矣,山巨源所以欲释吴为外惧也。七年十二月,"出后宫才人、妓女以下二百七十人归于家"。选入者如此之多,出者如此之少。篇末论断谓其"恭俭寡欲",恭俭岂可以声音笑貌为哉!

崇圣殿

太康十年四月癸丑,"崇圣殿灾"。注云:"圣"一本作"贤"。案:《五行志》正作"贤"。

惠帝改元

改元必于明年,若崩年改元,则必有大变故,不可以常理论者。晋惠帝以太子嗣统,人道之常,乃即于其年改元永熙。明年又改永平,及三月辛卯杀杨骏,壬辰贾后废皇太后为庶人,又杀太后之母。其明年之二月己酉,贾后遂弑皇太后,三纲绝矣,故永平元年之三月又改元元康。史家纪事,茫昧而不知适从,故于正月书"永平",而三月又书"改元"。窃谓年号以后改为定,则正月即宜定书元康。即虑没永平之号,亦宜于"三月壬辰,大赦,改元"下明著"元康"二字,乃又不著,殊不明析。

《宋书·五行志》云:"刘备卒,刘禅即位,未葬,未逾月,而改元为建兴。习凿齿曰:'礼,国君即位逾年而后改元者,缘臣子之心,不忍一年而有二君也。今可谓亟而不知礼矣。'吴孙亮、晋惠帝、宋元凶亦然。"

己卯日食

"永康元年春正月癸亥朔,大赦,改元。己卯,日有食之。"案:己卯乃月之十七日,无日食之理,疑误也。《天文志》亦同。

肜伦矫诏

"梁王肜、赵王伦矫诏废贾后为庶人。"愚谓:此纪屡书"贾后矫诏"矣,肜、伦亦书"矫诏"者,既以志惠帝之暗,且见出尔反尔。

耿　胜

"洛阳流人李庠害成都内史耿胜。"案:"洛"当作"略"。"耿胜"《载记》作"耿滕"。

张　微

太安元年,"李特害广汉太守张微"。案:《载记》作"张征"。

段勿尘

太安二年,"封鲜卑段勿尘为辽西公"。案:段匹磾本传及《王濬传》皆作"务勿尘",本纪误。

成　夔

永兴元年,"成都王颖遣从事中郎成夔等以兵五万屯十二城门"。案:"成夔",元板作"盛夔"。

韩　雅

永兴二年,"陇西太守韩雅攻秦州刺史张辅,杀之"。案:陇西太守韩雅,《张轨传》作"东羌校尉韩稚"。

分荆州江州八郡为湘州

《怀帝纪》:永嘉元年八月,"分荆州、江州八郡为湘州"。案:《地理志》:"怀帝分长沙、衡阳、湘东、零陵、邵陵、桂阳及广州之始安、始兴、临贺九郡置湘州。"乃九郡,非八郡也。其长沙等六郡,旧俱属荆州。惠帝元康元年,分桂阳属江州。今纪云"分荆州、江州八郡为湘州",不及广州,偶遗之耳。

裴 颁

永嘉四年十一月,"镇东将军周馥表迎大驾迁都寿阳,东海王越使裴颁讨馥,为馥所败"。案:此又一裴颁,与裴秀之子同姓名者。

刘蜀苏马

《愍帝纪》:建兴元年五月,"诏琅邪王睿曰'遣殿中都督刘蜀、苏马等具宣朕意'"。"苏"元板作"司"。

晋纪总论

《怀愍纪》末引干宝《晋纪总论》,此文载《文选》。"内夷曹爽,外袭王凌","凌"彼作"陵",非。"谈者以虚荡为辨,而贱名检",彼作"虚薄名俭"。李善注引刘谦《晋纪》,应瞻表曰:"元康以来,以儒术清俭为群俗。"则似得两通。"当官者以望空为高,而笑勤恪"之下,《文选》有"目三公以萧杌之称,标上议以虚谈之名"。"萧杌",善云"未详"。而五臣良曰:"言时名目三公皆萧然自放,杌尔无为。"作《晋书》者因其艰晦,删此二句。"共嗤黜以为灰尘","黜"彼作"点",司马迁《答任少卿书》云"适足见笑而自点",善云:"点,辱也。"则似得两通。"子真著《崇让》而莫之省,子雅制九班而不得用,长虞数直笔而不能纠"。谓刘实子真,为少府,著《崇让论》;刘颂子雅为吏部尚书,作九班之制;傅咸长虞为司隶校尉,先后弹奏百僚也。三句层叠而下,极论时弊甚畅,《晋书》删长虞一句殊无谓。又论至惠帝,有"贾后肆虐于六宫"云云,此扼要之语,《晋书》删之亦非。惟"怀帝初载,嘉禾生于南昌"云云一段冗长,《晋书》删去是。愚谓此文摹《过秦论》处虽有规仿之痕,借周形晋,文势亦似迂缓,然其以老庄虚空为致乱之由,归罪阮籍、贾充辈,又以妇女淫妒为风俗所由坏,实能深探祸本。宝,晋臣,自不便显黜晋德,然言外已见懿、师、昭、炎作法于凉矣。《晋书》当直用此篇作论,其前不必赘加一冒子。

十七史商榷卷四十五

晋书三

幽州刺史段匹碑

《元帝纪》：建武元年，"司空、并州刺史、广武侯刘琨，幽州刺史、左贤王、渤海公段匹碑上书劝进"。幽州，《文选》作"冀州"，非也。匹碑本传先言"领幽州刺史，刘琨自并州依之"，又言"自务勿尘以后，值晋丧乱，自称位号，据有辽西之地，西尽幽州，东界辽水"。则此自是幽州，非冀州。

元无远图明年短促

太兴元年三月"景辰，即皇帝位，大赦，改元。壬申，诏曰"云云。愚谓：既即尊位，即当下哀痛之诏，命将出师，扫平凶竖。乃不闻出此，而屡次下诏，皆谆谆察吏劝农，若承平时之为者，知元帝无远图矣。子明帝有气魄，差强人意。乃在位止三年，年止二十七，短促如此。诸臣中亦惟温峤有英略，而峤又不永年，有以知晋祚之不长。此史书干支以"景"为"丙"，避唐讳。

琅邪太守孙默

永昌元年八月，"琅邪太守孙默叛，降于石勒"。案："太守"，《石勒载记》作"内史"。

牛继马

"《玄石图》有'牛继马后'，故宣帝深忌牛氏，遂为二榼，共一口，以贮酒焉，帝先饮佳者，而以毒酒鸩其将牛金。而恭王妃夏侯氏竟通小吏牛氏而生元帝。"案：此等暧昧之言，书之史册，殆存疑耳。且既云"小吏牛氏"，则非将牛金矣。而《魏书》列传云："僭晋司马睿字景文，晋将牛金子也。初晋宣帝生大将军、琅邪武王伷，伷生冗从仆射、琅邪恭王觐。觐妃谯国夏侯氏,字铜环,与金奸通,遂生睿,因冒姓司马,仍为觐子。"敌国传闻互异如此。

三月改元

《明帝纪》:元帝以永昌元年闰十一月己丑崩,明帝即以庚寅即位。至明年太宁元年,已逾年矣。乃不于正月改元,而迟至三月戊寅朔方改元。偏安草创,王敦方谋逆,危疑之中,不可以常理论。

引左传误脱

太宁三年八月,帝不念,遗诏曰:"周公匡辅成王,霍氏拥育孝昭,非宗臣之道乎?凡此公卿,时之望也,敬听朕命,同心断金,以谋王室。诸方岳征镇,刺史将守,皆朕扞城,推毂于外,虽有内外,其致一也。故不有行者,谁扞牧圉?譬若唇齿,表里相资。宜戮力一心,若合符契。"愚谓:"不有居者,谁守社稷?不有行者,谁扞牧圉?"此僖二十八年《左传》宁武子盟卫人之词,此似全用之,传写误脱上二句。

攻寿阳

《成帝纪》:咸和元年十一月,"石勒将石聪攻寿阳,不克"。案:"寿阳",当从《载记》作"寿春"。

三　吴

三吴屡见《晋书》,唐亦有之。然史文回互,颇难详究。惟李吉甫《元和郡县志》第二十五卷:"江南道浙西观察使所管苏州吴郡,周为吴国。秦置会稽郡于吴。项羽初起,杀太守殷通,即此。后汉顺帝永建四年,分浙江以东为会稽,西为吴郡。孙氏创业,亦肇迹于此。历晋至陈不改,与吴兴、丹阳号为'三吴'。隋开皇九年改为苏州。"杜佑《通典》第一百八十二卷《州郡门》苏州:"吴郡理吴、长洲二县。春秋吴国都也。秦置会稽郡。汉顺帝分置吴郡。晋宋亦为吴郡,与吴兴、丹阳为三吴。齐因之。陈置吴州。隋改苏州。"愚谓:六朝时,吴兴今湖州府,丹阳今江宁府。据两书所言,三吴则吴兴为南吴,丹阳为西吴,苏州为东吴也。此为定论。虽史传皆浑言三吴无方向,然以意揣之,周时吴国之境北以长江为限,其西不过至今江宁而止,自此而西则为楚地矣。南与越以浙江为界,故唐人诗亦云“到江吴地尽,隔岸越山多”。然吴越交兵处,如檇李为今嘉兴县地,御儿为今石门县地。吴师未闻直临浙江。唐以前未有秀州一郡,则言三吴者,其南以吴兴言之可矣。《晋书》第七卷《成帝纪》:咸和三年,苏峻反,“吴兴太守虞潭与庾冰、王舒起义兵于三吴”。范氏成大《吴郡志》第四十八卷《考证门》引此而疑之云:“时冰为吴郡太守,舒为会稽太守,则似吴郡、吴兴、会稽为三吴。”又八十四卷《刘牢之传》:“孙恩攻陷会稽,牢之遣将桓宝率师救三吴。”又七十八卷《陶回传》:“回为吴兴太守,时大饥,谷贵,三吴尤甚。回割府库军资以救乏绝,一境获全。诏会稽、吴郡依回赈恤。”据此似吴郡与吴兴、会稽三郡为三吴甚明。但第七十六卷《虞潭传》:“潭为吴兴太守,苏峻反,加潭督三吴、晋陵、宣城、义兴五郡军事。”又第九卷《孝武帝纪》:“宁康二年,皇太后诏:‘三吴奥壤,水旱并臻,宜时拯恤。三吴、义兴、晋陵及会稽遭水之县尤甚者,全除一年租布。’”按:潭所督三吴、晋陵、宣城、义兴,凡有六郡,而言五郡者,盖彼时潭已自为吴兴太守,则三吴之中固居其一矣。今加督五郡而言三吴,则疑晋人已主吴兴与丹阳、吴郡为三吴,除去吴兴,连晋陵、宣城、义兴数之,则五郡也。宁康诏文,会稽与义兴、晋陵皆在三吴之外,尤为显然。义兴、晋陵皆吴地,疑晋人既以丹阳与吴郡、吴兴为三吴,恐漏去义兴、晋陵,嫌不该悉,故又重累及之。《成纪》及刘牢之、陶回传随便言之,不必泥。第一百卷《孙恩传》:“叔父泰见天下兵起,乃扇动百姓,三吴士庶多从之。”《隋书·炀帝纪》:“伐陈,为行军元帅。陈平,执陈施文庆等,以其邪佞害民,斩之阙下,以谢三吴。”亦是据丹阳、吴郡、吴兴数之。惟《旧唐·哀纪》:天祐三年,制有钱镠“制抚三吴”之语,则当连会稽,亦不必泥。

晋、唐人言吴会,皆谓吴与会稽,非谓吴中一都会。如孟浩然《适越留别谯县张主簿申屠少府》诗云:“朝乘汴河流,夕次谯县界。幸值西风吹,得与故人会。君学梅福隐,余从伯鸾迈。别后能相思,浮云在吴会。”上“会”字,会晤之会。下“吴会”谓吴与会稽,故可分叶也。会稽本越地,非吴,秦强名之。后汉既分二郡,自不得复以会稽为吴。

杜子美《殿中杨监见示张旭草书图》诗云:“呜呼东吴精,逸气感清识。"又《醉歌行赠公安颜少府请顾八题壁》诗云:"君不见东吴顾文学。"又《后出塞》诗云:"云帆转辽海,粳稻来东吴。"又《绝句》云:"门泊东吴万里船。"又《哭台州郑司户苏少监》诗:"夜台当北斗,泉路著东吴。"此似泛指江东诸郡,不必专谓苏州为东吴。然《穆天子传》卷二:"太王亶父之始作西土,封其兄子吴太伯于东吴。"唐人《乱后经吴闾门至望亭》诗:"东吴黎庶逐黄巾。"苏州为东吴明矣。近日昆山顾氏精于考据,每自署东吴,盖府治吴县、长洲、元和为东吴,则昆山、太仓为东吴不待言。宋龚明之作《中吴纪闻》,此特取《史记·项羽纪》"籍避仇吴中",倒其文耳,非别有一称。

明韩昌箕仲弓纂《王谢世家》,自为序;韩敬求仲刻《李德裕文集》,为之序。两人皆湖州人,而皆自署西吴。吴江吴祖修慎思《柳塘诗集》第六卷《赠韩希一赵昭野》诗:"西吴山水郁苍苍,二妙词场久掉鞅。"鞅,上声,误读平声。韩、赵皆湖州人,则吴亦以湖州为西吴。朱竹垞《曝书亭集·喜周赟至》诗:"耆旧西吴大雅材。"《明诗综》八十二卷:"赟,嘉兴人。"则又以嘉兴为西吴矣。皆未详。

遂寇襄阳

咸和五年秋八月,"石勒使其将郭敬寇襄阳。南中郎将周抚退归武昌,中州流人悉降于勒。郭敬遂寇襄阳,屯于樊城"。案:下"寇"字当作"毁"。

府　吏

《康帝纪》:咸康八年九月,"诏琅邪国及府吏进位各有差"。"吏",元板作"史"。

王　龛

《穆帝纪》:永和五年二月,"征北大将军褚裒使部将王龛北伐"。案:"王龛",《褚裒传》作"徐龛"。

葬安皇帝

《海西公纪》:兴宁三年三月壬申,"葬安皇帝"云云。"安"当作

"哀"。元板亦误。

慕容垂距战

太和四年夏四月庚戌,"大司马桓温帅众伐慕容晔。秋七月辛卯,晔将慕容垂帅众距温,温击败之。九月戊寅,温裨将邓遐、朱序遇晔将傅末波于林渚,又大破之。戊子,温至枋头。丙申,以粮运不继,焚舟而归。辛丑,慕容垂击败温后军于襄邑"。案:"垂帅众距温","垂"当作"厉",载记无垂距战之事。厉单马奔还,傅颜又败,然后垂请出击,有枋头之役耳。

九月误九年

《孝武帝纪》:咸安二年九月甲寅,"追尊皇姚会稽王妃曰顺皇后"。"九月"误作"九年"。元板亦误。

翟　辽

太元八年十二月,"前句町王翟辽背苻坚,举兵于河南,慕容垂自邺与辽合,遂攻坚子晖于洛阳"。愚考载记,此翟辽当是翟斌。斌为慕容垂所杀,兄子真立。真司马鲜于乞杀真自立,营人杀乞立真从弟成。真子辽奔黎阳。长史鲜于得斩成降垂,辽乃立。

谢功赏迟

太元十年十月丁亥,"论淮肥之功,追封谢安庐陵郡公,封谢石南康公,谢玄康乐公,谢琰望蔡公"。愚谓:大破苻坚于肥水乃太元八年事,更三年之久,直至十年十月始加封赏,何其迟也。江左偏安,赖此一战,功莫大焉。而赏若是其迟者,王氏专政忌能故也。

拓跋魏书法

太元十一年四月,"代王拓跋圭始改称魏"。又《安帝纪》:隆安二年十二月己丑,"魏王圭即尊位,年号天兴"。此其书法,与各国之书"僭即皇帝位",或书"嗣伪位",或书"僭称皇帝",或书"僭即天王位",或书"自立为王",或书"僭帝号"、"僭帝位"者,大有不同。晋臣之词,决不如此,此唐人所追改也。窃谓魏与各国固不可以并论,此书书法亦自稳妥。至于李延寿则且以北为正矣,盖唐人承隋,故其词如此。

姚苌书法

太元十四年八月,"姚苌袭破苻登,获其伪后毛氏"。愚谓姚苌曾北面于苻氏,而毛氏又死节,书法不应如此。

脱庙号

太元二十一年秋九月庚申,"帝崩于清暑殿,时年三十五。葬隆平陵"。案:此下疑脱"庙号烈宗"四字,刘知幾已言之。

桓谦魏隐司马逸

《安帝纪》:隆安三年十一月甲寅,"妖贼孙恩陷会稽,吴国内史桓谦、临海太守新蔡王崇、义兴太守魏隐并委官而遁,吴兴太守谢邈、永嘉太守司马逸皆遇害"。案:《孙恩传》"桓谦"作"桓谨","魏隐"作"魏隝","司马逸"作"谢逸"。

段 兴

隆安五年秋七月,"段兴弑慕容盛"。案:载记弑盛者段玑、秦兴、段泰。此作"段兴",疑误。

桓玄改元大亨

安帝元兴元年正月庚午朔,既改隆安为元兴元年矣,而《通鉴》第一百十二卷于是年正月既书"改元元兴",于三月则书"桓玄兵至南桁,元显兵败被执,复隆安年号。玄入京师,称诏解严,以玄总百揆、都督中外诸军事、丞相录尚书事"。此下又书"大赦,改元大亨"。又于一百十三卷元兴二年十月书玄篡位,"改元永始"。僭永始号固宜书,而"复隆安"、"改大亨"皆在玄未篡前,犹假诏行事,《通鉴》若必纷纷用此纪元,直至帝复辟后方重纪元兴,虽为不没其实,而殊觉纠缠可厌,故竟一概不用,仍以元兴纪年,此其不得不然者。胡注必谓其"拨乱世反之正",在《通鉴》似转不必用此夸语。若《晋书·安帝本纪》,亦一概用元兴纪年是矣。而元年三月绝不见复隆安号及改元大亨事，二年十二月书玄篡位亦不见僭改元永始事。大亨号见《五行志》，永始号见玄本传。而如此大事纪中岂可不载？其复隆安号并不见于《晋书》，又不知《通鉴》何据？

刘裕杀刘毅

义熙八年九月，刘裕矫诏数刘毅之罪，"帅师讨毅。裕参军王镇恶陷江陵城，毅自杀"。愚谓裕所同事者，无忌与毅皆雄杰。无忌败死，所惮惟毅，除之则可得志于天下矣。

长安得而旋失

义熙十三年秋七月，"刘裕克长安，执姚泓，归诸京师"。愚谓裕不留镇长安而归者，自顾年老，急于篡位也。已而诸帅相杀，长安得而旋失，不能一天下以此。

连害二帝

义熙十四年十二月戊寅，"帝崩于东堂，时年七十三。葬休平陵。初谶云'昌明后有二帝'，刘裕将为禅代，故密使王韶之缢帝而立恭帝，以应二帝云"。又《恭帝纪》：元熙二年，帝禅位，"刘裕以帝为零陵王"。宋永初二年九月丁丑，裕使兵入"弑帝于内房，时年三十六。谥恭皇帝，葬冲平陵"。案：安帝年三十七，误作"七十三"，句下脱"谥安皇帝"四字。曹、马篡位，山阳、陈留尚得保全。裕实首恶，连害二帝，自后踵为故事。

十七史商榷卷四十六

晋书四

石申马迁殷商

《晋书·天文志》系唐李淳风笔，叙首云："鲁有梓慎，晋有卜偃，郑有裨灶，宋有子韦，齐有甘德，楚有唐昧，赵有尹皋，魏有石申夫，皆掌著天文，各论图验。"愚案：依《后汉志》"石申夫"为句，俗读"夫"下属，误。又云："班固叙汉史，马迁续述《天文》。"愚案："迁"字乃不学者妄增，元板亦衍此字。下文又引马绩之说，"绩"当作"续"。又云："《周髀》者，即盖天之说也，其所传则周公受于殷商。"愚按：《周髀》称周公受于商高。此"殷商"当作商高。

蚁行磨上

《周髀》家云："天旁转如推磨而左行，日月右行，随天左转，故日月实东行，而天牵之以西没。譬之蚁行磨上，磨左旋而蚁右去，磨疾而蚁迟，故不得不随磨以左回焉。"案：此喻最为精确，说见予《尚书后案》第一卷《尧典》篇。赵宋张横渠辈忽创新说，谓天与日月皆左旋，非也。说又详见予《蛾术编》。

天地俱圆

"成帝咸康中①，会稽虞喜因宣夜之说作《安天论》，以为'天确乎在上，有常安之形；地魄焉在下，有居静之体。当相覆冒，方则俱方，圆则俱圆，无方圆不同之义也'。"愚案：《大戴礼》天圆地亦圆说，与虞氏同，最精。

---

① "咸康"原作"延康"，据中华书局标点本《晋书》改。

黄赤道相距

吴中常侍庐江王蕃制浑仪，论曰："天地状如鸟卵，天包地外，犹壳裹黄，浑浑然，故曰浑天。周天三百六十五度五百八十九分度之百四十五，半覆地上，半在地下。其二端谓之南极、北极。北极出地三十六度，南极入地三十六度，两极相去一百八十二度半强。赤道带天之纮，去两极各九十一度少强。黄道，日之所行也，半在赤道外，半在赤道内，与赤道东交于角五少弱[1]，西交于奎十四少强。其出赤道外极远者[2]，去赤道二十四度，斗二十一度是也。其入赤道内极远者，亦二十四度，井二十五度是也。"愚谓今定黄赤道相距二十三度半有奇，比古减半度弱。

极星运动

"北极，北辰最尊者也，其纽星，天之枢也。天运无穷，三光迭耀，而极星不移，故曰'居其所而众星拱之'。"按：极星运动甚微，故不见其移。

十六年天东南鸣

"安帝隆安五年闰月癸丑，天东南鸣。十六年九月戊子，天东南又鸣。是后桓玄篡位。"案："十六年"，元板作"二年"，二者皆非也。考桓玄篡位在元兴二年，元板脱"元兴"二字。

日食纪志互异

武帝泰始"十年正月乙未，日有食之"。《天文志》有，《武帝纪》失载。太康六年"八月丙戌朔，日有食之"。《武帝纪》有，《天文志》失载。成帝咸和九年"十月乙未朔，日有食之"。《天文志》有，《成帝纪》失载。咸康"八年正月乙未朔，日有食之"。《成帝纪》作"己未"。孝武帝太元元年"十一月己巳朔，日有食之"。本纪有，《天文志》失载。"太元四年闰月己酉朔，日有食之。"本纪作"十二月"。皆纪志互异。

---

① "弱"原作"强"，据中华书局标点本《晋书》改。
② "出"字，据中华书局标点本《晋书》增。

庚　申

《天文志》:"永熙元年四月庚申,帝崩。"案:惠帝所改永熙元年即武帝太熙元年。但武、惠二帝纪俱作"己酉,帝崩",与志不同。

后崩不应日变

成帝咸康"七年二月甲子朔,日有食之。三月,杜皇后崩"。愚谓后崩不应日变,此纪非也。

迁陵君

安帝元兴二年十二月,桓玄篡位,"以永安何皇后为迁陵君"。案:后本传作"零陵县君"。又考武陵郡有迁陵县,未知孰是。

大将军宣帝

黄初七年,吴"寇襄阳,大将军宣帝救襄阳"。愚案:司马懿也。"大将军"三字宜删。

南涉海虞

成帝咸和七年,"石勒众又抄略南涉、海虞"。案:此即今常熟县地。"涉",帝纪作"沙",当从之。元板亦误。

灾在次相

义熙"六年三月丁卯,月奄房南第二星,灾在次相"。案:"灾"上脱"占曰"二字。

新都王咏

太康四年,"齐王攸、任城王陵、琅邪王伷、新都王咏薨"。案:新都王咏,帝纪及本传皆作"该",此误。

晋地志与汉志异

《晋书·地理志》叙首一段说秦三十六郡名有误,已见《前汉书》

"故郡国"一条中矣。其说汉郡名与《汉志》异者,如云："汉兴革秦,分内史为三部,更置郡国二十有三。"其下小字历数各郡国名,中有燕国。考《汉·地理志》无燕国。然《异姓诸侯王表》、《诸侯王表》高帝时固有燕国矣。其下文又言文帝所增有九郡,内胶西,《地理志》亦无,而《诸侯王表》文帝时亦有胶西国矣。此二国后废,故志不载。其下文又言武帝所置十七郡,内珠崖、儋耳、沈黎、汶山四郡皆不见《地理志》,皆后来郡罢故志不载,非《晋志》有误也。但据《汉志》,文景所增置之郡各六,而《晋志》则云"文增厥九,景加其四",则比《汉志》多增一郡,似《汉志》不数后来罢去之胶西,故云然。《汉志》武帝增郡二十八,而《晋志》则云:"武帝开越攘胡,初置十七,拓土分疆,又增十四。"是比《汉志》多增三郡。若谓《汉志》不数后来罢去之珠崖、儋耳、沈黎、汶山,则应少其四,何以但少其三? 此不可解。又《汉志》据孝平帝元始二年,云"凡郡国一百三",《晋志》则云:"平帝元始二年,凡新置郡国七十有一,与秦四十,合一百一十有一。"《汉志》一百三,据元始现有之郡国数之;《晋志》一百十一,合已罢之郡国并数之也。已罢者自不宜并数,此事《晋志》谬。至于《晋志》谓高帝分一内史以为三,更置新郡国二十三,是有二十六,又文增九,景增四,武增十七,又增十四,昭帝增一,合之共增七十一,故与秦四十为一百十一似合。但《汉志》比《晋志》少郡国八。《汉志》若除去燕国、胶西、珠崖、儋耳、沈黎、汶山;又内史名虽增三,实只增一,则又除其一;又于秦郡中除去鄣郡、黔中、闽中;又汉之三十六除内史,晋之四十连内史;则应少九,不知何以少八? 比其抵牾不合,姑未暇细论,俟考。

章帝置吴郡

《晋书》第十四卷《地理志》叙首云:后汉章帝置吴郡。案:《后汉书》分会稽为吴郡,在顺帝永建四年,此言章帝非也。乃其下文第十五卷,叙述扬州沿革则又云:"后汉顺帝分会稽立吴郡。"一篇之中自相矛盾。

晋地理辨证

司州荥阳郡属县封上脱"开"字,注云"宋蓬池","或曰蓬泽"。

"浍"当作"浮"。

河东郡属县汾阳注:"公相国。"元板作"公国相"。

广平郡属县涉。案:《后汉书》魏郡无涉。

兖州济阳郡属县宛句,元板作"冤句"。

高平国属县陆湖,据《后汉书》当作"湖陆"。

泰山郡属县奉高注:"西南有明台。"案:"台"当作"堂"。

豫州汝南郡属县西平注:"龙泉,水有用淬可刀剑。"案:当作"有龙泉,水可用淬刀剑"。

沛国属县汶。案:《后汉书》沛国有洨县,无汶。"汶"字当作"洨"。

鲁郡属县番注:"故小邾之国。""邾"字阙。

冀州"县八千二","千"当作"十"。

中山国属县魏昌。案:即汉昌,魏改名。

幽州燕国属县安国注:"国相。蜀主刘禅封此县公。"案:后主封安乐公,《后书》亦作"安乐",此作"国"误。

广宁郡注:"故属上谷。""属"字阙。

代郡属县富城。案:疑即当城。

平州,"咸宁二年十月,分昌黎、辽东、玄菟、带方、乐浪等郡国五置"。案:《武帝本纪》:"泰始十年二月,分幽州五郡置平州。"与此年月互异。

辽东国属县汶,当作"文"。

乐浪郡属县遂城,当作"遂成"。

雍州安定郡属县乌氏。案:《后汉书》作"乌枝"。

凉州武威郡属县揖次。案:两《汉书》皆作"揟次"。胥,古文"胥",故讹为"揖"。又"仓松",当作"苍松"。

敦煌郡属县宜安,疑即冥安,冥水所出。

梁州巴东郡属县鱼腹,《后汉书》作"鱼复"。

益州江阳郡属县有符,前汉犍为郡之符县也,《后汉书》则作"荷节",未详。

牂牁郡属县有指谈,有母剑。按:《两汉书》皆作"谈指"、"毋剑"。

宁州,误不提行。

云南郡属县弄栋,"弄"误作"栱"。

兴古郡属县有滕休，两《汉书》作"勝休"。又铎封，《后汉书》作"镡封"。

"咸康四年，分牂牱、夜郎、朱提、越巂四郡置安州。八年，又罢并宁州。"案：《成帝纪》罢安州在咸康七年，与志不同。

青州济南郡属县即墨注："有天山祠。"案：天山，即天宝山。

徐州下邳国属县下邳注："万峰山在西，首百峰阳也。""万"当作"葛"，"百"当作"古"，"首"字衍。

东海郡属县有况其。案："况"当作"祝"，见《左传》。又有原丘。案：两《汉书》俱作"厚丘"。

荆州襄阳郡属县中庐。案：《后汉书》作"中卢"。

义阳郡属县有厥，下误空一格，乃云"西平氏"。当"厥西"连文，"西"下空一格。

天门郡属县有兖。案：后汉武陵郡有充无兖，"兖"当作"充"。

"怀帝分长沙、衡阳、湘东、零陵、邵陵、桂阳及广州之始安、始兴、临贺九郡置湘州。""穆帝时，又分零陵立营阳郡，以义阳流人在南郡者立为义阳郡。又以广州之临贺、始兴、始安三郡及江州之桂阳，益州之巴东，合五郡来属，以长沙、衡阳、湘东、零陵、邵陵、营阳六郡属湘州。"安帝"义熙十三年，省湘州，置长沙、衡阳、湘东、零陵、邵陵、营阳还入荆州"。案："省湘州"之下"置"字衍。据志此段，湘州建置并省本末似备矣。但本纪穆帝之前则有成帝咸和四年以湘州并荆州一节，既已并省，何得穆帝时又以长沙等郡属湘州？又《安帝本纪》义熙八年分荆州十郡置湘州，此志不载，亦互异。

扬州会稽郡属县郯。案：《后汉书》作"剡"，此误。

交州，"汉昭帝元始五年，罢儋耳并珠崖。元帝元初三年，又罢珠崖郡"。后汉顺帝永和九年，"交趾太守周敞求立为州"云云。案："元始"当作"始元"，"元初"当作"初元"。顺帝永和终于六年，无九年，此亦有误。

交趾郡赢陵。案："赢"，《汉书》作"羸"，音连。乃妄造"赢"字，谬甚。又曲易，《后汉书》作"曲昜"。

九真郡属县移风。案：两《汉》九真有居风无移风，此误作"移"。

广州，吴黄武五年，分交州立，俄复旧。永安六年，复分交州置广州。案：上文甫言"永安七年，复立广州"，此又言"六年"，自相违。

郁林郡注："秦置桂郡。""桂"下脱"林"字。属县柯林，两《汉》俱作"阿林"。

律 历

黄钟为万事根本，盖算数之所从出，故《班书》作《律历志》，至《后汉书》、《晋书》、《北魏书》、《隋书》皆沿袭不改，则迂拘甚矣。《史记》自有《律书》、《历书》，何尝合而为一乎？自《新》、《旧唐》以来，律吕自归《乐志》，历自为志，是也。

严 嵩

汉章帝元和元年，"待诏严嵩具以准法教子男宣"。《续汉志》作"严崇"。古"嵩"只作"崇"。

交食可验疏密

"后秦姚兴时，当孝武太元九年，岁在甲申，天水姜岌造《三纪甲子元历》，其略曰：'治历之道，必审日月之行，然后可以上考天时，下察地化。一失其本，则四时变移。故仲尼作《春秋》，日以继月，月以继时，时以继年，年以首事，明天时者人事之本，是以王者重之。皇羲以降，暨于汉魏，各自制历，以求厥中。考其疏密，惟交会薄蚀可以验之。'"案：历法疏密，以交食为验。自汉至宋，皆不能定交食之当食不食、不当食而食，及时刻早晚、食分多寡，则其历之疏阔可知。

以难推易

"姜岌以月蚀检日宿度所在，为历术者宗。"案：近代西人讥岌，以为日度易求，月行难测，以难推易，倒而用之，为两失。

十七史商榷卷四十七

晋书五

魏祖虞舜

《礼志》：魏景初元年十月，诏曰："曹氏世系，出自有虞氏。今祀圜丘以始祖帝舜配，号圜丘曰皇皇帝天。方丘所祭曰皇皇后地，以舜妃伊氏配。天郊所祭曰皇天之神，以太祖武皇帝配。地郊所祭曰皇地之祇，以武宣皇后配。"案：魏人用郑氏康成说，以周家分圜丘、南郊而为二，帝喾配圜丘，后稷配南郊，故仿而行之。但汉虽祖尧，而郊祀未尝及。魏乃以舜为始祖。王肃、高堂隆辈附会如此，岂不贻千古笑端乎！_{晋人并郊、丘为一。}

救　日

《礼志》于救日一节载"挚虞《决疑》"云云。案：古历甚疏，不能定日食，故救日之礼甚重。后世推算渐密，克定时刻不爽，而救日之仪杀矣。

司马昭薨年

"魏元帝咸熙元年，进文帝爵为王，追命舞阳宣文侯为宣王，忠武侯为景王。是年八月，文帝崩，谥曰文王。"案：据帝纪，司马昭以咸熙二年八月崩，然则此志"是年"当作"明年"。

追尊景皇后

武帝泰始元年十二月"丁卯，追尊皇祖宣王为宣皇帝，伯考景王为景皇帝，考文王为文皇帝，宣王妃张氏为宣穆皇后，景王夫人羊氏为景皇后"。案：据帝纪，司马师之妻景皇后以泰始二年尊为弘训太后，至咸宁四年始崩，不当在泰始元年追尊之列。

武悼后配飨

成帝咸康五年，"始作武悼皇后神主，祔于庙，配飨世祖"。愚考武悼杨皇后配飨武帝庙，据帝纪，在咸康八年。后妃本传则云七年。盖定议于七年，迄八年三月始配飨耳。此志云咸康五年，误也。

孝武帝后崩年

"孝武帝太元四年九月，皇后王氏崩。"案：帝纪及《后妃传》并作太元五年，与此志不同。

大　阅

武帝泰始四年九月，"临宣武观，大阅众军"。此见《礼志》，而帝纪无之。帝纪：泰始九年十一月、十年十一月、咸宁三年十一月，并临宣武观大阅，而此志亦不载。

乐章阙文

《晋书·乐志》所载郊庙乐章亦见《宋书》，以相参校，小小互异处姑不论。其宗庙所用，于康帝之下，《宋书》有《歌孝宗穆帝》一篇，亦曹毗造，其词云："孝宗夙哲，休音允臧。如彼晨离，耀景扶桑。垂训华幄，流润八荒。幽赞玄妙，爰该典章。西平僭蜀，北静旧疆。高猷远畅，朝有遗芳。"而《晋书》脱去。又傅玄所制改汉鼓吹曲为二十二篇，内《景龙飞》一篇"武功巍"之下，《宋书》有"普被四海，万邦望风，莫不来绥。圣德潜断，先天弗违"二十字，《晋书》脱去，今补入。而其下文云"祥享世永长"尚不成文理，"祥"字上应尚有阙文。又《玄云》篇"成汤隆显命，伊挚来如飞"之下脱"周文猎渭滨，遂载吕望归。符合如影响"三句，然后下接"先天天不违"云云。

三师三公

晋人以避景帝讳，改太师为太宰，与太傅、太保为三公。但古以三师兼太尉、司徒、司空，汉晋则三师之外别有三司，固与古异矣。而汉以大司马即太尉，晋则太尉之外别自有大司马。汉以大司马、大将军为一，晋则大司马之外别自有大将军。名号益乱，枝分错出，世愈降而愈多制，观《晋书·职官志》可见。三代以上将军即六卿也。汉、魏以下，别有大将军，又增杂号将军。

司马迁非宦者

《晋·职官志》云："尚书本汉承秦置，及武帝游宴后庭，始用宦者主中书，以司马迁为之，中间遂罢其官，以为中书之职。至成帝建始四年，罢中书宦者，又置尚书五人，一人为仆射，而四人分为四曹，通掌图书秘记章奏之事。"愚案：《晋志》此条非也。司马迁非宦者，《汉书》但言其被刑之后为中书令，尊宠任职，岂得以用迁为宦者主中书之所由始？至宣、元时，弘恭、石显用事，然后权归宦者耳。

九品中正

魏陈群始立九品官人之法，《晋·武帝纪》则云：咸熙二年十一月，"令诸郡中正以六条举淹滞：一曰忠恪匪躬，二曰孝敬尽礼，三曰友于兄弟，四曰絜身劳谦，五曰信义可复，六曰学以为己"。故《三国志》、《晋书》及《南史》诸列传中多有为州郡大中正者，盖以他官或老于乡者充之，掌乡党评论，人才臧否，清议系焉。说见前《魏·夏侯玄传》中。乃《晋·职官志》中绝不一见，何也？

晋舆服辨证

"玉、金、象、革、木等路"章，"金华施橑朱，橑二十八"云云，"施橑"之下脱"末"字。又"棨戟韬以黼绣，上为弡字。""弡"当作"亚"。

"玉、金、象三路"章，"象鹿而镂锡，金氂而方釳"注："旄以铁为之鹿。"《后汉书》作"镳"，"旄"当作"釳"。

"记里鼓车"章"羊车，一名辇车"云云。案："羊车"以下应提行。

"中朝大驾卤簿。先象车，鼓吹一部"云云。案："中朝大驾卤簿"六字元板自为一行，不连下，当从之。

"皇太子安车，驾三"章"黄金涂五彩"，又重句，"彩"并当作"末"。

"中二千石、二千石"章"铜五采，驾二"。"采"当作"末"。又"九丈，十二"，"丈"从《后汉书》当作"文"。

"皇太后、皇后法驾"章"黄金涂五采",又重句,"采"并当作"末"。《后汉书》徐广注曰:"五末疑谓前一辕及衡端毂头也。"

"自过江之后"章"黄金涂五采","采"当作"末"。

"卫氏冠"章"卫",元板作"术",《后汉书》同,是。

"爵弁"章"长二寸","长"下脱"尺"字。

"汉仪"章"俗说帼本未有岐",《宋书》"未"作"末",是。

"皇太子金玺"章"其由衣白","由"当作"中"。

"诸王金玺"章,自"皇后谒庙"以下当提行,不连下。

"皇后谒庙,其服皂上皂下。"《后汉书》作"绀上皂下",是。

"淑妃、淑媛、淑仪"章"纯缥为上舆下","舆"当作"與"。

牛一头得二十斛

《食货志》:杜预上疏曰:"臣前启,典牧种牛不供耕驾,老不穿鼻者,无益于用,而徒有谷草之费,宜大出卖,以易谷及为赏直。""诏曰:'孳育之物,不宜减散。'事遂停寝。问主者,今典虞右典牧种产牛,大小相通,有四万五千余头。苟不益世用,头数虽多,其费日广。今徒养宜用之牛,终为无益之费,甚失事宜。东南以水田为业,人无牛犊。今可分种牛三万五千头,以付二州将吏士庶,使及春耕。谷登之后,头责三百斛。是为化无用之费,得运水次成谷七百万斛。"案:"三百斛"当作"二十斛"。牛一头得谷二十斛,三万五千头得谷七百万斛。

刘陶议大钱

"汉桓帝时[①],有上书言:'货轻钱薄,宜改铸大钱。'事下四府群僚及太学能言之士。孝廉刘陶上议"云云。此等已见《后汉书》,似不必载。因《后书》无《食货志》,故此又并及之。

闰 月

《五行志》:"惠帝元康五年闰月庚寅,武库火。是后愍怀见杀太子

---

① "桓帝"原作"和帝",据中华书局标点本《晋书》改。

之应也。""闰月"，帝纪作"十月"。"杀"下《宋书》重"杀"字，此脱。

元兴三年

"元兴二年十二月，桓玄篡位。其明年二月庚寅夜，涛水入石头。商旅方舟万计，漂败流断"云云。其下文又云："三年二月己丑朔夜，涛水入石头，漂没杀人，大航流败。"案：元兴二年之明年即是三年也，己丑先庚寅一日耳。当是一事而重出。

庶用五事

"《经》曰'庶用五事'"云云。案：本是"敬用五事"。篆"敬"字似"羞"，《汉书》误为"羞"，颜师古因妄为之说曰"羞，进也"。此又因"羞"而误为"庶"。

诸葛患之

"吴之风俗，相驱以急，言论弹射，以刻薄相尚。诸葛患之，著《正交论》。"愚谓诸葛不知何人，其下必脱一字，当是"恪"字。观《吴志》恪本传与陆逊书，其意正是如此。

高　年

"孝武太元十三年四月，广陵高年阎嵩家雌鸡生无右翅。""高年"，元板作"高平"。《宋书》同。

五间六梁

"明帝太宁元年，周筵立宅宇五间六梁，一时跃出坠地。""六梁"，《宋书》作"六架"。

义熙小儿语

"义熙二年，小儿相逢于道，辄举其两手曰'卢健健'，次曰'斗叹斗叹'，末曰'翁年老翁年老'。当时莫知所谓。其后卢龙内逼，盖'川健健'之谓也。既至查浦，屡克期欲与官斗，'斗叹'之应也。'翁年老'，群公有期颐之庆，知妖逆之徒自然消殄也。其时复有谣言曰：'卢橙橙，逐水流,东风忽如起,那得入石头!'卢龙果败,不得入石头也。"此《晋·五行志》文。其下提行另起云:"昔温峤令郭景纯卜己与庾亮吉凶,景纯云:'元吉。'峤语亮曰:'吾等与国家同安危,而曰"元吉",是事有成也。'于是协同讨灭王敦。"《宋书·五行志》则以"昔温峤"至"讨灭王敦"一段在"翁年老"之上。《晋书》盖因讨灭王敦在明帝时,不当应义熙之谣,故于上段中删去,移下别为一条。然如此分为二条,则后一条竟无所附丽矣。当以《宋书》为是,《宋书》举前筮以证后谣也。"川健健","川"当作"卢"。

谢安薨

"孝武帝太元十年四月,谢安出镇广陵,始发石头,金鼓无故自破。此木沴金之异也。月余,以疾还而薨。"案:安卒于八月,不当云"月余"。

永昌二年

"永昌二年七月庚子朔,雷震太极殿柱。"愚考本纪,元帝永昌元年先书"十一月,以司徒荀组为太尉"云云,其下书"闰月己丑,帝崩"。则是崩于闰十一月。明帝以明年三月改元,则自闰月至明年二月,当仍称永昌,但无七月耳。雷震太极殿柱,乃明帝太宁元年七月丙子事也,不知何以书永昌二年。丙子书庚子,亦与纪异。

王师南讨

义熙"六年五月壬申,大风拔北郊树"。"是日,卢循大舰漂没。甲戌,又风,发屋折木。是冬,王师南讨。""王师"《宋书》作"三帅"。帝纪:秋七月,辅国将军王仲德、鹿川太守刘钟、河间内史蒯恩追卢循。即"三帅"也。

正月地震

太康"五年正月朔壬辰,京师地震"。帝纪作"二月壬辰"。

荆襄地震

"怀帝永嘉三年十月，荆、襄二州地震。"《宋书》帝纪"襄"俱作"湘"。

桓温专政

哀帝兴宁二年三月，"江陵地震。是时，桓温专政"。《宋书》作"专征"。

大石山崩

"武帝泰始三年三月戊午，大石山崩。"帝纪作"太山石"，《宋书》作"太行山"。

鲍氏都目郑氏章句

《刑法志》：汉献帝建安元年，应劭删定律令，奏之曰："臣窃不自揆，辄撰具《律本章句》、《尚书旧事》、《廷尉板令》、《决事比例》、《司徒都目》、《五曹诏书》及《春秋折狱》，凡二百五十篇。"其下文叙至魏文帝受禅，承用秦汉旧律，因历叙魏文侯师李悝撰《法经》，以下数言"凡九百六卷"云云。内有汉司徒鲍公"撰嫁娶辞讼决为《法比都目》"。案：《决事都目》八卷，司徒鲍昱撰，见《东观汉纪》。其下文又言：律"九百六卷。世有增损，率皆集类为篇，结事为章。一章之中或事过数十，事类虽同，轻重乖异。而通条连句，上下相蒙，错糅无常。后人生意，各为章句。叔孙宣、郭令卿、马融、郑玄诸儒章句十有余家，家数十万言。览者益难，天子于是下诏，但用郑氏章句，不得杂用余家"。案：《后书》郑本传不言其注律，而《前书·诸侯王表》张晏注引"律郑氏说"，即康成章句也。当魏受禅初，律独主郑。乃其下文又言：司马昭为晋王，以律有叔孙、郭、马、杜诸儒章句，但取郑氏，则为偏党，未可承用。于是又令贾充等增改。大约郑学至晋而违之者多，南渡后则衰于南盛于北。

此志又云："汉献帝时天下乱，百姓有土崩之势，刑罚不足以惩恶，于是名儒大司农郑玄之徒，以为宜复行肉刑。"案：《尚书》"象以典刑"，据《周礼·秋官·司刑》疏引郑注,以为即"正刑五",谓墨、劓等。《史记·五帝本纪》注引马融注,则以象刑为画象,即汉文帝诏云"有虞氏画衣冠异章服以为戮"者。观《晋·刑法志》,郑欲用肉刑,则知郑注经必与马融异,不用画象之说。

令 景

"令景"即"令丙",避讳。

传覆逮受登闻道辞

"《囚律》有告劾、传覆,有告反逮受,科有登闻道辞。"案:传,考也。覆,案也。"逮受"考下文当作"逮验"。"登闻道辞"即下文所谓"上言变事"也。

呵人受钱

"《令乙》有呵人受钱。"案:《说文·自序》言俗书之谬,"廷尉说律,至以字断法,苛人受钱"。此言"苛"字误作"从止从句"。然则《晋书》"呵人"亦当作"苛人"。

自择伏日

"诸郡不得自择伏日,所以齐风俗也。"案《户律》:汉中、巴、蜀、广汉自择伏日。见《风俗通》。

卫 宫

贾充等增改旧律,"因事类为《卫宫》、《违制》"。案:事类即萧何所益《事律》,《后汉·胡广传》:"大将军梁冀诛,广与司徒韩演等坐不卫宫,减死一等,夺爵土为庶人。"东晋王导亦曾坐此。

十七史商榷卷四十八

晋书六

羊皇后母蔡氏

《后妃列传》："景献羊皇后，泰山南城人。父衜，上党太守；母陈留蔡氏，汉左中郎将邕之女也。"案：邕女文姬初适卫仲道，后归董祀，此司马师之妻之母，则羊衜之妻别是一人，非文姬，惜其名不传。衜乃羊祜之父。《祜传》云："父衜，上党太守。祜，蔡邕外孙，景献皇后同产弟。""衜"字今俗人以为即"道"字。考《说文》卷二下《辵部》："道，所行道也。从辵，从首。"《行部》无"衜"字。此字不知何从而来。

武帝误于杨后

武帝后杨氏明知其子惠帝不可立，而力劝帝立之，又力劝帝为其子纳贾充女。此与隋文帝为独孤后所误劝立炀帝正同。炎与坚皆以用妇言败。杨后又力劝纳其叔父骏之女为后，既覆司马，又倾杨氏。

太安元年立羊后

惠帝羊皇后，"泰山南城人。贾后既废，孙秀议立后。后外祖孙旂与秀合族，又诸子自结于秀，故以太安元年立为皇后"。愚案：据帝纪，羊后以永康元年十一月立。《五行志》亦作永康元年。考永康之后改永宁，孙秀之诛在永宁元年。其明年方改元太安，岂得如此传所云？当以本纪及《五行志》为正。

怀帝梁皇后

怀帝以光熙元年十一月即位，立妃梁氏为皇后。而《后妃传》但有怀帝之母王皇太后，梁后竟不一见。至愍帝，则纪传皆无立后。

王夷甫

《成恭杜皇后传》："宁康二年，以后母裴氏为广德县君。裴氏，太尉王夷甫外孙。"案：王衍不当称字。

章太妃称夫人

"章太妃周氏以选入成帝宫，生哀帝及海西公。始拜为贵人。哀帝即位，诏有司议贵人位号，太尉桓温议宜称夫人，尚书仆射江彪议应曰太夫人。"案《礼志》：桓温议宜称太夫人，江彪议可言皇太夫人。

褚哀依郑玄义

"康帝褚皇后，父哀，见《外戚传》。穆帝即位，尊曰皇太后。"帝幼冲，太后临朝称制。"太常殷融议依郑玄义，卫将军哀在宫庭则尽臣敬，太后归宁之日自如家人之礼。"案：郑康成议在汉献帝时伏皇后父伏完事也。

永兴三年

穆帝何皇后，升平元年立为皇后，无子。哀帝即位，称穆皇后。桓玄篡位，降为零阳县君。与安帝俱西，至巴陵。刘裕建义，后还京都。"永兴三年崩"，在位凡四十八年。案："永兴"当作"元兴"。自穆帝升平元年至安帝元兴三年，正四十八年。

兴宁二年

哀帝王皇后，"兴宁二年崩"。帝纪崩在三年。

太和六年

废帝海西公庾皇后，"太和六年崩"。帝纪崩在元年。

祥颙同谒晋王

《王祥传》："武帝为晋王，祥与荀颙往谒。颙谓祥曰：'相王尊重，何侯既已尽敬，今便当拜也。'祥曰：'相国诚为尊贵，然是魏之宰相。吾等魏之三公，公王相去一阶而已，安有天子三司而辄拜人者！'及入，颛遂拜,祥独长揖。"愚考此事出《汉晋春秋》,裴松之注《魏纪》引之。彼文祥与何曾、荀颛同谒,何侯即指曾。此删去曾名,非也。原其删去之由:《何曾传》:"文帝为晋王,曾与高柔、郑冲俱为三公,将入见,曾致拜尽敬,二人犹揖而已。"然则曾之拜在文帝时已然,故此传删去之。祥庸贪小人,名仕魏室,实为晋臣,乃以不拜自重乎?史家盛夸其孝友名德,此史家妙于立言。范蔚宗传胡广,欧阳永叔传冯道,皆如此矣。以不拜为高,与高贵乡公被弑而号泣为忠,正复一类。昭、炎佯敬之,明知如傀儡,相与为伪而已。禄位之昌,名寿之高,子孙之蕃衍,古今少比。鄙夫例多福,无怪志于鄙夫者之多也。

郑冲官从略

《郑冲传》:"魏文帝为太子,命冲为文学,累迁尚书郎,出补陈留太守。大将军曹爽引为从事中郎,转散骑常侍、光禄勋。嘉平三年,拜司空。"案:冲《论语集解》正始中所上序称"光禄大夫臣郑冲",今传但云转散骑常侍、光禄勋,不云光禄大夫,史文略也。

袁粲

《何劭传》"劭薨,子岐嗣。劭初亡,袁粲吊岐"云云。此又一袁粲,非刘宋袁粲。

何氏灭亡

《何曾传》既言"无声乐嬖幸之好",又言其"奢豪华侈,日食万钱无下箸处"。此自相矛盾也。若无声乐嬖幸,则曾之奢但为口腹乎?曾本倾险,杀曹爽,废齐王,皆预其谋。又以奢豪为子孙倡,历世以忕侈闻。永嘉之乱,何氏灭亡无遗,此则天道之可信者。王祥特庸鄙贪位苟禄耳,恶非曾比,持身亦尚约素,则其昌后也亦宜。《新唐·奸臣·许敬宗传》:王福畤美何曾忠而孝,此嗜痂之癖。

石苞薨年

《石苞传》:"泰始八年薨。"《武帝纪》则云"泰始九年二月癸巳薨"。

王佑贾充裴秀

《羊祜传》:"泰始初,为尚书右仆射、卫将军。时王佑、贾充、裴秀皆前朝名望,祜每让,不处其右。"案:王佑乃峤之父,为杨骏腹心,此非前朝名望也。疑为王沈之误。考《王沈传》:"羊祜、荀勖、贾充、裴秀等,皆与沈谐谋。"《贾充传》:"充与裴秀、王沈、羊祜、荀勖同受腹心之任。"则为沈无疑。

蜀 贼

《陈骞传》:"蜀贼寇陇右,以尚书持节行征蜀将军。"愚谓唐修晋史,何必以蜀为贼? 此沿袭旧文,芟除未净。《晋书》中如此甚多,今不悉出。

陈骞薨年

陈骞以元康二年薨,年八十一。见本传。帝纪则在太康二年十一月。元康乃惠帝年号,骞何由至此? 当从纪。

鹪鹩赋

张华作《鹪鹩赋》,见本传。绎其词有知足知止之义,乃周旋邪枉之朝,委蛇危疑之地,以杀其身,可谓能言不能行矣。

张华传附杂事

《张华传》末附载杂事数则,识海凫毛,辨龙肉鲊,蛇蜕为雉,刻桐为鱼扣石鼓,斗牛紫气丰城宝剑。支蔓诞妄,全似小说,无复史裁,然此乃正史也。而宋彭乘《墨客挥犀》第九卷乃复全钞,以夸博闻。宋人小说笔记,大率皆彭乘之类。有学识者,不必看此等书,无益有损。

安平献王孚传有阙

《安平献王孚传》于"配飨太庙"之下,宜添一句曰"谥曰献"。《晋书》如此甚多,今不能悉出。

汝南王亮

《宣五王传》:"宣帝九男,穆张皇后生景帝、文帝、平原王干,伏夫人生汝南文成王亮、琅邪武王伷、清惠亭侯京、扶风武王骏,张夫人生梁王肜,柏夫人生赵王伦、汝南王亮。亮及伦别有传。"案:"柏夫人生赵王伦"之下,即当云"亮及伦别有传"。"汝南王亮"四字衍。

齐献王攸传阙误

《文六王·齐献王攸传》于"配飨太庙"下,宜添一句曰"谥曰献"。其下云"子同立,别有传",此六字宜删。传末云"三子:蕤、赞、实",此宜改云:"四子:蕤、冏、赞、实。冏嗣立,别有传。"

王沈父子济恶

王沈以高贵乡公之谋告司马懿而弑之,见《魏纪》及沈本传。其子浚当惠帝时承贾后旨,害愍怀太子于许昌,见浚本传。可云父子世济其恶。

荀勖论省官

《周官》以六卿兼统群职,两汉虽承秦制,大改《周礼》,然尚有条序。惟晋之官制最为杂乱无章。荀勖虽小人,其奏请省官,以"九寺可并于尚书,兰台宜省付三府",见勖本传。此奏甚可行,而当时亦未之用。

加大夫人

荀勖之子组传:"进封临颍县公,加大夫人、世子印绶。"案:"大夫人",未详。元板"加"下空一字,亦非。"大",疑当作"太"。

敬司徒王导下

荀组之子奕传:元帝践位,"通议元会日帝应敬司徒王导下"。案:"下"当作"不",句绝。《导传》云:"元帝登尊号,百官陪列,命导升御床共坐。""明帝即位,导剑履上殿,入朝不趋,赞拜不名。""成帝与导书手诏,则云'惶恐言',中书作诏,则曰'敬问'。元正,导入,帝为之兴。又令其舆车入殿。"所谓"通议应敬"者,谓此。

冯紞等构太子齐王

冯紞与贾充、荀颛、荀勖构害愍怀太子,而紞与勖又谗谮齐献王攸。武帝之世,奸佞满朝,开国承家,惟小人是用,宜其再世而乱,不但耽于声色,无经国远图,惟说平生常事而已也。颛,彧之子。勖,爽之曾孙。颓其家声,抑又甚矣。但此诸事散见诸传中者,语多重出,繁复可厌。凡两传同述一事者,宜云"详见某传"可矣。陈寿、范蔚宗当之,必不如此。

羊祜亦党贾充

观《贾充传》,充出镇关中,自以失职忧虑,荀勖既为画策留之,而羊祜亦密启留充。祜一时名德,而党恶乃尔。急功名之士,非道德中人,貌为方雅,岂真君子。以谢安之德量,亦由桓温进身。晋人尚玄虚,名节扫地矣。

王浑长子尚

《王浑传》前既云"以功封次子尚为关内侯",末又云"长子尚早亡,次子济嗣",自相矛盾。

山涛举嵇绍

山涛掌选,举嵇康自代。康与书绝交,诋斥难堪。而其后康被刑,谓其子绍曰:"山巨源在,汝不孤矣。"后涛举绍为秘书丞。以康之诡激,而涛能始终之,何友谊之笃也! 君子哉!

筒中细布

《王戎传》:"南郡太守刘肇赂戎筒巾细布五十端。""巾"元板作"中"。愚考:筒中,布名。《后汉·王符传》章怀太子注引杨雄《蜀都赋》曰:"筒中黄润,一端数金"。元板作"中",是。

宠　洲

王衍之弟澄传:"巴蜀流人在荆、湘者,屯聚乐乡。澄讨之,贼请降。澄伪许之,既而袭之于宠洲。""宠"当作"龙"。

缪 坦

《郭舒传》:"高官督护缪坦请武昌城西地为营。""坦",元板作"垣"。

既葬还职

郑袤之子默传:"武帝时为大鸿胪,遭母丧,旧制,既葬还职,默自陈恳至,久而见许。遂改法定令,大臣终丧,自默始。"又华表之子廙传:"武帝时,都督河北诸军事。父病笃辄还,仍遭丧旧例,葬讫复任,廙固辞,连旨。"大约两汉、魏、晋不行三年丧者甚多,然从无不葬而仕者。

华峤汉后书

《华峤传》:"峤以《汉纪》烦秽,慨然有改作之意。会为台郎,典官制事,由是得遍观秘籍,遂就其绪。起于光武,终于孝献,一百九十五年,为帝纪十二卷、皇后纪二卷、十典十卷、传七十卷及三谱、序传、目录,凡九十七卷,改名《汉后书》奏之。""永嘉丧乱,经籍遗没,峤书存者五十余卷。"案:《史通》云:"帝纪十二、皇后纪二、三谱、十典、列传七十,总九十七篇。"此云三谱、序传、目录似各为一卷,与《史通》异。又"存者五十余卷","五"字之下注云"一作三"。案:《史通》云:"晋室东徙,三惟一存。"然则作三十余卷者,是也。

黄沙御史

《刘颂传》云:"中正刘友辟公府掾、尚书郎、黄沙御史。""黄"字阙。《武纪》云:"太康五年六月,初置黄沙狱。"《高光传》云:"武帝置长沙狱,以典诏囚。以光明法,用为长沙御史,秩与中丞同。""长"字下注云:"一作黄。"作"黄"是。

槷 括

《李重传》:"寄槷括于间伍。""槷",元板作"隐"。

邯郸醉

"重迁廷尉平,驳廷尉奏邯郸"下一字,似"醉"非"醉",似"辞"非"辞",殊不可解。元板直作"醉",亦可疑。此乃人名,作"醉"太怪。

二百四十步为亩

《傅玄传》:"古以步百为亩,今以二百四十步为一亩。"说详予《尚书后案·皋陶谟》。

沉莱堰

《傅祗传》:"为荥阳太守。自魏黄初大水后,河济泛溢,邓艾常著《济河论》,开石门而通之,至是复浸坏。祗乃造沉莱堰,至今兖豫无水患。""莱"字下注云:"一作莱。"《刘颂传》:颂当武帝时疏言事,有"目下为之,虽少有废,而终大益。如河汴将合,沉莱苟善,则役不可息"。"莱"当作"莱"。

皇甫谧传无尚书事

孔颖达《尚书》疏引《晋书·皇甫谧传》云"谧于姑子外弟梁柳边得《古文尚书》"云云。又云"晋太保郑冲以古文授扶风苏愉,愉授天水梁柳"云云。今《晋书·皇甫谧传》绝无此文。《郑冲传》亦不言。颖达所据似别是一种《晋书》,详予《尚书后辨》。《谧传》云:"太康三年卒,时年六十八。"《古文尚书》惟郑氏康成所传者系孔壁真本,唐人作疏之本并孔传,则谧所造,托名于孔者。谧生于汉献帝建安二十年,去康成没十余年。

文丁杀季历

《束皙传》"汲郡人不准盗发魏襄王墓,得竹书。其中与经传大异,则云太甲杀伊尹,文丁杀季历"云云。案:《竹书纪年》:"商文丁十一年,王杀季历。""文丁"《史记》作"太丁",帝乙之父也。作"文丁"不误,旧本作"文王"太谬。

十七史商榷卷四十九
晋书七

陆机入洛年

《陆机传》:"机年二十而吴灭,退居旧里,闭门勤学,积有十年。""至太康末,与弟云俱入洛。"案:杜子美《醉歌行·别从侄勤落第归》诗云:"陆机二十作《文赋》。"今观《晋书》本传无"二十作《文赋》"语,子美殆别有据也。其后机与云同被害,机年四十三,云年四十二。吴灭在太康元年,时机年二十。太康终于十年,机太康末入洛,则年二十九,云二十八矣。

机称三国君臣

机作《辨亡论》,称魏人曹氏,称刘备为刘翁,《文选》作刘公,此敌国之词。称孙权为太祖,此必吴人追尊庙号,而陈寿《权传》竟不载。称吴诸臣皆名,惟祖逊、父抗称陆公。而三称张昭为张公,其二《文选》皆作"张昭",其一作"张公"。机避晋文帝讳,唐人改为昭,其一改之未净耳。观篇中"虎"作"武","民"作"人"、作"众",则唐讳。其云"虞翻、陆绩、张惇以风义举政",陆绩之下,《文选》有张温,李善注并引《吴志》文以释之,此脱。又云汉王"帅巴汉之人,报关羽之败,我陆公挫之西陆"。"西陆"误,《文选》作"西陵",是。又云"丁奉、钟离斐以武毅称",钟离斐《文选》作"离斐"。李善曰:"《吴志》:'魏诸葛诞降,魏人围之,丁奉与黎斐往解其围。'黎、离音相近,是一人,但字不同。"然则"钟"字衍也。又"或曰'乱不极则治不形'","或曰"《选》作"玄曰"。注引《太玄》,作"或"者误。

太兴府

夏侯湛之弟淳子承传"参安东军事,稍迁南平太守。太兴府王敦举兵内向"云云。"府",元本作"未",俱非是,当作"末"。太兴,元帝年号。《晋书》本纪及陶侃、王隐、虞预诸传作"太兴",《稽古录》同。《通鉴》第九十卷作"大兴",九十一卷作"太兴"。万斯同《历代纪元汇考》、钟渊映《历代建元考》作"大",陈景云《纪元要略》、陈宏谋《甲子纪元》作"太",赵骏烈《纪元汇考》忽作"太"忽作"大",未详孰是。

籍田赋校误

《潘岳传》:岳作《籍田赋》,"于是乃使甸帅清畿"。"帅"下注:"诸本俱作'师',周作'师'是。""周"字衍。"碧色肃其千千。"注:"一作'阡阡'。"《文选》作"芊芊",是。"游场染屦。""游"下注:"一作'坻'。"《文选》作"坻",注引《方言》曰:"坻,场也。蚍蜉犁鼠之场,谓之坻。场,浮壤之名也。音伤。""垂髫总髻。"作"髻"方与上"戾"下"襮"叶。《文选》作"发"非是。"薄采其芳。""芳"下注:"一作'茅'。"《文选》作"茅"。"芳"与"农"为韵,未详。作"茅"尤不可通。

闲居赋校误

《潘岳传》:"岳仕宦不达,作《闲居赋》。""为"尚书郎,廷尉评"。《文选》"评"作"平",是。"领太傅主簿,府诛,除名为民。""府"下《选》有"主"字,是,谓杨骏也,此脱。"八徙官而一进阶,再免,一除名,一不拜,迁职者三。"此六句,观李善注可见晋官制,彼作"一不拜职迁者三",是。"溪子巨黍,异絭同归。""归",《选》作"机",是。

八 王

《晋书》列传卷第二十九分列汝南王亮、楚隐王玮、赵王伦、齐王冏、长沙王乂、成都王颖、河间王颙、东海王越,凡八王。其篇首冠以总叙,先论历代封建之利害,次及晋事,则言诸王相仍构衅,为身择利,无心忧国,遂使外寇陵侮,宗庙丘墟。向使八王之中有一藩如汉梁孝王武、朱虚侯章,则"外寇焉敢凭陵,内难奚由窃发"。其下文结之云:"西晋之政乱朝危,虽由时主,然煽其风,速其祸者,咎在八王。"此言甚精确。篇末论赞最贬者伦、颖、颙、越,其次亮、玮,又其次冏,而于乂稍有恕词,断制亦平允。各传中叙事虽蔓衍无法,亦尚差可。其以八王特提出聚于一处，不似他王以同父者合为一篇，又其序次则以事之先后，不以辈行之尊卑远近，极得史法之变。惟篇首直当题云"八王列传"，尤觉醒眼。乃但标云"列传卷第二十九"，不用八王为目则非。

君　臣

"汉成、哀之后，戚藩陵替，君臣乘兹间隙，窃位偷安。""君臣"当作"巨君"，王莽字。

公孙宏

《汝南王亮传》："楚王玮承贾后旨，诬亮与卫瓘有废惠帝之谋，矫诏遣其长史公孙宏以兵围亮。"此传不过以公孙宏为玮所使。《玮传》则以"宏与舍人岐盛并薄行，因积弩将军李肇矫称玮命，谮亮、瓘于贾后"。是首谋者发于宏，二传稍不同。然《玮传》末则云："贾后先恶瓘、亮，又忌玮，故以计相次诛之。"盖使玮杀亮、瓘者，贾后也。即以杀亮、瓘为玮矫诏之罪而杀之者亦贾后也。贾后欲专政，故杀杨骏。亮与骏相恶者也，恐骏死而亮得政，遂杀亮。即无玮，贾必杀亮，而于公孙乎何诛？亮死而玮又难制，故不另起炉灶，即以此为罪杀之，玮临死出怀中青纸诏，曰"受诏而行，今更为罪"是也。公孙宏在河阳为令，潘岳所爱，见《岳传》。岳为杨骏府吏，骏之死，岳赖宏以免。然以宏之倾险，而岳昵之，其不择交如此。依阿乱朝，而比之匪人，能无及祸乎！

亮谥文成

"追复亮爵"至"庙设轩悬之乐"，下宜添一句云："追谥文成。"

二万五千石

汝南王亮之孙祐传："以江夏、云杜益封，并前二万五千石。""石"当作"户"。

玮谥隐

"永宁元年,追赠玮为骠骑将军。"下应添一句云:"追谥曰隐。"

部曲督

《赵王伦传》:"孙秀既执机衡,司隶从事游颢奴晋兴告颢有异志,秀即收颢,杀之,厚待晋兴,以为己部曲督。"案:部曲皆有督,督名不一,如上文左卫司马督司马雅、常从督许超、右卫司马督路始、右卫佽飞督阌和是也。又有帐下督,别见。

侍中军诏

"伦加九锡,增封五万户。伦伪让,诏遣百官诣府敦劝,侍中军诏,然后受之。"案:"军诏"当作"宣诏"。

东宫西宫

伦自为相国,一依宣、文辅魏故事,"增相府兵为二万人,起东宫三门四角华橹。伦与孙秀并听妖邪之说,使牙门赵奉诈为宣帝神语,命伦早入西宫"。案:东宫者,相府也。早入西宫者,为天子也。上文言"司马雅给事东宫",又言"孙秀知太子若还东宫,将与贤人图政"。彼东宫皆太子所居,与此东宫为相府不同。大约自魏及晋,洛京宫室,天子居西,而相府在东。故《段灼传》:"武帝即位,灼陈时宜云:'陛下受禅,从东府入西宫,兵刃耀天,旌旗翳日。'"而《齐王冏传》亦云:"冏起兵讨赵王伦,惠帝反正,拜大司马,加九锡,备物典策,如宣、景、文、武辅魏故事。冏辅政,大筑第馆,北取五谷市,南开诸署,毁坏庐舍以百数,使大匠营制,与西宫等。"是也。

《南史·宋武帝纪》:帝在晋末,既为大将军、扬州牧,"给班剑二十人"。改太尉、中书监,进太傅,加羽葆、鼓吹。及诛刘毅之后,克期至都,于是"轻舟密至,已还东府"。其下又云:"息人简役,筑东府城。"其下又言:帝戒严北讨姚泓,"以世子为中军将军,监太尉留府事,尚书右仆射刘穆之为左仆射,领监军、中军二府军司,入居东府"。《齐高帝纪》:元徽五年七月戊子,弑苍梧王。"甲午,帝移镇东府。丙申,加侍中、司空、录尚书事。"又"前湘州刺史王蕴,还至东府前,期见高帝"。可知南朝建康,凡宰相之府亦称东府,犹沿晋制也。凡宋、齐、梁、陈各纪传及《南史》各纪传中称东府者,不可枚举。

赦曰在职者

"伦僭即帝位,大赦","郡县二千石令长赦曰在职者,皆封侯"。"赦曰"当作"赦日"。"曰"从"口"上开,"日"从"○"中实。俗谬以狭长为"日",阔扁为"曰",故混。

秀　往

"秀往文帝为相国时所居内府。""往"当作"住"。

齐王囧奏

《解系传》:系为赵王伦、孙秀所杀。齐王囧起义,伦、秀诛,囧奏雪张华、裴颜及系等之冤。其词已见《华传》,此重出。

晋少贞臣

潘岳、石崇附贾谧,望尘而拜,不待言矣。而刘琨、陆机亦皆附谧,在二十四友之数。赵王伦之篡,乐广素号玄虚,乃奉玺绶劝进。而琨则为伦所信用。晋少贞臣如此!琨为段匹䃅所拘,作诗以百炼刚自比,亦难言之矣,但志在克复为可嘉耳。

以王导一门为司马氏世臣,而桓玄篡位,则导之孙谧为太保,奉玺册诣玄,封武昌县开国公。四维绝矣,何以立国?

顿　朴

《刘琨传》:"边萌顿朴。"或改"朴"为"仆"。愚谓"顿"与"钝"同,用《汉·翟方进传》"迟顿不及事"是也。然则"朴"字可不改。

遵　人

《祖逖传》:逖"字士稚,范阳遵人也"。愚谓:据《汉·地理志》,"遵"当作"遒"。元板亦误。

陈 训

"妖星见豫州之次，历阳陈训谓人曰：'今年西北大将当死。'"《周访传》有"善相者陈训"，即此人。

黄巾因

《邵续传》："续遣子存及文鸯屯济南黄巾因。""因"当作"固"，句绝。

十七史商榷卷五十

晋书八

殇王羡以冲继兆

《武十三王传》："城阳怀王景,出继叔父城阳哀王兆。泰始五年受封,六年薨。东海冲王祗,泰始九年五月受封。殇王羡,复以冲继兆。"案:当作"怀王羡,复以祗继兆"。

王导传多溢美

《王导传》一篇凡六千余字,殊多溢美。要之,看似煌煌一代名臣,其实乃并无一事,徒有门阀显荣、子孙官秩而已。所谓"翼戴中兴,称江左夷吾"者,吾不知其何在也?以惧妇为蔡谟所嘲,乃斥之云:"吾少游洛中,何知有蔡克儿。"导之所以骄人者,不过以门阀耳!

苏峻之乱,庾亮所召,非导之由然。导身为大臣,当任其危,而本传始言"入宫卫帝","卫帝"者,欲避贼锋而也。终言贼入,导惧祸,携二子出奔白石,则不卫帝矣。白石垒乃陶侃所筑险固处,故奔此以图免也。贼平后乃"入石头城,令取故节,陶侃笑曰:'苏武节似不如是!'导有惭色"。郭默反,导言"遵养时晦",侃曰"是乃遵养时贼也"。皆见《侃传》。导之庸鄙无耻甚矣。《刘超传》亦言苏峻之乱,成帝被幽,超等缱绻朝夕,卒为峻所杀。而王导出奔。

末一段才说导不忌庾亮,忽又说导深恶庾亮,东起西倒,毫无定见。《晋书》之专务多载,而不加裁剪每如此。

导兄敦反,虽非导谋,然敦欲杀温峤,私与导书言之,见《峤传》。欲杀周颧,亦商之于导,而导遂成之,见《颧传》。导固通敦矣。导孙珣,则又桓温党也。孰谓王氏为忠于晋哉!"明帝崩,成帝即位,群臣进玺,导以疾不至。卞壶正色曰:'王公岂社稷之臣耶!大行在殡,嗣皇未立,宁人臣辞疾时!'"后"导又称疾不朝,而私送车骑将军郄鉴。壶奏导亏法从私，无大臣节，请免官"。并见《壶传》。导为正直所羞如此。

陶侃被诬

陶侃乃东晋第一纯臣，才德兼备，而为庾亮所恶，王导亦忌之，即温峤亦不能无嫌，曲加诬蔑，有大功而掩其功，无过而增饰以成其过，奈天下自有公论，故作史者不得不言其善，而终以无识多寓贬词。且《晋书》爱博，贪收异说，往往一篇中自相矛盾。前云侃"怀止足之分，不与朝权，欲逊位归国"；后云少梦生翼上天，"及都督八州，潜有窥窬之志"。不亦刺谬乎？宝应王编修懋竑。有论力辨其诬，载《白田草堂存稿》第四卷，最精确，文多不录。《晋书》诬侃，亦见《毛宝传》。

许 恂

郄鉴之子愔传："与姊夫王羲之、高士许恂并有迈世之风。""恂"当作"询"。元板亦误。

合传不拘忠奸

史家数人传合一篇，或以事合，或以人合，不可拘执，但当临时制宜。解系、孙旂、孟观、牵秀、缪播、皇甫重合传，论云："解系等或抗忠尽节，或饰诈怀奸。虽邪正殊途，而咸至诛戮。"此史臣自明其忠奸合传之例也。应詹、甘卓、卞壶、刘超、钟雅同传，以诸人或死王敦之难，或死苏峻之难，事迹相似也。卓始讨陈敏，已怀贰心，及讨王敦，则怀贰更甚，岂可与卞壶同论而合之者？亦犹解系等传例耳。应詹虽亦讨敦，然以善终，插入殊觉不类。此则自乱其例者。或他传无可附丽，不得已而入此乎？

庾亮传得失参半

庾亮之庸鄙恶劣，贪忮猜忍，诚无寸善可取，而罪不胜诛矣。传文依阿平叙，不明斥其非，殊欠直笔。又亮最忌陶侃，篇中略见而未畅，反多叙欲废王导事。导本不足惜，况亮忌侃甚于导乎？惟论中指摘其启苏、祖之乱，是为实录。此传得失参半。《外戚传》总叙，历论外戚之误国,因及西晋为贾氏所败,而继之云:"爰及江左,未改覆车。庾亮世族羽仪,王恭高门领袖,既而职兼出纳,任切股肱。孝伯竟以亡身,元规几于覆国,岂不哀哉!"此段斥亮之罪为得之。

石头城

"亮有开复中原之谋,率大众十万,据石头城,为诸军声援。"案:下文亮上疏言:"臣宜移镇襄阳之石城下。"时亮欲北伐,石城在襄阳,故足为诸军声援。若石头城,则在金陵矣,必非也。"头"字衍。《蔡谟传》:征西将军庾亮以石勒新死,欲移镇石城。即此事。

石　碗

《桓彝传》:"彝为宣城内史。苏峻之乱,彝遣将军朱绰讨贼别帅于芜湖。彝寻出石碗。"注云:"'碗',一作'头'。"元板作"跪"。愚谓:此必宣城郡地,作"石头"者谬,作"跪"亦不类。"碗"字,《说文》卷九下《石部》无,存疑。

塗　中

桓彝之孙石绥传:"桓玄败,石绥走江西塗中。""塗"当作"涂"。涂中,即今滁州。

王敦叛

《虞潭传》:"甘卓屯宜阳,为杜弢所逼。潭进军救卓,卓上潭领长沙太守,固辞不就。王敦叛,潭为湘东太守,复以疾辞。"案:"叛"字当作"版"。此时敦犹未叛也。

何充荐桓温

《何充传》:"庾翼终,表以后任委息爰之。论者以诸庾世在西藩,宜依翼所请。充曰:'不然。荆楚国之西门,岂可以白面年少当此任!桓温英略过人,有文武识度,西夏之任,无出温者。'乃使温西。"愚谓:庾氏诚不可任,然此外岂无人?举西夏而委之桓温,如虎傅翼,成其跋扈。晋祚几倾,何充之罪也。

几为勤学死

《蔡谟传》："谟渡江，见彭蜞，喜曰：'蟹有八足，加以二螯。'烹之。既食，吐下委顿，方知非蟹。谢尚曰：'卿读《尔雅》不熟，几为《勤学》死。'"案：蔡邕有《劝学篇》，取之《大戴礼》。《劝学篇》亦见前祖逖之兄纳传，作"勤"者非。《祖纳传》中语，系王隐以语纳者。《王隐传》中又重出。《晋书》如此甚多。

殷浩传脱误

《殷浩传》："征西将军庾亮引为记室将军，累迁司徒左长史。安西庾翼复请为司马。"案："记室将军"，"将"当作"参"。"安西"下脱"将军"二字。

重出王导语

《丁潭传》："王导谓孔敬康有公才而无公望，丁世康有公望而无公才。"已见前虞潭之兄子騑传中，重出可厌。

诸谢相继卒

孝武帝太元八年破苻坚，总统指授者谢安，而身在行阵者，则安之弟石、兄子玄及安之子琰也。晋不竞矣，赖有此举为之一振。乃事平之后，安卒于十年八月，玄卒于十三年正月，石卒于十二月，而玄年仅四十六，尤为可惜。自此晋无人矣。桓玄篡位，刘裕讨玄，而晋亡矣。

谢万传误

《谢万传》末云："万子韶，至车骑司马。韶子恩，字景伯，宏达有远略，韶为黄门郎。""略"字衍。"韶为"之"韶"当作"韵"，句绝。

王羲之传称制

王羲之品颇高洁，心亦不昧，论赞宜论其人。《晋书》唐人重修，故称唐太宗制，但推其书法在钟繇、王献之、萧子云三人之上，非也。隶书始于秦，西汉有草书。行书始见《谢安传》，而可以草统之。隶与草之自秦汉历魏晋，其来已久，然皆不甚尊。其尊则始于羲之矣。此论谓其高于三家者，皆谓隶书、草书也。<small>羲之虽以隶重，今传者不过《乐毅论》、《黄庭经》，其余多是草书。</small>

蔡豹传脱衍

《蔡豹传》："豹战败，将归谢罪，北中郎王舒止之。""郎"下脱"将"字。传末叙豹兄子裔事。考蔡裔为殷浩之将，前已附见于《浩传》之末矣，当归并一处，于此则但云"见《殷浩传》"。

征虏将军

毛宝之孙璩传："谢安请为参军，转安子琰征虏将军。"案：当作"征虏司马"。

语在郊祀志

《司马彪传》："泰始初，武帝亲祠南郊，彪上疏定议，语在《郊祀志》。"案：《晋书》无《郊祀志》，但有《礼志》，亦不载彪南郊议。

陈寿等传

列传第五十二卷所载陈寿等皆作史者。《虞预传》"著书四十余卷"，"著"下脱"晋"字。《干宝传》"帝王之迹莫不必书"，"必"当作"有"，元板亦误。《习凿齿传》"慨尔而泣曰"，衍"曰"字。"斐杜之故居"，"斐"当作"裴"。《徐广传》"转大司农，仍今著作如故"，"今"当作"领"。

謇 谔

顾和等传论云："爰在中兴，玄风滋扇，骨鲠謇谔盖亦微矣。""謇"或改为"蹇"，意取《易》"王臣蹇蹇，匪躬之故"耳。近日东吴顾氏文集有与人书，论"謇谔"二字所出，甚详。则此似当为"謇谔"。二字又见《文苑·袁宏传》。然《说文》卷三上《言部》无"謇"字。

君弱臣强

魏收《魏书·僭晋司马睿传》言"东晋君弱臣强，不相羁制"。以今考之犹信。观孔愉之从子坦传:"成帝幸王导府,拜导妻曹氏。将纳后,因王彬丧停。"《殷仲堪传》:"孝武帝问仲堪患耳聪者为谁? 流涕而起曰:'进退维谷。'"诚可一笑。君前不名父,未闻于经,乃见于史,君之于臣若是隆乎?

刘毅等三人论

刘毅、诸葛长民、何无忌三人同传。三人本与刘裕同起兵讨桓玄者也。玄既败,而裕志乃在篡晋,故毅与长民皆相继为其所灭。两人之所不及无忌者,以无忌率兵御海贼卢循、徐道覆,为所杀,尤为得死所耳。论中褒扬无忌可也。痛抑毅与长民,谓其有取祸之道则非。

阳 郡

《诸葛长民传》"琅邪阳郡人",当作"阳都"。

王谢世家

韩昌箕《王谢世家》三十卷,漫尔采摭,无当史学。惟其凡例云:王氏琅琊、太原两宗,而太原之祁与晋阳又分二派。今考玄冲、武子而下,原系琅琊正传,故祖文舒而为太原正派。其自王峤而下,虽同为晋阳,似与琅琊支系稍别,故为支派。若司徒而后,为太原祁人,则为别派。此似精核矣。但其下又云:此皆按籍而疏,原非确见,即为谱系,只取便观。要以木本水源,自有二姓之世谱在耳。又云:古人命名自有微意,或一再从祖孙兄弟尽多同讳,不知何故? 特为标出,以便详核。卷首胪列同名者,或四人同名,或三人同名,或二人同名,共五十四人,俱王氏。其谢氏同名者惟二人耳。此两事俟再考。

十七史商榷卷五十一

晋书九

张李不入载记

张轨、李暠皆应入载记。因暠乃唐之先祖，不称名，改称其字，升入列传，于是聊援轨而进之，以配暠耳。轨尝称藩于晋，暠亦遣使奉表建康，然彼皆已割据一方，改元建号，尚得为晋臣乎？

张茂筑台

张轨之子茂传："茂城姑臧，修灵钧台，别驾吴绍谏曰：'修城筑台，盖是惩既往之事。'"愚案：茂惩其兄见杀于近侍，故筑台以备不虞。

李广曾祖仲翔

《凉武昭王传》"汉前将军广之十六世孙也。广曾祖仲翔"云云。案：仲翔名不见《史》、《汉》。此因李暠唐之先祖，叙其先世特详，故缘饰之，且谱牒之学本多附会。其详具《唐书·宗室世系表》中。

谯周门人

《孝友·李密传》云："密字令伯，犍为武阳人，一名虔。师事谯周，周门人方之游夏。"《儒林·文立传》云："立字广休，巴郡临江人。师事谯周，门人以立为颜回，陈寿、李虔为游夏，罗宪为子贡。"罗宪字令则，别有传，与罗舍无涉。又《陈寿传》云："寿字承祚，巴西安汉人。少师事同郡谯周。"《良吏·杜轸传》云："轸字超宗，蜀郡成都人。师事谯周。"以周之庸猥，而及门如此盛邪？

嵇绍论张华

《忠义·嵇绍传》："司空张华为赵王伦所诛，议者追理其事，欲复其爵。"绍驳之曰:"兆祸始乱,华实为之。郑讨幽公之乱,斫子家之棺;鲁戮隐罪,终篇贬翚。未忍重戮,事已宏矣。不宜复其爵位,理其无罪。"愚谓:归生同谋,羽父始乱,岂可以例张华?绍之引经非也。父康无罪,为司马昭所杀,绍乃以身殉惠帝。论赞中与王裒并论,而谓其齐芳并美,是或一道也。然赵王伦篡位,绍为其侍中,身污伪命,乃反坐华以始乱,毋乃责人重以周,责己轻以约乎?

王豹可不立传

《王豹传》"长沙王乂至,于阃案上见豹"云云。案:豹下脱"笺"字。豹前后上笺于阃,其言一无可取,乃妄人耳。死虽冤,亦非矫矫大节,附见《阃传》可矣,不必入《忠义》立专传。

王育韦忠沈劲

王育仕于刘渊为太傅,韦忠仕于刘聪为镇西大将军、平羌校尉,二人失节如此,乃入《忠义传》,大非。沈劲父充,"与王敦构逆,众败而逃,为部曲将吴儒所杀。劲当坐诛,郡人钱举匿之得免。其后竟杀仇人。劲哀父死于非义,欲立勋以雪先耻"云云。愚谓充本当诛,复仇非义。惟"立勋以雪先耻"为可录耳。然劲入《忠义传》,而充终附《敦传》,所谓"孝子慈孙,百世不能改",此则史家书事之得其平者。

邓攸

邓攸逃难,弃其子而携其弟之子,"其子朝弃而暮及,攸乃系之于树而去"。噫,甚矣!攸意以为不弃其子无以显其保全弟子之名,好名如此,不仁可知。其后敬媚权贵,王敦已反,而犹每月"白敦兵数";"纳妾,甚宠之,讯其家属",方知是甥女。小人哉,攸也!斯人也而可以入《良吏》乎?

杜崧

《儒林·杜夷传》:夷兄崧,"字行高。惠帝时,俗多浮伪,著《任子春秋》以刺之"。"崧",《惠帝纪》作"嵩"。"任子"当作"杜子"。

三江扬都

《文苑·张翰传》：顾荣执翰手曰："吾亦与子饮三江水耳。"案：三江者，松江、娄江、东江也。又《庾阐传》："阐字仲初，颖川鄢陵人。作《扬都赋》，为世所重。"案：今本《水经》第二十八卷《沔水中》篇郦道元注引庾仲初《扬都赋注》云："今太湖东注为松江，下七十里有水口，分流东北入海为娄江，东南入海为东江，与松江而三。"此《扬都赋》之注疑即仲初自撰。此事亦见《世说·文学》篇。又《晋书》于《仲初传》后次以《曹毗传》，有云毗"著《扬都赋》，亚于庾阐"。则《扬都赋》之出于阐无疑也。郦氏引此说，即断之以为此别为三江，非《职方》之三江，然则亦断非《禹贡》扬州之三江，可知前人亦从无以此解《禹贡》扬州者。陆德明《释文》始引《吴地记》曰："松江东北行七十里得三江口，东北入海为娄江，东南入海为东江，并松江为三江。"此与郦引庾说同。《吴地记》，晋顾夷撰，见《隋·经籍志》。夷于《晋书》无所见，当是承袭庾说。其后张守节《史记正义》于《夏本纪》引《禹贡》处即以此三江说之。然则自唐以前用此说《禹贡》者两家而已。宋蔡氏乃云"唐仲初《吴都赋注》"云云，不引陆德明、张守节，而引《水经注》，可谓奥博矣。夫《禹贡》扬州三江岂可以震泽下流之三小水当之，只因泥一"既"字，谓下句"底定"必本"既入"耳。果尔，则雍州云"弱水既西，泾属渭汭"，岂泾之属渭，必待弱水之西邪？德明、守节皆无知之辈，谬妄殊甚。然此实学所在，不足为蔡氏深责也。既别引郦注，以炫多闻，乃误"庾"为"唐"，改"扬"作"吴"，乌焉亥豕，诚堪骇诧。近吴中某钜公文集中有"唐仲初云云"，予少年时每嗤点以为笑端。今详考之，则近人所汇刻《经解》中，如王天与之《书纂传》、吴澄之《书纂言》、陈师凯之《书传旁通》，皆承蔡氏之误。而刘三吾《书传会选》误并同。《经解》系同时数十名儒审择论定，而所刻如此。刘氏号为能正蔡氏之误者，而其踵误如此，则于某钜公何尤！胡先生渭《禹贡锥指》云："仲初名杲之，南齐人。"考《南齐书》杲之本传云："字景行，新野人。"李延寿《南史》杲之本传同。与仲初实非一人。胡亦偶误也。予乃慨然叹读书是天下第一件难事。且莫讲到考核，只此一引述间，展转迷惑至是，若必求备，则千古几无一读书人。君子不以己之所能者病人，不以人之所不能者愧人。深悔少年多客气也。

孙吴始都秣陵,即今江南江宁府也。东晋、宋、齐、梁、陈并因之。左思于西晋初,吴蜀始平之后,作《三都赋》,抑吴都蜀都而申魏都,以晋承魏统耳。然此本《禹贡》扬州之域,故亦称扬都。扬都者,京都也。南朝于扬州刺史每以宰辅领之,以其为京师耳。《南史·逆臣·侯景传》:景既起兵反,其党王伟劝其直掩扬都,遂济采石,围台城。然则扬都即是吴都。但阐,东晋人,所赋者晋之京都,断断不可称吴都也。

李 颙

《李充传》:"字弘度,江夏人。注《尚书》,行于世。子颙,亦有文义,多所述作。"案:今《尚书·泰誓》疏力辨汉初只有二十八篇,无《泰誓》,后得伪《泰誓》合为二十九篇,诸儒多疑之。李颙集注《尚书》,于伪《泰誓》篇每引"孔安国曰"。计安国必不为彼伪书作传,不知颙何由为此言? 愚谓:《泰誓》别得之民间,既非出孔壁,又非伏生所传,而其来甚久,非伪也。晋皇甫谧见《古文尚书》衰微将绝,乃别撰古文二十五篇,贪《泰誓》文多,易掇攒凑成之,于是后人信之,真其伪而伪其真。谧又并造孔安国传。窃计安国当日不过以今文字读古文书,未必为之传。盖安国早卒,其年甚促,仅注《论语》,未暇其他。是以《史记》、《汉书》皆无此言。《艺文志》于西汉群儒著述胪列甚详,《毛诗诂训传》不列学官,亦复收载。安国果作《尚书传》,有不收入者乎? 故知不但今孔传是假托,而孔实本无传也。李充已由丞相王导掾起家,仕至中书侍郎卒。颙出更晚,当晋季世,其时伪古文经传盛行于江左,安得尚有真孔注《泰誓》? 此言甚可疑,当是皇甫谧伪代孔作,其后嫌彼《泰誓》多所不备,复摭经传所引,别造三篇,兼为之传,而初稿流落人间,颙得以援引耳。

徐龛李菀

《外戚褚裒传》:"裒除征讨大都督青、扬、徐、兖、豫五州诸军事。裒率众径进彭城,先遣督护徐龛伐沛。龛军次代陂,为石遵将李菀所败。"案:徐龛,《穆帝纪》作"王龛"。李菀,《穆帝纪》作"李农"。

无愧古人

王濛之子修传："卒，年二十四。临终，叹曰：'无愧古人，年与之齐矣。'""古人"谓王弼。

范　丹

《隐逸·范粲传》："粲陈留外黄人，汉莱芜长丹之孙也。粲贞正有丹风。"案：丹，《后书》本作"冄"。

衡山二石囷

"刘骥之字子骥，南阳人。尝采药至衡山，深入忘反，见有一涧水，水南有二石囷，一囷闭，一囷开，水深广不得过。欲还，失道，遇伐弓人，问径，仅得还家。或说囷中皆仙灵方药诸杂物，骥之欲更寻索，终不复知处也。"案：《陶渊明文集》第五卷《桃花源记》云："南阳刘子骥，高尚士也。闻之欣然规往游焉，未果，寻病终。"说与《晋书》本传相似，而又不同。

龚玄之

龚玄之旧本作"袭玄之"。王世贞《弇州山人四部稿》第九十三卷《袭妇景孺人墓志铭》"予友济南李于鳞数称乡人袭勔克懋，克懋司训扬之江都"云云。"袭"是僻姓，不学者妄改为"龚"。

陶　茂

"陶潜字元亮，大司马侃之曾孙也。祖茂，武昌太守。"案：《侃传》云："侃有子十七人，唯洪、瞻、夏、琦、旗、斌、称、范、岱见旧史，余并不显。"茂既登显位，而不见彼传何也？昭明太子作《渊明传》及《宋书》、《南史》本传但云"曾祖侃，晋大司马"，并不言祖茂。

潜年六十三

潜"以宋元嘉中卒，时年六十三"。案：予所见《陶集》系宋板，绍熙壬子赣川曾集所刊，附载颜延年作《静节征士诔》及昭明太子所作传，皆云"春秋六十有三，元嘉四年卒"。沈约《宋书》本传同。的确可信。

潜当生于晋哀帝兴宁三年乙丑岁也。乃前明万历丁亥休阳程氏刻,附载有张缬说,以为先生辛丑岁《游斜川》诗言"开岁倏五十",若以诗为正,则先生生于壬子岁。自壬子至辛丑为年五十,迄元嘉四年丁卯考终,是得年七十六。再考宋板《陶集·游斜川》诗自序云"辛丑正月五日,与二三邻曲同游斜川"云云。诗云"开岁倏五十,吾生行归休"云云。而"丑"字下注云"一作酉","十"字下注云"一作日"。夫先生卒于元嘉丁卯,年六十三,此万万无疑者。据此推之,则辛丑岁年方三十七,岂五十乎?《斜川》诗当为辛酉所作,云辛丑者误也。辛酉乃宋高祖永初二年,时先生年五十七,亦非五十。诗当云"开岁倏五日",正与自序合。云五十者误也。万历刻诗正作"五日"。而自序直作"辛丑",不复存"一作",乃知宋板之可宝。先生于此,当国初亡而身已衰老矣,故诗又云"未知从今去,当复如此不。中肠纵遥情,忘彼千载忧。且极今朝乐,明日非所求"。盖委运待尽,岂三十七岁语气邪?

戴洋妄言

《艺术·戴洋传》:"梁国反,祖约欲讨之,未决。洋曰:'甲子日东风而雷西行,谯在东南,雷在军前,为军驱除。'昔吴伐关羽,天雷在前,周瑜拜贺。今与往同,必克。"案:吴取关公,周瑜已死,洋言妄也。

六日六分

《台产传》:"善六日六分之学。"下"六"字当作"七"。

地　户

《四夷传》:林邑国"开地户以向日"。"地"当作"北"。

兹氏县

"匈奴左部都尉居太原故兹氏县。"此汉县也。载记《刘元海传》文与《四夷传》同。《文献通考》第三百四十一卷《四裔考》文亦同。想因县已改并,故称故县。

奸臣叛臣逆臣

史家之例，原无一定。要足以载事实，明劝戒足矣。《新唐书》始于四裔之后次以奸臣、叛臣、逆臣。《晋书》若用此例，则如王沈、荀颇、荀勖、冯纨、贾充辈入奸臣可也。王敦、桓温、桓玄、王弥等，以及祖约、苏峻、孙恩、卢循辈入叛臣可也。即刘元海等入之逆臣，似亦无所不可。今《晋书》无奸臣一目，而其中各以类相从，亦不致忠奸混杂，又有论赞以表之矣。王敦等聚于四裔之下，不名叛而叛显矣。刘元海别为载记，尤觉妥适也。综而计之，大约不出奸、叛、逆三种。

御 敌

《王敦传》："元帝以刘隗为镇北将军，戴若思为征西将军，外以讨胡，实御敌也。"案："敌"元本误作"败"。后人改"敌"，亦非。据文直是"敦"字。

黄 散

王敦罪状刘隗"以黄散为参军"。"黄散"，谓黄门侍郎散骑常侍也。

韩晃李汤

《苏峻传》前言峻死后，其将立峻之弟逸为主。逸与韩晃等并力来攻，温峤等选精锐攻贼营，于阵斩晃。其下文又叙峻之余党张健与韩晃等轻军俱走，督护李闳率锐兵追之，及于岩山。健等不敢下山，惟晃独出，乃斩之。窃考此篇中韩晃名凡九见，乃数行之中前云"斩晃"，后又云"晃走"，自相矛盾，诚为笑端。又其叙峻之弟逸为李汤所执，斩于车骑府。李汤，本纪作"李阳"。

刑 浦

《孙恩传》："隆安四年，恩复入余姚，破上虞，进至刑浦。谢琰遣参军刘宣之距破之，恩退缩。少日，复寇刑浦，害谢琰。"案：刑浦，《琰传》作"邢浦"，疑是。

十七史商榷卷五十二

晋书十

载　记

《后汉书·班固传》：固述公孙述等僭伪事为载记若干篇。《晋书》"载记"之名盖本于此。

崔鸿十六国春秋

《北史·崔鸿传》：鸿以刘元海、石勒、慕容俊、苻健、慕容垂、姚苌、慕容德、赫连屈丐、张轨、李雄、吕光、乞伏国仁、秃发乌孤、李暠、沮渠蒙逊、冯跋各有国书，未有统一，乃撰《十六国春秋》百卷。鸿世仕江左，故不录僭晋、刘、萧之书。自述云：正始元年，著《春秋》百篇。三年之末，草成九十五卷。惟常璩撰李雄父子据蜀时书，寻访不获，未成辍笔。又别作《序例》一卷，《年志》一卷。"至道武天兴二年，姚兴改号鸿始，而鸿以为改在元年；明元永兴二年，慕容超禽于广固，鸿又以为在元年；太常二年，姚泓败于长安，而鸿亦以为灭在元年。如此之失，多不考正。"子子元，后永安中，奏其书称：臣考著赵、燕、秦、夏、西凉、乞伏、西蜀等遗载，惟李雄蜀书未获，至正光三年，购访始得，讨论适讫，弃世。案《崔亮传》云：齐文襄恨崔鸿《十六国春秋》述诸僭伪不及江东。然则鸿所以不录僭晋、刘、萧者，其意不欲以江东为伪故也。正始元年系魏宣武帝即位之六年，梁武帝之天监三年也。三年之末已成九十五卷，至孝明帝正光三年相去已十七年，始购得常璩《华阳国志》，乃补入蜀事五卷为百卷。鸿卒于孝昌之初，则此书在当日已成足本，并无遗阙可知，惜乎其竟亡也。

又《北史·鸿传》：鸿撰《十六国春秋》，"宣武闻其撰录，遣散骑常侍赵邕诏鸿曰：'闻卿撰定诸史，便可随成者送至，朕当于机事之暇览之。'鸿以其书有与国初相涉，言多失体，且既讫，不奏闻。鸿后典起居,乃志—作"忘"。载其表"云云。案:"志"注作"忘"非。《魏》作"妄",以其初未奏闻,原无此表也。

此书《隋志》一百卷,《唐志》一百二十卷,至《宋志》则无之,盖当五代及宋初而亡。故晁说之称司马温公所考《十六国春秋》已非鸿全书。《文献通考·经籍考》亦不载。明携李、屠乔孙迁之刻贺灿然为序者,亦为一百卷,乃乔孙与其友人姚士粦辈取《晋书》载记、《北史》、《册府元龟》等书伪为之,非原本。浦起龙注《史通》中一条云:"屠欲起斯废,毋假初名,毋袭卷数,显号补亡可也。匿所自来,掩非己有,真书悉变为赝书矣。或云杭本《汉魏丛书》所收十六短录故是鸿之旧,是说也予犹疑之。"

本传所载鸿书之误,如天兴二年姚兴改号鸿始,而鸿以为改在元年。此必鸿书本用魏年号纪年,而分书各僭号于下故耳。今屠氏刻本则直用各僭号纪年,即如鸿始元年直叙姚氏事,未及魏事只字。观者亦何由而知其为误作改元在天兴元年乎? 即此考之,伪作显然。

孝 愍

刘渊自称汉后,为坛南郊,下令历叙汉二祖五宗功德,固属可笑。而所云"孝愍委弃万国,昭烈播越岷蜀",孝愍系指汉献帝,系蜀先主于建安二十五年所遥称,见《三国志·先主传》。

刘渊年

刘渊生于魏嘉平中,死于晋永嘉四年,约年六十。

前 汉

刘渊起事,国本号汉,历刘和、刘聪、刘粲,凡四主,皆如故也。直至刘曜,始改号赵。因石勒亦号赵,故又称前赵耳。而伪本崔鸿《十六国春秋》自渊以下皆名前赵,则非。

刘聪论误

《刘聪传》论云:"竟以寿终,非不幸也。"案:当作"何其幸也"。

刘曜杀石生

《刘曜传》:曜为石勒所执,勒"遣刘岳、刘震等乘马,从男女,衣帕以见曜,曜曰'久谓卿等为灰土,石王仁厚,全宥至今,而我杀石生,负盟之甚'"。案:"石生"当作"石他"。知者上文言"石勒将石他自雁门出上郡,袭安国将军北羌王,俘三千余落而归。曜怒遣刘岳追之,及石他战于河滨,败之,斩他"。若石生则镇关中,为石季龙所攻,其部下杀之于鸡头山,事见后载记第五卷《石弘传》中。其时去刘曜为石勒所杀已甚久。

王 脊

《石勒传》上卷:"章武人王脊起兵于科斗垒,扰乱勒河间、渤海诸郡。""脊"或作"睿"。下卷"上党内史王脊以并州叛于勒",未知即此人否?

兖州刺史刘遐

《石勒传》下卷"石季龙攻陷徐龛,送之襄国",勒杀之。"晋兖州刺史刘遐惧,自邹山退屯于下邳"。案:帝纪作"兖州刺史郗鉴自邹山退守合肥"。《郗鉴传》亦云然。此作"刘遐",疑误。

檀 斌

"石瞻攻陷晋兖州刺史檀斌于邹山,斌死之。"按:"斌",帝纪作"赟"。

夏 嘉

"济岷太守刘闿、将军张阖等叛,害下邳内史夏嘉,以下邳降于石生。"案:"夏嘉",帝纪作"夏侯"。

王国叛降于勒

上文言"龙骧将军王国叛,以南郡降于勒"。下文又言"晋龙骧将军王国以南郡叛,降于石堪"。数行之中一事重出,疏矣。

历阳太守

《石季龙传上》：“季龙将夔安进据胡亭，晋将军黄冲、历阳太守郑进皆降之。安于是掠七万户而还。”“历阳”，帝纪作“义阳”，“七万”作“七千”。

政　官

“发百姓牛二万余头，配朔州政官。”“政”，元板作“牧”，是。

拔　嵩

《载记·姚泓传》：“泓以晋师之逼，乞师于魏。魏遣司徒南平公拔嵩进据河内，为泓声援。”“拔嵩”，元本作“拔拔嵩”。

李雄与穆帝分天下

《载记·李雄传》：“雄以中原丧乱，乃频遣使朝贡，与晋穆帝分天下。”案：雄死在咸和八年，是成帝时，何云“与晋穆帝分天下”？“穆”字误。

李雄死年

“咸和八年，雄生疡于头，六日死，时年六十一。”案：帝纪雄死在九年六月。

揖　次

《载记·吕光传》：魏安人焦松等起兵，迎张天锡之世子大豫“于揖次”。“揖”当作“揖”，古“揖”字。

义熙三年

《载记·乞伏乾归传》：“义熙三年，乾归僭称秦王，改元更始。”案：《安帝纪》作义熙五年。

义熙六年

《载记·乞伏炽磐传》：“义熙六年，炽磐袭伪位，大赦，改元曰永康。”案：帝纪在义熙八年。

匹 达

“乞伏炽磐以其左卫匹达为河湟太守。”“匹达”，元本作“四达”。

东晋国势不弱

东晋君弱臣强，势则然矣。而其立国之势，却不为弱。刘琨、祖逖志在兴复，陶侃、温峤屡有诛翦。桓温之灭李势，谢安之破苻坚，刘裕之擒慕容超、姚泓，朱龄石之斩谯纵，皆奇功也。裕之入关中几几欲混一矣，留子义真镇之而还，旋失之，惜哉！王买德谓赫连勃勃曰：“关中形胜地，刘裕以弱才小儿守之，非经远之规也。狼狈而返者，欲速成篡事耳，无暇有意于中原。”见《载记·勃勃传》。买德此言实为破的。余详《南史》。

十七史商榷卷五十三

南史合宋齐梁陈书一

沈约宋书

沈约《自序》称于"齐武帝永明五年春，被敕撰《宋书》，至六年二月纪传毕功，表上之"。约卒于天监十二年，年七十三。永明五年，年四十七。约自言"百日数旬，革带移孔"，精神素非强健，四十七八已值衰暮。其书一年便就，何速如此？盖《宋书》自何承天、山谦之、苏宝生、徐爰递加撰述，起义熙讫大明，已自成书。约仅续成永光至禅让十余年事，删去桓玄、谯纵、卢循、马鲁、吴隐、谢混、郗僧施、刘毅、何无忌、魏咏之、檀凭之、孟昶、诸葛长民十三传而已，玩约《上书表》自见。何承天等撰《宋书》事，见《宋书·恩幸·徐爰传》，又见《梁书·裴子野传》。本极径省，故易集事。其《上书表》又云："本纪列传，缮写已毕，合志表七十卷，臣今奏呈。所撰诸志，须成续上。"据此则纪传先成，志系续上。今约书纪十卷，传六十卷，适合七十卷之数。外有志三十卷，而无表。与《梁书》本传所云"著《宋书》百卷"适合。则《上书表》中"志表"二字乃衍文也。

《文九王传·建平王景素传》末云"今上即位"。"今上"者，齐武帝也。又《沈攸之传》：攸之败死，其党"臧寅诣盆城自归，今皇帝命斩之"。"今皇帝"者，亦齐武帝也。《南齐书·武帝纪》："沈攸之事起，未得朝廷处分，上以中流可以待敌，即据盆口为战守备。"故寅投之而被杀也。观此则知约修《宋书》在齐武帝时，入梁未及追改。

《袁粲传》云："齐王功高德重，天命有归，粲自以身受顾托，不欲事二姓，密有异图。"虽表粲之忠，自是在齐代之笔。末附永明元年，改葬粲与刘秉、沈攸之诏。论云："昔王经被旌于晋世，粲等亦改葬于圣朝。"知约修《宋书》在齐武帝时。

约同时裴子野，别撰《宋略》，今不传。子野，松之之曾孙，骃之孙也。四世之中有史学者居其三,抑何盛邪!

萧子显齐书

沈约已撰《齐纪》二十卷,见《梁书》约本传。卷止二十,未免太略。至萧子显乃作《齐书》六十卷,见《梁书》三十五卷本传。子显乃齐高帝道成第二子豫章文献王嶷之子。

姚思廉梁陈二书

姚察在陈为吏部尚书,当陈宣帝太建末即奉敕撰《梁史》。入隋,历太子内舍人、秘书丞、北绛公。始自吴兴迁居关中,为雍州万年人。察学兼儒史,见重于二代。当隋文帝时,尝访察以梁、陈故事,察每以所论载奏之,于是开皇九年敕并成梁、陈二史,遣内史舍人虞世基索本上进,藏于内殿,而书犹未成,临亡属子思廉继其业。思廉少仕陈,为扬州主簿。入隋,为汉王府参军,河间郡司法书佐。上表陈父遗言,有诏许其续成梁、陈史。后为代王侑侍读。唐高祖受禅,授秦王文学。太宗引为文学馆学士。太宗入春宫,迁太子洗马。贞观初,迁著作郎、弘文馆学士。三年,又受诏与秘书监魏徵同撰梁、陈二史。思廉采谢炅等诸家梁史续成父书,并推究陈事,删益顾野王所修旧史,撰成《梁书》五十卷、《陈书》三十卷。魏徵虽裁其总论,其编次笔削,皆思廉之功也。以上见《陈书》第二十七卷察本传及《旧唐书》第七十三卷、《新唐书》第一百二卷思廉各本传。

《旧唐书》七十三卷《令狐德棻传》:“德棻尝从容言于高祖曰:‘窃见近代已来,多无正史,梁、陈及齐,犹有文籍。至周、隋遭大业离乱,多有遗阙。当今耳目犹接,尚有可凭,如更数十年后,恐事迹湮没。陛下既受禅于隋,复承周氏历数,国家二祖功业,并在周时。如文史不存,何以贻鉴今古?如臣愚见,并请修之。’高祖然其奏,下诏曰:‘司典序言,史官记事,考论得失,究尽变通,所以裁成义类,惩恶劝善,多识前古,贻鉴将来。伏牺以降,周、秦始及,两汉传绪,三国受命,迄于晋、宋,载籍备焉。自有魏南徙,乘机抚运,周、隋禅代,历世相仍,梁氏称邦,跨据淮海,齐迁龟鼎,陈建皇宗,莫不自命正朔,绵历岁祀,各殊徽号,删定礼仪。至于发迹开基,受终告代,嘉谋善政,名臣奇士,立言著绩，无乏于时。然而简牍未编，纪传咸阙，炎凉已积，谣俗迁讹，余烈遗风，倏焉将堕。朕握图御宇，长世字人，方立典谟，永垂宪则。顾彼湮落，用深轸悼，有怀撰次，实资良直。中书令萧瑀、给事中王敬业、著作郎殷闻礼可修魏史，侍中陈叔达、秘书丞令狐德棻、太史令庾俭可修周史，兼中书令封德彝、中书舍人颜师古可修隋史，大理卿崔善为、中书舍人孔绍安、太子洗马萧德言可修梁史，太子詹事裴矩、兼吏部郎中祖孝孙、前秘书丞魏徵可修齐史，秘书监窦琎、给事中欧阳询、秦王文学姚思廉可修陈史。务加详核，博采旧闻，义在不刊，书法无隐。'瑀等受诏，历数年，竟不能就而罢。贞观三年，太宗复敕修撰，乃令德棻与秘书郎岑文本修周史，中书舍人李百药修齐史，著作郎姚思廉修梁、陈史，秘书监魏徵修隋史，与尚书左仆射房玄龄总监诸代史。众议以魏史既有魏收、魏澹二家，已为详备，遂不复修。德棻又奏引殿中侍御史崔仁师佐修周史，德棻仍总知类会梁、陈、齐、隋诸史。武德已来创修撰之源，自德棻始也。"案：修撰之源虽自德棻始，梁、陈二书实思廉专典其事。

新唐书过誉南北史

《新唐书·李延寿传》云"世居相州。贞观中，为御史台主簿，兼直国史。初，延寿父大师，多识前世旧事，常以宋、齐、梁、陈、魏、齐、周、隋天下参隔"，称谓之间，互相轻侮，"其史于本国详，他国略，往往訾美失传，思所以改正，拟《春秋》编年，刊究南北事，未成而没。延寿既数与论撰，所见益广，乃追终先志。本魏登国元年，尽隋义宁二年，作本纪十二、列传八十八，谓之《北史》；本宋永初元年，尽陈祯明三年，作本纪十、列传七十，谓之《南史》。凡八代，合二书百八十篇，上之。其书颇有条理，删落酿辞，过本书远甚。时人见年少位下，不甚称其书。迁符玺郎，兼修国史，卒"。愚谓此传于延寿叙述颇详，且多褒誉。若《旧书》则以延寿附《令狐德棻传》下，首云"李延寿者"，添一"者"字，意甚轻之。叙述粗略，无所称美。今平心观之，延寿只是落想佳，因南北八代合，有鸠聚钞撮之功，而延寿适承其乏，人情乐简，故得传世。其书疵病百出，不可胜言。《新唐》云"颇有条理"，愚则谓其甚少条理。又云"删落酿辞"，愚则谓其删落处不当而欠妥者十之七八。若云"过本书远甚”，则大谬不然。耳食之徒踵此瞽说，几疑本书可废，遂令魏、齐两史残阙甚多，致后人反用《北史》补之，岂非为《新唐书》所误乎？予所指摘详见后。

《新书》七十二上《宰相世系表》：延寿出李氏姑臧大房。其父大师，字君烈，渤海郡主簿。

《旧唐书·高宗纪》：“调露二年二月，诏曰：‘故符玺郎李延寿撰《正典》一部，辞殚雅正，虽已沦亡，功犹可录，宜赐其家绢五十匹。’”案：时延寿已卒，是以称“故《正典》”，见《旧·经籍志》。沦亡者，人亡非书亡。若书已亡，何由知“辞殚雅正”乎？当系延寿没未久，家人献之以求恩泽耳。然则延寿当卒于仪凤之末。《新书》虽言其年少，但修书当贞观时，计其年必已三四十岁。又阅三十年至仪凤之末，必已六七十岁之外。学浅识陋，才短位又甚卑，著述传世千余年以来，遂成不刊之作，一何多幸邪！

各帝《南》、《北史》皆称谥法，各书则称庙号。然各书间亦有称谥法者，名称不定，例未画一。此则《南》、《北史》无此病。

《南》、《北史》增改无多，而其所以自表异者，则有两法：一曰删削，二曰迁移。夫合八史以成二史，不患其不备，惟患其太繁。故延寿一意删削，每立一传，不论其事之有无关系、应存应去，总之极力刊除，使所存无几，以见其功。然使删削虽多，仍其位置，则面目犹未换也，于是大加迁移，分合颠倒，割截搭配，使之尽易其故处，观者耳目一新，以此显其更革之验。试一一核实而考之，删削迁移皆不当，功安在乎？其书聊可附八书以行，幸得无废，足矣。不料耳食者反以为胜本书也。

或曰：子于李延寿指摘其失甚悉，乃所考证，仍用延寿书作纲，各书皆从之，挨次羼入，何也？曰：世人醉心于延寿，而欲废各书久矣。今骤而易之，使读各书难矣。就彼熟径，掇其瑕砾，搴其萧稂，使群阴解驳，然后求之各书则易。凡各书皆标明某书、某纪、某传，其有直称某纪、某传者皆是《南史》，而亦多有标出《南史》某纪、某传者，随便下笔，例不能一也。《北史》仿此。

各书目南北史目皆宋人添

各书目皆在每卷首。大约古书多序在全书之末，目在每卷之首。

今目是宋人添。观曾巩于《南齐书序》云"臣等因校正其讹谬，而叙其篇目"云云。末云"臣某等谨序目录，昧死上"。于《陈书序》云："《陈书》旧无目，今别为《目录》一篇，使览者得详焉。"然则《南》、《北史》目亦宋人添也。每卷目仍留不去，虽复出可厌，能存旧却佳。

十七史商榷卷五十四
南史合宋齐梁陈书二

绥舆里

《南史·宋武帝纪》:"彭城县绥舆里人。"《宋书》但云"绥里人"。上文"帝讳裕,字德舆"。疑相涉致误衍"舆"字。

楚元王二十一世孙

《南史》云:"汉楚元王交之二十一世孙也。彭城楚都,故苗裔家焉。晋氏东迁,刘氏移居晋陵丹徒之京口里。皇祖靖,晋东安太守。皇考翘,字显宗,郡功曹。"《宋书》则云:"交生红懿侯富,富生宗正辟强,辟强生阳城缪侯德,德生阳城节侯安民,安民生阳城釐侯庆忌,庆忌生阳城肃侯岑,岑生宗正平,平生东武城令某,某生东莱太守景,景生明经洽,洽生博士宏,宏生琅邪都尉悝,悝生魏定襄太守某,某生邪城令亮,亮生晋北平太守膺,膺生相国掾熙,熙生开封令旭孙。旭孙生混,始过江,居晋陵郡丹徒县之京口里,官至武原令。混生东安太守靖,靖生郡功曹翘,是为皇考。"前第二十六卷论《汉·孔光传》,光为孔子十四世孙。十四世,乃连前后并及身而总言之。如此则当为交二十二世孙。今云二十一世者,传写误。武帝世贫贱,崩后犹藏微时耕具,以示子孙。《宋书》历叙先世名位,皆未必信。《南史》既已信用之,乃但及其祖,而于曾祖之始渡江居京口者,反削其名不书,又独于皇考为添一字,皆非也。

宋武帝微时符瑞

《南史》最喜言符瑞,诡诞不经,疑神见鬼,层见叠出。《宋·武帝纪》历叙其微时,竹林寺僧见其卧有五色龙章。孔恭占其墓曰"非常地"。行止见二小龙附翼。伐获新洲射大蛇,见青衣童子捣药。下邳会一沙门赠以黄药傅创。沈约亦好言符瑞者，故此诸事虽不采入纪，而别作《符瑞志》述之。射蛇事，则《符瑞志》亦无，却见于任昉《述异记》上卷。但《述异记》未必出任昉，恐后人假托。予直疑是李延寿附会汉高祖斩蛇事白撰出，而后人反剿以入《述异记》。

武帝文帝孝武帝明帝称讳顺帝称名

《宋书·武帝纪》始称高祖，后乃称公，后又称王，即真后乃称上，仿佛似陈寿《魏武帝纪》之例。其书檄、诏、策等皆称刘讳，此沈约本文也。而其间亦多有直称裕者，则是后人校者所改，改之未净，故往往数行之中忽讳忽裕，牵率已甚。《南史》则概称帝，即真称上。

《南史·宋武帝纪》："封彭城公义隆为宜都王。"《宋》同。乃《宋》于此下又书："八月，西中郎将、荆州刺史宜都王讳进号镇西将军。"义隆即文帝也，故沈约称讳。而忽称讳，忽称义隆，如此甚多，不可枚举。亦后人校者改之而未净，与武帝忽称讳忽称裕同。

《宋书》于《文纪》元嘉十三年九月书"立第二皇子濬为始兴王，第三皇子讳为武陵王"。第三皇子，孝武帝也，讳骏。因其为帝异于他子，故书讳。又十六年闰月，"以武陵王讳为湘州刺史"。自后又三书"武陵王讳"。又《孝武帝纪》：孝建二年正月，"以冠军将军湘东王讳为中护军"。湘东王即明帝或，本淮阳王，元嘉二十九年改封。自后又再书"湘东王讳"。又《明帝纪》：泰始七年七月，"以第三皇子准为抚军将军"。此顺帝也。似以其为亡国之主，故书名不讳。此等似皆沈约原文。而裕与义隆之或名或讳，则校者之疏。

全食一部

《宋纪》：永初元年六月，"封晋帝为零陵王，令食一郡"。《南史》作"全食一部"。"令"字、"部"字皆传写误，当作"全食一郡"。

南海公义庆

《南史·宋武纪》："位南海公义庆为临川王。"《宋》作"立南郡公义庆为临川王"。"位"字仍"立"而误，其实当作"封"。"南海"当依《宋》作"南郡"。武帝之少弟道规封南郡公，无子，以兄道怜之子义庆嗣袭其封也。

宋纪误阙

《宋纪》：隆安三年十一月，"妖贼孙恩作乱于会稽，晋朝卫将军谢琰、前将军刘牢之东讨"云云。"卫将军"下注一"阙"字，连空三格。《南史》采用此段。此处本无阙也，此注及空不知何等妄人所为。

后《刘勔传》屡有旁注"阙"字处，而按其文义则无阙。大约《宋书》、《南齐书》旁注"阙"字者甚多，往往考之则本无阙。两书校者尤甚粗疏。

丹徒京口京城北府京江北京

古人之文所以难读者，一人一地而屡易其称。如《左传》，于一人忽称其名，忽称其字，忽称其谥，忽称其姓氏，忽称其封邑、爵秩。一篇中每如此，所以读者为之眩目。宣尼悲获麟，西狩涕孔某；虽好相如达，不同长卿慢。在当日不以为怪，其实乃甚拙耳。赵宋以下则无之矣。此当以后人为得，不必法古也。至于地理沿革不常，分合时有，多其名称，尤易牵混。《宋书·武帝纪》叙孙恩寇丹徒，即今镇江府所治县也，其下便云"京口震动"。此下历叙讨桓玄事，每以丹徒与京口相间言之。及叙至与何无忌等斩桓修之下，乃云"义军初克京城"。又叙至刘毅构隙事，则云"毅自谓京城、广陵，功足相抗"。京城即京口也。修乃桓玄之从兄，以抚军将军镇丹徒，帝与无忌等斩修，故云"克京城"。而刘毅斩桓阎于广陵，故以为与裕斩桓修之功相抗，但本是京口，忽又变称京城，后第十五卷《礼志》中又屡称京城。观者能无混目乎？其上文叙桓玄篡位，修自京口入朝，后还京。《南史》则作"还京口"。《南史》即采《宋书》。乃今《宋书》于此则直云"还京"，无"口"字。此乃钞胥脱落，诚不足辨。然苟非善读书人，又未免眩目矣。书经三写，乌焉成马，况史文本自多为岐称乎？考乐史《太平寰宇记》第八十九卷江南东道润州云："后汉建安十四年，吴孙权自吴徙都于京口。十六年，徙都秣陵。复于京口置京口都督以镇焉。"又《吴志》云："京都所统，蕃会尤要，是为重镇。后为南徐州置刺史，镇下邳，而京城有留局。其后徐州或镇盱眙，或镇姑熟，皆置留局于京口。至六代常以此地为重镇。"《文选》颜延年《车驾幸京口侍游蒜山》诗李善注云："京口在润州。"京口之名甚著,谁人不知?但变称京城则无识者。或误认作彼时京城之建邺,将奈何?甚矣,多其名者之无谓而易惑人也。桓修《宋书》皆作"脩",而《南史》则作"修",此等又何暇详考。

"桓玄与刘迈书曰:'北府人情云何?卿近见刘云何所道?'""刘云"《南史》作"刘裕",不知《宋书》之作"云",是沈约又一避讳法乎?抑传写误乎?且勿论。而此北府则又是京口一别称。《世说·捷悟》篇:"郗司空在北府,桓宣武恶其居兵权。"注:"《南徐州记》曰:'徐州人多劲悍,号精兵。'"是也。建业在京口之西而稍南。《通鉴》一百十三卷:"桓玄遣吴甫之等相继北上。"胡三省注:"自建康趣京口为北上。"故桓玄有北府之称。

《宋书》三十一卷《五行志》:"晋孝武帝太元四年六月,大旱。去岁,氐贼围南中郎将朱序于襄阳,又围扬威将军戴遁于彭城。桓嗣以江州之众次都援序①,北府发三州民配何谦救遁。"

《宋书》叙至破卢循事,于京口又别见京江一称。又《文帝纪》元嘉二十六年,又别见北京一称。

建邺京师京邑京都建康都下

建业本不当从"邑",而《南史》皆作"建邺",翻似与河北之"邺"相涉者,然此谬也。《宋书·武帝纪》或称京师,或称京邑,或称京都,或称建康,多其名称虽似无害,但京邑之称与京口、京城易混。《宋书》纪于讨桓玄移檄京邑,《南史》改作"都下"一称,亦以京邑嫌涉京口故也。《南史》大概多作"建邺",似较为画一矣。但《宋书·州郡志》云:"丹扬尹,领县八。"首"建康,本秣陵。汉献帝建安十六年置县,孙权改为建业。晋愍帝即位,避帝讳,改建康"。然则正当为建康,何以反称孙吴旧名乎?愚则谓直当概称京师。

宋武帝哭桓修

宋武帝本为桓玄所任使,玄篡,讨诛之是也,无如欲自取何?初起

---

① "都"原作"郡",据中华书局标点本《宋书》改。

第一功,先斩桓修,哭之甚恸,厚加敛恤,以尝参其军故也。自杀之,自哭之,与刘、项事等。

帝镇石头城

《南史·宋武帝纪》:"元兴三年,讨桓玄。三月庚申,帝镇石头城。""镇"字《宋书》同。《通鉴》则作"屯"。其实当作"入"。

删改皆非

《南史·宋武帝纪》:"征慕容超,姚兴遣使,声言将涉淮左。帝笑曰:'羌若能救,不有先声,是自强也。'十月,张纲修攻具成,设飞楼县梯,木幔板屋,冠以牛皮,弓矢无所用之。"案:"是自强也",《宋书》云"是自张之辞耳",较为明析。"弓矢"之上《宋》有"城上火石"四字,一经删削,使句意全晦。

阙 句

《南史》:"卢循寇南康、卢陵、豫章诸郡,郡守皆奔走。时帝将镇下邳,进兵河、洛,及征使至,即日班师。""奔走"下阙一句,当补云"即驰使征帝"。又"帝命众军齐力击之,贼大败,循单舸走,众皆降"。"单舸走"下阙一句,当补云"遣刘藩、孟怀玉追之"。

苍 兕

《宋纪》:加裕九锡文有曰"仓兕电溯,神兵风扫"。裕平关中后,诏进王爵,有曰"仓兕甫训,则许、郑风偃"。前篇《南史》节去"仓兕"句,后篇全删。《梁书·武纪》论曰:"高祖总苍兕之师,翼龙豹之阵。"《陈书·衡阳献王昌传》曰:"苍兕既驰,长蛇自翦。"考《古文尚书·泰誓》云:"师尚父左杖黄钺,右把白旄,以号曰:'苍兕苍兕,总尔众庶,与尔舟楫。'"马融注:"苍兕,主舟楫官名。"详《后案》。郭璞《山海经序》云:"无航之津,岂苍兕之所涉。"是苍兕主舟楫也。

淮 扬

《南史》:"进授相国,以徐州之彭城、沛、兰陵、下邳、淮扬、山阳、广陵,兖州之高平、鲁、泰山十郡封公为宋公。"案:"淮扬"当作"淮阳"。

左丞相大使奉迎

"置宋国侍中、黄门侍郎、尚书左丞相大使奉迎。"案:此多不可解。《宋书》作"左丞郎随大使奉迎",亦可疑。

北为正

《南史》于永初元年之末,书"是岁,魏明元皇帝太常五年"。案:《北史》帝纪不呼南朝诸帝为皇,亦不纪其改元,独详于此者,李延寿欲以北为正也。又景平元年之末书"是岁,魏明元皇帝崩"。《梁武帝纪》:"天监十四年春正月丁巳,魏宣武皇帝崩。"亦尊之也。《北史》帝纪南帝止书"殂"。

《宋文帝纪》元嘉二年之末,书"是岁,赫连屈丐死"。屈丐即勃勃,此魏明元帝所改,而《南史》乃遵用之,亦是尊魏。

北伐,南各书皆称其姓名,如《南齐书·高帝纪》"元嘉二十七年,拓跋焘向彭城"之类。《南史》则改称庙号,皆抑南尊北之意。延寿《序传》自述其先人世为北臣,故其言如此。

零陵王殂

《南纪》:"永初二年九月己丑,零陵王殂,宋志也。"愚谓:前代禅位之君无遇弑者。刘裕首行大逆,既弑安帝,又立恭帝以应谶,而于禅后又弑之,其恶大矣。作史者似宜直书以正其恶。但假使当日竟书"九月己丑,弑零陵王",而其下文却接云:"车驾率百僚临于朝堂三日,如魏明帝服山阳公故事,使兼太尉持节护丧事,葬以晋礼。"又其下书:"十一月辛亥,葬晋恭皇帝于冲平陵,车驾率百官瞻送。"如此则上下语气不伦不类,太觉可笑。今云"宋志也",只避去一个弑字,而其为弑固已显然,望文可知,此则本纪之体。惟是"葬以晋礼"之上当补一句云:"谥曰恭皇帝。"今无此句。下文"恭皇帝"三字突如其来,毫无根蒂,欠妥。

"九月己丑",《宋》本纪、《晋》本纪俱作"丁丑",《通鉴》则无日,《考异》以为二者皆可疑,故不书日。惟是《宋书》但书"零陵王薨",无"宋志也"句，亦不书葬期，此则不及《南史》。且恭帝葬期即《晋》本纪亦无之，惟见于此，在延寿当别有据。延寿之书虽疵病百出，而仍不可废者，为有此等小小补益故也。

营阳王

《南史》废少帝为营阳王。《通鉴》同。《宋书》作"荥阳"。未知孰是。

宋武帝胜魏晋

《南史》宋武帝论曰："夷凶翦暴，诛内清外，功格上下。乐推所归，讴歌所集，校之魏、晋，可谓收其实矣。"愚谓：宋武帝功业，谓其远过司马懿则诚然矣，若云曹操亦不如，恐未为平允。司马温公《经进稽古录》第十四卷论云："晋室渡江以来，祸乱相继，至于元兴，桓氏篡位。宋高祖首唱大义，奋臂一呼，凶党瓦解。遂枭灵宝之首，奉迎乘舆，再造晋室，厥功已不细矣。既而治兵誓众，经营四方，扬旗东征，广固横溃；卷甲南趋，卢循殄灭；偏师西上，谯纵授首；锐卒北驱，姚泓面缚。遂汛扫伊、洛，修奉园陵。南国之盛，未有过于斯时者也。然区宇未一，蹂于天位。委弃秦、雍，以资寇敌，使大功不成，惜哉！"此论殊得其实。

关中之失，以王镇恶、沈田子、王修三人相继而死也，而罪首则在田子，以私怨无端妄杀有大功之镇恶，因而修杀田子，义真杀修，使业败已成。沈约欲曲护其先人之短，岂能掩哉！

裕所最忌者刘毅，故灭之。最倚任为心腹者惟刘穆之，故北伐使穆之居东府统事。关中甫定，穆之遽卒，根本空虚，有内顾忧，故委之而去。张氏溥《评通鉴纪事本末》第一百四卷云：张氏更定非原第。"裕既灭秦，设留长安，经略西北，功成一统，晋之版图，其将焉往。然裕之自知深矣，夏或可兼，魏难猝灭，与其不得晋也，宁失关中，是以急行而不顾也。关中必危，义真将死，裕岂不念之？然孺子可亡，天位不可失，明知之而明弃之。其后义真逃归，亦义真之幸，裕固无暇为之计万全也。裕初入长安，议迁都洛阳，王仲德止之，终于偏安江左。勃勃得长安，群下请都之，不从，既而勃勃殂，子昌立，魏取统万，赫连氏竟奔亡。建国之地,所系存亡废兴者大矣。"张氏此论亦佳。

少帝纪论

《南史》诸论皆袭旧文,从无自运。《宋武帝纪》论本袭沈约之词,而以少帝附《武纪》,故论后半段论少帝。沈约则各为一篇。而《少帝纪》独无论,盖传写脱落。延寿《武纪》论后半段则约《少帝纪》论也。

徐傅两人官名连书互异

《宋书·文纪》:元嘉元年八月,"司空、录尚书事、扬州刺史徐羡之进位司徒,中书监、护军将军傅亮加左光禄大夫、开府仪同三司"。司徒者,三公也。录尚书事者,宰相之职任,六朝人以此为权要之极品,犹唐之尚书令,故每称录公也。扬州刺史者,宰相摄京尹也。司徒在司空上,故进位也。中书监者,亦宰相之职,但其时傅亮已以尚书令兼中书监矣,不言尚书令言其兼者,省文也。护军将军者,军卫要职,与领军并掌禁兵者也。左光禄大夫者,阶也。开府仪同三司者,文散官也。其下文:二年正月,"司徒徐羡之、尚书令傅亮奉表归政"。书法与上文绝不同者,盖三公最尊,无实职,但空加录尚书、京尹、尚书令、护军,则两人实职,故徐书一虚、傅书一实,互文以省文也。其下文:三年正月,"司徒、录尚书事、扬州刺史徐羡之,尚书令、护军将军、左光禄大夫傅亮,有罪伏诛"。羡之所书与元年同,亦非全衔。盖羡之尚有永初元年所加镇军将军,此乃加号,非如领护有兵权,后虽迁镇军,当如故,而此不具也。亮亦非全衔,中书监、开府仪同三司皆不具也。而与上文两书法皆不同,于一连三年中书两人衔参差错互如此。汉官制虽沿秦,尚觉分明。六朝及唐,其立制既极纠纷,作史者又无定例,书法参错,不可爬梳,非善读书人能无眩惑,乃知读史之难与治经等也。

《南史》则于元年徐止书司空、傅止书尚书令,二年、三年则徐书司徒,而傅仍书尚书令,虽似简净且觉一律不混目,但两人所处权要职任多失其实,使读者不见其所处之地位矣。如徐之录尚书、扬州刺史乃其要也,三公虚名也,岂可但书司空、司徒乎? 愚谓《南史》与《宋书》皆非也。元修《宋史》,观者每恨其官衔繁重,然世间一切闲文浪费烟墨多矣,纪载实事何嫌太繁! 鄙见以为宜概从全书为是。

追尊章皇太后

《宋文帝纪》：元嘉元年，"追尊所生胡婕妤为章皇太后"。按：《宋书》云："为皇太后，谥曰章后。"如此方觉稳妥。《南史》省三字，而文义全不分明。

生存定庙祭

元嘉九年二月，诏以"卫将军华容公弘、征南大将军永修公道济"配祭庙庭。时王弘、檀道济皆生存，而已定庙祭。其后道济诛，其配祭想又去之矣。《齐武帝纪》："永明十年，诏以褚彦回、王俭、柳世隆、王敬则、陈显达、李安人配享太祖庙庭。"是时敬则、显达皆现存，亦生而豫定也。

王弘书法

元嘉九年三月庚戌，"进卫将军王弘为太保"。夏五月壬申，"新除太保王弘薨"。案：《宋书》为太保下有"加中书监"四字，"新除"二字衍，当作"中书监、录尚书事王弘薨"。

大且渠茂虔

元嘉十一年，"以大且渠茂虔为征西大将军、梁州刺史"。案：茂虔《北史》作"牧犍"。

立国子学

元嘉十九年，诏立国学。二十三年，"车驾幸国子学，策试诸生"。见《宋书》。《南史》俱删去。于后二十七年，却书"废国子学"。齐高帝建元四年，诏修建国学。是年，武帝即位，罢国子学。《南史》删去建学，于后却书罢学。李延寿之粗疏如此。

潮　熟

元嘉二十二年冬，"浚淮，起潮熟废田千余顷"。"潮"当作"湖"。

太武兴元

元嘉二十九年，"魏太武皇帝崩。殿中尚书长孙渴侯、尚书陆丽奉皇孙，是为文成皇帝，改元曰兴元"。案：当称太武帝。而纪中忽称太武帝，忽称太武皇帝，非是。"兴元"当作"兴安"。

宋文帝君臣

宋文帝一朝，君臣之间不可解者甚多。徐羡之、傅亮、谢晦等废昏立明，忠也。然少帝已幽于吴，文帝已入，可无后虑。即有虑，应让文帝自为之，乃必弑少帝，何意？《左传》："乌存以力闻足矣，何必以弑君成名？"吾于徐、傅等亦云。且并杀无过之庐陵王义真，又何意？其所以为文帝地者，周矣；帝不以其立已为德而诛讨之，正也。外有强敌而杀檀道济，又何意？帝之为少帝、义真报仇，似能友爱矣。彭城王义康已流之广州，仍不免赐死，又何意？此皆不可解者。江左之政，元嘉为美，不能保全谢灵运、范蔚宗，惜哉！

文帝称太祖

元嘉三十年二月甲子，"元凶劭构逆，帝崩于合殿。谥景皇帝，庙号中宗。孝武帝践祚，追改谥曰文帝，庙号太祖"。案：合殿，《宋书》作含章殿。《南史》是也。观《通鉴》亦作合殿，而小字注李延寿辨证之，言于其下可见。又《宋书》直书"二月甲子，上崩于含章殿。时年四十七"。与善终者全无分别，虽于论中见之，而纪事失实，亦当以《南史》为正。承统之君例称宗，不称祖。但此中宗是元凶劭所称，故《宋书》及《南史》皆不用，而以孝武帝所改为定。《通鉴》亦然。

南平王铄

《宋·孝武帝纪》直书"司空南平王铄薨"。而铄实为孝武帝所毒死。书法如此，则何以传信乎？

尹玄庆斩休茂

大明五年夏四月丙午，"雍州刺史海陵王休茂杀司马庾深之，举兵反,参军尹玄庆起义,斩之,传首建邺"。案:《宋书·孝武帝本纪》作"义成太守薛继考讨斩之"。考彼书于《文五王·海陵王休茂传》言:休茂反,"义成太守薛继考为休茂尽力攻城,杀伤甚众。其日,参军尹玄庆起义,攻休茂,生禽之,将出中门斩首。继考伪云立义,自乘驿还都。寻事泄,伏诛"。彼书纪传自相矛盾矣,《南史》是也。延寿书间亦不无可取处,观此可见。

齄

《前废帝纪》:"帝自以为昔在东宫,不为孝武所爱,及即位,将掘景宁陵,太史言于帝不利而止。乃纵粪于陵,肆骂孝武帝为'齄奴'。"《说文》卷四上《鼻部》无此字。《通鉴》一百三十卷前废帝"令太庙画祖考像",帝入庙,"指世祖*即孝武*。像曰:'渠大齄鼻,如何不齄?'立召画工令齄之"。注:"齄,壮加翻。鼻上皰也。柳宗元诗曰'嗜酒鼻成齄'。"

刘昶奔魏

前废帝景和元年九月己酉,"车驾讨徐州刺史义阳王昶,内外戒严,昶奔魏"。案:萧道成尽杀宋后,武帝子孙赖有昶之一奔,延其一线。

刘　曚

《南史·宋前废帝纪》:景和元年十一月丁未,"皇子生,少府刘曚之子也"。《宋书》作"刘胜",当是。

商　竖

《南史·宋文帝纪》论:"言泄衮衽,难结凶竖。"《宋书》作"商竖",谓商臣也。

魏和平六年

《宋明帝纪》云:"泰始元年即大明九年也,魏和平六年。冬十二月丙寅,皇帝即位于太极前殿,大赦,改元。"案:世祖孝武帝大明之号终于八年,是岁在甲辰,闰五月帝崩,子子业立,是为前废帝。明年乙巳春正月乙未朔，大赦，改元永光。秋八月癸酉，又改元景和。十一月戊午，被弑。十二月丙寅，叔父湘东王或即位，是为太宗明帝，改元泰始。是年凡一年而三改元。此见于《孝武帝》、《前废帝》及《明帝纪》者。然则大明本无九年，何得自相矛盾？复以泰始元年为即大明九年，此句谬不可言。至于"魏和平六年"，此五字亦属无谓。李延寿之意虽以北为正，但各纪中只有北主改元元年系于南主一年之末，从无以北主寻常纪年冠于南主元年之首者。即如齐郁林王隆昌元年，即海陵王延兴元年，亦即明帝建武元年，不但一年三改元，且一年三易主矣，而不冠北号，何独于此冠之？显属冗赘。书年尚不能明析，而可以纪事乎？史裁如延寿亦已疏矣。

再考此纪上文言前废帝被弑为十一月十九日戊午，既是十一月十九日，则丙寅合是十一月二十七日。当系传写误为十二月。

崇宪太后

"改太皇太后为崇宪太后"，"宪"下当有一"皇"字。

子勋反

"江州刺史晋安王子勋举兵反，郢州刺史安陆王子绥、会稽太守寻阳王子房、临海王子顼并举兵同逆。二年春正月乙未，晋安王子勋僭即伪位于寻阳，年号义嘉。"愚谓：子勋，孝武次子，可继子业，不得云"反"；子绥等俱孝武子，亦不得云"同逆"；"僭伪"之称亦似未妥，但当云"称尊号"。

魏天安元年

泰始二年之末云："是岁，魏天安元年。""天安"之上少"献文皇帝"四字。

帝疾间

泰始七年八月庚寅，"帝疾间"。上无有疾，突云"疾间"，非也。

顾命五人书法

泰豫元年夏四月己亥，"上疾大渐。加江州刺史桂阳王休范位司空，以刘勔为尚书右仆射，蔡兴宗为征西将军、开府仪同三司、荆州刺史，沈攸之进号安西将军。袁粲、褚彦回、刘勔、蔡兴宗、沈攸之入阁被顾命。是日，上崩"。愚考此条之谬，不可胜言，何则？《宋书》本纪此条于"大渐"下云："骠骑大将军、江州刺史桂阳王休范进位司空，尚书右仆射褚渊为护军将军，中领军刘勔加尚书右仆射，镇东将军蔡兴宗为征西将军、开府仪同三司、荆州刺史，镇军将军、郢州刺史沈攸之进号安西将军。袁粲、褚渊、刘勔、蔡兴宗、沈攸之同被顾命。"夫所谓司空者，三公也。尚书仆射者，宰相也。骠骑大将军者，亦宰执之加衔也。护军将军者，掌禁兵，亚于领军，而中领军则即领军之资浅者也。镇东将军、征西将军、镇军将军、安西将军者，此皆所谓杂号将军，而亦往往为宰执之加衔者也。《南史》之例惟扬州刺史则书，余刺史皆不书。休范固以骠骑大将军为江州刺史矣，今方进司空，此所进者进其加衔耳，非由刺史而进，则"骠骑大将军"五字不可删也。休范非受顾命者，而褚渊受顾命，则其由右仆射而为护军将军，亦不可删也。刘勔本中领军，今加右仆射，此兼摄者，"中领军"三字本不可去，况又改"加"为"为"，则没其兼摄之实矣，此大误也。蔡兴宗本由镇东将军、会稽太守迁荆州刺史，"征西"、"开府"则其加号。沈攸之本是镇军将军、郢州刺史，今进号安西将军，两人皆以外藩受顾命者。《南史》于兴宗既不举其镇东，则征西之进号为无根。且《南史》本例不书各州刺史，此时方欲言其入受顾命，尤不当赘及，是删其所不当删，而存其所不当存。沈攸之本是郢州刺史，今由镇军将军进号安西将军。考《宋书》兴宗、攸之本传，兴宗征还都，攸之虽受顾命，而不还都，在郢州如故。《南史》既于兴宗书刺史矣，何于攸之反不言其刺史乎？且既并列袁、褚、刘、蔡、沈五人名，内惟袁粲为尚书令系前一年五月迁，余四人皆当时所授，乃举其三而独遗一褚，又何也？又攸之既不入，而《南史》改"同被顾命"为"入阁被顾命"，亦非。凡沈约所书皆一字不可移易，一经李延寿删改，疵谬丛生。延寿，唐初人，去六朝甚近，而下笔便误，反不如我辈之追考于千载以下。身为职官，而竟如村野细民，全不识朝廷官爵体制,殊可怪也。《新唐书·延寿传》反谓其书"删落酿辞,过本书远甚",岂非耳食之论乎?《宋书》原非沈约一人之笔,集众美而成,故颇详确。

萧道成虽征还都,拜散骑常侍、太子左卫率,遗诏为右卫将军加侍中,而不与顾命,盖明帝之忌之久矣。

后废帝纪脱文

《后废帝纪》:元徽二年,"荆州刺史沈攸之、南徐州刺史建平王景素、郢州刺史晋熙王燮、湘州刺史王僧虔、雍州刺史张兴世并举义兵赴建邺"。脱"王僧虔雍州刺史"七字。三年,"征西大将军河南王吐谷浑拾寅进号车骑征西大将军"。脱"车骑"二字。

后废帝杀孝武帝子

《后废帝纪》于元徽五年帝被弑之下,述其无道之行,而曰:"孝武帝二十八子,明帝杀其十六,余皆帝杀之。"考孝武帝之子二十八人,长前废帝子业为明帝或所弑,其余始平孝敬王子鸾、南海哀王子师先为前废帝所杀。其豫章王子尚、晋安王子勋、松滋侯子房、临海王子顼、永嘉王子仁、始安王子真、邵陵王子元、淮南王子孟、东平王子嗣及未受封之子趋、子期、子悦,其十二人皆为明帝所杀。此外安陆王子绥、南平王子产、庐陵王子舆并出继,又有齐敬王子羽、晋陵孝王子云、淮阳思王子霄,与夫未受封之子深、子凤、子玄、子衡、子况、子文、子雍俱早夭。此皆见于《宋书·孝武十四王传》者。万氏斯同《历代史表》谓子绥、子产、子舆亦为明帝所杀,当必有据。其以子嗣亦为出继,则误也。然则孝武帝之子,前废帝杀其二,明帝杀其十六,此事亦见《宋书》四十一卷《文帝路淑媛传》。其余皆夭亡。至后废帝之时,已靡有孑遗矣。后废帝曾未杀一,何得云"余皆帝杀之"乎?李延寿记事信手妄载,毫不核实如此。

宋书讳齐高帝名南史不讳

《宋书·顺帝纪》:升明元年七月,"镇军将军齐王出镇东城"云云,自下屡称齐王。又十二月,"录公齐王入守朝堂"云云,自下屡称"录公齐王"。二年三月，"给太尉齐王羽葆、鼓吹"。三年正月又书"太傅齐王"云云，凡此皆萧道成也。《南史》皆直书名。《宋书》而出于齐臣则当讳，出梁臣则不必讳。然沈约修《宋书》固在齐武代也。文惠太子宫伎尚识沈家令，约岂能不敬齐高哉！

南史宋齐纪书法不同

《宋书·顺帝纪》：升明元年十二月，"车骑大将军、荆州刺史沈攸之举兵反。内外纂严"。又"司徒袁粲据石头反，尚书令刘秉、黄门侍郎刘述、冠军王蕴率众赴之。黄回及辅国将军孙昙瓘、屯骑校尉王宜兴、辅国将军任候伯、左军将军彭文之密相响应。中领军刘韫、直阁将军卜伯兴在殿内同谋。录公齐王诛韫等于省内。军主苏烈、王天生、薛道渊、戴僧静等陷石头，斩粲于城内。秉、述、蕴逾城走，追擒之，并伏诛。二年正月，沈攸之奔散，华容县民斩之。同逆皆伏诛"。凡此皆宋室忠臣也，而书"反"、书"逆"、书"伏诛"，《南史》则书"不从执政"，或云"贰于执政"，此《南史》之改旧而最得者。但于《齐高帝纪》仍书诸人为"反"，自相违，则非，宜亦书"举兵"不书"反"、书"杀"不书"伏诛"为允。

十七史商榷卷五十五

南史合宋齐梁陈书三

齐高帝字绍伯

《南齐书·高帝纪》:"帝讳道成,字绍伯。"与十六世祖讳绍同,或以其代远不避。若其父承之字嗣伯,而道成字绍伯,则父子同字矣,岂"伯"、"仲"等字可无嫌乎?

太后执苍梧王手

《南史·齐高帝纪》:"太后执苍梧王手。""太后",《南齐》误作"太祖"。此《南齐》传写之误,非本文。

及至乃是帝

《齐高帝纪》:桂阳王休范反,帝出顿新亭,以当其锋。筑新亭垒未毕,贼已至。帝使高道庆等与贼水战,破之,斩休范。台军及贼众俱不知,宫内传新亭亦陷。"典签许公与诈称休范在新亭,士庶惶惑,诣垒期赴休范,投名者千数,及至,乃是帝。随得辄烧之。""及至乃是帝"五字甚妙,得此觉情事如绘矣。此萧子显《齐书》所无,而李延寿添入者,知延寿亦有可取处。但五字下宜重一"帝"字,则更分明。

诸军善见观

休范已斩,萧道成登城,谓乱者曰:"身是萧平南,诸军善见观。""军",《南齐》作"君",是。"善见观"则同而语甚费解,当是如今俗言"仔细识认"。

白纱帽

《南齐书·柳世隆传》:"沈攸之反,初发江陵,已有叛者,后稍多。

攸之日夕乘马历营抚慰,而去者不息。攸之大怒,召诸军主曰:'我被太后令,建义下都,大事若克,白纱帽共着耳。'"此云"共着",则非必为帝,似是亲近贵臣之服。然《南史·宋明帝纪》:"寿寂之等弑废帝于后堂。建安王休仁便称臣,奉引升西堂,登御坐。事出仓卒,上失履,跣,犹着乌纱帽,休仁呼主衣以白纱代之。"又,《齐高帝纪》:"苍梧死,召袁粲等计议。王敬则乃拔刀,在床侧跃麾众曰:'天下之事,皆应关萧公,敢有开一言者,血染敬则刀!'仍呼虎贲赍剑戟羽仪,手自取白纱帽加帝首,令帝即位,曰:'今日谁敢复动,事须及热。'"《南齐书·幸臣·茹法亮传》:"延昌殿为世祖阴室,藏诸御服。二少帝并居西殿,高宗即位住东斋,开阴室出世祖白纱帽、防身刀。"《梁书·侯景传》:"景逼简文帝幸西州,帝着下屋白纱帽。"又"景自篡立后,时着白纱帽"。然则白纱帽为帝者服甚明,盖便服也。《宋》无《舆服志》,即在《礼志》。《南齐》有《舆服志》,皆不载白纱帽。

二　吴

《南齐书·高帝纪》:建元元年九月,"诏'二吴、义兴三郡遭水,减今年田租'"。二年六月,"诏'曲赦丹阳、二吴、义兴四郡遭水尤剧之县'"。按:前四十五卷,据唐杜佑以为晋、宋、齐皆以吴郡与吴兴、丹阳为三吴。若以《南齐》此条论之,似丹阳不在三吴之数。盖如杜佑说,元年诏二吴是吴郡、吴兴,添义兴为三郡,犹可。二年诏既言丹阳,又言二吴,又言义兴,又言四郡,若丹阳在三吴数内,何不直云"三吴、义兴四郡"乎?愚谓不然。吴郡、吴兴皆有"吴"字,自当为二吴。义兴郡起于晋,未有此郡之前,此郡地不但即吴郡,并有属丹阳者,故必重累举之。且元年诏因丹阳稍高,水灾淹浸不及,故言"二吴、义兴三郡"。二年灾并及丹阳,诏即承上年诏文而言,故云"丹阳、二吴、义兴四郡"也。仍以予前辨为正。至于《南史》存元年诏,删去二年诏,或去或存,任意出入,毫无定见,李延寿之妄甚矣。

西　贵

"帝与袁粲、褚彦回、刘彦节等更日直入决事,号为'西贵'。"《南齐书》作"入直决事,号为'四贵'"。监板《南史》亦作"四贵",此误。

一霅箭

"苍梧王欲射齐高帝，王天恩曰：'不如一霅箭射之。'""一"，监作"以"，是。

袁　刘

九锡文前云："袁、刘构祸，实繁有徒，子房不臣，称兵协乱。"袁、刘谓义兴太守刘延熙、晋陵太守袁标也。后云："袁、刘携贰，成此乱阶。"谓袁粲、刘彦节也。刘穆之曾孙祥传："齐建元中，为正员郎。司徒褚彦回入朝，以腰扇鄣日。祥曰：'作如此举止，羞面见人，扇鄣何益。'彦回曰：'寒士不逊。'祥曰：'不能杀袁、刘，安得免寒士。'"此袁、刘亦谓袁粲、刘彦节。

诛刘燮等

"汝阴王殂，齐志也"，"诛阴安公刘燮等"。案：刘裕以永初元年六月丁卯受禅即位，至二年九月己丑方弑故主零陵王，相距尚一年余三四月。萧道成则于建元元年四月甲午即位，五月己未即弑故主汝阴王，辛酉又诛阴安公刘燮等，相距不及一月，而已尽夷前代之族矣，其惨毒若此。要之，裕实始作俑者，能无及乎？《齐书》无"齐志也"句，则大恶不彰，全失其实。而于刘燮等且书为"伏诛"。吾不知燮等之罪为何罪乎？此则《南史》之胜于本书者。

《陈高祖霸先本纪》：永定二年四月乙丑，"江阴王殂，陈志也"。江阴王即梁敬帝禅位于陈者，书法前后一例是也。独梁武帝弑巴陵王，与刘裕、萧道成、陈霸先情事正同，书法不应有异，而《梁武纪》天监元年但书"巴陵王殂于姑孰，追谥为齐和帝"，不云"梁志"，虽事已见《和帝纪》，究属非是。

褚渊进司徒重出

《齐书·高帝纪》：建元二年春正月戊戌朔，"以司空尚书令褚渊为司徒"。而下文十二月戊戌又书"以司空褚渊为司徒"。一事重出，疵病之大者。《南史》于各本书最喜以删节见长，乃于此前一条删"尚书令"三字，亦属谬安之至。而后一条则仍之，竟不能削正。

齐高帝纪增添皆非

《齐高帝纪》：建元三年，"乌程令吴郡顾昌玄，坐父法秀宋泰始中北征死亡，尸骸不反，而昌玄宴乐嬉游，与常人无异。有司请加以清议"。此条乃《南齐书》所无，李延寿添入者。虽其事他无可附，但入之本纪，语觉不伦。至纪末附益甚多，皆言符瑞，疑神见鬼，巫媪不经之谈，哓哓不休，共约一千一百余字，皆《南齐书》所无，此因增添而失者。即如其中一条云："天雨石，坠地石开，中有玉玺，文曰'戊丁之人与道俱，肃然入章应天符，扫平河、洛清魏都'。"试问道成能扫河、洛，清魏都否？即此一句之妄说，其余可知。

齐武帝

《齐武帝纪》："仕宋为赣令。江州刺史晋安王子勋反，上不从命。南康相沈肃之縶上郡狱，族人萧欣祖、门客桓康等破郡迎出上，上遂率部曲百余人起义。避难揭阳山，有白雀来集，闻山中有清声传漏响。又于山累石为佛图，其侧忽生一树，状若华盖，青翠扶疏，有殊群木。上将讨戴凯之，大飨士卒。是日大热，上各令折荆枝自蔽，言未终而有云垂荫，正当会所，会罢乃散。"案：《齐书》本纪："帝既得出，后生获肃之，遂起义。子勋遣将戴凯之为南康相，军主张宗之助守。帝击破凯之别将，追击宗之，斩之，遂攻郡城。城陷，凯之奔走，即据郡城。"《南史》止云"将讨戴凯之"，全无眉目，惟杂取妄诞语。

五十四言六十八十言九十

《南史·齐武帝纪》：永明十一年秋七月，"上不豫。戊寅，大渐。诏曰'始终大期，圣贤不免，吾行年六十，亦复何恨'"云云。"是日上崩，年五十四"。《宋书·王敬弘传》："元嘉二十三年，表曰：'臣虽怀犬马之诚，遂无尘露之益。年向九十，生理殆尽。'明年，薨于余杭之舍亭山，时年八十。"五十四而言六十，八十而言九十，古人重年如此。

萧鸾杀高武子孙

齐高帝萧道成有两兄道度、道生,俱早卒。道度无子。道生三子:长凤,次鸾,次缅。道成以鸾少孤,抚育过于己子。厥后帝业皆道成所创,追封道度衡阳王,道生始安王,封鸾为西昌侯位郢州刺史。道成崩,子赜立,是为武帝。以鸾为侍中、骠骑将军、散骑常侍、左卫将军、尚书左仆射领右卫将军。又遗诏以为尚书令,加镇军将军,给班剑二十人。武帝崩,太子长懋已前卒,谥曰文惠太子。孙昭业立,年甫二十一,童騃无知,权尽归鸾。遂弑昭业,而伪立其弟昭文。又弑之,而篡其位。高帝十九男,除武帝及豫章文献王嶷、临川献王映、长沙威王晃、武陵昭王华、安成恭王暠、始兴王鉴已前卒,其余夭亡者凡四人。此外鄱阳王锵、桂阳王铄、江夏王锋、南平王锐、宜都王铿、晋熙王钅求、河东王铉,并出继道度之衡阳王钧,凡八人,皆为萧鸾所杀。又杀铉之二子。武帝二十三男,除文惠太子及竟陵王子良已前卒,其余夭亡者凡四人,又巴东王子响别自被杀。此外庐陵王子卿、安陆王子敬、晋安王子懋、随郡王子隆、建安王子真、西阳王子明、南海王子罕、巴陵王子伦、邵陵王子贞、临贺王子岳、蜀郡王子文、衡阳王子峻、南康王子琳、湘东王子建、南郡王子夏,并出继道度为孙之永阳王子珉,共十六人,皆为萧鸾所杀。文惠太子四男,长即前废帝郁林王昭业,次即后废帝海陵王昭文,次巴陵王昭秀、桂阳王昭粲,皆为萧鸾所杀。通计高帝之子、孙及曾孙三世为鸾所杀者凡二十九人。而锵、铄等之子,子卿等之子,见于史者独有铉之二子在孩抱中见杀。其实所杀必不止此数,当以其幼稚而略之。高帝诸子论云:"齐受宋禅,刘宗尽见诛夷。"子伦临死谓茹法亮曰:"积不善之家,必有余殃。昔高皇帝残灭刘氏,今日之事,理数固然。"见《武帝诸子传》。天道好还,假手于鸾以偿其孽报。

萧鸾绝后

萧鸾子惟宝夤逃入魏,功名显赫,史述其贤行甚详,终以杀郦道元谋反伏诛。长子亦伏法,次子为其弟所杀,幼子以罪辗于东市。一门尽灭。此外则东昏侯妃吴氏入梁宫所生子,云是东昏子,即豫章王综也,初名赞。《北史》于其传称"病卒",而《梁书》云"魏人杀之"。当以

《梁书》为正。《梁书·综传》又云："吴氏入梁宫，七月始生综。"未必是东昏遗种。特因吴氏宠衰怨望，造疑似之说，以惑综耳。《北史》称综江南有子，在魏无后。然《梁书·综传》并不言其有子。则《北史》为妄。就使综有子，而综之为东昏子实不足信。再考《南齐书》，萧鸾十一子，其子并无名赞及综者。而十一子之中，梁武帝杀其六，见后。东昏杀其一，宝玄。魏人杀其一，即宝寅。余早夭者二，名未详。废疾无后而善终者一。宝义。然则鸾之子凡成人者皆不良死，盖鸾之后已绝。

宣德太后令

《南史·废帝东昏侯纪》："直后张齐斩其首，送萧衍。宣德太后令依汉海昏侯故事，追封东昏侯。"宣德太后者，即文安王皇后，齐世祖武帝之子文惠太子妃也。文惠未立而卒，武帝崩，孙文惠之子郁林王昭业即位，尊文惠为世宗，妃为皇太后，称宣德宫。萧鸾废郁林王而弑之，假立海陵王昭文，又废弑之，而自立，皆托宣德太后令，以行篡逆是为。明帝崩，子东昏立，无道，被弑。萧衍迎后入宫，称制，又假宣德皇后令以行篡事焉。一妇人也，而两朝篡夺皆托其名以欺人，真如儿戏。《文选》第三十六卷任彦升《宣德皇后令》一篇，即是进衍为相国，封十郡，为梁公，伪让不受，而假为后令，劝令受之也。

沈约劝杀巴陵王

《齐和帝纪》：中兴二年，"逊位于梁，奉帝为巴陵王。梁武帝欲以南海郡为巴陵国邑而迁帝，以问范云，云未对。沈约曰：'不可慕虚名受实祸。'于是遣郑伯禽杀焉"。愚谓沈约《佛前忏悔文》云："暑月寝卧，蚊虻噆肤，手所殄殪，略盈万计。手因怒运，命因手倾，为杀之道，事无不足。又追寻少年，血气方壮，习累所缠，事难排豁。淇水、上宫，诚无云几，分桃、断袖，亦足称多。"约历事齐朝，年至六十余，乃为梁武画篡夺之策，又力劝帝杀其故主，其所为如此，忏悔中何不及之？乃自认扑蚊虻、淫僮女诸罪乎？梁武帝本齐明帝之谋主，代为定计，助成篡弑。《文学传》：吴均撰《齐春秋》，称梁武帝为明帝佐命。帝恶其实录，使中书舍人刘之遴诘问数十条，焚其书。后竟弑其子东昏侯宝卷，伪立其弟宝融，而又弑之，篡之，并尽杀明帝之子宝源、宝修，一名宝攸，见《南齐书》。宝嵩、宝贞，又纳东昏侯之妃吴氏、余氏以为妃。乃舍身奉佛，以面为郊庙牺牲，一何可笑。宋明帝颇好玄理，引周颙入殿讲论。帝所为惨毒之事，颙辄诵佛经中因缘罪福之说，帝亦为之小止。见《颙传》。愚谓宋孝武帝二十八子，明帝杀其十六，尚云"小止"乎！奉佛者之谬如此。以宋明帝较梁武帝，则梁武差优。

《江革传》："梁武帝惑于佛教，朝贤多求受戒。革精信因果，而帝未知，谓革不奉佛法，乃赐革《觉意诗》五百字，云：'唯当勤精进，自强行胜修，岂可作底突，如彼必死因。'又手敕曰：'果报不可不信。'"愚谓：帝之信果报，正为于心有所不能释然者，故欲以奉佛禳之。侯景之乱，一家惨戮，果报仍在。人慎勿作恶，恶非奉佛所能解也。萧子恪，豫章王嶷之子，齐高祖之孙。梁武谓曰："建武屠灭卿门，我起义兵，亦是为卿兄弟报仇。"见《梁·子恪传》。愚谓：明帝子固应杀，梁武似未可为应杀明帝子之人。

天监十三年，筑淮堰以灌寿阳，役人死者既已不可胜计。堰成之后，又召还康绚，致堰复坏，缘淮城戍村落十余万口，皆漂入海，如缘垤之蚁沉于流潦之中。帝之残民命多矣，乃以不杀生为奉佛。君子之于物也爱之而不仁，于民也仁之。今恩足以及禽兽，而功不至于百姓，何与？

萧氏世系

《南史·梁武帝纪》："梁与齐同承淮阴令整。整生皇高祖辖，辖生皇曾祖副子，副子生皇祖道赐，道赐生皇考顺之，于齐高帝为始族弟。"案：《齐高纪》亦从淮阴令整叙起。整生俊，俊生乐子，尚与副子排行。乐子生承之，承之生道成。窃疑道赐与顺之似是倒误，当为副子生顺之，顺之生道赐，道赐于齐高帝为始族弟，如此方合。六朝人兄弟排行者多也，虽姚思廉《梁书》与《南史》同，然大可疑。"始族弟"者，《齐宗室传》衡阳公谌、临汝侯坦之皆高帝"绝服族子"。绝服族子谓始无服之侄，而始族弟则谓始有服之弟缌麻兄弟也。《北史·刘芳传》："齐使刘缵至，芳之始族兄也。"始族兄弟较绝服族兄弟犹稍亲。然则梁武与齐服属尚近，以衍篡宝融与以鸾篡昭文何异？既非更姓改物，何必易齐为梁！夫齐武帝之统不可绝也，而鸾公然曰"为高帝第二子"。史作第三子误。假令梁武斥鸾，而复为齐高后，不易代号，则齐之建国凡七十九年,书之史册不稍足观乎!

《南齐书》三十八《萧景先传》:景先为太祖高帝道成之从子,而其祖名爱之,其父名敬宗。敬宗与道成为兄弟,爱之与道成父承之为兄弟,已可证萧氏一门群从,自"道"字以上一辈皆以"之"字排行,然犹可云"之"字可不拘。同卷《萧赤斧传》:赤斧为太祖道成之从祖弟,而其祖名隆子,其父名始之。可见此二代皆以"子"字、"之"字排行,"子"字行下即是"之"字行无疑,断非副子生道赐、道赐生顺之也。

《齐》、《梁》二书言汉相萧何至太傅望之、望之至整,姓名、爵里,历历分明。不知《汉书·望之传》但云:"东海兰陵人,徙杜陵。家世以田为业。"不言何后。望之子育自称"杜陵男子",何得如《齐》、《梁》书言世世居东海兰陵,直传至整方渡江,居武进,为南兰陵人邪?颜师古已斥其非矣。然则《齐》、《梁》书叙萧氏谱系,附会错谬正多。

《梁书》叙望之至济阴太守阐,阐生吴郡太守冰,冰生中山相苞云云。"冰",《齐书》作"永"。

梁武纪事南史较详

《南史》于《梁高祖武帝纪》叙皇考顺之事极详,凡十六行,而《梁纪》所载不及两行,此《南史》之胜于本书处。考顺之以杀鱼复侯子响为齐武帝谴怒,以忧死事,见《齐·子响传》。梁武语萧子恪亦云:"我起义兵,自雪门耻。"见《梁书·子恪传》。"自雪门耻"自是雪顺之忧死之耻。因子恪是豫章王嶷之子,非齐武帝之子,故语及之。又《梁纪》但言:"隆昌初,明帝辅政,起高祖为宁朔将军,镇寿春。服阕,除太子庶子、给事黄门侍郎,入直殿省。预萧谌等定策勋。"如此而已。《南史》则有帝为齐明帝画佐命秘策事。此正吴均据事直书,武帝恶其实录,遣人诘问,毁其书者也。自是实事,《梁》皆不载,此又《南史》之远胜本书处。通计此篇,《南史》多四五百字。窃谓《梁武纪》一篇,《南史》所添疑神见鬼语,此李延寿之恒态,诚无足取。其他所添,颇有功。予于延寿,恶而知其美也。若向来人推重其远过本书,彼实未尝将两边对勘一番,随声附和,耳食而已。

顺之以子响谋反,奉齐武帝命讨之。子响死,而齐武悔杀子响,反归怨于顺之,谴责之,顺之以忧死,故梁武助齐明帝,为之谋主,代画篡夺之策,倾齐武之嗣,此为父报仇也。又梁武之兄长沙宣武王懿有平崔慧景大功,东昏侯听群小谗谮,忌其功高,又虑其废立,无故杀之。梁武起兵,诛东昏,废其子,立其弟,而旋篡之、杀之,此又为兄报仇也。梁武之于齐,约略如伍员之于楚。

梁武帝生年

《梁武帝纪》:宋孝武大明元年岁次甲辰,生帝于秣陵县同夏里三桥宅。"元年",《梁书》作"八年",是。

百僚致敬

《梁书》:"宣德皇后令授高祖中书监、都督扬、南徐二州诸军事、大司马、录尚书、骠骑大将军、扬州刺史,封建安郡公,食邑万户,给班剑四十人,黄钺、侍中、征讨诸军事并如故。依晋武陵王遵承制故事。"此下《南史》有"百僚致敬"一句,《梁书》无。观其下文,"宣德皇后临朝,入居内殿。拜帝大司马,解承制"之下,《南》与《梁》各有"百僚致敬如前"一句,则知上文一句不可少,《南史》为得。若各书中"都督某某几州诸军事、某州刺史",《南史》一概改为"都督某州刺史"。为欲省此几字,生出种种语病,使读者不明。甚至"都督扬、南徐二州诸军事"一句亦为删削,直作"都督扬州刺史",尤属大谬,别见。

梁武即位事梁书南史叙次不同

《梁纪》天监元年四月既书即位、告天、大赦、改元、普加赐赉恩泽,其下书追尊皇考妣、追谥妃郗氏,其下书追封兄懿、敷,弟畅、融为王,其下书封文武功臣夏侯详等十五人为公侯,其下书封弟宏等为王,其下书加领军将军王茂镇军将军,以中书监王亮为尚书令、中军将军,相国左长史王莹为中书监、抚军将军,吏部尚书沈约为尚书仆射,长兼侍中范云为散骑常侍、吏部尚书,其下书放遣后宫乐府,西解暴室,拘逼幽厄者,其下书车骑将军高句骊王高云进号车骑大将军,镇东大将军百济王余太进号征东大将军,镇西将军宕昌王梁弥颌进号征西将军,镇东大将军倭王武进号征东将军,镇西将军河南王吐谷浑休留代进号征西将军。此内惟封兄懿等之下,即应继以封弟宏等,乃以封文武功臣一节间厕于其中，为不可解。其余所书似有条理。《南史》改为大赦、改元、恩泽之下即继以进王亮、沈约官，其下继以封弟宏等为王，其下继以放遣后宫、封外国诸王，其下杂叙他事甚多，自此以上并是四月一月内所行。其下书"闰月"，是年闰四月也。闰月凡三事，首书以行宕昌王梁弥邕为安西将军，河、凉二州刺史，正封宕昌王，次书正宪纲诏，末乃书追尊皇考妣、谥郗氏。轻重缓急，先后之次，实出情理之外。诸臣进位，自当在封兄弟之后，乃反在其前。至追尊考妣及元妃，并在放遣后宫、封外国诸王之后，相距甚远。乍观之，无不疑延寿妄改者。考《南史》于《长沙宣武王懿传》云："天监元年，追崇丞相，封长沙郡王，谥曰宣武。给九旒銮辂、黄屋左纛，葬礼依晋安平王故事。懿名望功业素重，武帝本所崇敬。帝以天监元年四月丙寅即位，是日即见褒崇。戊辰，乃始赠第二兄敷、第四弟畅、第五弟融。至五月，有司方奏追皇考皇妣尊号，迁神主于太庙。帝不亲奉，命临川王宏侍从。七月，帝临轩，遣兼太尉、散骑常侍王份奉策上太祖文皇帝、献皇后及德皇后尊号。既先卑后尊，又临轩命策，识者颇致讥议焉。"然则《梁书》因梁代史臣讳饰，延寿别有所据，当以《南史》为正。但《南史》止书封弟宏等，其封兄懿等、弟畅等不载，何意？封夏侯详等亦不载，又何意？进位有王亮、沈约，删王茂、王莹、范云，又何意？外国加号有高丽、百济、倭，删宕昌、吐谷浑，又何意？若云西北非南朝所能封，何以下文仍有宕昌？任意去取，仍属大谬。凡人无学则心粗，小有才则胆大，延寿学浅心粗极矣。幸其无才，胆不甚大，未敢凭臆欺人，但以描头画角了事，间有有据而增改者，尚为有益而可信。

王亮改为以兼尚书令为尚书令，沈约改为以兼尚书右仆射为尚书仆射，皆不同，未知孰是。《梁书》"尚书仆射长"，"长"字疑衍。

删沈约去职句

《梁书》于《武帝纪》：天监二年春正月乙卯，以尚书仆射沈约为尚书左仆射，吏部尚书范云为尚书右仆射。夏五月丁巳，尚书右仆射范云卒。六月甲午，以中书监王莹为尚书右仆射。冬十一月乙亥，尚书左仆射沈约以母忧去职。三年春正月癸丑，以尚书右仆射王莹为尚书左仆射，太子詹事柳恽为尚书右仆射，前尚书左仆射沈约为镇军将军。

约之为镇军将军,乃其进号,《南史》删去似尚可,其删去"以母忧去职"一句则非。

临川王丧师

《梁》纪天监四年十月,"北伐,以中军将军、扬州刺史临川王宏都督北讨诸军事"云云。愚谓:是役也,丧师辱国,皆临川一人为之。试观其下文,于明年三月有刘思效之捷,五月有张惠绍、韦睿、裴邃、桓和等之捷。自去年十月出师以来,所向皆克也。至九月,以都督北讨之临川王挫置乖方,怯懦无能,师以大溃。《南史》于三月、五月等捷皆不书,未免太略。而于九月大溃而还则书之。《梁书》乃详书其攻拔诸城,而于临川王之大溃逃还则竟讳而不书。大约如姚思廉辈,修史悉以当日史臣纪载为粉本,已所增改甚少。惟《通鉴》一百四十六卷书临川丧师之罪,最得其实。且《南史》临川本传言其恶逆多端,全无人理,实为罪不容诛。《梁书》本传大加褒美,已为可笑,乃于本纪亦遂讳其恶如此,异哉。

各帝书讳

《梁书》:天监五年正月,"立皇子讳为晋安王"。简文帝纲也。愚谓:《梁书》于诸帝名皆称讳,纪中甚多,不悉出。此书唐人所修,何必如是?《南史》直书为得。

大举北侵

天监七年冬十月丙子,"诏大举北侵"。愚谓:梁与魏为敌国,而《南史》于"北伐"改为"北侵"。中大通二年夏六月丁巳,"遣魏汝南王悦还北主魏。庚申,以魏尚书左仆射范遵为司州牧,随悦北侵"。此"侵"字《梁书》纪作"讨",亦是《南史》所改。李延寿之意以北为正、南为伪也。

开府仪同三司

天监十一年冬十月己酉,"降太尉、扬州刺史临川王宏为骠骑将军、开府同三司之仪"。十二年秋九月,"以司空王茂为骠骑将军、开府同三司之仪"。十四年夏四月丁丑,"骠骑将军、开府同三司之仪、江州刺史王茂蒨"。其他尚有见者甚多,今不悉出。愚考:"仪同三司",从来以此作官名。三司者,司徒、司马、司空,即三公,谓仪与之同也。今改为"同三司之仪",义固可通,但其文特殊,甚觉无谓。《梁书》如此,而《南史》仍其谬。各书中如此者似亦有,未能详考。

号取寺名诏用佛语

大通元年正月,"开大通门对同泰寺南门,取反语以协同泰"。大同十一年七月,"诏民用九佰钱,佰减则物贵,佰足则物贱,非物有贵贱,是心有颠倒"。此佛语也。夫纪年建号而取寺名,行政下诏而用佛语,帝之流荡甚矣。自创同泰寺,时时设讲,岁岁铸像,甚且舍身。乃中大同元年此寺遽被天灾化为一炬,侯景尚未来降,而天意已如此,佛不足信明矣。

尔朱荣复据洛阳

《梁书·武纪》:大通二年十月,"以魏北海王元颢为魏主,遣东宫直阁将军陈庆之卫送还北"。中大通元年五月,"克大梁,克虎牢城。魏主元子攸弃洛阳,走河北。元颢入洛阳"。闰六月,"魏尔朱荣攻杀元颢,复据洛阳"。"复据洛阳"四字,《南史》作"京师反正"。窃谓作史自有体裁。此本梁人与元颢通谋,欲取洛阳,使陈庆之帅兵往,与元颢共事,斯时元颢亦几为梁臣矣。北魏主出奔矣,乃尔朱荣攻杀元颢,而洛阳复为魏有,魏主还宫,故《梁书》书之曰"复据洛阳",盖既作《梁书》,则应以梁为主也。《南史》乃云"京师反正",夫谓之"京师",谁曰"非京师"?谓之"反正"诚可云"反正",但此语如何书之于《南史》本纪乎?词气大不伦矣。李延寿以北为正,但既南北分列,而措词如此,一何武断!尔朱何物?不必加以美名。当以《梁书》为得。

梁武一意取魏,奄有南北,当天监中尚未锐志于此,及后魏事日衰,而帝心愈侈,一改普通,二改大通,三改中大通,四改大同,五改中大同,观其号其心可见。无奈魏衰而齐、周并兴,梁不能取。陈庆之丧师,单骑逃回,复加封赏,如此用人,岂能成功!

左　邻

《梁纪》元帝论曰："以世祖《梁》称世祖，《南》称元帝。神睿特达，留情正道，不怵邪说，徙跸金陵，左邻强寇，将何以作。"西魏在江陵之西，何以言"左邻"？《敬帝纪》末，魏徵总论曰："元帝怵于邪说，即安荆楚。虽元恶克翦，社稷未宁，而西邻责言，祸败旋及。"意与前论正同。"左邻"当作"西邻"。

或疑西魏在江陵之西，而江陵当与北齐连界，西魏则又在北齐之西矣。当元帝承圣三年十一月，西魏攻江陵，岁次甲戌，时西魏恭帝廓元年，实宇文泰执权统事。而是年亦北齐文宣帝高洋天保五年。齐与西魏为仇，而齐人方睦于梁，西魏人何得越齐而攻江陵？考江陵，今湖北荆州府治，北则襄阳府，又北与河南南阳府接，南阳府之西北则与河南府接矣。南阳，河南地，梁末大约皆为北齐之西南边境。而齐都在邺，远隔河北，不能遏周师。若襄阳，则彼时已为萧詧所据。见《周书》十五卷《于谨传》。詧因元帝杀其兄河东王誉结仇，导周师以入。周人出潼关，由新安一路向东南行，不过千余里可至襄阳矣。若从北道郧阳府来，亦可抵襄阳，然皆山险，周人行师必不取此路。

梁纪论称郑文贞公

李延寿论赞全是剿袭，不以为耻。独于《梁》纪末称"郑文贞公论"云云。姚思廉、魏徵本无差别，姚则夺之，魏则让之，于意云何。

陈高祖其本甚微

《陈书·高祖纪》直云"汉太丘长陈寔之后也"，以下历叙世系，此与宋祖汉、萧祖何同，不足为异。《南史》乃云"其本甚微，自云汉太丘长"云云。夫谓之"甚微"，谁曰"非微"者？谓之"自云"实只"自云"耳。但于刘、萧独不用此两句轻薄语，厚于彼苛于此，吾所未喻。

刘、萧、陈三帝世系，皆当日史官缘饰。沈约、萧子显、姚思廉一概因仍不改，所以刘则从刘交起，萧则从萧何起，陈则从陈寔起，历历铺叙，三家如出一手。李延寿觉之，欲矫其失，乃三处分作三种笔墨，事同而例异，胸中扰扰，本无定见，率尔操觚，所以至此。于刘则仍用沈约汉楚元王交叙起，其下却尽削去，直从皇祖叙起，窃谓人家墓志、品官、封赠皆有三代，何至帝王无曾祖名？萧则尽削去萧何云云、望之云云，从皇高祖叙起。陈则先下轻薄两句，其下却直钞《陈书》，历历铺叙，共十四代，无一删者。愚谓惟叙萧氏最得法，宜依此一律。

东扬州刺史

《陈高祖本纪》："侯景废简文，立豫章嗣王栋，帝遣兼长史沈衮奉表于江陵劝进。承制授帝东扬州刺史、领会稽太守。"案：江陵，元帝也。姚思廉《陈书》作"承制授高祖使持节，都督会稽、东阳、新安、临海、永嘉五郡诸军事，平东将军，东扬州刺史，领会稽太守、豫章内史，余并如故"。若依《南史》例，当作"都督东扬州刺史"，今但云"东扬州刺史"，则与其平日所立都督刺史书法之例又变矣。李延寿胸无定见，下笔时率尔而已。

大宝三年

《南史·陈高祖纪》："三年，帝帅师发自豫章。"此帝从岭外入讨侯景也。《陈书》略同。此三年谓大宝三年也。大宝本无三年，简文帝已于去年被弑矣。是年实元帝之承圣元年。但尔时尚未即位，事无所系，史家姑就陈高祖语，故书大宝三年。

改大宝为承圣

《陈书·高纪》："湘东王即位于江陵，改大宝三年为承圣元年。"湘东王未尝称大宝号也。当日所改实称太清六年，此书法是在《陈高纪》，不得不依陈高语，读者宜善会。《通鉴》一百六十四卷书此事，胡三省注云："改太清为承圣。"《梁书·世祖元帝纪》云："大宝元年，世祖犹称太清四年。"自此以下，每年皆如此书之。

陈高祖害王僧辩

承圣二年，陈霸先为南徐州刺史，镇京口，王僧辩镇石头城。三年十一月，魏陷江陵，元帝被杀，霸先、僧辩奉元帝子晋安王方智承制于建康。明年三月，齐送贞阳侯渊明还主社稷，王僧辩纳之。渊明即位，改元天成,以晋安王为皇太子。霸先固争,以为不可,不从,愤叹曰:"嗣主高祖之孙,元皇之子,竟有何事,坐致废黜,假立非次,此情可知。"九月壬寅,霸先夜发南徐州讨僧辩。甲辰,至石头,僧辩就禽,缢杀之。废贞阳侯,奉晋安王即位,改元绍泰,是为敬帝。愚谓:霸先与僧辩同起兵讨侯景,侯景之灭,僧辩之力为多。奉立方智,两人亦同其功。渊明之纳,迫于齐人,不得已耳。霸先借此为名,谲而害之,心乎篡梁,所忌者惟僧辩故也,与刘裕杀刘毅情事如一。"愤叹"之言,乍观之,似若发于忠义者。试问霸先后日篡弑,"高祖之孙、元皇之子"竟有何罪乎?猜忍乃尔,固宜身婴焚骨之惨,见《孝行王颁传》。子罹溺江之酷也。见《陈诸王传》。

　　僧辩威名久著,陈高特岭外一荒徼将领。征景之时,本是僧辩主兵,陈高特其副贰。平景之后,兵权皆在僧辩。僧辩镇石头,陈高镇南徐,威声势位在其下,未能相及,忌之极矣。僧辩竟认作同心合力之人,不相疑犹可。纳渊明,既执异议,尚不防制,全无备御。霸先从南徐猝然而来,僧辩束手就缚,如在梦中。僧辩老于兵事,屡破强敌,此时建康全局皆入掌握,若稍稍知备,何成擒如此之易邪?以纳渊明为"假立",霸先之使方智返正假乎?真乎?此情可知者。一若僧辩有篡情,而霸先破其奸谋,倘此言出王琳一辈人口,几令人以为忠梁矣,奈自作地步何。《战国策》楼缓述公甫文伯母之言,母言之为贤母,妇言之为妒妇,令人捧腹绝倒。

　　霸先使侯安都夜潜至石头城下,僧辩不之觉。雉堞不危峻,安都被甲带刀,军人捧之投女垣内,众随入遂,直逼僧辩卧室。见《陈书·安都传》。此种举动与吕蒙之白衣摇橹作商贾服谲取关公,同一盗贼伎俩。

九锡禅位即位等文

　　《陈纪》载梁敬帝九锡诏曰:"强臣放命,黜我冲人,顾影于荼蓼之魂,甘心于宁卿之辱。却按下髻,求哀之路莫从,窃铁逃责,容身之地无所。公神兵奄至,不日清澄,惟是屠蒙,再膺天录。"又策曰:"群胡孔炽,借乱乘间,推纳藩枝,盗假神器,冢司昏桡,旁引寇仇,既见贬于桐宫,方谋危于汉阁,皇运已殆,何殊赘旒,中国摇然,非徒如线。公赫然投袂,匡救本朝,复苣齐都,平戎王室。朕所以还膺宝历,重履宸宫。"

又禅位诏曰"爰至天成，重窃神器"云云。又策曰"乃眷天成，轻弄龟鼎"云云。"强臣放命"，"冢司昏棳"云云，指王僧辩纳萧渊明，改元天成，立敬帝为太子也。文皆徐陵作，载文集。前此陵在齐为渊明与僧辩书，往复数千言，论渊明宜归为家主，亦载文集。至此则自相背矣。此纪下篇即位告天文亦陵作，有云"承圣在外，非能祀夏，天未悔祸，复罹寇逆，嫡嗣废黜，宗枝僭祚，天地荡覆，纪纲泯绝"。前不过晋渊明，此则并斥元帝矣。文人笔端颠倒如此。

王琳奉萧庄

《南史·陈纪》：高祖永定二年三月，"王琳立梁永嘉王萧庄以奉梁后，即位于郢州"。考何之元以陈臣修《梁典》，为萧庄作《后嗣主纪》，见《陈书·文学传》，《梁书》与《南史》去之。愚谓：梁末忠臣，惟王琳、王僧辩二人忠于梁，实忠于元帝者。琳奉萧庄，僧辩纳萧渊明，欲力存梁祀之心同。琳不得已而归齐，心虽可谅，不如僧辩之死于陈霸先手为得死所。僧辩奉渊明，乃武帝兄懿之子，系旁支，虽仍立敬帝为太子，不如琳奉庄是元帝嫡长子方等之子，所奉较为得正。

陈文帝尊皇太后

《陈文帝纪》："永定三年六月丙午，武帝崩，皇后称遗诏征帝入即位。秋七月丙辰，尊皇后为皇太后。"案：文帝乃武帝之侄，武帝惟有一子衡阳王昌，在荆州为西魏所俘。入周，文帝既立，而昌乃还，文帝使人殒之江中。见《陈诸王传》。文帝尊皇太后诏，徐陵所撰，词云："朕以虚薄，窃守藩维；皇嗣元良，藐在崤、渭。二臣奉迎，淹留永日。今国图无主，家业事隆，升篡帝基，弥增号惧。若中流静宴，皇嗣归来，辄当解绂箕山之阳，归老琅邪之国。复子明辟，还承宝图。若问与夷，无愧园寝。"吁，文帝之愧，此诏甚矣！此文正宜载入本纪，《陈书》既不采，《南史》又不能补。

北周为正

《陈本纪》永定三年书"齐文宣殂"，天嘉元年书"周明帝崩"。李延寿意以北周为正，北齐为伪，盖唐承隋、隋承周故也。

陈文帝无年数

《陈书》本纪世祖文帝之崩，独不言年数。《南史》同。即如其子废帝仅二年而废，尚有年数，在帝何以独无？姚察身为陈臣修《陈书》，无容不知，此不可解。《建康实录》亦独阙陈文帝年数。

伯宗凶淫

《陈废帝纪》：光大二年，慈训太后令曰"伯宗昔在储宫，本无令问。及居崇极，遂骋凶淫"云云。愚谓：文帝夺衡阳王昌之位而杀之，崩后骨肉未寒，其子伯宗即为弟顼所废，而代立，改元太建，是为宣帝。以伯宗之仁弱，而目为凶淫，欲加之罪，何患无词！太建二年四月，伯宗遽薨，年十九。果良死乎？

《陈纪》论废帝"混一是非，不惊得丧，盖帝挚、汉惠之流"甚确。纪中载慈训太后令比《南史》为详，胪列罪状皆属虚诬。纪末载"世祖即文帝。疾大渐，召高宗，即宣帝。欲遵太伯事"。论末又谓"世祖知神器之重，谅难负荷，深鉴尧旨，弗传宝祚"。此沿陈代史臣曲笔。其实文帝何常不传位废帝，宣帝夺之耳。《南史》于纪末删文帝遗命，似有裁断。乃论末又谓文帝法殷传弟，则仍是矮人看场之见。

淮　南

《陈书·宣帝纪》："梁室丧乱，淮南地并入齐。高宗太建初，志复旧境，乃运神略，授律出师，至于战胜攻取，献捷相继，遂获反侵地，功实懋焉。及周灭齐，乘胜略地，还达江际矣。"愚谓：此段宜着眼观淮南数百里间梁、陈、周、齐地理沿革，大略可见，而委曲则难以详考。

陈氏子弟安全

《陈后主纪》叙至亡国被俘至隋之下云："隋文帝以陈氏子弟既多，恐京下为过，皆分置诸州县，每岁赐以衣服以安全之。"愚谓：隋文帝篡周，尽灭宇文氏之族，与萧道成同。乃毒于周而独慈于陈何也？周其得位所从来，心所最忌；陈俘虏之余，不为嫌耳。后炀帝又以陈后主第六女婤为贵人，绝爱幸，悉召陈子弟至京官之。亡国之后，陈为多幸矣。

十七史商榷卷五十六

南史合宋齐梁陈书四

南北史志

偶见近儒考史者，内有一条曰："《金史·蔡珪传》：珪合沈约，萧子显，魏收宋、齐、魏三书作《南北史志》，惜已亡失。然梁、陈与北齐、后周各志皆已收入魏徵《隋书》，不知当时曾汇而成志否？"愚谓蔡珪之书料无足观，其亡亦不足惜。

宋志叙首误

《宋书·志》叙首文多樛葛。如《史记》有《货殖传》，班氏因之；《史记》有《河渠书》，班改名《沟洫志》，此何乃言班氏"易《货殖》、《平准》之称，革《河渠》、《沟洫》之名"乎？古人文义疏拙，词不能达意，往往如此，唐人渐明顺，自宋以下则更了了矣。

宋志详述前代

从来史家作志之体，惟详当代，前事但于每志叙首略述，以为缘起而已。惟沈约《宋书·志》述魏晋甚详，殆意以补之，犹唐作《隋书》，并南北朝制度，皆收入志也。但陈寿不作志，固宜补，《晋书》则予前于第四十三卷备考原委，各家虽似皆未有志，而王隐则有志，观《州郡志》所引可见，但非晋全书，若臧荣绪则固晋全书，明明有志矣。约词人，尚华藻，荣绪诗赋文笔皆不传，意者守朴爱素，为约所鄙故邪？然约又自作《晋书》，卷数之繁与荣绪等，必有志矣，何烦补也？考约《自序》，作《晋书》本在《宋书》之前，则更无庸冗赘矣。今之《晋书》，唐人改修，并非荣绪与约之旧。予读《宋志》与《晋志》，犯复者颇多，盖典故只有此，固不能凭空别造，彼此两载，殊恨其徒烦简牍也。

高堂隆改正朔议

《宋·礼志》：魏高堂隆改正朔议曰："《易通卦验》曰：'王者必改正朔，易服色，以应天地三气三色。'《书》曰：'若稽古帝舜曰重华，建皇授政，改朔。'""《书》曰"下当更有一"曰"字，传写脱落。此高堂隆所引《尚书》逸文，只可存疑。盖孔壁所得《古文尚书》增多二十四篇，其中本有《舜典》，魏时未经永嘉之乱，或高堂隆得见之，亦未可知。但东晋晚出古文，分《慎徽》以下为《舜典》，实皆《尧典》也。姚方兴又造"曰若稽古帝舜曰重华协于帝"十二字冠之。梁武时为博士，议曰伏生所合等篇，既云以文相承接而误，若《舜典》有"曰若稽古"，伏生虽惛眊，何容合之？厥后刘炫又造"浚哲"等十六字，固不必论，而如梁武议，知《慎徽》直至《陟方》，本皆《尧典》矣。近儒又欲取高堂隆所引，冠于"月正元日"之上，以为《舜典》，则愚更不能知其为何说也。

陈寿于高堂隆评中许其忠，而特指摘其欲改正朔一事，以为意过其通，故于传中及此事甚略，而于此议尽削不载。

宋礼志淆乱粗疏

《宋·礼志》第一卷始言正朔及所尚之色，次言冠礼，次言昏礼，次拜皇后三公冠皇太子，拜蕃王仪，朝会仪，次朝日仪，次殷祭仪，次祭大社仪，次耕耤仪，次太学，次治兵，已觉错杂。至第二卷中所叙，更为淆乱无章。第三卷载永初元年即位告天策文，已载本纪，又复见于《礼志》，不但复前史，本书又自相复，更觉粗疏。

魏人七庙

"魏明帝太和三年六月，又追尊高祖大长秋曰高皇，此下脱帝字。夫人吴氏曰高皇后，并在邺庙庙所祠。则文帝之高祖处士、曾祖高皇、祖当作皇高祖。太皇帝共一庙。考太祖武皇帝特一庙，百世不毁，然则所祠止于亲庙四室也。至明帝太和三年十一月，洛京庙成，则以亲尽迁处士主，置园邑，使令丞奉荐，而使行太傅太常韩暨、行太庙宗正曹恪持节迎高皇以下神主共一庙，犹为四室而已。至景初元年六月，群公有司始更奏定七庙之制，曰：'大魏三圣相承，以成帝业。武皇帝肇建洪基,拨乱夷险,为魏太祖。文皇帝继天革命,应期受禅,为魏高祖。上集成大命,清定华夏,兴制礼乐,宜为魏烈祖。'更于太祖庙北为二祧,其左为文帝庙,号曰高祖,昭祧;其右拟明帝号曰烈祖,穆祧。三祖之庙,万世不毁,其余四庙,亲尽迭迁,一如周后稷、文、武庙祧之礼。"《通鉴》第七十一卷书此事云:"太和三年十一月,洛阳庙成,迎高、太、武、文四神主于邺。"胡三省注:"高帝,汉大长秋曹腾;太帝,汉太尉曹嵩。裴松之曰:'魏初唯立亲庙,四祀四室而已,至景初元年始定七庙之制。'"愚谓魏人欲仿周七庙,无如阉宦凶丑,乞丐携养,断不能奉为不毁之祖,只得当叡世,强以操、丕及己身充后稷、文、武。但景初虽立制,亦只豫作地步,直至齐王芳方能备七世,而节、腾、嵩、操、丕、叡亦只六世。所谓节者,即所谓文帝之高祖处士也。节之父,则何名乎?名且无之,事迹更茫茫矣。在当时想必代为追造一名,而史文不载,亡是公、乌有先生,诚堪嗢噱。

礼志与本纪不合

"宋武帝初受晋命为宋王,建宗庙于彭城,依魏、晋故事,立一庙。初祠高祖开封府君、曾祖武原府君、皇祖东安府君、皇考处士府君、武敬臧后,从诸侯五庙之礼也。既即尊位,乃增祠七世右北平府君、六世相国掾府君为七庙。"本纪:皇考翘为郡功曹,此云处士,不合。又此言七世、六世,皆以连己身数,而追溯其上为七、为六,与《汉·孔光传》同,与以裕为楚元王二十一世为不合。

符瑞不当胪列前代

《五行志》本《洪范五行传》,胪列《春秋左传》灾异,并及秦、汉下事,以为应验。凡唐以前各史类然,此乃不得不如此,然已觉饶舌可厌。至于符瑞,本不当有志,即欲志之,亦惟志一代可耳,前事但于叙首中略述以为引子足矣。沈约乃直追溯至五帝三代,一一胪列之,枝蔓斯极。

十七史商榷卷五十七

南史合宋齐梁陈书五

州郡叙首言汉制误

《宋书·州郡志》叙首言:"汉武帝开地斥境,南置交趾,北置朔方,改雍曰凉,改梁曰益,连旧所有之冀、幽、并、兖、青、徐、扬、荆、豫,凡为十三州,而司隶部三辅、三河诸郡。东京无复朔方,改交趾曰交州,凡十三州,司隶所部如故。"案:西汉十三州,数司隶不数朔方,此志乃数朔方,而以司隶在十三州之外,误与《晋书》同,说已见前第十四卷。东汉既已省朔方,则当言凡十二州,连司隶为十三部矣。今乃仍言凡十三州,而亦以司隶为在外,则更误中之误。为有此大误,下文言魏、蜀、吴、西晋州数,皆误作多一州算。

宋志据大明升明

沈约《宋州郡》大校以大明八年为正,内史侯相则以升明末为定。此亦法班固《地理》之据元始,司马彪《郡国》之据永和也。内史侯相必以升明为定者,分封王侯国,升明方备也。

南北地理得其大概不必细求

晋武帝天下一统,为二十州,司、冀、雍、凉、秦、青、并、兖、豫、幽、平、徐、扬、荆、江、梁、益、宁、交、广也。后南北分裂,新置之州更多,展转改易,迷其本来,况又有每州各自析为南北,再加以侨置、寄治之名,纠缠舛错,不可爬梳,其势然也。《宋书》志总叙首云:"地理参差,事难该辨。魏、晋以来,迁徙百计,一郡分为四五,一县割成两三,或昨属荆、豫,今隶司、兖,朝为零、桂之士,夕为庐、九之民。去来纷扰,无暂止息,版籍为之浑淆,职方所以不能记。自戎狄内侮,有晋东迁,中土遗氓,播越江外。幽、并、冀、雍、兖、豫、青、徐之境,幽沦寇逆,自扶莫而裹足奉首，免身于荆、越者，百郡千城，流寓比室。人仁鸿雁之歌，土畜怀本之念，莫不各树邦邑，思复旧井。既而民单户约，不可独建，故魏邦而有韩邑，齐县而有赵民。且省置交加，日回月徙，寄寓迁流，迄无定托，邦名邑号，难或详书。大宋受命，重启边隙，淮北五州，剪为寇境。其或奔亡播迁，复立郡县，斯则元嘉、泰始，同名异实。"此段论作志，惟地理最难。又《州郡志》叙首云："地理参差，其详难举，实由名号骤易，境土屡分，或一郡一县，割成四五，四五之中，亟有离合，千回百改，巧历不算，寻校推求，未易精悉。"此段即总叙意而言之重复如此，约身居齐、梁犹如此，况去之又千余年乎？得其大概可耳，不必细求。

宋州郡所据诸书

《宋书·州郡志》云"今以班固、马彪二志，太康元年定户，王隐《地道》，晋世《起居》，《永初郡国》，何、徐《州郡》及地理杂书，互相考覆"云云。又云"今唯以《续汉·郡国》校《太康地志》，参伍异同，用相征验"云云。太康，晋武帝号，元年定户，当即下所谓《太康地志》之一门也。王隐《晋书》，已详前《晋书》中。观此则知隐书有志，志中有《地道志》也。"起居"下省"注"字也。何是何承天，徐是徐爰，志中所引有董览《吴地志》，有《永宁地志》，_{永宁，晋惠帝号。}有贺续《会稽记》，有《吴记》，有张勃云，即《吴录》，而志或称张勃云，或称《吴录》。又有《晋地记》，《太康地志》，志中往往称《太康地记》，此《晋地记》未知即《太康地记》否。又有《广州记》，即所云"地理杂书"也。

扬州刺史治所

扬州刺史一条下云："前汉刺史未有所治，_{沈约自注"它州同"。}后汉治历阳，魏、晋治寿春，晋平吴治建业。"案：沈约所举扬州刺史治所尚未备。马端临《文献通考》卷首自序云："汉分天下为十三州，晋分州为十九，_{实不止十九。}自后为州寝多，建治之地亦不一所。姑以扬州言之，自汉以来，或治历阳，或治曲阿，或治合肥，或治建业，而唐始治广陵。"马所举又漏却寿春。愚考历阳、寿春、合肥三县，《汉·地理》、《续汉·郡国》皆属九江郡。_{与今江西九江府无涉。}历阳，今为安徽布政司直隶和州；寿春，今为寿州，属安徽凤阳府；合肥，今为安徽庐州府治，《续汉》

于历阳下司马彪自注云："刺史治。"寿春下刘昭注云："《汉官》云刺史治，去雒阳千二百里。"与志不同。《汉官》当即卫宏作，疑是后汉初制，而司马彪则据永和也。至马端临，又以为在合肥者。《三国·魏志·刘馥传》："孙策所置庐江太守李述，攻杀扬州刺史严象，太祖方有袁绍之难，谓馥可任以东南之事，遂表为扬州刺史。馥受命单马造合肥空城，建立州治，数年中恩化大行，兴治芍陂及茹陂、七门、吴塘诸堨以溉稻田，又高为城垒，为战守备。"又《满宠传》：太和三年秋，曹休从庐江南入合肥。是岁休薨，宠以前将军代都督扬州诸军事。四年，拜宠征东将军。其冬，孙权扬声欲至合肥，宠表召兖、豫诸军皆集，贼寻退，宠以为今贼大举而还，必欲伪退以罢吾兵，表不罢兵。后十余日，权果更来，到合肥城，不克而还。时权岁有来计，青龙元年，宠上疏曰："合肥城南临湖，北远寿春，贼攻围之，得据水为势，宜移西三十里，有奇险可依，更立城以固守，引贼平地而掎其归路。"诏听。其年权自出，欲围新城，以其远水，积二十日不敢下船。宠谓诸将曰："权得吾移城，大举来，虽不敢至，必当上岸耀兵，以示有余。"乃潜遣步骑六千，伏肥城隐处以待之。权果上岸耀兵，宠伏军卒起击之，斩首数百。明年，权自将，号十万，至合肥新城，宠驰往赴，放火烧贼攻具，射杀权弟子孙泰，贼引退。然则扬州刺史治合肥，乃汉季建安及魏制也。又云在曲阿者，乐史《太平寰宇记》云："案《舆地志》，曲阿县云阳，地属朱方，南徐之境。"在今日为江苏苏、松等处布政司。镇江府所属丹阳县，此处本无丹阳之名，而唐人忽改称之，想必因扬州刺史曾治于此，而属郡首丹阳，故以名之。但扬州刺史治曲阿，书传无所见，惟李吉甫《元和郡县志》二十五卷《江南道》："扬州故理在上元县东百步，后汉理寿春，刘繇为扬州刺史，移理曲阿。"李吉甫此言必有据也。吉甫于此下又言："孙策定江东，置扬州于建业。"后孙权徙都之，刺史治此，并为京尹矣。晋、宋、齐、梁、陈皆因之也。若云唐始治广陵，则别是一说。州大郡小，刺史尊，郡守卑，隋唐改州为郡，郡守即名刺史，唐之扬州绝非汉以来之扬州，唐之刺史亦迥非汉以来之刺史矣，而移扬州之名于江北江都，亦自隋平陈始。

两汉扬州刺史皆治江北，吴及东晋、南朝皆治江南矣。

西汉刺史无治所，然亦有之，必无传车周流，终年仆仆道路，无处驻足之理。予前已据《朱博传》论之，卫宏云"扬州刺史治寿春"，此必西汉已有此制，而东汉特因之也。扬州之境日渐恢拓，东至海，南尽闽越，控制数千里，寿春地在西北，鞭长莫及，故东汉永和以后徙治历阳，在寿春之东南约八九百里，且直临江岸，乌江亭下一苇可杭，于制驭江南为便矣。汉季大乱，而孙氏勃兴，骎骎有进逼中原之势，魏人相度地利，移治合肥，反退至历阳之西北三四百里矣。以刘馥、满宠传证之，魏时扬州始终治合肥，沈约以为寿春，非也。吴人所据者扬、荆，扬治自在江南，永嘉南渡沿之。但立国江南者，必跨江而有淮南方足自立，故晋、宋以后，汉之扬州治皆变而为豫州治矣。唐复移扬州于江北，而又以汉之广陵国江左称为南兖州者当之矣。即一扬州刺史治所，上下千余年，其变迁无定如此。论古须援据，无一语落空方为实学；又须以己意融会贯穿，得其大要，方为通儒。徒执印板死册子逐概看去，则何益矣！

丹阳尹

"丹阳尹，秦鄣郡，治今吴兴之故鄣县。汉初属吴国，吴王濞反，败，属江都国。武帝元封二年为丹阳郡，治今宣城之宛陵县。晋武帝太康二年，分丹阳为宣城郡，治宛陵，而丹阳移治建业。元帝太兴元年，改为尹。"愚谓此今江苏江淮等处布政司治江宁府治上元县也。刺史治此，太守亦治此，太守而改为尹者，欲以比汉京兆尹也。晋人称为扬都以此，宋因晋称尹，齐、梁、陈则复为丹阳郡矣。余辨已见前第十七卷。

宋州郡令多长少

汉制，大县为令，小县为长。《宋书·州郡志》纯是令，而长仅十百中一见。其上卷中所载近地惟东莞之莒令、济阴之定陶令，皆孝武大明五年改为长，其余并是令。山阴县令衍"县"字，新昌县下不言或令或长，疑亦衍"县"字，脱"令"字。

宋志以度为改

《宋·州郡志》以"度"字代"改"字用，亦见沈攸之、王景文传。《南史·恩幸·茹法亮传》亦有此训，他书则无之。

晋分永世

"义兴又有平陵县,晋分永世",下脱"置"字。

去州去京都若干

会稽太守,"去京都水一千三百五十五,陆同"。司马彪各郡国有去雒阳里数,雒阳是京都,此京都建康也。省"里"字,不言可知,各郡同,亦是一例。此是丹阳尹所领,独言去京都,其余自南徐州以下各州下先列去京都里数,其所领之郡则先列去州里数,后言去京都里数,其南东海郡无去州若干者,此郡即刺史治也。无去京都若干者,上文州下已见也,下凡郡为刺史治者放此。南兰陵以下十三郡,阳平以下三郡,南沛以下六郡,皆无去州去京都里数,他郡如此尚多,不可枚举。又有有水无陆者,未暇详考。

分元程分乌程

东迁令,"分元程立"。"元"当作"乌"。长城令,"分乌程",下脱"立"字。

历叙豫州治所

《宋·州郡志》于南豫州刺史一条下,先述其缘起云:"晋江左胡寇强盛,豫部歼覆。元帝永昌元年,刺史祖约始自谯城退还寿春。成帝咸和四年,侨立豫州。"此言南豫州之所由始。汉豫州刺史本治沛国谯县,祖约自谯退还寿春,故治陷没,成帝侨立治寿春也。此下即历叙晋刺史治所,或治芜湖,或治邾城,或治武昌,或治牛渚,或治寿春,或治历阳,或治马头,或治谯,或治姑孰。除寿春、历阳已见前外,谯,《续汉志》本沛国属县,至《宋志》有南谯郡,属有谯县,又有谯郡,属无谯县,其南谯郡下云:"晋孝武太元中,于淮南侨立郡县。"《舆表》第三卷滁州全椒县下辨之,而不能定其为南谯、北谯,但今全椒实在淮南,其为晋太元侨立之南谯无疑,非沛国之谯明矣。芜湖即今县,属安徽太平府邾城,据胡三省《通鉴注》,为今湖北黄州府治黄冈县。武昌,今为府治江夏县,属湖北。牛渚,今太平府当涂县地。马头,郡名,《宋志》云"故淮南当涂县地"。《舆表》云"淮南之当涂乃今凤阳府地"。与太平府治当涂县无涉,而马头实土则无考。姑孰亦即今当涂县。谯治久陷,而复有治谯者,当晋穆帝升平初,桓温已北平洛阳,谢奕继其兄尚为豫州刺史,故得进而治汉旧治之谯也。见《晋书》列传第四十九卷。此下入宋事,云:"宋武帝欲开拓河南,绥定豫土,义熙九年,割扬州大江以西,大雷以北,悉属豫州,豫基址因此而立。十三年,刺史刘义庆镇寿阳。永初二年,分淮东为南豫州,治历阳,淮西为豫州。"此下则又反复辨明二豫之屡分屡合及其界址。《南齐书·州郡志》叙豫州始末,大意与《宋书》此志叙南豫州略同,亦从刺史祖约避胡贼自谯还治寿春叙起,及叙至义熙十二年刘义庆镇寿春之下,却添三句云:"后常为州治,抚接遐荒,扞御疆场。"以下即无文,但言领郡如左,盖豫本一耳,若以汉制论,惟有谯城一治方是真正豫州,东晋以下所立,皆南豫耳。永初以后,于其中又分为二,以淮东西为别,东为南豫,治历阳;西则北豫,不言治所,大约进则治汝南,退则治寿春,而寿春其常也。于是宋、齐二志并列二豫,而叙法各自不同。《宋书》先叙南豫州,后叙北豫州,却将二豫始末一并叙在南豫篇中,前半篇叙不治谯城而退治各处,缘由此总说,无所谓二豫之分也,直叙到永初二年分列淮东西二豫之下,然后再详辨二豫分合及其界址,而归于以历阳为治,故云去京都水一百六十。其所以如此之近者,此志虽据大明,而于南豫则又以泰始为断,泰始已失淮西,退治历阳,今和州,故去江宁府治如此之近也。至其叙北豫州则甚略,但云晋江左所治,已列于前,如此而已。志于其属郡,首列汝南,则是刺史治,但此据大明则然,泰始则退治寿阳矣。《南齐书》先叙北豫州,后叙南豫州,却暗暗取《宋书》南豫之前半篇意叙在北豫州,后半篇意叙在南豫州,大抵二豫分置,总以寿春为枢纽,北豫进则治汝南,而退则治寿春,南豫本治寿春,而退则治历阳也。二豫界址毋庸细考,略考其治所,则当日情事了然矣。

　　义熙、关、洛尚为裕取,况汝、颍乎?永初虽无关,然淮、汝、颍、洛皆在,故分二豫,而胡三省以为南豫治历阳,北豫或治寿阳,或治汝南也。说见后。元嘉、泰始,北境日削,然终宋世,二豫并建,故齐承宋,而王俭议二豫不可并。说亦见后。大约南豫是实土,北豫是虚名。

　　《宋书·裴松之传》:"元嘉三年,诛司徒徐羡之等,分遣大使巡行天下,前尚书右丞孔默使南北二豫州。"观此则知元嘉三年已分置南北二豫州。《梁书·韦睿传》:天监中出为豫州刺史,领历阳太守,此后睿破魏军,迁豫州于合肥。大约其时仍以寿阳、历阳分建南北二豫。

南豫为要南雍次之

南朝州郡侨治虽多,大约总以南豫州为最要,南雍州次之。南豫,宋治历阳,今和州。齐、梁治寿春。今寿州。南雍则宋、齐、梁皆治襄阳也。今县府治。以上俱详《通典》一百七十一卷,然《通典》亦言其略,实则宋初豫治汝南,后分二豫,始以南豫治历阳,北豫治寿春。惟陈无此二州。《陈书》高宗、宣帝本纪云:"梁室丧乱,淮南地并入齐。高宗太建初,志复旧境,授律出师,战胜攻取,献捷相继,遂反侵地,功实懋焉。及周灭齐,乘胜略地,还达江际矣。"《陈书》此段虽专指陈将吴明彻取淮南,暂得复失,以广陵为江际,其实周灭齐后,荆襄亦入于周。综计陈一代始末,仅画江为界,江北固非陈人有,此隋取陈所以易也。大约立国于东南者,西必据襄、樊,北必控淮、汝,进有窥取关、洛之意,然后退而足以自守,守江则危矣。若以进取而论,关公攻樊,曹议徙许都,雍似不在豫下,但南朝既都建康,则豫尤近。《通鉴》第一百四十四卷:魏车骑大将军源怀于南齐东昏末上书请南伐云:"寿春之去建康才七百里,山川水陆皆彼所谙,彼若乘舟借水,倏忽而至。"源怀言南之易往,则可知北亦易来,若襄阳相距有二三千里矣,故曰南豫为要,南雍次之。

豫治无定寿春为主

豫州刺史治无所定,要以寿春为主,盖此为南北交兵必争之地也。《南齐书·州郡志》上云:"齐太祖时欲省南豫,左仆射王俭启:'江西连接汝、颖,土旷民希,匈奴越逸,唯以寿春为阻。若使州任得才,虏动要有声闻,豫设防御,此则不俟南豫。假令或虑一失,丑羯之来,声不先闻,胡马倏至,寿阳婴城固守,不能断其路,朝廷遣军历阳,已当不得先机。戎车初戒,每事草创,孰与方镇常居,军府素正。'"愚案:宋末虽失淮西,而南齐初淮东尚全南属,太祖惜费,意欲省置南豫于历阳,独置一豫于寿春,王俭虽劝历阳不可省,然亦可见彼时寿春为要,历阳特其辅耳。《陈书》第九卷《吴明彻传》:"太建五年,诏曰:'寿春者,古之都会,襟带淮、汝,控引河、洛,得之者安,足称要害。'"合而观之,可见以雍较豫,豫尤要;豫诸治,寿春尤要。

魏源怀上书有云:"萧衍内侮,宝卷孤危,斯天启并吞之会,宜东西齐举,以成席卷之势。若使萧衍克济,岂惟后图之难,亦恐扬州危逼。"此所谓东西,正指南豫、南雍;此所谓扬州,是魏之扬州,故胡三省于此下注云:"魏置扬州于寿春。"此上魏镇南将军元英请帅步骑三万直指沔阴,据襄阳之城,又命扬、徐二州俱举,胡注云:"魏扬州治寿阳,徐州治彭城。"愚谓寿春在汉为扬州刺史治者,约有二三百年,东晋简文帝郑太后讳春,改名寿阳。永嘉南渡,以建康为扬都,故予前言晋、宋以后,汉扬州治变为豫州治,乃不意南北兵争,寿阳时而属南者,亦时而属北,于是南朝之豫州治又或变为北朝之扬州治。略见《通鉴》一百四十三卷胡三省注。又《文学·何之元传》:王琳召为记室参军,琳败,北齐主以为扬州别驾。所居即寿春也。地理之纷更几同梦幻之无定矣。此等不必细求,而大关目则不可不知。要之,如此纷更,靡所底止,至唐宋断断不可不尽革古州名,改为某道某路,不然,则称谓格于口吻,纪载混于简牍,将无以为治。

前引《通鉴》魏源怀请南伐之下,又有魏东豫州刺史田益宗上表,称二豫之军云云,胡三省注云:"二豫,谓魏置豫州于汝南,第一百四十三卷胡注:"魏豫州治悬瓠城,领汝南、新蔡、弋阳等郡。"东豫州于新息也。"是魏已有二豫矣,故有时得寿阳则不名为豫而名为扬,晋宋以下,扬治总在江南矣,故凡江北扬治皆改为豫治。《通鉴》第一百二十四卷胡三省注云:"宋高祖永初二年,分淮东之地为南豫州,治历阳;淮西为豫州,或治寿阳,或治汝南。"胡氏此注,本之《宋书》、《南齐书·州郡志》也。观此知淮西为豫,淮东为南豫,寿阳介东西之间,故为最要,而宋、齐志又并言自晋义熙中刘义庆为豫州刺史,镇寿阳,后常为州治。今详考南北兵争始末,愈知当日情形,总以寿阳为关键。盖当晋末刘、石、苻、姚、慕容俱败,魏都远在平城,今山西大同府。刘裕直取关洛,所向无前,关中得而旋失,乃分置二豫,说见上。裕崩,魏遂尽取司、兖、豫三州地,然河南洛、汝虽失,淮北犹宋有。宋文帝频举兵,皆不利,乃议和。明帝又启兵衅,败亡相继,泰始三年,并淮北四州及豫州淮西地皆失之,然寿阳犹南属,故南齐初太祖欲并二豫为一,王俭议勿并,帝不从,后永明仍分置二豫。明帝萧鸾建武元年,魏孝文帝迁都洛阳,是冬即入寇；四年又入寇，取樊、邓，南雍州入魏矣。东昏侯永元中，寿阳亦为魏取，南齐江北城戍惟广陵、淮阴矣。梁武帝志欲恢拓，天监元年至八年，年年举兵，十二年，寿阳因大雨城坏，而魏扬州刺史李崇坚守不去，十三年，梁人遂筑浮山堰，堰淮水以灌寿阳，十五年四月，堰成，九月，大水，堰坏，筑堰本康绚功，只因信谗召还绚，代以张豹子，不修堰，故坏。当堰之成也，魏师大溃而归，魏人深以为忧，假令堰不坏，可取寿阳而逼汝、洛矣，可见寿阳之要也。至梁普通五年，以豫州刺史裴邃督征讨诸军事伐魏，遂取寿阳，汝、颍响应，详见《通鉴》第一百五十卷。时魏方衰乱，故梁人得志，乃复以寿阳为豫州，改合肥为南豫州。后元颢入洛，梁之开境几埒永初。此后约计淮西属梁三十余年，直至侯景大乱后复陷北齐，入陈三世不能复。太建五年，吴明彻始击齐取江北数郡，瓦梁、庐江、历阳、合肥皆降于陈，进逼寿阳，擒王琳，杀之，传其首，拜明彻豫州刺史，功亦奇矣，其时明彻固镇寿阳也，后明彻攻吕梁，大败，为周所俘，则豫州又入于周，计陈得之不及数年。《陈书》本传史臣论云："蹙境丧师，金陵虚弱，祯明沦覆，盖由其渐焉。"综而论之，江左之兴亡系乎寿春之得失，故知豫治无定，必以寿春为主。

宋州郡国相

扬州、南徐州诸州但有令长，自南豫州以下始有国相，然甚少。江州一州各郡所属之县，几尽是公、侯、伯、子、男国相，令但一二见矣。此下青、冀、司仍多是令，其下荆、郢、湘、雍四州令与相相间，其下梁州、秦州、益州、宁州、广州、交州、越州又纯是令长，而国相偶一见焉。若云近于京都者不以封，国远者则封之；或云有实土者不以封，寄治假立之名则以封，二者皆不然也。凡此诸国，皆是空封，不之国也，而其立制之意，则似是随便取其县名以封之，而未必有一定之成例者。

王公等国视守令之例

封国之制，王国之相名内史，公、侯、伯、子男国之相名相。王公等皆不治民，但食其禄耳，相则治民，内史治民视太守，公侯等相治民视令长。就《州郡志》约之，当如此。以内史治郡而所属之县有国相者，如南平、如长沙、如衡阳、如零陵、如临庆、如始建是也。以太守治郡而所属之县有国相者，如鄱阳、如庐陵、如安城、如宜都、如新兴、如永宁、如武宁、如江夏、如竟陵、如武陵、如巴陵、如武昌、如西阳、如桂阳、如营阳、如湘东、如邵陵、如南阳、如新野、如顺阳、如始平、如南上洛、如河南、如义成、如南天水、如建昌是也。以公相治郡而所属之县有国相者，如巴东、如广兴是也。若豫章、若南郡、若建平，以太守治郡而所属之县又有公相。若南康，以公相治郡而所属之县又有公相，此则例之变者。

无属县之郡

《宋志》有无属县之郡，如南豫州之南陈左郡太守是。此等只可阙疑，不必致详。至越州所领之郡凡九郡，只有合浦一郡领县七，其余八郡皆无属县，盖在荒外，不可以内地常例论，且此州是明帝泰始七年方立，属郡亦多有"新立"字，规制殆皆未定。

司州县数不合

"武帝北平关洛，河南底定，置司州刺史，治虎牢，领河南、荥阳、弘农实土三郡。河南领洛阳、河南、巩、缑氏、新城、梁、河阴、陆浑、东垣、新安、西东垣凡十一县。荥阳领京、密、荥阳、卷、阳武、苑陵、中牟、开封、成皋凡九县。弘农领弘农、陕、宜阳、黾池、卢氏、曲阳凡七县。三郡合二十七县。"案：合二十七县，则弘农当七县，今此虽云七县，实六县。又"河内寄治河南，领温、野王、轵、河阳、沁水、山阳、怀、平皋、朝歌凡十县。东京兆寄治荥阳，领长安、万年、新丰、蓝田、蒲阪凡六县，合十六县"。案：合十六县，今河内十县，实九县，东京兆六县，实五县，合之实只十四县。

真阳令麀

"真阳令麀"，必有脱误。

雍　州

前言侨治南豫为要，南雍次之。《宋·州郡志》叙至雍州刺史，亦追述其缘起云"晋江左立。胡亡氐乱，雍秦流民多南出樊、沔，晋孝武始于襄阳侨立雍州，并立侨郡县"云云。《通鉴》：宋高祖永初三年，

"秦、雍流民南入梁州，遣使漕荆、雍之谷以赈之"。胡三省注："秦、雍之雍，古雍州也，关中之地。荆、雍之雍，晋末所置南雍州也，治襄阳。"谓此也。此州不加南字，以豫有二，雍惟一故。然襄阳而被雍名，非南而何？所领有京兆、扶风、冯翊等，盖除襄阳外，其余诸郡多空称。

江左不可无蜀

梁州、益州二刺史所领，则三国时蜀境也。江左不可无蜀，盖其为国，东则倚淮南数郡为屏蔽，中则资荆、襄、樊、邓为藩篱，而西则巴蜀亦其右臂。险既足恃，吴、楚溯流直达，由汉中可窥关陕。晋灭蜀，吴不能救，失掎角之势，晋之取吴易矣。自晋惠帝时蜀为李特所据，后为桓温所灭，义熙中又暂为谯纵所据，约九年，旋为朱龄石所灭，自此历宋、齐、梁，蜀长为江左有矣。《梁书·武帝纪》：天监元年六月，前益州刺史刘季连据成都反，二年五月，益州刺史邓元起克成都，曲赦益州。此当梁武初受禅，小有反侧而旋定。天监四年，魏王足攻涪城，邢峦规定巴西，已而自却，蜀仍梁有。梁武享国最久，势颇雄盛，蜀之南属久矣，直至侯景大乱后，而武陵王纪尚据有全蜀，前后在蜀十七年，南开宁州、越嶲，西通资陵、吐谷浑，士马殷富。若梁之子弟多贤，有此藩翰，国岂易亡？无奈纪与元帝同，一无人心，侯景之难不赴援，侯景已平，反率兵东下，欲图即尊，坐使骨肉相残，为元帝所诛，西魏乘其国中空虚，遂取蜀矣。西魏太师泰问大将军代人尉迟迥以取蜀方略，迥曰："蜀与中国隔绝百有余年。"计蜀自东晋穆帝永和三年入晋，至梁元帝承圣二年入西魏，实二百有七年，迥言百有余年者，岂以谯纵称藩于姚秦，除去数年，不满二百之数乎？且迥方言蜀之易取，应属中国，欲言其窃据之日浅，不欲言其久也。此二百年中，晋、宋、齐、梁立国不全恃蜀，而蜀实足以壮其形势，譬常山率然之蛇，击首尾应，击中首尾皆应，吴、楚、蜀实然。陈承梁，土宇迫狭，东既无淮肥，西又失蜀，文轨所同，不过江外，故隋之取陈势如破竹，与晋取吴同，信乎江左不可无蜀也。厥后赵宋南迁，犹赖吴玠保蜀焉。

广州刺史多一郡

"广州刺史领郡十七。"而今数之，实十八，多一郡。又凡各州所领之郡皆书某太守,不言郡,独此州之末书乐昌郡,不言太守,皆未详。

建安十六年交州治番禺

"交州刺史,汉武帝元鼎六年开百越交趾,刺史治龙编。汉献帝建安八年,改曰交州,治苍梧广信县,十六年,徙治南海番禺县。"案:"十六年",司马彪《续汉书》刘昭注及《晋书·地理志》俱作"十五年"。

交州刺史少一郡

"交州刺史领郡八。"而今数之只七郡,少一郡。

通鉴注与宋志不同

《通鉴》第一百二十九卷于孝武帝大明八年之末云:"宋境内,有州二十二,郡二百七十四。"胡注云:"此大较以沈约《宋志》为据,沈约志大较以是年为正。"此下胡即历举各州所领郡名,而与《沈志》颇有不同,不知何故,未能详考。

宋百官无装头

凡每志之首必有总叙,述其缘起,各史皆然。《宋·百官志》独无装头,竟从太宰直起。

将军加大章服略同

《宋书》卷十八《礼五》:"大司马、大将军、太尉,凡将军位从公者,金章,紫绶,给五时朝服,武冠佩山玄玉。骠骑、车骑将军,凡诸将军加大者,征、镇、安、平、中军、镇军、抚军、前、左、右、后将军,征虏、冠军、辅国、龙骧将军,金章,紫绶,给五时朝服,武冠水苍玉。"愚谓大将军乃三公之职,礼绝百僚,与凡诸将军迥别。今《宋志》以凡诸将军加大者,其章绶、冠服、佩玉皆与大将军小异而大同,则其品秩疑亦相等,盖所重在加"大",一加"大"则虽杂号将军亦居然一大将军矣。《宋·百官志》以一切将军皆叙次于大将军之后,此下方及九卿,仪同三司之名,原从诸将军起也。

十七史商榷卷五十八

南史合宋齐梁陈书六

班志不载汉礼

《南齐书·礼志》叙首云："汉初叔孙通制汉礼,而班固之志不载。"案:此说详见前第十一卷"汉无礼乐"一条。

何佟之议雩祭

"建武二年,祠部郎何佟之议雩祭曰:'皇齐以世祖配五精于明堂,今亦宜配飨于雩坛。周祭灵威仰若后稷,各用一牲,今祀五帝、世祖,亦宜各用一犊。'从之。"萧鸾尽杀太祖高帝、世祖武帝子孙,却以己身充太祖之第二子,固不能斥太祖,而以己之父道生代之,若世祖乃鸾之从兄,且世祖自有子孙,今观佟之议明堂及雩祭,尚以世祖配飨五帝,则当时太庙之中亦必不废世祖之祀可知。夫子称:"人而不仁,如礼何?"此为鲁三家发耳。以鸾之逆恶无人心,亘古少有伦匹,较之三家则又判若霄壤矣。想其入庙奉祀,对越骏奔,依然不愧不怍,此等人何必更以圣贤之所责者责之。惟是鸾祀太祖可也,祀世祖则义何所取,礼何所据,祝史如何告,仪节如何行,木主如何题署,主祭者之位次如何安顿措置,其名如何称,萧子显《礼志》一篇全不分明,千载而下为之揣度情形,不觉令人骇诧。

以妇人为一世

"宋台初立五庙,以臧后为世室。夫妻道合,非世叶相承。若据伊尹之言,必及七世,则子昭孙穆,不列妇人。若依郑玄之说,庙有亲称,妻者言齐,岂或滥享。"愚案:古者夫妻同一主。观萧子显此段,宋初竟以臧后为一世,但臧后是宋武帝元配,不知何以得为一世。考予前所引《宋·礼志》"宋武帝初受晋命为宋王,建宗庙于彭城,祠高祖开封府君、曾祖武原府君、皇祖东安府君、皇考处士府君、武敬臧后，从诸侯五庙之礼"，其时武帝现存而臧后已没，故即以充一世数，盖五庙之制，原应奉其先之有功者一人为百世不迁之太祖，其下则高、曾、祖、祢四亲，是为五庙。刘氏之先既无有功者可奉为太祖，但有四亲而已，惟武帝有大功，当比周文、武世室，而身又现存，遂以臧后充数。《南齐书·礼志》所说，即此事。但萧子显措词缭曲，未易了耳。要之，此真大可异事，厥后武帝崩，徐羡之等请以武帝配天南郊，以武敬皇后配地北郊。武敬即臧后也。亦见《宋·礼志》。此种典礼皆堪骇人。

《隋书》第七卷《礼仪志》："中兴二年，梁武初为梁公，乃建台，于东城立四亲庙，并妃郗氏为五庙。"郗氏即梁武之元配，其礼与宋武帝同。又第六卷云："后齐圆丘祀昊天上帝，以高祖神武皇帝配，方泽禘当作祀。昆仑皇地祇，以武明皇后配。"此亦与宋制同。至其述后周之制：南郊以始祖献侯莫那配所感帝灵威仰，北郊方丘则以神农配后地之祇，神州则以献侯莫那配。隋高祖受命，为圆丘，冬至祀昊天上帝，以太祖武元皇帝配，方丘，夏至祀皇地祇，以太祖配。周、隋之制较宋与后齐为得其正矣。

南齐州郡所据之书

《南齐·州郡志》有永明三年户口簿，有《永元志》，永元，东昏号。有《永明郡国志》，有《元嘉计偕》，亦犹《宋书·州郡志》自称采地理杂书。

京口名义

《南齐·州郡志》云："南徐州镇京口，孙权初镇之。《尔雅》曰：'绝高为京。'今京城因山为垒，望海临江，缘江为境。"案：此段释京口名义最为精确，乐史《太平寰宇记》第八十九卷亦用之。在无学识者，必疑其穿凿，而以京口为京都之口，不知从北朝来当于瓜步渡江，在今六合县，不由丹徒，即在南朝本国而论，江州、荆州、湘州、益州皆在建业之上游，而京口则在其下流，惟吴、会等在京口之下耳，何得以为京都之口乎？且京口之名不始于南北朝，孙吴已有，故唐许嵩《建康实录》："权自吴迁京口，筑京城，即今润州城也，因京岘立名。"详见前第四十二卷。然则京城者，犹言高城也。愈见《南齐书》释义之确。

江都浦水

"南兖州镇广陵,汉故王国。有江都浦水,魏文帝伐吴出此,见江涛盛壮,叹云'天所以限南北也'。"愚谓江都浦水与《汉志》广陵国江都渠水首受江者,疑皆即邗沟,亦即瓜洲。但此道直至隋炀帝始开,曹丕征吴时尚浅狭,同见后第七十九卷。彼欲亲御龙舟,率水师入江,此道不能容也。《魏志》述丕之临江观兵,水道冰,舟不得入江,仍谓舟不能取瓜步路入江,非谓瓜洲。

南朝官录尚书权最重

相国、三师、三公、大将军、特进、开府仪同三司及一切将军之下,方次以九卿,九卿之下方次以尚书,次侍中,次中书、秘书、御史、谒者,次领、护二卫及六军等,此宋、齐志所同也。而《齐志》于尚书中又特标"录尚书"一目,前未有如此特标一目者。夫公、师等在汉皆宰相也,其职要重无比,况三公中之太尉本掌禁军,大将军亦掌武,故每连大司马,可见总统文武,其后权移于尚书、侍中、中书,而一切尊官显号皆为空名矣。驯至南朝,惟录尚书权最重,此志所以特标之,又其时兵权尽归领、护,恐一切将军又成空名矣。官制无定如此。

《宋·彭城王义康传》:"为侍中、司徒、录尚书事,领扬州刺史。既专朝权,事决自己,生杀大事皆以录命断之。"录命者,录公之命也。录权之重久矣,然单拜录则自齐始。《南齐书·褚渊传》:"太祖崩,遗诏以渊为录尚书事。江左以来无单拜录者,有司疑立优策。尚书王俭议,以为'见居本官,别拜录,推理应有策书,而旧事不载。中朝以来,三公王侯,则优策并设,官品第二,策而不优。优者褒美,策者兼明委寄。尚书职居天官,政化之本,尚书令品虽第三,拜必有策。录尚书品秩不见,而总任弥重,前代多与本官同拜,故不别有策。即事缘情,不容均之凡僚,宜有策书,用申隆寄。既异王侯,不假优文'。从之。"观此,则知录始于齐,权最重,有录而令权又分。

十七史商榷卷五十九
南史合宋齐梁陈书七

语多通用

《南史》各传语多通用，如《后妃传·宋文帝潘淑妃传》："帝乘羊车经诸房，淑妃密令左右以咸水洒地，帝每至户，羊辄舐地不去，帝曰：'羊乃为汝徘徊，况于人乎！'"与晋武帝事同。宋武帝之子彭城王义康传：文帝元嘉二十八年，"遣中书舍人严麑《宋书》作严龙。持药赐死，义康不肯服药，曰'佛教自杀，不复人身'"。与晋恭帝临终语同。谢灵运之孙超宗传："褚彦回坠水，超宗抚掌笑曰：'落水三公。'彦回怒曰：'寒士不逊。'超宗曰：'不能卖袁、刘，焉免寒士。'"与刘祥讥彦回之言同。《刘湛传》：湛入狱见弟素，曰："乃复及汝邪？相劝为恶，恶不可为，相劝为善，正见今日，如何？"与《后汉书》范滂之言同。《张敷传》：狄当、周赳诣敷，就席，敷呼左右移席远客。与《江敩传》纪僧真诣敩事同。《王敬则传》：齐高帝受禅，敬则将舆入宫，逼宋顺帝升舆，顺帝泣而弹指，唯愿后身生生世世不复天王作因缘。与隋皇泰主为王世充所弑时之言同。《刘怀珍传》附《刘杳传》："卿有古人之风，故遗卿古人之器。"与本卷上文《孔珪传》齐高帝饷珪父灵产白羽扇等曰"君有古人之风，故赠君古人之服"，《傅昭传》齐明帝赐昭漆合烛盘，敕曰"卿有古人之风，故赐卿古人之物"并同。《谢朓传》：江祐等构朓下狱死，初朓告王敬则反，敬则女为朓妻，临诛叹曰："天道其不昧乎？吾虽不杀王公，王公因我而死。"与《晋书》王导悔不救周顗语同。《阴铿传》："与宾友宴，见行觞者，回酒炙授之，坐皆笑，铿曰：'吾侪终日酣酒，执爵者不知其味，非人情也。'侯景之乱，铿为贼禽，或救之获免，问之，乃前行觞者。"与《晋书》顾荣事同。

以家为限断不以代为限断

八代逐代各断，不宜牵连，延寿书各传中于一家父子兄弟子姓及其后裔历仕各代者，辄连述之，不以各代为限断，而以各家为限断，恶乎可？薛居正《旧五代史》逐代各断，是也。而《新史》变为错综穿插类叙，总因薄班固而欲上法马迁，故致斯弊。

其所以以家断，不以国断者，总以迁移见长耳。不知此国史，非家乘也，何为必以一家贯数代乎？即如褚渊、王俭两人，齐朝佐命，实宋之至戚，读史者读至齐事，未有不急欲观此二人之传也，乃王俭则附《王昙首传》，褚渊则附《褚裕之传》，分散其事，使读者茫然不测津涯。其实迁移有何难事，如此作史，无理取闹而已。又齐人本少，王融、谢朓，文学之士致显位而死于非命，此天然合传，《南齐书》搭配最为得宜者，乃《南史》则融入《王弘传》，朓入《谢裕传》矣。又柳世隆，齐之开国功臣也，而《南史》则已入之其伯父元景传矣，将齐人一概提入宋传而齐几无人，不过王敬则、张敬儿寥寥数武臣而已。夫一家之人聚于一传，史家恒有之，然必其在一朝者也，亦必可聚则聚，若父子各有大关系事迹，犹须各列传，不可混合，况一家数世历仕各代者乎？乃并其群从子姓总为会萃，此不过欲掩盖前作以成己名，岂纪事之道当然乎？

凡在一家者皆聚于宋，至齐寥寥无多人，齐历年少，犹差可，梁年与宋相等，宋除宗室诸王之外，尚有传二十六卷，梁除诸王只有十卷，何其多少之悬绝如此乎？自九品中正之法行，六朝人皆重门阀，延寿立意为人作家传，尽提入宋，故偏枯如此。

柳庆远、萧颖达与兄颖胄、柳世隆之子恢，皆梁之开国功臣也，故《梁书》以庆远与王茂、曹景宗同传，颖达兄弟与夏侯详等同传，柳恢与席阐文、韦睿同传，皆搭配停匀。而《南史》则以庆远与恢皆入之元景传，以颖达等入之《齐宗室》其父南丰伯赤斧传矣。陈朝文士独一徐陵，《陈书》云"国家大手笔，皆陵草之"，《南史》从其父摘，又提入梁，而陈之文臣几无人矣。

刘怀珍本将门，其从父弟峻孝标独为文人，故《梁书》入《文学传》。《南史》不顾其隔代，亦不问其人之臭味差池，以孝标入《怀珍传》。延寿欲为六朝人作家传一部耳，何尝是国史邪？

诸王中若陈之王冲、王通，一生庸碌，历事两朝，富贵寿考，无福不备，传中只有官衔，毫无事迹，使王氏而尽如此辈之无善可纪并无恶可指者，则概用李延寿法，叙于一处，何妨？不然稍有事迹如王质者，其人固无足取，而其事不可不存，事在梁末陈初，忽然尽抽入前半部，使人读之而宋、齐未了，忽见梁、陈，既以眩目为苦，读至后半部，顾此失彼，又以检阅为劳。考家世诚便，考国事则甚不便，有心改旧，李延寿之痼疾在此。

如《陈书》蔡景历与其子征必分二传，此类太烦琐，则不如《南史》合之为善。

后妃传叙首

《后妃传》叙首，自"晋武帝采汉、魏之制"云云至"备置内职焉"一段，皆沈约《宋书》旧文，自"及齐高帝建元元年"云云至"位在九嫔焉"一段，本之萧子显《南齐书》而法稍参差，自"梁武"云云至"不建椒闱"一段，本姚思廉《梁书》而略有增益，自"陈武"云云以下本《陈书》而删节之，延寿才太短。

孝穆赵皇后传当补

《后妃传》宋孝穆赵皇后"追封父裔临贺县侯"之下当补云："子宣之早卒，以弟孙袭之继宣之绍封，袭之卒，子祖怜嗣。齐受禅，国除。宣之弟伦之自有传。"此但云"子伦之，自有传"，太略。然宣之等竟不载，固为太略矣。而伦之与其子伯符别为专传，则又非，其说详后。

明帝所生沈美人

《文帝元皇后袁氏传》云："明帝所生沈美人，尝以非罪见责，应赐死，从后昔所住徽音殿前度。此殿有五间，自后崩后常闭。美人至殿前流涕大言曰：'今日无罪就死，后若有灵当知之。'殿户应声豁然开，职掌者遽白文帝，惊往视之，美人乃得释。"《宋书》叙此事则云"沈美人者，太宗所幸也，尝以非罪见责"云云，太宗即明帝，亦太祖文帝子，其时方为皇子也。若美人果系明帝所幸，则此时明帝应在别宫，所幸美人获罪，应即是获罪于明帝。今此文所叙，则其获罪、赐死、得释皆出于文帝，而所居亦在文帝宫中，安得以为明帝所幸？《宋书·文九王传》：明帝之母沈婕仔，即此美人也。《南史》改作"所生"，极是。

袁皇后传衍文误字

"大明五年，孝武乃诏追后之所生外祖亲王夫人为豫章郡新滏平乐乡君。""外祖亲"三字衍。"滏"，《宋书》作"淦"，是。凡衍、误、脱不可胜摘，聊偶见之。

文帝路淑媛被酖

文帝路淑媛生孝武帝。孝武帝讨元凶劭即位，尊为皇太后，宫曰崇宪。孝武帝崩，子前废帝即位，号太皇太后，明帝弑前废帝自立，号崇宪太后。明帝少失所生，为太后所养，即位后，供奉礼仪不异孝武帝时。此《宋书》所载也。此下又历叙其崩后尊崇之礼甚详。据《南史》，太后欲毒死明帝，为明帝所觉，即以所赐毒酒酖杀之，而沈约不书，约每为宋讳其恶，如此非一。然如孝武帝以义宣女为夫人，讳而不书，惟见《南史》，乃前废帝纳文帝之女新蔡公主，则又详书之本纪与《后妃传》，且屡见焉。或讳或不讳，其例不一，则又何说哉？

孝武帝之子，明帝杀其十六人，兄弟骨肉之间，翦屠甚于寇仇，何有于孝武帝之母。况孝武帝本无人理，路亦素有丑声，此种猜忍逆乱之举，想必有之。《南史》为得其实，胜于本书，固知《南史》不可尽废。

孝武文穆王皇后

《孝武文穆王皇后传》但云："讳宪嫄，琅琊临沂人。"考《宋书》，后为王导之七世孙，此竟不叙其家世，亦太略。传末云："父偃，别有传。"考《宋书》，偃事即附后传，此则附《王诞传》，故云别有传。

殷淑仪

"孝武殷淑仪，南郡王义宣女也。义宣败后，帝密取之，宠冠后宫。假姓殷氏"云云。案：义宣，与文帝嫡兄弟；孝武帝，文帝之子，与义宣之女乃从兄妹。沈约《宋书·后妃传》竟无《殷淑仪传》，约历事齐、梁，何必讳宋之大恶？《南史》为胜。文帝子《竟陵王诞传》：孝武遣车骑大将军沈庆之讨诞，诞自申于国无负，并言帝宫闱之丑。谓此事也。

《宋书·后妃传》既不载，而五十九卷《江智渊传》中载宠姬宣贵妃殷氏卒，智渊议谥曰怀，上以不尽嘉号，甚衔之。但称宠姬殷氏，亦绝不云是义宣女。又《宋书》目录于孝武文穆王皇后之下固附有宣贵妃，即此殷氏也，乃目有而传则无，此更可怪。下文孝武之子《前废帝何皇后传》又叙前废帝纳文帝第十女新蔡公主于后宫，则其亲姑也。洵可云家法相承，是父是子，宋中冓之不可道一至于此。

宣孝陈皇后

齐高帝之母宣孝陈皇后传"讳道止"。《南齐书》作"道正"，其下注云："宋本作'止'。"案：母名道正，子名道成、道度、道生，可疑。

后妃无东昏潘妃

凡史家之例，皇后虽无事迹，必有传，妃嫔则必有事者方作传。《南史·后妃传》齐东昏褚皇后之下应有《潘妃传》，虽本纪已有，然宜分见于此，今竟无传，何也？若于《王茂传》又见潘妃事，则甚属无谓，宜摘出别为《潘妃传》入《褚后传》之后，且如宋文帝潘淑妃、陈后主张贵妃，《南史》皆有传，何以东昏潘妃独无，详略不得其平。论云："东昏丧道，哲妇倾城。"论有而传无，岂不偏枯失体？

《南齐书》本无《潘妃传》，《南史》仍之，并论语亦皆钞袭，而不能补其漏。

郗后化龙

梁武帝皇后郗氏，祖绍，即作《晋书》者，见《徐广传》。郗氏死，化为龙，《梁书》本传无之。唐之去梁未远，如此大变异事，姚思廉无容不知。李延寿好语怪，许嵩《建康实录》、张敦颐《六朝事迹》又撷拾唾余详述之，皆妄也。

阮太后与金楼子互异

文宣阮太后，"本姓石。初，齐始安王遥光纳焉。遥光败，入东昏宫。建康城平，为梁武帝采女。天监六年八月，生元帝，拜为修容，赐

姓阮氏,随元帝出藩。大同六年六月,薨于江州正寝,年六十七。其年
十一月,归葬江宁,谥曰宣。元帝即位,追崇文宣太后"。《梁书》同。
按:元帝所撰《金楼子》第二卷《后妃篇》,叙述其母梁宣修容事甚详,此
书第一卷《兴王篇》述梁高祖武皇帝甚详,云即位五十年,似元帝已即
位后语,而于太后仍称修容,不言尊号者,盖未及追改也。又言齐世祖
因荀昭华荐以入宫,及隆昌中,少帝失德,太后以端正反获赐与,建武
中,遥光聘焉。又历叙在遥光府诸善行,是太后先事二帝一王,然后为
梁武帝所纳。《金楼子》初不讳言,而无入东昏宫事,又生于宋顺帝升
明元年丁巳六月十一日,大同九年癸亥六月二日薨于江州内寝,春秋
六十七。自丁巳至癸亥,正六十七年,则非大同六年,皆当以《金楼子》
为是,《南史》、《梁书》皆误。

此传云元帝以天监六年八月生,本纪则云七年,《梁书》纪传亦如
此互异。案:帝于承圣三年十一月为魏人所戕,《梁书》云年四十七,
《南史》削去其年数。帝王年数必应见于纪,旧史有之而反削去,是诚
何心? 李延寿删削不当,往往如此,从是年逆溯至天监七年,恰四十
七,若以六年生则不合,当以纪为正。

元帝徐妃南史较详

《南史》于《梁元帝徐妃传》述其淫乱之事甚详,其文参倍于《梁
书》。考《梁书》于《忠壮世子方等传》中已言元帝述徐妃秽行,榜于大
阁,则于《后妃传》何以只字不及,此不及《南史》。又"帝制《金楼子》,
述其淫行。初,妃嫁夕,车至西州,而疾风大起,发屋折木。无何,雪霰
交下,帷帘皆白。及长还之日,又大雷震西州听事两柱俱碎,帝以为不
祥,后果不终妇道"。考《金楼子》第五卷《志怪篇》,述丙申岁婚日妻至
门而大风雪等事甚详,与史合,独无所为述其淫行者。此书久亡,吾友
邵太史晋涵抄得,鲍文学廷博刻之,已非足本。

沈皇后从驾

陈后主沈皇后,"国亡,与后主俱入长安。后主薨,隋炀帝每巡幸,
恒令从驾。炀帝被杀,后为尼。贞观初卒"。愚谓后之从驾,辱哉! 陈
亡后,世祖文帝蒨沈皇后、废帝伯宗王皇后、高宗宣帝顼柳皇后及后主

叔宝沈皇后,四后累累入长安,无一人引决者,若张丽华不斩,恐亦未必能为潘贵妃之死。

刘道怜年

《南史·宋长沙景王道怜传》不载其薨年若干,《宋书》则云年二十五。上文"太后曰道怜年出五十",此当云五十五。

道怜等配祭庙廷

《南史·道怜传》:"文帝元嘉九年,诏故太傅长沙景王、故大司马临川烈武王、故司徒南康文宣公刘穆之、开府仪同三司华容县公王弘、开府仪同三司永修县公檀道济、故青州刺史龙阳县公王镇恶,并勒功天府,配祭庙廷。"此事已载本纪,似可省,若见之《檀道济传》,亦为有意。

鲍照为文帝中书舍人

临川烈武王道规嗣子义庆传附云:鲍照字明远。文辞赡逸,文帝以为中书舍人。"上好文章,自谓人莫能及,照悟其旨,为文多鄙言累句,咸谓照才尽,实不然也。临海王子顼为荆州,照为前军参军"。案:文帝,《宋书》作世祖,乃孝武,好为文章,自谓人莫能及,非文帝也。子顼出为荆州,正是孝武时事,孝武好文章,见《王俭传》;好书,王僧虔不敢显迹,见《僧虔传》。

皇子概作合传为非

凡诸皇子,各书皆按其年代先后与诸臣相间厕,此法《汉书》也。而《南史》则提出聚于后妃下诸臣前,亦尚可。但如宋武帝《宋书》称高祖,庙号也;《南史》称武帝,谥也。各帝及齐、梁、陈皆如此。《北史》与各书亦皆如此。例发于此,观者详之。七男,除少帝、文帝外,余五人,《南史》合为一篇,《宋书》则抽出义康、义宣别为一篇,盖七人中虽只有义季一人善终,余俱不得其死,似可合传,而义康、义宣以反逆诛,故抽出以示别异。《南史》则惟图省净,不用区别,甚至如文帝之子元凶劭、始兴王濬亦不依《宋书》另列《二凶传》。试观《汉书》于每一帝之子作合传一篇,而篇首先叙明某帝几男，某后某妃生某，使观者了然。如《高五王传》，高皇帝八男，吕后生孝惠帝，曹夫人生齐悼惠王肥，薄姬生孝文帝，戚夫人生赵隐王如意，赵姬生淮南厉王长，诸姬生赵幽王友、赵共王恢、燕灵王建，此下却云淮南厉王长自有传，长别传者，以其反也。《宋书》遵用此例甚合，延寿并合为非。霍去病与霍光、卢奕与卢杞、贾涉与贾似道不可合传，今李延寿于人臣尚一家并一传，何况皇宗，然非史法。

前于《晋书》论八王别为传，得史法之变。徐陵为贞阳侯与太尉王僧辨书有《八王故事》，吴兆宜注："书名也，纪晋事。"可见八王宜抽出为传，此法史家多遵之，独延寿不用。

梁豫章王综、武陵王纪、临贺王正德、河东王誉，皆是乱臣贼子，何得与他王同传？故姚思廉抽出附于卷末，与侯景同科，是也。李延寿一概搀入宗室及诸王，毫无泾渭，史法乱矣。愚谓《汉书》吴王濞与刘贾无别，尚有微嫌，《梁书》颇佳，延寿则卤莽灭裂矣。凡史宜据事直书，不必下褒贬，然分析伦类则不可无。

潘淑妃生始兴王濬

《宋文帝诸子传》云："潘淑妃生始兴王濬。"案：濬母卒，潘淑妃母之，非亲生，此误。《通鉴》一百二十六卷亦云："潘淑妃生始兴王濬。"《考异》曰："《太子劭传》云：'濬母卒，使潘淑妃养之。'《濬传》及《宋九王传》皆云濬实潘子，今从濬本传。"愚谓劭谓濬曰："潘淑妃遂为乱兵所害。"濬曰："此是下情由来所愿。"濬虽悖逆，但禽兽不知父，犹知母，濬当犹可及禽兽，似非亲生之母。

射氏为谢氏

《晋熙王昶传》：昶奔魏，明帝以第六皇子燮继昶，封晋熙王。乃诏晋熙国太妃谢氏，还其本家。先是，改射氏为谢氏。元徽二年，复昶所生射氏为晋熙国太妃。齐受禅，燮降封安阴县公，谋反，赐死。案：改"谢"为"射"，《宋书》甚明，此互倒，当由传写之谬。谋反是齐人曲笔，《南史》仍而不改，亦非。至于《宋书·明四王传》于齐受禅降封公之下屡书谋反赐死，此沈约于齐永明中所修。《南齐书·宗室传》安陆昭王缅之子宝晊，于东昏废，梁王当国，宝晊谋反伏诛；又《明七王传》亦屡书谋反伏诛。此反梁，非反齐也。萧子显在梁所修，皆其宜矣。

休范以我故富贵

《南史·桂阳王休范传》：休范素凡讷，少知解，不为诸兄齿遇，明帝常指左右人谓王景文曰："休范人才不及此，以我故，生便富贵。释氏愿生王家，良有以也。""我"下当有"弟"字，不可省。又"越骑校尉张苟儿直前斩休范首。""苟儿"当作"敬儿"。

武陵王赞薨

《宋孝武诸子传》："武陵王赞字仲敷，小字智随，明帝第九子也。明帝既诛孝武诸子，以智随奉孝武为子，封武陵郡王。顺帝升明二年薨，国除。"愚谓南雍本赞在明帝诸子之列，而汲古阁本则在孝武诸子之列，南雍本是也。明帝乃孝武之嫡弟，孝武二十八子，夭亡者十，其余十八人，前废帝杀其二，明帝杀其十六，却将己子为孝武子，此真奇绝之事，正如唐太宗杀弟元吉并及其子，又纳其妃而生子，却即以为元吉后，诚可骇笑。厥后赞亦仍为萧道成所杀，而此传乃书薨，竟与善终者无异，大谬。

明帝子出继者四

《宋书·明四王传》："明帝十二子：陈贵妃生后废帝，谢修仪生皇子法良，陈昭华生顺帝，徐婕妤生第四皇子，郑修容生皇子智井，次晋熙王燮与皇子法良同生，泉美人生邵陵殇王友，次江夏王跻与第四皇子同生，徐良人生武陵王赞，杜修华生随阳王翙，次新兴王嵩与武陵王赞同生，又泉美人生始建王禧。智井、燮、赞并出继。法良未封。第四皇子未有名，早夭。"始建王禧当云与邵陵殇王友同生，文法方一律。《南史》与《宋书》同，皆非。《宋书》于此下列诸王传，十二人中惟四人，友也、翙也、嵩也、禧也，此外八人，为帝者二，未封者一，未有名者一，其余出继者，当更有四，而此但云智井、燮、赞，惟三人，尚有跻一人竟无着落。《南史》则燮之下，跻亦出继，《南史》是。

宋书应立公主传

《宋书》应作《公主传》。临川公主之很妒，新蔡公主、海盐公主之乱伦，山阴公主之丑秽，皆自古少有，岂可不立传以为炯戒？考《宋书》，临川事见《后妃传·孝武帝王皇后传》，新蔡事见《前废帝纪》及帝《何皇后传》。海盐事，见《赵伦之传》。山阴事，亦见《前废帝》，故不另立。然愚意以为宜另立，而于他处，则云见《公主传》。

经略赵魏

《刘穆之传》：穆之"义熙十三年卒。帝在长安，本欲顿驾关中，经略赵魏，闻问惊恸，以根本虚，乃驰还彭城"。愚谓刘裕之武功，诚足为南朝生色，但此时拓跋甚强，夏赫连勃勃正当盛时，裕之力亦岂能遂图此二国乎？经略云云，裕之侈心而史家夸言之耳。裕即真仅三年，其子废帝营阳王景平元年夏，魏遂尽取司、兖、豫诸郡县矣，距裕定关中不过六七年耳。胡三省曰："司州地尽入魏，兖州自湖陆以南，豫州自项城以南仍为宋守。"

观穆之所自效及高祖委任之意，居然荀彧、贾诩一流矣。然彧能止操之九锡，而穆之以失请九锡，遂愧惧而死，见《王弘传》。则其人出彧之下甚远。

徐湛之为子劭所杀

《南齐书·徐孝嗣传》："祖湛之，为子劭所杀。""劭"下注：宋本作"太祖"。太祖，文帝也。其事甚明，当从宋本。乃作"子劭"，而以宋本附注，何为者？

王镇恶

观《王镇恶传》叙袭杀刘毅事，知镇恶刘裕之腹心而晋之蟊贼也。如胡藩辈皆然。然镇恶虽为裕腹心，而杀镇恶者即裕。裕得关中，皆镇恶功，将还，留子义真与镇恶及沈田子守之，而又私谓田子曰："钟会不得遂其乱者，为有卫瓘等也。卿等十余人，何惧王镇恶？"未几，田子遂诱镇恶杀之。裕之枭雄猜忍，亦难与共事哉！

诵观世音

《王玄谟传》:"萧斌将杀玄谟,玄谟梦人告曰:'诵《观世音》千遍则免。'玄谟梦中曰:'何可竟也。'仍见授。既觉,诵之,且得千遍。明日将刑,诵之不辍,忽传唱停刑。""观世音",《宋书》作"观音经",是。

赵伦之萧思话臧焘合传为非

臧焘有经学,故《宋书》与徐广、傅隆同传。《南史》以其为外戚,改为与赵伦之、萧思话同传,已失《宋书》本意。且赵伦之毫无事功,亦无罪恶,《南史》既不立《外戚传》,此等只可于《后妃传》附见,何得与萧、臧比?李延寿有心立异,多事纷更,而未必确。

"伦之以军功封阌中县五等侯,累迁雍州刺史。"此本《宋书》文,时伦之以征虏将军为雍州刺史,见《宋书》末卷《自叙》,传省文耳。

海盐公主

"伦之之孙偕尚文帝第四女海盐公主。初,始兴王濬以潘妃之宠,故得出入后宫,遂与公主私通。及适偕,偕入宫而怒,肆詈搏击,引绝帐带。事上闻,有诏离婚,杀主所生蒋美人。"此《宋书》伦之子伯符附偕传文。濬与公主嫡兄妹也,事上闻,不杀濬及公主,反杀公主之生母美人,殊不可解。然沈约每为宋讳恶,而于此直书之,当得实。《南史》乃云:"偕尚公主,甚爱重,偕尝因言戏,以手击主,事上闻,文帝怒,离婚。"李延寿任意窜改,必不可信。

萧介传删谏纳侯景语

萧思话之孙介传虽载谏纳侯景事,而其语一概删去,《梁书》则详载其表,李延寿任意去取,处处不当。《通鉴》第一百六十一卷仍详载介语,后人动称《通鉴》专取《南》、《北史》,不采各书,殊不然。司马君实之雅善裁鉴,刘道原之详究古今,岂肯偏徇李延寿哉?

臧焘等传论南史删弃

《宋书》以臧焘、徐广、傅隆同传,以三人皆儒者也。论一篇,穷原究委，尤觉卓然。论冒先言："选贤于野，则治身业弘；求士于朝，则饰智风起。"此言用人当求其实，而考实必据乡评也。次言"《六经》奥远，方轨之正路；百家浅末，捷至之偏道"。此言取士当以经术，而诸子诗赋不足尚也。分明两意并提，而两意实即一意，大抵经之明否，必据乡党评议也。此下云："汉世登士，闾党为先，崇本务学，不尚浮诡，然后可以俯拾青组，顾蔑纂金。于是人厉从师之志，家竞专门之术，艺重当时，所居一旦成市，黉舍暂启，著录或至万人。是故仕以学成，身由义立。"案：汉取士，犹有古乡举里选之法，详见《通典》第十三卷及第二十四卷《举贤良》、第二十五卷《选郎》诸条。盖两汉经术盛，故人才盛，观晁错、公孙弘、董仲舒等传，当时推择荐辟，必据乡党评议可知，后汉学校尤兴，举安、顺以下，累叶童昏，国统屡绝而历年四百，大命不倾，光武、明章尊经崇儒力也。《宋书》于此下遂言："自魏氏膺命，主爱雕虫，家弃章句，人重异术。又选贤进士，不本乡闾，铨衡之寄，任归台阁。以一人之耳目，究山川之险情，贤否臆断，万不值一。由是仕凭借誉，学非为己，崇诡遇之巧速，鄙税驾之迟难，士自此委箪植经，各从所务，早往晏退，以取世资。庠序黉校之士，传经聚徒之业，自黄初至于晋末，百余年中，儒教尽矣。"说已略见前第四十卷。"植经"，"植"当作"置"，谓弃置也。上文"浮"指诗赋，"诡"指诸子，二字括尽众家流弊，不浮不诡，舍经无由。黄初至晋末无儒教，真痛快之论，切中魏晋两朝弊病。但陈群立九品官人法，置州郡中正，则选贤于野，而不徒求士于朝，此制方从魏始，魏夏侯玄、晋刘毅方且极陈其敝，谓铨衡当专于台阁，不当使中正挠其权，今此反言魏晋之敝在选贤不本乡闾铨衡，任归台阁，二者正相反，何也？魏虽置中正，尚沿汉末党人余气，但主不好经，太学之衰实自魏始，见前第四十卷《诸生避役》一条。学衰经废，异端炽盛，孟子所谓上无礼、下无学，中正之设，何足遂大扶儒教乎？《宋书》于此下表元嘉之兴学，此乃聊作抑扬，其实元嘉亦未能崇儒，即臧焘等经学，何敢望汉人万一？想作者胸中有此一番好议论，姑借题以发之。

韩昌黎云："黄老于汉，佛于晋、魏、梁、隋之间。"汉初开建经学，武帝罢黜百家，黄老不能为害，后汉佛入中国而经益明，儒教益盛，佛亦不为害也。曹氏始好词赋，晋人专祖玄虚，佛乃炽矣。然晋、魏、梁、隋，佛虽横恣，传注义疏犹相承不绝。作者贬黄初至晋末而申元嘉，假臧焘等三人以立论，其意可见。窃疑沈约文体颇近轻薄，又创论四声，沾沾自喜，又于《谢灵运传》论备陈音韵声响之妙，乃于臧、徐等论痛诋黄初之爱雕虫，弃章句，恐此论非出约手，特前史旧文，约仍之耳。即如是，约亦尚为有识。夫所谓专门之术者，何也？即两汉经师训诂相传家法也。彼时训诂未亡，故周孔之道有所依凭而立，不似赵宋人以训诂与词章一例诃黜，延至唐初，贾公彦、孔颖达辈掇拾补缀，尚粲然可观。李延寿者与贾、孔同时，而学浅识陋，全不知经，以臧焘与赵伦之同传，以傅隆入《傅亮传》，皆非其类，惟一徐广与范泰等同传，而于卓然之论删弃无存。予辨之，使后之考史者知南北朝事断不可独倚李延寿也。

谢王聚于一处

《南史》以诸谢、诸王聚于一处。江左最重门阀，两家门阀当世所少，四代卿相多出两家，李延寿竟以两家贯四代，而四代似变为一代矣。齐、梁、陈皆统归于宋，此饱彼饥，偏侧斯极，但向来皆称王、谢，此独先谢后王，谢则冠以晦，王则冠以弘，岂以晦优于弘乎？李延寿初无此意也，不过聊示翻新耳。

王融屡陈北伐

王融屡陈北伐之谋，见《南齐》本传。《南史》尽削去，其时魏方强盛，而齐武帝岂能办此，宋文帝尚且败辱频频，况齐武帝乎？文人轻躁急功名，如谢灵运亦有此陈请，正融之类也。

谢玄语当从宋书

《谢灵运传》："祖玄，晋车骑将军。父瑍，生而不慧。灵运幼便颖悟，玄甚异之，谓亲知曰：'我乃生瑍，瑍儿何为不及我？'"案：《宋书》作"瑍那得生灵运"。考此语，亦见《晋·谢玄传》，彼"生"字上有"不"字，《宋书》脱耳。疑唐本已如此，李延寿不解其意，故易之，但一经窜改，使妙语顿成钝语。

忠义感君子

灵运被收，为诗曰："韩亡子房旧，秦帝鲁连耻。本自江海人，忠义感君子。"何氏焯曰："《北史·魏孝静帝纪》'忠义'作'志义'。"愚考毛氏刻《魏书》本纪仍作"忠义"，何氏盖据宋板。

沈约重文人

一部《宋书》以一传独为一卷者，谢灵运之外，惟颜延之、袁淑、袁粲而已。二袁忠义，固当详叙，颜、谢则惟重其文章。范蔚宗撰《后汉书》，而不得比颜、谢之独占全卷，沈约重文人如此。抑古来史家作传载著述全篇者多矣，独《宋书·灵运传》载其《山居赋》乃并其自注载之，此尤例之特殊者。《南史》芟削仅存十之二，太略，末段附孟颛，亦觉不伦。

灵运传论

《论》一切不论，独论其文，于文独论其诗，并且不专论灵运，直以己意历评古来作者，落到宋代，又以颜、谢并举，不分宾主偏正，此论虽系《灵运传》后，实非但为灵运发者，又史论之变体也。至此后一大段，则并将前半篇所评撇过一边，盖前半篇之意言若论其词义之美，则汉、魏、晋、宋诸家各有可取。后半篇之意，则约直自写其胸中所独得之见，而以为骚人以来此秘未睹。又云"张、蔡、曹、王曾无先觉；潘、陆、谢、颜去之弥远"，则竟一齐抹倒矣。约所作《四声》一卷已亡，窃谓约所论者古诗耳，彼时未有律体，不比沈佺期、宋之问之研揣声病，今但云"前有浮声则后须切响，一简之内，音韵尽殊，两句之中，轻重悉异。妙达此旨，始可言文"。此外尚有陆厥与约书论此事，见《南史·厥传》。然吾辈从千载下，曲意想像，终不知此旨何由而达也。灵运死时元嘉十年，年四十九。下"年"字脱。论"虞、夏以前，遗文不睹"，"前"字脱，从冯惟讷《古诗纪》校。"遗风余烈，事极江右"，"右"误作"左"，从张溥《百三家集》校。

谢 朓

　　《梁书》以《谢朓传》独为一卷,《南史》入《谢弘微传》。朓历仕宋、齐、梁三朝,以此编入其祖弘微传中,诚为宜矣。而鄙意则谓妇人三嫁,终以末后之夫为定,故入《梁书》为是。《南史》搅和各史,以异代之人入一家之传,乃史家之变例而不得其当者,不可以训。

　　姚察以谢朓为宋代忠义,朓于宋亡,不过不与其事,齐平定后遂出仕齐,于齐亡,于梁兴皆然。此等忠义,可发一笑。然萧子显于褚彦回尚有怨词,况朓乎?察云"极出处之致矣",誉之乎,刺之乎?察亦历仕三朝,极出处之致者,必不怪朓。察,隋臣也,犹朓之当入梁臣,其子仍题为陈吏部尚书姚察,异哉!

十七史商榷卷六十

南史合宋齐梁陈书八

王弘传自相违反

以一家物又与一家，南北朝为人臣者之惯态。若王弘，导之曾孙也，晋之世臣而竟为宋佐命，无耻已甚，传多褒扬太过，而末一段云"弘既人望所宗，造次必存礼法"，其下文又云"轻率少威仪"，何其言之自相违反与？

《宋书》以刘穆之、王弘同传，以两人皆佐命也，而论于王弘竟只字不及，虽《宋书》全部论皆如此，然弘佐命皆无功业，不过谄附而已，实无可论也。李延寿一切论赞皆钞袭旧文，至弘既迁入诸王首，而其论亦居然自下笔矣。褒休元为栋梁，殊嫌溢美。

西昌侯固争王融

《王融传》："魏军动，竟陵王子良于东府募人，板融宁朔将军，军主。融文辞捷速，子良特相友好。晚节大习骑马，招集江西伧楚数百人，并有干用，融特为谋主。武帝疾笃暂绝，子良在殿内，太孙未入，融戎服绛衫，于中书省阁口断东宫仗不得进，欲矫诏立子良。诏草已立，上重苏，朝事委西昌侯鸾。俄而帝崩，融乃处分以子良兵禁诸门，西昌侯闻，急驰到云龙门，不得进，乃曰：'有敕召我。'仍排而入，奉太孙登殿，命左右扶出子良，指麾音响如钟，殿内无不从命。融知不遂，乃释服还省，叹曰：'公误我。'郁林深怨融，即位十余日，收下廷尉狱。""子良不敢救，西昌侯固争不得，诏于狱赐死"。按："融乃处分"至"无不从命"一段，《南齐书》无，《南史》所添也。描摹情事，颇觉如绘。但李延寿既知此，则下文"西昌侯固争不得"一句，亦《南齐书》所无，延寿何意又添此一句乎？武帝疾笃，太子前死，太孙幼孱，鸾篡夺之谋已定，若融计得成，鸾事败矣，恨融刺骨，必欲杀之，安肯争其死乎？"西昌侯"

下省"鸾"字,亦非。

作唐侯相

《王籍传》:"为作唐侯相。"《梁书》作"湘东王引为谘议参军,带作唐令"。当从之。

左　佐

《王筠传》:"筠自撰其文章,以一官为一集,自《洗马》、《中书》、《中庶》、《吏部》、《左佐》、《临海》、《太府》各十卷,《尚书》三十卷。""中庶子"省"子"字,亦通。"佐"上,《梁书》无"左"字,筠尝为司徒左长史,当作"左佐"。

王华等传分散非是

多人作传,论中只论一人,一部《宋书》率犯此病,其因事配合牵搭则往往有意,非漫然也。如第六十三卷,以王华、王昙首、殷景仁、沈演之同卷,《华传》中又附以孔宁子,而论则以元嘉诛灭宰相徐羡之、傅亮、谢晦为王华、孔宁子之力。《王昙首传》中则云:"诛徐羡之等,平谢晦,昙首及华之力也。"然则论之不及昙首者,图省文耳。至殷景仁则倾刘湛而杀之,沈演之则倾范蔚宗而杀之,论之不及,亦图省文耳。聚于一卷,搭配甚妙。夫太甲复位,昌邑善终,羡之等固不可与伊、霍同年而语,要无反心,亦差可谓之志安社稷,湛罪亦不至于死,范蔚宗则更枉矣。惜沈约尚未能力表其诬,要其比类为传,意旨显然。若《南史》则更改迁移,刊削颠倒,王华在第二十三、王昙首在第二十二、殷景仁在第二十七、沈演之在第三十六,原书旨趣荡然无可窥寻矣。幸而原书具存耳。欧阳永叔请取唐人《九经义疏》删去谶纬,若其言得行,斯文丧矣。吾于南北诸书,亦同此幸。要之,李延寿之所以必分散者,亦因欲使聚族故也,却使因事类叙之法尽废。

又如《宋书》第七十一卷以徐湛之、江湛、王僧绰三人同传,以此三人皆是为元凶劭所杀,固宜同传。第八十四卷,以邓琬、袁顗、孔觊三人同传,以此三人皆从晋安王子勋反见杀,固宜同传。两论只论一事而三人皆遍,亦得法。《南史》则总以一家为断,不以事类为叙,徐湛之入《徐羡之传》，江湛入《江夷传》，王僧绰入《王昙首传》，袁颛入《袁湛传》，孔觊入《孔琳之传》，《宋书》类叙之法被伊一齐打散，此国史也，岂家谱乎？不以事类为叙，而必使以族属为叙，则作史专为欲明人家世次谱牒乎？大谬之尤者。

惟朱龄石、超石，毛修之，傅弘之四将，皆西征关中，军败陷虏，三见杀、一降，似乎恰好同传，天造地设，故李延寿不能违异，而其实毛当专归《北史》，此又仍《宋书》而误者。

以僧为名

甚矣，南朝人之佞佛也。即如僧字，《说文》卷八上《人部》无，新附云：“浮屠道人也。”僧既浮屠之称，何得用为名？今散见各传者，不可枚举，而王氏尤觉纠纷，如王僧达、王僧祐、王僧绰、王僧虔，此王导之一族；如王僧孺，则王肃之八代孙，又是一族；如王僧辨、王僧智，则王神念之子，不知其所自出，又是一族。实非一宗而皆以僧为名，《殷钧传》有宋尚书仆射琅邪王僧朗。至于《侯景传》有王僧贵则不足论。遂致读者易于混乱，几疑为兄弟行者。至此却思李延寿于国史中作家传，反觉不为无功，为之失笑。

唐陆龟蒙《小名录》采各书中所载南朝人小名，用僧名、佛名亦多。

又有父子同名僧者，殆如羲之、献之之类，未暇详考。

王俭首倡逆谋

刘裕篡晋，王弘为佐命，萧道成篡宋，弘弟昙首之孙俭首倡逆谋，王氏世以君国输人者也。刘祥、谢超宗讥褚渊而不讥俭，何哉？

俭自幼笃学，手不释卷，观其引述《汉书》、《三都赋》、《晋百官表》，腹笥便便，专以学术为佞谀之资。华林宴集，跪齐高帝前诵相如《封禅书》，其谄弥甚，殆不知人间有羞耻事者。

俭弟逊，升明中为丹阳丞，告刘彦节事，不蒙封赏。建元初，为晋陵太守，有怨言。俭虑为祸，因褚渊启闻，伏诛。又刘祥撰《宋书》，直书禅代事，俭又密以启闻，武帝衔之，致流窜死，见《南齐·祥传》。俭真小人！

王俭嫡母武康主

《王俭传》"俭嫡母武康主"云云。案:俭父《僧绰传》:"尚东阳献公主。"此云"武康",有误。

虞祭明堂

王俭议:"正月宜缩礼二郊,虞祭明堂。"愚谓明堂安得称"虞祭"?北雍本误同。《齐书·礼志》作"虔癸",尤非。彼本传不载,疑当为"虔祭"。

王俭年四十八

"永明七年,俭薨,年四十八。"案:《齐书》俭薨年三十八,《南史》盖误以褚渊之年为王俭之年。

俭、渊皆以宋世臣为齐佐命,俭三十八,渊四十八,皆不寿。齐台初建,渊启高帝,引何曾自魏司徒为晋丞相之例,求为齐官,其无耻若此。渊子贲以父失节,深执不同,终身愧恨之,而渊拜司徒,其从弟炤叹曰:"彦回少立名行,何意披猖至此。门户不幸,乃复有今日之拜。使彦回作中书郎而死,不当是一名士邪? 名德不昌,遂有期颐之寿。"四十八而死,何云期颐? 思之有味。

王阮亭《论诗绝句》云:"十载钤山冰雪情,青词自媚可怜生。彦回不作中书死,更遣匆匆唱渭城。"刺严嵩也。今以《南史》褚渊从弟炤讥渊之言考之,乃是使彦回作中书郎而死云云。《通鉴》同。中书郎者,谓中书之郎官耳。考《渊传》,渊生平未尝为中书令,阮亭误记渊为中书令,故遂误云"不作中书",若改"不作三公"则妙。

永嘉末

王俭之子《骞传》:"永嘉末,召为侍中。"监本作"永元",是。永元,东昏号。

王僧虔论书诫子

《南齐书·王僧虔传》载其论书一篇,遍论汉、魏、晋、宋书家,凡二十七家，而独不及羲之、献之者，虽是因其名重，人所共知，无劳品评，如宋人选唐诗不收杜工部，然亦自有不满羲之之意。其论亡曾祖领军书云："右军云'弟书遂不减吾'，变古制，今唯右军、领军，不尔，至今犹法钟、张。"观此可见。韩昌黎云"羲之俗书趁姿媚"，意与僧虔同。其论王平南廙云"右军叔，过江之前以为最"，言廙是右军之叔，其书过江之前为最佳也。《南史》改为"过江右军之前以为最"，如此则有推尊右军意，其实不然。亡曾祖领军者，名洽，字敬和，导之第三子，又有亡从祖中书令者，名珉，字季琰，珣之弟，二人皆附《晋书·导传》，各家皆称名，独二人称官。凡此所论皆指隶草，无大小篆法，隶始于秦，行之二千年，若欲废隶用篆，断断不可，但书体消讹已极，幸而《说文》尚存，天之未丧斯文也。学者必须尊信推崇，于隶中识篆意为善。又僧虔诫子一篇，中多格言至论，而艰晦难读，试观宋时泾明董汉策所刻二王帖语，多蹇涩费解，甚至不可句，可见当时简牍本自如此，不尽由传写之误，而传写脱谬者亦有之。《南史》惟任意删削，往往失其本来面目，而于其脱谬，则全不能有所是正也。如云："曼倩有言'谈何容易'，见诸玄，志为之逸，肠为之抽，专一书，转诵数十家注，自少至老，手不释卷，尚未敢轻言。汝开《老子》卷头五尺许，未知辅嗣何所道，平叔何所说，马、郑何所异，《指例》何所明，而便盛于麈尾，自呼谈士，此最险事。设令袁令命汝言《易》，谢中书挑汝言《庄》，张吴兴叩汝 _{北雍本有言字。}《老》，端可复言未尝看邪？谈故如射，前人得破，后人应解，不解即输赌矣。且论注百氏，荆州《八帙》，又《才性四本》、《声无哀乐》，皆言家口实，如客至之有设也。汝皆未经拂耳瞥目。岂有庖厨不修，而欲延大宾者哉？就如张衡思侔造化，郭象言类悬河，不自劳苦，何由至此。"此段甚佳，凡为子弟者，当手录一通，悬之座右。《南史》尽削去，大非。马、郑自是马融、郑玄，然二人未尝注《老》，此言大可疑。恐上文《老子》当作《老》、《易》，观下并言，《易》、《庄》、《老》则可知。荆州，谓刘表。又云："吾在世，虽乏德素，要复推排人间数十许年，故是一旧物。"《南史》删"数"字，此字断不可省，《南史》之妄如此。

耶　耶

《王彧传》："子绚，读《论语》'周监于二代'，何尚之戏曰：'可改耶耶乎文哉。'"尚之意以下文"郁郁乎","郁"与"彧"通故也。唐无名氏《古文苑》第九卷《木兰诗》:"军书十二卷,卷卷有耶名。阿耶无大儿,木兰无长兄。愿为市鞍马,从此替耶征。旦辞耶娘去,暮宿黄河边,不闻耶娘唤女声,但闻黄河流水鸣溅溅。"宋章樵注:"耶,以遮切。今作'爷',俗呼父为'爷'。"杜甫《兵车行》:"耶娘妻子走相送,尘埃不见咸阳桥。"又《北征》诗:"见耶背面啼,垢腻脚不袜。"以父为耶,六朝及唐多有。其实古只作"邪",讹为"耶",俗妄诚可笑。然如辽耶律氏,未可改为"邪"。则知古不容泥,若于耶上又加父,则误中之误。至如《梁书·始兴忠武王憺传》:"民为之歌曰:'始兴王,民之爹。'"姚氏自注:"徒可反。"左圭《百川学海》所采戴埴《鼠璞》辨荆土方言,爹,徒我反,今浙人以父为爹,字同音异,亦随土声而变为陟斜切。是爹与爷音同矣。

童乌

杨子《法言》:"育而不苗者,吾家之童乌乎?九龄而与我玄文。"童乌,子云之子,而或以"童"字句绝,"乌乎"为叹词。《南史》王彧之子绚,小字童乌,见《王蕴传》,亦见《南齐书·高帝纪》。又《宋书·范泰传》云"扬乌豫玄,实在弱齿",则童乌为小字无疑。

王晏传删非

《王晏传》云:"仕宋,初为建安国左常侍,稍至车骑。"《宋书》作"临贺王国常侍,员外郎"。二者不同。《南史》于传末一段追叙其为员外郎时事,则前删"员外郎"三字,使后文为无根。

三年丧请用郑氏

《王淮之传》:武帝受命,拜黄门侍郎。永初中,奏曰:"郑玄注《礼》,三年之丧,二十七月而吉,古今学者多谓得礼之宜。晋初用王肃议,祥禫共月,故二十五月而除,遂以为制。江左以来,唯晋朝施用,搢绅之士多遵玄义。夫先王制礼,以大顺群心,丧也宁戚,著自前经。今大宋开泰,品物遂理,愚谓宜同即物情,以玄义为制,朝野一礼,则家无殊俗。"从之。此《南史》用《宋书》文,乃于本纪删去此事,岂以纪、传不可重出邪?纪中事不与志、传重者无几,史家纪载之体应尔,不嫌重也。黜王扶郑，自此永为定制，礼之至大者，纪中岂可不载？李延寿任意删削，舛谬之极。

诸到传位置皆非

《南史》到彦之孙㧑，㧑子沆，沆从兄溉、洽，洽子仲举同传。传中叙彦之之长子元度，少子仲度，并早卒。仲度子㧑，㧑子沆，字茂瀣。若溉字茂灌，洽字茂沿则皆㧑弟坦之子。《梁书》皆与之合，但《梁书》以洽在二十七卷，溉在四十卷，沆在四十九卷《文学传》。愚谓《南史》、《梁书》皆非也。到溉、到洽，当时目为两到，乃嫡兄弟，而仕同时，官位、事业、人品、学问俱相等，皆无事迹，不过平平人物，此必当合传，万万无分理者，乃分为二篇，溉兄洽弟，此何以先洽后溉。乡贯及曾祖、祖、父三代，两传重复叙入，即沆亦尽可同传，乃必别为文学，瓜区而芋畴之，姚氏父子两世修史，乃略无裁断至此。李延寿之以一家穿贯似矣，但彦之宋臣，㧑齐臣，沆、溉、洽梁臣，仲举陈臣，《南史》则以彦之作提头，凡彦之子孙历仕宋、齐、梁、陈者，一并穿入《南史》，竟作成一部南北朝人家传矣。只因魏晋以来，官人以世，专用门阀品量天下士，李延寿又师心自用，必欲力矫前人之失，遂成此弊。乃叹茫茫千载，著述家家有病，甲既失矣，乙又未必得也。且莫讲到词义考据，只此卷第分配之间，皮毛之事而疵累已如此。

到溉显贵

《梁书》论云："溉遂至显贵。"案：溉官至侍中、散骑常侍。黄门侍郎与散骑常侍侍郎，当时以为黄散，徐羡之委蔡廓典选，令其专主，不必关白，则非显贵，其显贵在侍中耳。

袁顗盛称太子之美

袁顗当孝武帝大明末年，帝欲废太子子业而立新安王子鸾，顗盛称太子好学日新而止，但子业之不肖，人所共知，顗若以子鸾为不可立，则劝其废昏立次可也，何反盛称子业之美乎？及子业立，改元景和，是为前废帝，顗果以不见容而出，子业旋以无道，为其叔父彧所杀而自立，改元泰始，是为明帝。顗于此时始奉晋安王子勋即大位，旋败走被杀，能无追悔前言否？子勋，孝武之子，顗奉之而史乃书反，亦非。

《褚渊传》中于顺帝末袁粲欲图诛萧道成之事,反书粲为怀贰,其谬亦同。

文帝讳日

《袁粲传》:宋孝武孝建元年,"文帝讳日,群臣并于中兴寺八关斋中,食竟,粲与黄门郎张淹更进鱼肉食。御史中丞王谦之纠奏,免官"。"文帝讳日"四字,《宋书》作"世祖率"三字。世祖,即孝武也。粲后日能死忠,必不于君讳进肉,当从《宋书》。

何　涧

《袁彖附宗人廓之传》:"时何涧称才子。"《何逊传》作"从叔倜,字彦夷",作"涧"误。

袁昂马仙琕

《袁昂传》载永元末,梁武帝起兵,州郡望风皆降,昂为吴兴太守,独拒境,帝手书谕之,昂答书洋洋几百言,绝大议论,无非说节义。及建康城平,遂受梁官,后迁吏部尚书。武帝谓曰:"齐明帝用卿为黑头尚书,我用卿为白头尚书,良以多愧。"对曰:"臣生四十七年矣,四十以前,臣之自有,七年以后,陛下所养。七岁尚书,未为晚达。"其诌至此。马仙琕为齐豫州刺史,梁武起兵,使其故人姚仲宾说之,仙琕先为设酒,即斩于军门以徇,后为梁军所执,至石头而脱之,帝劳之曰:"射钩斩袪,昔人弗忌,卿勿自嫌绝。"谢曰:"小人如失主犬,后主饲之,便复为用。"帝笑而美之。六朝人节义类此者颇多。

论褒粲是也,誉昂则愚矣。

宋书有关民事语多为南史删去

《宋书》有《良吏传》,而孔季恭《南史》作"孔靖"。及其子灵符,羊玄保及其兄子希并沈昙庆诸人共为一卷,皆取其治民有惠政者。《灵符传》载山阴湖田议,议者十三人全载。《玄保传》载吏民亡叛罪同伍议。《希传》载占山泽以盗论议,皆因其有关于小民生养之计,载之极详。论则言"江南为国,虽南包象浦,西括邛山,至于外奉贡赋,内充府实,止于荆、扬二州",因而极论"田家作苦,役难利薄,亘岁从务,无或一日非农，而经税横赋之资，养生送死之具，莫不咸出于此。穰岁粜贱，粜贱则稼苦，饥年籴贵，籴贵则商倍"。此段言农民之苦已自恻然。此下言"常平之议，行于汉世，元嘉十三年，东土潦浸，民命棘矣。太祖省费减用，开仓廪以振之，病而不凶，盖此力也。大明之末，积旱成灾，虽敝同往困，而救非昔主，所以病未半古，死已倍之，并命比室，口减过半。若常平之计，兴于中季，遂切扶患，或不至是"。此段以元嘉、大明相较，见仓储之为急，而欲行常平，常平行则商贾不得操其奇赢，而无粜贱籴贵之患矣。常平说已详前第十二卷。而《宋书》此篇诚为卓然至论，《南史》既迁移其篇次，而于湖田议竟尽削去，羊玄保、羊希二议亦仅存什一，其论、赞每袭取旧文，而于此篇之卓然者反弃不用。《南史》意在以删削见长，乃所删者，往往皆有关民生疾苦国计利害，偶有增添，多谐谑猥琐或鬼佛诞蔓。李延寿胸中本不知有经国养民远图，故去取如此。又《宋书·孔琳之传》，桓玄欲废钱用谷帛，琳之议钱不可废，论则先言食货两不可无，继又言两者之交病，而末段又推论之云："先宜削华止伪，还淳反古，抵璧幽峰，捐珠清壑。然后驱一世之民，反耕桑之路，使缣粟羡溢，同于水火。既而荡涤圜法，销铸勿遗，立制垂统，永传于后。比屋称仁，岂伊唐世。桓玄知其始而不觉其终，孔琳之睹其末而不统其本。"此段尤为探本之论，恐沈约不辨有此，当是前世名臣之言，约仍之耳，抑约亦通敏能见及此。若李延寿则无学识陋儒也，于琳之议削去十之八九，论亦弃不用。予今读之，乃不觉反复赏叹，而深有味乎其言。

南齐书不讥褚渊

《南齐书·褚渊传》叙其为齐佐命，至建元二年，进位司徒之后云："轻薄子颇以名节讥之，以渊眼多白精，谓之'白虹贯日'，言为宋氏亡征也。"如此负国怀奸，而犹以讥之者为轻薄子，萧子显是道成孙，其言目合如此。《南史》以"白虹贯日"云云为袁粲之言，与《南齐书》不同。《南史》又添"粲语渊母为竹帛所笑"云云，又添"王俭欲加道成黄钺，任遐讥渊保妻子爱性命"云云，皆《南齐书》所无，此则《南史》之胜于本书者。又谣云："宁为袁粲死，不作彦回生。"亦《南史》有，《南齐》无。此篇所添颇有意。

南齐于渊论赞，尤多恕词。至云："贵仕素资，皆由门庆，平流进取，坐至公卿，则知殉国之感无因，保家之念宜切。市朝亟革，宠贵方来，陵阙虽殊，顾盼如一。"此论亦可解嘲，六朝、五代皆如置棋，然五代诸臣何难行遁，六朝则欲遁无从，不可与冯道例。

褚贲传互有短长

《南齐书》叙渊之长子贲历官云："解褐秘书郎。升明中，为太祖太尉从事中郎、司徒右长史、太傅户曹属、黄门郎、领羽林监，齐世子中庶子，领翊军校尉。建元初，仍为宫官，历侍中。"《南史》则其首先冠以"少耿介。父背袁粲等附高帝，贲深执不同，终身愧恨之，有栖退之志"，皆《南齐书》所无。此下却突接云"位侍中"，竟不知其何由而得侍中也。据《南齐》，则贲在宋末已历任高帝、武帝官属，革命后，仍为宫官，然后迁为侍中，侍中是尊显权要之职，贲固久为齐臣矣。《南齐》于此下但言："渊薨，服阕，以为侍中，领步兵校尉、左民尚书、散骑常侍、秘书监，不拜。上表称疾，让封与弟蓁，世以为贲恨渊失节于宋室，故不复仕。"如此而已。夫父在观其志，父没观其行，贲于渊死后，不拜官，称疾让封，愧恨乃父之意显然，乃犹迁其词曰"世以为"云云，萧子显身为齐之子孙，故多讳饰，李延寿则力表其谢病、庐墓、绝食、拒客、钉塞门户，延寿是也。但欲表贲忠以形渊丑，若书其先历任齐官，恐碍贲之节，于是没其实而去之，则又谬。此非求文法简净，乃是有意掩覆矣。二史互有短长。

渊之祖秀之与弟淡之为晋亲臣，而贰于宋武帝，妹为晋恭帝后，杀后所生男非一，又弑恭帝，渊又以宋驸马而求为齐臣，累世卖国，丑声真自不堪。渊虽贵，刘祥辈揶揄殆不可耐。建元中，何点谓人曰："我作《齐书》，云渊既世族，俭亦国华，不赖舅氏，遑恤外家。"见《南齐·高逸·何求传》。丘灵鞠诣别，渊脚疾不起，灵鞠曰："公一代鼎臣，不可复为覆悚。"见《文学传》。至隆昌末，乐预尚云："人笑褚公，至今齿冷。"见《孝义传》。其攒讥辣诮如此，贲盖深羞之，故立节以扶拭焉。梁鸿之父仕王莽，故鸿终身不仕，欲以雪其耻也。且王莽之子尚知非莽隔绝平帝外家，与师吴章谋以血洒门，欲以悟莽。朱温之兄尚知责温以灭唐家三百年社稷，他日得无灭吾族。王安石之弟亦知安石行新法、昵吕惠卿之非，劝以远佞人。骨肉之间，忠奸异趣，由来如是。

　　张稷弑齐东昏侯，东昏虽昏暴，稷究以逆节被弹，稷子嵊盖深耻之，故于侯景之乱合门死难，以雪其辱，其忠也正，其所以为孝，与褚贲等心事正同。

左户尚书

　　《南史》"贲为左户尚书"。《南齐》作"左民"，此江左制也。观《宋》、《齐》二书《百官志》可见。作"户"者，避唐讳而改。

黄门郎

　　《蔡廓传》："廓自豫章太守征入为吏部尚书，请于中书令傅亮，选事悉以见付。亮语录尚书徐羡之，羡之曰：'黄门郎以下，悉以委蔡，自此以上，宜共参同异。'""黄门郎"，《宋书》同，《通鉴》作"黄散"，胡三省曰："黄散，谓黄门侍郎及散骑常侍侍郎也。"

蔡兴宗传误

　　《蔡兴宗传》："右军将军王道隆蹑履到兴宗前，不敢就席，良久方去，竟不呼坐。元嘉初，中书舍人秋当诣太子詹事王昙首，不敢坐。其后中书舍人弘兴宗为文帝所爱遇，上谓曰：'卿欲作士人，得就王球坐，乃当判耳。殷、刘并杂，无所益也。若往诣球，可称旨就席。'及至，球举扇曰：'君不得尔。'弘还，依事启闻，帝曰：'我便无如此何。'"至是，兴宗复尔。案：此事《宋书》所载，"秋当"作"狄当"，"弘兴宗"作"王弘"，彼是，当从之。狄当又尝诣张敷，就席，敷呼左右移席远客，见《敷传》。然则作"狄"是。《陆慧晓传》及《恩幸传》叙首亦皆作"秋当"，亦误也。此文于下仍云"弘还"，则其上作"弘兴宗"，似是一姓弘名兴宗之人者，其为传写之误可知。"至是兴宗复尔"六字，彼作"五十年中有此三事"八字。二者皆非纪载之体。"无所益也"，彼作"无所知也"。"就席"下彼无"及至"二字，则此文为胜。王弘，乃又是一人，非为太保字休元者，彼乃王导曾孙，门阀甚高，何不坐之有？又考《江敩传》，纪僧真诣敩，坐定，敩命左右移吾床让客。与张敷事绝相似。

以女妻姊之孙

《宋书·蔡兴宗传》:"妻刘氏早卒,一女甚幼,外甥袁颛始生彖而妻刘氏亦亡。兴宗姊,即颛母也,一孙一侄,躬自抚养,年齿相比,欲为婚姻,每见兴宗,辄言此意。大明初,诏兴宗女与南平王敬猷婚,兴宗以姊生平之怀,屡经陈启,答曰:'卿诸人欲各行己意,则国家何由得婚?且姊言岂是不可违之处邪?'旧意既乖,彖亦他娶。其后彖家好不终,颛又祸败,彖等沦废当时,孤微理尽。敬猷遇害,兴宗女无子嫠居,名门高胄,多欲结姻,明帝亦敕适谢氏,兴宗并不许,以女适彖。"此事既无理,叙次又茫昧,令读者生疑。《南史》但削去数句,于其情事曲折则全不能明析也。"始生彖","生"下《南史》添"子"字,是。一孙谓彖,一侄谓兴宗之女。计兴宗之女与颛是内外兄弟,岂可为其子妇?兴宗之姊,妇人无识,有此谬见。兴宗累世大有名位,不应徇之。明帝但言姊言岂不可违,不言其行辈不合。又下文言兴宗女无子嫠居,则其上"彖亦他娶"下,应有"兴宗女他适"一句。至此女阅历如许变故,不但孀妇,年亦壮大矣,名门高胄何至争欲娶之?敬猷已死,人臣家有女,听从其便可也,何以明帝又敕适谢氏,益觉可笑。兴宗又竟抗违而展转曲从初订之谬约,如此门阀,使女再醮已甚可丑,必以妻姊之孙更属荒唐,伦序乖舛,诚不可解。

《南史》于《袁湛传》连及诸袁,颛为袁淑兄之子,而彖则为颛弟觊之子,非颛子也。颛之子昂传屡言从兄彖,又昂幼孤,为彖所养,彖卒,昂制期服,人怪问之,答书极言情逾同生,不当为诸从服,则彖非颛子,已与《蔡兴宗传》互异。《彖传》云:"祖舅征西将军蔡兴宗器之。"祖舅者,父之舅也。然则兴宗之姊乃袁觊之母,非颛母矣。《彖传》又云:"彖幼而母卒,养于伯母王氏,事之如亲。"则彖为伯母王氏所养,非祖母蔡氏所养,又与《兴宗传》互异,而《宋书·袁颛传》一则曰颛舅蔡兴宗谓之曰云云,再则曰尚书右仆射蔡兴宗是颛舅云云,则又与《兴宗传》合矣。乃传末一段言颛以奉晋安王子勋事败死,太宗即明帝。忿之,投尸于江,兄子彖微服求访,密致丧葬,则又与《兴宗传》不合矣。种种抵牾,不可爬梳。大约以女妻姊之孙一事,断非其实。

山阴公主悦褚渊

宋孝武帝长女山阴公主悦褚渊,白前废帝,召渊西上阁宿,公主夜
就之,渊不从。考渊尚宋文帝女南郡献公主,于山阴公主为姑夫,及观
何尚之之孙戢传:"戢,美容仪,动止与褚渊相慕,时人号为小褚公,选
尚孝武女山阴公主。"审尔,则公主又何必苦求渊侍己,真可发一大笑。

何佟之

"何昌寓字俨望,尚之弟子也。父佟之,位侍中"。案:此与《儒林
传》中何佟之姓名偶同,非一人。

洗　阁

《何尚之传》论"洗阁取讥"。传中无所谓洗阁事,乃别见《张畅
传》。但此事何不直载入《尚之传》邪? 此传论不相应,殊为非体。

十七史商榷卷六十一

南史合宋齐梁陈书九

中诏

《南齐书·张绪传》末引建元初中诏。案:沈约《自序》自注云:"事见文帝中诏。凡中诏今悉在台,犹法书典书也。"然则此乃当时记录之名。

张邵张祎

《南史·张邵传》中"邵"字凡数十见,《宋书》四十六卷《邵传》与《南史》并同,《通鉴》亦同,惟《宋书》五十九卷《张畅传》作"张劭",而近人校《南史》者一概俱改作"劭",未详。又《南史·张畅传》云"邵兄祎子。"《宋书》五十九卷《张畅传》亦作"祎",而四十六卷则作"伟",《通鉴》第一百十九卷亦作"伟",二者不同。祎承刘裕使,酖故主晋恭帝,于道自饮而卒,奇忠千古仅见,《南史》断自刘宋始,以祎系晋臣,故仅附见于《畅传》而不为别立传。

宋书为妄人谬补

《宋书》第五十九卷有《张畅传》,此是沈约原本,其前四十六卷先有《畅传》,则后世妄人谬取《南史》搀入者。四十六卷目列赵伦之、到彦之、王懿、张劭四人,内到彦之阙,卷末又无论赞,则此卷本自不全,致遭妄人蛇足,于劭之后又附以畅,一人两传,前后复出,不知《宋书》不似《南史》,一族之人必聚一处,其中有父子各卷,如颜延之、颜竣之类,况畅是劭兄子,何必附入? 想妄人偶读至此,忽忆劭有侄畅,以为遗落,竟未及检照五十九卷,率尔抄入,不然,则何所取乎? 此传与《南史》文并同,惟《南史》云魏太武南征,此则改云"魏主拓跋焘南征",以下皆称"魏主"。其实《宋书》中"魏主"字样,是口气,非史臣笔,史臣则称"索虏"，不称"魏主"，今此所改，乃又妄人之强作解事者。此篇于《宋书》中宜删去。又《南史》于各帝皆称谥法，《宋书》则称庙号，然亦间有称谥法者，例亦未能画一，此四十六卷中赵伦之、王懿、张劭三篇皆称谥法，所以妄人于《张畅传》亦改世祖为孝武，却不可因《张畅传》而疑赵伦之等亦非沈约原文也。臣穆等跋执称谓不同，不可泥。

敷演镜畅

《宋书·张劭传》："子敷、演、敬，有名于世。"又："邵，兄伟之子。"《畅传》亦云："畅少与从兄敷、演、敬齐名。"考《南齐书》第四十一卷畅之子融传云："张氏知名，前有敷、演、镜、畅，后有充、融、卷、稷。"《南史》三十二卷《融传》与《南齐》同，"敬"皆作"镜"。案：《宋史·太祖本纪》："太祖本姓赵氏，讳匡胤，祖名敬。"此当为宋人校者避讳而改。

张融不寄人篱下

张融《自序》云："吾文章之体多为世人所惊。夫文岂有常体，但以有体为常。丈夫当删诗书、制礼乐，何至因循寄人篱下。"愚谓六朝便有此等妄人，何况唐宋以下，去孔子愈远，学问不寄人篱下，便是乱道。孔子曰："博学于文，约之以礼，亦可以弗畔。"弗畔者，寄人篱下之谓也。

南史附传皆非

《南史》无《艺术传》，故以徐文伯、嗣伯兄弟世精医术，而强附入《张融传》，实则欠妥。又如释宝志以附《隐逸·陶弘景传》，亦为不当。

《南齐书》亦无《艺术传》，故于褚渊之弟澄传附徐嗣，即嗣伯也，亦欠妥。而又但有嗣无文伯，载嗣医术灵验只两事，较《南史》甚略。其一事直阁将军房伯玉冷病云云，彼文只作有一伧父。《南史》于此等琐碎处往往小有添补，亦不无微益，惟缚刍为鬼下针，李延寿惯喜说鬼，亦不足责，所可怪者，以文伯兄弟为东海人，《南齐书》则作东阳人，文伯之曾祖熙、祖秋夫、父道度皆精医，而熙已居秦望山。又宋文帝言天下五绝皆出钱唐，谓杜道鞠弹棋、范悦诗、褚欣远模书、褚允围棋、徐道度疗疾也。然则自是东阳，非东海。

范蔚宗以谋反诛

范蔚宗曾祖汪，祖宁，父泰，世擅儒学，蔚宗亦博涉经史，善为文章，仕宋贵显，忽坐谋反，与其四子一弟同死于市。计蔚宗性轻躁不谨，与妄人孔熙先往还，是其罪耳，决不当有谋反事也。蔚宗生晋安帝隆安三年，宋受禅年二十二。盖当宋台初建即仕刘氏，故国之思既已绝无，新朝之恩则又甚渥。熙先以文帝弟义康出镇豫章，欲弑帝迎义康立之，此真妄想，事之必不能成，下愚亦知，蔚宗乃与共谋乎？且当义康执政，蔚宗以饮食细过为所黜逐，怨义康必甚，熙先钩蔚宗之甥谢综，综为解隙，亦何肯遂以身殉乎？蔚宗于文帝君臣之际，乐游应诏，豫陪赓歌，携伎被弹，爱才不罪，为左卫将军掌禁旅，参机密，据《通鉴》。深加委任，可谓嘉遇矣，忽欲操戈相向，非病狂丧心，何乃有此？熙先说诱蔚宗，以国家不与为婚姻，当日江左门户高于蔚宗者多，岂皆连姻帝室者？而蔚宗独当以此为怨，亦非情理。蔚宗始则执意不回，终乃默然不答，其不从显然，反谓其谋逆之意遂定，非诬之邪？蔚宗言于上，以义康奸釁已彰，将成乱阶，反谓其欲探时旨，此皆求其故而不得，从而为之词者。乃云衡阳王义季等出镇，上于武帐冈祖道，蔚宗等期以其日为乱，区区文士，欲作寿寂之、姜产之之伎俩，是何言与？况熙先主谋，反称为蔚宗等，徐湛之告状，亦首称贼臣范蔚宗，真不可解。初被收，不肯款服，自辨云："今宗室磐石，蕃岳张跱，设使窃发侥幸，方镇便来讨伐，几何而不诛夷，且臣位任过重，一阶两级，自然必至，如何以灭族易此。"又云："久欲上闻，逆谋未著。又冀其事消弭，故推迁至今。"然则蔚宗特知情不举，乃竟以为首乱之人，何哉？蔚宗善弹琵琶，文帝欲闻，终不肯，其耿介如此。序《香方》，一时朝贵咸加刺讥，想平日恃才傲物，憎疾者多，共相倾陷，《宋书》全据当时锻练之词书之，而犹详载其自辨语，《南史》并此删之，则蔚宗冤竟不白矣。

蔚宗与沈演之同被知遇，演之每先入见，不及待蔚宗，史谓蔚宗以此为怨，故有反心。愚谓蔚宗固未必以此为怨，而沈演之则正是忌蔚宗才，妒蔚宗宠，倾而杀之者，见《宋书·演之传》。蔚宗又语何尚之云："谋逆事闻，孔熙先说此，轻其小儿不以经意。今忽受责，方觉为罪。君方以道佐世，使天下无冤，弟就死后，犹望君照此心也。"尚之亦正是与群小朋比而陷蔚宗者，亦见《宋书·尚之传》。蔚宗乃向彼诉冤，急不择音耳。蔚宗又自言外人传庾尚书见憎，计与之无恶。尚书者，炳之也。蔚宗虽自言无恶，然《宋书·徐湛之传》云："刘湛伏诛，殷景仁卒，太祖即文帝。委任沈演之、庾炳之、范蔚宗等。"然则争权妒宠，炳之倾害蔚宗，事所必有。

蔚宗与甥侄书，自序其读书作文之法甚备，甘苦蕴味，千载而下，可以想见。如云："吾狂衅覆灭，岂复可言，汝等皆当以罪人弃之。然平生行已犹应可寻。"又云："年三十许，政始有向耳。自尔以来，转为心化，往往有微解，言乃不能尽。至所通处，皆自得于胸怀耳。"又云："文章转进，但才少思难，每于操笔，耻作文士。"又云："文患其尽于形，情急于藻，义牵其旨，韵移其意。虽时有能者，大较多不免此累。政类工巧图缋，竟无得也。常谓情志所托，故当以意为主，以意为主则其旨必见，以文传意则其词不流。观古今文人，多不全了此处，纵有会此者，不必从根本中来。吾思乃无方，所禀之分，犹当未尽，亦由无意于文名故也。"观其所述，志在根本之学，六朝文士罕见及此。又自论其《后汉书》云："吾杂传论，皆有精意深旨，既有裁味，故约其词句。至《循吏》以下及《六夷》诸序论，笔势纵放，实天下之奇作。比方班氏，非但不愧而已。"又云："赞自是吾文杰思，殆无一字空设。此书行，故应有赏音者。自古体大而思精，未有此也。"其自负如此，危难之际，牢户之中，言之津津，良可悲矣。沈约史才较蔚宗远逊，为其传不极推崇，似犹有忌心，李延寿为益二语云："于屈伸荣辱之际，未尝不致意焉。"此稍见蔚宗作史本趣。今读其书，贵德义，抑势利，进处士，黜奸雄，论儒学则深美康成，褒党锢则推崇李、杜，宰相多无述而特表逸民，公卿不见采而惟尊独行，立言若是，其人可知，犯上作乱，必不为也。

虎帐冈

《南史·范蔚宗传》云："元嘉二十二年九月，征北将军衡阳王义季、右将军南平王铄出镇，上于虎帐冈祖道。"考之《宋书》，本作"武帐冈"，《通鉴》第一百二十四卷亦作"武帐冈"，胡三省注引杜佑曰："冈在广莫门外宣武场，设行宫便坐于其上。"袁枢《通鉴纪事本末》同。《汉书·汲黯传》："上尝坐武帐，见黯。"应劭曰："武帐，织成帐为武士象也。"孟康曰："今御武帐置兵阑五兵于帐中也。"师古是孟说。《通鉴》第二十四卷《汉昭帝纪》："将废昌邑王,太后被珠襦,盛服坐武帐中,侍御数百人皆持兵期门,武士陛戟陈列殿下。"事亦见一百四十八卷。元嘉武帐,取此义也。后之校《南史》者误以为李延寿避唐讳改作"武",实当作"虎",遂奋笔改之,而初不知其本当为"武帐",并非因延寿避讳改也。校书者之不学如此。

久丧而不葬

《何承天传》:元嘉十六年,除著作佐郎,寻转太子率更令,著作如故。"时丹杨溧阳丁况等久丧而不葬,承天议曰:'《礼》云还葬,当谓荒俭一时,故许其称财而不求备。丁况三家数十年中葬辄无棺椟,实由浅情薄恩,同于禽兽者耳。丁宝等同伍积年,未尝劝之以义,绳之以法。十六年冬,既无新科,又未申明旧制,有何严切,欻然相纠。或由邻曲分争,以兴此言。如闻在东诸处,比例既多,江西、淮北尤为不少。若但谪此三人,殆无所肃,开其一端,则互相恐动。臣愚谓况等三家,且可勿问,因此附定制旨:若人葬不如法,同伍当即纠言。三年除服之后,不得追相告引。'"愚谓"久丧而不葬","不"下脱"棺"字,"数十年中","十"字衍文。《宋书》无"比例",当作"此例"。"还葬"二字,出《檀弓》上篇:"子游问丧具,夫子曰:'称家之有亡。'子游曰:'有亡恶乎齐?'夫子曰:'有毋过礼。苟亡矣,敛首足形,还葬,县棺而封,人岂有非之者哉?'"《南史》此段文义甚属费解,加以脱误,尤不明析。《礼》所云还葬者,谓敛毕即葬,不待案期,如此者,实因其家贫,故许其不备礼,若丧久案期乃葬,则必备礼矣,然即在还葬者亦但许其不备礼而已,非竟可无棺也。今丁固等并非敛毕即葬,系久丧乃葬,而竟不用棺椟,直举父母埋之土中,其罪大矣。但当时行此者甚多,不止丁固等,而同伍丁宝等之纠告丁固等则又非,盖葬不如法,同伍当下即合告发,今三年除服后,相隔已久,忽然相告,明是挟嫌也。

威 斗

"张永开玄武湖,遇古冢,冢上得一铜斗,有柄。宋文帝以访朝士,承天曰:'此亡新威斗。王莽三公亡,皆赐之。一在冢外,一在冢内。

时三台居江左者，唯甄邯为大司徒，必邯之墓。'俄而永又启冢内更得一斗，复有一石，铭'大司徒甄邯之墓'。"何氏焯曰：《汉书》邯终大司马，铭不得为大司徒，死在王莽始建国四年壬申，天凤四年丁丑八月乃铸威斗，不应追纳诸墓。又威斗，莽欲以厌胜众兵，令司命命负之，莽出在前，入在御旁，司命孔仁左杖威节，右负威斗，即其职也。当莽之渐台，犹抱持符命威斗，似亦非赐臣下送终之器。此说恐全属附会。

颜　公

《颜延之传》：延之"与何偃从上南郊，偃路中遥呼延之曰'颜公'。延之以其轻脱，答曰'身非三公之公，又非田舍之公，又非君家阿公，何以见呼为公'"？以称公为轻脱，自汉有之，高祖称所送徒曰公等，见本纪；晁错父称错为公，见错传，是也。《北史·李幼廉传》："齐文宣与语及杨愔，误称为杨公。"此盖平日熟称不觉，故致此误，则北朝朝士相呼为公，亦与南朝同。

颜竣杀父妾

颜延之"有爱姬，非姬食不饱，寝不安。姬凭宠，荡延之坠床致损，延之子竣杀之，延之痛惜甚至，常坐灵上哭曰'贵人杀汝，非我杀汝'"。愚谓妾罪小，竣竟杀之，非怒其损父，忌其宠于父耳。竣之不孝，宜乎不得其死。严武杀父妾，以其夺母宠也，独不为父地乎？知母不知父，非人道矣。

颜谢优劣

《延之传》末载鲍照评颜、谢两人文章优劣数语，甚佳，《宋书》无。

颜竣铸钱议

宋制，有事百官集议，众议不同，并以启上。《宋书》中往往载之，如《颜竣传》中载其铸钱两议，《孔季恭传》中载其垦湖田议，是也。但所议挽用吏牍，殊不可读，《南史》遂痛削之，仅存一二，若无本书，则当时制度全不见。《竣传》铸钱议删削尤多，不见其本意，当从《宋书》补正。

南史延之父子论袭旧为得

《宋书》以延之独为一卷，其子竣传隔卷，乃于延之论中，专论颜竣之代孝武帝作檄以声逆劝罪，将陷父于死为不孝。独提此事论之，然此应入竣传，今《延之传》何无所论，而独举此一事乎？《宋书》论每如此偏侧，《南史》则论皆袭旧，因颜氏父子同卷而袭用此论，翻觉惬合。

羊欣传多晋事

《羊欣传》前半篇皆《晋书》中事，入之本史非例，此沿袭《宋书》之文而谬者。曾祖忱，晋徐州刺史；祖权，黄门郎。案：陶弘景《真诰》卷一《运题象》篇注云："羊权字道舆，忱之少子，晋简文黄门郎。"即羊欣祖是也。

江湛五子

《江湛传》："五子，恁、恕、憼、愻、法寿。"《宋书》亦云五子，而落去"憼"字，则似以法寿为二人矣，误也。

江总自序

《江总传》云："为宫端，与太子为长夜饮，养良娣陈氏为女，太子亟微行游总家，宣帝怒，免之。"太子，即陈后主也。宣帝怒免总，是矣。宣帝建元太建，而总《自序》乃云："太建时，权移群小，屡被摧黜。"小人欲变乱是非如此。《隋文帝纪》：开皇九年，平陈，"以陈都官尚书孔范，散骑常侍王瑳、王仪，御史中丞沈观等，邪佞于其主，以致亡灭，皆投之边裔"。而总与诸人同为狎客，邪佞更甚，陈亡入隋，乃独得幸免，且靦颜拜上开府，安然寿终，年七十六，子溢懒诞骄物，亦历仕两朝，以功名终。若无史书，小人更何所惮哉！有史在，恶人多福者，其恶千载炳然不灭矣。

沈攸之非不臣非反

《南史·沈攸之传》"攸之为镇西将军、荆州刺史，加都督，聚敛兵力"，"惭怀不臣之心"。愚谓此齐人曲笔，而李延寿袭之。沈约修《宋书》在齐武帝时,故多回护,延寿则不应尔。《宋书·攸之传》书以反叛,不知攸之乃反齐,非反宋也。正如魏毋丘俭等之反,反司马氏,非反魏也。《通鉴纲目》第二十七卷书此事云:"宋荆襄都督沈攸之举兵江陵,讨萧道成。"得其实矣。

梁书无柳仲礼

《梁书》无《柳仲礼传》。按:侯景围台城,援兵四集,仲礼为总督,乃案兵不动,坐观国破。论者以为梁祸始于朱异,成于仲礼。《梁书》惟于《韦粲传》中见粲推仲礼为大都督事,粲先死节,而仲礼安然自全,此后事,粲传本不当见,然非《梁书》一大缺乎? 仲礼后降西魏,《魏》、《周书》皆不见,赖《南史》补之,最有功,虽于例应入北朝,然补缺功不可没,亦附《柳元景传》,则其病。朱异公然良死,读史者恨之,与秦桧等,柳仲礼入魏,《南史》不言如何死法,又一缺也。

二万人食米数

古量小,说已见第十一卷。《宋书·刘勔传》:淮西人贾元友请北伐,勔议曰:"二万人岁食米四十八万斛,五年合须米二百四十万斛。"按:据此计算,每人一日食米三升三合有零,今人虽健啖,不能食此数,六朝时量比今尚小。

与　手

《宋书·薛安都传》:"弟道生,为秣陵令庾叔之所鞭,安都执稍,欲往杀淑之,逢柳元景,元景曰:'小子无宜适,卿往与手,甚快。'"又《索虏传》:"元嘉二十七年,拓跋焘寇汝南,世祖遣刘泰之等向汝阳,袭杀三千余人,诸亡口悉走,大呼云:'官军痛与手。'"《南史·张彪传》:"彪为赵棱所刺,谓左右韩武曰:'我尚活,可与手。'武遂诛棱。"《通鉴》第一百八十五卷《唐高祖纪》:"宇文化及反,裴虔通逼隋炀帝出宫门,化及扬言曰:'何用持此物出,亟还与手。'"胡三省曰:"言与之毒手而杀之。"

裴叔业改入北史薛安都一人两传

王氏懋竑《读书记疑》曰："《南史·崔慧景传》末云：'旧史裴叔业有传，事终于魏，今略之云。'案：《叔业传》在《北史》，故《南史》略之。然叔业事皆在南齐，未及入魏而卒，以其从子植等俱在魏，故并以附之耳。叔业究当仍归《南史》。"王氏此说是。《南齐书》以叔业与崔慧景、张欣泰同传，以其或贰心于敌，或称兵犯顺，类聚最宜。《南史》以慧景改入王敬则、陈显达、张敬儿传，亦差可。以欣泰入其父兴世传，仍是作家谱伎俩，而以叔业改入《北史》，尤为大谬。若薛安都者，正当在《北史》，沈约以入《宋书》为谬，乃李延寿则一人作两传，但详略不同，《南史》在四十卷，《北史》在三十九卷，此真一大笑端也。向来校史者皆未经指摘。

十七史商榷卷六十二

南史合宋齐梁陈书十

萧颖孚事异本书

《南史》萧颖胄与其弟颖达、颖孚等传，与本书虽大段相同，然《南史》叙颖胄奉齐和帝于江陵称尊号，颖达与之同举兵，而颖孚则自建邺为庐陵人修景智潜引与南归江陵，缘山逾嶂，仅乃得达。若《南齐书》则言："颖孚在京师，庐陵人修灵祐窃将南上，于西昌县山中聚兵二千人，袭安成郡，据之，求援，颖胄遣范僧简援之，即拜僧简安成内史，颖孚、庐陵内史，合兵出彭蠡口。"《梁书》则云："颖孚自京师出亡，庐陵人循景智潜引与南归，至庐陵，景智及宗人灵祐为起兵，屯据西昌。颖达假颖孚节，督庐陵、豫章、临川、南康、安成五郡军事，庐陵内史。"三者多不同，大约《南史》与《齐》、《梁》二书不同者颇多。

齐书讳南史直书

《南齐书》凡"顺"字，皆改为"从"，此萧子显避讳改也。考《齐》、《梁书》本纪，皆以梁武帝之父名顺之，此当是梁武帝之祖，疑亦误，予别有辨。而梁之应讳"顺"字则无疑。子显，齐高帝之孙，而仕于梁，书成于梁朝，故讳之，此皆子显原文。如二十二卷《豫章文献王嶷传》"宋从帝"下注："北雍本作'顺'，宋本讳。"其下又一见，亦作"从帝"。其下载嶷上武帝启，有"侍幸□宅"，"□"下注："顺之，宋本讳。"此乃幸萧顺之宅，故子显直用墨围耳。四十卷《鱼复侯子响传》萧顺之则作"□"，而其下注一"顺"字，又加一圈云："宋本讳。"凡此《南史》皆直书。

靴

齐高帝子豫章文献王嶷传："嶷不乐闻人过，左右投书相告，置靴中不视。"观此则南齐已有靴，不始于北朝。又《恩幸传》："梁严亶著靴上殿。"《新罗传》载其方言，靴曰洗。《蠕蠕传》："其人著深雍靴。"

沈约不作豫章王碑

豫章王嶷薨，群吏乐蔼等欲建碑，与右率沈约书，请为文，约答曰："文献王冠冕彝伦，仪刑寓内，自非一代辞宗，难或与此。"约闾闾鄙人，欸酬今旨，便是以礼许人，闻命惭颜，不觉汗之沾背。约谦避作碑，当亦知齐武帝之子文惠太子与豫章王有嫌故耳。

豫章王嶷传与齐书微异

《南齐书》出萧子显，豫章文献王嶷即其父也。自作史而为父立传，千古只此一人，故传中极尽推崇，论至以周公比之，赞则云"堂堂烈考，德迈前踪"云云。嶷固无甚恶，然《南史》则谓其后房至千余人，苟丕极言其失。大约子显多隐讳，故《南史》往往有微异者。传末言其死后见形，自言为文惠太子所药死，已诉先帝，皆《南齐书》所无，此则李延寿说鬼长技，却不足取。大约豫章与文惠固有夙嫌，豫章死于永明十年，而文惠即以明年正月死，故延寿因而附会之。又《南史》各论皆剿袭各书，独嶷论句句自撰，不用子显元文，亦与他处不同。

高帝诸子传南史独详

《南齐书·高帝十二王传》于桂阳王铄仅有其半，下半篇为萧鸾所杀之事见《南史》，《南齐》无之，此乃刓缺不全，非其本无。又《南史》于此篇之下有《始兴简王鉴传》，凡九百余字，其中虽多疑神见鬼之言，想必李延寿所添，然《南齐》则鉴事只有六十余字，赖《南史》得存，今日《南》、《北史》遂成宝物者，正为此等处耳。如桂阳、始兴，若无《南史》，则二王事几亡矣。岂知各史之所以多阙落不全者，正因有李延寿书，人皆谓其胜于本书，几视各书为可有可无，不甚爱惜，故至零落，若无《南》、《北史》，则不至此也。然如江夏王锋，《南史》七百余字，《南齐》只一百七十字；宜都王铿，《南史》五百三十余字，《南齐》只一百余字。由此观之，《南史》于此篇增益颇多，其功究不可没。

二王同字

"宜都王铿,字宣俨"。案:豫章王巳字宣俨,二王皆高帝子,不应同字,必有一误。

齐讳嫌名

《齐·文惠太子长懋传》:在宋末"转秘书丞,以与宣帝讳同,不就"。《南齐书》同。案:宣帝,高帝道成之父,长懋之曾祖也。宣帝讳承之,"丞"其嫌名耳。然此事在宋本非功令,考《南齐书·百官志》,太常、光禄勋、卫尉、廷尉、大司农、少府,皆有丞,尚书有左右丞,皆不讳。而《州郡志》南琅琊郡有承县,则并正名亦不讳矣。范蔚宗为太子詹事,以父名"泰"辞不拜,当时习尚如此,非定制。若隋文帝父名"忠",而官名有"中"字者皆改为"内",则嫌名之讳始于隋,至唐益重。

文惠太子有失德

《南齐书·文惠太子长懋传》论、赞无贬词,而《南史》论则谓其有失德,此《南史》之胜本书者。又文惠太子乃世祖武帝之子,反在前,豫章文献王嶷乃太祖高帝之子、武帝之弟,而反在后,次序不顺,亦逊《南史》。至宗室衡阳元王道度、始安贞王道生等,乃在徐孝嗣等传之下,位置尤为乱极,不如《南史》为顺。

邵陵王友

《南史·竟陵王子良传》:"仕宋为邵陵王友,时宋道衰谢,故不废此官。"《南齐书》则云"王名友,寻废此官"。二者正相反,不知《南史》何据?诸王生名不宜讳,而友即其府中官属,理应避,且《南史》删去"王名友"三字,则不废云云,意不明。

子良传所删不当

《子良传》所载请罢遣台使督通调,又上表请修治塘遏,又密启请原除逋租,削除窃官假号,清理狱囚,停止土木工费,并停止交州用兵,又以诏租布二分取钱,奏陈赋敛之困,宜蠲减,又论司市加税之弊。凡此奏请皆有关国计民生,《南史》删削,所存不及十之一二。大约《南史》所删多不当,今不能尽摘,《南齐》亦多误字,今以张氏溥《百三家集》参校,稍可读。

子恪至免诸王

子良子昭胄传:"王敬则事起,南康侯子恪在吴郡,明帝虑有同异,召诸王侯入宫,晋安王宝义及江陵公宝览住中书省,高、武诸孙住西省,敕人各两,左右自随,过此依军法,孩抱者乳母随入。其夜并将加害,赖子恪至乃免。"观《南齐书》,则此时鸾意本欲且留不杀,并非因子恪至得免。《南史》一意删削,不顾事实,详玩彼文自明。

江西即江北

予前于《史记》考得江西即江北,若正言牛渚以西,皆得称之。今案《通鉴》第九十五卷《晋成帝纪》:"咸和七年,赵郭敬南掠江西。"胡三省注:"江西,谓邾城以东至历阳也。"邾城,今湖北黄州府黄冈县。历阳,今安徽和州。此以和州溯江而西,至黄冈为江西,对江东而言,是正言西也。若《南齐书》竟陵王子良之子昭胄传:"建武以来,高、武王侯朝不保夕,昭胄与弟昭颖逃奔江西,变形为道人。崔慧景举兵,昭胄出投之。"时慧景在南兖州,即今扬州,此则以江北为江西。又《柳世隆传》:"建元二年,虏寇寿阳,垣崇祖既破虏,上欲罢并二豫,敕世隆曰:'江西萧索,二豫两办为难。'"此江西即指寿阳一路徐、沛、淮泗之间而言,亦以江北为江西也。《南史·王融传》:"晚节习骑马,招集江西伧楚数百人,特为谋主。"融志在北伐,以功名自期许,其时南北交兵,寿春为扼要,所称江西正指此一路而言,亦以江北为江西也。古人言北可以西言之,言南可以东言之,二者得通称。《史记》殷通在江南会稽郡,欲言沛郡事,正当言江北而言江西。乌江亭长欲从江之北岸渡项羽至南岸,正当言江南而言江东,皆通称。

子响事二书不同

鱼复侯子响传,《南齐书》载其举兵与台军战,官军引退,下云:"上又遣丹阳尹萧□_{萧顺之也,说见前。}领兵继至,子响部下恐惧,各逃散,子响乃白服降,赐死。"此处《南史》有文惠太子属顺之径杀子响事,子显书修于梁，故讳此事，此则当以《南史》为得。

武帝诸子传不同者多

《武帝诸子传》，《南齐》与《南史》不同者甚多，不独如上文所云也。盖诸王皆为萧鸾所杀，如晋安王子懋见杀之事，二书大异。又如《建安王子真传》云："明帝遣裴叔业就典签柯令孙杀之，子真走入床下，令孙手牵出之，叩头乞为奴赎死，不从，见害。"此一段《南齐》无，亦以《南史》为详备。又如巴陵王子伦叙见杀事，《南史》固为独详，而后半篇发明典签为害尤详明。《南康王子琳传》述其母荀昭华亦详，本书并无，论亦不剿取旧文，滔滔自运，此予于《南史》恶而知其美也。子显在梁，不当讳鸾之凶狂，盖偶失之，而李延寿得之。

荐易殿柱

《王敬则传》："齐台建，高帝将受禅，材官荐易殿柱。""荐"字似可疑，然今吴下俗语尚有之，他无所见。荐者，谓柱将损坏，欲易之，而惜费不肯改作，以他木旁承之，乃易去其柱，谚目为脱梁换柱。

官

《王敬则传》："敬则逼宋顺帝禅位于齐，引令出宫，顺帝不肯，敬则曰：'官先取司马家亦如此。'"此语《南齐书》无之，或疑"官"下脱"家"字。但《恩幸传》："戴法兴谓宋前废帝曰：'官所为如此，欲作营阳邪？'华愿儿告帝曰：'外间云宫中有两天子，官一人，戴法兴一人，恐此坐席非复官许。'"《宋明恭王皇后传》："后废帝欲酖害后，令太医煮药，左右止之曰：'若行此事，官便作孝子，岂得出入狡狯。'"《任忠传》："隋兵入，陈军败，忠入台见后主曰：'官好住，无所用力。'"《恩幸·施文庆传》："知诸将疾已，恐其有功，乃奏陈后主曰：'此等怏怏，素不伏官。'"又《南齐书·荀伯玉传》："齐武帝在东宫奢僭，伯玉谓亲人曰：'太子所为，官终不知，岂得顾死，蔽官耳目，我不启闻，谁应启者。'因世祖拜陵后密启之，上大怒，王敬则直入，叩首启上曰：'官有天下日浅，太子无事被责，人情恐惧，愿官往东宫解释之。'"《北史·魏孝文帝幽皇后冯氏传》："帝遣诏赐后自尽，后走呼，不肯引决，曰：'官岂有此，是诸王辈杀我耳。'"然则谓帝为官,南北朝有此语。

南北兰陵郡

《李安人传》云:"兰陵承人。"《桓康传》云:"北兰陵承人。"《周盘龙传》云:"北兰陵人。"考《南齐书·州郡志》,承县属南琅邪郡,明帝时省,而无兰陵、北兰陵郡。彼书《高帝纪》云:"萧何居沛,其子侍中彪免官,居东海兰陵县。晋元康元年,分东海为兰陵郡。中朝乱,淮阴令整过江,居晋陵武进县。"寓居江左者,皆侨置本土,加以南名,于是为南兰陵、兰陵人,乃《州郡志》则晋陵郡所属有晋陵县,无武进,武进自属南东海郡,兰陵自为县名,属南琅邪郡,不但无所谓北兰陵郡,亦并无所谓南兰陵郡也,未可详考。

陆澄议置诸经学

《南齐书·陆澄传》:"永明元年,领国子博士。时国学置郑、王《易》,杜、服《春秋》,何氏《公羊》,麋氏《穀梁》,郑玄《孝经》。"案:此文之下详载澄与王俭书,论《易》之当立郑玄,不可独用王弼,《左传》宜于服虔之外,兼立贾逵、杜预,《穀梁》已有范宁,不必存麋信。然则"国学"之下、"置"之上当有一"议"字,或作者下笔时偶误省此字。

陆澄虽未必深于经,然亦颇有学识。如论《易》,虽未能直黜王弼之妄而废之,然云:"自商瞿至田何,其间五传。年未为远,无讹杂之失;秦所不焚,无崩坏之弊。虽有异家之学,同以象数为宗。数百年后,乃有王弼。"此数言者,于目录之学精绝矣。魏晋至唐人若知此,宜不为王弼所惑矣。弼首倡异端,以乱圣经。范宁谓其罪深桀、纣,信属定评。澄乃云:"弼所悟者多,何必能顿废前儒。若谓《易》道尽于王弼,方须大论。"想南齐时玄风尚煽,澄故婉词乃尔。又云:"晋太兴四年,太常荀崧请置《周易》郑玄注博士,行乎前代,于时政由王、庾,皆俊神清识,能言玄远,舍辅嗣而用康成,岂其妄然。元嘉建学之始,玄、弼两立,逮颜延之为祭酒,黜郑置王,意在贵玄,事成败儒。"太兴,东晋元帝号;元嘉,宋文帝号也。观此则澄之识高于颜延之甚远。其论《左氏》,谓"宜取服虔,而兼取贾逵经,服传无经,虽在注中,而传又有无经者故也。今留服而去贾,则经有所阙"。贾、服注已亡,千古恨事,赖澄此言稍见梗概。又论杜预亦宜存，则云："杜预注《传》，王弼注《易》，俱是晚出，并贵后生。杜之异古，未如王之夺实，祖述前儒，特举其违。又《释例》之作，所引惟深。"此下文意未了，当脱落两三行，《南齐书》本多不全也。彼时贾、服并存，澄乃又欲兼存杜预，似若不必，然试详玩其语，则澄意以杜较王弼为彼善于此，评断仍精确之至。总而计之，澄议大有功于经学，后人宜共服膺。李延寿也者，于经非但不见门庭，并尚未窥藩溷，公然肆行芟薙，十去其九，甚矣庸且妄也！

刘瓛陆澄传论

《南齐》以刘瓛、陆澄同传，因瓛经师，澄笃学，借二人以发名论。今读之分四段。看第一段言："洙泗既往，义乖七十，自后专门之学兴，命氏之儒起，同异之说，各信师言，嗣守章句，期于勿失。"专门、命氏者，谓家法也，诠汉学最确。第二段："康成主炎汉之季，训义优洽，一世孔门，褒成并轨，故老以为前修，后生未之敢畏，而王肃依经辩理，与硕相非。爰兴《圣证》，据用《家语》，外戚之尊，多行晋代。"康成得家法而不拘家法，融会贯通之，故曰"一世孔门"，言其集大成，继孔氏弟子也。汉封孔子后为褒成侯，以奉孔子之祀，而康成则以学继之，故与并轨也，其推崇至矣。王肃妄造《圣证论》以讥玄，又私撰《家语》以自证其说，女为司马昭妻，生炎，以篡魏，书之行于晋，以外戚耳，其实妄也。此段精妙绝伦，不知萧子显何以能有此，必有所本，识古者宜深玩之。第四段叙齐事，永明暂盛，建武又衰，叹刘瓛能承郑、马之后，而身终下秩。凡多人作传，只论一人，《南齐书》与《宋书》同。要之，陆澄极推郑学，则论虽不言澄，意在其中。鄙哉，李延寿也，抽陆澄与诸陆聚族居一卷中，降刘瓛与浮虚之明僧绍等同卷，萧氏卓然名论尽删弃之，据王俭讥澄"书厨"一言，而痛贬其学用不合今，未能周密。延寿无学识而强操史笔，故其言如此。

陆慧晓传删存皆非

《南齐书·陆慧晓传》云："会稽内史同郡张畅见慧晓童幼，便嘉异之。张绪称之曰：'江东裴、乐也。'"《南史》删去"张畅"云云，却以"会稽内史"冠于"张绪"之上，大谬。又畅为会稽太守，《南齐》亦误。

慧晓妇父

"慧晓除尚书郎,举酒曰:'慧晓年逾三十,妇父领选,始作尚书郎。'"妇父,张岱也。观下慧晓子俚传"俚外祖张岱"可知。

明僧绍异同

《南齐·高逸传》有明僧绍,《南史》改入列传,子山宾附。其实应立山宾传,而以僧绍附。又此云"字承烈",《南史》作"休烈",名"绍",则当字"承",《南史》改之非。唐高宗上元三年御制《明征君碑》但云"南齐征君明僧绍",无字。又此云:"祖玩,州治中。父略,给事中。"《碑》云:"祖玩,晋建威将军。父略,宋平原太守。"与此传皆不同。《南史》却与此传同。又此传《南史》所添多疑神见鬼语,皆不足取。

南史论宋齐多袭取梁陈多自造

《南史》论于《宋》、《齐》两书皆袭取之,至梁、陈书则袭者虽有,而自造者亦多。然《宋》、《齐》极多名论,却遭割弃,说已见前,《梁书》论少佳者,惟江淹、任昉、姚察论云:"二汉求贤,率皆经术,近世取人,多由文史。二子之作,辞藻壮丽,允值其时。"此段极精,《南史》采之。

十七史商榷卷六十三

南史合宋齐梁陈书十一

四嗣王传补叙其父

萧懿于东昏有大功,无小过,且其平日居官立身皆可观,东昏无故忌之,人屡劝其去而不从,竟为东昏所杀。齐梁间上上人物也,其事颇似光武之有伯升,所以梁朝文告屡用伯升为比,然懿固纯乎齐臣也。弟敷、畅、融皆齐臣,敷亦有善政,融与懿同冤死,尤可悯。此四人者,《齐书》中当特为传一篇,乃无传。萧子显,齐高帝之孙也,岂不哀懿?但身为梁臣,不便以懿入齐,并其三弟皆缺之。姚思廉目睹其缺,故于《四嗣王传》补叙其父甚详。《长沙嗣王业传》补父懿,《永阳嗣王伯游传》补父敷,《衡阳嗣王元简传》补父畅,《桂阳嗣王象传》补父融。《南史》始改以懿等立传,是矣。子孙一并附入,不分齐、梁限断,则其谬耳。宜以四王归齐,嗣王入梁。

长沙王懿诸子

长沙王懿六子:业、藻、猷、郎、明、象,疑皆冠以"渊"字,《南史》、《梁书》皆避唐讳,去上一字,惟渊藻、渊明于他传中可考而知,而又或改"渊"为"深",如《梁书·武纪》:大通三年六月,以前太子詹事萧深猷为中护军。九月,以太子詹事萧深藻为征北将军、南兖州刺史,是也。

萧子显《齐书》既不作《长沙宣武王懿传》,《梁书》亦但有懿子业、藻二人,其渊明与猷、朗皆无,赖《南史》补之,并及入齐后终事,此似《南史》之有功处。然李百药以《萧明传》入《北齐书》,李延寿乃但入之《南史》,尚欠妥。

临川王宏与梁书大异

临川静惠王宏,梁武帝之嫡弟也。《南史》于其传丑言诋斥,不遗余力,始则武帝使之侵魏,部分乖方,无故自却,使百万精兵一朝奔溃。其平日则藏匿杀人之贼于府内,有司无如之何。又武帝遇之恩甚笃,而宏谋弑武帝,且奢侈无度,恣意聚敛,驱夺民间田宅,又与永兴公主私通,公主,武帝之女,于宏为嫡侄女,遂复与同谋弑逆,以斋日使二僮挟刀入幕下,事觉搜得刀,帝乃杀僮而秘其事。若《梁书》本传,则于宏事全篇皆用褒词,其北伐系因征役久,奉诏班师,且盛称其孝行及居丧尽礼,又叙其政事之美,在扬州刺史二十余年,宽和笃厚,生平竟一无玷缺。《南史》与《齐》、《梁书》多异,而此传尤乖刺之甚者,此则恐《南史》为得其实。姚思廉父子或与之有连,为隐讳,未可知也。宏之子正德,与同产妹奸,鸟兽行,又钩致侯景,卖国与贼;正德弟正表臣事侯景,又据地叛投齐。想其家法,必有所自来,则乃父之逆恶,理宜有之,《通鉴》第一百四十六卷书临川无故规避,奔溃丧师,残民误国之罪甚详,皆与《南史》合。

《南史》论云:"临川不才,频叨重寄,古者睦亲之道,粲而不殊,加之重名则有之矣,而宏屡黩彝典,一挠师徒,梁之不纲,于斯为甚。"此李延寿自撰,不袭《梁书》断语,亦铮铮有之矣。下当有脱落,言尊之以高爵则有之,未有明知其不才而以军国重任作显荣皇弟之用,使之偾事者。"一"当作"大",大挠大衄也。

标题云"静惠",文中作"靖惠",标题传写误。张敦颐《六朝事迹》卷下《坟陵》、《碑刻》二门皆作"靖惠",是。

安成王秀书衔不同

《南史·梁宗室·安成康王秀传》:"建康平,为南徐州刺史。"《梁书》则先言"高祖以秀为辅国将军",下乃云"建康平,为使持节,都督南徐、兖二州诸军事,南徐州刺史、辅国将军如故",此下天监六年为使持节、都督江州诸军事,平南将军、江州刺史,而《南史》但云为江州刺史。又其下迁都督荆,湘,雍,益,宁,南北梁、秦州九州诸军事,平西将军、荆州刺史。而《南史》则云迁荆州刺史,加都督。又其下有使持节,都督郢、司、霍三州诸军事,安西将军,郢州刺史,而《南史》则云为郢州刺史,加都督。又其下迁使持节,都督雍、梁、南北秦四州,郢州之竟陵,司州之随郡诸军事、镇北将军、宁蛮校尉、雍州刺史,而《南史》则云迁雍州刺史。《南史》书都督、刺史最乱道，说总见后，先于此发之，其病不可胜摘，就其浅者如同一都督而有书有不书某某等几州，而其卒也，乃云"四州人哀哭迎送"，请问四州者为何四州乎？秀墓碑，刘孝绰撰，朱氏彝尊亲见之，此文今载《孝绰集》。《梁书》秀年四十四，《刘集》作四十五，《南史》削去，碑文中所叙与《梁史》皆合，末云："祗承帝命，来仕王家，兔园晚春，叨从者之赐，高唐暮天，奉作赋之私。"《梁书》以孝绰与王僧孺、陆倕、裴子野同游王门，与碑亦合，惟《梁书·孝绰传》言为平西安成王记室、镇南安成王谘议。考《秀传》，但有平西，无镇南之目，此必有误。《南史》尽削去诸号，但云某州刺史，或云某州刺史加都督而已。

武陵王纪南梁互异

《南史·梁武帝子武陵王纪传》：大同三年，为都督、益州刺史。侯景陷台城，上甲侯韶西上至硖，出武帝密敕，加纪侍中、假黄钺、都督征讨诸军事、骠骑大将军、太尉、承制。大宝元年六月辛酉，纪乃移告诸州征镇，遣世子圆照领二蜀精兵三万，受湘东王绎节度。绎命圆照且顿白帝，未许东下。七月甲辰，湘东王绎遣鲍检报纪以武帝崩问。十一月壬寅，纪总戎将发益镇，绎使止之。二年四月乙丑，纪乃僭号于蜀，改元天正，暗与萧栋同名。五月己巳，纪次西陵，元帝拒之。六月，战不利，师老粮尽，忧懑不知所为。先是，元帝已平侯景，遣报纪，圆照镇巴东，留不遣，启纪云："侯景未平，宜急征讨。已闻荆镇为景所灭，疾下大军。"纪谓实然，故仍率众沿江急进。于路方知侯景已平。以既居尊位，宣言敢谏者死。后频败，为元帝将樊猛所杀。《梁书》与此不同者，直言侯景乱，纪不赴援，高祖崩后，乃僭号于蜀，改年天正，无受武帝密敕事，亦无遣圆照受湘东节度事。又言太清五年夏四月，纪师军东下至巴郡，以讨侯景为名，将图荆、陕，五月丁丑，纪次西陵，元帝遣将拒之，六月庚申，元帝将任约等与战破之，丙戌，任约等进攻其垒，樊猛获纪，杀之。纪本图帝位，若受敕都督征讨，不应反受湘东节制，前段当以《梁书》为得。太清五年，即是大宝二年，《南史》以五月己巳次西陵，《梁书》以五月丁丑次西陵，后于己巳八日耳，亦为合也。但纪必不肯称简文帝大宝之号，故《梁书》据纪意书太清，若论史法，仍以

《南史》书大宝为合。"荆陕","陕"字亦必误。《通鉴》一百六十四卷书纪之东下于承圣元年之八月,承圣元年是大宝二年之明年,若以太清数则为六年,与《南史》、《梁书》皆不同,纪至此尚未知侯景破败,而仍东下,决无此事,《通鉴》恐非。

七 官

纪以金掷猛曰:"送我一见七官。"《梁书·河东王誉传》:王僧辩破长沙,誉被执,曰:"勿杀我,得一见七官。"先是,纪闻湘东将讨侯景,谓僚佐曰:"七官文士,岂能匡济?"胡三省注:"湘东于兄弟次第七,故云七官。"纪,绎之弟,誉,乃绎之侄也,见《通鉴》一百六十四卷。

方等等子

梁元帝子,《梁书》但有方等、方诸二传,其子皆不见,而方等之子庄,王琳曾奉以主梁祀,改元即位,其事尤不可缺,乃《梁书》概从阙如,庄入齐死,而《北齐书》又无传,赖《南史》补入,此亦《南史》之大有功者。但庄虽宜见《梁书》,而李延寿则宜在《北史》,入《南史》,位置稍乖。

王茂历官删削不当

《梁书·王茂传》自"宋升明起家"之下,至"襄阳太守"之上一大段,《南史》不载,而以三四句了之,云:"为台郎,累年不调,知齐将亡,求为边职,久之为雍州长史、襄阳太守。"今考《梁书》,茂之历官岂得言累年不调乎?雍州长史而改为辅国,亦未详。又高祖义师起,茂私于张弘策,劝迎和帝,此事《南史》亦无,若《梁书》云"性沈隐,不妄交游"。《南史》节去"沈"字、"妄"字,几不成句。此等不可胜摘,聊一附见之。

王茂传有潘妃事

《王茂传》,《南史》所添却极多,然皆闲话。若东昏侯、潘玉儿自缢事,此《梁书》所无,而不可不存其事者,然但当入潘传中,乃潘则无传,而反叙于《王茂传》,阑出阑入,全非史法。

中山王英

《梁书·曹景宗传》："建武二年，魏主托跋宏寇赭阳，景宗为偏将，每冲坚陷阵，辄有斩获，以勋除游击将军。四年，太尉陈显达督众军北围马圈，景宗从之，以甲士二千设伏，破魏援托跋英四万人。"托跋英，《南史》作"中山王英"。夫以魏主而《梁书》直斥其名曰托跋宏，非也。若英则人臣也，作《南史》则以南为主，乃于敌国之臣郑重如此，亦非。《梁书·韦睿传》：魏中山王元英。元是其姓，如此称方妥。

蒋帝助水等事

曹景宗于天监六年破魏军，遣使献捷下，《南史》忽添入蒋帝神助水挫敌事，缕缕约一百五十字，诞妄支赘，全是小说，与曹景宗何涉？李延寿意主删削简净，乃其所删者往往关系典章制度、民生利病，而所添妄诞则又甚多，惟于振旅凯入、增封进爵下，添入赋诗叶竞病韵，却佳。

霹雳野虏

"景宗谓所亲曰：'拓弓弦作霹雳声。'"《南史》作"礔砺"。《说文》卷十一下"震"字注云："劈历，振物者。"臣铉等曰："俗别作'霹雳'，非。"卷九下《石部》无"礔砺"字。又："腊月宅中，作野虏逐除。"《南史》作"邪呼"，盖驱鬼呼叫声。

沟均口

《冯道根传》："齐建武中，魏孝文攻陷南阳等五郡，明帝遣陈显达争之，师入沟均口。""沟"，当作"沟"；"均"字乃后人旁注"沟"字之音，而传写者误入正文。此篇凡三见。《梁书》误同。

神兽门

《张弘策传》："东昏余党孙文明等夜烧神兽门。"案：此事《梁书·弘策传》亦作"神兽"。《南史》与《梁书·王茂传》并同。《梁武帝纪》则《南史》作"神武"，《梁书》作"神兽"，其实乃神虎门也。《梁书·武纪》，天监七年，作神龙、仁兽阙于端门，兽本虎，既有仁虎阙，则亦当有神虎门，故知也。唐人讳"虎"，改为"兽"，或改为"武"，但《南史》《梁书》皆成于唐人，当下笔时已自改。若《宋书》则修于南齐，《南齐书》则成于梁代，当时本作"虎"，而唐人有未及改者，故仍旧作"虎"，亦或有唐人已改，赵宋人校者又复改从本字作"虎"，所以参差不齐，如《梁武纪》及《王茂》《张弘策传》皆唐人下笔时本自讳改。又如《南史·后妃传·梁武帝丁贵嫔传》："太子定位，有司奏宫僚施敬，同吏礼，诣神兽门奉笺致谒。"《梁书·后妃传》同。又如《南史·陶弘景传》云"永明十年，脱朝服挂神武门"云云，此事《梁书》所无，《南史》必别有据，此皆是唐人下笔时改，其实当作"虎"。至于《南史·宋武帝纪》："性简易，尝着连齿木屐，出神武门逍遥。"《宋书》则作神虎门，又《南史·宋文帝子江夏文献王义恭传》："孝武入讨，劭疑义恭异志，使入尚书下省，分诸子并入神兽门外侍中下省。"《宋书》亦作神虎门。《宋书·傅亮传》："永初元年，由中书令入直中书省，专典诏命。以亮任总国权，听于省见客，神虎门外每旦车常数百两。"《南史》则作神兽门，此皆《南史》讳改，而《宋书》本文则唐人未及改。又如《南齐书》第九卷《礼志》："晋中朝元会，设卧骑、倒骑、颠骑，自东华门驰往神虎门。"此《南齐书》本文，唐人未及改，抑或皆唐人已改，赵宋人仍改从本字也。若《宋书·郑鲜之传》："高祖尝于内殿宴饮，朝贵毕至，惟不召鲜之，俄而外启鲜之诣神兽门求启事。"此则《宋书》本作"虎"，唐人校而改之者。

沈约传用其自序

《沈约传》全用其《宋书·自序》文，烦冗已极。"金天氏有裔子曰昧，为玄冥师，生子允格、台骀"云云。此在约《自序》已觉可厌，《南史》采之，亦不刊削，成何体裁？

沈氏世济其恶

约之《自序》虽详，今据而考之，则其先世大抵多非良善。如约之高祖警，敬事妖人杜子恭，子恭死，门徒孙泰、泰弟子恩传其业，警复事之。隆安三年，恩于会稽作乱，自称征东将军，警之子穆夫在会稽，恩以为前部参军、振武将军、余杭令。孙恩何人，而警累世奉妖党并从逆,受其伪官,幸约之词虽多缘饰,尚不没其实耳。《南史》删"前部参军振武将军"八字,大非。刘牢之破孙恩,执穆夫杀之,传首京邑,穆夫之父警逃遁,为宗人沈预告官,警与穆夫之弟仲夫等俱以从坐伏诛,此国法之正,非冤也。穆夫之子田子、林子投归宋高祖,从平京口,遂东归报仇,尽杀沈预一门,预以无罪死,若依正理,田子、林子应以专杀伏辜,无如高祖已为逋逃主,故田子等幸免矣。田子又从征姚泓,特因人成事,乃以忌功,谗间王镇恶,并矫宋高祖令杀之,专杀无罪功臣,误国家大事,其情尤为可恶。林子之子璞,则约父也,约于此尤多妆点,元凶劭弑立,璞乃携老弱赴都自归,则其从逆显然矣,想必授有官爵,约讳不言耳。裴子野《宋略》书其事云:"戮淮南太守沈璞,以其不从义师也。"见裴传。世祖入讨,伏诛正宜,约乃致怨颜竣潜之,谓以奉迎之晚,横罹世难,皆非其实。《南史》直云"以奉迎晚见杀",大非。综而论之,自警至璞,四世之中,可谓世济其恶。

田子、林子本逆党,皆当从坐伏诛者,其归高祖正是巧于避祸,后乃并以得功,又报私仇,可云诡计。约《自序》乃谓"刘牢之虏暴纵横,高祖军政严明,故自归",饰词也。高祖谓曰:"君既是国家罪人,惟当见随,还京可得无恙。"其语显然,约欲盖弥彰矣。

约《自序》缺误甚多,若无《梁书》及《南史》,几不知约是璞子。

沈田子参赵伦之军

约《自序》云:"田子从讨司马休之,领别军,与征虏将军赵伦之,参征虏军事、振武将军、扶风太守。"案:此"别军"下,似但当作"参征虏将军赵伦之军事",其下即接"振武"云云,但《赵伦之传》无讨司马休之事。

沈林子官辅国将军

《梁书·约传》云:"祖林子,宋征虏将军。"据约《自序》,林子官终辅国将军,征虏乃其追赠之号,此则《梁书》之误,《南史》仍依《自序》,是。

沈璞不袭父爵

《南史》叙约之祖林子以佐命功封汉寿县伯,及卒后赠官追谥之下,竟直接云"少子璞嗣",以璞即约之父,取其立文简便耳。考约《自序》,则袭林子爵者乃长子邵,非璞也。邵卒,子侃嗣;侃卒,子整应袭爵;齐受禅,国除。李延寿任意更移,不顾其实,是何心哉!

有志台司

"约久处端揆,有志台司,论者咸谓为宜,而帝终不用。"台司,三公也。时约官至尚书令,已居宰辅,然未拜三公,故云。下文:"约陈情于徐勉,勉为言于高祖,请三司之仪,弗许,但加鼓吹而已。"各传中或作开府仪同三司,或作同三司之仪,似立文不同而其实则同,皆谓未为三司而其仪同于三司耳。观此益明,但有开府、无开府,疑有异,再考。

沈约年

《梁书》:"天监十二年卒官,时年七十三。"《南史》同。考约《宋书·自序》:"生十三岁而孤。"案:约之父璞于元嘉三十年以从逆为宋孝武帝所诛,自此数至梁天监十二年,凡六十一年,则约当生于元嘉十八年辛巳,至天监十二年癸巳,正七十三岁。

高祖有憾于张稷

"高祖有憾于张稷,及稷卒,与约言之,约曰:'尚书左仆射出作边州刺史,往事何足复论。'"据本书十六卷《稷传》,稷于高祖起兵围京城,稷主谋弑东昏,率先倡议归附,是有大功,及由尚书左仆射出为使持节,都督青、冀二州诸军事,安北将军,青、冀二州刺史,虽疏防致变,尚属死于王事者,不知帝之有憾于稷者为何?《稷传》既无,突见于此,殊不可考。意者稷必不愿出,有怨望之言,而史不言耳。

二 粲

宋有袁粲,梁有韦粲,二粲忠义,千古流芳。以六朝之浮薄而疾风劲草，未尝无人，血性激发，非由学问。袁粲，袁淑之兄子，而淑本忠臣；韦粲，韦睿之孙，而睿实梁初之名将也，渊源有自。

韦粲子谅

韦粲于侯景围台城战死，尽节之臣，所宜加详。《梁书》于其传末附载"粲子尼，与粲同战死"云云。又云："长子臧，太子洗马，东宫领直。侯景至，屯西华门，城陷，奔江州，收旧部曲，为其下所害。"收部曲，欲图兴复，可云贤子，臧既长子，则尼为次子矣，此外初不言粲别有他子也。《南史》乃绝不及臧，而但云："粲子谅，以学业为陈始兴王叔陵所引，为中录事参军兼记室。叔陵败，伏诛。"然则粲子有谅无臧矣。可怪之甚。

韦载京兆人

史家书人乡贯，六朝以前与唐、宋以下，自是不同。如诸王，各书尚书为琅邪临沂人、太原祁人；诸谢，尚书陈郡阳夏人，似觉辽远不近情，在当时不以为异。至《陈书·韦载传》尚书京兆杜陵人，计载时去京兆居江左久矣。若宋、元、明人用此例亦为不可，文体随时而变，不可泥古。

江淹领东武令

《江淹传》："齐受禅，为骠骑豫章王嶷记室参军。建元二年，始置史官，淹掌其任，又领东武令。"案：《梁书》云："建元初，为骠骑建安王记室，带东武令，参掌诏册，并典国史。"豫章、建安，二者互异。建安王子真，武帝之子，为明帝所杀，时年尚十九，则建元初安得遂封？当从《南史》。若淹以记室带东武令，当是食其禄，不赴任，《南史》改"带"为"领"，未确。

复为主簿

《梁书》：刘秉为丹阳尹，辟淹为主簿。故其后云："王俭领丹阳尹，复引为主簿。"《南史》删前为主簿，后文不去"复"字，非。

诗 笔

《南史》五十九《任昉传》:"昉尤长为笔。"《梁书》十四本传作"尤长载笔"。《南史》此下又云"昉既以文才见知,时人云'任笔沈诗'"。又《梁书》十三《沈约传》:"谢玄晖善为诗,任彦升工于文章,约兼而有之。"《南史》五十七本传"文章"二字作"笔"。《梁书》四十一《刘潜传》:"潜字孝仪,秘书监孝绰弟也。幼孤,兄弟相励勤学,并工属文。孝绰常曰'三笔六诗'。三即孝仪,六孝威也。"《南齐书·晋安王子懋传》云:"文章诗笔,乃是佳事。"盖六朝皆以文为笔。《南齐书·高逸·顾欢传》:"欢口不辨,善于著笔。"《南史·庾肩吾传》:简文与湘东王书论文曰:"阳春高而不和,妙声绝而不寻,竟不精讨锱铢,覆量文质,有异巧心,终愧妍手。是以握瑜怀玉之士,瞻郑邦而知退;章甫翠履之人,望闽乡而叹息。诗既若此,笔又如之。"《北史·萧圆肃传》云:"撰时人诗笔为《文海》四十卷。"梁元帝《金楼子》卷四《立言篇》云:"不便为诗如阎纂,善为章奏如伯松,若此之流,泛谓之笔。"是也。唐人亦有此语,故刘禹锡《中山外集》第十卷《祭刑部韩侍郎文》:"子长在笔,予长在论,持矛举楯,卒不能困。"赵璘《因话录》第三卷:"韩文公与孟东野友善,韩公文至高,孟长于五言,时号'孟诗韩笔'。"杜牧之《樊川集》诗亦云:"杜诗韩笔愁来读,似倩麻姑痒处搔。"

昉纤意梅虫儿得中书令

"永元中,昉纤意于梅虫儿,东昏中旨用为中书令,谢尚书令王亮,亮曰:'卿宜谢梅,那忽谢我。'昉惭而退。"案:虫儿,东昏嬖幸,然《梁书》无此事,系《南史》所添,大为昉削色。计昉此时位不过列校,此后永元末方为司徒右长史,若此时即为中书令,直与王亮比肩,必无此理。据《梁书》"明帝崩,迁中书侍郎",疑是。

王僧孺祖准之

"王僧孺字僧孺,东海郯人,魏卫将军肃八世孙也。曾祖雅,晋左光禄大夫、仪同三司。祖准之,宋司徒左长史。父延年,员外常侍,未拜卒。"《梁书·王僧孺传》"祖准",《南史》作"准之",非。准之,王彬之玄孙,与僧孺别族。刻本误作"淮之"。"父延年",《梁》无。

王融称字

《梁书》柳恽、徐勉二传皆误称王融为王元长,融不合称字,《南史》皆改正。

不奉家信居哀

《徐陵传》:太清二年,使魏,侯景入寇,陵父摛先在围城之内,"陵不奉家信,便蔬食布衣,若居哀恤"。陵之父摛于简文帝幽闭时卒,约在大宝二年,陵拘留在北时,魏又变为齐矣。陵不获视含,闻讣不得奔丧,故文集中在北与人书多称孤子,自摛死四年,陵乃得归。

纪载不明

六朝人纪载实事,每不明析,因直书其事,恐词义朴僿,观者嫌之,乃故作支缀,不知书事但取明析,何用妆点乎?《梁书·王僧辩传》:"荆、湘疑贰,军师失律。"《南史》同,仅删"军师"句,愚谓当作"河东王誉在湘州不从命"。"岳阳王军袭江陵,人情搔扰"。《南史》同,而于上句并删一"王"字,更不明,当作"岳阳王督军袭江陵"。

王僧辩论无识

《梁书·王僧辩传》论曰:"敬帝以高祖贻厥之重,世祖继体之尊,泊渚宫沦覆,理膺宝祚,僧辩位当将相,义存伊、霍,乃受胁齐师,旁立支庶。苟欲行夫忠义,何忠义之远矣。树国之道既亏,谋身之计不足,自致歼灭,悲夫!"陈霸先将杀僧辩,欲加之罪,何患无词。敬帝之立,霸先利其幼稚,为篡杀地耳。当此时,社稷为重,君为轻,僧辩之欲立贞阳侯萧渊明,一则国赖长君,二则结齐援也。论断无识,若其欲渊明立敬帝为太子,则拙谋也。见徐陵《文集》,然即此可见,僧辩之于梁元帝,可谓纯忠,盖心乎梁,实心乎元帝者。

《南史》论云:"僧辩时钟交丧,地居元宰,内有奥主而外求君,遂使尊卑易位,亲疏贸序,既同儿戏,且类弈棋。延敌开衅,实基于此,丧国倾宗,为天下笑。"李延寿于《宋书》论直以抄誊了事,齐、梁则居然自出心裁者多矣，然如此论，不袭其词而袭其意，谬与《梁书》同。

僧辩弟僧智，于僧辩死后得随任约，约败又被杀，子颙又死王琳之难，一门惨亡，赖次子颁入魏，而颙子珪事唐太宗，为名宰相，忠义之报也。见《旧唐书》第七十卷《珪传》。

王琳张彪梁书无传

王氏懋竑《读书记疑》云："王琳、张彪，《梁书》俱无传，张彪或可无传，若王琳，何以不载？疑刻本脱去，非其本无也。"愚案：琳、彪同在《南史》六十四卷，张彪之补诚有功，但其事迹支离诞妄，全似传奇小说，不知李延寿从何处得来，恐系掇拾稗官，附会传闻，道听途说，此则延寿之病也。至于王琳者，本梁元帝之忠臣，破侯景有功，元帝征之下吏，其部下叛而琳仍执不贰，元帝忌之，出之岭外，帝为西魏所围，仍入援，既无及，又力图兴复，其于元帝，几几可云纯臣矣。后奉永嘉王庄，尚可云乃心梁室，迨至不得已而归降北齐，历受其官位，为齐臣久矣。陈将吴明彻伐寿阳，城破为所杀，此则不得复谓之为梁尽节，断宜入北齐也。若琳入梁，则陆法和、湛海珍亦可入乎？今《北齐书》第三十二卷琳传与《南史》全同，而无论赞，《北齐书》残阙，凡无论赞者，皆后人取《北史》补之，若《王琳传》则又是取《南史》补入者。究其实，琳本当在《北齐书》，不当入《梁书》。姚思廉《梁书》不立琳传为是，而李延寿却非能补思廉之阙。李百药于《北齐》原有琳传，传文虽亡，大约篇目尚存，后人案其目，故以《南史·琳传》入之，而此传文却仍是李百药《北齐书》，延寿袭取以入《南史》者耳。几经回转，不胜眩惑矣。若云《王琳传》赖李延寿得存，以此为功于《北齐书》，此吕尚盗陈恒之齐，刘季篡王莽之汉也。下笔成章，世间恒有，能著书人，千载难逢，此中意味，与谁道之！

《梁书·太宗简文帝纪》有大宝元年张彪起义于会稽事，又《太宗十一王传》于南海王大临、南郡王大连传，并《陈书》之《世祖纪》及周文育、章昭达、沈恪、陆山才、钱道戢、谢岐等传皆有张彪事，姚思廉父子非不知有彪者，不知《梁书》何以不载。

剡令王怀之

"王僧辩引彪为爪牙，贞阳侯践位，为东扬州刺史。剡令王怀之不从，彪自征之，留谢岐居守。会僧辩见害，陈文帝已据震泽，将及会稽，彪遣沈泰还州助岐保城。彪后至，泰反与岐迎陈文帝入城。"此事与《陈书·文帝纪》略同，但"剡令王怀之"，彼作"临海太守王怀振"。案：东扬州，即会稽也。临海相距远，故往征而留岐居守，若剡则会稽属县，且其时僧辩尚在，属令未必敢为梗，何至舍郡城而往围一县乎？当从《陈书》。

南史无傅岐

《梁书》无《傅岐传》。纳侯景降后，劝勿更与高澄通和，使景自疑，此言系梁存亡，《南史》无岐传，《朱异传》中又不附入此谏，是大阙事。

十七史商榷卷六十四

南史合宋齐梁陈书十二

衡阳献王昌入宗室

《南史》于陈高祖之子衡阳献王昌入之《宗室诸王传》，与疏属之永修侯拟等并列，舛谬斯极。《宋》、《齐》、《梁》、《陈书》于宗室王子杂置诸传之中，殊嫌错互。《南史》每朝先以宗室，谓旁支也，次以各帝子，然后次以诸臣，位置较分明，惟悖逆者不另叙为非耳。今昌是高祖子，乃目为宗室，李延寿虽愔妄，何至此，明系急于成书，草率编次，不及详审之故。试观齐文惠太子诸子尚与帝子并列，不入宗室，何况昌乎？梁昭明太子诸子，如豫章王栋等皆无传，则又一缺事。

书前总目，后人所添，李延寿本无，李目自在各卷之首，然如齐、梁宗室与诸王各自为卷，不必论，宋则以字之多少牵配均分二卷，题为宋宗室及诸王上、下字样，上卷先以旁支，次即将武帝诸子搭入，此等皆因李延寿疏懒，随手编次，不加斟酌，殊不思分卷取其类族辩物，不可以字之多少为分。若竟分宋宗室一卷，诸王一卷，虽多少不匀，何等直截明白。今之所分已觉欠妥，然差可。陈则宗室、诸王共一卷，卷首目"诸王"上落"及"字，已疏忽，昌不标武帝子，与诸宗室溷，昌下跳过昙郎，方及文帝子。种种乖谬，不可胜言。

昌是高祖第六子，上有五兄，其下当更有弟，一无所见。史家阙佚多矣。

鲁　山

"天嘉元年二月，昌发自安陆，由鲁山济江"。鲁山，即后人所指以为大别山者也。真乱道不可信，山在今湖北汉阳府汉阳县江岸。

昌济江中流殒之

"巴陵王萧沇等表请以昌为湘州牧,封衡阳郡王"。沇盖齐和帝之子孙,列于三恪,故假以为名。其下云:"丙子,济江,于中流殒之,使以溺告。"此文帝命侯安都杀之,事见《安都传》。《陈书》乃云"中流船坏,以溺薨",于《安都传》亦但云"请自迎昌,昌济汉而薨,以功进爵"云云。虽情事宛然,然唐人书陈事,何必作此蕴藉之笔,似有所不敢直书者乎?皆不如《南史》竟书杀之为得实。

逼遣昙朗

《南史》:"南康愍王昙朗,武帝母弟忠壮王休先之子也。"绍泰二年,齐兵攻逼建邺,因请和,求武帝子侄为质,在朝文武咸愿与和,武帝重违众议,乃决遣昙朗。恐昙朗惮行,或当屏窜,乃自率步骑京口迎之,使质于齐。齐背约,遣萧轨等随徐嗣徽度江,武帝大破之,虏萧轨、东方老等,诛之,"齐人亦害昙朗于晋阳"。昌之入魏,在江陵从元帝,西魏破江陵入魏。被虏也,乃不幸也。昙朗之入齐,则高祖逼遣之,弃之强寇而杀之,非自杀之也,一间耳。无怪文帝、宣帝相继效尤,文则沈高祖之子于江,宣则篡废帝位而害之。

始兴王道谭

《陈书·高祖纪》:高祖有兄道谭,弟休先,则高祖乃仲子,而篇首绝不言是仲子,惟于即位后永定元年十月癸巳书"追赠皇兄梁故散骑常侍、平北将军、兖州刺史、长城县公道谭骠骑大将军、太尉,封始兴郡王;弟梁故侍中、骠骑将军、南徐州刺史、武康县侯休先车骑大将军、司徒,封南康郡王"。纪首高祖祖名道巨,则兄名不应犯祖讳,此必有误。"兖州",据沈炯所撰碑,作"南兖州",见炯《文集》,碑是,纪脱也。道谭之谥为昭烈,则见于《世祖文帝》、《高宗宣帝纪》,而碑亦同,纪不载追谥事,世祖、高宗皆系道谭之子,而二帝绝未追崇其本生,列传中既无传,《世祖》、《高宗纪》亦未追叙一语。碑云:"文叔掩被之悲无泯,仲谋援鞍之恸逾切。"又云:"弹冠入任,誉重城华,宣力艰难,遂顾洪业。虽时非季汉,势异桓王。海内挹其风流,生民怀其大德。"似非全无事迹

者。又云："昔之密戚近亲，宗英令德，若河间、沛献、东平、陈思，实闻
之也。未有身死忠贞，名存前代，若王之义烈者。"铭曰："惜哉往矣，殒
身凶慝。"则道谭亦为侯景所杀，乃纪、传皆不详，此《陈书》之缺漏也。
若《南史》直将高纪中追赠事亦削去，《文帝蒨纪》突云"始兴昭烈王长
子"，《宣帝顼纪》突云"始兴昭烈王第二子"，使读者几不识王为何人，
是诚何心哉！

伯固母王氏

陈文帝十三男，内潘容华生新安王伯固。其下文《伯固传》：伯固
与叔陵谋反见杀，子及所生王氏宥为庶人。一卷之中，自相矛盾。

欧阳𫖭传多误

《欧阳𫖭传》："周文育禽𫖭，送于武帝，帝释而礼之。萧勃死后，岭
南乱，𫖭有声南土，且与武帝有旧，乃授安南将军、衡州刺史，封始兴县
侯。未至岭，𫖭子纥已克始兴。及𫖭至，岭南皆慑伏，仍进广州，尽有
越地。改授都督交广等十九州诸军事、平越中郎将、广州刺史。"永定
三年，即本号，开府仪同三司。文帝即位，进号征南将军，改封阳山郡
公。《陈书》略同。《徐陵文集·广州刺史欧阳𫖭德政碑》云："高祖永
言惟旧，弥念奇功。槛车才至，舆榇已焚。但八桂之上，蛮夷不宾，九
疑之阳，兵凶岁积，以公昔在衡皋，深留凤爱，乃授持节、散骑常侍、衡
州刺史。"此皆与史合。其下则云："我皇帝从唐侯以胤国，屈启筮而承
家，践祚之初，进公位征南将军、广州刺史，又都督东衡州二十州诸军
事。"今皇帝谓文帝，则𫖭不但进号征南为在文帝时，非武帝，即为都督
交、广等州军事，广州刺史，亦是文帝，非武帝矣，与《南史》、《陈书》不
合。《碑》系当时所作，当以碑为正。又《南史》例不书所领各州，《陈
书》则云"都督广、交、越、成、定、明、新、高、合、罗、爱、建、德、宜、黄、
利、安、石、双十九州"，《梁》、《陈》皆无志，《隋书》各志补梁、陈事，𫖭所
领十九州，据《隋·地理志》，自南海以下各郡小字夹注，梁、陈时惟有
广、高、成、定、越、安、交、爱、德九州，其余十州名皆不见，盖皆陈朝所
置，后废而《隋志》失载者。"十九州"，《碑》作"二十州"，亦异。《江总
文集·欧阳𫖭墓志》乃云"授使持节、都督南衡二十二州诸军事、广州

刺史"。此云二十二州，更异矣。至所云"东衡"者，案《南史》，梁元帝承制，以始兴郡为东衡州，以頠为刺史。始兴郡，《皇舆表》以为今广东韶州府地。《侯安都传》言陈文帝改桂阳郡之汝城县为庐阳郡，分衡州之始兴、安远二郡，合三郡为东衡州。据《碑》当是后来加督愈广，故至二十州之多。而《墓志》所云"南衡"之名不见于纪载，则恐传写之误。

頠本无德政，史家多溢美。徐陵有为陈武帝作相时《与岭南酋豪书》，既称頠为凶徒，又有《与章司空昭达书》，称頠之子纥为残凶，力诋其一门济恶，而《德政碑》则頠在广州时陵为作也。文人自相矛盾如此。

蔡景历传附江大权

陈武帝崩，蔡景历与江大权、杜棱定议，召立文帝。《陈书》杜棱自有传，而大权则仅于《景历传》中一见其名而已。《南史·景历传》尾附大权，此类亦有小益。又景历子征，《陈书》各为一传，太烦，不如《南史》随父为合。

刘师知传增事

《刘师知传》："为中书舍人，梁敬帝在内殿，师知常侍左右。及将加害，师知诈帝令出，帝觉，绕床走曰：'师知卖我，陈霸先反。我本不须作天子，何意见杀？'师知执帝衣，行事者加刃焉。既而报陈武帝曰：'事已了。'武帝曰：'卿乃忠于我，后莫复尔。'师知不对。"此段《陈书》所无，此《南史》之远胜本书处。姚察陈臣，故讳之，其子不加益也。

钱道戢传补阙

《钱道戢传》："平张彪，以功拜东徐州刺史，封永安县侯。"案：《陈书》作"以功拜直阁"，而"封永安县侯"五字则缺，考其下文，《陈书》有增邑，则当以《南史》为正，《陈书》误脱。

沈初明

"沈炯字初明"，《陈书》作"礼明"，同一毛板，二者不同。何氏焯云："当作'礼'。"

姚察当为隋人

姚察在梁简文帝时入仕，自梁入陈，自陈入隋，卒于炀帝大业二年，年七十四。其时察入隋已将二十年，历官秘书丞，袭封北绛郡公，员外散骑常侍，又为晋王昭侍读，太子内舍人。炀帝巡幸，数为侍从，乃仍列《陈书》中，而《隋书》中不载，殊不可解。陈臣入隋而仍载《陈书》者多矣，未有如察之甚者。徐广终身仕晋，入宋仅六年而卒，然晋、宋并载，《南史》入之宋人，是也。大约史家如此者甚多，此史例也。假令妇人三嫁，终当以最后所适为定。然则姚察自是隋人，乃《南史》仍以姚察入之陈人，得之于徐广，而复失之于察，何邪？

循吏多误

《循吏》首列吉翰、杜骥、申怙三人，《宋书》则与刘道产同为传一篇，《南史》改入《循吏》，而以道产改入《刘康祖传》，此尚可。若杜慧庆，《宋书》本作"慧度"，《南史》纪同，此误。其所增益之《甄法崇传》，疑神见鬼，是李延寿惯技，无政绩也。《王洪轨传》反言其多赃贿，矛盾可笑，所叙美绩尤空陋，郭祖深则以上书称刚直，非循吏，传末不载所终，亦非体。

卞田居

《文学·卞彬传》自称卞田居，《南齐书》同。何氏焯曰：当作"田君"。韩翃用文韵押君字，可知其误。

樵者在山

《隐逸传》叙首云："含贞养素，须文以艺业，不尔，则与樵者在山何殊异也。"何氏琦曰："胡孔明有言：'隐者在山，樵者亦在山。在山则同，所以在山则异。'"见《文选》注引臧荣绪《晋书》。

渊明改深明

"陶潜字渊明，或云字深明，名元亮。"此《南史》文，乃校书者改，其谬不可胜言。《宋书》则云"陶潜字渊明，或云渊明字元亮"。其上《周续之传》云："续之入庐山，时刘遗民遁迹庐山，陶渊明亦不应征命，谓之浔阳三隐。"然本字渊明，后以字行，故又字元亮，甚显白。李延寿避讳，改"深明"，并《续之传》亦改"深明"，后之校《南史》者既改为"字渊明"矣。此下两句，延寿原本必是"或云深明，字元亮"，乃又妄改如右。展转惑人，校者之谬至此。

外　弟

古以舅子为内兄弟，姑子为外兄弟，见四十三卷。而亦有以舅子为外者。《宋书·隐逸传》"宗炳字少文，南阳涅阳人。母同郡师氏"云云，而传末又云"炳外弟师觉授"云云，可见盖母家为外家。《后汉·王符传》："符字节信，安定临泾人。安定俗鄙庶孽，而符无外家，为乡人所贱，著书三十篇，号《潜夫论》。"《黄山谷内集》卷十《嘲小德》诗："解著《潜夫论》，不妨无外家。"天社任渊注引此事。《南史·到洽传》："父坦以洽无外家，乃求娶于羊玄保以为外氏。"《梁书·韦睿传》："杜幼文为睿外兄。"又《文学·刘昭传》："江淹为昭外兄。"又《韦粲传》："柳仲礼为粲外弟。"《南史·张彪传》："彪为兰钦外弟。"

顾欢论道佛二家

《南齐·高逸·顾欢传》：欢著《夷夏论》曰："道经云：'老子入关之天竺维卫国，国王夫人名曰净妙，老子因其昼寝，乘日精入净妙口中，后年四月八日夜半子时，剖左腋而生。坠地即行七步，于是佛道兴焉。'此出《玄妙内篇》。""入关"，当作"出关"，《南史》误同。此下详载论文，又引宋司徒袁粲驳之之语，亦误以"出关"为"入关"。其间萧子显又檃括之云："欢虽同二法而意党道教。"卷末子显作论一篇，极力尊佛，以为世间第一法，能包举九流百家。愚谓欢所引《道经》颇确，老子即佛，本是一人，故无二法，如人鼻虽分二孔，所吐纳者原只一气，有何差别？惟与吾儒则如枘凿冰炭之不相合耳。欢知老、佛是一，却不知儒教之美，而子显所论尤觉虚浮夸诞，亦适成其为子显之所见而已矣。前《陆澄传》论颇知推尊郑康成，贬斥王肃。此特子显生于六朝，见闻之益，若康成深处，彼亦不知。学者若能识得康成深处，方知程伊川、朱晦庵义理之学，汉儒已见及，因时未至，含蕴未发，程、朱之时，训诂失传,经无家法,故轻汉儒,而其研精义理,仍即汉儒意趣,两家本一家。如主伯亚旅,宜通力以治田;醯醢盐梅,必和剂以成味也。彼异端邪妄之谈,又何足道哉!

陶弘景以孝成隐

陶弘景"父为妾所害,故弘景终身不娶"。其游于方外,虽性耽野逸,实因痛其亲而割弃世缘,盖以孝成隐。《梁书》不载此事,并《南史》所载其祖、父名及官职,皆阙之。

金陵华阳之天

"弘景止于句容之句曲山,恒曰:'此山下是第八洞宫,名金陵华阳之天,周回一百五十里。'""金陵",《梁书》作"金坛"。考弘景所作《真诰》第十一卷《稽神枢》篇云:"大天之内有地中洞天三十六所,其第八是句曲山之洞,周回一百五十里,名曰金坛华阳之天。"作"坛"是。

陶弘景年

《梁书·处士·陶弘景传》略言:"弘景未弱冠,齐高帝作相,引为诸王侍读,除奉朝请。永明十年,上表辞禄,许之。于是止于句容之句曲山,自号华阳隐居。"此下叙其隐遁高逸之事,更历建武、永元等朝,然后言梁高祖即位,恩礼甚笃。下又叙"天监四年,移居积金东涧,辟谷导引,年逾八十而有壮容"云云。其下乃云"大同二年卒,时年八十五"。此传尚明白可诵,挨年顺叙,无大误。据其所言卒年推之,弘景当生于宋文帝元嘉二十九年壬辰也,入齐年二十八,入梁年五十二,如此方合。惟萧道成于宋后废帝元徽四年方为尚书左仆射,明年方为司空、录尚书事,时弘景年已二十五六,而云"未弱冠,齐高帝作相引之"云云,此其小抵牾者。《南史》多袭取各书,无所增益,偶或一有所增,辄成疵累。此传所增颇多,往往冗诞,似虞初小说,此李延寿惯态,不足责,但《梁书》不言弘景生年,而卒年则《南史》与《梁书》同,乃其前文先言"弘景以宋孝建三年丙申岁夏至日生",两者自相矛盾,舛谬可笑,于是为甚。

止足传

《梁书》有《止足传》，据其序引鱼豢《魏略》、谢灵运《晋书》及《宋书》皆有之，非姚氏父子特创，乃不但李延寿削去不用，自后史家亦从无继作者，何也？论曰："比夫怀禄耽宠，婆娑人世则殊间矣。"俗情不鄙婆娑，莫怪止足无传。

徐爰不当入恩幸传

徐爰本儒者，长于礼学，又修《宋书》，仕至显位。考其生平，扬历内外，无大过恶，沈约乃入之《恩幸传》，与阮佃夫、寿寂之、李道儿辈同列，此必沈约一人之私见。约撰《宋书》，忌爰在前，有意污贬，曲成其罪，正与魏收强以郦道元入《酷吏》相似。李延寿最喜改旧，乃于此种大乖谬处则仍而不改，惟于所载爰诸奏议痛加刊削而已。

茹吕不载杀诸王

《南齐书·幸臣传》共列五人。此等人既立传，则如茹法亮杀巴陵王子伦，吕文显杀宜都王铿等事，何可不一见？大约萧子显于萧鸾杀高、武诸王事多遗失，《南史·恩幸传》于茹、吕亦不及其杀诸王，则以已见诸王传故也。

恩幸传论

《恩幸传论》略云："自宋中世以来，万机碎密，不关外司。尚书八座五曹、九卿六府，伏奏之务既寝，趋走之劳亦息。任隔情疏，殊涂一致，权归近狎，异世同揆。至元戎启辙，武侯还麾，督察往来，亲承几案，领护所摄，示总成规。优剧远近，断于外监之心；谴辱诋诃，恣于典事之口。"此论切中弊病，然皆取之《宋》、《齐》两书，非延寿心裁也。《梁》、《陈书》无《恩幸传》，自周石珍以下传六篇，皆《南史》所补，所叙连类附及之小人尤多，此甚有功。盖自魏晋尚玄虚，士大夫多坐谈，不亲政务，而治事不可无人，故小人得以竞进，人主又皆昏贪贼戾，昵狎小人。观此论，前半篇言尚书八座五曹、九卿六府皆虚设，则恩幸之权为何如。后半篇言兵权亦归之，《崔慧景传》："东昏即位，为护军。时辅国将军徐世标专权号令，慧景备员而已。"领军、护军掌禁兵，权最重者也。至此则权移于恩幸，而领、护又无权矣。汉、唐宦官专政，为国之蠹，南朝恩幸别有其人，并非宦官，亦一变也。

芮芮蠕蠕

《宋书·索虏传》，即魏也。《南史》则尊魏，故于外国中无魏。《宋书》叙魏事，至泰豫元年狭石镇主白虎公等攻围义阳事，此已在宋末，此后魏方盛强。《宋书》以宋为断，不及其后之事，故其下即缀以芮芮，以芮芮即居魏之故地故也。《南史》则于北方特立蠕蠕一传，蠕蠕即芮芮，其本号自为柔然，魏人改称为蠕蠕。《周》、《隋》多作茹茹，《宋》、《齐》、《梁》则作芮芮，盖皆取其音近。赫连勃勃，《宋书·朱超石》、《傅弘之》、《郑鲜之》、《索虏》诸传皆作"佛佛"，意同。

外国传叙佛教

晋始以建康为扬都，已见前第五十一卷。《宋书》九十七卷诃罗陁国王、呵罗单国王奉表于宋，皆称大宋扬都，则扬都之名著矣。更有阇婆婆达国王、天竺迦毗黎国王所奉之表。按其文义皆仿佛书，故沈约于篇末总结之云："凡此诸国皆事佛道。"因遂历叙佛教始末，盖在异域自当奉异教。约之叙述佛教于《外国传》中，亦差可。若魏收作《释老志》，则可笑。《南史》以僧宝志入《隐逸》，《旧唐书》以一行入《艺术》，则尤欠妥。此辈纪、表、志、传中，实无可位置。

僧慧琳著论，以儒为白学，佛为黑学，语奇至。此人僧也，而论乃助儒辟佛，更奇。《谢弘微传》："兄曜卒，弘微蔬食积时，服虽除，犹不啖鱼肉。沙门慧琳诣弘微，弘微与之共食，犹独蔬食，慧琳曰：'檀越素既多疾，顷者肌色微损，即吉之后，犹未服膳。若以无益伤生，岂所望于得理。'"观此则知此僧名为僧而恒啖鱼肉，绝不守佛门戒律。

《南齐书·周颙传》："颙著《三宗论》，凉州智林道人曰：'贫道捉麈尾四十年，唯此涂白黑，无一人得语。'"与宋慧琳同。

羊鲲

《贼臣·侯景传》："景单舸走，至胡豆洲，前太子舍人羊鲲杀之。"

案：杀景者羊鹍，系羊侃之子，见六十三卷《侃传》后，此误。

元帝杀王伟

侯景之反，皆其党王伟造谋，而简文帝则伟所亲弑者。及为元帝所获，伟从狱中献诗于帝，帝尚爱而欲舍之，及观其所作檄，有"湘东一目"句，始杀之，然则杀伟以其詈己，不以其害父兄，元帝之无人心如此。

贼臣当入欧阳纥

《梁书》以诸王之叛者豫章王综等为一卷，侯景为一卷，置于书尾蛮、獠之后，以其皆叛逆也。《陈书》熊昙朗、周迪、留异、陈宝应、始兴王叔陵、新安王伯固，亦用此例，先熊等后王则非。《南史》始别为题目，曰《贼臣·侯景》云云，而叔陵、伯固仍以次叙于诸王中，绝无分别，此其谬者。愚意《陈书》于欧阳纥，亦宜入熊昙朗卷，不当附父传，李延寿最喜叙家谱，无怪于此不能改正。

台　城

黄之隽等《江南通志》第三十卷《古迹门》云："台城在上元县治北，玄武湖侧。《舆地纪胜》云：一曰苑城，本吴后苑地也。晋咸和中作新宫，遂为宫城，下及梁、陈，宫皆在此。晋、宋时谓朝廷禁省为台，故谓宫城为台城。"愚考《舆地纪胜》，宋王象之撰。予从朱笉借阅，嫌残阙未抄，此条诠台城名义甚确。洪迈《容斋续笔》第五卷说同。《南史》及各书，台城数见，不可枚举，试随便举之，则如《齐·萧允》、《梁·南郡王大连》、《绥建王大挚》、《陈·任忠》、《沈炯》、《贼臣·侯景》等传皆有，盖有都城，有宫城。台城者，宫城也。今江宁府治上元、江宁二县，战国为楚金陵邑，秦改秣陵，吴改建业，晋改建康，其都城、宫城则唐许嵩《建康实录》第一、第五、第七、第十等卷以为越灭吴，范蠡始筑之。孙权于建安十六年始都之，说见三十二卷。筑宫曰太初宫。永嘉之乱，琅邪王睿渡江，因吴旧都城修而居之，即太初宫为府舍。大兴元年，即帝位。成帝咸和五年九月，作新宫，始缮苑城。许嵩自注云："案苑城，即建康宫城。"又云："咸和七年十一月新宫成，署曰建康宫。十二月，帝迁于新宫。"自注云:"案《图经》,即今之所谓台城也。今在县城东北五里,周八里,有两重墙,东晋子孙相承,四代十一帝,起戊寅,终己未,凡一百二年,并都台城之建康宫。"此言东晋常居之,其实宋张敦颐《六朝事迹》卷上《宫殿门》云:"晋琅邪王因吴太初宫即位,至成帝缮苑城,作新宫,宋、齐而下因之,称建康宫。"合之《舆地纪胜》云云,则知宋、齐、梁、陈皆居之。萧子显于褚渊论云"市朝亟革,陵阙虽殊,顾盼如一",是也。李吉甫《元和郡县志》卷第二十五云:"江南道润州上元县,晋故台城,在县东北五里。成帝时,苏峻作乱,焚烧宫室都尽,温峤已下咸议迁都,惟王导固争不许。咸和六年,使王彬营造,七年,帝迁于新宫,即此城也。"《明一统志》第六卷云:"台城在上元县治东北五里,本吴后苑城,即晋建康宫城。其地据高临下,东环平冈以为安,西城石头以为重,带玄武湖以为险,拥秦淮、青溪以为阻。今胭脂井南至高阳墓二里为军营,及民蔬圃者皆是。"《江南通志》谓今上元县署宋建,江宁县署明建,观《明志》,台城在上元县治东北五里,与《建康实录》、《元和郡县志》并合,则今县署,即唐县署故址,以此求之,古迹约略可见矣。

诸书皆言新宫对元帝旧宫而言,《南史·齐始安王遥光传》:"东昏为儿童时,明帝使与遥光共斋居止,呼遥光为安兄,恩情甚至。及遥光诛后,东昏登旧宫土山,望东府,怆然呼曰:'安兄。'"东府是宰辅所居,在宫城东,说见下。晋成帝所迁新宫,在旧宫之北,故曰后苑,说亦见下。旧宫南,群臣居第及治事廨署分列两旁,遥光正是以亲王为宰辅者,故居东府,东昏思之,从新宫望,未为切近,故至旧宫望之。

《江南通志》:"江宁府城自钟山之麓西抵覆舟山,建北门一,曰太平,又西据覆舟、鸡鸣,缘后湖以北至直渎山而西八里,建北门二,曰得胜、曰金川。"台城实在此,计宫城应于城正中位北面南,乃偏于东北者,因明初重筑城,缩其东增廓其西故然。

白　门

《南史·宋明帝纪》:末年多忌讳,"宣阳门谓之白门,上以不祥,讳之,尚书右丞江谧尝误犯,上变色曰'白汝家门'"。愚考白门,正南门也,故以白为讳,若旁侧当不至是。《建康实录》卷七自注备列诸门名,今除东、西、北不数,就南面考之,彼文先云"建康宫城六门。案《地舆志》，都城周二十里一十九步，本吴旧址，晋江左所筑，但有宣阳门，至成帝作新宫，始修城开陵阳等五门，与宣阳为六。南面三门，最西曰陵阳门，后改为广阳门，次正中宣阳门、对苑城门，世谓之白门。门三道，上起重楼悬楣，上刻木为龙虎相对，皆绣栭藻井。南对朱雀门，相去五里余，名为御道，开御沟，植槐柳。次最东开阳门"云云。据此，则知白门乃南面正中门也。但此段所列门名，仍是旧宫之门，只因旧惟一门，今添其五，故于作新宫下叙述。此卷下文，许嵩自注又列台城五门名，皆与上文五门名异，而引《修宫苑记》云"南面正中大司马门，世所谓章门，拜章者伏于此门待报。南对宣阳门，相去二里，夹道开御沟，植槐柳，世或名为阙门"云云。此段所列，则新宫之门矣。要白门是发始初建正南门，故后人通称金陵为白门。《分类补注李太白诗》予所藏系元世祖至元二十八年辛卯刻本。卷十五《金陵白下亭留别》云："驿亭三杨树，正当白下门。"杨齐贤曰："唐武德九年，更金陵县曰白下县。"此名疑亦因白门而起。

宣阳是正南门，而新宫正南大司马门对之，故知新宫在旧宫之北。

鸡笼山

台城古迹可考者，以山与湖。《江南通志》第十一卷《山川门》云："鸡鸣山在府东北，覆舟山西，其北临玄武湖，本名鸡笼山，其东麓为鸡鸣寺。"又第四十三卷《寺观门》云："鸡鸣寺在府城北鸡笼山，与台城相接。明洪武二十年置。"张敦颐《六朝事迹》卷下《山冈门》云："鸡笼山在城东吴琯刻误作"西"，以意改。北，覆舟山之西二百余步，其状如鸡笼，因以为名。按：《南史》，宋文帝元嘉十五年立儒馆于北郊，命雷次宗居之，次宗因开馆于鸡笼山。又竟陵王子良尝移居鸡笼山下，集学士钞五经百家为《四部要略》千卷。又元嘉中改为龙山，以黑龙尝见真武湖，此山正临湖上，因以为名。"千数百年来，片瓦寸椽无存，而台城接鸡鸣山，里巷皆能道之，是为可据。

后　湖

其尤可据者，后湖也。《江南通志》第十一卷："后湖在江宁府北二里，即玄武湖，一名练湖。晋元帝时为北湖。宋元嘉改玄武湖，引其水以入宫墙,苑囿山川,掩映如画。六朝旧迹,多出其间。"愚考《建康实录》卷五:"东晋元帝大兴三年,创北湖,筑长堤,以壅北山之水,东自覆舟山,西至宣武城。"彼时未作新宫,宫与湖尚异地,至成帝作新宫,湖连后苑,后湖之名约起于此。《南史·宋文帝纪》:"元嘉二十三年,筑北堤,立玄武湖于乐游苑北。"又《建康实录》卷十二:"宋文帝元嘉二十一年七月,甘露降乐游苑。"注:"案《舆地志》,县东北八里,其地旧是晋北郊,宋元嘉中移郊坛出外,以其地为北苑,遂更兴造楼观于覆舟山,乃筑堤壅水,号曰后湖。其山北临湖水,后改曰乐游苑。山上大设亭观。大明中,又盛造正阳殿。梁侯景之乱,悉焚毁。至陈天嘉二年,更加修茸,陈亡,并废。"又《元和郡县志》第二十五卷:"玄武湖在上元县北十里,周回二十五里。"又《太平寰宇记》卷九十《江南东道》云:"玄武湖在上元县西北七里,周回四十里,东西两派下入秦淮,春夏深七尺,秋冬四尺。晋元帝创,宋元嘉筑堤,齐武帝理水军于此。其湖通后苑。又于湖侧作大窦,引湖水入宫城内天泉池中。经历宫殿,萦流回转,不舍昼夜。"唐、宋人所考如此,惟湖与宫回转,故《贼臣·侯景传》景引玄武湖水灌台城,阙前御街并为洪波也。诸书言湖周四十里,或二十五里,《江南通志》载余宾硕文,谓宋熙宁八年王安石奏废湖为田,开十字湖,立四斗门,以泄湖水,岁久湮塞,今所存者十分之二。虽湮塞,犹存十之二,故王贻上尚有《台城眺后湖》诗,古迹可据者以此。

张敦颐《六朝事迹》谓六朝故宫,今行宫东北乃其地。此行宫,指赵宋康王构所驻,无可考不待言,即《明志》军营蔬圃亦难寻究,惟其倚鸡鸣山临玄武湖最为可据。

江左偏安而宫室侈靡,盖包络甚广,故《南史·齐武帝裴皇后传》:"宫内深隐,不闻端门鼓漏声,置钟景阳楼,上应五鼓及三鼓,宫人闻钟声,早起庄饰。"又《豫章文献王嶷传》:"时帝后宫万余人。"即此观之,宫室之侈可见。

东　府

张敦颐《六朝事迹·宫殿门》云:"有曰台城,盖宫省之所寓也。有曰东府,盖宰相之所居也。有曰西州,盖诸王之所宅也,皆不出都城之内。"此段提纲絜领,甚佳。今既考得台城所在,则东府、西州约略可见,试先以东府考之。前第四十九卷论晋时宰相居东,天子在西,因及南朝宰相居东为仿晋,是矣。但彼以对天子之西为东,此则居台城之东,因西州居台城之西,而为东西微不同。《元和郡县志》二十五卷《江南道》:"东府城在上元县东七里,其地西则简文帝为会稽王时邸第,东则丞相王道子府。谢安薨,道子代领扬州,仍先府舍,故称为东府,而谓扬州廨为西州。"此条诠取名之所自,似是,然有辨,说见下。《江南通志》三十卷《古迹门》云:"东府城在江宁县旧皇城西安门外,青溪桥东南,临淮水。"是旧迹犹可见。

宰相居此,非寻常宰相,乃秉权最重者。第四十九卷考得宋武帝、齐高帝未即真皆居此,凡五事。兹又考得《宋书》宋武帝之继母孝懿萧皇后传:裕北伐,仍停彭城、寿阳,至元熙二年入朝,因受禅,在外凡五年,后常留东府。《南齐书》纪:宋顺帝升明二年正月,沈攸之死,齐太祖旋镇东府。宋武、齐高皆居之,非秉权至重者而何? 其余散见,不可枚举。姑随举之,如《宋书·文九王传》:"建平王宏之子景素举兵,冠军将军齐王世子镇东府城。"齐王者,齐高帝世子者齐武帝也。《南齐书·豫章王嶷传》:沈攸之之难,太祖入朝堂,嶷出镇东府。此皆秉权最重者。

《南史·宋彭城王义康传》:为侍中、司徒、录尚书事,领扬州刺史,"四方献馈以上品荐义康,次者供御。上冬月啖柑,叹其味劣,义康曰:'今年柑殊有佳者。'遣还东府取柑,大供御者三寸"。又宋文帝子江夏文献王义恭传:"授大将军、南徐州刺史,还镇东府。"《宋书·始安王休仁传》:前废帝死,休仁推崇太宗,即明帝。"便执臣礼。明旦,休仁出住东府"。《南史·宋建安王休仁传》:宋明帝疾,暴甚,"内外皆属意休仁,主书以下皆往东府诣休仁所亲信,豫自结纳"。又《王融传》:"魏军动,竟陵王子良于东府募人。"凡此皆亲王也,而即为宰辅,是以皆居东府耳。

每建康有事,必置兵守,此事屡见,随举之,则如《南齐书·高帝纪》:休范反,太祖曰:"宜顿新亭、白下,坚守宫掖、东府、石头以待。"贼进至杜姥宅,车骑典签茅恬开东府纳贼。是也。

西　州

上又引《元和郡县志》东府、西州之称,起于晋王丞相道子。彼文又一条云:"上元县东百步,扬州刺史所理州廨,王导所创也。后会稽王道子于东府城领州,故亦号此为西州。"说与上文所引一条同。愚谓《建康实录》卷一云:"晋永嘉中,创立州城,今江宁县城,所置在其西偏,其西即吴时冶城,东则运渎,吴大帝所开,今西州桥水是也。"注:"案《晋书》:孝武太元末,会稽王道子为扬州刺史,治东第,时人呼为东府,因号北城为西州,故传云东有西州是也。桥逼州城东南角,因以为名焉。"此段传钞必有误字,今无从校改。就此说绎之,亦与《元和志》同。愚谓《通鉴》第一百二十卷《宋文帝纪》胡三省注云:"扬州刺史治台城西,故曰西州。"当以此为确,未可尽云由会稽王道子得名也。如《建康实录》言,刺史治所自永嘉即在此处,本在台城西,自不必待道子得名,况《晋书·谢安传》:安出镇广陵,还都,舆入西州门。上文安本领扬州刺史,其时虽位至太保、封公,仍领刺史也;下文"羊昙者,太山知名士。安薨,行不由西州路。尝石头大醉,扶路不觉至州门,左右白:'此西州门。'昙以马策扣扉,悲感不已",可见安未薨已名西州,不始于道子。又乐史《太平寰宇记》卷第九十《江南东道》:"升州理江宁、上元二县,汉武帝元封二年始置十三州刺史,领天下诸郡,此即为扬州。扬州本在西州桥、冶城之间,是其理处。后汉如之。刘繇为扬州刺史,始移理曲阿,孙策号此为西州。"乐史学识虽未精,然其书成于宋太平兴国中,彼时俗学杜撰之风未炽,尚知援据古书,犹有可信。即如此条,予前于第十七卷取韦昭说,辨西汉郡治丹杨不治宛陵,今乐史说正与予合。又予于第二十卷取《晋书·陶回传》"小丹杨",谓在今太平、宁国二府连界处,此本古丹杨,魏、晋下移于今江宁府治,反谓此为小丹杨,其实西汉郡治当在此。_{亦见《真诰》注说,见下。}此则非乐史所知,其谓汉郡治即治江宁上元城中,不无小误。而谓刘繇移理曲阿,_{今镇江府丹阳县。}故孙策号此为西州,则必有据。观此,愈知不始于晋道子矣。要虽对曲阿言西,不害在台城西也。《江南通志·古迹门》:"西州城在上元县治,晋扬州刺史治所。"是旧迹犹可见。

其为刺史治,证亦多,随举之,则如《宋书·徐羡之传》:"羡之为司徒、录尚书事、扬州刺史。宋文帝欲杀之，傅亮驰报羡之，羡之回还西州。"《南史·宋文帝诸子传》："劭入弑之旦，始兴王濬在西州府。"濬本从扬州刺史出镇，故至此时虽已离扬州任，而犹居西州也。

《六朝事迹》以为诸王所宅，《南史·梁元帝徐妃传》："嫁夕，车至西州，疾风大起。"此是一证。要是后来诸王亦有宅此者，而不害其始为本由刺史治得名。

《陈书·高祖纪》：讨侯景，"于石头城西横陇筑栅，众军次连八城，直出东北。贼恐西州路断，亦于东北果林作五城以遏大路"。彼时景围台城，其兵从西而东，陈高祖兵亦从西来，直出东北，救台城，故贼恐西州路断而欲遏止之。至后来景召简文帝幸西州，见《贼臣传》。此则已当破台城，骎骎篡弑，非因景领刺史事治西州而逼帝幸之。

秣陵建康二县分治秦淮南北

今上元、江宁二县，在汉惟秣陵县，在六朝为秣陵、建康二县。其建置沿革，分合变迁，纠纷参错，不可爬梳，惟《皇舆表》最为详晰，康熙十八年修，四十三年增修。学者览之自明。其县治之为古迹，为后创，未可详考。惟因秦淮水常存，故秣陵、建康分治处犹可想像得之。乐史《太平寰宇记》卷九十《江南东道》云："淮水北去江宁县一里，源从宣州东南溧水县乌利桥西流入百五十里。相传秦始皇巡会稽，凿断山阜，此淮即所凿也，故名秦淮。又未至方山，有直渎行三十许里，以地形论之，淮发源诘屈，不类人功，则秦始皇所掘宜此渎也。淮水发源于华山，在丹阳湖姑孰之界，西北流经建康、秣陵二县之间，萦纡京邑之内，至于石头入江，绵亘三百许里。"乐史此段与李昉等《太平御览》第六十五卷《地部》多同，所叙秦淮源流甚佳。彼文又云："《建康图经》云：'西晋太康元年平吴，分地为二邑，自淮水南为秣陵，淮水北为建业。'"乐史所采《建康图经》，自是唐以前古书可信者。据此，则二县分治古迹，千载可见。

陶弘景《真诰》卷第十一《稽神枢》篇注："金陵之号起自楚时，至秦皇过江厌气，乃改为秣陵。汉来县旧治小丹阳，今犹呼为故治也。晋太康三年，割淮水之南属之。义熙九年，移治阙场。元熙元年，徙还今处。"此条以证淮水之南为秣陵最为明切，欧阳忞《舆地广记》卷第二十四《江南东路》："江宁府上元县,故建康县,本建业。晋武帝既复改建业为秣陵,太康三年,又分秣陵之水北置建邺县,后避愍帝名,改曰建康。"此条以证淮水之北为建康,亦最为明切也。

京畿刺史有书有不书

《南史》各帝纪于诸州刺史例不书,惟于皇子之为刺史者则书之,而又有于皇子之为刺史亦或不书,于诸州刺史亦或书之者,其体例既不定,至刺史之进位加号,绝非紧要,而《南史》各帝纪往往备之。如《宋武帝纪》"永初三年,进江州刺史王弘卫将军、开府仪同三司",《宋文帝纪》"元嘉元年,进江州刺史王弘位司空","二年,改授司空王弘车骑大将军","三年,以江州刺史王弘为司徒、录尚书事",其所云卫将军、司空、车骑大将军者,皆是进位加号,而江州刺史则如故,是皆绝非紧要者,而《南史》备书之,其不避繁重如此。及考王弘本传,元嘉三年迁司徒、扬州刺史、录尚书事,此因扬州是京畿,其刺史皆以宰相兼领故也。《文帝纪》中删去"扬州刺史"四字不书,乍观之,似若别有例者。乃《武帝纪》于永初二年书"以尚书仆射徐羡之为尚书令、扬州刺史",三年又书"进尚书令、扬州刺史徐羡之为司空、录尚书事,刺史如故",此正是以宰相兼领京畿刺史,与王弘同也。乃于羡之,则一书刺史,再书刺史如故,于王弘但书其为司徒、录尚书事,而不书刺史,彼此两岐,体例参差不定,何也?

《宋明帝纪》泰始五年,据《宋书》,是年桂阳王休范为中书监、中将军、扬州刺史。此以中书监而领扬州刺史者,与他刺史不同。《宋书》之例与《南史》异。《宋书》凡刺史皆见本纪,《南史》则宰相执政领者方书之,而此条休范却不书,乃庐江王袆为南豫州刺史,此却又书之,进退无据,自乱其例。

《齐高帝纪》:建武二年十二月壬子,"以骠骑大将军、豫章王嶷为司空、扬州刺史"。见萧子显《齐书》。《南史》无"大将军"三字,或是传写误脱,而删去"扬州刺史"四字则非。

都督刺史

凡各书中都督某某几州诸军事、某州刺史,《南史》则但书某州刺史,而于其下添"加都督"三字,或直书都督某州刺史,就使二者皆是,而二者本是一例,今忽自岐其例,使人疑为异其词,则似别有意义者,已非史法。乃予详考之,则二者皆非也。凡都督,或督二三州,或有多至十余州者,又有于某州不全督,督其数郡者,都有会聚之意,各州郡皆所总统。今如《南史》,二种书法皆但书其本治,所总统等州郡之数与名皆不见叙,至下文忽露某州某郡,突如其来,使观者眩惑,且于叙事中全不得当日势望权任之所在,只因欲图简严,自夸裁断,独不思谐谑支赘,谈神说佛,不以为烦,何以纪载实事,反矜贵笔墨乃尔。

《宋书·百官志》:"持节都督,无定员。前汉遣使,始有持节。光武建武初,征伐四方,始权时置督军御史,事竟罢。建安中,魏武帝为相,始遣大将军督军。二十一年,征孙权还,夏侯惇督二十六军是也。魏文帝黄初二年,始置都督诸州军事,或领刺史。三年,上军大将军曹真都督中外诸军事,假黄钺,则总统内外诸军矣。明帝太和四年,晋宣帝征蜀,加号大都督。高贵乡公正元二年,晋文帝都督中外诸军,寻加大都督。"《南齐书·百官志》:"魏、晋世,州牧隆重,刺史任重者为使持节都督,轻者为持节督,起汉顺帝时,御史中丞冯赦讨九江贼,督扬、徐二州军事,而何、徐《宋志》云起魏武遣诸州将督军,王珪之《职仪》云起光武,并非也。晋太康中,都督知军事,刺史治民,各用人。惠帝末,乃并任,非要州则单为刺史。"愚案:二志不同,宋以为起魏武帝,齐以为起汉顺帝,观《齐志》,知《宋志》本之何承天、徐爱,沈约多袭取旧史,即此可见,但二说虽不同,而其疏解都、刺史之所由起并佳。

其书法则魏、晋已详书之,今未暇多举,姑随便举之。如《晋书·庾亮传》:亮为持节,"都督豫州、扬州之江西、宣城诸军事,平西将军,假节、豫州刺史,镇芜湖,迁都督江、荆、豫、益、梁、雍六州诸军事,领江、荆、豫三州刺史,进号征西将军,镇武昌"。此等书法,极其详明,不可以累坠为嫌。大凡一时官制,宜据实详书之,使后世可考。《宋》、《齐》、《梁》、《陈》,皆依《晋书》书法,不料李延寿出一人私见,创为两种书法,失实而不明妥,皆非是。

如《宋书·刘道怜传》云:"都督荆、湘、益、宁、秦梁、雍七州诸军事,骠骑将军,开府仪同三司,护南蛮校尉,荆州刺史。"而《南史》则云:"为骠骑将军、开府仪同三司、荆州刺史、护南蛮校尉,加都督。"彼文又云"都督徐、兖、青三州，扬州之晋陵诸军事，守尚书令，徐、兖二州刺史"，而《南史》则云"拜司空，徐、兖二州刺史，加都督，出镇京口"。又营浦侯刘遵考，《宋书》本传云："督并州，司州之北河东、北平阳，北雍州之新平、安定五郡诸军事，并州刺史，领河东太守"，而《南史》则但书为"并州刺史，领河东太守，镇蒲坂"，而删去督五郡，《宋书》又言其为"使持节，督雍、梁、南北秦四州，荆州之南竟陵、顺阳、襄阳、新野、随六郡诸军事，雍州刺史，新野、襄阳二郡太守"，《南史》则但书"雍州刺史，加都督"。是时遵考未为都督，似有误，而新野、襄阳二郡太守不书，则又与前异矣。又考遵考以督南徐、兖州诸军事，南兖州刺史，领广陵太守，以监豫、司、雍、并四州等诸军事，豫州刺史，领南梁郡太守，《南史》于此二条则竟删去不书。又彭城王义康，初除督豫、司、雍、并四州诸军事，豫州刺史，徙监南豫、豫、司、雍、并五州诸军事，南豫州刺史，又授使持节都督南徐、兖二州、扬州之晋陵诸军事，南徐州刺史，其所加冠军将军、右将军、骠骑将军及散骑常侍、开府仪同三司，皆其爵号，而于职任无与也。《南史》但书义康历南豫、南徐二州刺史，并加都督。又《宋书·谢晦传》行都督荆、湘等七州诸军事，领护南蛮校尉、抚军将军，而《南史》则云少帝废徐羡之，以晦领护南蛮校尉、荆州刺史，加都督。凡此，其失实而不妥显然，至直书都督某州刺史者，其谬更不待言，今不悉出。

　　大凡县属于郡，郡属于州，郡有太守，州有刺史，而刺史有都督、监、督之异，又有使持节、持节、假节之分。《宋书·百官志》云："都督诸军为上，监诸军次之，督诸军为下。使持节为上，持节次之，假节为下。使持节得杀二千石以下，持节杀无官位人，若军事得与使持节同。假节唯军事得杀犯军令者。"此段剖析甚明，盖其不假节者，谓之单车刺史，专治一州之事而已。然则不但都督等各有等级，不可并为一谈，而假节亦断不可略也。《南史》于都督诸州者，或添加都督，或谓之都督某州刺史，间或于监诸州、督诸州之督而亦云加都督，又或因监、督与都督不同，故监、督则竟直书某州刺史，而使持节等遂抹去之。如《宋书》，檀道济监南徐、兖之江北、淮南诸郡军事，南兖州刺史，又都督江州之江夏、豫州之西阳、新蔡、晋熙四郡诸军事，江州刺史，《南史》只书南兖州刺史、江州刺史，而监都督诸军皆不书。又《张冲传》，《宋书》

云"持节,督豫州诸军事、豫州刺史,又督南兖、兖等五州,南兖州刺史,又督司州军事、司州刺史,又督郢、司二州,郢州刺史,并持节如故",《南史》则于豫州删去不书,而其余直作南兖刺史,司州、郢州刺史,至持节与督诸州皆略之。其妄如此,谬误洪多,不可枚举。以上二事,王先生懋竑字子中,宝应人,康熙戊戌进士,翰林院编修。《读书记疑》曾论之,予既自考得,又参王说。

文字淆讹

文字最易淆讹,汉人碑刻字体已有不正者,沿至六朝愈乱矣。《张敬儿传》:"始其母于田中卧,梦犬子有角,舐之,已而有娠,生敬儿,故初名狗儿。宋明帝嫌名鄙,改为敬儿。"案:《说文》"敬"从苟,读若急,自急敕也,非苟,即此可见六朝人不识字。今《南史》及各书中所用误字,不可胜摘,姑随便举之。如以"介"为"个",《南史·王弘之传》:介转为个,个转为個,此字今唐人《九经疏》中颇有之。"投"为"透",此字用之甚多,随举其一,如《南史·赵伦之传》:为丹阳尹,严酷,曹局不堪命,或透水而死。"透",监板作"投",此校者以为传写之误而改之。不知乃李延寿本误也。"继"为"系",此字亦用之甚多,随举其一,如《南史·颜竣传》:坐死,免者相系,是也。"樵"为"蘖","宝"为"珤","藩"为"蕃",《说文》卷一下《艸部》:藩,屏也,蕃,草茂也。"渡"为"度",《说文》卷十一上《水部》:渡,济也。卷三下《又部》:度,法制也。此类甚多,难以枚举,略出数字以例其余。凡此有用流俗妄造字者,有本有其字,不可通用而误通者。又如地名,则"溢城"为"盆城","采石"为"採石",王羲之《採菊帖》已用此字。人名,则羊侃为"偘",《说文》卷八上,侃从人,从信省,从水,无偘字。徐世标为"榌",亦皆误。又以得官赴任为述职,与《孟子》"诸侯朝于天子曰述职"文同义异,皆谬。至于《羊玄保传》"竹木杂果为林芿","芿"字,《宋书》无,《南史》添,此李延寿之不识字而强作解事。若"馁"为"餒",考《说文》卷五下《食部》云:"餒,饥也,一曰鱼败曰餒。"不知何人改从妥,而《论语》"鱼餒",《孟子》"无是餒也","则餒矣",皆变为"馁"。《宋书》袁湛弟豹传仍作"餒"。又"年"为"季",考季,谷熟也,从禾,千声,隶变作"年"。而《宋书·孔季恭》等传论仍作"季"。又"倒"为"到",古无倒字。《说文·人部》在新附,而《南齐书·竟陵王子良传》仍作"到"。"洁"为"絜",古无洁字,

《说文·水部》在新附,而《南史》仍作"絜"。"仗"为"杖"。仗字,《说文》新附亦无,而《南史》仍作"杖"。则六朝与唐人犹存古,宜分别观之。

避　讳

《南史》、《北史》与《梁》、《陈书》,皆唐人修,应避唐讳,乃十干"丙"字,《梁》、《陈书》皆改作"景",而《南史》不讳。又"虎"字,《南史》亦屡见,此皆后人校者所改。若诸葛长民之为"长人",宋孝武帝小字道民之为"道人",褚渊仍称其字"彦回",刘秉仍称其字"彦节",庾炳之仍称其字"仲文",宗炳之亦仍称其字"少文",独江秉之不称其字,仍书其名。《北史》"秉"作"康",则是康之。《南史》作"秉"者,或后人依《宋书》之误而改之。与夫"虎"之为"兽"、为"彪"、为"武",韩擒虎去"虎"字,但称"擒";见《恩幸传》。渊之为"深",梁贞阳侯渊明去"渊"字,但称"明";《文学·贾渊》,不称名,称其字希镜,官名治中从事,去"治"字,但称中从事。此类甚多,不可枚举,则改之未尽者。窃谓凡延寿之所讳,后人当悉仍其旧,而于逐条下注明某字避唐某帝讳改,本当作某,如此方合,今则《北史》多仍旧,而《南史》所改者十之七八,不改者尚有二三,既失延寿本来面目,又自乱其例,皆非也。

至如《宋书·后废帝江皇后传》云"北中郎长史智渊孙女",又如《刘穆之传》云"小字道民",又如诸葛长民,又如《朱龄石传》有黄虎,此类非一,乃沈约原文,唐人竟未及校改。若谓唐人已改,宋人又改从本字,则如《梁书·武帝纪》有兽视,有王天兽,有龙骧兽步,有陈兽牙,有胡兽牙,实皆"虎"字,宋人何不改之? 可见《宋》、《齐》各书,唐人、宋人皆未细校。

建康实录

唐许嵩《建康实录》二十卷,宋嘉祐四年知江宁军府事梅挚等刻于江宁府,绍兴十八年,权荆南军府事刘长等又刻于荆湖北路安抚司。予所藏,凡"构"字皆注"今上御名",乃从绍兴本钞出者。此书载《宋史》第二百三卷《艺文志》,第四卷末识云:"吴大帝黄武元年壬寅至唐至德元年丙申,五百三十五年。"第十卷末又识晋元帝太兴元年至至德年数,此当是其成书之岁。

此书用意,亦李延寿之流亚,延寿取八代为一书,嵩又取吴、晋、宋、齐、梁、陈为一书,已觉蛇足,乃其手笔体裁又不如延寿远甚。吴、晋用编年体,仿佛荀悦、袁宏,宋以下忽分纪传;吴、晋无论赞,宋以下忽用论赞;吴、晋、齐、陈末无总论,宋末忽自造总论一篇,约二千余字,文皆排偶,意则旧史已具,梁末袭取魏徵总论而去其下半篇,其传率尔钞撮,纪载寥寥。如宋之刘穆之、徐羡之、傅亮、谢晦、范蔚宗、谢灵运皆无传,反有谭金、童太一,而又次序颠倒,如沈攸之反在前,沈庆之反在后,种种不合,各朝皆无外国,独于齐叙魏及百济等国,皆不可解。梁元帝只七八十字,敬帝反一千五六百字,《侯景传》乃位置于梁各帝之末,萧詧,《后周书》《北史》皆有传,《梁书》与《南史》无,而此乃附于梁,称其尊号,其粗疏纰漏,不可胜摘。但千余年旧物,业已流传,未可覆瓿。且其人生唐玄、肃间,尚见古书,如宋末详述裴子野《宋略》体例,则于宋事,大约必参取《宋略》,又小字夹注中援引古书多亡佚已久者,此则大可宝贵,所以此书不可废。

六朝事迹

《六朝事迹编类》十四卷,宋绍兴庚辰左奉议郎、充江南东路安抚司干办公事新安张敦颐撰。盖因康王构尝驻此而为之,明吴琯刻入《古今逸史》。敦颐,他无所见,予所藏宋乾道板《唐柳先生集》有新安先生张敦颐《音辩》,亦一好事者。

十七史商榷卷六十五
北史合魏齐周隋书一

魏收魏书

魏收《魏书》撰成于齐文宣帝天保五年，史称收褒贬肆情，时论不平，范阳卢斐、顿丘李庶、太原王松年并坐谤史受鞭，配甲坊，众口沸腾，号为秽史。时仆射杨愔、高德正用事，收皆为其家作佳传，二人深助之，抑塞诉辞，不复重论，亦未颁行。收既以魏史招怨，齐亡之后，盗发其冢，弃骨于外。隋文帝以收书不实，命魏澹、颜之推、辛德源别撰，炀帝又敕杨素、潘徽、褚亮、欧阳询别撰。愚谓魏收手笔虽不高，亦未见必出诸史之下，而被谤独甚，乃其后改修者甚多，而总不能废收之书。千载而下，他家尽亡，收书岿然特存，则又不可解。

李百药北齐书

唐太宗贞观元年，李百药受诏撰《北齐书》，十年成。见《旧唐书》百药本传。

令狐德棻等周隋二书

唐高祖武德五年，秘书丞令狐德棻始创议修六代史，同时分撰者凡一十七人。其限以六代者，盖因《宋书》已有沈约，《南齐书》已有萧子显，惟魏收《魏书》为众论所不许，故重修之，而合北齐及周、隋、梁、陈为六代也。其后论撰历年不能就，罢之。至太宗贞观三年，始复从秘书之奏，以魏有魏收、魏澹二家书已详，惟北齐、周、隋、梁、陈五家史当立，于是罢修《魏书》，止撰五代史，同时分撰者凡九人，房玄龄则总监五史，以上并见《旧唐书》德棻本传，已引见前第五十三卷，亦见《新书》一百二卷各本传。惟魏澹，《旧·德棻传》作"魏彦"，修《魏书》者只有魏收、魏澹，并无魏彦，原本与近本同作"彦"，皆误也，当从新。又贞观五史分撰之九人，合《新》、《旧书》，只见六人，其同撰《隋书》有颜师古、孔颖达、许敬宗三人，又得之于《隋书》后跋，合计之，惟李百药独主《北齐》，姚思廉独主《梁》、《陈》，余无独撰者。

《新唐书》一百九十八卷又云："敬播，河东人。贞观初，颜师古、孔颖达撰次隋史，诏播诣秘书内省参纂。"

隋书志

贞观十年，五史并告成，然皆无志。十五年，又诏左仆射于志宁、太史令李淳风、著作郎韦安仁、符玺郎李延寿同修《五代史志》，凡十志，三十卷。显庆元年，太尉长孙无忌等上进，诏藏秘阁，后又编第入《隋书》，其实别行，亦呼为《五代史志》，见《隋书》后跋。

《隋书》纪、传，每卷首题特进魏徵上，志则题太尉长孙无忌等奉敕撰，其实贞观十五年命诸臣修志，无无忌名，直至永徽三年无忌始受诏监修，见本传。盖书已垂成，无忌适逢其会，因而表进，遂题名卷端也。内《天文》、《律历》、《五行》三志独出李淳风笔，《五行志》序相传是褚遂良作。案本传，未尝受诏撰述，盖但为一序而已。

目录宜补杜铨

《北史·目录》当亦是后人校者增，李延寿本无。第二十六卷末当补一条云"杜铨"，下用小字注云："族孙景，景孙正元、正藏。"

十七史商榷卷六十六

北史合魏齐周隋书二

追尊二十八帝

北魏之兴,始自道武帝,其前追尊者凡二十八帝,其一曰成皇帝毛,其二曰节皇帝贷,其三曰庄皇帝观,其四曰明皇帝楼,其五曰安皇帝越,其六曰宣皇帝推寅,其七曰景皇帝利,其八曰元皇帝俟,其九曰和皇帝肆,其十曰定皇帝机,其十一曰僖皇帝盖,其十二曰威皇帝侩,其十三曰献皇帝邻,其十四曰邻之子圣武皇帝诘汾,其十五曰诘汾之子神元皇帝力微,其十六曰力微之子文帝沙漠汗,神元元年,岁在庚子,系魏黄初元年,即汉献帝在位之三十一年,正月改元延康,十月,曹丕篡汉,改元。神元三十九年,告诸大人,为与晋和亲计。四十二年,遣沙漠汗如晋,是岁,晋景元二年也,岁在辛巳。景元,乃魏常道乡公奂年号,而史言晋者,名魏而实晋也。沙漠汗既质于晋,后归,未得立,为力微所杀。其十七曰力微之子章皇帝悉鹿,其十八曰平皇帝绰,亦力微之子,其十九曰沙漠汗之子思皇帝弗,其二十曰力微之子昭皇帝禄官,其二十一曰沙漠汗之子桓帝猗㐌,其二十二曰穆帝猗卢,亦沙漠汗之子,时国分为三,三主并立,其二十三曰弗之子平文皇帝郁律,其二十四曰猗㐌之子惠帝贺傉,其二十五曰猗㐌之子炀帝纥那,其二十六曰郁律之子烈皇帝翳槐,其二十七曰郁律之次子昭成皇帝什翼犍,是为高祖,改元建国元年,时始有年号,当东晋成帝延康四年戊戌也。其二十八曰什翼犍之子献明皇帝寔,寔未立薨,后追谥。太祖道武皇帝珪,寔之遗腹子,昭成之嫡孙,以建国三十四年七月生,岁在辛未,东晋帝奕太和六年也。建元登国,元年正月,即代王位,四月改称魏王,时始改国号,岁在丙戌,东晋孝武帝太元十一年也。至东晋安帝隆安二年戊戌,珪始称帝,前虽有魏王之称,至此又特议始定。珪被弑,子嗣立,是为太宗。太宗崩,子焘立,是为世祖。世祖太延五年,当宋文帝元嘉十六年，岁在己卯，而北朝僭伪各国始尽并于魏，魏为极盛，于是始为南北朝矣。魏之初起，其来甚远，然辽邈荒忽，不可纪录，盖自神元，始有甲子纪年，昭成而国势稍定，然犹兴灭无常，二十八帝谥号皆道武所定，而二十八帝中，惟猗㐌、猗卢、郁律、翳槐、什翼犍名通于晋为可据，其余凡单名者与猗㐌等不同，疑皆道武时所追撰也。

慕容垂遣使朝贡

登国元年，遣使征师于慕容垂。三年，垂遣使朝贡。四年，垂遣使朝贡。此乃李延寿仍《魏书》原文，却非其实。是时慕容垂甚强，方且以藩服之礼待魏，魏尚未敢言敌体，乃反以臣子之词待之，可乎？"征师"当作"乞师"，"朝贡"当作"来聘"。又下文七年慕容永遣使朝贡，天兴三年姚兴遣使朝贡，此皆敌国也，当云来聘，何言朝贡乎？魏收固不得不云尔，李延寿则不宜沿袭。即如《魏书》于世祖太武帝神麚二年书"夏四月，刘义隆遣使朝贡"，《北史》改为"宋人来聘"，延和元年同。献文帝皇兴三年，《魏书》书"夏四月壬辰，刘彧遣使朝贡"，《北史》改亦同，是矣。《北史》如此者不一，何于慕容垂等独不改乎。

世祖太延二年三月，《魏书》书"刘义隆遣使朝贡"，七月，"诏散骑侍郎、广平子游雅等使于刘义隆"。《北史》但书"游雅使宋"，不书宋人来聘，真不可解，且太延二年之来聘，与神麚二年、延和元年之来聘有何分别？而或书或不书，如李延寿之作史，信手掉扯，忽删忽存，都无义例，史法大乱矣，尚可以称史邪！

北　都

南北朝建都之地，南惟梁元帝暂居江陵，其余皆在建康，今江南江宁府，而北魏则屡迁都。盖魏自黄帝子昌意之子受封北国，有大鲜卑山，因以为号，统幽都之北，广漠之野，黄帝以土德王，北俗以土为托，以后为跋，故以为氏。积六七十代而至毛，又传至推寅，南迁大泽，昏冥沮洳，至诘汾更南徙，历年乃出，始居匈奴故地。自诘汾以前，其地固不可详，诘汾所居曰匈奴故地，则《汉书》可考。其后国中乍乱乍定，迁徙无恒，直至道武帝天兴元年始定都平城。王应麟《通鉴地理通释》第四卷云："平城，即云州定襄县。"陈景云《纪元要略》云："平城，今山西大同府。"至孝文帝改姓元氏，又迁洛阳，则今河南河南府。《通典》第一百七十一卷《州郡门》云"后魏起北方，至道武下山东，攻拔慕容宝中山，_{自注：今博陵郡唐昌县。}遂有河北之地，迁都平城"，_{自注：今云中郡。}孝文太和十九年，"迁都洛阳"云云，是也。后孝武入关都长安，为西魏，则今陕西西安府，静帝迁邺为东魏，则今河南彰德府。

《任城王澄传》：孝文帝谓澄曰："国家兴自北土，徙居平城，此用武之地，非可兴文。崤函帝宅，河洛王里，因兹大举，光宅中原。"

高欢始居晋阳，后入洛阳，又迁魏于邺，而已执其政，洋之篡魏皆在邺，至周则都长安。

《魏·阳固传》：固于宣武时"作南、北《二都赋》，称恒代田渔声乐侈靡之事，节以中京礼仪之式"。

蠕蠕屈丐

蠕蠕本号柔然，屈丐即赫连勃勃，此皆道武帝为改恶名。《北史》皆仍《魏书》书之，尊魏也。

庙号二帝相同

平文皇帝讳郁律。"天兴初，追尊曰太祖。"天兴是道武帝纪年，而其后道武崩，子嗣立，改元永兴，是为太宗，永兴二年，亦追尊道武曰太祖，《魏书》同。二帝庙号相同，未详。

魏太宗年

《太宗明元帝纪》：泰常八年崩，年二十二。《北魏》作"三十三"。帝生于登国七年，至此三十三年，《北史》传写误。

乙未朔

"太延元年春正月乙未朔，日有蚀之。"案：上文"十二月甲辰，行幸云中"，十二月既有甲辰，则正月朔不得在乙未，《魏书·天象志》及《通鉴》第一百二十二卷皆作"己未"，是。然此特传写误耳，未必李延寿本如此。惟是此条日蚀，《魏书》本纪不载而《北史》有之，乍观之，几疑延寿能补魏收之阙矣。其实《魏书》日蚀皆在《天象志》，于本纪一概不载，虽未必是，例却画一。延寿意既以北为正，南为伪，则当思天无二日，凡日蚀概入《北史》，不必复见《南史》。今此年为宋文帝元嘉十二年，沈约《宋书・文帝纪》亦漏书此日蚀，故《南史》仍不补，而他处《南史》书日蚀却多，则知延寿《北史》本纪此条不过偶尔瞥见《天象志》摭入，非能归并画一者，其史法实属粗疏。

冯弘遣使求和

延和三年正月戊戌，"冯弘遣使求和，帝不许"。考《魏书》，作"冯文通遣其给事黄门侍郎伊臣乞和"。《晋书・载记》但言："冯跋宋元嘉七年死，弟弘杀跋子自立。"而《魏书・冯跋传》则云跋字文起，跋死，弟文通袭位。文通本名犯显祖庙讳。据此，则是魏收欲避显祖献文帝讳，故称弘字，犹《晋书》、《北史》称刘渊为刘元海也。但彼书此下又有"闰三月，冯文通遣尚书高颙上表称藩，诏征其侍子"，是终许其和矣，此后又越三年方复征之，弘奔高丽而燕始亡耳，若延和三年，则固尝暂许其和也。故《通鉴》于是年书："燕王遣尚书高颙上表称藩，请罪于魏，魏主乃许之，征其太子王仁入朝。"《北史》乃删去，则似是魏竟始终不许冯氏和矣，非也。

沮渠牧犍降

太武太延五年，"车驾西讨沮渠牧犍"，降。自晋惠帝太安二年，前赵刘氏、后赵石氏、前燕慕容氏、前秦苻氏、后燕慕容氏、后秦姚氏、南燕慕容氏、夏赫连氏、前凉张氏、蜀李氏、后凉吕氏、西秦乞伏氏、南凉秃发氏、西凉李氏、北凉沮渠氏、北燕冯氏，十六国迭起，至此始尽并于魏，始分南北，共一百三十七年。太武立三十九年，北破蠕蠕，灭北燕，西则吞沮渠、赫连、乞伏三国之地，南则亲伐宋，深入其境，强盛如此，而鲜克有终，惜哉！

两处语皆未完

太平真君四年九月，"以轻骑袭蠕蠕，分军为四道"。《魏书》于此下尚有"事具《蠕蠕传》"，《北史》删此五字，则其语未完，其下即接"冬十一月"云云，甚无理，当补云"蠕蠕主遁走，追击破之"。又"十年九月,阅武于碛上,遂北伐"。《魏书》于此下亦云"事具《蠕蠕传》"。《北史》之谬同前,当补云"吐贺真益惧,远遁,收其人户畜产数百万"。

外国朝贡

本纪中所书外国遣使朝贡,大率皆本《魏书》元文,而或则取之,或则删之,任意割裂,皆无义例。

宋使齐使

太和六年七月,"齐人来聘。九月,大飨群臣。齐使车僧朗以班在宋使殷灵诞后,辞不就席。宋降人解奉君刃僧朗于会中,诏诛奉君等"。案:魏孝文帝太和六年,当齐高帝萧道成建元三年,其时宋亡已久,而犹称宋使者,聊存旧名耳。考太和二年,宋遣使来聘,灵诞当即此时使魏者,其时政在道成,宋顺帝刘准徒拥虚号,灵诞当亦道成所使,后归齐而被谮以死,见《高闾传》。此亦别有故,非以灵诞为宋室旧臣忠于故国而除之也。解奉君,当是随灵诞者,则亦道成所遣,乃以争闲气杀其同党,殆魏郭循杀费祎之不如矣。

孝文帝孝事文明太后

太和十四年九月,"太皇太后冯氏崩"。案:冯氏乃高宗文成皇帝讳濬之皇后也。显祖献文皇帝讳弘,则文成帝之长子,母曰李贵人,非冯氏所生。濬崩,弘立,是为显祖,年甫十二,而冯氏遂临朝称制矣。至皇兴五年,显祖年十八,禅位于太子宏,时宏甫五岁,是为高祖孝文皇帝,母曰李夫人。显祖初立之时虽幼,而其后日渐长大,正可躬理万机,顾乃忽禅位于襁褓之子,此事之奇者,然犹国之大事咸以闻。至孝文帝之延兴六年六月,显祖暴崩,而冯氏遂复临朝称制,且改元承明矣。冯氏行不正,内宠李奕,显祖因事诛之,冯氏不得意,显祖暴崩,时言冯氏为之,此见冯氏本传。《魏书》与《北史》同者。《魏书·献文帝本纪》于其崩为之讳,不言冯氏致之死,不如《北史》直书其事为实,然论言显祖"早怀厌世之心,遂致宫闱之变",则仍明言之。显祖既能防闲其母,杀李奕,则其禅位自出己心,非冯氏逼之。但文成帝崩,冯氏仅二十四,临朝仅二年即归政于献文帝,其后虽禅位,而大事咸以闻,则冯氏淫佚不得自由，故遂杀之也。史言自太后专政，孝文雅性孝谨，不欲参决，事无巨细，一禀太后，于是冯氏乃得恣所欲为矣。又考之史，文成皇帝凡七男，无一为冯氏所生，然则冯氏无子，又以献文帝杀其所私而行弑逆，则恩义已绝，孝文帝当思谁杀我父，谓宜告于宗庙，废而诛之，乃犹奉事不懈，孝谨有加，孝文帝孝而过者也，且孝而愚者也。

妇人当从夫谥，而魏一朝，后多别立谥。如冯氏者，谥尤过美，本传言其崩后，孝文追谥为"文明太皇太后"，故传首称之曰"文成文明皇后冯氏"，《魏书》同，盖因其临朝日久，直待以帝礼，且因其粉饰文治，特为造此美谥，此其不可解一也。冯氏本不可为祖母，论其名则名之祖母或者犹可，乃史言高祖生，太后躬亲抚养，又高祖诏曰："朕以虚寡，仰恃慈明，缉宁四海。"又太后自以过失，惧人议己，小有疑忌便见诛戮，迄后之崩，高祖不知所生，是孝文当日直以母道事之，此其不可解二也。冯氏崩后，帝勺饮不入口五日，诏蕃镇曾经内侍者奔赴，祖奠亲侍龙舆，常从悉停，葬后群臣固请即吉，帝不许，居庐终三年之制，引古礼往复，群臣乃止。既虞卒哭，以葛易麻，仍衰服，近臣从服，余以次降，帝毁瘠，绝酒肉不内御者三年。与其臣往复语，皆见《魏书》一百八之三《礼志》。忘杀父之仇而行如此过情之礼，此其不可解三也。冯氏之死，孝文已二十有四，准之于古，即周公以圣人之德、叔父之亲，居摄亦仅七年，至成王年二十二则复子明辟，冯氏一淫乱妇人，前后临朝几三十年，终不归政，而孝文帝亦竟不敢与闻政，直至冯氏崩后，犹暗嘿自居，自称哀慕缠绵，心神迷塞，未堪自力亲政，使近侍掌机衡者任之，逾年始听政于皇信东室，此其不可解四也。初葬一月中谒陵者三，逾年一年中谒陵者四，频数至此，第三年之正月犹悬而不乐再周，忌日犹哭于陵左，绝膳三日，哭不辍声，此其不可解五也。且其所私之人，不止李奕，王睿出入卧内数年，便为宰辅，赏赉千万亿计，金书铁券，许以不死。李冲亦由见宠帏幄，密加锡赉，不可胜数。淫恣如此，孝文不但听之，且又哀慕过礼如此，盖魏之家法多出人情之外，汉武杀钩弋夫人，此岂可法？乃以为定制，世世遵守之，凡欲立其子，必先杀其母，至使椒庭中相与祈祝，皆愿生诸王公主，不欲生太子。即孝文帝妃林氏生太子恂，孝文帝仁恕，不欲袭前事，亦因禀文明太后意，林氏仍依旧制薨,惨虐冤滥若是,乃后妃之弑逆者、淫乱者、临朝专政威福自擅者,则又书之史册,累累不绝,其残苛、其纵弛,皆非人意计所及。厥后宣武灵皇后胡氏遂大乱天下,魏家法之非理,古所少也。

冯氏之立孝文帝,贪其幼也,后又恐其不利冯氏,谋废之,寒月单衣闭室,绝食三朝,元丕等固谏乃止,而帝初不有憾。又因宦者谮帝,杖帝数十,默受不自申明。冯崩后亦不介意,大惑不解,岂可以恒情测邪?

《通鉴》一百三十四卷:"魏冯太后以李奕死怨显祖,密行鸩毒。夏六月辛未,显祖殂。"《考异》曰:"元行冲《后魏国典》云:'太后伏壮士于禁中,太上入谒,遂崩。'若如此,安得不彰?《天象志》云:'显文暴崩。'盖实鸩毒。"朱子《纲目》直书魏太后冯氏弑其君云云。

吊比干文

《高祖孝文帝纪》:太和十八年十一月丁丑,"幸邺。甲申,经比干墓,亲为吊文,树碑刊之"。此碑久亡,予所藏拓本是宋人重刻,故赵明诚《金石录》第二十一卷言首已残阙,惟"元载"字可识,而今拓本则甚完善,太和十八年而言"元载",以其为迁洛之始也。《通典》以迁洛为十九年,误。

安顺宣武继以元成

宣武论于论宣武帝事毕之下接云:"太和之风替矣。比之汉世安、顺,宣武之后继以元、成。"按:其文义乖舛殊甚,然此乃袭取魏收元文,彼于"替矣"下云:"比夫汉世,元、成、安、顺之俦与。"论断精确,文意明妥,此乃改为云云,只因魏收以宣武与孝明分二纪,各为论,孝明论首复叙"魏自宣武已后"云云,而李延寿则以二帝为一纪,遂钞合二论为一,先钞取宣武论毕,将钞孝明论,瞥见"宣武"二字,遂填砌作汉之武、宣而忘删安、顺,又忘倒"宣武",遂不通至此。

弑崩书法

《北史》凡被弑之主,于平文帝郁律,则云"桓帝后以帝得众心,恐不利己子,害帝,遂崩";于昭成帝什翼犍,则云"皇子寔君作乱,帝暴崩";于道武帝珪,则云"清河王绍作乱,帝崩于天安殿";于太宗嗣,则云"中常侍宗爱构逆,帝崩于永安宫";于南安王余,则云"宗爱贼余";于献文帝弘,则云"文明太后有憾,帝崩于永安殿",皆直书其事于本纪,可谓实录矣。及至《孝明帝诩纪》,则云武泰元年春二月癸巳,"帝崩于显阳殿"。考《宣武灵皇后胡氏传》云"后母子之间嫌隙屡起,郑俨虑祸,乃与太后计,阴行鸩毒",明帝暴崩。此与文明太后冯氏杀献文帝有何分别,而书法若是之不同乎,岂以明帝系胡氏所生,杀之可不论乎? 又其下云:"皇太后、幼主崩。"皇太后,即胡;幼主,名钊,胡太后所立,改元武泰。二人皆为尔朱荣所杀,虽事见《孝庄帝纪》,于此亦不宜作善终之词,使自乱其例也。《废帝朗纪》云:中兴二年四月"帝逊位于别邸。五月,孝武帝封帝为安定郡王。十一月,殂于门下外省"。其下文《孝武帝纪》云十一月甲辰,"杀安定王朗",此时政在高欢,杀朗者非欢而谁? 然则于《朗纪》中亦不宜作善终之词,使自乱其例也。至敬宗孝庄帝攸为尔朱兆所弑,则又云"尔朱兆迁帝于晋阳,甲子,帝遇弑于城内三级佛寺"。节闵帝恭,为高欢所弑,则又云:普泰二年四月,高欢废帝于崇训佛寺,"五月丙申,帝遇弑,殂于门下外省"。孝武帝修为宇文泰所弑,则又云"帝饮酒,遇酖而崩"。东魏孝静帝善见为高洋所弑,则又云"竟遇酖而崩",足见孝明帝不书遇酖之非。总之,李延寿书法全乱,信手涂抹,体例无定,草率成书而已。

《魏书》各本纪,惟于平文帝郁律直书其被弑,若安定王朗则云"以罪殂于门下外省"。高欢以臣弑君,而何得云"以罪"? 此魏收之曲笔,使若其事非出于欢者。孝武帝修则云为宇文黑獭所害,黑獭,即宇文泰。宇文氏与齐世仇,故魏收直书之,其余各帝被弑者,皆作善终之词,或论中露出,纪中讳之,又不如《北史》之得实者居多。至于《孝静帝纪》书其逼辱遇酖甚详,此卷无论,似亡佚,而校者以《北史》补,收专为齐讳恶,岂肯如此直笔。若果如此,此则《北史》之真能补正《魏书》,使逆恶罪昭千古,为大有功于名教。但以此纪校《北史》,则二者大有详略不同处,即如高欢、高澄,《北史》直书名,《魏书》书献武王、文襄王,则又似是魏收元文,殊不可解,姑阙其疑。

东海王晔独无本纪

幼主钊，胡后所立，立三月而为尔朱荣所弑，未及改元，不为纪可也。钊死而敬宗孝庄帝子攸立，因杀尔朱荣，尔朱世隆与尔朱兆别推长广王晔为主，改元建明，是岁在庚戌之十月也。明年辛亥二月，世隆又废晔而立恭，是为节闵帝，《魏书》称为《前废帝纪》，云二月己巳，改建明二年为普泰元年，三月癸酉，封长广王晔为东海王，是年十月，高欢又废帝而立朗，《魏书》称为《后废帝纪》，云十月壬寅，改普泰元年为中兴元年，明年壬子四月，高欢又废帝而立修，是为孝武帝，《魏书》称为出帝，五月，封朗为安定王，十一月，朗与晔同被杀。今《纪》于恭、朗皆用本纪体，提行另起，而于长广、建明之号屡见《纪》中，独不为立纪，此《魏书》之谬，而《北史》不能匡正。

以西魏为正统

自文帝宝炬以下，《北史》即继以西魏，盖以此为正统，与《魏书》不同。夫西魏宇文泰所立，东魏高欢所立，两家皆篡弑其主者，则二魏难分正伪。《魏书》直以东魏孝静帝为正，而西魏为伪，故不为立纪，仅附见《孝静纪》中，既属不确，且西魏文帝崩后，尚有废帝钦、恭帝廓，并不见于纪，则不如《北史》之先列西魏，后仍附见东魏为允。

魏收齐臣，故以齐人所立孝静帝为主，孝武帝奔长安，则目为出帝，宇文泰弑之，又立文帝宝炬。泰，高欢仇也，故于其所立不为纪，仅附见之，而钦与廓并不见矣。收书成于齐文宣天保五年，是时废帝钦已殂，是年即恭帝廓即位之元年也。收后卒于齐武平三年，则去周之篡魏已十六年，收不但于书成后不复补恭帝，并书成时尽可书废帝而亦不书，无非助齐抑周之意。

臣澄劝陛下

《孝静帝纪》："高澄侍帝饮，大举觞曰：'臣澄劝陛下。'"《魏书》"下"下有"酒"字，《北史》省此一字，欲简老，翻稚气。

取北史补北齐书

《北齐书·文襄帝澄纪》卷末跋云："臣等详《文襄纪》，其首与《北史》同，而末多出于《东魏孝静纪》，其间与侯景往复书见《梁书·景传》，其所序列尤无伦次，盖杂取之以成此书，非正史也。"愚考此跋，不知何人之语，既称"臣等"，则必宋仁宗时校书官也。校者但知《文襄纪》非李百药《北齐书》元文，其实《北齐书》缺落甚多，不止此篇。如《文宣帝洋纪》九锡文、册文、即位告天文、大赦改元诏文皆全载，《北史》无之，而其余亦多不同，后半篇述洋淫凶惨虐之行，则《北史》甚详，而《北齐书》无之，盖李百药因旧史讳之，可知彼是元文，其余各纪大率皆非元文，后人取《北史》充入者也。知者，李延寿虽尽依各书元文，但加删削，然如《齐高祖神武帝欢纪》全篇皆同，竟不加删，则无此事，余惟《文襄纪》下半篇杂取诸文，故不同，而各纪则亦皆同。可见只有《文宣纪》尚存百药元文，余纪皆延寿《北史》之文也。又延寿称谥，高欢为神武、高洋为文宣，百药则称其庙号，为高祖、显祖，此《南》、《北史》各朝体例与诸本书皆不同者。今《北齐书》各纪、各列传，凡称神武、文宣及无论、赞者，皆非百药作，皆《北史》也。又有取《北史》诸传而无其本贯者，《北史》自承上祖父言之耳，乃竟失补。此说王先生懋竑已发之，妹婿钱少詹大昕亦尝以语予，予考之信然。《北齐书》中亦有称神武、文襄、文宣、武成者，如《酷吏传》之类，而亦有取《北史》补《北齐》，而仍为补某郡县人，如崔季舒之类者，又不可拘。

观《高洋纪》，其穷凶极恶，赖《北史》得著，此李延寿之功。

神武纪地名人名互异

《北史·神武纪》："勃海蓚人。"《北齐·纪》作"修"。《说文·艸部》，蓨从脩。二者皆误。《魏书》三十二卷《高湖传》，湖子谧，谧子树生，即神武父，不应有误。《北史·神武纪》同。《北齐·纪》只作单名树，去"生"字，《北齐·神武纪》虽以《北史》补，又有此小异，疑校者用《高氏小史》改之。

蔡儁等突出无根

神武自少养于同产姊婿镇狱队尉景家，及长，与怀朔省事云中司马子如及秀容人刘贵、中山人贾显智为友,怀朔户曹史孙腾、外兵史侯景亦相结。此下叙出猎遇神人事,则云"刘贵尝得一白鹰,与神武及尉景、蔡儁、子如、贾显智等猎于沃野"云云,蔡儁一人突然而出,上段毫无根蒂。此下又叙"柔玄镇人杜洛周反,神武与同志从之,丑其行事,私与尉景、段荣、蔡儁图之"云云,则又突出一段荣,亦无根。史家犯此等病者颇多,似非紧要,而叙事无法,予深不喜。

团　焦

神武从尔朱荣徙据并州,"抵扬州邑人庞苍鹰,止团焦中。苍鹰母数见团焦上赤气赫然属天"。《北齐》同。团者,圆也。《魏志·管宁传》注:"焦先居瓜牛庐。"盖圆如瓜牛,疑团亦此意,若焦则焦灼之义,似不当为房屋之名。王志坚《名句文身表异录》第四卷《宫室部》引此而解之云:"团焦,即今所云团瓢也。"瓢亦不当为房室之名。吴下土俗语岂可以证北魏时语。或云当作"蕉",《说文·艸部》:蕉生枲也。存疑。

天下再三分

高欢依尔朱荣之资以起事,而旋假大义为名以讨尔朱兆,与汉之借项以起而旋以弑君讨项,曹本与袁合势而旋挟天子以诛袁,刘寄奴本属桓玄旋以篡弑声桓罪,情事正同。乃高氏之业未成,而宇文氏又起关西,于是自汉末三分之后,至此天下再三分,起庚午梁武帝中大通六年,孝武帝为高欢所逼奔长安,宇文泰执其政,欢立孝静帝为东魏,后欢子洋篡东魏,泰子觉篡西魏,陈篡梁,讫丁酉,陈宣帝太建九年,周灭齐,仍为南北,凡三方分時四十四年。

周之兴稍后于齐,其篡皆在梁末,亦稍后,灭齐后三四年而亡,齐与周几几乎若同起同灭者。彼时天下实有鼎足之势,邵尧夫云:"隋,晋之弟也。"愚谓陈、齐、周亦亚魏、蜀、吴。《周书·赵贵》等传史臣论曰:"周室定三分之业。"信哉!

唐人为周讳恶

《周太祖文皇帝宇文泰纪》:永熙三年十二月,"魏孝武帝崩"。《周书》同,彼无"武"字,传写脱也。孝武帝为宇文泰酖弑,盖帝在东魏时犹起兵欲图高欢，此泰所深忌者，虽被逼奔关中，泰伪迎而奉之，岂能一日安哉？帝非泰所立，泰故急弑之而别立君。李延寿与令狐德棻皆唐人，相隔异代甚远矣，何必为之讳而书法乃尔乎？且延寿前于《魏纪》已直书酖弑，今于《周纪》又为之讳，即欲留纪体，亦宜云"周志也"，何自相岐乎？

周世宗崩

《周世宗明皇帝毓纪》：武成二年夏四月，"帝因食糖糗遇毒。辛丑，帝崩于延寿殿"。其文与善终者虽不同，论中亦明言孝闵、明皇权臣专命，俱致幽弑，但孝闵书以弑崩，世宗但言遇毒，何不直书宇文护令典膳李安因进食加毒，帝崩。事见《护传》。

周静帝阐为杨坚所弑，则于本纪书云：隋开皇元年五月壬申，"帝崩，隋志也"。此则与南朝之晋、宋主书法相同，是为得之。其后于《隋文纪》但书介公薨，已见前文，不劳再见矣。至隋文为其子广所弑，亦当直书之，而本纪但书崩，与善终者全无别。及《炀帝纪》则又直书：义宁二年三月，"右屯卫将军宇文化及等以骁果作乱，入犯宫闱，上崩于温室"。窃谓义例参差，总不能画一也。若恭帝侑，唐武德二年五月薨，亦必遇弑，此为唐讳，不足怪。

尉迥尉纲

周之尉迟迥及其弟纲，《周书》皆有传，尉迟自是其复姓，与魏之尉古真、尉拨、尉元，齐之尉景、尉长命、尉瑾单姓尉者不同。《北史》往往省文，竟作单姓，如周世宗明帝天王元年，高祖武帝保定元年皆书尉纲，保定二年、四年皆书尉迥，皆非也。

周初符瑞多删

李延寿最喜侈陈符瑞，而于令狐氏《北周书》所载周初诸瑞物多删去，其删亦无定见，随手剟去而已。

华皎来附

《周高祖武皇帝邕纪》：天和二年闰月戊寅，"陈湘州刺史华皎帅众来附"。此下应云"遣襄州总管卫国公直率绥国公陆通，大将军田弘、权景宣、元定等诸军援之，因南伐"。《北史》略去不载，其下文却突然云："九月，卫公直等与陈将淳于量、吴明彻战于沌口，王师败绩。元定以步骑数千先度，遂没江南。"所删不当，遂致前后不相关照。"王师"乃《周史》旧文，延寿仍而不改者，以周为正，陈为伪也。

李讳

天和六年五月丙寅，"以大将军李讳"云云，此李昞也。《周书》作"虎"，后人妄改，虎已前卒。昞，虎之子也。《文帝纪》"李讳"，虎也，此李讳，昞也，以唐祖故皆称讳。

尉迟纲举兵

《周静帝纪》：大象二年秋七月，"青州总管尉迟纲举兵"。案："纲"，当作"勤"，此时纲卒已久。

杨忠与独孤信俱归周

《隋文纪》皇考忠，"以东魏之逼，与独孤信俱归，周文帝召居帐下"云云。案《周书·杨忠传》：忠从信，定荆州，"以东魏之逼，与信俱奔梁"。"大统三年，与信俱归阙"。是时西魏犹在，但政归宇文，故云阙。其实去禅周尚有二十年，不得云归周也。至删去奔梁事更欠妥，当云"以东魏之逼，与信俱奔梁，后三年，与信俱得还"。

不书都督州名且脱落

大象二年十月，"周帝诏追赠皇曾祖烈为柱国、太保、都督十州诸军事、徐州刺史、随国公，谥曰康，皇祖祯为柱国、太保、都督十三州诸军事、同州刺史、随国公，谥曰献，皇考忠为上柱国、太师、大冢宰、都督十三州诸军事、雍州牧"。《隋书》于"十州"上有"徐兖等"三字，"十三州"上有"冀定等"、"徐兖等"各三字，《北史》例不书，皆非也。自"谥曰康"至"随国公"，凡二十六字，今本脱去，此传写误脱，非李延寿本如此。

陈州四十

开皇九年，陈平，"合州四十，郡一百"。案："四十"，《隋书》本纪作"三十"，误也。彼《地理志》言"陈初有州四十二，郡一百九"，杜氏《通典》同，及亡，又少二州、九郡，故惟四十州、一百郡。自魏太武帝太延五年魏尽并各国，始为南北朝，中又三分，终又分南北，至此复合于隋，计凡一百五十年。

杨氏不良死约三十人

隋文帝临崩遗诏，数废太子勇及第四子秀等罪恶，称太子广仁孝诸善行，而中有云："今恶子孙已为百姓黜屏，好子孙足堪负荷大业。"此诏乃广烝淫未闻于帝之前，帝所亲定者，后欲召勇废广，旋即遇弑矣。帝惟五男：勇、广、俊、秀、谅，皆独孤后所生，谓群臣曰："朕旁无姬侍，五子同母，可谓真兄弟，岂若前代多内宠，孽子忿争，为亡国之道。"不料己身为广所弑，勇与幼子谅及勇之子曰俨、曰裕、曰筠、曰嶷、曰恪、曰该、曰韶、曰煚、曰孝实、曰孝范，皆为广所杀。广与秀及广之次子暕，并俊之子曰浩、曰湛，秀之诸子失其名，谅之子颢，广之孙俅，皆为宇文化及所杀，俊为其妃崔氏毒死，广之第三子杲为裴虔通所杀，广之孙侑为唐高祖所杀，侗为王世充所杀。一门四世，不良死者共约三十余人，余殃延及后人，至唐天宝间，而暕之曾孙慎矜又无端遭李林甫、王铁罗织，籍没诛夷，兄弟三人并命。隋文帝勤民节用，在位无大失德，但其所杀周宇文氏宗室及文、闵、明、武、宣诸帝之子孙，约计不下五六十人，俱详见《周书·宗室诸王传》中，则己身之蒙祸，后裔之惨戮，报应昭彰，亦其宜矣。

《新唐·逆臣·安史传》赞云："张谓讥刘裕：'近希曹、马，远弃桓、文，祸徒及于两朝，福未盈于三载，八叶传其世嗣，六君不以寿终，天之报施，其明验乎？'杜牧谓：'相工称隋文帝当为帝者，后篡窃果得之。周末，杨氏为八柱国，公侯相袭久矣，一男子偷窃位号，不三二十年，壮老婴儿皆不得其死。彼知相法者，当曰此必为杨氏祸，乃可为善相人。'张、杜确论，至今多称诵之。"

白榆妄

《隋炀纪》:大业九年,"平原李德逸聚众数万,称阿舅贼,灵武、白榆妄称奴贼"。"白榆妄",疑人名,或读"榆"字绝,恐非。

大业十年诏

大业十年,诏收葬征辽死亡者,而远引汉王谅、高颍开皇十八年征辽败退事,以大业八年之败为讳,欲驾罪于父也。

十七史商榷卷六十七
北史合魏齐周隋书三

魏地形据武定

魏收《魏书·地形志》叙首云："魏定燕赵，遂荒九服，夷翦逋伪，一国一家，遗之度外，吴蜀而已。正光已前，时惟全盛，户口之数，比夫晋之太康，倍而已矣。孝昌之际，乱离尤甚，恒代而北，尽为丘墟，崞潼已西，烟火断绝。齐方全赵，死如乱麻，生民耗减，且将大半。永安末年，逆贼入洛，官司文簿，散弃者多，往时编户，全无追访。今录武定之世以为志焉。"正光前户口倍于晋太康者，太康犹承汉季三国大乱，而正光时魏之平定已百余年，故户口极蕃，此言理宜有之。"恒代"云云，谓六镇之叛，杜洛周、葛荣等反，"逆贼入洛"，谓尔朱荣及兆也，武定是东魏末帝孝静帝最后纪元，其八年遂禅齐。予前后论史例，志地理有以最盛者，有以最后者，此真最后矣。若论盛时，则当以孝文帝太和中，彼时迁都洛阳，为魏之极盛，今不取而用武定为正，故志首司州而治邺城，本相州，即孝静帝即位之元年改元天平，迁都于此而改名之，其时已政归高欢，帝徒拥虚名，诚末造矣。魏收之为此，要亦因盛时文簿已亡，不得已也。此下又言"其沦陷诸州户，据永熙缩籍"。永熙是孝武帝纪年，帝于三年即西奔长安矣。此志中所列有郡县名无户口数者，大抵皆他国地而虚言之。

官氏志

《官氏志》详于官，略于氏。曩官京师，同年进士广西岑溪令海宁周春苣兮寄《松霭初刻》，中有《代北姓谱》，于考索最有益，久而佚去，附识待访。

梁州郡县数

《梁》、《陈》无志,《隋书》各志皆补梁、陈事,独《地理志》专志隋,不补梁、陈,虽小字夹注中间一及之,亦不备也。惟于叙首约举梁地理云:"武帝除暴宁乱,奄有旧吴。梁天监十年,有州二十三,郡三百五十,县千二十二。其后务恢境宇,频事经略。大同年中,州一百七,郡县亦称于此。"愚谓南朝梁为极盛,以缮国久,且当魏乱,故元嘉、永明、太建皆不如,虽其州、郡、县数之多由析置者繁,然土宇亦实恢拓,假令陈庆之杀元颢据洛,势将混一,天厌梁德,颢背恩,庆之溃归,梁事去矣。

陈州郡县数

又约举陈地理云:"侯景构祸,坟籍散逸,郡县户口,不能详究。逮于陈氏,土宇弥蹙,西亡蜀汉,北丧淮肥,威力所加,不出荆、扬之域。州有四十二,郡惟一百九,县四百三十八,户六十万。"愚谓南朝梁最盛,末年却最衰,陈之蹙,承梁故也。《通鉴》一百六十四卷《梁元帝纪》:承圣元年十一月,即位于江陵,改元,大赦。"侯景之乱,州郡太半入魏,自巴陵以下至建康,以长江为限,荆州界北尽武宁,西拒硖口,岭南复为萧勃所据,诏令所行,千里而近"。胡三省注:"北尽武宁,与岳阳王詧分界,西拒硖口,与武陵王纪分界。"《通鉴》误以纪东下在承圣元年,故胡注如此。其实此时蜀已为周所取,并非纪有,说见后六十三卷。陈承梁,虽平萧勃,而西不能取蜀,北虽暂有淮,吴明彻兵败被虏,故曰"北丧淮肥,土宇弥蹙"。陈州数已见前六十六卷。

齐周分界

齐、周亦皆无志,《隋书》各志兼补齐、周事,独地理则专于隋,不能旁及,故于齐、周亦皆从略,惟于叙首约举齐、周地理云:"齐天保末,泊国灭,州九十有七,郡一百六十,县三百六十五。周削平东夏,多有省废。大象二年,计州二百一十一,郡五百八,县一千一百二十四。"愚谓上文历举累代疆域,大凡西汉极盛,不过郡国一百三,今周虽并齐,尚未得陈,且既云"多有省废",而州数比西汉极盛乃倍之有余者,盖承历代分析故,说详后。予未暇遍考齐、周地理,惟是高氏、宇文氏各欲盗魏,构怨最深,其分界必须有考,方可见二国形势。二国战地,王应麟《通鉴地理通释》第十四卷已详,其分界处,则莫妙于《周书·太祖文帝纪》云:魏大统十六年夏五月,"齐文宣废其主元善见而自立。秋七月,太祖率诸军东伐,拜章武公导为大将军,总督留守诸军事,屯泾北以镇关中。九月丁巳,军出长安,时连雨,自秋及冬,诸军马驴多死,遂于弘农北造桥济河,自蒲坂还。于是河南自洛阳,河北自平阳以东,遂入于齐矣"。此段最明了,《北史》削去文宣自立,突书东伐云,竟不言所伐何国,虽不言自可知,然有此文理乎? 废立是何等大事,齐、周各自为纪,岂可不互见? 兹姑不论,惟齐、周疆域分界处,观此一段约略可见,洛阳以东既入齐,而梁倚齐援,周竟能越齐界伐梁,以萧詧为之导也,说详第五十五卷。詧本镇南雍州,今襄阳府,周既灭梁元帝,立詧为梁王,居江陵,而詧旧所镇之襄阳地归于周,见《周书·詧传》。

周陈分界

《周书·杜杲传》:于陈文帝时奉使往陈分界,陈人以鲁山归周。鲁山,即今湖北汉阳府汉阳县汉口镇江岸山,俗以为大别者。江北地已尽入周矣,区区鲁山岂能独守,然必至是而周界始直至江岸。

隋州最繁

西汉极盛不过郡国一百三,周平齐,州至二百十一,已为极繁。隋高祖开皇九载廓定江表,寻以户口滋多,析置州县,是于二百十一中又分析,为最繁矣。故《杨尚希传》:隋文帝时,见天下州郡过多,上表以为今郡县倍多于古,或地无百里,数县并置,或户不满千,二郡分领。具寮以众,资费日多,吏卒又倍,租调岁减,动须数万,如何可充?

罢州置郡

《隋书·百官志》云:炀帝"罢州置郡,郡置太守"。又《地理志》云:炀帝"并省诸州,寻改州为郡,置司隶刺史,分部巡察。大凡郡一百九十"。按:唐虞时九州、十二州,历三代、秦、汉、魏、晋、南北朝,其名尚存,至隋始革去州名,事势古今不同,不可泥古。《宋书·州郡志》有扬州、南徐州、南兖州、兖州、南豫州、豫州、江州、青州、冀州、司州、荆州、郢州、湘州、雍州、梁州、秦州、益州、宁州、广州、交州、越州。《南齐书·州郡志》略同，惟多一巴州，此名为从前未有。《魏·地形志》新添之州名甚多，汉、晋每州所管郡甚广，《地形志》则每州所管郡有少至二三郡者，并有不领郡之州焉，其州名新制者共有五六十。梁、陈、齐、周地理无考，而州郡总数见《隋·地志》，盖承魏，其分析亦多，至隋万不能更为沿袭，盖即名称纷溷已极不便，不但十羊九牧，如杨尚希所云也。

淮南郡

《隋》淮南郡注云："旧曰豫州，后魏曰扬州，梁曰南豫州，东魏曰扬州，陈又曰豫州，后周曰扬州。"此即寿春郡也。州名南北互易，最为纠纷，乍观之几欲目炫矣。说已详前第五十七卷"豫治无定"一条，玩彼文，此文自明。

蛮　左

《隋·地志》末段云："南郡夷陵诸郡多杂蛮左，死丧之纪，无祖踊，亦知号泣。其左人则又不同，长沙莫徭丧葬颇同诸左。"案《北史·齐高祖神武皇帝纪》：天平元年，神武上表于魏孝武帝曰："荆州绾接蛮左，密迩畿服。"蛮左，即蛮夷，乃当时语。《崔延伯传》云："除征虏将军、荆州刺史。荆州土险，蛮左为寇，每有聚结，延伯辄自讨之。"是也。《魏》、《齐》、《周》诸书，亦皆有之。

通古今

儿子诸生嗣获曰：《隋书·经籍志》叙首云："经籍也者，其为用大矣。不疾而速，不术〔当作行〕而至，今之所以知古，后之所以知今，其斯之谓也。"案许氏《说文·自序》云："文字者，经艺之本，王政之始，前人所以垂后，后人所以识古，故曰本立而道生。"《隋书》本此。《北史·江式传》：延昌三年，式表曰："文字者，六籍之宗，王教之始，前人所以垂今，今人所以识古。"又《高允传》：允答景穆帝曰："史籍，帝王之实录，将来之炯戒，今之所以观往，后之所以知今。"语亦同。韩昌黎诗："人不通古今，马牛而襟裾。"欲通古今，赖有字，亦赖有史，故字不可不识，史不可不读。《续汉书·百官志》："博士，掌通古今"。学以通古今为要，故特设一官，妙选其人以掌之。

经史子集四部

《隋·经籍志》分经、史、子、集四部。案：四部之名，起晋秘书监荀勖《中经簿》：一甲部，纪六艺及小学等书；二乙部，有古诸子家、近世子家、兵书、兵家、术数；三丙部，有史记、旧事、皇览簿、杂事；四丁部，有诗赋、图赞、汲冢书。寻前后著录，家皆分为七，如刘歆《七略》：一集略，二六艺略，三诸子略，四诗赋略，五兵书略，六术数略，七方技略。王俭《七志》：一经典志，纪六艺、小学、史记、杂传；二诸子志，纪今古诸子；三文翰志，纪诗赋；四军书志，纪兵书；五阴阳志，纪阴阳、图纬；六术艺志，纪方技；七图谱志，纪地域及图书；道、佛附见。阮孝绪《七录》：一经典录，纪六艺；二记传录，纪史传；三子兵录，纪子书、兵书；四文集录，纪诗赋；五技术录，纪数术；六佛录；七道录。此皆杂乱繁碎，惟荀勖稍近理，然子不当先史，诗赋等下，忽有《汲冢》，亦不可解。且甲、乙、丙、丁亦不如直名经、史、子、集，故《隋志》依用而又改移之。考《宋书·殷淳传》："爱好文义，未尝违舍，在秘书阁撰《四部书目》，凡四十卷，行于世。"《梁书·沈约传》："齐初为征虏记室，带襄阳令，所奉之主，齐文惠太子也。太子入居东宫，为步兵校尉，管书记，直永寿省，校四部图书。"《任昉传》：梁武帝时为秘书监，"自齐永元以来，秘阁四部篇卷纷杂，昉手自雠校，由是篇目定焉"。《殷钧传》：梁武帝时，历秘书丞，"在职启校定秘阁四部书，更为目录"。《张弘策子缵传》：补国子生，起家秘书郎。"秘书郎四员，宋、齐以来为甲族起家之选，待次入补，其居职例不数十日梁作数十百日，是。便迁任，缵固求不徙，欲遍观阁内书籍，常执《四部书目》，曰'若读此毕，可言优仕矣'"。以上各家所言四部，疑皆仍荀勖之旧，惟《隋志》依荀而又改移之，自后唐、宋以下，为目者皆不能违。

十七史商榷卷六十八

北史合魏齐周隋书四

并合各代每一家聚为一传

前言《南史》并合宋、齐、梁、陈，似成一代为非，又言以家为限断，不以国为限断，一家之人必聚于一篇，以一人提头，而昆弟子姓后裔咸穿连之，使国史变作家谱，最为谬妄。今《北史》亦用此例，《后妃》分上下二卷，上卷皆魏后妃；下卷则齐、周、隋三朝后妃共为一卷，非其类而强相毗附，真成笑端。李延寿聊欲以此略显所长，自谓于旧锦机中织出新花样，无此，真钞胥而已，故不得不尔。至如《魏书》有《长孙嵩传》，《周书》有嵩之五世孙俭传，而《北史》则遂以俭入嵩传。《魏书》有《于栗䃅传》，《周书》有栗䃅之六世孙谨传，而《北史》则遂以谨入栗䃅传。《魏书》有《封懿传》，《北齐书》有懿之族玄孙隆之传，而《北史》则遂以隆之入懿传。如此之类甚多，略举几条以明之。延寿之为此，不但欲使与《南史》体例画一，亦借以略显所长耳，而于史法则谬矣，方叙魏人，忽入隋事，欲观周传，偏涉齐朝，使读者左顾右盼，颠倒迷惑，且似将齐、周、隋人皆提入魏，魏太饱，齐、周、隋太饥，殊非著述之体，其病正与《南史》同。

若郦道元，文士也，为叛臣萧宝夤所杀，亦可悯，《魏书》乃入《酷吏》，明系曲笔。宋世轨执狱宽平，至使高洋亦重其骨鲠，《北齐书》仅与其兄世良同入《循吏》，义太浅狭。《北史》则以道元升入其父范传，以世轨升入其伯父隐传，却是。然此乃撞着法耳，岂真胸有定见而然乎？

杨玄感李密

为魏臣传，而并杨玄感亦入之其祖敷传中。为周臣传，而并李密亦入之其曾祖弼传中。其不伦不类，专以门族为叙，全不顾情事，颠倒如此。若论史例，玄感等自当别题叛臣。

立文宣王庙

《北史·后妃传·魏文成文明皇后冯氏传》："太后立文宣王庙于长安。"案：此太后父也，"文"上当有"父"字。《魏书》亦无之。《魏书·后妃传》亡，后人即以《北史》补之，故同。

后妃传论

郑樵诋班固剿袭《史记》，不以为耻。樵，妄人也，固岂不能自撰者？若李延寿，则真无耻矣，论全取各书，不自下笔，《后妃传》论虽魏收、李百药元文多亡，然延寿之论恐亦取之于彼。《论语》"乱十人"，马、郑皆云有文母，唐时俗本添"臣"字，然《开成石经》尚无之，而刘原父遂以为邑姜，今观《北史·后妃传》论云："神武肇兴齐业，武明追踪周乱。"则此说出百药无知妄作，唐人启之，宋人踵而甚焉耳。

清河王绍母贺

《道武子清河王绍传》：绍母贺有罪，将死，密告绍，遂弑道武。贺，即献明后妹，此从母也，岂可纳，而纳之及祸，宜矣。

以禁锢为禁止

《献文六王·元韶传》：齐文宣诛诸元，"余十九家并禁止之"。"禁止"，似当作"禁锢"，而《北齐书》纪、传亦皆作"止"。观《高隆之传》及《北齐·酷吏传》，则知凡禁囚皆云"禁止"，此当时语。

高洋大诛元氏

彭城王勰及其嫡子劭，魏收比李延寿详几倍之，凡今《魏书》所有诸王传，苟系《魏书》元文，非亡阙而后人以《北史》补之者，则无有不《魏》详而《北》略者也。至劭之子韶，则《魏书》只以十七字了之，而《北史》叙述甚详，又因韶之死，详述齐文宣杀元氏子孙事，此事《北齐书》韶自有传，所述与《北史》同，盖李延寿袭李百药也。若魏收则齐臣，为齐讳，又韶既入齐，事不关魏，故遂略之。自刘裕始杀故主，萧道成并灭前代之裔，至高洋之惨酷，则亘古所无，七月大诛元氏，而洋即以十月暴崩，适会其时乎，抑真有果报乎？若有果报，洋不合良死。

杀元氏子孙，《北齐书》本纪甚略，惟《元韶传》详之，而《北史·文宣纪》则加详。但《元韶传》言死者七百二十一人，与《北齐书》同，而纪言所杀三千人，一书中纪、传互异，亦一病。洋既因王莽诛刘不尽，使光武中兴，欲尽灭元氏，恐当以三千人为确。《新唐书·宰相世系表》序元魏之后，闻于唐者甚多，宰相一人稹，相穆宗，然所列者，皆是后周韩国公谦及隋兵部尚书平昌公岩之后，则知元氏惟西魏尚有存者，而东魏已绝。《文成五王等传》末论云："魏自西迁之后，权移周室，而周文天纵宽仁，性罕猜忌，元氏戚属，并见保全，内外任使，布于列职。孝闵践祚，无替前绪，明、武缵业，亦遵先志。虽天厌魏德，鼎命已迁，枝叶荣茂，足以愈于前代。"可见在唐皆西魏子孙。

《元韶传》末又赘一段："元世哲之从弟黄头，使与诸囚自金凤台各乘纸鸱以飞，黄头独能至紫陌乃坠，仍付御史狱，毕义云饿杀之。"此《北齐》所无。毕义云者，见其曾祖众敬传末，又见崔暹、和士开及齐宗室平秦王归彦传，又见《北齐·酷吏传》，又见《循吏·宋世轨传》。洛州民行劫，吏捕案，连诸元，徒党千七百人，世轨多原舍之，与义云争执，文宣尚褒美之，世轨卒，系囚皆哭，诛元氏，世轨死矣，义云方得志，而彼书于《元韶传》不言义云，赖《北史》见之，此则《北史》之善。

河阴之难，魏之百官王公卿士二千余人皆为尔朱荣所杀，_{见荣传。}朝宁几为之一空。杨衒之《洛阳伽蓝记》第四卷云："河阴之役，诸元歼尽，王侯第宅，多题为寺。"是也。未及三十年，而元氏子孙三千人又被高洋尽杀之，且前代之翦灭，犹不过阴行酖害，此则骈斩于市，男子无少长皆就戮，婴儿掷于空中，承之以稍，诛屠之惨，一至于此。

清河王怿

《清河王怿传》，褒美甚至，而灵太后胡氏逼幸怿事，竟未及一见，但于论中补云"遘墙茨之逼"。然此事究当以见于传中为是。《北史》诸王传论皆袭《魏书》，《魏书》诸王传中有无论者几卷，皆以亡佚而后人用《北史》补。其实《北史》本系取之《魏书》也，即如《魏书·怿传》无论，则必是用《北史》补者，而其实《北史》此传并论正出魏收手，恐系李延寿妄意论中已见之语，传中不必明著其事，遂删去之耳。试思如此逆理事竟去之，而纯用褒词，可乎？

宣武误为孝武

《北史》第十九卷一卷之中所列诸王传，内凡称孝武帝者，惟《安丰王猛传附子延明传》末段叙其受元颢委任，元颢败，奔梁，死，庄帝末丧还，孝武初赠太保云云。又《汝南王悦传》末段叙其至孝武初除大司马、开府，孝武以广陵颇有德望，以悦属尊地近，内怀畏忌，故前后害之。此两处"孝武"皆不误，其余凡云"孝武"，皆"宣武"之讹。孝武帝即平阳王修，《魏书》每称出帝，以其奔于宇文泰也，此魏之末帝，而宣武，则孝文之子，在其前，相距甚远，李延寿执笔修史，而昏谬如此，此亦妄人也已矣。

代　人

《北史》诸传首辄云某郡某县人，而第二十卷卫操等、二十一卷燕凤等、二十二卷长孙嵩等、二十三卷于栗䃅等、二十五卷古弼等，皆云"代人"，此等不可枚举，皆因《魏书》，盖托跋氏元从部落，不可言郡县故也。

以金石为史料

卫操立碑大邗城南，颂魏功德。传中详载碑词。以金石为史料，始于《史记·秦皇纪》、《汉书·郊祀志》，今此则魏收元文，《北史》袭之。金石之学，魏收、郦道元、阚骃等已重之。

崔浩传误

《魏书·崔浩传》言其修国史事，共三段。初，太祖道武帝诏尚书郎邓渊著《国纪》，未成，太宗废而不述。世祖太武帝神麚二年，又诏集诸文人撰录国书，浩及弟览、高谠、邓颖、晁继、范亨、黄辅等共参著作，叙成国史。太平真君中，又诏浩监秘书事，以中书侍郎高允、散骑侍郎张伟参著作，续成前纪。至于损益褒贬，折中润色，浩所总焉。后又云："著作令史太原闵湛、赵郡郗标素谄事浩，乃请立石铭，载国史。"此所叙虽不相连属，而实一事，盖国史之作，邓渊始之，浩及览等续之，其卒则浩与允等成之。闵、郤请刊,遂以构祸,胥是物也。《北史》别载监秘书事于前,后乃总叙邓渊等云云,以著于著作令史之上,则似湛、标所请刊但即浩及览等书,于允等无与,且似以神麚、真君两事为一事,非也。浩之败,虽由自取,太武信谗亦为失刑,观本纪,厥后又叹崔司徒可惜,何自相违反。德清徐以泰、陶尊《北史杂咏》有云:"国史成来立石妨,头颅不净竟罹殃。未知画纸传何语,剩有人间急就章。"此诗悲惋有味。

长孙幼

长孙道生之曾孙冀归,六岁袭爵,降为公,孝文以其幼承家业,赐名幼,字承业。案:《魏书》本是赐名稚,字承业,《北史》因"稚"为"治"之嫌名,故于其传中以字称,而于其篇首又改名为"幼",更淆误矣。若直改云赐名"承业",亦非其实,然后人以《魏书》考之可得。今改"幼",或他处本当为"幼"者,反令人疑是"稚"矣。总之,嫌名之讳,不可更用他字代。《崔逞传》:逞之玄孙休以女适领军元又庶长子舒。据《魏书》作"稚舒",去"稚"字。

三 公

司徒公、太尉公之类,《北史》中甚多,此皆古者三公之称,后周人改官制所定,苏绰慕古而为之,后周时古制尚可考,详予《尚书后案》。近人校此者不识,往往去"公"字,非也。

斛 薛

长孙承业之玄孙晟传:仁寿三年,铁勒思结、伏具、浑、斛薛、阿拔、仆骨十余部来降。"斛薛",《隋书》作"斜萨"。佛书菩萨。"萨"本"薛"字,故转写变改;"斜"之为"斛",则形似而误。

博 崔

《崔㥄传》:㥄谓卢元明曰:"天下盛门唯我与尔,博崔、赵李何事者哉?"博崔,谓博陵崔氏,㥄自以清河崔氏为魏崔琰后,高于博陵崔也。此传,《北齐书》㥄妾冯氏斩于都市,而《北史》添斩为九段。㥄媚魏收,收笑之,而《北史》添缩鼻笑之。所添如此,殊觉无谓。

三处郎中

《宋世轨传》:"天保初,历尚书三公、二千石、都官郎中,兼并州长史。"考齐制,三公郎中、二千石郎中、都官郎中皆属尚书省,故云云也。并州长史是外官,而郎中是京官,云兼者,盖遥领之。《北齐书》无此几句,下文"稍迁廷尉少卿",《北齐书》直作"卿",皆当从《北史》

解　巾

《刁柔传》:"初为魏宣武挽郎,解巾司空行参军。"前三十五卷论汉末处士皆戴幅巾,解巾者,解去幅巾,将袭章服,犹云释褐也。亦见《裴侠传》,《南史》亦每用之。又第四十三卷《邢峦传》附其族孙《劢传》又作"释巾",义与"解巾"同。

李先传末世系

李先入魏在皇始初,当晋孝武帝太和末,其传末附先之少子皎,皎之孙义徽则事在魏末,自皎以下一大段,皆《魏书》所无而李延寿附益者,举属闲文,毫无关系。叙完义徽事,下乃又云"少子兰"云云,此少子则似是皎之少子,何则?《魏书》先卒于神麚二年,年九十五。神麚二年,当南朝宋文帝元嘉六年,而兰于孝昌中以孝行被旌,当梁武帝之中世,去先死已百年,必非先之少子。况前已叙皎为先少子,不应此又是先少子也。其下文又言文宣王亶思义徽之美,荐其孙景儒为官,景儒之子昭徽入隋,大业中隐嵩山,其时代似为相合。但考其世次,则昭徽是义徽之曾孙,以曾孙而名上同于曾祖,既非鲜卑,此事之不可者。《北史》此段叙次杂乱,全不明析。

毛修之朱修之不当两传

前论李延寿于薛安都《南》、《北》皆有传为非,今观《北史·毛修之传》附以朱修之,而《南史》毛、朱已各为一传。毛在南事迹虽多,终没于魏,朱在北事迹虽多,终没于宋。沈约本南人,况独修《宋书》,取其周备,概行收入尚差可。延寿既以一手裁定八代为二,当核其人终南者归南,终北者归北,毛、朱两处有传,谬与薛安都同。

司马休之等一卷

司马休之等十余人合为一卷,皆晋、宋、齐、梁之宗室子姓降北者,似得类聚之道,在李延寿,亦若自成一种体例矣。然以魏、齐、周、隋各代臣搅令和合,究属欠妥。且《北齐书》有《萧明传》,明,即贞阳侯渊明,避讳去“渊”字,梁武兄长沙宣武王懿之子,齐送归主梁祀,陈霸先废之,仍归齐,卒于邺,北齐人谥之曰闵皇帝,李百药入之《北齐书》甚妙,而李延寿但入之《南史》,于《北史》竟不见,则又遗漏。又有萧庄者,梁元帝嫡长子方等之子也,王琳辅之,称帝于郢州,后败亦归北齐,事见《陈书》第十八卷《袁泌传》,此当归北朝诸臣之列,而《北齐书》漏去,李延寿但见之《南史》,而《北史》反不及,亦非。

南齐萧宝夤传与北史异

《魏书·萧宝夤传》叙宝夤于梁武帝破建业,执囚将杀之,逃入魏,历仕魏朝,并屡率兵与梁人交战,直至孝昌三年十月于关中谋反,军败,逃奔万俟丑奴,至永安三年尔朱天光破丑奴,擒宝夤送京师,赐死。计宝夤初入魏当魏宣武帝景明初,其死则在孝庄帝时矣。《北史》尽取《魏书》元文而删润之,大略相同,乃《南齐书·宝夤传》则云:“和帝立,西台以宝夤为使持节,都督南徐、兖二州军事,卫将军,南徐州刺史,少帝以为使持节,都督荆,益,宁,雍,梁,北、南秦七州军事,荆州刺史,将军如故。宣德太后临朝,梁王为建安王,改封宝夤为鄱阳王,中兴二年,谋反诛。”若然,则与《魏书》、《北史》大相乖刺,且宝夤死于魏庄帝时,去齐和帝中兴二年,即梁武天监元年,相隔约三十年。此萧子显之曲笔也。

萧大圜传删非

《萧大圜传》:元帝谓曰:“河间好学,尔既有之,临淄好文,尔亦兼之,然有东平为善,弥高前载。”又滕王逌问曰:“吾闻湘东王作《梁史》,帝纪奚若?隐则非实,记则攘羊。”对曰:“君子之过,如日月之蚀,彰于四海,安得而隐之?盖子为父隐,直在其中,讳国之恶,抑又礼也。”案:

"前载"下《周书》有"吾爱之重之，尔当效焉"，"隐"之下，《周书》有"如有不彰，安得而不隐"。前段删之，则成不了语，后段删之，则使上下文意不贯。

高允与神武为近属

《魏书》三十二卷《高湖传》："勃海蓨人，汉太傅裒之后。祖庆，慕容垂司空。父泰，吏部尚书。湖少与兄韬俱知名。"四十八卷《高允传》："勃海人。祖泰，在叔父湖传。父韬，少知名。"案：周文帝讨高欢，檄虽云出自舆皂，其家世却不贱。《神武本纪》云："六世祖隐，隐生庆，庆生泰，泰生湖，湖生谧，谧生树生，是为皇考。"然则允之祖，即欢高祖，允是欢五世内从祖近亲属也。欢贵，执魏权，以允之名德无所追崇，恐有亡佚，且本纪之体，宜详先世官位，而反不言汉太傅后，于庆、泰、湖但云三世仕慕容氏，而不著何官，亦为太简。

为绝群

崔挺之子孝芬传：早有才识，孝文召见，嗟赏之。李彪谓挺曰："比见贤子谒帝，旨喻殊优，今当为绝群耳。""为绝群"，当作"为群拜纪"，此后人不知妄改。

陈人防江诸地名

《崔仲方传》：隋文帝时，上书论取陈之策曰："蜀、汉二江，是其上流，水路冲要，必争之所。贼虽于流头、荆门、延洲、公安、巴陵、隐矶、夏口、盆城置船，然终聚汉口、峡口，以水战大决。"《杨素传》：隋大举伐陈，以素为行军元帅，引周师趋三硖，至流头滩，陈将戚欣以青龙百余艘守狼尾滩，以遏军路，素夜掩之，衔枚而下，破欣，虏其众，遂率水军东下。陈吕仲肃据荆州之延洲，素遣卒碎其舰，大破之。陈顾觉镇安蜀城，陈纪镇公安，皆惧而走，巴陵以东无敢守者。愚谓蜀、汉二江者，谓江与汉也。巴陵，今县属岳州府，以二传参观，自巴陵以西情势可见。观仲方言，下抵盆城，则直至今九江府德化县矣。自梁末失蜀，隋取陈，将顺流东下，故陈人防江西则峡口，东则汉口，至盆城无可防矣。

详见王应麟《通鉴地理通释》第十三卷。

崔季舒蹈龙逢之节

崔季舒,即殴魏孝静帝三拳、奋衣而出者,阴谋助逆,倾险小人也,其见杀虽以谏幸晋阳,有天道焉。李延寿已于《孝静帝纪》著其恶,而传多溢美,其丑事皆不著,论中至谓其"蹈龙逢之节",则过优矣。《北齐》此传与《北史》全同,惟篇首添"博陵安平人"一句耳。盖《北齐》缺,后人以《北史》补,其实《北史》皆剿袭《北齐》,"龙逢"云云,本李百药语。

郑述祖传衍文

《郑述祖传》:"齐天保中,历太子少保、左光禄大夫、仪同三司、兖州刺史,时穆子容为巡省使,叹曰:'古人有言:闻伯夷之风,贪夫廉,懦夫有立志。今于郑兖州见之矣。'迁光州刺史。初,述祖父为兖州,于郑城南小山起斋亭,刻石为记,述祖时年九岁。及为刺史,往寻旧迹,得一破石,有铭云:'中岳先生郑道昭之白云堂。'述祖对之呜咽,悲动群僚。有人入市盗布,其父怒曰:'何负吾君?'执之以归首,述祖特原之,自是境内无盗。百姓歌曰:'大郑公,小郑公,相去五十载,风教犹相同。'"其末段则云:"前后行瀛、殷、冀、沧、赵、定六州事,正除怀、兖、光三州刺史,又重行殷、怀、赵三州刺史,所在皆有惠政。"案:"迁光州刺史"句,当为衍文,前后皆兖州事,不应忽夹入光州一句,且后既有总叙,则此处不合单出光州。《齐书》无此句。

奤

《裴延儁传》:"曾祖奤,谘议参军、并州别驾。"案:"奤"音背,《海篇》注六合清明,南雍本分作"天明"二字。又考归氏有光《三吴水利录》第三卷载元周文英《水利书》有云:"刘家港南有一大港,名曰南石桥港,正系太仓、嘉定南北之间,西南通横塘、郭泽、张泾以至夏驾浦、奤子港,入吴松江。"奤子港,今尚有此水名,土人呼为广上声,与背音全不同。

常景解州任

《常景传》先云"除左将军"，又云"以本将军授徐州刺史。杜洛周反于燕州，以景兼尚书为行台，与幽州都督、平北将军元谭御之"。又云"进号平北将军"。其下文叙至与洛周战败之下则云"降景为后将军，解州任"。"解州任"句必有误，上文景为徐州刺史及兼尚书为行台，则已解徐州矣，后此未曾授州任，此所解者为何州乎？

邢劭传文襄误作宣武

邢劭当从力，而《北史》及《北齐书》皆作"邵"，误也。其云"武帝在京辅政，征之，在第为宾客"云云，武帝当作神武，其下文云"宣武富于春秋，初总朝政，崔暹每劝礼接名贤，询访得失，以邵宿有名望，故请征焉。宣武甚亲重之，多别引见。邵旧鄙崔暹无学术，言论之际，遂云暹无所知解。宣武还以邵言告暹"云云。考此所叙皆齐文襄时事，而作"宣武"，魏宣武帝相去已远，何致如此差讹？疑传写之谬，李延寿不至此。

尔朱荣传魏书北史互有得失

《魏书·尔朱荣传》于其上书答诏及死后褒赠之文皆详载之，诚太繁猥，《北史》删削为净。又高欢本荣之党，劝荣称尊号者，见《周书·文帝纪》、《贺拔岳传》，《魏书》反谓献武王即高欢谏止之，此亦饰词曲笔，《北史》削之极是。又《北史》叙荣谲朝士向河阴长堤，遣骑围而杀之，又有百余人后至，仍于堤东被围，唱云："能为禅文者出，当原其命。"时御史赵元则遂出作禅文，而太原温子升在围中，耻从是命，俯伏不应。子升文士，而此一事大节皎然，甚为文人生色，后被高澄所恶，饿死晋阳狱，尤可悲。乃《魏书》于荣传及《文苑·子升传》皆不载此一事，赖《北史》表之。又荣之子文畅，《魏书》但言其于武定三年，与前东郡太守任曹等谋反，伏诛，《北史》则言文畅姊为魏孝庄后，后为高欢所纳，文畅谋杀欢，事败死，皆胜于《魏书》之讳恶且曲笔书反。又以东郡太守任曹为丞相司马任胄，皆似较《魏书》为实。其余荣历官事迹，《魏书》甚周备，《北史》嫌删削太多。文畅弟文略，《魏书》但附见数句，《北史》则详述其凶悍之行,伏法于齐天保末。《魏书》成于天保五年,故不及耳。至谓文略大遗魏收金,请为父作佳传,收论荣比韦、彭、伊、霍,盖由是也。收传亦载之,此则大不然。魏收因为齐臣,但为齐讳饰而已,于荣之恶逆,未尝不直书之,论云:"始则希觊非望,睥睨宸极,终乃灵后、少帝沈流不反,河阴之下,衣冠涂地。此其所以得罪人神,而终于夷戮也。向使荣无奸忍之失,修德义之风,则彭、韦、伊、霍,夫何足数?"绎其词,岂受金而为作佳传者,亦本不以伊、霍比荣,此断不可信。《北史》文畅、文略事皆取《北齐书·外戚传》也。河阴杀千三百余人,而《北史》改作二千余人,恐亦欲甚荣罪增加之。总之,《魏书》、《北史》互有得失。

珍念贤

《贺拔允传》:"父度拔,为卫可瑰所虏,度拔率州里豪杰珍念贤等袭杀可瑰。"同卷有《念贤传》亦载此事,明系一人。彼传中屡称为"贤",则"念"是其姓,此传"珍"字衍。《周书》念贤与贺拔胜同传。"卫可瑰",彼作"可孤",无定字。

对兄自称儿

《齐·安德王延宗传》云:文襄第五子也。后主闻周军已入貂鼠谷,乃以延宗为相国、并州刺史,总山西兵事,谓曰:"并州阿兄取,儿今去也。"案:后主是武成子,武成是文襄之弟,则后主应呼延宗为兄,自称儿者,齐有呼父为兄兄者,见《南阳王绰传》,呼母姊姊,见《文宣李后传》,则对兄自称儿,亦当时语。

琅邪王俨见杀

《琅邪王俨传》:俨以专杀和士开,后主使刘桃枝以袖塞其口,反袍蒙头负出,至大明宫,鼻血满面,立杀之。颜之推《家训·教子》篇乃云"幽薨"。之推与同时,目睹其事,形之纪载,而与史不同如此。又,齐初贤辅首推杨愔遵彦,被李延寿提入《杨播传》。据传,愔为常山王所杀,之推《家训·慕贤》篇乃云遵彦为李昭所戮者。常山王,即孝昭帝,"李昭"乃"孝昭"之误。程荣汇刻《汉魏丛书》本如此。

齐人避讳

北齐人称周文帝，不称其名为宇文泰，而每称其小字曰宇文黑獭者，以高欢之高祖名"泰"也。赵彦深名隐，乃不称其名而称字者，以高欢之六世祖名"隐"也。惟窦泰与欢皆以侧陋起事，亲昵而有功，竟未追改其名。

万俟普等

万俟普等传大率多系尔朱荣或尔朱兆、尔朱世隆、尔朱仲远辈之部将僚属，后从神武者，官位事迹删去太多。《破六韩常传》云："右谷蠡王潘六奚与魏战败，没于魏，子孙遂以潘六奚为氏，后误为破六韩。"考《魏书》，又作"破洛汗"，"洛"又作"落"，《周书·于谨传》又作"破六汗"，无正字。《张保洛传》末附见，从神武出山东诸将贺拔仁、麹珍、段琛、尉标、子相贵、康德、韩建业、封辅相、范舍乐、牒舍乐凡十人，略本《北齐书》。"康德"，《齐》作"王康德"，此脱字。又《北史》所增者贺拔仁，当别有据，仁，无善人，此当乙。《汉·地理志》雁门郡有善无县，郦道元《水经注》第三卷于河水南过定襄桐过县西下屡言善无县，《尉景》、《库狄干传》亦云善无人。此与后《高那肱传》皆云无善人，必是明季不读书人妄改。又增范舍乐，则据《慕容俨传》，而所删者则乞伏贵和及弟令和，但乞伏贵和兄弟与韩建业、封辅相同投周军，此独见遗，盖因《北齐书》止有令和历官，而贵和则缺，《北史》遂削之，但贵和事傍见《綦连猛》、《独孤永业》、《傅伏传》，初从尔朱兆之败为神武所获，后以为亲信，都督历河阳行台、洛州刺史，虽不详所终，然大略尚可考。令和名慧，见《隋书》，在隋时曾以官爵让兄，则是贵和自齐入周，至隋犹存也。牒舍乐、范舍乐，《齐书》附见《慕容俨传》，甚详。此《张保洛传》末乃又复出牒舍乐事，彼此重叠，殊属非体，此则《齐书》之失，不如《北史》将二人俱附张保洛后而于《俨传》末删去为妥。又彼书于《保洛传》末言：牒舍乐武成初为营州刺史。于《俨传》末言其归高祖后，为营州刺史。高祖，即神武，而《齐书》例称高祖，不称神武。武成二字大误。彭乐，于齐为枭将，与高敖曹齐名，而《齐书》不著其传，疑脱简，《北史》有之，此其胜本书处。至其卷末论曰："尔朱残逆，远效诚款，知神武陵逼，随帝西迁，去就之途,未为失节。道元感母兄之恋,荷知遇之恩,思亲怀旧,固其宜矣。生不屈西朝,归诚河朔。保年之于开,义异策名,并乘机独运,异夫盗宝窃邑者也。"此段殊多舛谬,大约是传写之讹,"尔朱"云云,突如其来,此上当有缺文,此谓万俟普父子也。生,谓刘丰生也,或称刘丰,或称刘丰生,往往错见,彼时俗如此。"保年之于开,义异策名",此当谓破六韩常,而文意乖剌不可解,且不可句,姑阙之。

慕容绍宗传删非

慕容绍宗之从尔朱荣及尔朱兆,屡言高欢不可信,力劝杀之,欢幸获免,后归欢,待之仍厚,终得其力。此事虽见他传,本传亦不可略,《北史》竟全删之。论云:"绍宗昔事尔朱,固执忠义,不用范增之言,终见乌江之祸。"如此则传与论不相应矣,非也。

金造远

娄昭之子定远传"穆提婆求其伎妾,定远不许,因高思好作乱,提婆令临淮国郎中金造远阴与思好通"云云。案:《北齐书》作"郎中令告定远"云云,《北史》误以"令"为"金"、"告"为"造",而又脱"定"字,遂似有一郎中姓金名造远者,阅之令人捧腹绝倒。

房 谟

《房谟传》长约一千五百字,《北齐书》无。

叱罗协等不宜附宇文护

各书皆以事类为叙,不依族属,故《周书》邵惠公颢三子什肥、导、护,而护则自为传,不附颢下,其叱罗协、冯迁二人,因护而进,故附《护传》。齐炀王宪,文帝第五子而别为传,不与他子同传。类聚之道如此。李延寿专以族属为类,不论其人之事迹多少、关系轻重,及其为人之贤否,凡臣皆然,何况帝室?故遂以护、宪并入诸兄弟共卷。既如此,则协、迁二人自宜别传,乃仍附《护传》,得无自乱其例乎?

莱王衍

　　《周室诸王传》"宣帝三子，朱皇后生静皇帝，王姬生莱王衍"云云。"莱王"，《周书》作"邺王"，未知孰是。"衍"，彼同，但《静帝纪》"本讳衍，后改阐"，然则"衍"当作"衎"。

周宗室诸王名

　　周宗室诸王为隋文帝所杀，见于《周书》者曰冑，曰洽，曰椿并椿之子道宗等五人，曰众并众之子仲和等二人，以上皆宗室；曰寔，曰招并招之子员等五人，曰乾恽，曰纯并纯之子谦等三人，曰盛并盛之子忱等五人，曰达并达之子执等二人，曰绚，曰逌并逌之子祐等四人，以上皆文帝子孙；曰湜，孝闵帝之孙；曰贤并贤之子弘义等三人，曰贞并贞之子德文，以上皆明帝子孙；曰赞并赞之子道德等三人，曰贽并贽之子忠等四人，曰允，曰充，曰兑，曰元，以上皆武帝子孙；曰静皇帝，曰衎，曰衍，以上皆宣帝子。共计杀五十九人。《北史》于某王之子某等名，往往删去不载，谬甚。《周书·元伟传》末云"太祖天纵宽仁，性罕猜忌，元氏戚属并保全之"云云。愚谓以宇文泰之宽仁，当食美报，然其子孙为高欢所杀者有之，为宇文护所杀者有之，自相翦屠者有之，而尤莫甚于隋文帝之多杀，此天道之不可问者。若《周书》不传，徒倚李延寿，使枉死者名不得具于史，隋恶不甚彰，宇文氏之冤不甚白矣。虞庆则劝隋文尽灭宇文氏，李德林固争以为不可，然庆则终见杀，德林屡被衔而善终，则善恶之报究不爽云。

达奚武等传

　　达奚武等十四人共为传一卷，诸人皆贺拔岳之部曲，后从宇文泰即周太祖文皇帝。者，内惟蔡祐、常善、田弘三人非从岳起家者，其余十一人进身多同，而其战功亦约略相似，恰好与前齐臣万俟普等皆尔朱氏部曲后归高欢齐高祖神武皇帝。者同为一卷，遥遥相对，位置颇佳。但如常善、辛威、库狄昌、田弘，其战功大率皆以擒窦泰，复弘农，战沙苑、河桥等处，与他将无甚优劣，《北史》乃独于此四人尽削去，徒叙其历官，寥落数语，其传几若可以不作者，或详或简，率意为之，殊无义例。

王杰等传

王杰等十余人,大率从魏孝武帝西迁者,故亦同为一卷,内王勇亦由贺拔岳部将起,因与王杰以赐名牵连差有说,李和亦由贺拔岳僚属起,或因系文官不入彼卷,然各卷文臣与武将本自参杂,此已觉无义。至于耿豪,的系贺拔岳部将,后归周,而战功正与达奚武辈同,宜在彼卷而反入此卷。又如泉仚、李迁哲、杨乾运、扶猛、席固、任果皆系南朝臣后入周者,正系别自为类,故《周书》合为一卷,李延寿乃搀杂入王杰等卷中,尤非其类,但图并省卷数而已。"泉仚",《周书》作"泉企",企字思道,作"企"为合。

隋宗室诸王

《宗室诸王传》应居群臣之前,《隋书》乃间厕于《李德林传》后,《北史》提前。又《隋书》以疏属河间王弘等为一卷居前,以滕穆王瓚等为一卷,皆隋文帝嫡弟侄,反居后,《北史》则并为一卷,篇首云:"蔡景王整,隋文帝之次弟也。文帝四弟,整及滕穆王瓚与弟同生,次道宣王嵩,次卫昭王爽,并异母。"此其长幼之次。《隋书》不言,《北史》当别有据,而卷中先后即依此次叙完四王,方及弘等,于亲疏长幼为顺。《隋书》则首瓚、次嵩之子、次爽、次方及整之子,似欠顺,其实李延寿意不过欲以迁移见长耳。嵩与整皆死于周世,在隋文帝未受禅时,故标题以其子为主,于子传中追叙其父,不依整等长幼为次,于理亦通。其弘等卷中,观德王雄则《北史》已先提入其父绍传,在周臣之列,故于隋宗室中削去不载,此亦不过专叙谱牒门族之故智而已,惟《整传》详载隋文帝憎嫉同生二弟语一段,反覆二百余字,《周书》所无,此则《北史》之能补益者。

高颎等传

《隋书》以高颎与苏威同传,韩擒虎与贺若弼同传,以颎、威皆隋宰辅,威又颎所荐,虽行迹不同,理宜合叙一篇。韩、贺,隋之大将,武功最显,合叙更宜。《北史》则威已提入其父绰传,在周臣中;擒虎提入其父雄传,弼提入其父敦传,亦皆在周臣中,强以牛弘、李德林配颎,殊觉不伦。不见韩、贺,隋武臣寥落甚矣,如此作史,甚不便于观览。

梁士彦子五人

《梁士彦传》末既云有子五人,而其下只出三人名迹,余二人并名不见,则上文"五人"二字无谓,当从《隋书》补。

子都督乌丸轨

《达奚长儒传》"周文帝引为亲信,以质直恭朴,授子都督,数有战功。天和中,除渭南郡守,位骠骑大将军、开府仪同三司。从武帝平齐,迁上开府,进爵成安郡公,别封一子县公。宣政元年,除左将军勇猛中大夫。后与乌丸轨围陈将吴明彻于吕梁"云云。案:"子都督",乃帅都督所统也,一作"大都督",非。乌丸轨,即王轨。《梁士彦传》与此传作"乌丸轨",本姓乌丸氏。

二王同谥

代王侑、越王侗,皆隋炀帝元德太子之子,侑为唐高祖所立,侗为王世充所立,皆被弑耳。《隋书·侑纪》侑以武德二年五月崩,其下不言"唐志也",《北史》亦然,此不足怪。惟是《隋书·王充传》避讳去"世"字。有侗死之年,无月,《侗传》则侗约以世充僭号之后月余被弑,伪谥为恭皇帝,《北史·世充传》先言废侗,阴杀之,下言僭即皇帝位,微误。计二王被弑几几同时,侗稍在前,亦不过旬月事,世充伪谥,唐殆未之闻,是以同谥为"恭",不谋而合。

孙灵晖附石曜

《儒林·孙灵晖传》附马子结,因同为南阳王所荐及之耳。至石曜当另传,不当附入,且论其行事,宜入《循吏》,不应入《儒林》也。

十三家

刘炫自陈于吏部,为状曰:"《周礼》、《礼记》、《毛诗》、《尚书》、《公羊》、《左传》、《孝经》、《论语》,孔、郑、王、何、服、杜等注,凡十三家,虽义有精粗,并堪讲授。"所举凡六家,而云十三家者,伪孔安国《尚书传》,郑康成《周礼》、《礼记》注,《毛诗》笺,《尚书》、《论语》注,王肃《周礼》、《礼记》、《毛诗》、《尚书》注,何休《公羊》学,服虔《左传解诂》,杜预《左传集解》也。

晋陵王孝式

《文苑传序》:"齐后主因画屏风,敕通直郎萧放及晋陵王孝式录古贤烈士及近代轻艳诸诗以充图画。""晋陵"二字衍。齐"萧放"上亦有"兰陵"二字,《北史》删之,此误留也。

逋峭

"齐文襄引温子升为大将军谘议,子升前为中书郎,尝诣梁客馆受国书,自以不修容止,谓人曰:'诗章易作,逋峭难为。'"案:宋人小说,魏收有庸峭难为之说,人不解其义,文潞公以问苏子容,子容曰:"向问之宋元宪,云事具《木经》,盖梁上小柱,取其曲折峻峭之势耳。"言人之仪矩可喜者曰庸峭。就其说,"庸"似与"逋"同,而误为魏收语也。

温子升等不当入文苑

李延寿诸论皆剿袭,而《北史·文苑传》序忽滔滔自运,纵笔千言,取旧者甚寡,然按其实,皆浮词耳。《温子升传》皆与《魏书》同,而篇末"弟子盛"以下数句,彼无增补有小益,但如子升及许善心,《魏书》、《隋书》因系大人物,皆为列传,即欲改,亦宜改入《节义》,盖子升之不死于尔朱荣,特其幸耳。二人皆志在成仁者,李延寿妄以己意改入《文苑》,此何为者?

茹瞻

《樊逊传》末忽附茹瞻,无所系属,与史例不合。《齐书》无。

朱长生等传与魏书异

朱长生、于提使高车,不拜其王阿伏至罗,"阿伏至罗大怒,绝其饮食,从者三十人皆求阿伏至罗,乃给以肉酪。长生与提又不从,乃各分徙之"。"求",《魏》作"降","长生"上,《魏》有"惟"字,无下"又"字,与

《北史》不同，似以《北史》为正。

沙门灵远

《艺术·刘云助传》："沙门灵远者，有道术。尝言尔朱荣成败，预知其时。又言代魏者齐。葛荣闻之，故自号齐。及齐神武至信都，灵远与勃海李嵩来谒，神武待灵远以殊礼，问其天文人事，对曰：'齐当兴，东海出天子，今王据勃海，是齐地。又太白与月并，宜速用兵，迟则不吉。'"案：沙门灵远语，《齐书》以为为葛荣言，《北史》当别有所据。

信都芳

信都芳，《魏书》附传，《齐书》亦有传。《北史》所载《周髀宗序》则两书所无有，然甚多缺误。

何稠传错误

《何稠传》："象州逆州开府梁昵讨叛夷罗寿，罗州刺史冯暄讨贼帅杜条辽，罗州逆帅庞靖等相继降款。分遣建帅李大檀。""象州逆"下刻本讹舛，当移"帅杜条辽"至"分遣建"十八字属于下，而接以"州开府"云云。

封谯国夫人

《列女·谯国夫人洗氏传》："罗州刺史冯融为其子高凉太守宝聘以为妻。宝卒，追赠宝为广州总管、封谯国夫人幕府。""总管"下，《隋》有"谯国公册夫人为谯国夫人仍开谯国夫人幕府"十九字，应补，去"封谯国夫人"五字。

镇邺大丞相

《僭伪传》："慕容宝即位，以德镇邺，大丞相。"案：《魏书》云"以德镇邺，后拜丞相"，此云"镇邺，大丞相"，文义欠通。

后梁最难位置

史家最难位置，莫如后梁萧詧三世矣。詧初附于西魏，似应入《魏书》，然其时名虽魏，实宇文泰秉权，不入魏而入之周可也。詧死于周代，谓之纯周可也。其子岿、其孙琮皆隋人，又当入《隋书》，但岿、琮方为隋臣，岂得因子孙归隋，追命祖、父为隋乎？似应仍归梁。但梁元帝虽无人道，毕竟侯景系其所讨诛，不得不以正统归之，舍此梁统几无所系，然则詧是元帝之逆臣，若入《梁书》，将舍敬帝而以詧嗣元帝，列于本纪，有此理乎？若与正德辈合传，列于侯景之前，又觉太过。梁元帝无故听谗，杀桂阳王慥，灭河东王誉，詧救誉结怨，逃死附魏，岂与正德等比？且正德等转眼即亡，詧称帝三世，存梁祀三十三年，亦未可为列传。辗转思之，无可安顿，故令狐德棻不得已而附《周书》末，然多所抵牾，名实不副，究属欠妥。李延寿于《北史》末别立《僭伪附庸》一目而入之，但赫连勃勃等于魏为敌国，后梁于周、隋为臣属，二者何可强合？愚谓此特碍难作传耳，若竟作传，以詧入《周书》，以岿、琮入《隋书》，似可。总之，史家最难位置，莫如后梁。

田杜青和

《蛮獠传》"蛮帅田杜青和及江、汉诸蛮扰动，大将军杨忠击破之。其后蛮帅杜青和自称巴州刺史"云云。杜青和与上"田杜青和"自是一人，二者必有一误。

无车有舆

《西域传》："嚈哒国，其国无车有舆。"车舆不知何别，疑"有"字衍。

高车脱文

"高车，盖古赤狄之余种也。初号为狄历，北方以为高车、丁零。""以为"下《魏书》有"敕勒诸夏以为"六字，《北史》无，《魏书》缺，本以《北史》补之，是今刻本脱，非《北史》本然。

北史例异于南史不可解

《南》、《北史》虽裁成一手，傥《南史》所有，《北史》不当有者，原不必一律，若《南史》以侯景别标一目，曰《贼臣传》，甚确。乃宇文化及亲弑其君，而《北史》入之其父《述传》，并同党司马德戡、裴虔通亦附入，纵隋炀罪浮桀、纣，化及非奉天讨之人。至王世充僭即伪位，弑皇泰主，亦为列传，则何以服侯景等乎？《隋书》以化及、世充列末卷，在异域之后，极是。中常侍宗爱弑世祖太武帝焘，立吴王余，又弑之，连害二主，恶逆重大，乃不目曰《贼臣》，而但入之《恩幸》，此其体例之不一，而甚不可解者也。《北魏书》以宗爱入《阉宦传》尚差可，而《北史》改入《恩幸》，则大非。《南史》于诸列传之下，首次之以《循吏》、次《文学》、次《孝义》。《北史》则以《循吏》居各传后，此又何义乎？

都督总管书法

　　魏收《官氏志》于魏官制皆据高祖太和中所议定著于令者，而分作两番叙次。前番所列第一品下有都督中外诸军事，此因汉大将军而变称之，尊比三公，权任尤重，与在外府州之都督无涉。此下从第一品上内有都督府州诸军事，第二品上内有都督三州诸军事，第三品下内有都督一州诸军事，若刺史则但有司州，余不见，此不可解，俟考。其后番所列，乃太和二十三年高祖复次职令，帝崩，世宗班行以为永制者。此内不见都督府州及三州、一州等，亦不知何故。而司州改名牧，第三品有上州刺史，从第三品有中州刺史，第四品有下州刺史。《隋书·百官志》下，隋州置总管者，列为上、中、下三等，总管刺史加使持节，前论《南史》书都督刺史之非，已见六十四卷，魏制与南略同，周改都督为总管，义则一也。今观《北史·长孙俭传》书"都督三荆等十二州诸军事，荆州刺史"，"总管荆、襄等五十二州诸军事，行荆州刺史"，是为得之。其他传每改云都督某州刺史，又云某州总管，皆非也。一书之中而有得有失，参错不齐，义例无定故也。《周书》于《俭传》所载官衔不详，当以《北史》为正，至其云"大都督十五州诸军事、荆州刺史"，"十五州"上当有"荆襄等"三字，其云"转陕州，总管七州诸军事，陕州刺史"，"七州"上当有"陕熊等"三字。大约《北史》各传所书官衔，惟《俭传》为最得，而尚有此二失。史家叙事贵简洁，独官衔之必不可削者，任意削之则失实，欲删文词，何处不可删，岂须在此等处省几字乎？若《陆俟传》末附《陆叡传》云"除使持节、都督恒州刺史"，《魏书》则云"都督恒、朔、肆三州诸军事"，《北史》例作都督某州刺史，与《南史》同。如此类者甚多，此书都督而谬者。又若《于翼传》云"建德二年，出为安州总管。四年，转宜阳总管，又除河阳总管"，《周书》则云"安、随等六州五防诸军事，安州总管，陕、熊等七州十六防诸军事，宜阳总管，洛、怀等九州诸军事，河阳总管"，《北史》所书去其总统之州，此又书总管而谬者，其《周书》以安州刺史为安州总管，此《周书》失之。"总管"当在"安、随等"之上，《北史》不能改正而反甚之，则不足责矣。未暇条悉，略举一隅以见之。

《高琳传》："天和三年，为江陵副总管。"《周》无"副"字，考下有总管田弘，则当有"副"字，此《北史》之补之而得者。副总管，他无所见，惟见于此，《隋·地志》亦不载。

字体不正

顾氏《金石文字记》第二卷于《后魏孝文帝吊比干碑》摘其别字数十，并引颜之推《家训》、江式上表、见《北史》本传。《后周书·赵文深传》、《魏书》太武帝始光二年本纪，因论文字之不同，人心之好异，莫甚于魏、齐、周、隋之世。凡《说文》所无，后人续添之字，大都出此时。后之君子旋觉其谬，自唐国子监置书学博士，立《说文》、《石经》、《字林》之学，而颜元孙作《干禄字书》，张参作《五经文字》，唐元度作《九经字样》，天下之文始归于一。顾氏此论最为精确。愚谓史以纪事传信，较碑版尤要，南北各书既多别体，李延寿全不知小学，仍讹踵谬，触目皆是，前于《南史》已论之矣。今观《北史》，如以"愆"为"僁"，见《齐神武帝纪》兴和四年。以"验"为"骀"，见《长孙晟传》。以"鐍"为"柜"，《魏宗室·常山王遵》附其曾孙《晖传》：禁中要密事，晖奉旨藏之于柜。《说文》有鐍、匮，无柜。以"几"为"机"，《景穆十二王传》下：刀笔小人，正堪为机案之吏。以"算"为"笇"，魏孝文帝太和七年纪："复租笇。"《魏书》本作"算"。以"杀"为"煞"，见《敬宗孝庄帝纪》末：篆毅，其左屈曲，右殳为文，下分脚为四点。以"投"为"透"。《齐神武纪》：孝昌元年，率文襄等逃。文襄落牛，段荣透下取之。"透下"，《北齐》作"遽下"。《说文》卷二下《辵部》，透在新附。字体不正如此，未能饶舌，随举若干条以明之。

亦有俗书已误，而此尚存古者。如以"厢"为"箱"，《神武纪》："左箱大都督莫多娄贷文。"《说文》无"厢"字。以"擒"为"禽"，《于栗磾传》：见熊，驱致御前，寻禽获。韩雄之子名擒虎，《北史》既避讳，去"虎"字，而"擒"仍作"禽"，不加手。以"赈"为"振"，《魏书》"赈"字，《北》皆作"振"。又《隋·李士谦传》：家富，以振施为务。《说文》卷六下《贝部》无赈。以"馁"为"餒"。《崔逞传》附《崔子约传》：病卒，谓兄子瞻曰：汝能勉之，吾不餒矣。但《倭国传》当从"委"，反从"妥"，则二文相乱。此皆偶合，未必因识字能如此。

避讳之例

避讳之例，《南史》已极纠纷，《北史》尤甚。如以"虎"为"武"，见魏高宗文成帝兴光元年纪：武头、龙头，本虎头。又以为"豹"，见魏高祖孝文帝太和三年纪：薛豹子，本虎子。"渊"为"泉"，见高宗文成帝兴安二年纪：天泉池，本天渊池。又以为"深"，见《崔浩传》：字伯深，本伯渊。"世"为"代"，苏绰之子威传：代族贵，本世族。"民"为"人"。见高宗文成帝太安四年纪：宰人，本宰民。又有因人名犯讳改称其字者，如刘延明，本刘昞，而称延明，见本传。李晚弟仁曜，据《魏书》亦本名昞，而称仁曜，见序传。邓彦海，本邓渊，而称彦海，见天兴元年本纪。长孙承业，本长孙稚，因高宗"治"之嫌名，称承业。见魏肃宗孝明帝正光元年纪。又有二名犯讳，去一字者，如韩擒虎为韩擒，见隋高祖开皇八年、九年纪。萧渊明为萧明，见齐文宣帝天保六年纪。《北齐书》同。王世积，隋炀帝时人，《隋书》有传，而《北史》为王积。见《高颎传》。又有不改其字，而直称为讳者，如李虎，直称为李讳，见《周文帝纪》。《周书》则作虎，令狐德棻同是唐人，彼乃校者改。又有以一字而改为二字者，如赵刚之子仲卿传，仲卿为政猛，"时人谓之猛兽"，此《隋书》讳改也，而《北史》又改云"时人谓之于菟"。又有改之而即自明言之者，如《李焕传》始平太守景下云："名犯太祖元皇帝讳。"是景本名昞，《张奫传》"本名犯庙讳"，是奫本名渊。例之不一如此，校者每改从本字，或添一字，如《王雅传》仍云"子世积"，而改之未尽者亦多。至前代之君，史家例无讳，隋炀帝名广，《北史》不讳，而《李德林传》独以广为讳，尤谬。

李延寿《进南史北史表》自称"鸠集遗逸，以广异闻；去其冗长，扬其菁华"云云，见钱希白《南部新书》庚卷。愚谓延寿所鸠集者岂无小益，若云去冗长则所去往往不当，扬菁华则菁华被割弃颇多，延寿自称太夸矣。予循文指摘，记于上下，隙处殆遍，欲悉著于篇，恐嫌累坠，今于《南史》存其十之七八，于《北史》存其十之二三云。

十七史商榷卷六十九

新旧唐书一

赵莹修旧唐书

吴缜《进新唐书纠谬表》云："唐室三百年,传世二十帝,兴衰之迹,未有完史。暨五季天福之际,有大臣赵莹之徒,缀缉旧闻,次序实录,草创卷帙,粗兴规摹,仅能终篇,聊可备数。我仁宗皇帝临文咨嗟,申命名儒讨论润色,积十有七年,成二百余卷。"案:《旧唐书》向来皆云出刘昫,宋刻每卷首列昫名,此乃以为赵莹。《新五代史·杂传·刘昫传》当后唐有"监修国史"之言,"国史"即唐书,至《赵莹传》则无此语。薛居正《旧五代史·莹传》:莹于后唐位尚卑,晋高祖时方为门下侍郎、同平章事、监修国史。后唐以唐为本朝,故称《国史》,至石晋革命,似不得复名国史。但此书始自唐明宗之长兴,成于晋出帝之开运,历年宰辅皆领其事,俱以监修列衔,晋人遂仍其故称,而吴缜因有赵莹修《旧唐书》之语。

旧唐书各种本不同宜择善而从

刘昫等既修《唐书》,后宋命宋祁等改修为《新唐书》,而昫书称《旧唐书》,久之遂废。明嘉靖十七年,闻人诠等重刻成,序称"弭节姑苏,穷搜力索,吴令朱子得列传于光禄张氏,长洲贺子得纪、志于守溪公,遗籍俱出宋时模板"云云。观此,则闻人氏据宋板。文氏徵明序云"是书尝刻于越州,卷后有教授朱倬名,倬忤秦桧,出为越州教授,当是绍兴初年"云云,而其下又有"闻人公得旧刻数册,遍访断简,校阅就绪"云云,绎其文,则闻人所据乃别一宋板,非朱倬本也。钱敏求_{名逸,常熟}_{人。}藏有至乐楼钞本,不言出于何人,叶石君_{名万,一名树莲,吴县洞庭山}_{人,徙居常熟,诸生。}_{本朝康熙初卒,年八十。}借得以校闻人本,多有不同。张石民_{名源。}又借得石君校本,以校近沈詹事等考定刊本,石民跋称叶氏所据钞本系影宋钞，每卷末有校勘人名，有右文林郎、充两浙东路提举盐茶司干办公事霍文昭、苏之勤等名。末卷有朱倬名，然则至乐楼钞本即是绍兴本，此本既与闻人本不同，则知闻人本乃别据一宋刻，而非朱倬本益明。但钞本亦不全，仅得其半，钞本阙者，叶校亦阙，石民既用砫笔临写叶校，又于闻人本与近本不同者，用黄笔注逐条之旁。窃谓校书之道，贵择善而从，徇今而媺陋，泥古而迂癖，皆病也。闻人本与钞本各据宋板，未见钞本必是，闻人必非，近本改易闻人本处亦有可从。观叶、张两家，大都荣古虐今，意见稍偏，予从阮姜邨 名学濬，山阳人，雍正癸丑进士，官编修。借石民本，从李禹定 名大夏，吴县人。借闻人本，雠勘近本，以己意裁取，不尽从叶、张，彼校善者从之，但称校本，不标孰为叶，孰为张，闻人本则称原本。

通鉴取旧书

文序云："司马氏修《通鉴》，悉据《旧史》，于《新书》无取焉。"愚谓《通鉴》于五代亦多从《薛史》，且其文反繁于《欧史》，可见司马公不甚取欧、宋。

宋欧修书不同时

吴缜《新唐书纠谬》自序云："《唐书》纪、志、表则欧阳公主之，传则宋公主之。所主既异，而不务通知其事，故纪有失而传不知，传有误而纪不见。"又云："其始也，修纪、志者，则专以褒贬笔削自任；修传者，则独以文辞华采为先，不相通知，各从所好。其终也，遂合为一书而上之。"又胡宗愈《奏请进纠谬》云"《新唐书》乃欧阳修、宋祁所撰，修撰帝纪、表、志，而祁为列传。各据所闻，商略不同，故其所书事迹不免或有差误"云云。愚考二公修书不相通知，其实乃本不同时也。考《宋史》第二百八十四卷《宋祁传》，言其修《唐书》在仁宗天圣之晚年，历明道、景祐、宝元、康定，至庆历中告成，以书成进左丞云云。凡阅十余年，自守亳州，出入内外，常以稿自随。此言十余年，而吴缜则云十七年，又言二十年。又第三百十九卷《欧阳修传》于"迁翰林学士俾修《唐书》"一段之下，即继之以"知嘉祐二年贡举"云云，则修之修《唐书》乃在嘉祐之前至和年间事，距祁稿成时相去已十余年，其下又继以"加龙图阁学士、知开封府。旬月,改群牧使。《唐书》成,拜礼部侍郎兼翰林侍读学士",而此下又接云"修在翰林八年"云云,则修书凡历六七年之功书成,上距祁稿成约又二十余年矣。更证之以《欧阳公年谱》,文集分为十编者附有此谱,虽不见撰人姓名,要为可信。逐年凿凿指出至和元年甲午八月戊申,诏公修《唐书》,嘉祐五年庚子七月戊戌,上新修《唐书》二百五十卷,庚子推赏,转礼部侍郎。然则二公修书不同时明矣。吴言十七年者,专指初次宋所修而言,云二十年者,合前后两次所修而言。祁与其兄庠同登第授官,史言天圣初,而欧公之登第授官则天圣八年,年辈名位稍在其后,祁不为纪、志、表,非以让欧,盖用其所长,先撰各传,余姑阙如。欧学问文章,与祁异趣,成名之后,天下重之甚于祁,未必肯壹遵祁轨躅,上二百五十卷时,恐或有改窜祁稿者。

吴缜《自序》,哲宗元祐四年作,中有云"书自颁行迨今几三十载"。又云"方《新书》来上,朝廷付裴煜、陈荐、文同、吴申、钱藻校勘。若校勘止于执卷唱读,案文雠对,则二三胥吏足办,何假文馆之士?必讨论击难,刊削缮完,乃称其职,而五人者曾无建明,但袭故常,惟务暗默,自后遂颁之天下"。按:自元祐四年逆溯至嘉祐五年恰三十年,盖上进未几即颁行,然则宋虽撰传,而总汇裁定,实出欧公一手。

修书之年以宋、欧两传为据,可无复疑,而曾公亮《进表》列刊修官欧阳修、宋祁、范镇、王畴、宋敏求、吕夏卿、刘羲叟,欧在宋前者,以书成于欧手,其实则宋先欧后。又言"凡十有七年,成二百五十卷",此皆不足泥。《进表》又云"《唐书》纪次无法,盖百有五十年,然后得以发挥补缉,克备一家"云云,《旧唐书》成于晋开运之末,顺数至嘉祐五年,凡一百十五年。此"五十"二字当乙。

欧宋不采唐史料诸书辨

邵锡荫曰:"唐之史料,非不备也。义宁、武德中,有温大雅之《起居注》,房玄龄、许敬宗、敬播之《三帝实录》,若姚思廉之《贞观纪传》,显庆中长孙无忌、于志宁、令狐德棻、刘胤之、杨仁卿、崔胤又续之,龙朔中许敬宗又补之,此则唐开创及盛时所纪载也。长安中,刘子玄、朱敬则、徐坚、吴兢奉诏更撰《唐书》,自创业至开元备是矣。而则天、高、睿、中宗诸实录,又出于子玄、兢所修,萧嵩、韦述、贾登、李锐相继缵录,此唐中叶所纪载也。安史之乱,史书散失,而柳芳有《唐历》,若韩愈之于顺宗、蒋乂、韦处厚、独孤郁之于德宗,韦处厚、路随、沈传师之于宪宗,路随之于穆宗,李让夷之于敬宗,魏谟之于文宗,韦保衡之于武宗,皆有成书。宣宗时,又诏蒋乂、崔龟从、韦涣、李荀、张彦远续成柳芳《唐历》,此则唐末世之书可覆视也。欧、宋诸君,一切屏置,何怪用意者入奇涩,铺陈者入迂疏哉!"愚谓温大雅以下众家亡者多存者少,不知邵氏何由而知欧、宋一切屏置不用,此说存疑。

二书不分优劣

曾公亮《进新书表》云:"唐三百年治乱兴衰,宜其粲然著在简册,而纪次无法,详略失中,文采不明,事实零落。惟唐不幸,接乎五代,衰世之士,气力卑弱,言浅意陋,不足以起其文,使明君贤臣隽功伟烈,与夫昏虐贼乱祸根罪首,皆不得暴其善恶,动人耳目,诚不可以垂劝戒、示久远。"宋人之诋《旧书》如此,欲事改修,自不能不痛加指斥。今平心观之,二书不分优劣,瑕瑜不掩,互有短长。至其所云"其事则增于前,其文则省于旧",辨说详后各条中。

杨氏循吉曰:"刘昫等撰述详赡,妙极模写,足以上追史、汉,下包魏、陈,信乎史之良者,无以加矣。奈何宋之庆历又出新编,大有增损,旧书湮蔑,君子不能无病诸,云翳白日,日行空自如也。史可以新掩旧哉?吴兢、韦述、令狐峘皆金闺上彦,操笔石渠,刘昫等因三人旧文,为书郎舍,相踵既出,蟠坳亲见,又遇刘司徒之博洽,乃克成书,忽有改图,殆不其然。"杨氏此论矫枉过正,不得其平。

《新书》最佳者志、表,列传次之,本纪最下,《旧书》则纪、志、传美恶适相等。

窦苹董冲新唐书注

胡三省《通鉴注》自序云:"《唐书》之窦苹、董冲注,吾无取焉。"考董冲《新唐书释音》二十五卷,汲古阁无,明南监板有。此出宋人手,便觉空疏,诚如胡说,不及何超《晋书》注。其窦苹注则亡矣,罗泌《路史·国名纪》第四卷辨莱芜县地名,《余论》第十卷论济水,各引窦苹说一条,殆即《唐书》注文。又,《战国策》高诱本宋刻第二十一卷《赵策》

"尽归中山之新垄",无名氏校注云:"《新唐史》、《集韵》皆云武后所制字,窦苹作《唐史释音》,乃云古'地'字,见《战国策》,抑别有所据。"

新唐书纠谬

吴缜《新唐书纠谬》二十卷,《自序》云:"此书讧文谬事,历历具存。予方从宦巴峡,僻陋寡闻,无他异书可以考证,止以本史自相质正,已见其然。若广以它书校之,则穿穴破碎,当不止此。"愚谓只就一部书中搜求,吴自言寡闻,固矣。然且不必论其广以它书校否也,可笑是并《旧书》亦绝不一参对,为太省事耳。其指摘却亦有精当处。

旧书目录脱误

《旧书》目录脱误者,如《杨恭仁传》,恭仁之曾孙睿交,"睿",校本作"眘",传同,此因相似而误。高祖子虢王凤,校本作"元凤",传同,然《新书》亦无"元"字,则未见校本必是。《良吏·权怀恩传》下小字注"叔祖万纪"四字,近本从宋本添。

新书目录脱误

《新唐》目录《后妃传下》"宣懿韦太后"下注"尚恭宋若昭","恭",当作"宫"。又《十一宗诸子传》,自奉天皇帝琮以下凡三十八人,此内有有事迹者,有无事迹者,考之传中,人数众多,或见于目,或不见于目,知目乃随手开列,参错不可据也。《儒学传》下"啖助"下应添"赵匡、陆质",小字旁注。

十七史商榷卷七十

新旧唐书二

新纪太简

《新唐书》本纪较《旧书》减去十之七,可谓简极矣,意欲仿班、陈、范也。夫文日趋繁,势也,作者当随时变通,不可泥古,纪唐而以班、陈、范之笔行之,于情事必有所不尽。邵远平谓本纪出庐陵手,自一二行幸除拜之外,纪载寥寥,是矣。而其尤不满人意者,尽削诏令不登,独不思班纪犹多全载诏令,而唐纪反无诏令,恶乎可?且左史记言,右史记动,全削诏令,是记动不记言也。德宗出奔奉天,全赖陆贽草诏罪己以激厉将士,而《新纪》尽削不载,赞本传载奏议甚详,而诏令不便人之,所谓"武人悍卒感动流涕者",竟不一见于史,此其失也。《旧书》所载虽少,然尚存其略。

邵经邦谓《新纪》一意删削,并春、夏、秋、冬亦皆无存。予考之,诚然,不觉失笑。《新书》之以简胜,全部皆然,本纪尤甚,春、夏、秋、冬特一字耳,犹不肯存,其删削可云算无遗策矣。虽曰仿班,其实西汉十三帝,不过二百年,唐则二十帝、三百年,而班纪十二卷,内有一卷分为上、下者,实十三卷,共一百三十二叶。新唐纪十卷,共一百五十八叶,校其字数,新唐增多于汉纪无几,然则纪汉事反详,纪唐事反简,恶乎可?又,班纪每一帝各为一赞,新唐纪每数帝共一赞,矫枉过正矣。

高祖高宗独书字

《旧纪》各帝皆无字,而《新书》于高祖、高宗二帝独书其字,但二十帝之中只此二帝有字,反觉不伦。考前史,马、班于汉纪惟高帝书字而无讳,余则讳与字皆不书,马、班汉臣故也,余史则皆书讳书字。《旧唐》之无字,以其无考耳。《新书》独书两帝字,则自乱其例矣。

大光孝

《旧·高祖纪》云"高祖神尧大圣大光孝皇帝",下"大"字,近本从沈炳震新添,原本无。

七 世

《旧纪》"高祖,凉武昭王暠七代孙也。暠生歆,歆生重耳,重耳生熙,熙生天锡。皇祖讳虎,皇考讳昞"云云。《新纪》则云"七世祖暠,暠生歆"云云,至天锡以下则直言生虎、虎生昞、昞生高祖云云,不言皇祖、皇考。刘昫以唐为本朝故也,而天锡,《新纪》又改为天赐,要其所谓七代祖、七世孙者,皆离己身而数之,顺推则自暠至昞,逆推则自昞至暠为七世。

旧云"虎,后卫左仆射"。"卫"当作"魏"。又"昞",武德初追尊元皇帝,陵曰兴宁。"宁"当作"陵"。二处原本误并同。

旧书避唐讳

《旧书》避唐讳,凡"丙"皆作"景",《新书》则不讳。近本《旧书》亦作"丙"者,因闻人氏原本系后人所改,惟《则天皇后纪》一卷作"丙"者是其原文,周不避唐讳,故存之以著其实。

武德改元不提行

《新》、《旧·高祖纪》于隋义宁元年、二年及唐武德元年皆不提行,直至武德二年方提行,皆非也。考前史之例,《三国·魏武帝纪》于汉纪年皆逐年提行,《晋书》宣帝、景帝、文帝纪,于魏纪年皆逐年提行,至魏文帝、晋武帝,则其改元元年更无不提行者。此于隋号不提行尚可,而武德元年不提行则大非。

不提行皆仍原本,而原本则武德二年、三年、六年亦皆不提行,尤误。近本改正。

酅国公薿

《旧纪》:武德二年五月己卯,"酅国公薿,追崇为隋帝,谥曰恭"。

《隋书》本纪同，而《新纪》作"八月丁酉"，当从《旧书》。酅国公，即高祖所立代王侑也。其薨亦遇弑，准例当缀以"唐志也"方是。《通鉴》不书其薨。此等大事，而亦遗漏，此疏略之甚者。

军于蒲州

《旧纪》："十月乙卯，讨刘武周，军于蒲州。"当作"以讨刘武周，幸蒲州"。

怀戎贼帅

《旧纪》：武德三年十月庚子，"怀戎贼帅高开道遣使降"。原本同。"怀戎"，校本作"怀戎"，是。

擒窦建德降王世充

武德四年，擒窦建德，降王世充，斩建德，赦世充而流之。所书日，新、旧两纪多参差不合，大约书中如此者甚多。盖新书务多改旧书以为功，如此类今亦不能定其孰为是非。惟旧云"斩窦建德于市，流王世充于蜀，未发，为仇人所害"。书法极是，宜仍之。新乃改为"窦建德伏诛"，而世充之死略去不书，建德但当云斩于市，不必云伏诛，世充之死，何以不见于纪？旧是新非也。

建德讨宇文化及，能为义举，得人心，又尽收河北、山东地，势极强，唐所最忌。世充据东都，虽于唐为心腹疾，然闒茸下材，无得天下理，其首僭大号，弑皇泰主，恶十倍于建德。唐一斩之、一赦之，皆出私意，而《新书》书法殊不可解。

据漳反焚都督

《旧纪》武德四年七月，"建德余党刘黑闼据漳反"。"漳"下，校本有"南"字。"十一月，焚都督紫微宫"云云，"都督"，校本作"东都"，并当从之，原本误同。

旧　宅

《旧纪》："武德六年夏四月己未，旧宅改为通义宫。""旧"上，校本有"幸"字,是,原本脱同。

废浮屠老子法

《新纪》:武德九年四月辛巳,废浮屠、老子法。六月丁巳,复浮屠、老子法。案:《旧纪》"四月",作"五月",而云"以京师寺观不甚清净,诏曰"云云,以下全载诏文,绎其词,乃极赞释迦阐教之妙,因末代猥贱之侣不遵其法,欲沙汰之,故下此诏。末言:"诸僧、尼、道士、女冠等,有精勤练行、守戒律者,并令大寺观居住,给衣食,勿令乏短。其不能精进,戒行者有阙,不堪供养者,并令罢遣。京城留寺三所、观二所,天下诸州各留一所。"观此诏文,何尝欲尽废其法乎?而载毕诏文之下,乃又缀云"事竟不行",然则此诏为虚下矣,又何尝既废而旋复乎?若欲存其实,当如《旧书》,若欲改而从简,则当云"诏沙汰僧、道,既而不果",方合事实,又不然,则竟删去此一条可也。欧阳子竟改易就己意,以见其能不沿袭前人,何哉!"戒行"之下"者"字衍。

高祖年七十一

《新纪》:武德九年六月癸亥,立秦王世民为皇太子。八月甲子,皇太子即皇帝位。贞观三年,太上皇徙居大安宫。九年五月,崩于垂拱前殿,年七十一。案:"皇太子即皇帝位"之下,据《旧纪》有"尊帝为太上皇"一句,"年七十一",《旧》作"七十",皆当从《旧》。

新书尽黜旧书论赞

司马氏于纪、传、世家,每篇缀以评断,此论体也。班氏因之,乃不称论称赞,范氏则每篇并用两体,论无韵,赞有韵,而且整比其句,概作四言,范氏是也。以后史家多遵之,而旧唐亦然。宋人复班式,以散文呼赞,《旧》论不过文法排俪,稍嫌板实,然评断精确,自足传之久远。《新》赞尽黜《旧》文,驾空凌虚,自成伟议,欲以高情远识,含跨前人,于高祖不说高祖美恶,而统言三百年大势,此脱题文章也。太宗亦不甚著题,转尚论三代诸君。高宗则借周幽王为波澜,此题外生枝也。中宗、睿宗《旧》虽作一卷,然仍各论,《新》乃并中宗于武后,睿宗于玄宗,各共为一赞,武后、中宗则先泛说武后之入纪,合《春秋》书法,而中宗直以驾空了之,睿宗、玄宗则但说玄宗而直略过睿宗,置之不议。其行文多入语助,好用呜呼,故为纡回顿挫、俯仰揖让之态,其末辄作复句,云"可谓难哉"、"可不慎哉",层见叠出,一唱三叹,欲使读者咀之有余味,悠然自得其意于言外,此皆宋人所以求胜《旧书》者也。窥其意,恨不得尽改《旧书》为快,但纪、传实事,有不能尽改者耳,一遇论、赞,遂奋笔全易之,幸《旧书》未致泯灭,今日平心观之,《旧书》何可废邪!

《旧》赞虽于本事无益,然衍释其义,谐之以韵,读之觉文意显畅,要自可存,毅然废之,亦为卤莽。

徐召宗

《旧·太宗纪》:武德四年,"太宗围王世充,杜伏威遣将陈正通、徐召宗来会"。"召",原本同,校本作"绍"。

破窦王误字

"建德陈兵汜水,世充将郭士衡阵于其南。建德列阵,至午,兵逡巡敛退,太宗挥幡而入。""士衡"当作"士冲"。"敛"当作"欲"。"挥"当作"缠"。原本误并同。

世民不偏讳

《旧纪》:太宗为皇太子,令曰:"依礼,二名不偏讳。近代两字兼避,废阙已多,有违经典。其官号、人名、公私文籍,有'世'、'民'两字不连续者,并不须讳。"后高宗即位,有司奏亦云"先帝二名,礼不偏讳"。然太宗虽有是令,终唐世未尝行也。

高元礼

贞观二年七月,诏:"武牙郎将高元礼,协契宇文化及,构成弑逆。除名流岭表。"《新》、《旧·太宗纪》并作"高元礼"。考《隋书·炀帝纪》及《通鉴》第一百八十五卷,虎贲郎将元礼与司马德戡、裴虔通同弑帝,无所谓高元礼者。"高"字衍。下文贞观七年正月,禁锢宇文化及等诏,仍作"元礼"。

小人大人

《旧纪》太宗语侍臣以人君不可数赦而云："夫小人者，大人之贼。"二"人"，并当作"仁"。

乌　海

《旧纪》：贞观九年五月，李靖破吐谷浑"于乌海，追奔至乌海"。原本同。上"乌海"，校本作"乌县"。

中　潭

《旧纪》：贞观十一年九月，"毁河阳中潬"。"潬"，《新》作"潬"，是。

发襄城宫

《旧纪》：贞观十四年八月，作襄城宫。十五年三月戊申，幸襄城宫。庚午，发襄城宫。《新》无"发襄城宫"一条。校者改"发"为"废"。愚谓作"发"作"废"皆无理，未详。

葬隋恭帝

《新纪》：贞观十七年六月"壬辰，葬隋恭帝"。《旧纪》"壬辰"作"壬午"，"葬"上有"改"字。恭帝薨于武德二年五月，其薨以弑，自不成葬。然唐人之意，方急急欲了此一宗公案，自当渴葬，必无不葬直迟至二三十年后始葬者。"改"字不可删。《新书》惟务删削，而不当如此。

临　渝

贞观十九年，伐高丽，十月班师入临渝关。《新》、《旧》略同。渝，盖水名，今为县，"渝"作"榆"，属永平府。

封皇孙忠

贞观二十年八月甲子，"封皇孙为陈王"。皇孙脱其名，当从《新纪》，增"忠"字。忠，高宗长子，后立为太子，从武后意废之，又赐死。

左丘明等

《旧纪》：贞观二十一年二月，"诏以左丘明、卜子夏、公羊高、穀梁赤、伏胜、高堂生、戴圣、毛苌、孔安国、刘向、郑众、杜子春、马融、卢植、郑康成、服子慎、何休、王肃、王辅嗣、杜元凯、范宁二十一人，代用其书，垂于国胄，自今有事太学，配享宣尼庙堂"。《新纪》不载子夏，或尊称之不敢呼其名，若康成、子慎、辅嗣、元凯四人独字而不名，不知何意？"用其书"者，刘向不知所用何书，皆未详。又《新纪》于"贞观十四年二月，求梁皇侃、褚仲都，周熊安生、沈重，陈沈文阿、周弘正、张讥，隋何妥、刘焯、刘炫之后"则书之，于左丘明等配享反不书，其去取诚不可解。

诸臣或卒或薨

《旧纪》于诸臣之卒，或书卒，或书薨，随便书之，无义例。《新纪》概书薨，为画一。然《旧纪》皆书其官，《新》则皆去之，《旧》是《新》非也。《新纪》杀某人，或官或不官，或云有罪伏诛，或云伏诛。如贞观十七年四月，书"汉王元昌、侯君集等伏诛"，十九年五月，书"辽东道行军总管张君义有罪伏诛"，十二月，书"杀刘洎"，二十二年七月，书"杀华州刺史李君羡"，其义例之参错不一，皆不可解。

平事讦黎

《旧纪》：贞观二十二年十二月，"大理寺置平事十员"。"平"，校本作"评"。又"闰月，执龟兹王讦黎布失毕"。"黎"作"梨"，二十三年同。

太宗年

《旧纪》：贞观二十三年五月己巳，"上崩于含风殿，年五十二"。《新纪》作"五十三"。《唐会要》与《旧》同，《新》误。吴缜《纠谬》谓止五十岁，尤非是。

太宗从善如流

太宗之美，莫大于纳谏。《旧纪》史臣称其从善如流，最当。《新》

赞一字不及，非也。

赠当作赐

《旧·高宗纪》：即位之九月丙寅，"赠太尉、梁国公玄龄，赠司徒"。原本同，上"赠"当作"赐"。

高季辅为侍郎

《旧纪》：永徽二年八月己巳，"侍中、燕国公于志宁为尚书左仆射，侍中兼刑部尚书、北平县公张行成为尚书左仆射，中书令兼检校吏部尚书、蓨县公高季辅为侍郎"。案：《新纪》行成为右，非左；季辅为侍中，非侍郎。《新》是《旧》非也。

旅贲郎

《旧纪》：永徽三年七月，立陈王忠为皇太子。九月，改诸率府中郎将为旅贲郎，以避太子名。"旅贲郎"下脱"将"字。

总管七十余人

《旧纪》：永徽五年八月，"大理奏决死囚，总管七十余人"。"总管"，校本作"总有"，"七十"作"七千"。七千余人，言其多。

显庆元年

史法纪年以后改者为定。《新书·高宗纪》："显庆元年正月，废皇太子为梁王，立代王弘为皇太子。壬申，大赦，改元。"《通鉴》第二百卷略同，而《旧纪》于是年乃仍书永徽七年，且改元在正月，旧号之存者，特旬日而已，乃犹系旧号，其明年直书二年，使显庆之元不见于提行之始，此《旧书》之不如《新书》者，后仿此。

龙朔三年"十二月庚子，诏改来年正月一日为麟德元年"。此下即连书"春正月甲子"云云，竟以两年事并合接叙，不复分析，尤大非。当于"麟德元年"下提行再书"麟德元年"，然后接"春正月"云云，《新纪》提行起，是。

"麟德三年春正月戊辰朔"，壬申，改为乾封元年。然则是年麟德之号用之仅四日耳，而仍冠以麟德，此《旧纪》之尤大谬者。

改明年为某号元年，则本年不必书新号，改某号几年为某号元年，则本年正月即应书新号。

改昏葉宫

《旧纪》：显庆二年十二月，"改昏葉宫"。原本同，校本"宫"作"字"。以意揣之，必是以"昏"字之上"民"字、"葉"字之中"世"字犯讳，故改"昏"从"氏"、改"葉"从"册"，校本是。

李友益流嶲州

《旧纪》：显庆三年十一月，"中书侍郎李友益除名，配流嶲州"。原本同，校本作"峰州"。

张九龄

《旧纪》：显庆四年二月，策试举人，郭侍封、张九龄居上第。"九龄"，原本同，校本作"昌龄"。

龙朔三年诏

《旧纪》"龙朔三年二月庚戌，诏曰：'天德施生，阳和在节，言念幽圄，载恻分宵。虽复每有哀矜，犹恐未免枉滥。在京系囚应流死者，每日将二十人过。'于是亲自临问，多所原宥"云云。"过"下似有脱文。

逐　使

《旧纪》："高丽莫离支盖苏文死，其子男生继其父位，为其弟男建所逐使。""使"当作"死"。

右中护

《旧纪》："大司宪兼检校右中护刘仁轨兼右相、检校右中护。"上"右"当作"左"。

梁州都督

《旧纪》:总章三年八月,"梁州都督、赵王福薨"。"梁州"上,原本有"王"字,衍,近本去,校本作"管"。

崔知温卒

《旧纪》:永隆二年八月丁亥,"户部尚书崔知温卒"。案:下文永淳元年,有"上谓参知政事崔知温曰"云云,后永淳二年三月癸丑,又书"中书令崔知温卒"。《新纪》知温薨于弘道元年三月癸丑者,即永淳二年,是年十二月改元。《旧纪》例用前号,《新纪》例用后改故也。《旧》无《知温传》,《新传》则云:"永隆初,同门下三品、兼修国史,迁中书令,卒,年五十七。"要之,《旧纪》前一条必衍文,当从《新书》。

贞观殿

《新纪》:弘道元年十二月丁巳,"皇帝崩于贞观殿"。《旧》作"真观"。

十七史商榷卷七十一

新旧唐书三

武后居洛不归长安

《通鉴》第二百卷于永徽六年即书："武后杀王皇后、萧淑妃，数见为祟，故多在洛阳，终身不归长安。"此乃终言后事耳。高宗之世，在长安时多，居洛阳时少，安得遂云不归长安乎？若高宗崩，武后篡位后，则二十年间，直至其死皆在洛阳，观《新》、《旧·武后纪》自明。惟长安元年十月至京师，至三年十月仍还洛，中宗复辟仍居洛。洛本东都，武后居之，改名神都，直至武氏死后，神龙二年十月，中宗方还京师。自此以下，仍定居关中。此事乃纪中眉目，最为要紧。《旧书·中宗纪》详明，《新纪》但一书"至自东都"而已，太略，几令读者茫然不解所谓。

《旧纪》于武后崩下神龙二年正月，书中宗"护则天灵驾还京"，此下三月，书"户部尚书苏瑰为京留守"者，将还洛，故置留守也。其下七月，书"前左散骑常侍李怀远为左散骑常侍、同中书门下三品、东都留守"，其下九月，书"幸白马寺"，又其下则书"冬十月己卯，车驾还京师。戊戌，至自东都。十一月乙巳，大赦天下，行从文武官赐勋一转。改河南为合官，洛阳为永昌"云云。李怀远为东都留守者，将还京也。白马寺在洛阳也。大赦者，为还京也。改河南等名者，自此不复居洛故也。然则是年护灵还京之后，仍至洛。《旧纪》失书此一节，尚恨其太略。都邑之迁徙，车驾巡幸之所在，乃史中最要，语不厌其详，至《新纪》尽削之则妄矣。《新纪》于五月书"庚申，葬则天大圣皇后"，然则是年中宗盖以葬后赴洛，《旧纪》漏去此条，亦非。

诸武不书姓

《旧书》于《武后纪》凡诸武，如攸暨、攸宁、三思、承嗣、懿宗、延秀之类，多不书姓。其意若以革唐命，改国号周，则武为国姓，故不书姓，以纪实也。《新纪》无不书姓者。凡史家之例，于宗室不书姓，当从《旧书》不书武姓，以著其篡位之实。然新书《太宗纪》于宗室或书姓，或不书姓，其例本乱。见吴缜《新唐书纠谬》第十五卷，不独《武后纪》失之。

杜景俭

《旧纪》：长寿三年五月，改元延载，八月，"左肃政御史中丞杨再思为鸾台侍郎，洛川司马杜景俭为凤阁侍郎，仍并同凤阁鸾台平章事"。"肃政"下，《新》有"台"字，此脱。"中丞"，《新》作"大夫"，"洛川"，《新》作"洛州"，是，此误。"景俭为凤阁侍郎"，"为"，《新》作"检校"，检校与为不同。下文神功元年十月，景俭方为凤阁侍郎，则此时乃始检校耳，亦当从《新》。至"景俭"，《新》作"景佺"，下文证圣元年一月，杜景俭左授刺史，及神功元年十月所书杜景俭，《新》皆作"景佺"，则未知孰是。圣历元年七月，书"杜景佺罢"，则《旧纪》无之。又考《睿宗纪》，延和元年六月庚申，"幽州都督孙俭与奚首领李大辅战于硎山"。《新书》作"孙佺"，似"俭"必当作"佺"者，不可解。"庚申"，《新》作"甲子"。此等甚多，今不悉出。《旧书·杜景俭传》在第四十卷，《新书·杜景佺传》在第四十一卷，各有所据，绝非传写之讹。

豆卢钦望等左授

《旧纪》：证圣元年一月戊子，"豆卢钦望、韦巨源、杜景俭、苏味道、陆元方并左授赵、郧、集、绥等州刺史。"《新纪》则云"贬豆卢钦望为赵州刺史、韦巨源郧州刺史、杜景佺溱州刺史、苏味道集州刺史、陆元方绥州刺史"。《旧纪》于上则总书诸人名，于下则总书诸州名，意欲省文，而牵率殊甚，不成文法，自不如《新纪》一一书之为当。况人名有五，州名仅四，明系脱落。此《旧书》之远不如《新书》者。"俭"、"佺"互异，已见上。

万岁登封元年脱误

万岁登封元年腊月，"洛州百姓给复二年，登封、告成县三年"。原本误以"给复"句绝，以"二年"提行另起，沈氏考证已言之。其实"登封、告成县三年"七字原本亦误脱，近本乃据《新书》补入。又，"四月改元万岁通天。五月,契丹首领松漠都督李尽忠与其妻兄妫诚州刺史孙万荣反"。"妫",《新》作"归"。又"右金吾大将张玄遇讨李尽忠"。"将"下,《新》有"军"字,皆当从《新》。

李尽忠事新纪误

《新纪》于万岁通天元年五月,既书李尽忠、孙万荣反叛事,其下神功元年三月,即书"王孝杰及孙万斩战于东峡石谷"云云。考之《旧纪》,则二人反后即书改其名尽忠为尽灭,万荣为万斩矣,继又书李尽灭死,其党孙万斩代领其众矣,故于其下遂书王孝杰与孙万斩战于峡石谷云云。今《新纪》删去改名事,而突然忽书为万斩,直令读者茫然不知何人,且本为主者李尽灭也,《新纪》又删去尽灭死事,乃忽然置之而单入万斩事,可乎? 皆当从《旧》。

李昭德来俊臣书法

《旧纪》:万岁通天二年六月,"内史李昭德、司仆少卿来俊臣以罪伏诛"。昭德以才结知于武后,因以沮止立武承嗣为太子之事,忠谋与狄仁杰无异,挫抑酷吏,平反冤狱,真仁人君子之用心也。邱愔、邓注嫉而弹劾之,皆小人耳。《新书》传赞虽深许其忠,而亦贬其进不以道,盖因昭德尝为薛怀义行军长史之故,怀义既为将,昭德奉朝命为其属,亦不得已,且安知非用权以济其忠乎? 此事《旧传》无之,《新书》之论颇嫌太刻。综计昭德生平,但有纯忠,为俊臣诬告冤死,此有何罪,乃与俊臣同书以罪伏诛乎? 但此意作者非不知之,因恶俊臣,欲书其有罪,而昭德与之同日死,书之不能分异,只得一并牵入,此舛谬之尤者。《新书》则云"六月丁卯,杀监察御史李昭德,司仆少卿来俊臣"。当从《新书》。《旧书》此事无日,而《新》作"丁卯",必别有据。考本传,昭德先曾为内史,而此时则自贬南宾尉,后复入为监察御史,非内史,俊臣是司仆少卿,《通鉴》同。胡三省注:光宅改太仆为司仆。非司业。《旧书》皆非是,当以《新书》为正。

《通鉴》书此事,但平平叙述,各书其官,采史家"人无不痛昭德而快俊臣"云云,则二人一枉死、一伏罪,千载而下自是显然别白,即今读者展卷之下,孰不一痛之、一快之乎! 此真叙事良法,可以翼赞天命天讨之权者也。赵师渊取《通鉴》而离析之，若者为纲，若者为目，其目无加于《通鉴》，反益之误，而纲则褒贬予夺，自谓直接孔子之作《春秋》矣，忽遇忠奸同时弃市事，而其书法遂穷。彼例，无罪者书杀某官某人，有罪者去其官而书某人伏诛。昭德、俊臣事，若书"周杀监察御史李昭德，来俊臣伏诛"，不可也，于是纲中削昭德不书，独书"周来俊臣伏诛"，以昭德之奇冤，何不具官书杀，以著武氏之淫刑，而乃但于目中附见。如此则何贵乎有纲，不如仍《通鉴》旧贯之妙矣。《春秋》书法，去圣久远，难以揣测，学者但当阙疑，不必强解，惟考其事实可耳，况乃欲拟其笔削，不已僭乎！究之是非，千载炳著，原无须书生笔底予夺，若因弄笔，反令事实不明，岂不两失之？师渊倚朱子以自名，朱子亦漫假借之，而后人遂尊信之，尹起莘辈又附和之，其误不可胜摘，今不欲饶舌，聊一见之。

突厥寇边

《新纪》：圣历元年八月，"突厥寇边。戊子，左豹韬卫将军阎知微降于突厥，寇边"。考《旧纪》，是年七月，令淮阳王武延秀往突厥，纳默啜女为妃，遣右豹韬大将军阎知微摄春官尚书，赴虏廷。八月，突厥默啜以延秀非唐室诸王，乃囚于别所，率众与阎知微入寇妫檀等州云云。《旧纪》应于"因于别所"之下，补一句云"知微降于突厥"，方更完备，然云与知微入寇，则其降可知，尚无大碍，按其文义，事迹固了然也。《新纪》则但图简省而删削不当，绝非当时实事。据文，当先言知微降，后言突厥寇边，倒其次，谬一。不载延秀往纳女，知微出使，忽书知微降，使人茫然不解知微何以出降突厥，何以入寇，谬二。复书寇边，其前一条明系衍文，下又脱去"突厥"二字，谬三。

九月日蚀

《旧纪》：长安二年"秋九月乙丑，日有蚀之"。校本改"七月"。案：《新书·本纪》、《天文志》皆与此同，作"九月"，校改非也。

朱敬则官脱字

《旧纪》：长安三年九月，"正谏大夫朱敬则凤阁鸾台平章事"。

"凤"上脱"同"字。

是 日

长安四年十一月，"自九月至于是日，夜阴晦，大雨雪，都中人有饥冻死者"。"是日"，当作"是月"。《新》不载此事。

神龙元年脱误

《旧·中宗纪》：神龙元年正月，张易之、昌宗反。"反"上脱"谋"字。又"皇太子监国"下，"凤阁侍郎韦承庆、正谏大夫房融、司礼卿韦庆等下狱"，"韦庆"，当作"崔庆"，因"韦承庆"而误。其下文"韦承庆贬高要尉，房融配流钦州"。"房融配流"之下，脱去"高州崔庆配流"六字。又"韩王元嘉等无胤嗣者听取亲为后。诏九品已上及集朝使极言得失"。"亲"上脱"近"字，"集朝"当作"朝集"。

斩默啜者封

《旧纪》：二年十二月，"募能斩默啜者，封授诸大卫大将军"。"封"下脱"王"字。

三年脱误

《旧纪》：三年五月，"左屯卫大将军兼检校潞州长史张仁亶为朔州道大总管"。"潞州"，当作"洛州"。又"默啜杀我行人臧思言"。"言"，《新》同，校本作"元"。又"中书侍郎、东海郡公于惟谦国子祭酒，罢知政事"。"国子"上脱"为"字。

太子诛武三思不克

《新纪》：景龙元年七月，"皇太子以羽林千骑兵诛武三思，不克，死之"。吴缜《纠谬》谓三思已为太子所诛，太子众自溃被害，何云不克？吴所纠甚当。《旧书》第七卷于此事书法虽似太繁，却得其实。凡作史能纪实，是亦可矣。《新书》一意从简，必欲黜《旧》，故多失。吴氏但就一书中考核，少引他书，并旧书亦不之及，此其短耳。

景龙三年误

《旧纪》:景龙三年七月,"册骁卫大将军兼卫尉卿、金河王突骑施守忠为归化可汗"。"施",原本同,校本作"范"。又"十二月庚子,幸兵部尚书韦嗣立庄。甲辰,赐新丰百姓给复一年,行从官赐勋一转。是月幸骊山"。"是月"当作"是日"。

内宴甲子

《旧纪》:景龙四年三月壬戌,"赐宰臣以下内宴甲子。夏四月丁亥,上游樱桃园"云云。沈氏考证云:"'甲子'下阙文。"书日不书事也。案:校本作"赐宰臣已下内样巾子"。传写之误,非阙文。

赐虢王邕

《旧纪》:"五月,秘书监、赐虢王邕改封汴王。""赐"当作"嗣"。

中宗年

"六月壬午,帝遇毒,崩于神龙殿,年五十。"《新纪》作"五十五",是也。《通鉴》及《纲目》皆无年,而胡三省《通鉴注》从《新书》。按:《旧纪》中宗以显庆元年十一月乙丑生于长安,至是恰五十五年。《新纪》不书中宗生年。

中宗纪论脱文

《旧·中宗纪》云"比汉、晋之惠、盈辈为优"。此乃排对之文,"优"下当脱二句,原本亦脱。

睿宗纪首脱误

《旧·睿宗纪》首"长安中,并司徒、右羽林卫大将军"。"并"当作"拜"。"亲皇三等已上加两阶"。"亲皇"当作"皇亲"。"殿中兼知内外闲厩、检校龙武右军、仍押左右厢万骑平王讳"。"兼"当作"监",以音似而误。睿宗名旦,玄宗名隆基,或称讳,或称本名,讳是原本,本名是校者所改,改未净。下文"治"字,或称"治",或称"理",仿此。"中书令、鄫国公萧至忠为许州刺史,兵部尚书、逍遥公韦嗣立为宋州刺史,中书侍郎赵彦昭为绛州刺史,萧、韦、赵特置位"。"特置",校本作"却署"。"新除太常少卿薛稷为黄门侍郎"。"稷",校本作"璟"。"巴陵王进范封岐王,彭城王隆业封薛王"。校本"进范"乙,"隆"字去,"业"下添"进"字。"丁卯,苏瑰为尚书左仆射,仍旧同中书门下三品。宋国公唐休璟致仕"。案:"宋国公"之上,脱"特进太子少师、同中书门下三品",因"同中书"以下牵上而误脱。以上诸脱误,原本并同。

景云元年

《新书·睿宗纪》首,于叙完玄宗平韦氏之难,相王即皇帝位以下,至七月己巳,但书"大赦、改元",不言改元景云者,以前文叙韦氏之乱,即书景云元年故也。《新书》之例,凡年号皆以后改为正。如是年之大乱,一年中三帝、一太后称制,凡三年号:正月至五月仍景龙四年;六月,韦氏弑中宗,立少帝重茂,已则称制,改唐隆元年;七月,少帝废,睿宗立,又改景云元年。若于六月事,据实书唐隆,不可也,固不如径书景云以归画一。《新书》此例甚当,但恐观者眩目,宜于"己巳,大赦、改元"下,添"为景云元年"五字,稍变通其文法以便阅。又,景云元年不提行,亦非。

西域昌隆

《旧纪》:景云二年五月辛丑,"改西域公主为金仙公主、昌隆公主为玉真公主"。"西域"当作"西城","昌隆"当乙。

景云三年脱文

《旧纪》:景云三年正月辛巳,南郊。"南"上脱"亲祀"二字。二月丁酉,"少府监、将监增置少监一员"。"将"下疑脱"作"字。"丁亥,皇太子释奠于国学。追赠颜回为太子太师,曾参为太子太保。每年春秋释奠,以四科弟子、曾参从祀"。"弟子"下脱"及"字。以上脱文,原本并同。

延和元年误

五月，改元延和。"八月，传位皇太子，自称太上皇帝，五日一度受朝于太极殿，五品以上除授及大刑狱，并自决之。皇帝每日受朝于武德殿，三品已下除授及重罪并令决之。""重罪"当作"徒罪"，《玄宗纪》作"徒罪"，因"徙"而误。九月，"封皇帝子嗣升为陕王"。"升"，校本作"申"。

太平公主谋逆事

延和二年七月，"太平公主与仆射窦怀贞、侍中岑羲、中书令萧至忠、左羽林大将军常元楷等谋逆，事觉，皇帝率兵诛之，穷其党与，太子少保薛稷，左散骑常侍贾膺福，右羽林将军李慈、李钦，中书舍人李猷，中书令崔湜，尚书左丞卢藏用，太史令傅孝忠，僧惠范等皆诛之"。考此所书诛杀者，其中有崔湜、卢藏用，而《玄宗纪》七月三日，太平等期以四日为乱，上率兵诛之，明日，下制大赦。其下又书"丁卯，崔湜、卢藏用除名流岭表"。是二人未诛，仅流徙也。《新书·崔湜传》：湜本徙岭外，追及荆州，赐死，则固非始发时即见杀。至《卢藏用传》，则称其附太平公主谋逆，主诛后，玄宗欲捕斩之，因其未执政，意解，流新州，又流驩州，改昭州司户参军，迁黔州长史，判都督事，卒于始兴。然则此纪非也。薛稷、李钦、傅孝忠、僧惠范，《玄宗纪》皆无之，而有李晋，则又此纪所无，亦为互异。

睿宗论误字

《旧·睿宗论》："孝和之世，波注于三王之门。""三王"当作"三主"，谓太平公主、长宁公主、安乐公主也。又，"投杼于乘舆之间，抵掌于太平之日"。"日"当作"席"。又，"彼既弯弓而射我，我则号泣以行刑"。上句衍一"我"字，下句衍"刑"字。又"俾无僭逼，下绝觊觎"，"俾"下脱"上"字，原本误并同。

十七史商榷卷七十二

新旧唐书四

玄宗纪首误

《旧·玄宗纪》首"诛韦氏,乃比谒睿宗"。"比"当作"驰"。又,玄宗名皆作"基",校本皆作"某",校者从宋板也。作"基",乃明人所改,其实二名单称下一字,在唐虽已间一有之,详见予《说碑》。然毕竟草野不晓事人所为,此风大约至前明方多,唐时朝廷宫掖未必有此,改者亦未谙古今故耳。又,诛太平公主之下,"睿宗下诏"云云,"诏",《睿宗纪》作"诰",是。又,诰文已见彼纪,复载太繁。又"周孝明高皇帝依旧追赠太原王"云云,此武士彟也,"高"字衍,观《武氏纪》自明。凡书日甲子,有诸本互异及与《新书》不同者,今略之。

直谏言

开元二年正月,"制求直谏言弘益政理者"。"谏"下脱"昌"字。

今春始

"天枢至今春始","始"下脱"毁"字。

自便有房

九月制曰:"墓为贞宅,自便有房。"当作"自有便房"。又"冥器等物皆竞骄侈,宜为节制,冥器仍定色数"。"冥"皆当作"明"。

褚无量

三年十月,"以光禄卿马怀素为左散骑常侍,褚无量并充侍读"。"左散骑常侍"下,脱"与右散骑常侍"六字。

遮天门

五年七月,诏明堂罢辟雍号,"改为乾元殿,每临御依正殿礼"。下脱"遮天门改为乾元门"八字。

徽州刺史

六年十二月,"以太子少保兼徽州刺史,薛王业为虢州刺史"。"徽",校本作"卫",是。原本误同。

雠校书郎

七年十二月,"置弘文、崇文两馆雠校书郎官员"。"雠校"下脱"置校"二字,原本亦脱。

皇太子敏

八年二月,"皇太子敏薨"。"太"字衍。

突厥欲谷

"九月,突厥欲谷寇甘、源等州。"原本同,校本作"突暾欲寇"云云,《新纪》但云"突厥寇甘、源"。

幸温汤

九年正月丙寅,"幸新丰之温汤"。下脱"己亥至自温汤"六字,原本亦脱。

科甲

四月,"亲策试举人于含元殿,谓曰'古有三道,今减二策。近无科甲'"。"科甲"二字当乙。

光 常

十年,"京兆人权梁山自号光常"。"常"当作"帝",原本误同。

北都巡狩

"十一年正月己巳，北都巡狩"，四字误倒不待言，而北都乃武后改名，中宗即位之初，已依旧为并州大都督府矣，不应至开元十一年又袭此名，《新书》作"如并州"，当从之。又"庚辰，幸并州、潞州，别改其旧宅为飞龙宫"，上言北都虽误，尚差可，此又言并州，不知与上北都犯复，则误之误矣。《新纪》但言"庚辰，次潞州"，不言并州，亦当以《新》为正。至"别改"云云，本作"其别驾旧宅为飞龙宫"。所谓"别驾旧宅"者，以玄宗于景龙二年兼潞州别驾故也。前明二百七十年中绝少有学识者，而又往往师心自用，如"别改其旧宅"云云，非不知而妄改者邪？

后于开元二十年十月，仍书"至北都"。又天宝元年，改北都为北京。《新纪》并同。又，《新纪·肃宗纪》："宝应元年建卯月，以太原府为北都。"再考。

王晙授刺史

"十二月，王晙授蕲州刺史。"《新纪》云"贬王晙为蕲州刺史"，《新》是《旧》非也。

封郡王事

十二年，"嗣江王祎降为信安郡王，嗣蜀王褕为广汉郡王，嗣密王彻为濮阳郡王，嗣曹王臻为济国公，嗣赵王琚为中山郡王，武阳郡王堪为澧国公。祎等并自神龙之后相继为王，以瑾利泽王之封，尽令归宗改封焉"。"相继"，校本作"外继"，是。按：《新纪》书此事云"诏傍继国王礼当废而属近者封郡王"，书法可云简极矣，但实事全不显，奈何？况此中有降为公者，而可以郡王概之乎？又"王守一贬为泽州别驾"，"别驾"，校本作"刺史"，"五溪首领覃行璋反"，《新纪》作"行章"。

流流巳下

十三年正月，"降死罪从流，流巳下罪悉原之"。《新》作"流以下原之"。《旧》衍"流"字，或如十九年八月，从流徒以下悉原之。

褒　州

二月，"改梁州为褒州"。"褒"，当作"襄"，原本误同。

焦仁亶

三月，程行谌请禁锢酷吏子孙，所列二十三人中，"焦仁亶"校本作"侯仁亶"。

大宗贺朝

"十一月丙戌，至兖州大宗顿。""大"当作"岱"。"壬辰，御帐殿受贺朝"。"贺朝"当乙。原本误并同。

碛　西

十四年九月，"检校黄门侍郎兼碛西副大都护杜暹"云云。"碛西"，校本作"安西"。

永王泽延王洄

十五年五月，"永王泽为荆州大都督，寿王清为益州大都督、剑南节度大使，延王洄为安西大都护、碛西节度大使"。原本同，校本"延王洄"一条在"永王泽"之上。

何游反鲁

十六年正月，"广州首领冯仁智、何游反鲁叛"。"反鲁"，校本乙。愚谓当更衍"反"字。原本误、衍并同。

城曲子城

"安西副大都护赵归贞败吐蕃于城曲子城。"《新》无上"城"字，是。

门　城

七月，"检校兵部尚书萧嵩、鄯州都督张志亮攻拔吐蕃门城"。《新》作"吐蕃大莫门城"，是。

请父母

十七年十一月，"五品已上请父母亡者，依级赐官"。"请"当作"亲"。

突可汗

"十八年五月，契丹衙官突可汗杀其主李召固"云云。既云衙官杀其主，何得称可汗？当作"可突干"，后文二十二年十二月，有可突干，是也。

至夏来

二十年二月，"敕文武选人，承前例三月三十日为例，然开选门，北团甲进官至夏来，自今已后，选门并正月内开团甲"。"至夏来"之上，校本有"已"字。

上阳东州

四月，"宴百寮于上阳东州"。今俗于"九州"之"州"外别造"洲"字，为"洲渚"之"洲"，然《说文·水部》新附无此字，则开元时似无此字，故此仍存古"州"字。

皇子潆

二十一年九月，封皇子为王，凡八人，内潆为凉王。《新纪》同，而校本作"湜"。考《新书·玄宗诸子传》，初名皆从水傍，其后乃改从玉傍，然其中并无名潆与湜者，再考。

伊西北庭

二十二年四月，"伊西、北庭且依旧为节度"。"节度"上脱"一"字。

五品已下赐勋

二十六年七月，"内外文武官及五品已下为父后者，各赐勋一转"。"已下"，《新》作"已上"，当从之。

李尚隐

二十八年六月，"太子宾客李尚隐卒"。原本误作"商隐"，校本作"朝隐"。近本未知何据。

石灰巢涯魏桥

"九月，魏州刺史卢晖开通济渠，自石灰巢引流至州城而西，却涯魏桥。""巢"，校本作"窠"；"涯"当作"注"。

文中子

二十九年正月，"制两京、诸州各置玄元皇帝庙并崇玄学，置生徒，令习《老子》、《庄子》、《列子》、《文中子》，每年准明经例考试"。《新纪》书"玄元皇帝庙"事于正月，而于五月别书"求明《道德经》及《庄》、《列》、《文子》者"。时月之差互，《新》、《旧》二书极多，不可胜摘，今皆略之。惟《文子》当从新书。旧云《文中》者，误也。彼时崇尚玄虚，表章老、庄之事，几于史不绝书。然老氏之旨，主于清净无为，恬素寡欲。玄宗是时方册寿王瑁妃杨氏为贵妃，穷侈极奢之时，乃力崇玄学，何哉？谥曰玄宗，固以其好道，帝之好道，在声音笑貌之间而已矣。

兴圣皇帝

天宝二年，"尊圣祖玄元皇帝父周上御史大夫敬曰先天太上皇，母益寿氏号先天太后，咎繇为德明皇帝"。按：此下《新纪》有"凉武昭王为兴圣皇帝"，此脱。先天太后一条，《新纪》删去，虽简净，但非事实矣。如此荒唐可笑事，书之简册，以为鉴戒，何不可者，乃必从而省之乎？世间猥冗简札，劳渎翰墨者，何可胜数，今于正史纪载实事，垂之万世，反惜此费，吾所未喻。

畿官吏

五载正月，"敕大小县令并准畿官吏三选听集"。"吏"，当作"例"。

立杖食

六载正月，"每日立杖食及设杖于庭"云云。"杖"皆当作"仗"。

广文馆徙生徒

九载七月，"国子监置广文馆，徙生徒为进士业者"。"徙"，校本作"领"，原本误同。

李林甫罢

《新纪》：十一载十一月乙卯，"李林甫罢"。《旧纪》作"李林甫薨于行在所"，《旧》是《新》非也。

羽林大将军

《旧纪》：十四载十一月，"以羽林大将军王承业为太原尹"。校本"羽林"上有"左"字。

次河池普安

十五载六月"丙午，河池郡"。"丙午"下脱"次"字。又，"七月甲子，次普安郡"。"普"，校本作"晋"，原本脱、误并同。

米　价

《旧纪》开元十三年、二十八年，俱有米价。《新纪》皆无之。两书《食货志》亦皆无之，不如留之以见当时事势。《新纪》删削为非是。

《旧·代宗纪》广德二年九月，永泰元年三月、七月，大历四年八月、五年七月，皆有米价，或云斗千钱，或云斗八百钱，或云斛万钱不等。

新旧书户口数

开元十四年、二十年，天宝元年十三载，皆有户口数，皆逐次递增。当时承平日久，户口屡增，理之所有，而玄宗鲜终，奢淫骄泰，奸人在位，或虚加其数而无实，亦未可知。此皆见《旧纪》，而《新纪》皆无之。

凡史家志地理者，例有户口数。《汉书》言元始，是据一朝中极盛之数言之，此史法也。今《新》、《旧·地理志》所言户口之数，皆据开元二十八年为准，以二书参对，虽有几字不同，然大略则同。考《旧纪》天宝十三载之数，户与口皆增于开元二十八年颇多，乃两书《地理志》皆不据极盛者为准，而取开元二十八年之数，非也。户口之数，本应入《地志》，纪中不必复见，《新纪》不书为是。但志中所书，仍不能考其极盛者书之，亦疏。又《旧书·食货志》不言户口，而《新书·食货志》则云"乾元末，户百九十三万一百二十四，口千六百九十九万三百八十六，减天宝户五百九十八万二千五百八十四，口三千五百九十二万八千七百二十三"。今考《旧纪》，天宝元年户八百五十二万五千七百六十三，今以户百九十三万一百二十四计之，应减天宝元年之户七百四十三万二千六百三十九，天宝元年口四千八百九十万九千八百，今以口千六百九十九万三百八十六计之，应减天宝元年之口三千二百八十一万四百十四。又，《旧纪》天宝十三载户九百六十一万九千二百五十四，今以户百九十三万一百二十四计之，应减天宝十三载之户七百六十八万九千一百三十。天宝十三载口五千二百八十八万四百八十八，今以口一千六百九十九万三百八十六计之，应减天宝十三载之口三千五百八十九万一千二十。然则《新书·食货志》所核算天宝户口之数，既非元年，又非十三载，不知其所据者为何年之籍矣。盖作《旧书》者所见之籍，非作《新书》者之所见，传闻异词，恐不如《旧书》为得其实也。

就《新书·食货志》所言天宝户口数，当有七百九十一万二千七百八户，五千二百九十一万九千一百口。而《地理志》言开元二十八年户八百四十一万二千八百七十一，口四千八百一十四万三千六百九。天宝之户反减少于开元二十八年，而口则反增多，亦不可解，必有误。

《旧·代宗纪》：广德二年，"户部计帐，管户二百九十三万三千一百二十五，口一千六百九十二万三百八十六"。此数乃与《新·食货志》所载乾元末相近，仅有几字不同，皆可疑。

《旧·穆宗纪》：长庆元年，"户二百三十七万五千八百五，口一千五百七十六万二千四百三十二"。户较《新·食货志》所载乾元之数所增颇多，而口则反减少百数十万，亦属难信。

太真禄山书法

《新纪》于贵妃杨氏去其姓,称太真,殊属无义。《旧纪》云:"册太真妃杨氏为贵妃。"太真,乃其号,今曰"太真妃",似妃号有此称者,亦非。开元二十八年,当如《新纪》书"以寿王妃杨氏为道士,号太真"。四载,当如《旧纪》,而小变其文云"册杨氏太真为贵妃"。又,《新纪》安禄山忽称姓,忽不称姓,皆非史法。

十七史商榷卷七十三

新旧唐书五

肃宗纪首脱误

《旧·肃宗纪》首"斩新平太守薛羽、保定太守余毅"。《新书》作"徐毅"，当从之，《旧书》乃传写之误。又"朔方留后杜鸿渐等遣判官李涵迎上"。原本同，校本改作"李淄"，然《新纪》亦作"涵"，则校本未必是。又，"以朔方度支副使、大理司直杜鸿渐为兵部郎中，朔方节度判官崔漪为吏部郎中，并知中书舍人"。"度支副使"，当作"节度副大使"，"舍人"下脱"事"字。又"贼党同罗部五千余人自西出降朔方军"。"西"下脱"京"字。又"子仪、光弼率所统步骑五万至，屯河北"。"屯"当作"自"。

至德二载制词

至德二载十一月，制曰："灵武聚一旅之众。""灵武"上脱"自"字。又十二月，制曰"黔首犹不背国恩，受任于枭獍之间"云云。"国恩"下当有脱文。

太史监为司天台

乾元元年三月，"太史监为司天台"。"太史"上脱"改"字。

河南节度

五月，"以礼部尚书崔光远为河南节度"，下脱"使"字。

季广琛

"荆州长史季广琛"，"季"当作"李"。二年同。《新纪》于乾元元年九节度讨安庆绪，亦作"季"，恐非。

某州妇人

十月，许叔冀奏："某州妇人王二娘，请赴行营讨贼。""某"，校本作"青"，是，原本误同。

求于史思明

十二月，"安庆绪食尽，求于史思明率众来援"。"求"下脱"救"字，"思明"下，应重二字。

作坊造坊

《旧纪》：乾元二年四月，"诸作坊造坊并停"。下"坊"字当作"作"。

李广琛崔光远

"贬李广琛宣州刺史。崔光远为太子少保。""广琛"下脱"为"字，"宣"当作"宜"，宣乃内地，非贬谪所，宜则远恶地也。广琛至上元二年方为宣州刺史耳，见下文。"刺史"下，又脱"师失律也以汴州刺史"九字。

旧代宗纪首误

《旧·代宗纪》首"新店之后，一战大捷"。"后"当作"役"。又"宝应元年五月，宰臣苗晋卿等三十表"。"十"当作"上"。又"七月，襄州刺史裴义长流费州"。"义"，《新纪》作"茂"。又"十月，史朝义奔翼州"。"翼"校本作"冀"。后"大历四年十一月，左仆射翼国公裴冕"。《德宗纪》"建中二年九月，兵部尚书、翼国公路嗣恭卒"。校本亦俱作"翼国"。以上误，原本并同。

乾元元年

《新·代宗纪》首乾元元年，误提行起。

京师戒严

《新纪》：大历二年十月戊寅，"路嗣恭及吐蕃战于灵州，败之，京师戒严"，误。《旧纪》作"解严"，是。下"三年九月戊戌"同。

邓州国公

《旧》：大历三年九月，"检校户部尚书、知省事、邓州国公张献诚卒"。"州"字衍。

西　川

五年二月，"度支使及关内、河东、山南西道、剑南西川转运常平盐铁等使宜停"。"西川"当作"东川"。

昭义军节度

八年正月，"昭义军节度、检校右仆射、相州刺史薛嵩卒"。"度"下脱"使"字。

杨猷溯汉而上

九年正月，"澧、朗两州镇遏使、澧州刺史杨猷擅浮江而下，至鄂州，诏许赴汝州，溯汉而上"。"溯"上原本有"遂"字，此脱。

叶　州

十年三月，"以左散骑常侍孟皞为叶州刺史，充潼关防御使"。"叶"当作"华"。原本误同。

代宗年五十三

《新·代宗纪》：大历十四年五月辛酉，"皇帝崩于紫宸内殿，年五十三"。吴缜《纠谬》第一卷驳代宗母章敬吴皇后入宫事，亦据此纪以推代宗生年当为开元十五年丁卯岁。《旧纪》则不言年若干。钱大昕云："《唐会要》代宗以开元十四年十月十三日生，大历十四年五月二十日崩，年五十四。"《新纪》非也。

旧纪代宗独有祔庙日

《旧·代宗纪》：大历十四年五月辛酉崩。其下叙完迁殡等事，即云"十二月丁酉祔于太庙"。考《旧书》各纪，皆无祔庙之日，独代宗有之,此不画一。

德宗纪首误字

《旧·德宗纪》首大历十四年六月,"诸州刺史上佐令后准式入计"。"令"当作"今"。"十月,散官豢猪三十头给贫民"。《新纪》作"三千",是,事见《卢杞传》。"十一月,以鄜州刺史张光晟单于振武军使、东中二受降城绥、银、鄜、胜等军州留后"。"光晟"下脱"为"字。

柳 晃

建中元年二月,"贬右补阙柳晃巴州司户"。"晃",校本作"冕",是。原本误同。

领 蕃

"八月,振武军使张光晟杀领蕃回纥首领突董统等。""领",校本作"归",是。原本误同。

国以来将相

"十二月,令详定国以来将相功臣房玄龄等功绩,分为三等。""国"下脱"初"字。

招讨使

二年九月,"以杭州刺史元全柔为黔中经略招讨使观察等使"。"招讨"下"使"字,原本无,此衍。

削李惟岳官爵

十一月,诏:"李惟岳宜肆原野,削尔在身官爵。""削"上脱"并"字。

李 齐

"以陕州长史李齐为河中尹。""齐"下脱"运"字。原本脱同。

马燧等破田悦

三年闰正月，"马燧、李抱真破田悦兵于恒水"。"抱真"下，原本有"李芄"，下文"五月，加河东节度使、检校左仆射马燧同平章事"云云，赏破田悦功也。此一段，于李抱真之下亦有"李芄"。原本是，近本脱。至原本作"破兵于恒水"，脱"田悦"二字，则更大谬。

荷　校

"四月，诏京兆尹、长安万年令大索京畿富商，长安令薛苹荷校乘车，于坊市搜索，人不胜鞭笞，至自缢。""校"，当作"杖"。

严　尹

"贬御史大夫严郢为费州长史，杖杀左巡使、殿中侍御史郑詹。尹岁余卒。""尹"，当作"郢"。

泚贼攻城

四年十月，"与太子诸王妃主百余人出苑北门"。"与"上脱"上"字。又"癸巳，泚贼三面攻城"，此为朱泚攻奉天城，上文已甚明，不必复出"泚"字，且"泚贼"之称，不成文义，上下文皆云贼，不云"泚贼"也。泚，校本改"夜"。又"贼造云桥，攻东北隅，浑瑊预为地道，及云桥成城，脚陷不得进"。"成城"当作"傅城"或"乘城"。以上脱、误，原本并同。

嶽　州

兴元元年五月，"嶽州李兼、黔南元全柔、桂管卢岳加御史大夫"。"嶽州"当作"岳州"。下文"贞元元年四月，鄂嶽观察使李谦"，"嶽"字同，以后仿此。

韩旻斩朱泚

"六月，幽州京士韩旻于彭原斩朱泚，传首至行在。""京士"当作"军士"。《新纪》书"朱泚伏诛"。伏诛者，固以其有罪而书，要亦是明正其罪,与众弃之之义。史家纪事,莫善于得实,今泚实为其军士所杀,与安庆绪杀禄山,史思明杀庆绪何异,乃亦书伏诛,则与亲加显戮者何别乎? 不如《旧纪》得实也。凡叛逆为其下所杀,而传首以献者,两书书法不同,大率如此,如李怀光之类,今不悉出,于此见例。

首　将

贞元元年三月,"李希烈陷南阳,杀首将黄金岳"。"首"当作"守"。

崔纵奏误字

九月,崔纵奏:"在官者既合序迁,有功者又颁褒赏。""颁"当作"须"。又"尝难遗才,仍招怨望"。"难"当作"叹"。

元帅兵马使

三年三月,"以李晟甥元帅兵马使王泌为右威卫上将军"。"帅"下脱"府"字,原本同。

十　月

五月,书蕃相尚结赞请改会盟之所事,下即书"十月,东都等处大水"云云,后文却书"六月"。此"十月"当作"是月",原本误同。

减官仍旧

七月,诏:"顷缘备边,权议减官。近闻授官者皆已之任,俸禄未请,归还无所。其先敕所减官员,并依仍旧。""依"当作"宜"。又,其下文云"初既减员,内外咨怨,张延赏,李泌初入相,乃讽谏官论之"。"延赏"下,原本空一字,校本有"惧"字,是。近本脱去,又不空白,非也。

王西曜

四年正月,"以左龙武大将军王西曜为麟州刺史,鄜坊丹延节度使"。案:《新唐书·王栖曜传》所书历官与此纪合,今作"西曜",误。十八年十月,书"王栖曜卒",却不误。原本并与近本同。

岁不过五十万

"户部别贮钱,朝臣岁不过五十万。""岁"下脱"支"字,原本亦脱。又,原本"贮"误作"处"。

杜　祐

"六月,以尚书左丞杜祐为陕州长史。""祐"当作"佑"。下文"五年十二月"等处并同,不另出。

张濛等二十人

"九月,赐宴作诗,群臣毕和,品其优劣,刘太真等上等,鲍防等次等,张濛等二十人又次之。""二十人",原本同,校本作"八十八人",是。

为安南都护府

七年五月,"置柔远军为安南都护府"。"为"当作"于"。

每御延英

"十月,每御延英,令诸司官长二人奏本司事。""每御"上脱"诏"字,原本亦脱。

当道闲员

八年二月,"韦皋请有当道闲员官吏,增其俸禄"。"闲",校本作"备",是。原本误同。

河　内

"四月,以东都、河南、淮南、江南、岭南、山南东道两税等物,令张滂主之;以河内、河东、剑南、山南西道等财,班宏主之。""河内",原本同,校本作"关内"。

加文儒官

十二年四月,"命沙门、道士加文儒官讨论三教"。"加"字疑衍,原本同。

兼湖渠

十三年八月，"诏韩皋修昆明池石炭、贺兰两堰兼湖渠"。"兼"下脱"浚"字，原本同。

江 州

"九月，以李巽为江州刺史。"原本同，校本作"洪州"。

宣武帅李董刘韩事

汴州军名宣武。此军治乱，关系最大，他藩镇之除授与其帅之罢免及卒皆当书，而此镇尤不可略。《旧纪》于贞元十二年七月乙未书："以东都留守，兵部尚书董晋检校左仆射，同中书门下平章事，汴州刺史，宣武军节度，宋、亳、颍观察使。时李万荣病，万荣子迺自署为兵马使，军人又逐迺，汴州乱，故命董晋帅之。以太子宾客王翃为东都留守、判东都尚书省事、东畿汝都防御使。是日，汴州节度使李万荣卒。"其下八月丙子，又书："以汝州刺史陆长源为宣武行军司马。"其下十五年二月丁丑，又书："宣武军节度使、检校左仆射、平章事、汴州刺史董晋卒。乙酉，以行军司马陆长源检校礼部尚书，汴州刺史，御史大夫，宣武军节度度支营田，汴、宋、亳、颍节察等使。"其下又书："汴州军乱，杀陆长源及节度判官孟叔度、丘颖，军人脔而食之。监军俱文珍以宋州刺史刘逸准久为汴之大将，以书招之，俾静乱。"其下又书："乙丑，以宋州刺史刘逸准检校工部尚书、兼汴州刺史、宣武军节度使，仍赐名全谅。"其下八月庚戌又书："宣武军节度使、检校工部尚书、汴州刺史刘全谅卒。"其下辛酉又书："以大理评事宣武军都知兵马使韩弘检校工部尚书，兼汴州刺史、御史大夫、宣武军节度使。"此上惟"节察"误，当为"观察"。统观之，虽文笔太蔓，然一镇之治乱，帅臣之更易，五年中情事，历历详明，亦不厌其繁。以《新书·董晋传》及昌黎作《晋行状》比校，大略相同，乃《新纪》大加删削，仅于十二年六月书"己丑，宣武军节度使李万荣卒，其子迺自称兵马使，伏诛"，又于十五年二月书"乙酉，宣武军乱，杀节度行军司马陆长源，定州刺史刘逸准自称留后"，又于四月庚戌书"宣武军节度使刘全谅卒，都知兵马使韩弘自称留后"。如此而已，此其误不可胜言。宋、汴相连，若定州，则甚远。俱文珍急召刘逸准静乱,必不舍近召远,况定州别是一镇,亦非宣武监军所得召。"逸准",《通鉴》同,《新书》乃作"逸淮"。逸准既系文珍召来,自必请朝命,必非自称。至全谅之卒,军中无变故,则弘之命亦必出自朝廷,乃一概以"自称留后"了之,但图句法短净,不顾事实。凡此小失皆尚可,其月日之不同,《新书》处处皆然,更不足论。最可怪者,唐室兴衰,视乎藩镇,况宣武尤为至要,乃于万荣死后,竟不书董晋之为节度,直至十五年方书"军乱,杀陆长源",竟不知此几年中帅为何人,晋以宰相罢为东都留守,复用为节度,而可略乎? 况长源本系晋之行军司马,今不书晋而突书杀长源,试问长源为何人幕下官乎? 万荣、全谅卒皆书,晋卒不书,是何义例乎? 逸准为节度,方赐名全谅,删去赐名一节,忽称逸准,忽称全谅,竟若两人,可乎? 心粗胆大,而自以为是,蔑弃前人,落笔便谬,宋人往往如此。

复　内

《旧纪》:贞元十四年正月,"诏八年至十一年两税及榷酒钱,在百姓复内者,五百六十万七千贯,并除放"。"复内",原本同,校本作"腹内"。

锜恣横叛

十七年六月,"崔善真论李锜罪,械送锜,埋之,由是锜恣横叛"。"横"下脱"为"字,原本亦脱。

窦　群

十八年五月,"以窦群为左拾遗"。"群"上脱"布衣"二字。

非先赐授

"八月,以岭南节度掌书记张正元为邕州刺史、御史中丞、邕管经略使,给事中许孟容以非先赐授,封还诏书"。"非先赐授"当作"非次越授",原本误同。

神武孝文

二十一年正月,崩。永贞元年九月,"上谥曰神武孝文"。此下脱"皇帝"二字。

十七史商榷卷七十四

新旧唐书六

顺宗纪所书善政

王叔文为人轻躁，又昵王伾、韦执谊，所亲非其人，故败，其用心则忠，后世恶之太甚，而不加详察，《旧书》亦徇众论，然《顺宗本纪》所书一时善政甚多。考顺宗在东宫，叔文被知遇，及即位，遂得柄用。然德宗以贞元二十一年正月崩，二月，顺宗始御丹凤楼，大赦，叔文以前司功参军、翰林待诏为起居舍人，充翰林学士，旋又为度支盐铁转运使副，五月，为户部侍郎，至七月，即以物论喧杂、藩镇上笺，皇太子指斥其挠政，诏皇太子勾当军国政事矣。八月，皇太子即位，是为宪宗，奉顺宗为太上皇，叔文即贬渝州司户矣。然则叔文之柄用仅五六月耳，所书善政皆在此五六月中。如二月辛酉，贬京兆尹李实为通州长史；甲子，诸道除正敕率税外，诸色杂税并宜禁断，除上供外，不得别有进奉；三月庚午，出宫女三百人于安国寺，又出掖庭教坊女乐六百人于九仙门，召其亲族归之；五月己巳，以右金吾卫大将军范希朝为右神策统军，充左右神策、京西诸城镇行营兵马节度使；六月丙申，二十一年十月已前百姓所欠诸色课利、租赋、钱帛，共五十二万六千八百四十一贯、石、匹、束，并除免；七月丙子，赠故忠州别驾陆贽兵部尚书，谥曰宣，赠故道州刺史阳城为左散骑常侍。以上数事，黜聚敛之小人，褒忠贤于已往，改革积弊，加惠穷民，自天宝以至贞元，少有及此者，而以范希朝领神策行营，尤为扼要，此事予别有论。夫《旧书》非真有取于叔文，欲表其忠，故于《顺纪》如此之详也，特其为书之体，纪载善恶，事迹必明且备，而叔文之美遂于此见，使后世读书有识者得以为据。《新纪》减字缩句，专尚简严，且其立意务欲与《旧书》违异，故顺宗一朝美政，刊削殆尽。

《新书》于二月甲子禁断诸色榷税一条不书，却书罢宫市。《通鉴》

亦书此，且并及罢五坊小儿。此皆本昌黎《顺宗实录》。所谓"宫市"者，宫中市外间物，以宦者为使，置白望数百人于市，阅人所卖物，则敛手付与，率用百钱买人直数千物。五坊者，雕坊、鹘坊、鹞坊、鹰坊、狗坊；小儿，给役五坊者。亦见《新书·食货志》。此皆宦者所为害民之事。《旧·叔文传》：叔文直顺宗东宫，言宫市之弊，劝太子且勿言上除之，恐上疑其收人心。然叔文虽劝顺宗避嫌不言，而宫市之宜罢，则叔文固已先言之矣，故顺宗立后即罢之也。叔文专与宦官为难如此，《旧书》偶漏此事，而《新书》务欲与《旧书》违异，《旧书》所有多削去，所无则增之，初不论其当否，则书此事正为《旧书》漏去故耳。禁杂税、罢宫市二事，轻重正等，一书一不书，此何例乎？宫市之害，又见《新》张建封、吴凑等传及《叛臣·李锜传》赞。

叔文行政，上利于国，下利于民，独不利于弄权之阉宦、跋扈之强藩。观《实录》，叔文实以欲夺阉人兵柄，犯其深忌，虽为顺宗信用，而宦者即能矫制罢其学士，乃凭杯酒欲释憾于宦者，而俱文珍随语折之，亦可怜矣。孔子曰："三年无改于父之道，为孝。"曾子曰："不改父之臣、父之政为难能。"宪宗乘父病而一监国即斥叔文，父崩，骨肉未寒，又杀叔文，此不孝之尤者。吾不知叔文之死，竟有何罪！厥后己身与其孙皆为阉人所弑，而自此以下，人主之废立，尽出宦者手，唐不可为矣。且阉人与方镇互相牵制、互相猜妒者也，叔文既与宦者为仇矣，乃藩镇又深怨之，何哉？盖其意本欲内抑宦官，外制方镇，摄天下之财赋、兵力而尽归之朝廷。刘辟本韦皋所遣，叔文必欲杀之，若其策得行，后日何烦高崇文往讨，劳费兵力乎？即此一事，皋大恶之，奏请逐叔文，则当日情事可见。总计叔文之谬，不过在躁进。《战国·卫策》："卫人迎新妇入门，教送母：'灭灶，将失火。'入室，见臼曰：'徙之牖下，妨往来者。'皆要言也，但太蚤耳。"叔文正如此，若求其真实罪名，本无可罪。

《通鉴》二百六十三卷《昭宗纪》，崔胤奏："国初，宦官不典兵预政，天宝以来，宦官浸盛。贞元之末，分羽林卫为左、右神策军以便卫从，始令宦官主之，以二千人为定制。自是参掌机密，夺百司权，上下弥缝，共为不法，大则构扇藩镇，倾危国家，小则卖官鬻狱，蠹害朝政。"胤此言是也。但以胤之邪谬，召朱全忠尽诛宦官，宦官去而人主孤立，全忠遂篡唐矣。譬如人有巨痈在腑脏中，决去其痈，命亦倾矣。假令如叔文计得行，则左右神策所统之内外八镇兵自属之六军，天子可自命将帅，而宰相得以调度，乱何由生哉？如痈尚未成，决之易也。司马君实论之云："宦官为国家患久矣。东汉最名骄横，然皆假人主之权，未有能劫胁天子如制婴儿，如唐世者也。所以然者，汉不握兵，唐握兵故也。"君实此论，一语道破，而王叔文之忠于为国，为何如哉！奈何昌黎《永贞行》云："北军百万虎与貔，天子自将非他师。一朝夺印付私党，凛凛朝士何能为。"以宦官典兵为天子自将，抑何刺谬甚乎！

新纪不见王叔文

《新纪》不但刊削叔文所建白，并且绝不见其名，盖《新纪》之例，在内惟书宰辅之除拜罢免贬降出外，故于三省长官中书令、侍中、尚书令太宗改为尚书仆射。书之为详，其余惟由他官同三品、同平章事者则书之，苟其不然，虽至执政，且不得书，而侍从台谏与诸卿执事官更不待言。叔文特侍从耳，其副度支为侍郎，亦执事官耳，故拜罢贬一概不见，而独见一韦执谊，似矣。但唐世制诰诏命，皆中书舍人为之，谓之内制，其百官告词，则学士为之，谓之外制。玄宗置翰林待诏，掌四方表疏批答，又以中书务剧，选文学之士号翰林供奉，与集贤学士分掌诏敕，至开元二十六年，又改翰林供奉为学士，别置学士院在右银台门内之正北，金銮坡之旁，至与宫妃相往来，专掌内命，为天子私人，凡拜免将相、号令征伐、宣麻制敕皆出于此。于是进退人才，机务枢密，人主皆必与议，中书、门下之权为其所夺，当时谓之内相。见《新唐书·百官志》及范祖禹《唐鉴》、陈埴《木钟集》。然则玄宗以前，翰林学士可不书，玄宗以下不可不书矣。况叔文以藩邸之旧入参大政，兼掌两制，秉权甚专，彼执谊方将借其引用，书执谊不书叔文，岂为得实乎？然就其例书之，犹差可，所最可怪者，凡丽死刑者，下至庶僚冗散，一命之微皆书之，或书杀某人，或书某人伏诛，昌黎《顺宗实录》言"皇太子监国，逐叔文，明年杀之"。《旧书》本传云诛之，《通鉴》云赐死，《新纪》不但于《顺纪》不见叔文名，并《宪纪》亦不见杀渝州司户王叔文，何也？《旧纪》亦不载叔文之死，再考。

《旧·宪宗纪》：元和元年，武元衡奏："中书门下御史台五品以上官、尚书省四品以上等官除授，皆入阁谢，余官许于宣政南班拜讫便退。"中书门下是宰相，御史亦副相，重其职，故五品即须入阁谢，尚书则四品方入阁谢。观此等级,则知唐时体统,尚书省远不如中书、门下两省,以两省出纳王命,封驳诏敕,特优异其礼,而尚书省惟令为宰辅,余皆执事官也。如中书侍郎,门下侍郎皆四品官耳,而一为同三品,即宰辅之职,同平章事亦然。故知《新纪》所书拜罢于内只有宰辅,余皆不书,因论叔文,附及之。《旧·昭宗纪》:大顺元年四月,"李匡威等请平定太原,下两省、御史台、尚书省四品以上官议"。两省,即中书、门下。《汉书》每以丞相、御史为两府,此言两省、御史台,犹汉两府也。他处言三省者亦多,而又往往于两省、御史台外,别言尚书省。可见尚书不及两省。又《新·代宗纪》:大历八年九月,"诏京官五品已上,两省供奉官、郎官、御史言事"。两省供奉官,谓中书舍人、门下侍郎是也。特提两省,可见两省之独尊。又《新·敬宗纪》:长庆二年十二月,穆宗暴疾,不见群臣三日,左仆射裴度上疏请立太子,翰林学士、两省官相次以为言。又可见翰林学士与两省权同。不能备悉,随举此三条见意。

上顺宗尊号

"元和元年正月丙寅朔,皇帝率百寮上太上皇尊号曰应乾圣寿。"此事《实录》作永贞二年,然是年正月朔为丙寅,而丁卯即改元元和,则永贞之号只此一日,此特因在《顺宗实录》,不得不如此。至《旧书》于《宪宗纪》元和元年又书此事,则殊嫌重复,不如《新纪》只见《顺纪》为得。顺宗崩于正月甲申,而《实录》乃书丙戌朔,则是月不得有甲申,乃知甲子纪日传写淆讹,触处皆然,当从《旧书》作"丙寅朔"。

柳州司马

《旧·宪宗纪》首"贬岳州刺史程异柳州司马"。"柳",《异传》作"郴",是。原本误同。

曾太皇太后

《新·宪宗纪》首"永贞元年十月丁酉,为曾太皇太后举哀"。曾太皇太后者,德宗之母,代宗之妃沈氏也。直云曾太皇太后,不言沈氏,竟不知何人,蒙昧极矣。其下文又书"十一月己巳,祔睿真皇后于元陵寝宫",又不知睿真皇后为何人。《旧纪》则先书"冬十月丙申朔,丁酉,集百寮发曾太皇太后沈氏哀于肃章门外",次书"辛丑,太常上大行曾太皇太后沈氏谥曰睿真皇后",次书"乙巳,祔睿真皇后神主、德宗皇帝神主于太庙",历历分明。沈氏遭史思明乱,流落无存,故直至此时方发哀,此事之奇者,不可不明析书之。况大典所在,如《旧纪》亦何尝有支蔓,而《新纪》一意划削,几致文理欠通。元陵者,代宗陵也。《旧纪》云"祔于太庙",而《新》改为"元陵寝宫",但既追尊皇后,自必入庙。且《旧纪》连德宗皇帝神主言之,则似亦当从《旧纪》为是。

含光殿

元和元年正月丁卯,"御含光殿,受朝贺"。"含光"当作"含元",原本误同。

宽 敬

"二月乙未朔,以度支郎中宽敬为山、剑行营粮料使。""宽敬"当作"敬宽",原本误同。

与杜黄裳论政

宪宗初,政尚有可观,其与宰臣论政,杜黄裳奏对数百言,《旧纪》全载之,所谓左史记言也。《新书》于实事尚多割弃,况此类虚言,其不载宜也。然无以为后人考镜之资矣,无乃太简乎。

程异复用

八月壬午,"左降官韦执谊、韩泰、陈谏、柳宗元、刘禹锡、韩晔、凌准、程异等八人,纵逢恩赦,不在量移之限"。诸人虽轻狂,而其中才士亦多,自去年九月至此,一年之中已经四度降旨贬斥禁锢,何其频数,恶之一至于此,而其为党魁者则已赐死矣。宪宗仇视其父所任用之人,居心殆不可问,诸人罪亦不过躁进,岂真丑类比周党邪害正者哉?考《异传》,异于元和初旋因盐铁使李巽荐其晓达钱谷,请弃瑕录用,遂擢为侍御史,亦足见帝之好货矣。异之湔雪尚速,而柳竟死贬所,刘亦久乃牵复,又见才士之多命蹇也。

元和国计簿

"李吉甫撰《元和国计簿》,天下兵戎仰给县官者八十三万然人。"

"戎",当作"戍","然",当作"余",原本误同。

裴均为仆射

三年四月己卯,"裴均为尚书省都堂上仆射"云云。"为"当作"于",原本误同。此即今之所谓到任。尚书省中虽以左右司及各部分掌其事,而其首冠以尚书都省,见《唐六典》及《通典》,所以有"都堂"之称。仆射即都省之长官也,不置令,故仆射为长,同中书门下平章事则宰相矣。

起 居

五年九月丁卯,"翰林学士独孤郁守本官起居,以妻父权德舆在中书,避嫌也"。"居"下脱"郎"字,原本亦脱。翰林学士为内相,其权与宰相埒,嫌翁婿二人并居要地,相为表里,故使之但守起居郎,以避此嫌耳。

百官据数请受

元和六年十月戊寅,诏:"元和五年以前诸色逋租并放。百官职田其数甚广,今缘水潦,诸处道路不通,宜令所在贮纳,度支支用,令百官据数于太仓请受。遭水旱处,通计所损便与除破,不得检覆。"下"百官"二字,校本作"自"字,原本误同。

穆纪首复出

《穆宗本纪》首所载杖死山人柳泌诏文,已见《皇甫镈传》中,此复出。

许诸巡官

"平卢军新加押新罗、渤海两蕃使,赐印一面,许诸巡官一人。""诸"当作"置",原本误同。

制官敕下

长庆元年正月,"以刘士泾为太仆卿。给事中韦弘景等对还诏书,上谕之曰'士泾父昌有边功,朕欲加恩,制官敕下'"。当作"制宜放下",原本误同。

二十已入省寺

五月，"刑部四覆官、大理六丞每月常须二十已入省寺"。"已"，原本作"日"，是。

长庆不提行

《旧纪》于长庆纪年凡四年，一概俱用连写，不提行，大谬。此传录之误，近本改正。

沧州以成元

二年二月，"沧州以成元节度使王日简赐姓名全略"。"以成元"三字衍。"名"下仍脱"李"字，原本衍、脱并同。

蒋　防

《敬宗纪》首"贬翰林学士、司封员外郎、知制诰蒋防为汀州刺史"。"蒋"字，原本空一格，近本补正。

品官季文德

八月，"妖贼马文忠与品官季文德等将图不轨"。"品官"，校本作"中官"，原本与近本同。

参　奏

"以李憕孙宏为河南府兵曹参奏。""奏"当作"军"，原本误同。

睦　州

十一月，"安南都护李元喜奏：黄家贼与环王国合势陷睦州"。"睦"，校本改"陆"，是，原本误同。

京兆府决

宝历元年，"袁王府长史武昭付京兆府决"。下脱"杀"字，原本亦脱。

十七史商榷卷七十五

新旧唐书七

别诏宣

《文宗纪》首"别诏宣纂组雕镂并停"。"宣"下脱"索"字，原本亦脱。

沧州刺史

太和四年闰十二月，"废景州，其县隶沧州刺史"。"刺史"二字衍。原本亦衍。

第三男汉

八年八月，"第三男汉可封临川郡王"。"汉"当作"潢"，原本误同。

臣固尉

开成元年九月，"复宋申锡尚书右丞、同平章事，以其子慎徽为臣固尉"。"臣"当作"城"，原本误同。

外州李绅

二年七月，"外州李绅奏蝗虫不食苗"。"外"当作"汴"，原本误同。后《懿宗纪》咸通十一年十一月，"以郑从谠检校户部尚书，兼汴州刺史"，亦误作"外州"。

观察使卢行术

八月，"以前湖南观察使卢行术为陕号观察使"。近本"湖南"上脱"前"字，"使卢行术为陕虢"七字空，原本"陕"下脱"虢"字。

卢行术为福王傅

三年二月，"以同州刺史孙简为陕虢观察使，卢行术，行术为福王傅，分司东都"。原本作"代卢术，以术为福王傅"云云。"代"字、"以"字，近本脱，两"行"字，原本脱。

鱼弘志等立颍王瀍

《新·文宗纪》："开成五年正月戊寅，不豫。己卯，左右神策军护军中尉鱼弘志、仇士良立颍王瀍为皇太弟，权句当军国事，废皇太子成美为陈王。""辛巳，皇帝崩于太和殿。"又《武宗纪》"始封颍王"，"开成五年正月，文宗疾，大渐，神策军护军中尉仇士良、鱼弘志矫诏废皇太子成美，复为陈王，立颍王为皇太弟。辛巳，即皇帝位于枢前"。《新书》之删削《旧书》，算无遗策矣。今此二纪相连，但当于《文纪》详书之，至《武纪》则云："仇士良等既废皇太子，立为皇太弟，事见《文纪》。"其下即云"辛巳，即皇帝位"云云，可也。乃两处复出，而书其官，则《文纪》多"左右"二字，《武纪》少二字，书其人，则《文纪》鱼弘志居首，《武纪》仇士良居首，书其事，则《文纪》先言立颍王，后言废太子，《武纪》先言废太子，后言立颍王，且多"矫诏"二字，此何谓邪？岂《文纪》所言非矫诏邪？且士良为右军中尉，弘志为左军中尉，"左右"二字本不可省，而兵中尚右，且《旧纪》皆以士良居首，又言"夜，士良统兵于十六宅，迎太弟赴少阳院"云云，则此事士良为主甚明，何为互倒其文邪？实所未喻。至于鱼弘志者，吴缜《纠谬》谓《李训传》作"弘志"，而《仇士良传》乃作"志弘"，彼此不同，吴氏因据此二传之上下文多作"弘志"，且本纪亦作"弘志"，以驳《士良传》作"志弘"之非。愚则谓今本《士良传》亦作"弘志"，此乃后人因吴言而妄改，吴所见，本既作"志弘"则信矣。但弑宪宗者，宦官陈弘志也，文宗已杀之矣，不应文宗末年以宦官典兵者又名弘志，恐是其人本名志弘耳。若果名弘志，当无不改之理。然则吴缜之所纠者未必谬，而其所谓不谬者反谬也。

《武纪》末书"左神策军护军中尉马元贽立光王怡为皇太叔"云云，其下《宣纪》又重书之，亦宜省去官衔，盖此等在《旧书》不足为病，《新书》既专务减字缩句，则反觉此种为冗长矣。

文宗暴卒

《旧·武宗纪》首"文宗暴卒"。"卒"当作"疾",原本误同。但据《旧纪》,文宗于开成四年十二月即不康,五年正月戊寅是朔日,而帝以辛巳崩,是初四日,似未可以言暴。

宣诏院

"仇士良收捕宣诏院副使尉迟璋,杀之。"此事《新书》在《文宗纪》。"宣诏"作"仙韶",《新》是,《旧书》以音近而误,原本误同。《旧·文纪》:开成三年四月,"改《法曲》为《仙韶曲》,仍以伶官所处为仙韶院",是也。尉迟璋为文宗合古乐,见高彦休《阙史》卷下。

零碎不得

会昌二年二月,中书奏:"准元和七年敕,河东等道州县官令户部加给课料钱岁六万二千五百贯。吏部出得平留官数百员,时以为当。自后户部支给零碎不得。""不得"当作"不时"。

会昌三年讹字

三年七月,宰相奏:"秋色已至,将进军,幽州早平回鹘,镇、魏须速诛刘稹,各须遣使谕旨,兼值三镇军情。今日延英面奏圣旨,欲遣张贾。贾性刚,不如命李回。若以台纲阙人,即兵部侍郎郑涯久为征镇判官,最似相称。"此段讹字甚多,几不可读。原本误并同。"镇魏"当乙。"积"当作"稹"。"值"当作"侦"。"面奏"当作"面奉"。"征镇"当作"泾镇"。

池水县

五年十月,中书奏"池水县武牢关"云云。"池"当作"汜"。

吴湘狱误字衍文

《旧·宣宗纪》:大中二年二月,吴湘狱事,"元推判官魏铏,典孙贞、高利、钱倚、黄嵩,江都县典沈颁臣宰,又天长县令张弘思,典张洙清、陈回,右厢子巡李行瑶,典臣金弘举"云云。案:上"臣"字,当作"陈",下"臣"字衍。又"李恪委京兆府决脊杖十五,配流天德"。"十五"当乙,原本误并同。

本司同平章事

五年五月,"以户部侍郎、判户部事魏谟本司同平章事"。"司"当作"官",原本误同。

十一年诏文阙

十一年正月,将幸华清宫,两省官进状论奏,诏曰:"卿等列状上章,深睹尽忠之节。已允来请,所奏。"此下原本空一格,当有脱文,近本去其空,即连下"以白敏中充荆南节度"事写。

宣宗简籍遗落

《宣宗纪》论曰:帝"帝道皇猷,始终无缺,虽汉文景不足过也。惜乎简籍遗落,旧事十无三四,吮墨挥翰,有所慊然"。案:晁公武《郡斋读书志》载唐诸帝实录至敬宗止,赵希弁《读书后志》所载,则唐人所撰实录至武宗止,其宣、懿、僖、昭、哀五朝实录,通一百二十八卷,云皆宋敏求所补,世服其博闻。陈振孙《书录解题》亦云:"唐实录自武宗后皆未尝修纂,五录者,龙图阁直学士宋敏求追述为书。"宣宗既无实录,当刘昫时宋录未出,故云简籍遗落,其实懿、僖以下四朝皆遗落,史臣采访成书,功何可泯。

新纪论穆敬以下七帝

穆、敬皆童昏,共一论、赞可也,文、武、宣皆贤主,《新纪》乃以五帝共论,贤愚错杂,已为非法,使论之而一意到底,足相贯串,犹可也。今此论前半篇,专就宦官生意是矣,而武、宣两段与上三帝不相照顾,首尾横决,文似贯而义不贯,亦何取乎合论哉?论文宗,谓其"仁而少断,制宦官不得其术,饮恨而已。其杀陈弘志,亦足伸其志也"。愚谓此时宦官之势已成,文宗受制,万不得已,作史者当惜之,不当贬之,观《仇士良传》中周墀、崔慎由二事可见。若文宗之刚决,不但能杀陈弘志,并能杀立己之王守澄,见《新纪》太和九年。岂可云少断乎？美武宗之用李德裕以成功,甚确,乃又惜其但能除去浮图,又躬受道箓。愚谓僧、道废兴,无足重轻,不甚有关于治乱,此等亦宋人之迂论耳。至訾"宣宗以察为明,无复仁恩,自是而唐衰矣"。愚谓末句拖脚,暗递下文懿、僖,此正如今日作八股四书文者穿插过渡手法,其实唐衰全由懿宗。《旧·懿宗纪》论云"土德凌夷,祸阶于此",何等确当。《新书》乃归罪宣宗,何也？帝克复河湟,当时称小太宗,故《旧纪》推尊,比之文、景,毫无贬词,虽孙甫诋其为善止于小节,昧大体,要为贤主,何《新纪》之大相矛盾耶？懿、僖论赞稍近情,但仍讥其为宦官所立,始不正则不能正天下,亦为迂阔,假使懿、僖能如文、武、宣之励精图治,虽为宦官所立,尚可支持,到此际尚以宦官为词,岂不纠缠可厌？宦官之恶,谁不痛恨,但言岂一端而已,亦各有所当也。责人主之任宦官,当于肃、代以至宪、穆,至懿、僖而犹以此相责,岂非隔靴搔痒乎？总之,其行文俯仰顿挫,多作唱叹,甚有态,而命意却不得其要领,似是而非,反不如《旧书》之多精语。

文 都

《旧·懿宗纪》:咸通四年四月,"敕徐州罢防御使,为文都,隶兖州"。"文都"当作"支郡",原本误同。

再置额

五年五月,制:"徐州甲士精强,近者再置额,却领四州。""置"下脱"使"字。

判官张琢

九年十一月,"张行简攻和州,杀判官张琢,以琢城濠故也"。"城"上脱"浚"字,原本亦脱。

漕 州

十年正月,"以将军戴可师充漕州行营招讨使"。"漕"当作"曹",原本误同。

见存务人户

十三年六月,中书门下奏:"逃亡户口税赋不得辄更摊配于见存务人户之上。""务"字,校本改"不支济"三字,是。

领东军节度

《旧·僖宗纪》:中和元年正月,"以刘汉宏为越州刺史,领东军节度、浙江东道观察处置等使"。"领",校本作"镇",是,原本误同。

朱温删赐名

《新·僖宗纪》:中和二年九月丙戌,"黄巢将朱温以同州降,己亥,温为右金吾卫大将军、河中行营招讨副使"。其下文三年,则书"七月,宣武军节度副大使朱全忠为东北面都招讨使"。案:《旧书》温以八月降,《新书》云九月者,《旧》言其降时,《新》言其奏到时也。但《旧书》于三年五月破黄巢之后行赏诸臣事,内先书"以朱温充宣武节度观察等使,仍赐名全忠",此后方称为全忠,《新书》以节度使为副大使,或别有据,不书赐名,突书全忠,则直属笑端。吾辈今日固人人知全忠即温矣,作史者亦可省此一句乎?

黄巢伏诛

《新纪》:中和四年七月壬午,"黄巢伏诛"。巢之当伏诛,固不待言,论其罪,且寸磔不足以蔽其辜矣。而论其事,则实未明正显戮,亦并非用兵以击而于临阵斩之,直当据实书贼将林言斩黄巢以降,传首行在。又《昭宗纪》:乾宁三年五月乙未,"董昌伏诛"。董昌亦不可云伏诛,但当云"钱镠将顾全武获董昌,斩之,传首京师"。如此方为得实。惟《昭纪》:龙纪元年二月戊辰,"朱全忠俘秦宗权以献。己丑,宗权伏诛"。此则得之。观宗权书法,愈见黄巢、董昌之非,专图文省,而又好以笔端为予夺,故多疵病。

朱全忠陷滑州

《新·僖宗纪》:中和四年五月辛酉,"朱全忠及黄巢战,败之"。其下文光启元年，又书："十月癸丑，朱全忠及秦宗权战于双丘，败绩。"其下文二年即书："十月丙午，朱全忠陷滑州。"其后《昭纪》景福元年又书："二月甲申，朱全忠寇郓州。"其前文方且为国讨逆，未尝明著其不臣之迹也，而突书曰"陷"、曰"寇"，亦觉无根。此欲效《春秋》笔削而有妨文义者。如此者多矣，聊举此以见意。

十七史商榷卷七十六

新旧唐书八

逮坏人庐舍

《旧·昭宗纪》:大顺二年,"张濬等兵败,逮坏人庐舍"。"逮"当作"乃",原本误同。

景福元年疑

景福元年,"太原兵攻镇州,王镕告难于幽州,李匡威率众赴之。时太原之众军于常山镇,易定之众军坚固镇,燕、赵之卒分拒之"。此节多可疑,原本同。

李匡筹赴关

乾宁元年十二月,"李匡筹南奔赴关"。"关"当作"阙",原本误同。

罗 平

二年三月,"浙东节度使董昌僭号称罗平国"。"罗平",原本误作"平罗",此正之。

兖 郓

三年,"罗弘信南结于梁,与太原绝,兖、郓已至俱陷"。"兖、郓"上下必有脱文,原本同。

彻东北而旋

光化二年,"白气竟天如练,自西南彻东北,而旋有燕卒之败"。"旋",属下读,其上当有脱文,原本亦脱。或以"旋"绝句,非。

新书杀某之例

杀无罪则书其官,杀某人而其人罪不至死则不书官,罪当杀则曰某人伏诛,此《新书》例也。然如《昭纪》景福二年,以杜让能之忠而去其官,但书杀。其下又云"及户部侍郎杜弘徽",何以弘徽官,让能不官乎?又如天复三年正月戊申,杀左右神策军护军中尉韩全诲等,全诲之死有罪乎?无罪乎?若云有罪,滔天逆贼朱全忠与奸臣崔胤比而劫帝杀之,以孤帝之势耳,不可以有罪而去其官也。若云无罪,以宦寺劫迁天子,其罪莫大焉,不可以为无罪而存其官也。所云例者,不将穷而遁乎?不据事直书以著其实,而舞文出入,强立多例,高下其手,故多所抵牾。

李茂贞乞罢尚书令

《旧纪》:天复三年五月,"制凤翔陇右四镇北庭行军,彰义军节度,泾、原、渭、武观察处置押蕃落等使,开府仪同三司,守尚书令,兼侍中、凤翔尹、上柱国,秦王李茂贞可检校太师、守中书令。初,茂贞凌弱王室,朝廷姑息,加尚书令。及是全忠方守太尉,茂贞惧,乞罢尚书令故也"。案:凤翔云云者,使职也。开府云云,散官也。曰守,曰兼,摄衔也。凤翔尹,本官也。上柱国,勋也。秦王,爵也。上文"以回天再造竭忠守正功臣,宣武宣义天平护国等军节度使,汴、宋、亳、辉、河中、晋、绛、慈、隰、郑、滑、颍、郓、齐、曹等州观察处置等使,太清宫修葺宫阙制置度支解县池场等使,开府仪同三司,检校太师,守中书令,河中尹,汴、滑、郓等州刺史,上柱国,梁王,食邑九千户、食实封六百户朱全忠可守太尉、中书令,充诸道兵马副元帅,进邑三千户"。此衔比茂贞多功臣号一条,曰"回天"云云是也。宣武节度治汴州,宣义节度_{即义成}。治滑州,天平节度治郓州,护国节度治河中府,府称尹,州称刺史。全忠时镇汴州,其三镇盖遥领也。检校非守,而亦守意也。又多封邑者,以其进邑而及之,于茂贞则略之也。前于《顺宗纪》论尚书省不如中书、门下两省,今茂贞畏朱全忠,乞罢尚书令而守中书令,则中书不如尚书者,论其品秩,尚书令正二品,而门下之长官侍中、中书之长官中书令皆正三品也,见《唐六典》。若论其实,侍中、中书令在唐方为真宰相，余以他官参掌者，无定员，但加同中书、门下三品及平章事、武后为同凤阁鸾台平章事，中书凤阁，门下鸾台。知政事、参知机务、参与政事及平章军国重事之名者并为宰相，初不论其品秩之高卑也，说见《通典》。晋荀勖守中书监、侍中，及迁尚书令，人有贺者，怒曰："夺我凤皇池，何贺焉？"可见尚书不及两省，自古为然。《通典》又云："旧制，宰相常于门下省议事，谓之政事堂，至永淳三年，中书令裴炎以中书执政事笔，遂移政事堂在中书省。开元十一年，张说奏改政事堂为中书门下，其政事印亦改为中书门下之印。"可见两省实政本非尚书比也。但太宗为秦王时曾为尚书令，其后人臣莫敢当，故龙朔中废令不置，但有仆射，郭子仪以功高拜，亦让不受。此则茂贞之所以惧而辞耳。仆射必同中书门下平章事方为宰相，则仆射非宰相也，但仆射无有不兼者。

昭纪改元书法

《旧纪》不书改元，于正月每仍其故号，及至是月改元之下，又不便提行起，故于其下文则正月遂直书二年，使新改之元混入散文之内，阅者一举目而但见二年，不见元年，如此者甚多。至《昭宗纪》改元书法则与他纪异，光化元年八月改元而正月即书之，不沿上书乾宁六年，天复元年四月改元，而正月即书之，不沿上书光化四年，天祐元年闰四月改元而正月即书之，不沿上书天复四年，此则是也。一书中体例参错，有得有失如此。

三罹播越

天祐元年，迁都洛阳，制曰："朕十载以来，三罹播越。"案："三罹播越"，谓乾宁二年邠宁王行瑜、凤翔李茂贞、华州韩建三镇举兵犯阙，李克用讨之，行瑜弟行约、茂贞子继鹏作乱，帝出幸石门镇。又三年，茂贞再举兵犯阙，帝出幸华州。天复元年，崔胤密召朱全忠迎驾，宦官韩全海等劫帝出幸凤翔。

卢 继

六月，"金紫光禄大夫、太子少傅卢继可太子太保致仕"。原本作"卢绍"，后卷《哀帝纪》首书"太子太保卢绍卒"，从"绍"为正。

文武僖哀皆不书立后

邵经邦曰:"《新》、《旧唐书》本纪文、武、僖三朝皆不书立后,而传中亦逸其姓氏,至哀帝年十七被弑,自应有后,而史皆失传,疏漏如此。"愚谓文、武、僖诚疏漏,若哀帝以童孺寄命贼臣之手,十五被篡,十七被弑,岂能备礼立后乎?

内 职

《旧·哀帝纪》:天祐二年三月,敕:"翰林学士、户部侍郎杨注是宰臣杨涉亲弟,兄既秉于枢衡,弟故难居宥密,可守本官,罢内职。""本官",谓户部侍郎;"内职",为翰林学士,说详前《顺宗新纪不见王叔文》一条。《五代·刘昫传》:"唐庄宗拜太常博士,以为翰林学士,明宗迁兵部侍郎,居职。"何氏焯曰:"'职'上疑有'内'字。"何说甚确。唐以翰林学士为内职也。《旧·杜悰传》云:"元和中,翰林学士独孤郁,权德舆之女婿,时德舆作相,郁避嫌,辞内职。上颇重学士,许之。"郁,及之孙,《新书》附《及传》后,亦载此事,正与《哀纪》事相同。

山陵之荣

四月,"侍御史李光庭等赐章服,并以奉山陵之荣也"。"荣"当作"劳",原本误同。

定钱贯陌敕有脱

"丙辰,敕:'准向来事例,每贯抽除外,以八百五十文为贯,每陌八十五文。如闻坊市之中多以八十为陌,更有除折,顿爽旧规。付河南府,市肆交易并以八十五文为陌,不得更有改移。'"此条"事例"下,必有脱文,原本亦脱。

腊面茶

六月,"敕福建供进腊面茶"。"腊"当作"蜡",原本误同。

助 效

七月，"全忠进助效礼钱三万贯"。"效"当作"郊"，原本误同。助郊者，谓助郊天之费也。

苏楷驳昭宗谥

前《昭纪》末，于帝为全忠弑后云："群臣上谥曰圣穆景文孝皇帝，庙号昭宗。"至《哀纪》则云天祐二年十月甲午，"起居郎苏楷驳昭宗谥号，曰'昭宗皇帝否运莫兴，至理犹郁，阉竖猖狂，受幽辱于东内；嫔嫱悖乱，罹夭阏于中闱。有司先定谥曰圣穆景文孝皇帝，庙号昭宗，敢言谥美，似异直书'"云云。楷，礼部尚书循之子，凡劣无艺，乾宁二年应进士登第后，物论以为滥，昭宗命翰林学士陆扆、秘书监马渥覆试黜落，永不许入举场，楷负愧衔怨。至是，与起居郎罗衮、起居舍人卢鼎连署驳议，楷目不知书，其文罗衮作也。时政出贼臣，太常卿张廷范改谥曰恭灵庄闵孝皇帝，庙号曰襄宗。全忠自楷驳谥后，深鄙之，既传代后，循、楷父子皆斥逐，不令在朝。丁未，所司改题昭宗神主，辍朝一日。考《莆阳黄御史集》，唐莆田黄滔著，裔孙处权、汝猷搜辑，刻于宋淳熙四年，集后又附别录一卷，内采《唐昭宗实录》一段，备详覆试贡士黜落苏楷事。《旧书》昭、哀两纪叙事繁琐，全录诏令，乃覆试黜落事仅于《哀纪》追述，且甚略。贡士覆试，乃希见之事，《旧纪》既不避猥冗，何不尽人之？但《昭宗实录》，宋敏求所补，或刘昫访求未得其详，故无从采获耳。实录久亡，而偶留此一段于此，今全载其文于左方，俾鄙陋悖恶小人情状，千载如见，铸鼎象物，无所逃隐，非读史者之一快邪！乾宁二年二月乙未，敕："高宗梦傅说，周公遇子牙。列位则三公，弼谐则四辅。朕纂承鸿绪，克绍宝图，思致治平，未臻至化。今大朝方兴文物，须择贤良。冀于金选之间，以观廊庙之器。今年新及第进士张贻宪等二十五人，并指挥取今月九日于武德殿祗候，委中书、门下，准此处分，仍付所司。"丙申，试新及第进士张贻宪等于武德殿东廊内，一人卢赓称疾不至，宣令升入。又云华阴省亲，其父渥进状乞落下。分二十五铺分，不许往来。内出四题：《曲直不相入赋》，取曲、直二字为韵；《良弓献问赋》，以太宗所问工人木心不正脉理皆邪为道理，取五声字，轮次各双用为韵；《询于刍荛诗》，回纹正以刍字倒荛字为韵；《品物咸熙诗》，七言八韵。成令至九日午后一刻纳。丁酉，宣翰林学士承旨户部侍郎知制诰陆扆、秘书监冯渥于云韶殿考所试诗赋,各赐衣一袭毡被等。已亥,敕:"朕自君临寰海,八载于兹,梦寐英贤,物色岩野。思名实相符之士,艺文具美之人,用立于朝,庶裨于理。且令每岁乡里贡士,考核求才,必在学贯典坟,词穷教化,然后升于贤良之籍,登诸俊造之科。如闻近年已来,兹道浸坏,鹢多披于隼翼,羊或服于虎皮。未闻一卷之师,已在迁乔之列。永言其弊,得不以惩。昨者崔凝所考定进士张贻宪等二十五人,观其所进文书虽合程度,必虑或容请托,莫致精研。朕是以召至前轩,观其实艺,爰于经史,自择篇题。今则比南郭之竽音,果分一一;慕西汉之辞彩,无愧彬彬。既鉴妍媸,须有升黜。其赵观文、程晏、崔赏、崔仁宝等四人,才艺优赡,义理昭宣,深穷体物之能,曲尽缘情之妙,所试诗赋辞艺精通,皆合本意。其卢赡、韦说、封渭、韦希震、张蠙、黄滔、卢鼎、王贞白、沈崧、陈晓、李龟祯等十一人,所试诗赋义理精通,用振儒风,且蹑异级。其赵观文等四人并卢赡等十一人,并与及第。其张贻宪、孙溥、李光序、李枢、李途等五人,所试诗赋不副题目,兼句稍次,且令落下,许后再举。其崔砺、苏楷、杜承昭、郑稼等四人,诗赋最下,不及格式,芜颣颇甚,曾无学业,敢窃科名,浼我至公,难从滥进,宜令所司落下,不令再举。其崔凝爵秩已崇,委寄殊重,司吾取士之柄,且乘慎选之图,辜朕明恩,自贻伊咎,委中书门下行敕处分奏来。其进士张贻宪等二十四人名准此处分,赐陆扆、冯渥银器分物,其落下举人,并赐绢三四。"中书、门下覆奏:"伏以文学设料,风化是系,得其人则儒雅道长,非其才则趋竟者多,实在研精,仍资澄汰。昨者宣召贡士,明试殿庭。题目尽取于典坟,赋咏用观其工拙,果周睿鉴,尽叶至公,升黜而惩劝并行,取舍而宪章斯在。其赵观文等二十四人,望准宣处分,崔凝商量别状奏闻。"丁未,敕:"国家文学之科以革隋弊,岁登俊造,委之春官。盖欲华实相符,为第一用。近浸讹谬,虚声相高。朕所以思得贞正之儒,以掌其事,而闻刑部尚书知贡举崔凝百行有常,中立无党,学窥典奥,文赡菁英,泊遍践清华,多历年数,累更显重,积为休声。遂辍其宪纲,任之文柄,宜求精当,稍异平常。朕昨者以听政之余,偶思观阅,临轩比试,冀尽其才。及览成文,颇多芜颣,岂宜假我公器,成彼私荣。既观一一之吹,尽乏彬彬之美,且乖朕志,宜示朝章,尚遵含垢之恩,俾就专城之任。勉加自省,勿谓无恩。可贬合州刺史。"此下又注云:《唐摭言》同。"又云:"仍听发遣。"

四 镇

三年正月,"全忠以四镇之师七万屯深州乐城"。"四镇",谓宣武、宣义、天平、护国。《五代史》:"全忠即位,其兄全昱谓曰:'汝从黄巢为盗,天子用汝为四镇节度使。'"

两　镇

制曰：“钱镠总临两镇，制抚三吴。”“两镇”，谓镇海、镇东。

哀帝谥号

　　天祐四年三月，唐禅位于梁，梁改元开平，而太原李克用、幽州刘仁恭、凤翔李茂贞、西川王建犹称天祐，故《旧纪》云：“天祐五年二月二十一日，帝为全忠所害，时年十七，仍谥曰哀皇帝，以王礼葬于济阴县之定陶乡。中兴之初，方备礼改卜，遇国丧而止。明宗时就故陵置园邑，有司请谥曰昭宣光烈孝皇帝，庙号景宗。中书覆奏少帝行事，不合称宗，存谥而已。知礼者亦以宣、景之谥非宜，今只取本谥，载之于纪。”案：自汉以下，庙号、谥法皆各一字而已，惟东晋、萧梁、北魏、北齐有两字谥。唐始累数字为谥，说已见前。若亡国之君，或无谥，但云少帝、末帝，即有不过一字，岂宜累数字为谥，且称宗与守文者同乎？又父庙号为昭，子谥又冠以昭，亦无理。后唐明宗亦乱世故尔，但朱温之恶，亘古所无，与其用温所谥，宁从后唐矣。刘昫既称后唐为中兴，乃不用其谥，何哉？《新纪》及《通鉴》皆用后唐所改，盖有见于此。《纲目》省去三字，曰昭宣帝，以免累坠，亦通。《新书》目录仍称哀皇帝，亦非。又《纪》末既书后唐改谥，而又载其陵名曰“陵曰温陵”，此亦足以补《旧纪》所不足。

中　兴

　　刘昫称后唐为中兴者，考《五代杂传》，昫本仕后唐庄宗，为翰林学士，明宗拜中书侍郎兼刑部尚书、同中书门下平章事，废帝迁吏部尚书、门下侍郎、监修国史，但后则终于石晋耳。薛居正《旧史》略同。何氏焯曰：“监修国史，即《唐书》也。”何说确甚。宋板《旧唐书》首卷列衔“监修国史，推诚守节保运功臣特进守司空兼门下侍郎同中书门下平章事上柱国谯国公食邑五千户食实封四百户臣刘昫等奉敕修”，低二格写起，“敕”字提行顶格写。第二卷以下止书“刘昫等修”四字，无列衔。闻人诠原本犹仍宋板不改，惟“敕”字空一格，不顶格耳。朱邪氏虽出沙陀，唐已赐姓，编之属籍，庄宗自以继唐，立其祖庙。昫修史本在后唐，此所以称中兴也。王镕、郑从谠、刘邺、张濬传各有中兴之语，见顾氏笔记,而《玄宗纪》末史臣论称为"我开元",说详后。又《经籍志》叙首称"我朝",此皆以唐为本朝,并非因仍唐代史官之笔也。文氏徵明目击宋板列衔,可以了然,乃作序谓《五代史·昫传》中不载其修唐书事,疏矣。

《旧·刘武周传》附《苑君璋传》云:"君璋执我行人,送于突厥。"又《高祖太穆皇后窦氏传》云:"父毅画二孔雀,约中目者许之,高祖两发各中,毅悦,遂归于我帝。"又《李吉甫传》云:"父栖筠,国史有传。"不言自有传,而言"国史有传"者,刘昫以唐为本朝故也。

甲子多误

史家纪事,所书甲子舛误最多,无论《新》、《旧》,两书往往不合,即一书之中,纪、传亦每互异。予既未通历算,不能以历法推之,今观哀帝《旧纪》书事最详,殆欲逐日有事,空者无几,试随意取天祐二年四、五两月考之。四月己丑朔,其纪事有壬辰、癸巳、丙午、乙未、辛丑、壬寅、癸卯、甲辰、丁未、辛亥、壬子、丙辰、戊午。五月己未朔,其纪事有壬戌、乙酉、丙寅、丁卯、己巳、庚午、壬申、甲戌、乙亥、丙子、丁丑、戊寅、庚辰、辛巳、壬午、甲申、丙戌,其下文即接六月戊子朔。然则四月丙午当为甲午,是初六日,五月乙酉当为乙丑,是初七日,四月月大,戊午是晦,五月月小,丙戌是晦矣。原本误并同,或本自误,或因传钞而误。书经三写,乌、焉成马,史文繁重,学者罕窥,况肯校其误乎?宜乎仍讹踵谬如此。

遍观《旧书》各帝纪,惟日食书朔,其余月朔日无事,则不书者居多,独昭宗及哀帝二纪皆书朔,而昭宗间有阙者,体例亦参错。

昭哀二纪独详

邵经邦曰:"《旧唐》帝纪徒侈官衔,多至三数行,颇类文移。其昭宗、哀帝,故欲敷衍成帙,不顾体裁。"予谓《昭纪》已极烦冗,比他纪不同,而《哀纪》之烦冗又倍于《昭纪》,其猥琐鄙屑较之元人所修《宋史》、明人所修《元史》而逾甚矣。邵谓其欲敷衍成帙,诚然。然而有可为刘昫解者,宣、懿、僖、昭、哀五朝皆无实录,说见前。既无实录,其事迹易致遗失,而昫时相去近,比宋敏求传闻更确,纂修者偶尔访求而得其详,惟恐泯没,故遂不惮多载之与?此所载皆是实事。凡所贵乎史者,但欲使善恶事迹炳著于天下后世而已,他奚恤焉?今观此二纪,见乱贼一辈之奸凶狡逆,历历如绘,照胆然犀,情状毕露,使千载下可以考见,亦何必恨其太详邪!世间浮华无实文字,灾梨祸枣,充栋汗牛,何独于纪载实事必吝此劳邪?至于诏令制敕备载,几欲只字无遗,遥想一时附和小人欺天负地,掉弄笔墨,诬善丑正之词、丧心灭良之语,赖史家详述之,又得闻人诠等搜获于既亡之后而重刻之,其功大矣。《新书》于《旧纪》奋然涂抹,仅存无几,若《哀纪》,《旧》约一万三千字,而《新》约只千字,自谓简严,实则篡弑恶迹皆不见矣。使《新书》存而《旧书》竟亡,读史者能无遗憾乎!

朱全忠以姚洎为上水船,以其当制迟钝,别见。

书官必书其全衔,元修《宋史》亦如此,于史法仍觉非宜。然今日观之,正可以考唐、宋官制,亦不恨其太详也。自不通古今、无学无识之人观之,若者本职、若者兼官、若者特赐之名、若者虚加之号,与夫遥领、寄禄、检校、里行、阶勋、爵秩、食邑、章服,一概茫然不辨,亦无怪乎其恶繁而好简矣。

尊号谥法庙号陵名

唐诸帝有生前所上之尊号,如《旧·玄宗纪》开元二十七年二月,"加尊号开元圣文神武皇帝",又"肃宗奉上皇尊号曰太上至道圣皇帝",是也。有崩后所上之尊号,如上元二年四月,"上皇崩,群臣上谥曰至道大圣大明孝皇帝",是也。此称为谥,而其余如高祖则云"贞观九年五月,高祖崩,群臣上谥曰大武皇帝。高宗上元元年八月,改上尊号曰神尧皇帝。天宝十三年二月,上尊号曰神尧大圣大光孝皇帝"。太宗则云"贞观二十三年五月,上崩,百寮上谥曰文皇帝。上元元年改上尊号曰文武圣皇帝。天宝十三载,改上尊号为文武大圣大广孝皇帝"。凡此之类,皆或称谥,或称尊号者,盖生上尊号,固起于唐,前世未有,即殁而上谥,前世亦用一字而已,无连累数字者,若"至、道、大、圣"皆不得为谥,故云尊号也。至于庙号,则古者祖有功,宗有德,以其功德之盛,谥不足尽之,故又追尊为祖宗,而加以美名,其庙则世祀不祧也。有功者必是开创或中兴,如汉光武始足当之,有德则守文承统,大抵有功必兼有德，而有德未必兼功，故有此别。然称宗之滥，自南北朝已然，至唐乃无帝不宗，即顺之短促，敬之昏狂且遇弑，懿、僖之丧乱，昭之失国，皆称之，此其异也。

《旧纪》于每一帝崩后，先书其年若干，次书其当时所上之谥法、尊号，次书其庙号，次书其葬期陵名，又其次则举后代所追加、追改之谥尽书之，而于后一帝纪中，又书葬某帝于某陵，惟此似可省，余则明析详备，最为得法，宜悉仍之。《新纪》一意删削，殊多欠妥，而又体例参错岐误，俱不可解。如《高祖纪》崩年、谥法、庙号、改谥、增谥皆具，惟无葬某陵，至太宗则有崩年、谥法、改谥、增谥，独无庙号，高宗、中宗、睿宗与太宗同，玄宗则谥法、庙号、葬期、陵名俱删，肃宗、代宗、德宗与玄宗同，至顺宗忽又具书崩年、谥法、增谥，惟无庙号与太宗同，宪宗与顺宗同，穆宗又尽去谥法、庙号、葬期、陵名，与玄宗同。敬宗、文宗、武宗与穆宗同，宣宗又具书崩年、谥法、加谥，惟无庙号、葬期、陵名，与太宗同，懿宗、僖宗则又尽去之，与玄宗同。忽详忽略，毫无定见，彼此不相照顾，史法之乱极矣。至昭宗，亦尽去当时所上谥法、庙号，所谓"圣穆景文孝皇帝"庙号昭宗者，既已只字不存，乃其末忽又云"明年起居郎苏楷请更谥恭灵庄闵，庙号襄宗，至后唐同光初，复故号谥"，何谓更，何谓复，全无原委，使人读之茫然不解所云，徒恃名重，随笔涂写，不加检勘，粗疏乃至此。区区标题名号，眉目所在，舛谬百出，遑论他乎？其下文《哀纪》先书谥哀，后书明宗追改，则得之。观《哀纪》，愈见《昭纪》之非。

十七史商榷卷七十七

新旧唐书九

贞观礼

《旧·礼仪志》云："太宗践祚之初，中书令房玄龄等修改旧礼，定《吉礼》六十一篇，《宾礼》四篇，《军礼》二十篇，《嘉礼》四十二篇，《凶礼》六篇，《国恤》五篇，总一百三十八篇，分为一百卷。"此所叙列，当必无误。《新·礼乐志》所述，于《凶礼》但总言十一卷，不分《国恤》，非是。又其下文于高宗《显庆礼》、玄宗《开元礼》，皆著卷数，与《旧志》同，而于《贞观礼》但言篇数，删去卷数，亦非。

簿

《新·礼乐志》说皇后亲蚕之仪云："尚功以桑授蚕母，蚕母切之以授婕妤食蚕，洒一簿止。"案：《毛诗·豳风》"八月萑苇"。《传》云："萑苇，可以为曲。"《月令》季春说养蚕事云："具曲植籧筐。"注云："曲，薄也。"《疏》：《方言》云："宋、魏、陈、江、淮之间谓之曲，关西谓之薄。"然则此字本作"薄"，传写误为"簿"。《说文》卷五上竹部："局戏也。"与此无涉，乃又转误为"簿"。《说文》无此字，今俗又别造蚕薄之字为"箔"。《说文》新附亦无。

繂 紙

《新·礼乐志·凶礼》篇说始死浴尸之仪云："沐巾一，浴巾二，用繂若紙。"考《说文》卷十三上《糸部》："紙散丝也，匹卦切。"无"繂"字。《玉篇》亦无，而有"繂"字，音髻，丝结。《说文》新附亦不收。

天文志叙首误

《旧唐书·天文志》上："玄宗诏沙门一行造浑天仪，铸铜为圆天之象,上具列宿赤道及用天度数。""圆"上原本误空一字,近本正之。原本如此者甚多,今不悉出。"用",原本作"周",近本误。又"铜仪渐涩,收置集贤院,不行复用",原本作"不复行用",近本误。又"今录游仪制度等,著于篇",原本此下即接"黄道游仪规尺寸"云云,颇牵混,近本"篇"下挂空,"黄道"云云,提行另起,"著于篇"以上,乃叙首,以后方逐条分列,近本是。

面上为两界一段误

"面上为两界,内外为周天。"此段似当另起,或空一格。"内外"二字,原本小字双行平写,书中如此者多,钞胥落一字,上下不可全改,则小字补之,近本因为改正,俱大字连书。其实"外"乃衍字。又说"天顶单环"云"稍南,使见日出入,令与阳经、阴纬相固","使"当作"狭","令"字当作"之交"二字,原本误并同,而又于"出入"下误空一格。又"去南北平各九十一度虽赤道单环"云云。"虽",原本作"强",是,属上读。又"臣今创置此环,置于赤道环内",上"置"当作"制",原本误同。又"尾九星,十八度。旧去极一百二十度,一云一百四十一度,今一百二十四度"。"一云一百四十一度"八字,原本小字双行,近本改。"一百二十四",校本作"一百八"。又"南斗六星,二十六度。旧去极一百一十六度,今一百一十九度"。"一百一十九",校本作"一百二十九"。又"须女四星,十二度。旧去极一百度,今一百一度。虚二星,十度"云云。"须女"一段,原本与校本并无,近本增。"虚"上原本有"危"字。又"东壁二星,九度"云云。"二星",校本作"三星"。又"胃三星,十四度"。校本、原本俱无,近本增。又"军井,准经在玉井东南二斗半"。"斗"当作"度",原本误同。

日晷一段误

日晷一段内云:"北方其没地才十五度余,南距洛阳九千八百一十六。""北方"当作"北极",距洛阳当云九千八百一十里。

六尺九寸

"林邑国,北极高十七度四分。"小字注云:"冬至影在表北六尺九寸定。"六尺九寸,校本作"六寸七分",原本误同。

分野一条误字

《旧·天文志》下论分野云:"东尽东莱之地。"小字注云:"汉之东莱,即古胶来国。""古",原本作"及",误。"胶来"当作"胶东",原本误同。又"东及馆陶、聊城",小字注云:"自顿丘、三城、武阳,东至聊城。""三城"当作"观城",原本误同。又"昴、毕,大梁"云云,原本误连上,近本改提行。又"得汉之赵图、广平、距鹿、常山",原本"图"作"国","距"作"钜",是。又"尽汉之南郡",小字注云:"南郡:巫县,今在蕲州。""蕲"当作"夔",原本误同。又"江夏",小字注云:"安、鄂、县、沔、黄五州,皆江夏界。"县,当作"蕲",原本误同。又"得汉长沙、武陵、桂阳、零陵郡"。小字注云:"零陵,今为道州。桂阳,今为柳州。""道",原本误作"首",近改正。"柳"当作"郴",原本误同。又"尽郁林、合浦之地",小字注云:"富、昭、蒙、龚、绣、容、白、罕八州以西。""罕"当作"牢",原本误同。

星孛一条误字

星孛一条,许敬宗曰:"星孛于东北,王师问罪,高丽将灭之。"此下原本有"征"字,近脱。又"彗见西方天市中,五尺,渐小,向东长行"。"五尺"上,原有"长"字,下"长"字,原无,近误脱,又误衍。又此段之首原本误与上文日蚀一段连,近本改正提行。

上有黄白冠

"上元三年正月建辰月,肃宗病。是月丙戌,上有黄白冠连成晕。""上"之上原本有"月"字,近本脱。

王廷凑

长庆元年七月二十八日,"镇州军乱,杀其帅田弘正、王廷凑"。案:"王"上当有"立"字,原本、近本俱脱,校本亦无之。

灾异标题岐误

《天文志》应提行,不提行,皆经近本改正,而"武德元年十月壬申朔"云云以下一段,原本既标题为日食矣,然自"武德九年二月二十三日夜"云云,以下则言星变月蚀居多,而原本乃概系之于"日蚀",直至唐隆元年六月八日"虹霓竟天"而止,此下乃复以"灾异编年"四字为标题题之,下空四格,又标"至德后"三字,然后再提行,书"至德元年三月乙酉,岁,太白、荧惑合于东井"云云,尤为无理。其实,日食亦是灾异,原不当分标,故近本一概去之,但以"灾异"二字标于"日蚀"之前,极是。

唐历疏不能定朔

《新·天文志》云:"武太后时,月过望不亏者二。"此岂真武氏阴盛之故邪?抑唐人历法之疏,至不能定朔而致然与?

五行志多重本纪

《旧·五行志》文多与本纪重出。如开成四年六月,天下旱,蝗食田,当作"苗"。上忧,与宰臣语,与《文宗本纪》重出。又大历八年九月,大鸟见于武功殿,与《代宗本纪》重出。又贞元四年夏,汴、郑二州群鸟皆飞入田绪、李纳境内,贞元八年二月,许州人李狗儿持杖上含元殿二事,皆与《德宗本纪》重出。又神龙二年三月,洛阳东七里有水影,与《中宗本纪》重出。如此者甚多,本纪欲书灾祥,则重复自不能免,但既有《五行志》,纪中须删削归于至简,而《旧书》每两处皆用繁文,此书所以难免后人讥议。

则天遣阎知微事

"则天遣尚书阎知微送武延秀,立知微为可汗,挟之入寇。"案:"送武延秀"之下,有"使突厥,突厥怒则天废李氏,乃囚延秀"十五字,原本、近本并脱。凡脱误一两字者,不悉出,多者见之。又,此事亦复本纪,此类不能尽举。

十七史商榷卷七十八

新旧唐书十

秦地为四十九郡

《旧唐书·地理志》叙首云："秦并天下，裂地为四十九郡。"原本同。愚谓《通典》一百七十一卷《州郡门》文与《旧书·志》大略多同，此句则作"四十郡"，"九"字之为衍文，不待言。但秦分天下为三十六郡，而此言四十，亦不合者何？《通典》，《班志》所列三十六之外，又连内史及郡郡、黔中、闽中数之，是也。宋欧阳忞《舆地广记》第一卷列秦四十郡，与《通典》同，说见予前汉故郡国一条。

旧志与两汉志互异

凡《地理志》叙首辄历叙古初，虽属浮泛可厌，要亦不能尽去。《旧·地志》叙汉制与《班志》多同，然云"汉地南北一万二千三百六十八里"，"二千"，《班志》作"三千"，《通典》同，近本误，原本亦误。叙东汉制与司马彪《续汉志》多同，然云"县道侯国千一百八十六"，原本同，《续汉志》无"六"字，《通典》亦无，恐亦衍文。据司马彪说，东汉省并甚多，则县之少不足怪。

改郡为州

《旧·地志》云："高祖受命，改郡为州，太守并称刺史。"案：唐虞分州，三代相沿，秦变为郡，遂革州名，而汉复称之，以州统郡，州大郡小，其分封者为国，兼用周秦之制也。历魏晋及南北朝，而冀、兖等名犹在，隋大业三年，始改州为郡，置司隶刺史，以纠郡守，自此以后，九州、十二州之名不复用矣。唐高祖又改郡为州，三代之州兼唐数郡或数十郡之地，唐之州与三代之州大异。汉之刺史统唐数郡或数十郡之地，唐乃以郡守为刺史，时异势殊，其沿革不同如此。但《旧志》惟胪列各州,其下说本古某郡而已。《新唐书·地理志》则云"京兆府京兆郡"云云,"华州华阴郡"云云,"同州冯翊郡"云云,每州必州名、郡名并举之,河南则云"河南府河南郡",陕州则云"陕州陕郡",州郡名同者犹必并举之,而其中亦间有但列州名者,故于渭州下,特发例云:"凡乾元后所置州皆无郡名。"据此,则乾元以前,凡州皆兼郡名也。《旧志》乃但列州名,显系脱漏。此《旧》之不如《新》者。

《新志》既言乾元后州无郡名,则凡但列州名者,皆乾元后州矣,乃复于威州下用小字双行注云"郡阙",其下则云:"本安乐州。初,吐谷浑部落自凉州徙于鄯州,又徙于灵州之境。咸亨三年,以灵州之故鸣沙县地置州以居之。至德后没吐蕃。大中三年收复,更名。"考肃宗初改元至德,后改元乾元,而咸亨是高宗号,在乾元之前八九十年,既置为州,必有郡名,而没蕃后史失其传,故云"郡阙",他州当更有类此者,而独注于此以见例。

李吉甫《元和郡县志》、杜佑《通典·州郡门》皆州名郡名并举,可见唐制于改郡为州之后,仍存其故郡名,每州辄称为某州某郡也。佑并仍存古州名,欲以见因革大凡。吉甫则竟去之,因距古已远,省此纠缠,二者各有一义。即如吾苏,称苏州吴郡。苏州者,唐制也。而吴郡,则自后汉以至南北朝之称,唐称苏州,而仍存古名为吴郡。若于职官,则为苏州刺史,不名吴郡太守。惟《旧》韦安石之子陟传有吴郡太守,一时随便言之,不可为典要。

开元分五十道

《旧·地志》:"开元二十一年,分天下为五十道,每道置采访使。"据下文所列乃十五道,"五十"当误,原本误同。《通典》作"十五",是也。上文贞观元年分十道,"关内、河南、河东、河北、山南、陇右、淮南、江南、剑南、岭南"。开元以山南、江南皆分东、西各二,添黔中,合京畿、都畿为十五。又此段之下,不应挂空,后"京畿采访"云云,亦不应提行,应连写。

"江南东道采访使理苏州",误作"蓟州",原本同。

十节度异文脱文衍文

"安西节度使",《通典》作"镇西"。"北庭节度使,防制突骑施、坚昆、斩。"《通典》作"突骑驰施"。"驰"字因"施"而衍,至"斩"下有"啜"字则是也,此脱耳。彼注以"坚昆"与"斩啜"并言,此注"坚昆斩东北去斩啜千七百里",则上"斩"字又是误衍。"河西节度使"注:"张掖守捉,在凉州南二里。""二里",必有脱,原本脱同。"平卢军节度使,统榆关守捉","榆",《通典》作"渝",渝本水名,从水为是。"陇右节度使,统临洮、河源、白水、安人、振威、威戎、莫门、宁塞、积石、镇西等九军"。按:正文及注实十军,而云"九",原本同,恐误。又注"安人军,在鄯州界星宿川州西",原本同,下"州"疑衍字,"合州守捉",原本作"合川",是。"岭南五府经略使,统桂管、容管、安南、邕管四经略使","安南",《通典》作"镇南",注同。又"邕管入经略使管兵七百人"。"人"字衍,原本同。"七百"上,《通典》有"千"字,此脱。

四十七使

"至德之后,中原用兵,刺史皆治军戎,遂有防御、团练、制置之名,要冲大郡,皆有节度之类,寇盗稍息,则易以观察之号。""类"当作"额",原本误同。此下分列诸使,凡四十有七,内单称节度使者三十五,节度之有军名者称其军名,无者但称其地。单称观察使者五,单称经略使者二,称经略观察使者一,已上皆用小字注明治所及所管之州。其"东都畿汝防御观察使",则东都留守兼之,潼关防御镇国军使,同州防御长春宫使,大同军御防使,则各刺史领之,已上虽有其名,但兼摄,不及置也。其"成德军节度使",近本脱"德"字,当从原本添。以留守刺史兼领者,即上文所谓"刺史治军戎有防御等名"是也。诸史中所列但有防御,不见团练、制置名者,省文也。寇盗息,以观察易节度之号者,浙江东西道节度使,各注"或为观察使",江南西道观察使,注"丧乱后,时升为节度使",是。而其余各节度,亦或更有为观察未及注者也。剑南西川及淮南两节度,注"亲王领之"者,皆遥领不亲莅也,其真莅者为副大使。《新·百官志》云:诸王拜节度使者,皆留京师。

剑南西川,或因玄宗尝幸重之。淮南以亲王领,不详其故,抑疑亲王领节度不止此二处,恐此所注尚不尽。

此四十七使,但言至德之后,非尽至德年中所立者。知者,即如宣武军节度使注云:"治汴州,管汴、宋、亳、颍四州。"考《新书·方镇表》,

宣武军之名起于德宗建中元年,至德时尚未有此名。然建中时此军犹治宋州,其治汴州,则兴元元年所徙,又在建中之后。即举此一条以概其余则可知。《新·王彦威传》:至德至元和,天下观察十、节度二十九、防御四、经略三。此数又参错不合,存疑。

《新书·百官志》于外官之首,先列元帅、都统,此掌征伐,兵罢则省,非常设。其次则胪列五种:一曰节度,次曰观察,次曰团练,次曰防御,次曰经略,此则皆统领所部监司之官也,独不见采访使。《新书》于《地理志》以十五道采访使所辖叙次各州郡,而于此反不见者,盖此下文注云:"开元二年,设十道按察采访处置使,二十年曰采访置处使,分十五道。天宝末,又兼黜陟,乾元元年,改曰观察处置使。"案:《旧·地志》开元二十一年置十五道采访使,此云"二十年"者,脱"一"字也。彼不言处置,省文,此言"置处",误倒耳。据此,则言观察足该采访,故不入大字,仅见注中也。《旧志》亦先详列十五道采访理所,至四十七使中不见采访,固由乾元已改为观察,其于《职官志》则竟不之及。《通典》一百七十二卷《州郡门》前既列十五采访理所,后又述十五部,逐部用小字分注所管之郡,虽不言采访,但惟采访分十五道,余使皆否,则此定指采访无疑,分作两遍叙述,极其详赡,而三十二卷《职官门》州郡都督一条内附及总管、节度、团练、都统等使,云"分天下州县为诸道,每道置使,治于所部,即采访、防御等使也",亦只不过带叙一句。其所以如此略之者,《通典·职官门》又云:"至德以来,天下多难,诸道聚兵,增节度使为二十余道。"二十"当作"四十",方与《旧·地志》四十七使合。此等乃传写之误。其非节度使者谓之防御使,以采访使并领之。采访理州县,防御理军事。初,节度与采访各置一人,天宝中始一人兼领之。"观此,则知所以略去采访之故矣。且《新·百官志》虽胪列五种名目,其实则观察、团练、防御、经略后已尽归节度,考其制又须得其情势曲折,方有当于论世之学。

外官要领惟采访节度二使

唐外官要领惟采访、节度二使而已。《旧志》于卷首标题为"十道郡国",唐制无国名,与汉异,此字用来牵混。至其所谓十道,则关内道一、河南道二、河东道三、河北道四、山东道五、淮南道六、江南道七、陇右道八、剑南道九、岭南道十也。此十道，乃贞观元年所分。开元二十一年又分十五道，每道置采访使，山南、江南皆分为东、西二道，又添黔中道。又以关内道亦分为二：一为京畿采访使，治京师城内，所管州郡凡六；一为关内采访使，以京官遥领，所管州郡及都护府凡二十有七。河南道亦分为二：一为都畿采访使，治东都城内，即今河南府。所管州郡凡二；一为河南采访使，治汴州，即今开封府。所管州郡凡二十有八。合计共十五道。汉宣帝言，与我共治百姓者，良二千石，指谓太守，而县令尤为亲民之官，然则守令者是守土治民之官之切要者也，而采访使者，则大约为守土官之领袖，故《新唐·地志》以此分列各州郡。至于节度使者，《通典》第三十二卷《职官门》谓始于景云二年，以贺拔延嗣为河西节度使，《新书·兵志》同。此不过言其所起耳，尔时惟边境设此使，余不常置也。盖始名总管，继改都督，至景云虽创立节度名色，而开元十五道采访、十五节度仅八，所置犹少，且犹采访自采访、节度自节度，至天宝乃遂以一人兼领之，至德以后增置节度益多矣。以上俱本《通典》。又《旧志》云："至德后，要冲大郡皆有节度之额，寇盗稍息则易以观察之号。"是至德之节度、观察犹相间用之也。迨至中叶以降，而增置节度益多，其列衔往往称某军节度、某处管内观察处置等使，则观察但为节度之兼衔矣。且节度无不兼本州刺史，则权尽归于一家，而守土之臣几无复有分其任者矣。观《新》、《旧》诸列传及唐人碑版自见，至唐末藩镇无不带三师、三公及同中书门下平章事者，而使相几满天下，则不但合采访、观察以为一而已，诚极弊也。大约盛于开、宝，成于肃、代，积重难返，遂系一代兴衰。陈继儒《唐藩镇指掌编》言之颇畅，然皆不出《新》、《旧书》及《通典》之文。

《新书·表》第七卷《方镇表》景云元年第五格河西诸军州节度、支度营田使。此则唐一代节度使之名所由始也，而为节度使之人之所始则贺拔延嗣，已见上。惟陈继儒《指掌编》谓节度始于景云元年，以薛讷为幽州经略节度大使，此与《通典》及《新·兵志》谓始于贺拔延嗣者稍不同，不知所据，俟考。

天宝十一载地理

《旧·地志》："乾符之后，天下乱离。瓜分豆剖，或并或析，不可备书。今举天宝十一载地理。唐土南北，如前汉之盛，东则不及，西则过之。"注："汉西至燉煌，今沙州，唐土又至龟兹，是西过汉。"愚谓"龟兹"上脱"至"字，今以意增。向来志地理者，皆据最后为定，如汉据元始是，《旧唐》据天宝十一载，则以其极盛。又于河北道末总结一句云："今记天宝承平之地理焉。"但今详考之，《旧志》既据天宝，故其例，每一州总叙沿革之下，即先云旧领县若干、户若干、口若干，其下若天宝领县有增损，则云天宝领县若干、户若干、口若干，如无增损，则但云户若干、口若干，此其例也。今其中不合者，如泾州旧领县五，其下但有天宝户口，无领县若干字，然数其属县，实四县而云五。河南府，天宝领县二十六，今数属县，实二十四而云二十六。郑州旧领县八，天宝领县七，今数属县，实六县而云七。许州旧领县九，天宝领县七，今数属县，实八县而云七。此州多出一县者，因长庆三年又以郾城来属故也。兖州旧领县八，天宝领县十一，今数属县，实十县而云十一。青州旧领县七，其下但有天宝户口，无领县若干字，然数其属县，实八县而云七。相州旧领县九，天宝领县十一，今数属县，实十县而云十一。魏州旧领县十三，天宝领县十，今数属县，实九县而云十。邢州旧领县九，其下但有天宝户口，无领县若干字，然数其属县，实八县而云九。赵州旧领县九，其下但有天宝户口，无领县若干字，然数其属县，实八县而云九。冀州旧领县六，天宝领县九，今数属县，实八县而云九。深州旧领县五，天宝领县四，今数属县，实八县而云四。沧州旧领县十，天宝领县十一，今数属县，实九县而云十一。集州旧领县一，天宝领县二，今数属县，实三县而云二。蓬州旧领县六，天宝领县七，今数属县，实六县而云七。越州旧领县五,天宝领县六,今数属县,实七县而云六。婺州旧领县五,天宝领县六,今数属县,实七县而云六。观下文浦阳云新置,则知此少"今领县七"一句耳。洪州旧领县四,天宝领县六,今数属县,实七县而云六。实七县者,有分宁一县系贞元间分置也,应再加"今领县七"一句。江州旧领县三,其下但有天宝户口,无领县若干字,然数其属县,实四县而云三。此内有一县系至德分置故也,少"今领县四"一句。永州旧领县三,其下但有天宝户口,无领县若干字,然数其属县,实四县而云三。郴州旧领县五,天宝领县八,今数属县,实七县而云八。思州旧领县三,其下但有天宝户口,无领县若干字,然数其属县,实四县而云三。渭州旧领县四,其下但有天宝户口,无领县若干字,然数其属县,实三县而云四。此下陇西县云:"汉源道地,属天水郡,后汉分武阳,置郭县,天授二年,改为武阳县,神龙元年,复为郭县。"如此而止,所叙沿革,殊不明备,疑或有他县省并入此县者,而误脱落其文耳。洮州旧领县二,其下但有天宝户口,无领县若干字,然数其属县,实一县而云二。剑南道成都府旧领县十六,天宝领县十,今数属县,实九县而云十。以上各条,或有因数目字传写易误遂致舛错者,或有因天宝以后别有改更而竟不及者,或有明著后改之事而业已概据天宝,遂不复言今领县若干者。

惟河南道泗州旧领县五,天宝领县六,而其下又云:"今领县三:临淮、涟水、徐城。其虹县割隶宿州,宿预、下邳隶徐州。"又,齐州旧领县八,其下言天宝户口,而又云:"今管县六,并三县也。"淄州旧领县五,其下言天宝户口,而又云:"今管县四,并济阳入高苑。"河东道河中府旧领县五,天宝领县八,而其下又云"元和领县十一"。又,晋州旧领县七,天宝领县九,而其下又云"元和领县八"。河北道洺州旧领县七,天宝领县十,而其下又云"今领县六"。镇州旧领县六,天宝领县九,而其下又云"今领县十一"。又,易州旧领县五,天宝领县八,而其下又云"今领县六"。江南东道处州旧领县四,天宝领县五,而其下又云"今县六"。江南西道宣州旧领县八,天宝领县九,而其下又云"今县十"。虔州旧领县四,天宝领县六,而其下又云"今县七"。道州旧领县三,天宝领县四,而其下又云"今领县五"。以上各条虽详略不同,皆并言后定地理,则又非概据天宝,真自乱其例矣。唐有天下三百年,天宝未及其半,安能遂据为定,自不如《新志》据天祐为妥。乃《旧志》亦似有据天祐者,如河北道景州历叙沿革,叙至景福言领三县,与现载属县正合,却不言旧领县若干,天宝领县若干,而其末则云:"天祐五年领县六。"按之数却不合。又于弓高下云:"景州兴替不常,事在州说中。"然则"领县六","六"字误也。景福、天祐相连,国已将亡,未必频改,"六"字误无疑矣,而体例之乱如此。至河南道郓州有"今领县十一"句。按之实九县,而须昌一县两处复载,岂作史者既误复载,遂于总说中据误而再误乎?近本已删去其复,而总说之误自如也。又有河东道绛州,旧领、天宝领、今领三者皆无。按其沿革,说至武德四年而止,竟是作史者昏忘,遗失一段。又如江南东道湖州旧领县五,又言天宝领县五,陇右道河州旧领县三,其下文言天宝领县三,剑南道绵州旧领县九,其下又言天宝领县九,其数皆合,此则何事重言之?直是草率具稿,不暇净删衍字。而且又有如江南东道之福州,天宝领县八,数之果然矣,但其中有永泰县,系永泰年分置,又有梅青县,云是新置,凡他处言新置者,皆谓在天宝后。然则此数虽合,而八县之建置实不尽在天宝之前,此又不可解也。而且又有如河西道之西州中都督府旧领县五,又言天宝领县五,而按之实四县,此又不可解也。而且又有如剑南道之翼州旧领县三,天宝领县二,数之实三县,而其中有新置,若言今领县三,则反混于旧领矣。此又例之穷而遁者。唐制纠纷,史家本难措笔,而《旧志》疵谬百出,实觉不可枚举。又有剑南道阆州旧领县八,户口云云,其下不言天宝,却言今领县九,其数合,此下即接户口云云,此则误以天宝为今领。又河北道幽州大都督府旧领县十、蓟、潞、雍奴、渔阳、良乡、固安、昌平、范阳、归义也。天宝县十,今领县九。蓟、幽都、广平、潞、武清、永清、安次、良乡、昌平,实九县、然则"旧领县十","十"当作"九",此但误字耳。

旧地志郡府户口数

《旧·地志》:"开元二十八年户部计帐,凡郡府二百二十有八,县千五百七十有三,户八百四十一万二千八百七十一,口四千八百四十四万三千六百九,应受田一千四百四十万三千八百六十二顷一十三亩。"此云开元二十八年,而《通典》则云天宝初,开元终于二十九年,则开元末即天宝初,二说同也。郡府数内"二百",原本与近本同。《新书》、《通典》皆作"三百",当从之。口数内,"四十四万",原本及《新书》

皆作"一十四万",近本传写误。田数原本与近本同,《新书》删去零数"一十三亩"四字。

唐地分十五道采访为正

志唐地理,自当如《新书》以十五道采访使为纲,排列各州郡,方为得宜。知者,十五道系开元全盛时所置,采访使正是统辖州郡至要之官,前此武德、贞观制尚未定,不可为据,固不待言。若肃、代以下,疆域之分割,职官之变更,朝三暮四,梦如乱丝,不可爬梳,驯致懿、僖,天下大乱,冰碎瓦裂,若必欲取最后所定者以为定,则如何纪载,恐愈觉烦琐,不成文义矣。不得已而析其中,故以开元全盛所分为定,实觉斟酌尽善。此其中有三说:以全盛之制为标目,则可包括前后事,一说也;天宝后既以采访、节度合为一,则言采访即可该节度,二说也;每一道中分为数个节度,节度虽分而未尝不可以十五道名之,则《新·地志》所分自属精当,三说也。李吉甫所分列,与《新志》同,但于每道中又分各镇耳。

《旧·地志》叙首既知贞观分十道,开元分十五道,所列采访名目治所皆与《新志》同,乃其排列各州郡处则又以十道为主,何也?且既标十道矣,而其中山南、江南仍分东、西,剑南则又不分东、西,进退无据,皆非是。若陇右之后添出河西,注云"此又从陇右道分出,不在十道之内",此盖宣宗大中年间收复,不得不如此附入。又岭南道分为五管,故其前标明"南海节度使,领十七州",以下分标四管,云"桂管十五州,在广州西","邕管十州,在桂府西南","容管十州,在桂管西南","安南府在邕管之西",与各道不同,此乃不得不如此变通。此二条不可以自乱其例讥之。《旧·杜佑传》:"旧岭南节度常兼五管经略使,佑独不兼。五管不属岭南,自佑始。"佑为岭南节度使,系德宗在兴元时,云自佑始,则以后皆然。此志中不得不分标。

新志据天祐

《旧·地志》据天宝十一载地理,如京兆府下云:"旧领县十八,天宝领县二十三。"《新·地志》不言据何年,则是据最后为定矣。故京兆府下虽列天宝元年户口数,其领县二十却非天宝,乃据最后。大约各府各州郡皆然。考此府之属县，比《旧》少栎阳、盩厔、奉先三县，栎阳在华州华阴郡下，奉先在同州冯翊郡下，俱注"天祐三年来属"，盩厔在凤翔府扶风郡下，注"天复元年来属"，其据最后甚明。《旧志》既自言唐末乱不可备书，故据天宝，而《新书》虽往往有意欲与《旧书》乖违。然汉元始王莽擅命，而班氏据之，前例可循，则天祐贼臣朱温所建置，正与汉事类，《新志》自可通，惟汉户口亦据元始，《新志》则户口据天宝，建置据天祐为异。大约昭宗之世，分离乖隔，户口版籍都无足据，史家于此亦有不得已者。然则《新志》之例，叙各道疆域则以开元十五道为正，叙户口则以天宝为正，叙州郡建置沿革则以天祐为正，三者似属多岐，其实乃苦心参酌所宜而定。大约《新书》诸志、表，多能补《旧》之缺，而《新·地志》尤远胜于《旧·地志》。

赤畿望紧上中下辅雄

隋于州于郡于县，但分上上、上中、上下、中上、中中、中下、下上、下中、下下九等而已，见《隋书·百官志》。至唐制郡县，有赤、畿、望、紧、上、中、下之差，又有辅、有雄，赤有次赤，辅有上辅，又有以赤兼上辅者，又有称中下者，未能详考。《新志》每郡、每县下必详著之，惟为府者不注，于府下县下仍有，而《旧志》有此字者甚少，不及十之一，全不注则为遗漏，有注有不注，则例更乱矣。《新志》于关内采访使所属之渭州下云："中和四年置。凡乾元后所置州，皆无郡名，及其季世所置，又不列上、中、下之第。"但言不列上、中、下，不知赤、畿等字仍有否，未详。《新·张九龄传》："刺史京辅雄望之郡少择之。"《新·百官志》注云："文宗世宰相韦处厚议复置两辅、六雄、十望、十紧州别驾。"亦见《旧书》一百五十九卷处厚本传。两辅、六雄、十望、十紧名义，亦皆未详。李吉甫《元和郡县志》、王存《元丰九域志》、欧阳忞《舆地广记》及《宋史》第五十八卷至九十卷《地理志》皆有"赤"、"畿"等字，杜佑《通典·州郡门》、乐史《太平寰宇记》皆无之。陆广微《吴地记》云："苏州名标十望，地号六雄。"又欧阳先生詹《文集》第七卷《送常熟许少府之任序》云："始入仕，一由县尉，或中或上或紧，铨衡评才，若地而命之。"此类亦当时通俗语。如元人杂剧犹有赤、紧字，参寻文理，大约似所谓冲、繁、疲、难。

每郡每县下既注有此等字样，则其前叙首似应先揭明，乃绝未提及，而忽见于每郡县下，亦嫌太突。考之他书，俱无见，惟宋谢维新《合璧事类后集》第七十九卷"县官门"知县："唐制县有六等之差，赤、畿、望、紧、上、中、下。京都所治为赤县，旁邑为畿县，其余则以户口多少、地美恶为差。凡一千五百七十三县，令各一人。国朝建隆元年，应天下诸县，除赤、畿外，有望、紧、上、中、下，四千户为望，三千户以上为紧，二千户以上为上，千户以上为中，不满千户为中下，五百户以下为下。""六等"当作"七等"，不言辅与雄者，疑辅即畿，雄即望、紧也。

前代沿革

前代沿革，《旧志》太详。《新志》惟举唐之建置，于前代尽去之，又似太略。

每府州下皆有府

《新志》于每一府州之下皆有小字注云"有府若干"，此则《旧》文之所无，而《新书》特增者也。案：惟畿辅称府，京兆府、河南府是也，其余则都护府，乃边境治民之官，都督府乃总管之改名。今各府州下小字注"有府若干"，与彼诸府绝无干涉，此是府兵之制中所立营屯队伍名色。唐制，府兵寓兵于农，无事时耕于野，番上者宿卫京师，有事则命将以出，事解，兵散于府，将归于朝。其无事时虽与农无异，要必别自为籍，如后代卫所之制。《新·兵志》惜未详，而于《地志》中犹存其名目。《兵志》言府兵诸府总曰折冲府，凡天下十道置府六百三十四，今《地志》于京兆郡多至府百三十一者，以其为京师也。河南郡则三十九稍多，以其为陪京也。其余各州郡至多不过一二十府，少至一二府者甚多。然则其为府兵，散隶各州郡，平日无事时别立部籍名色无疑。

羁縻州

羁縻州，《旧志》各缀于每道之下，殊嫌冗赘。《新志》改为总聚于后，别立一目，较为明净。

广　陵

《旧唐·地志》："淮南道扬州大都督府，天宝元年为广陵郡。乾元元年，复为扬州。"愚考广陵国见《汉志》，至唐天宝，尚沿此称，其来久矣。朱先生彝尊《文集》第三卷《谒广陵侯庙诗序》辨枚乘《七发》"八月之望，观涛于广陵之曲江"，世疑广陵国为今扬州府治。然曾子固撰《越郡赵公救灾记》中有广陵斗门，合之伍子之山、胥母之场，疑义可析云云。又第二十六卷《满江红·钱唐观潮》词自注亦引《七发》。又第三十一卷《与越辰六书》"《七发》广陵之曲江，即浙江。《水经注》浙江'水流两山间，江川急浚，兼涛水昼夜再来'，是以枚乘曰'海水上潮，江水逆流'。其诠释最确。曾巩《序鉴湖图》有广陵斗门，在今山阴县西六十里，去浙江不远，而钱唐郭外有广陵侯庙，今犹存。若江都之更名广陵在元狩三年，时乘已卒，不应先见之于文，是《七发》之广陵非江都明矣。世人以'广陵'二字，遂诬曲江在扬州，可笑也。比见足下榜门书曲江涛字，流俗相沿，无足怪，特不宜误自足下"云云。愚谓先生考证之学，世所共推，而此一事则其所引在《水经注》第四十卷《浙江水》篇，最为有据，乃先生得意笔，故屡见之。但李善注《七发》，于广陵引《汉书·地志》广陵国属吴，"凌赤岸"注引山谦之《南徐州记》曰："京江，《禹贡》北江。春秋分朔，辄有大涛，至江乘，北激赤岸，尤更迅猛。"山谦之，宋文帝时人，郦道元，魏末，当南之梁末人，山在郦前甚远，况郦北人，说南水每多误，山南人，记南水似更可信。朱先生既无以驳山谦之为必非，乃隐其名而曰世疑云云，曰世人遂诬云云，曰流俗相沿云云，何哉？萧子显《南齐书·州郡志》云："南兖州镇广陵，汉故王国，有江都浦水，刺史每以秋月出海陵观涛，与京口对岸，江之壮阔处也。"子显，齐、梁间人，亦在郦前，而生长南方，所言不谬。至广陵之名，据《吴越春秋》，夫差时已有，非起于元狩，且枚乘淮阴人，为吴王郎中，正宜就近说观涛事，恐当仍旧解。

《李白集》第十四卷《送友人寻越中山水》诗："湖清霜镜晓，涛白雪山来。八月枚乘笔，三吴张翰杯。"此似足证广陵涛在钱唐，朱先生未引。但此上文别有《送当涂赵少府赴长芦》诗："我来扬都市，送客回轻舸，因夸吴太子，便睹广陵涛。仙尉赵家玉，英风凌四豪。维舟至长芦，目送烟云高。"王琦注："唐有二长芦，一长芦县，隶河北道沧州；一长芦镇，在淮南道扬州之六合县南二十五里。"则此诗仍以广陵涛在淮南矣。

吴曾《能改斋漫录》第八卷《地理》篇因《七发》有"弭节伍子之山"，即胥山，遂谓曲江在苏州，但苏州从无广陵之称，此说更谬。

瓜洲瓜步

《新唐·地志》润州丹阳郡丹徒注："开元二十二年，刺史齐浣以州北隔江，舟行绕瓜步，回远六十里，多风涛，乃于京口埭下直趋渡江二十里，开伊娄河二十五里，渡扬子，立埭，岁利百亿，舟不漂溺。"《旧唐·文苑·齐浣传》叙此事云："开元二十五年，迁润州刺史，充江南东道采访处置使。润州北界隔吴江，至瓜步沙尾，纤汇六十里，船绕瓜步，多为风涛之所漂损。浣乃移其漕路，于京口塘下直渡江二十里，又开伊娄河二十五里，即达扬子县。自是免漂损之灾，岁减脚钱数十万。又立伊娄埭，官收其课，迄今利济焉。"案：此与《新志》略同，而皆不言是瓜洲，其实则瓜洲也。盖自吴夫差开邗沟通江淮，此与今瓜洲抵扬州、淮安之路，不知是一是二，要为近之，然夫差时此道但可运粮，不胜战舰，其用兵争霸上国，仍沿江入海，自海溯淮，不由邗沟也。详《尚书后案》第三卷。《汉志》广陵国江都县注："渠水首受江，北至射阳入湖。"此即夫差邗沟，然汉时大兵大役亦必不以此为渡江之路。直至隋大业中，大发淮南夫开邗沟，自山阳至扬子入江，江淮始大通，亦详《尚书后案》第三卷。而汴、泗亦通矣。白居易词云"汴水流，泗水流，流到瓜洲古渡头"是也。乾隆元年《江南通志》第二十卷《城池门》云："瓜洲城在扬州府南四十五里，大江之滨。宋乾道中筑。"又第二十六卷《关津门》云："西津渡在镇江府丹徒县西北九里，北与瓜洲对岸，旧名蒜山渡。"又"瓜洲渡在江都县南四十五里瓜洲镇，与江南镇江相对，江面十余里"。此正予辈今日南北往来必由之路。若瓜步，则在第二十五卷《关津门》云"瓜步镇在六合县东南二十五里瓜步山下"，是也。自开邗沟，江淮已通，而道犹浅狭，六朝皆都建业，南北往来以瓜步就近为便，故不取邗沟与京口相对之路。《庚子山集·将命使北始渡瓜步江》诗倪璠注："《隋志》江都六合有瓜步山。《述异记》曰：'水际谓之步。瓜步在吴中，吴人卖瓜于江畔，因以名焉。吴、楚之间谓浦为步，语之讹耳。'鲍照《瓜步山楬文》，其略曰：'鲍子辞吴客楚，指兖归扬，道出关津，升高问途。北眺毡乡，高晒炎国。分风代川，撽气闽泽。'"即此观之，则南北朝之以瓜步为通津明矣。隋既大开邗沟，加浚深阔，至唐皆南北混一，无所事于建业，而都在关中，自宜取邗沟路自江入淮，自淮入汴，以溯河渭，乃犹因循瓜步之旧，直至齐浣始改。伊娄之名今不称，未详。

浣虽改道，却于京口遥领，至大历又改。《旧·张延赏传》："代宗时为扬州刺史、淮南节度观察等使。边江之瓜洲，舟航凑会，而悬属江南。延赏奏请以江为界，人甚为便。"《新书》本传亦载此事，而改"瓜洲"为"瓜步"，《新书》好改旧而多谬，此其一也。延赏以瓜洲本在江北，而反属江南之润州为不便，故请改属江北扬州，此与瓜步何涉？延误直至今日，尚有谓瓜洲为瓜步者。若《旧唐·永王璘传》："璘窥江左，河北招讨判官李铣在广陵，麾下有骑一百八十，遂率所领屯于扬子，吴郡采访使李成式使判官评事裴茂以广陵步卒三千同拒于瓜步洲伊娄埭。"此云瓜步洲，则"步"字乃衍文也。张祜《瓜洲闻晓角》诗："五更人起烟霜静，一曲残声送落潮。"其景色，自与在六合者不同。

《史记·秦始皇本纪》："三十七年，始皇上会稽，还过吴，从江乘渡，并海，北至琅邪。"裴骃曰："《地理志》丹阳有江乘县。"张守节曰："江乘故县在润州句容县北六十里，本秦旧县也。"此秦时渡江之路，江乘既在句容，似非瓜步之在六合者。《皇舆表》第三卷：江南布政使司江宁府六合县，在秦为堂邑县，非江乘。

《三国·魏志·文帝纪》：黄初五年"八月，为水军，亲御龙舟，循蔡、颍浮淮，幸寿春扬州界，九月，遂至广陵"。六年八月，"以舟师自谯循涡入淮，从陆道幸徐"。"十月，行幸广陵故城，临江观兵。是岁大寒，水道冰，舟不得入江，乃引还"。曹丕之两至广陵，不知何意。孙权起事本在吴，故其后建元，国号吴；建安十六年，治秣陵，改名建业；二十五年，都鄂，改名武昌；黄龙元年，仍还建业。当黄初五年、六年，权正在武昌，丕之两至广陵，殆以吴实权之根本重地，欲乘虚袭之邪？若果尔，则当亲率舟师以取润、常、苏一路，计丕愚不至此。况今镇江江口入吴水道，开于赤乌八年，详四十二卷。黄初未有乎？《南齐书·志》

云："广陵，汉故王国，有江都浦水。魏文帝伐吴出此，见江涛盛壮，叹曰：'天所以限南北也。'"愚谓《汉志》江都渠水，即夫差邗沟，疑亦即今瓜洲。《南齐书·志》所云"江都浦水"，亦即夫差邗沟，疑亦即今瓜洲，曹丕不过到此耀兵，以奢惧吴人耳。若《魏志》所谓大寒舟不得入江者，必即指瓜步，在今六合者，丕既耀兵，或者从此发想绕瓜步回远六十里径渡江窥建业，或有此事，若谓即欲从邗沟问渡，因水冰始引还，则断无此理，盖邗沟自隋始开通深阔，然南北济渡仍不取此路，仍行瓜步，直至齐浣方改从瓜洲，则曹魏时必不发从此渡江之想。说已见第五十八卷。

《通鉴》第一百二十五卷：宋文帝元嘉二十七年，魏太武帝太平真君十一年，魏主引兵南下，使尚书李孝伯来谓张畅曰："当自帅众军，直造瓜步。"胡三省注："瓜步山，在秦郡尉氏县界。尉氏，隋改为六合县。《南北对镜图》曰：今桃业山，即瓜步镇之地。"下文又云："魏主至瓜步，坏民庐舍为筏，声言欲渡江，建康震惧，内外戒严，命领军将军刘遵考等将兵分守津要，游逻上接于湖，下至蔡洲，陈舰列营，周亘江滨，自采石至暨阳。魏主凿瓜步山为蟠道，于其上设毡屋。元嘉二十八年正月朔，魏主大会群臣于瓜步山上，班爵行赏有差，其后以疾疫，乃引归。"考采石矶，在今太平府当涂县江滨；暨阳，今常州府江阴县。魏军在瓜步，而采石在瓜步之上游，暨阳则瓜步之下流，五六百里间如此备御，方为完密耳。王新城《渔洋山人精华录·润州怀古》诗："黄鹄山头寒雨暝，佛狸帐外暮涛深。"黄鹄山，在镇江府城西南三里，出句用此，对句若用隔岸瓜洲事作偶始得，断无用六合县境语之理，然佛狸，魏太武小字，设帐实在瓜步，王亦误认瓜步即瓜洲矣。至瓜步既可设帐，大会必在江滨，非江中，山形亦必广大。鲍照以为江中眇小山，此言未可泥，鲍托物寓意，借此作感慨，玩全文自明。桃叶山者，《隋书·五行志》云："陈时江南盛歌王献之《桃叶词》，曰：'桃叶复桃叶，渡江不用楫。但渡无所苦，我自迎接汝。'及晋王伐陈，始置营桃叶山下。韩擒虎渡江，大将任蛮奴至新林，导北军。"晋王营桃叶，与太武驻瓜步情事正同，然则桃叶山即瓜步山也。

刘遵考等分守津要，自采石至暨阳事，沈约《宋书·索虏传》详述之云："遵考与左军将军尹弘守横江，少府刘兴祖守白下，建威将军、黄门侍郎萧元邕守裸洲,羽林左监孟宗嗣守新洲上,建武将军秦容守新洲下,征北中兵参军事向柳守贵洲,司马到元度守蒜山。"时魏主在六合瓜步,与南岸采石相对,而横江即采石也,自横江以下六地名,皆自采石至今京口几百里中地名也。如以今瓜洲为瓜步,则与蒜山相对,其上安得更容六地名哉?

《宋史》第三百八十三卷《虞允文传》:"绍兴三十一年九月,金主亮自将兵号百万。十月,自涡口渡淮。十一月壬申,率大军临采石,而别以兵争瓜洲。丙子,允文至采石,命诸将列大阵不动,分戈船为五,部分毕,亮麾数百艘绝江来,薄宋军。允文率士殊死战,中流官军亦以海鳅船冲敌,舟皆沉,敌遁,尾击,败之。亮怒,乃趋瓜洲。允文曰:'敌败于采石,将徼幸于瓜洲。今我精兵聚京口,持重待之,可一战而胜。'甲申,至京口,敌屯重兵滁河,造三闸储水,深数尺,塞瓜洲口。时杨存中、成闵、邵宏渊诸军皆聚京口,不下二十万,惟海鳅船不满百,戈船半之。允文谓数少不足用,改修马船为战舰,命张深守滁河口,扼大江之冲,以苗定驻下蜀为援。庚寅,亮至瓜洲,允文与存中临江按试,命战士踏车船中流上下,三周金山,回转如飞,敌相顾骇愕,一将跪奏:'南军有备,愿驻扬州,徐图进取。'亮杖之五十。乙未,亮为其下所杀。丙申,敌退。"此事有蹇驹所作《采石瓜洲毙亮记》述之最详。盖自隋以前,使命往来及北军南征者,皆出瓜步,唐开元后移之瓜洲,则瓜步之渡废矣。故亮兵至采石、至瓜洲,无所谓瓜步,时宋高宗在临安,即今杭州,亮趋瓜洲者,欲直取临安也。以上各条汇而观之,瓜洲、瓜步两地,自明姜氏宸英《湛园未定稿》第五卷《京口义渡赡产碑》已考此事,予又博证审订之。

今日行旅渡江,又不复取瓜洲道,从扬州而下至油闸口,即转而南,别有一小渡口出江,乱流而过,至京口。此路去瓜洲亦不过五六里,然瓜洲渡江与京口紧相对,江面较直截,小渡口反回远,而人皆取此道者,以瓜洲须穿城过,河狭曲,两岸民居稠,大船难行故也。

丹阳县取郡名

《旧唐·地志》江南东道润州丹阳,汉曲阿县,属会稽郡,又改名云阳,后复为曲阿。天宝元年,改为丹阳县,取汉郡名。考丹杨本郡名,非县名,字从木,不从自,自汉至南北朝,所谓丹杨者,今江宁、宁国等府地,唐误"杨"为"阳",既以润州为丹阳郡,即今镇江府,又改曲阿为丹阳县,故曰县取郡名,与自汉至南北朝之丹杨大不同。《旧书》此条极明。《江南通志》第四卷溧阳县改隶镇江府议云:"查县志,汉时名永安,隶丹阳郡,至隋以后改隶江宁。今丹阳,现隶镇江府,则溧阳原系镇江府旧属。"考《汉志》丹杨郡有溧阳,无永安,此误以唐丹阳为汉丹杨也。

晋陵武进

《新》、《旧志》常州属县,皆首晋陵、次武进。晋陵为州治不待言,而《旧志》特于武进云"垂拱二年,置治于州内",则知二县并州治,更分明。愚谓地理沿革,非图表不显,宋咸淳四年,四明史能之修《毗陵志》三十卷,其卷首图惜被妄人以明事搀杂,而全书虽有阙,尚可观。第一卷《郡县表》详明确实,最为当家,盖建置之纠纷,晋陵、武进为甚,考之令人目眩,今得此可以无恨,乃知作者苦心良不易也。万斯同未见此书,而所作表暗与之合,尤征学识之精,文多不录。二县自唐历五代、宋、元恒为郡治,《元混一方舆胜览》卷下江浙等处行中书省江南浙东道肃政廉访司下常州路县名列晋陵、武晋者,误一字耳,不足泥。至明,始并晋陵入武进。

故吴城

《旧・地志》:"苏州,隋吴郡,隋末陷贼。武德四年,平李子通,置苏州。六年,又陷辅公祏。七年,平公祏,复置苏州都督,督苏、湖、杭、暨四州,治于故吴城。九年,罢都督。天宝元年,改为吴郡。乾元元年,复为苏州。"又云:"吴,春秋时吴都阖闾邑。汉为吴县。隋平陈,置苏州,取州西姑苏山为名。"案:云"故吴城",又云"春秋时吴都"云云者,即今府城也。而吴始都不在此,其始筑城,亦不在此。李吉甫《元和郡县志》第二十五卷云:"苏州,吴郡,周时为吴国,太伯初置城,在今吴县西北五十里,至阖闾迁都于此。"陆广微《吴地记》云:"泰伯奔吴为王,卒葬梅里。至寿梦别筑城于平门西北二里。阖闾城,周敬王六年伍子胥筑大城,周回四十二里三十步,小城八里二百六十步,西阊、胥二门,南盘、蛇二门,东娄、匠二门,北齐、平二门。"乐史《太平寰宇记》第九十一卷云:"太伯初适吴,自号勾吴,筑城在平门外,自太伯至王僚二十六王都之,今无锡县有吴城是也。至阖庐西破楚入郢,北威齐、晋,兴伯名于诸侯,筑大小城都之,今州城是也。"范成大《吴郡志》第三卷《城郭》篇云:"太伯城,周三里二百步,外郭三百余步,在西北隅,名曰故吴,又曰吴城,在今梅里平墟,人耕其中。阖闾城,吴王阖闾自梅里徙都,即今郡城。"四说大同小异,朱长文《吴郡图经续记》卷上《封域》篇说亦略同,皆谓故吴城有二。郑虎臣《吴都文粹》卷一吴均《吴城赋》云"古树荒烟,吴王所迁",此则专指《旧唐志》所谓吴城。

王存等《元丰九域志》第五卷平江府古迹:"罗城,阖闾所筑;吴城,伍子胥筑。"此则不知如何分别,存疑。

《吴地记》又云:"隋文帝开皇九年改郡邑,至横山东新立城郭。唐武德七年移新州,却复旧址。"据此,则隋又别筑城于横山东。《吴郡图经续记》卷上《城邑》篇云:"隋开皇九年平陈,江左乱,十一年,杨素帅师平之,以苏城尝被围,非设险之地,奏徙于右城西南横山之东。"范氏《吴郡志》第九卷《古迹门》云:"越公井在治平寺前,当横山艮位。隋开皇十年,越国公杨素筑城,创斯井,时屯师孔多,日饮万人,盖素既平陈,迁吴郡于山下,至今谓之新郭。"案:此又一吴城也。新郭距予居近,予尝至其地,仍有一聚落。若元至正丁酉筑城虎丘,则又一吴城,朱竹垞考之已详。

苏常户口

常州,天宝户十万二千六百三十一,口六十九万六百七十三,《新》同,惟户"三十一"作"三十三"。苏州,天宝户七万六千四百二十一,口六十二万二千六百五十五,《新》同,惟口"五十"下无"五"字,数目字易脱误,故小异耳。但常州之繁庶未必过苏州,常州《新》、《旧志》领五县同,苏州则《旧志》领六县,《新志》又多华亭一县,何以苏多于常二县,而户口反少于常至数万乎?盖户口之籍,特凭此以出租庸调法,不必核实,其造此籍,出官吏手,官或检括严密,则户口多,或欲优恤其民,任听容隐,则户口少,故参差不齐。《新志》于建置虽据天祐,户口仍据天宝,故与《旧志》同也。《元和郡县志》:苏州开元户六万八千九十三,与天宝相去无几，此为近理。其下又言：元和户十万八百八，籍固随时而改矣。《新志》既据天宝，故于后改略之。

苏州华亭县新有旧无

《旧志》苏州旧领县四，天宝领县六：一吴、二嘉兴、三昆山、四常熟、五长洲、六海盐。《新》则县七，以长洲居嘉兴之前，《旧》以置之先后为次，《新》以地之远近为次，皆可通，但《新》则末多一华亭，注云："天宝十载，析嘉兴置。"《旧志》据天宝十一载地理而不及此县，《旧志》讹脱舛谬甚多，当从《新》。杨潜《绍熙云间志》卷上《封域》篇云：潜，官奉议郎，特差知秀州华亭县主管劝农公事，此书为华亭一县作。"建安二十四年，封陆逊为华亭侯，华亭之名始见《吴志》。隋始置苏州，唐天宝十年以华亭为县，属苏州。按《新史》、《寰宇记》以为本嘉兴县地。《舆地广志》以为本昆山县地，《元和郡国图志》云：'吴郡太守赵居贞奏割昆山、嘉兴、海盐三县为之。'今邑四境与三县接，《郡国图志》为不诬矣。"杨潜所考颇确，《新志》云析嘉兴者犹未备，而《旧志》之阙漏显然。杨氏所引《舆地广志》文，今在欧阳忞《舆地广记》第二十三卷，《广志》即《广记》。

雄升为望

赤、畿、望、紧等名，郡与县皆有之，而郡则就郡别其等，县则就县别其等。《新志》苏州吴郡，雄，其属县凡四望、二紧、一上。欧阳忞《舆地广记》第二十二卷两浙路上："望，平江府，唐苏州吴郡，南唐升中吴军节度，皇朝太平兴国三年改平江军，政和三年升平江府。"此自雄升为望也。郡雄县有望，可见郡、县不相应。

草席鞋

《新志》：苏州土贡有"草席、鞋"。"席"字"逗"，"鞋"字句。鞋而徒以丝缕麻革为之，何独吾吴有之？乐史《太平寰宇记》第九十一卷：苏州土产有席，又有草履，可见席、鞋二物皆以草为之，今吴出草席不待言，而草鞋独出嘉定一邑，有黄、黑二色，精雅轻便，最宜暑月，盖不但制法之妙，此草亦他郡所无。嘉定在唐，昆山地也。

十七史商榷卷八十

新旧唐书十二

新旧地理杂校误

《旧·地志》:关内道"皇城之南大街曰朱崔之街,东五十四坊,万年县领之。街西五十四坊,长安县领之"。"东"上当重一"街"字,近本与原本并脱。《新·百官志》云:"左右街使,掌分察六街徼巡。"左右街即街东街西也。韩昌黎《华山女》诗云:"街东街西讲佛经。"李商隐有《街西池馆》诗。唐街东街西各坊第宅园馆,大略载宋敏求《熙宁长安志》。

《旧·地志》京兆府:"旧领县十八,户口二十万七千六百五十,九十二万三千三百二十;天宝领县二十三,户三百九十六万二千九百二十一,口一十六万七千一百。东京八十八府理京城之光德坊,去八百里。"案:原本"旧领县十八,户二十万七千六百五十,口九十二万三千三百二十。天宝领县二十三,户三十六万二千九百二十一,口一百九十六万七千一百八十八。府理京城之光德坊。去东京八百里"。近本误。

《新·地志》口数"百九十六万"之下脱"一千"二字。

《新·地志》关内道"都护府二"。"二"当作"三",三都护府在卷末。

京兆府"万年",注:"望春宫东有广运浑。"当作"广运潭"。

《旧·地志》京兆府三原"贞观元年,废三原县,仍改华池县属三原县"。"属",校本作"为",原本误同。

富平。景云二年,"置中宗房陵于县界"。"房",校本作"定",原本误同。

庆州中都督府,"乐蟠,义宁元年,分合水县置。武德六年,分合水置蟠交县。天宝元年废,并入合水"。原本"武德"上,更有"合水"二字,但其上下应各空一格,原本误与上下文连写,近本并此二字去之,则误之误矣。

云中都督府,"管小州五:合利、思璧州、阿史那州、绰部州、白登州"。"合利",原本作"舍利",是。"利"下当有"州"字,原本亦脱。

宥州,"露调初,六胡州也"。"露调",当乙。其所属"归仁"上下宜各空一格,近本误连,原本误同。

孟州。会昌三年,"割河阴县孟州,河清还河南府"。"河阴县"下当脱"属"字。

陕州大都督府,"天宝元年,改为陕府"。"乾元元年,复为陕郡"。案:"陕府",校本改"陕郡","陕郡"改"陕州"。又"天祐初,改为兴德府",校本改"兴唐府"三字,原本皆与近本同。

汝州,"襄城,隋旧县。武德元年,于此置汝州,领襄城、汝坟、郏城三县。贞观元年,废汝州及汝坟、州城二县,以襄城属许州。开元二十六年,改属汝州"。案:"襄城",原本误作"襄阳",此改正。"郏城"、"州城",校本皆改为"期城",原本误皆与近本同。

陈州"宛丘",依上下文例,应提行。近本空一格,误。

亳州,"临涣,本治经城"。校本改"铚城",原本亦误。

颍州。武德六年"领高唐、永乐、永安三县"。"领",校本作"省",原本亦误。

《旧·地志》郓州所属县,首列须昌,而其下文于钜野之下又复列须昌一县,明系重出,其沿革则前甚略,后甚详。此闻人诠所刻原本,盖刘昫之误耳。《新·地志》删去后一段,而以后段沿革注于前段之下,是也。乃近本《旧书》反将前段删去,则误矣。据彼明云:"武德四年,于郓城置郓州。贞观八年,自郓城移治须昌。"则须昌乃州所治,安得首列寿张县,而须昌反居第三县钜野之下乎?又"寿张,隋县,武德四年,于县置寿州,领寿张、寿良二县。五年,废寿张,省寿良入寿张,属郓州"。"废寿张",误,当云"废寿州"。又,"须昌,郭下,汉县,今故城郓州东南三十二里"。亦误,当作"故城在今郓州"云云。凡县之首列者,皆州所治,故各州于首列县下辄云"郭下",须昌既云"郭下"矣,乃反居第四,岂唐地理亦可以西汉地志为比,而首列者不必皆郡所治乎?

《新·地志》"须昌"注云:"贞观八年,省宿城县入焉。景龙三年,复置宿城县。贞元四年,曰东平,太和四年,曰天平,六年,省入须昌。"案:"贞元四年",《旧书》作"贞观四年",误。

《旧·地志》:兖州上都督府"金乡,后汉县。武德四年于县置金州,领方舆、金乡二县。贞观十七年,州废,以金乡、方舆属兖州"。"方舆",当作"方与",《汉志》山阳郡有方与县,晋灼曰音"房豫"。

宿州,"符离,汉县。隋治朝解城。贞观元年,移治行邑城"。"行邑",校本改"竹邑"。

齐州,"历城,汉县,属齐南郡"。"齐南",当作"济南"。又"亭山,隋县。元和十五年,并入章丘。此亭山",上下皆当连书,近本误各空一格,原本误同,今以意改。又《旧志》有"丰齐县,古山茌邑"。校本改为"山茌",考《说文》艸部:"茌,艸兒",济北有茌平县,近本、校本皆误。

河中府,"永乐,武德元年,分芮县置,属芮州。九年,废芮州,改属鼎州。贞观八年,改属芮州"。校本作改"属蒲州",是。又"龙门县,汉艾氏县",校本作"皮氏",亦是。

晋州,"霍邑,汉彘县,后汉改为永安。隋于此置汾州,寻改为吕州,领霍邑、赵城、汾西、灵石四县。贞观十七年,废吕州,以灵石等三县来属,以灵石属汾州"。案:此当云"以霍邑等三县来属,以灵石属汾州"。

潞州大都督府"壶关",上下应各空一字,近本误连。

沁州"绵上",上下应各空一字,近本误连。

莫州,"本瀛州之鄚县。景云二年,于县置莫州。开元十三年,以'鄚'字类'郑'字,改为莫。天宝元年,复为莫州,管县六:莫、文安"云云。"莫,汉县,属涿郡。贞观元年,改属瀛州。景云二年,割属莫州。""清苑,汉乐乡县,属信都国。隋为清苑。武德四年,属蒲州。贞观元年,改属瀛州。景云三年,属莫州。""任丘,隋县,后废。武德五年,分莫县复置。""唐兴,如意元年,分河间县置武昌县,属瀛州。长安四年,改属州。其年,还隶瀛州。神龙元年,改属唐兴县。景云二年,改属莫州。"案:《汉·地志》鄚县属涿郡。《说文》卷六下邑部同,此既言开元十三年以字类"郑"改,天宝复,则只有开元十三年曾作"莫",其余凡诸"莫"字皆当作"鄚",作"莫"者皆误也。唐兴县,下当言"长安四年,改属鄚州。神龙元年,改为唐兴县",一脱"鄚"字,一"为"误作"属"。至

《新·地志》则云："莫州，文安郡，上。本鄚州。景云二年，以瀛州之鄚、任丘、文安、清苑、唐兴，幽州之归义置。开元十三年，以'鄚'、'郑'文相类，更名。"其所言建置沿革者如此而止，更无余说，此则恐系宋人妄笔，不可凭信。何者？据《旧志》，明言开元以类"郑"改为"莫"，天宝"复为莫"，则"复为莫"，自当作复为"鄚"，乃胥吏传钞之误，并其上下文各"莫"字皆当作"鄚"，显然可见，何得以其字迹纠缠，竟抹倒天宝复故名一层而直作"莫"？建置沿革，乃当时实事，欲求简明，公然任意改削，宋人妄态，往往如此。又如唐兴，其始本武昌。《新志》则云：本作武兴，恐亦以意为之。盖地理一种，《旧》不如《新》，而《新》之疵累，则又有若此者。

檀州，"后汉奚县"。当云"儦奚"，脱一字。

妫州之下既说"领县一"矣，其所属怀戎县既叙毕沿革，乃复空一格书"妫州"二字，下又空一格，乃云"天宝后析怀戎县置，今所"，殊不可解，此必有误。或当去上"妫州"二字，而云："天宝后析怀戎县置，今妫州理所。"

慎州，"逢龙，契丹陷营州后南迁，寄治良乡县之故都乡城，为逢龙县，州所也"。"所"下脱"理"字，以意增。

沃州属县一滨海，其下乃云："沃州本寄治营州城内，州陷契丹，乃迁于蓟县东南回城，为治所。"滨海下，应空一格，今误连下文"沃州"云云。"沃州"下又误空一格，方接"本寄治"云云，皆非是。

凤州，"领县四，梁泉"云云。兴州，"领县三，顺政"云云，两处皆应提行，今但皆空一格，皆非是。

合州，"石镜，汉垫江县，属巴郡。宋改名石宕渠，宋置东渠郡及石镜县"云云。案：此节当作"宋改名宕渠，置东宕渠郡"云云。又，"新明，武德二年，分镜置"。"镜"上当脱"石"字。

巴州，"化城，后汉昌县"。"汉"下，当重一"汉"字，脱。

邓州。武德三年"置总管，管邓、浙、郦、苑、沟、新、弘等七州"。"沟"，校本作"淯"。

郢州。贞观元年"废郢州，以长寿属郢州"。其下文长寿县之下，又云："贞观元年，废郢州，以长寿属荆州。"校本"郢州"、"荆州"俱作"郢州"。

庐州，"慎，汉后道县"。案："后道"，当作"浚遒"。《汉志》九江郡有浚遒县。又"庐江，汉郡名。汉龙舒县地，属庐江郡。梁置湖州，隋复旧"。案："湖州"，当作"湘州"。

"信州"、"弋阳"，上下应各空一格，此误连。

苏州嘉兴，"汉曲拳县"。当作"由拳"。

池州。永泰元年"析置石壤县"。当作"石埭"。

虔州"赣"下注："古滥反。"其下应空一格，此误连。又，"安远，贞元四年八月四日置"。愚谓著其年可矣，言月并言四日，则不成文理，又与他处参错。

"瓜州下督督府"。上"督"当作"都"。

伊州，"天水，在州北二十里"。"水"当作"山"。

成都府。至德二年"改蜀郡为都府"。"都"上脱"成"字。

绵州，"巴西，晋置梓郡"。"梓"下脱"潼"。下又，"神泉，晋置西园县"。"园"，当作"国"。又，"龙安，隋金水县"。"水"当作"山"。

梓州，"永泰，武德四年，分盐亭、武安二县置"。"铜山，调露元年，分飞乌二县置。"案：武安，当作"黄安"，飞乌上脱"郪"字。

阆州，"阆中。炀帝改为巴郡"。"巴"下脱"西"字。又，"南部，后汉分阆中置充郡国县，属巴郡。又分置南充国郡。梁改为南充郡国，隋改为南部"。上二"郡"字，并衍，下"郡国"二字，当乙。

遂州，"方义，汉广县"。当作"汉广汉县"。又，"青石，东晋兴县"，当作"东晋晋兴县"。

陵州，"始建，汉武置建始镇"。"武"下脱"阳县地"三字。

资州。乾元二年正月，"分置昌，寻废也"。"昌"字上下有脱文。

荣州，"隋资阳郡之牢县"。校本"牢"上有"大"字。

简州，"平泉，县之旁池涌泉"。"池"，当作"地"。

雅州，"荣经，县界有邛来山，九折，故铜山也"。案："也"当作"地"。

泸州。"安江"二字，当乙。下云"汉阳县地"。"阳"上脱"江"字。又"合江，汉江符县地"。"符"上"江"字衍。

泸州，"都督十州"，皆羁縻州。按：实十一州，云"十州"误。

茂州，"隋汶山郡。武德元年，改为会州，领汶山、北山、汶川、左封、通化、翼针、交州、翼水九县"。"北山"，校本作"北川"，其"交州"，疑当作"交川"。下云"七年,改为都督府,督南会、翼、向、维、州、穷、炎、彻、笮十州",校本改"穷"为"穸",而其余当更有误。

茂州都督府,"羁縻州十"。按之实九州,下文总结亦云九州,"十"字误。

戎州。贞观六年,"置都督府"。近本以"六年"误作"六州"。又"羁縻三十六州"。今按之实十六州,其下文总结亦云"十六州",而此言"三十六","三"字似衍。

姚州,"韦皋镇蜀,蛮帅异牟寻归国,遂以韦皋为云南安抚大使"。近本"镇蜀"上脱"韦皋"二字。

龙州,"清川,后魏为盘县"。"为"校本作"马"。

当州,"本松州之通轨县。贞观二十一年,析置当州"。"天宝元年,改为油江郡"。"油江",校本作"江源"。又"通轨,贞观二十年,松州首领董和那蓬固守松府"云云,校本作"贞观二十一年"。

悉州,"显庆元年置,领悉唐、左封、识臼三县,治唐城"。"治"下当脱"悉"字。

广州番禺,"秦属南海郡。江汉置交州"。"江汉","江"字衍。又,浈水,"贞观元年,省齐州及安乐、宋昌二县"。"安乐",校本改"宣乐"。又,"浈阳,县属桂阳郡"。"县"上脱"汉"字。

韶州,"西至郴州五百里,东南至度州七百里"。"郴",当作"柳","度"字疑。又东峤,"汉讨南越时,有将军城于此"。"将军"下脱"姓庾"二字。

循州,"北至阙州隔山岭一千六百五十里"。"阙"字疑误。

冈州。武德四年置。贞观五年废。"其年又立南州"。"南"当作"冈"。

恩州,"杜陵,隋杜县"。校本作"杜原县"。

高州,"隋高梁郡。旧治高梁县"。"天宝元年,改为高梁郡"。又,良德,"吴置高梁郡"。四"梁"字,皆当作"凉"。

义州,"旧安义县,至德年改"。当作"义安","旧"、"县"二字,近本互误,而"安"下应空一格,又误连。

桂州下都督府,"临桂,江源多桂,不生新米。""新米",当作"杂木"。

全义，"新置"。《新志》云："武德四年，析始安置。大历三年更名。"唐融州刺史莫休符《桂林风土记》云："灵渠在全义县漓、湘二水分流处，相传后汉马援开，水急，用斗门遏其势。又后汉郑弘奏交趾七郡贡物从东泛海多溺，请开桂岭灵渠，后御史史禄重辟。"按前汉武帝元鼎五年，伏波将军路博德等击南越吕嘉，戈船出零陵下漓水，则前汉岭首已通舟楫，焉得至后汉始开。休符驳。愚考《新志》载灵渠于理定县，不于全义县，《舆表》广西桂林府临桂县本始安县，唐始改为临桂，兴安县本始安地，唐析置全义县，宋始改为兴安，而理定之沿革则无可考。然《新志》于理定下注云："本兴安，至德二载更名。"然则宋人改名，必有所因，兴安本是唐之全义，亦即唐之理定，不知何时省并，但史失书耳。故灵渠注于理定，而休符则以为在全义也。灵渠，《新志》云秦史禄所凿，而休符云禄后汉人。斗门，《新志》云唐宝历初，观察使李渤立，而休符云马援立，此流俗相传不足信。

浔州属县三，今惟二，脱去大宾一县，当于叙完下空一格，补此二字。

象州，"武德，汉中溜县地，属郁林郡。吴于县置郁林郡"。案：当云"置桂林郡"。

邕州，"宣化，骊水在县北，本牂柯河，俗呼郁状江"。"林"讹作"状"。

党州，"领县四"。今一概不见，原本同，必是脱落。

横州，"宁浦，郁州所治。汉广郁县地，属郁平郡"。案：当作"州所治"，"郁"字衍。"郁平"，当作"郁林"。又，从化、乐山皆云"汉高梁县地"，皆当作"高凉"。

严州，"东北至阙州三百四十里"。"阙"，校本作"柳"。

山州，"领县二"。今惟龙池一县，脱也，当空一格，补"盆山"二字。

罗州，"石城，宋檀道济于陵罗江口筑石城，因置罗州，属高凉郡。唐复置罗州于县"。"因置罗州"，当作"罗县"。

汤汤、汤泉，应提行。近本只空一格，非。

安南都督府，"龙编，后汉问尚为交趾太守"，"问尚"当作"周敞"。又"武平，后汉麊泠县女子征侧叛"，"麋"当作"麊"。下文"峰州嘉宁麊泠县地"同。

景州，朱吾。"朱吾人不粒食，依鱼资鱼为生。托去朱吾在日南郡北,侨立名也。"案:"侬鱼"疑衍。"托去",疑当作"记云"。

峰州所属嘉宁县,叙完,下应空一格,接"承化"云云。近本"承化"提行,非。

崖州,"兵则矛、盾、木弓、行矢",当作"茅、盾、木弓、竹矢"。

十七史商榷卷八十一

新旧唐书十三

取士大要有三

《新·选举志》云："唐制,取士大要有三:由学馆者曰生徒,由州县者曰乡贡,皆升于有司而进退之。其科之目,有秀才,有明经,有俊士,有进士,有明法,有明字,有明算,有一史,有三史,有开元礼,有道举,有童子。而明经之别,有五经,有三经,有二经,有学究一经,有三礼,有三传,有史科。此岁举之常选也。其天子自诏者曰制举,所以待非常之才焉。"愚谓虽大要有三,其实惟二。以其地言,学馆、州县异;以其人言,生徒、乡贡异,然皆是科目,皆是岁举常选,与制举非常相对。唐人入仕之途甚多,就其以言扬者,则有此三种耳。科之目共有十二,盖特备言之。其实若秀才,则为尤异之科,不常举;若俊士与进士,实同名异;若道举,仅玄宗一朝行之,旋废;若律、书、算学,虽常行,不见贵;其余各科不待言。大约终唐世为常选之最盛者,不过明经、进士两科而已。王定保《摭言》卷一《会昌五年举格节文》篇及《两监》篇载会昌五年正月敕文,《谒先师》篇载开元五年九月诏文,皆专举明经、进士二科,又如裴庭裕《东观奏记》卷中一条云:"京兆府进士、明经解送,设殊、次、平等三级,以甄别行实。韦澳为京兆尹,至解送日榜曰:朝廷将裨教化,广设科场,当开元、天宝之间,始专重明经、进士。"是也。生徒与乡贡,于十二科皆有之。生徒是肄业于学馆中人,馆惟京师有之,而学则州县皆有。肄业其中者,州县试之,送尚书省。若乡贡,则庶人之俊异者,平日不在学中肄业,径怀牒自列于州具,州县试之而送省。玩下文所述,其制自明。

偏重进士立法之弊

虽并重明经、进士,后又偏重进士。《新志》云:"众科之目,进士尤为贵,时君笃意,以谓莫此之尚。"《摭言》会昌举格所送人数,国子监及各道皆明经多,进士少。又《述进士上》篇云:"咸亨之后,凡由文学举于有司者,竞集于进士。"又《散序进士》篇云"进士盛于贞观、永徽之际,搢绅虽位极人臣,不由进士,终不为美"云云。《欧阳詹文集》第八卷《与郑伯义书》:"承今冬以前,明经赴调,罢举进士。渔者所务唯鱼,不必在梁、在笱;弋者所务唯禽,不必在矰、在缴。国家设尊官厚禄,为人民,为社稷也。在求其人,非与人求;在得其人,非与人得。读往载,究前言,则曰明经;属以词,赋以事,则曰进士。未即以进士贤,明经不贤也。蚩蚩之人,贵此贱彼,是不达国家选士之意,居方宁斯人之徒与?况进士出身,十年、二十年而终于一命者有之;明经诸色,入仕须臾而践卿相者有之。才如居方,诸科中升乎一科矣,宜存一梁、一笱、一矰、一缴之义。"观以上各条,可见进士又在明经之上。且可见彼时明经及第者,不肯即求吏部举选,往往舍去,仍应进士举。惟欧阳詹所见不然。此皆足以征唐制也。要之,积重难返,如詹之明达者已少。封演《闻见记》第三卷《贡举》篇云"代以进士登科为登龙门,解褐多拜清紧,十数年间拟迹庙堂。轻薄者语曰:'及第进士俯视中黄郎,落第进士揖蒲华长马。'进士张繟落第,两手奉登科记顶戴之曰'此千佛名经也'"云云。此段似有误,"揖"上疑脱"平"字,"马"字疑衍。及第进士俯视中书、黄门两省郎官,落第尚可再举,一得即躐清要,故平揖近畿蒲州、华州之令长也。其立法之弊如此,徒长浮华,终无实用。唐杨绾、李德裕已忧之。

钱希白《南部新书》卷乙云:"太和中,上谓宰臣曰:'明经会义否?'宰臣曰:'明经只念经疏,不会经义。'"观此,则知彼时所以轻明经、重进士。

不必登第方名进士

昌黎《上宰相书》自称"乡贡进士"。公贞元八年登第,此书十一年所上。李肇《国史补》云:"得第谓之前进士。"是也。而其实进士乃科中一目,但应此举者即得称之。试随举一二。如《新·舒元舆传》:"元和中,举进士,见有司钩校苛切,既试尚书,水炭脂炬飧具皆人自将,吏一唱名乃得入,列棘围,席坐庑下,因上书言贡士体轻,非下贤意。俄擢高第,调鄠尉。"举进士者,贡于州府也;试尚书者,试于礼部也。《新·选举志》言"试士本由考功员外郎,开元中,以员外望轻,移贡举于礼部侍郎主之",是也。其时元舆尚未登第。又《新·令狐绹传》:"子滈,避嫌不举进士。绹去宰相,丐滈与群进士试有司,是岁及第。左拾遗刘蜕言:'滈未尝举进士,妄言已解,天下谓无解及第。'"然则不必及第方名进士也。

登第未即释褐

东莱吕氏云:"唐制,得第后不即释褐,或再应皆中,或为人论荐,然后释褐。"此条极为中肯。如《新书·选举志》云:"选未满而试文三篇,谓之宏词;试判三条,谓之拔萃,中者即授官。"此盖指登第后未得就选,故曰"选未满",中宏词拔萃即授官,此吕氏所谓"再应皆中,然后释褐"也。昌黎《上宰相书》云"愈四举于礼部乃一得,三选于吏部卒无成,九品之位其可望"云云,又云"国家仕进者,必举于州县,然后升于礼部、吏部,试之以绣绘雕琢之文,考之以声势之逆顺、章句之短长,中其程式者,然后得从下士之列"云云。昌黎以贞元二年始至京师,八年方及第,故历四举三选,则公自得第后,于贞元九年、十一年凡两应博学宏词试,皆被黜。集中《明水赋》登进士第作,《省试不贰过论》则试宏词作也。余一选无考,或又应书判,亦不中耳。宏词是大科,吏部举之,中书省试之,疑书判亦然。《新·选举志》云:"进士,甲第,从九品上;乙第,从九品下。"彼时进士初选,大约得校书郎或县尉,二者皆九品,故公望得九品之位也。礼部试进士,吏部中书试宏词,皆用诗赋,故云"绣绘雕琢",而判亦绣绘者,宏词所业,详见《玉海》。若进士程文与拔萃判载《文苑英华》甚详,可考也。观此文,足证吕氏唐制登第不即释褐,再应皆中然后释褐,及《新志》未满选试宏词,拔萃即授官之说。若为人论荐得官,则散见《新》、《旧》各列传者更多,不可枚举。公再应皆不中,九品之位、下士之列,信无望矣,乃伏光范门,求贾耽、赵憬、卢迈辈,希其论荐得官。三上书,皆不报,方去京师东归,图幕僚一席。宣武军节度使董晋辟公,始得试秘书省校书郎,为观察推官。晋卒,徐帅张建封又奏为武宁军节度推官,试协律郎。府罢,如京师,再从参调,竟无所成。直至贞元十八年,方授四门博士。以上参取东雅堂徐氏刻《韩文》注、顾氏嗣立《年谱》、方氏世举《编年》诸注。唐时，士子登第后得官之艰难若此。又如李义山，以开成二年高错为礼部侍郎，知贡举，登进士第，三年又应宏词科，不中。《文集·与陶进士书》云"前年为吏部上之中书，中书长者抹去之"是也。四年，以书判拔萃，释褐为秘书省校书郎。_{参冯先生浩《年谱》。}此亦足征唐制。

欧阳詹《文集》第八卷《与郑相公书》自言五试于礼部，方售乡贡进士；四试于吏部，始授四门助教。自注："詹两应博学宏词，不售。一平选，被驳；又一平选，授助教。"平选，疑即应书判拔萃举。詹与昌黎同登进士第，其再举宏词不中，与昌黎同。其后昌黎盖一应平选，不中，不再应，惟上书求荐，而詹则以再平选得之。

进士首选为解头，礼部登第居首为状头，宏词居首为敕头，是谓"三头"。见《南部新书》卷己。

制举科目

岁举常选，备列其科之目，此定制也。而制举亦有科名，其见于各传者，若姚崇举下笔成章科，张九龄举道侔伊吕科，解琬举幽素科，房琯举任县令科，杨绾建复古孝弟力田等科，韦处厚举才识兼茂科，高适举有道科，王翃举才兼文武科，马燧举孙吴倜傥善兵法科，韦皋之侄正贯举详闲吏治科，樊宗师举军谋宏远科，郑珣瑜举讽谏主文科，《方技》严善思举销声幽薮科。此类不可枚举，而《志》中皆不列其目者，此非定制，其名皆随时而起，《志》中不能缕述。

得第得官又应制科

有得进士第后又中制科者，如《刘蕡传》蕡擢进士第，又举贤良方正、能直言极谏科，《儒学传》马怀素擢进士第，又中文学优赡科，《文艺传》阎朝隐连中进士、孝悌廉让科，《隐逸传》贺知章擢进士、超拔群类科是也。有得明经第后，又中制科者，如归崇敬擢明经，调国子直讲，举博通坟典科，对策第一，迁四门博士是也；有得官后又中制科者，如张鷟登进士第，授岐王府参军，以制举皆甲科，再调长安尉；殷践猷为杭州参军，举文儒异等科是也。不能罗列，随取几条以见之。

新旧官志皆据开元六典

《旧书·职官志》总论云："自高宗之后，官名、品秩屡有改易。今录永泰二年官品。其改易品秩者，注于官品之下。若改官名及职员有加减者，则各附之于本职云。"按：唐初官制更易虽亦时有，不过小小更之。龙朔二年为高宗即位之十三年，始大改官制，普加窜易，旧制几十不一存，其时高宗宠昵武后，为所钳缚，而武氏奸谋已动，本可从旧，而有意革改，以一新天下耳目。迨咸亨元年复旧，而光宅元年武氏僭立后，仍复大改，旧制尽废。神龙元年，中宗复位，又复旧可已矣，乃开宝盛之极，即衰之始，玄宗侈心盖微见于即位之初，开元元年，又大改官名，至德二载十二月敕近日所改百司额及郡名官名，一切依故事，永泰二年上距至德二载十年，盖自此以后无大改矣。故《旧志》以此为据，虽则以此为据，然斯时唐运甫及中世，其后固不能无小更者，故又言"其改易品秩者注于官品之下"云云，今《旧志》中小字注多有大历、元和、会昌、建中、贞元年中所定者，是也。杜佑《通典》第十九卷《职官门·官制总序》历说上古至唐制，而终之云："至开元二十五年，刊定职次，著为格令。"注云："此格皆武德、贞观之旧制，永徽初，已详定之，至开元二十五年再删定焉。"据此，则《通典》全以开元二十五年为定矣。而《旧志》于兵部郎中一条云"凡天下节度使有八"，此开元制也，至至德，则天下节度凡三十有五，岂八乎？而永泰不待言矣。然则《旧志》虽言据永泰，其实仍据开元，盖开元所改，至德至永泰十年之间尽复其旧，所复者官名耳，而禄秩、体制、职掌仍依开元，何则？《唐会要》称开元二十七年二月，中书令张九龄等撰《六典》三十卷成，上之。竹垞朱氏谓开元十年始有事，修是书，历陆坚、张说、徐坚、萧嵩、韦述、张九龄、陆善经、李林甫、苑咸之手而成，今《六典》卷首列李林甫等注上，而九龄已以二十四年罢知政事，则进书之日似九龄久去官矣。但程大昌《雍录》谓书成于九龄为相之日，进御当在二十四年，林甫注成或在二十七年，其说良是。竹垞之言如此。观《旧·官志》及《通典》所据者开元二十五年，愈见程说之确，玄宗改易，虽见侈心，而官制之明备，莫过于九龄之《六典》，《通典》本之，《旧书》亦本之，则知其均据开元也。《新志》虽不言其所据何时，要《新·官志》皆本《六典》、《通典》则必亦以开元为据。

旧官志叙首

《旧·官志》叙首，先说一朝沿革本末，次胪列品秩，又次则说职事官访择选授、临轩册命、出身入仕、区分清浊之法，又次则说文武散官，又次说门资出身，又次说勋官预选，又次说泛阶之恩，又次说泛阶给禄、不给禄之别，又次说勋官节级之滥，又次说行台尚书省，又次说王府官，又次说天策上将府官，末总说行台天策罢废事。此篇洗眉刷目，提纲挈领，最佳，《六典》、《通典》皆无之，惟见《旧志》，而《新志》一概删去，非也。

总说沿革一段内"贞观八年九月，以统军正四品下，别将正五品上"，"别将"下脱"为"字。

胪列品秩一段，共四项，一文武职事官，二文武散官，三爵，四勋也。正一品无散官、无勋，说见下。无武者，以天策上将省也。从一品无勋，正二品无职事官者，以尚书令省也。上柱国是正二品勋，而《泽王府主簿梁府君》、《荣德县丞梁师亮》二墓志，二人俱授上柱国，唐制勋最无定也。从二品全有。正三品无爵，当即用从二品爵。从三品全有，此品中列光禄、卫尉、太仆、大理、鸿胪、司农、太府卿。按：此与太常、宗正为九寺，而太常卿、宗正卿已入正三，注云"天宝初升入正三品"，故此从三品中惟七寺也，乃其下文云"诸卫羽林，入正三品"，千牛龙武将军以下又历数诸官至亲王傅，乃注云："已上并职事诸官。卫羽林、千牛龙武将军为武，余并为文。""诸"、"官"二字误倒，当乙。观此，则知上文"入正三品"四字是衍文，何者？上正三品中列诸卫羽林、千牛龙武等军大将军，此从三品，则非大将军，而将军也，何得又赘此四字乎？正四品上阶全有，此阶首列门下侍郎、中书侍郎，注云："旧正四品下阶，《开元令》加入上阶也。"但此二官已见上正三品，注云："旧班正四品上，大历二年升。"此志虽据永泰，而其后又有改者，固不得不据后定。门下、中书二侍郎宜归并一条，载入正三品，而正四品上阶又复出，殊属非是。正四品下阶无爵、无勋，正四品下阶及从四品上阶、下阶疑皆用正四品上阶爵也。无勋者，疑即上阶勋也。从四品上阶无爵，从四品下阶无爵、无勋，疑即上阶勋也。正五品上阶全有，正五品下阶无爵、无勋，当即用上阶爵勋也。从五品上阶全有，从五品下阶无爵、无勋，当即用上阶爵勋也。爵止于五品，以下并无之，此一阶之中，自大理正，至上府果毅都尉，注云"已上职事官，果毅为武散，余并为文"，"散"字衍，以下驸马都尉、奉车都尉注云"并武散官"，以下朝散大夫注云"文散官"，以下游击将军又注云"武散官"，二都尉不与游击将军同介于职事官、散官之间，别叙以示例，与他阶中先文后武不同，观注又云"驸马自近代已来，唯尚公主者授之。奉车有唐已来无其人"，则可见。正六品上阶"太学博士"注云"《武德令》，从六品已上，贞观年改"，"已"字衍。此阶之中有卫官一项，亦介于职事官、散官之间，以下凡有卫官皆如此，正六品下阶无勋，当即用上阶勋也。从六品上阶内有"镇军兵不满二万人司马"一项，提出别叙，不与他职事官同，未详。从六品下阶无勋，当即用上阶勋，以下正七品上阶，以下正七品下阶，以下从七品上阶，以下从七品下阶，"诸屯监"注云"《神武令》有漆园监"，"神武"当作"神龙"。正七品下、从七品上下皆无勋，当皆用正七上勋。勋止于七品，以下皆无之。以下正八品上阶，无武职事，以下正八品下阶，以下从八品上阶，无武职事，以下从八品下阶，以下正九品上阶，无武职事，以下正九品下阶，以下从九品上阶，无武职事，此内自"下府兵曹"以上注云"已上并职事文官"，当作"并文职事官"，以下从九品下阶。此上脱误，宋本已亡，皆以意增改。

唐制多卑官得高阶，惟正一品只有太师、太傅、太尉、太保、司徒、司空，此皆三公也，却无阶，当时为三公者借用从一品，开府仪同三司为阶官，尊阶反卑，李涪《刊误》卷上辨之，以为"汉安帝以车骑将军邓骘为开府仪同三司，谓别开一府，得比三公。皇唐既用开府为散阶，而拜三公者反以开府为阶，得不乖舛。若以畴赏勋伐名数，宜繁秩，至三公何须以阶为盛"，李说是。其又无勋者，疑即借用正二品上柱国为勋，上柱国乃勋之最高者，唐制勋既无定，有以至卑之官得此勋者，则亦可以至尊之官兼此勋，且阶既以尊兼卑勋，似可以此例也。

"职事者，诸统领曹事，供命王命"，上"命"字误。

"武散官，旧谓之散位"，"武"上脱"文"字。

"朝议郎已下，甚为猥贱，每当上之时"云云，"上"字之上似当有"番"字。

"民部尚书一人,兼掌刑部、工部",此下脱"事"字。

胪列品秩非板法

前所云胪列品秩者,既自正第一品起,直至从第九品下阶矣,而所胪列者却非板法,勋官最滥,如梁府君等,已见前,《新书·卢坦传》云:"旧制,官、阶、勋俱三品始得立戟,后虽转四品官,非贬削者戟不夺。坦为户部侍郎时,阶朝议大夫,勋护军,以尝任宣州刺史三品,请立戟,许之。时郑余庆淹练旧章,以为非是,为宪司劾正,诏罚一月俸,夺戟。"即此一事以观,坦为正四品下阶官,而其阶则正五品下阶,其勋则从三品,可见所胪列者非板法,大约官自有一定品秩,而阶则或以恩泽加之,或以资序加之,或以宠任破格而授之,勋则以著有劳效而得之,是以与官不必相应,其余爵邑、章服,想亦如此。

文武职事官,官也;文武散官,阶也。其正四品以下,每品分上下阶,以官阶勋爵概名曰阶,此"阶"字乃是借用。

总论新官志

《新书·百官志》首段云"唐制,官司之别,曰省,曰台,曰寺,曰监,曰卫,曰府,各统其属,分职定位。其辨贵贱,叙劳能,则有品、有爵、有勋、有阶,以时考核而升降之"云云。品即官也。此段提纲挈领,亦自明析。此下先发明宰相沿革,兼及翰林学士。"宰相之职"云云,以下应提行另起,连写非。此下则胪列三师、三公,次尚书、门下、中书三省,次秘书省,次司天台,次殿中、内侍二省,次御史台。三省长官皆宰相,余台省以次列之,然后及御史台,与汉制以丞相、御史为两府者异矣。且汉制三公是太尉、司徒、司空,即宰相之任,魏晋以降,三公备位而已,爵尊而不任事,宰相别有其人,至唐而必同中书门下平章事方为宰相,侍中、中书令虽真宰相,不轻授人,而必假为之称,视汉及魏晋又大异矣。汉有三府,即三公之府,又名三司,亦谓太尉、司徒、司空,仪同三司亦谓此,已见前第五十六卷。至《新·百官志》说御史台沿革则云:"三司,谓御史大夫、中书、门下也。"《六典》第十三卷《御史大夫》一条注同。与彼三司不同。御史台之下次太常、光禄、卫尉、宗正、太仆、大理、鸿胪、司农、太府九寺,又次国子、少府、将作、军器、都水五监,又次则左右卫、左右骁卫、左右武卫、左右威卫、左右领军卫、左右金吾卫、左右监门卫、左右千牛卫，凡十六卫，又次则左右龙武、左右神武、左右神策六军府也，又次则东宫官，次王府官、公主邑司官，次外官，自尚书省以上为一卷，又自内侍省以上为一卷，又自五监以上为一卷，又自东宫官以上为一卷，自王府官以下总为一卷。愚谓卫府当自为一卷，东宫官当合王府、公主邑官为一卷，外官自为一卷，方觉界画井然，但图并省卷数以见其能简，而眉目不清，不便检阅，亦一病。

宰相位号

宰相之职，"自汉以来，位号不同，而唐世宰相，名尤不正"云云，此段剖断宰相之职与名，颇为明析，其谓仆射与侍中、中书令为宰相，品位既崇，不欲轻授人，故常以他官居宰相职而假以他名，此说初唐制也。此下言"仆射李靖以疾，三两日一至中书门下平章事，'平章事'之名起于此"，迨其后，惟侍中、中书令不轻授，若仆射，则虽授亦非相矣。《旧·杨炎传》历叙德宗之恶炎，欲诛炎，而其下乃云："遂罢炎相，为左仆射。"观此，炎于罢相之后方言为仆射，则知仆射非宰相，必同中书门下平章事方为宰相。钱希白《南部新书》卷甲云："自武德至长安四年已前，尚书左右仆射并是正宰相。初，豆卢钦望拜左仆射，不言同中书门下三品，不敢参议朝政，数日后始有诏加知军国重事。至景云二年，韦安石除仆射，不带同三品，自后空除仆射不是宰相，遂为故事。"

"同中书门下平章事，同中书门下三品二名，不专授"，愚谓"专"疑当作"兼"，传写误。

"初，三省长官议事于门下省之政事堂，后裴炎迁中书令，乃徙政事堂于中书省。"案：此条采自《南部新书》卷甲。

洪迈《容斋随笔》第十二卷云："中书、尚书令，在西汉时为少府官属，与太官、汤官、上林诸令品秩略等，侍中但为加官，在东汉亦属少府，而秩稍增，尚书令为千石，然铜印墨绶，虽居机要，而去公卿甚远，至或出为县令。魏晋以来，浸以华重。唐初遂为三省长官，居真宰相之任，犹列三品，大历中乃升正二品。入国朝，其位益尊，叙班至在太师之上，然只以亲王及使相兼官，无单拜者。"

三省先后序次

三省先后序次,《六典》先尚书,后门下、中书,《新》、《旧志》皆宗《六典》者,故与之同。《通典》则先门下、中书,后尚书,《六典》本法《周官》,欲以六部括天下事故耳。其实尚书令因太宗曾为之,人臣不敢居,遂废,其后郭子仪亦让不受,终唐世无为之者,则遂以仆射为尚书省之长官。论其品秩,仆射从二品,侍中、中书令正三品,似当以尚书省居先;论其职掌,侍中、中书令是真宰相,见《通典》二十一卷《职官》宰相一条。而仆射特以权代令,则又当居后矣。二者虽各有一义,要之,中书出令,门下审驳,尚书受成,则中书、门下居前,于理为长。唐制,同中书门下平章事即宰相之职,而尚书省不系平章衔,则其不合先中书、门下两省可知。

明　庆

《旧志》"左散骑常侍"下注有"明庆二年","起居郎"下注有"明庆中",疑皆当作"显庆",避中宗讳改。

司天台

司天台,《新》、《旧志》同,《六典》及杜氏《通典·职官门》皆作"太史局",且隶秘书监,不别立一条。所云台者,惟御史一台而已,此外无别台也。盖《新》、《旧志》据后定,故不同。

大夫中丞

《旧志》御史台一条云:"大夫、中丞之职,掌持邦国刑宪典章,以肃正朝廷。中丞为之贰。"据《六典》,当作"御史大夫之职"云云。

军器监

军器监,《新》、《旧志》及《通典》并同,而《六典》不载,未详。

六　军

六军,据《新志》以龙武、神武、神策各左、右当之,而《旧志》说六军则数左右羽林,而不数左右神策,《通典》说六军与《旧志》同,盖《通典》据开元,神策始于上元中,在其后,《旧志》据永泰,虽在上元后,要之,六军之名仍取旧制书之,至中晚唐,神策军兵权最重,故《新志》以后定者言之欤? 今未能详考。

《旧》一百八十四《宦官传》:昭宗天复三年,"崔胤奏云'高祖、太宗时无内官典军旅,自天宝以后,宦官浸盛,贞元、元和分羽林卫为左、右神策军,以便卫从,令宦官主之。自是参掌枢密,内务百司皆归宦者'"。胤与朱全忠尽杀宦官,左、右神策军并停废。此段与前七十四卷所引《通鉴》略同,据此则神策即分羽林卫所立。

新旧志外官序次不同

《新·官志》末卷特标"外官"二字提行,自天下兵马元帅以下至防御使一条止,皆使持节官,非守土之官,故多以"使"名者,如元帅、都统、招讨总领兵马,皆为征伐而设,事平则罢不设,节度以下,则有观察、团练、防御、经略凡五等,自西都、东都、北都牧以下,则皆有职守者,犹今所谓地方官。叙次甚明析,然《旧·官志》于东宫官属、王府官属之后,继以"州县官员"四字标题,即详载三府、都督、州县、都护等官,然后载节度、元帅、招讨、防御、团练等使,《新书》不过取而颠倒其前后次第耳,究之如《旧书》叙次,亦何尝不妥?《新书》往往求异于《旧书》,惟《官志》多同,而此篇则以叙次为异。

六典外官无节镇

《新》、《旧·官志》之所以多同者,以其皆用《六典》为蓝本,而稍增损之故也。《六典》凡三十卷,二十九卷皆京官,惟末卷是外官,然于节镇竟一概不载,故其标目云"《大唐六典》三府督护州县官吏卷第三十"。三府,京兆、河南、太原也。督,都督也。护,都护也。乍观之,似太疏略,徐思之,都督者,即总管之改名,而亦即节度之缘起也,言都督,而节度、观察、团练、防御、经略皆足该之矣。况《六典》开元时修,情形与肃、代以下大不同,则不载节度等使固宜。

牧刺史一条校误

《旧志》:"京兆、河南、太原牧及都督、刺史,掌清肃邦畿,考覆官吏。""覆",《六典》作"核"。又"部内有笃疾才学异能闻于乡闾者,举而进之",《六典》无"疾才"二字。又"若狱讼疑议兵甲"云云,《六典》作"狱讼枉疑甲兵征遣"。又其孝悌力田,颇有词学者,率与计偕",《六典》作"孝悌力田者,考使集日,具以名闻",无"颇有"以下九字,皆以彼为正。"考使集日"者,《新·百官志》:考功郎中,掌文武百官功过善恶之考法,"凡百司之长,岁较其属功过,差以九等",定考,皆集于尚书省,唱第然后奏。是也。

过 所

《旧志》:"关令,凡行人车马出入往来,必据过所以勘之。"语本《六典》,《新》作"车马出入,据过所为往来之节",改得殊不如《旧》。"过所"犹言"路引",亦似今兵部所给勘合火牌。《新志》于司门郎中员外郎一条云"天下关二十六度者,本司给过所",是也。然其制不始于唐,汉已有之,洪迈《容斋四笔》第十卷历引《刑统》、《卫禁律》、《释名》、汉文帝十二年张晏注、《魏志》仓慈事、《廷尉决事》、徐铉《稽神录》以释"过所"之义,最详明。

官阶勋爵中晚日渐纠纷

《新唐书·陆贽传》云:"甲令有职事官、有散官、有勋官、有爵号,其赋事受奉者,惟职事一官。勋、散、爵号止于服色资荫,员外试官与勋、散、爵号同,然突铦锋、排祸难者,以是酬之。"愚谓唐初官制惟有官、阶、勋、爵四项尚属简明,中晚以下,日渐纠纷,员外试官之多,有增靡已,于是乎一官而变为数官,权知里行、检校判摄,枝岐节赘,不可爬梳。官之外又有正官,正官之外又有职,而勋、散、爵号更为冗溢,往往以卑兼尊,与官不相照应,所以然者,何也? 突锋排难者以是酬之故也。颜鲁公为其父惟贞作家庙碑铭,此碑载都穆《金薤琳琅》第二十卷,予藏有拓本。署云"第七子光禄大夫、行吏部尚书、充礼仪使、上柱国、鲁郡开国公真卿撰",末附跋云:"建中元年,岁次庚申,秋七月癸亥朔,镌毕，八月己未，真卿蒙恩迁太子少师，微躯官阶勋爵并至二品。"案：鲁公由正三品官吏部尚书迁从二品官太子少师，而光禄大夫是从二品阶，上柱国是正二品勋，开国郡公是正二品爵，故云云也。据《新书》本传，公为杨炎所恶，故有此迁。尚书要官，少师则闲官耳，礼仪使是其差遣。炎罢，公尚书使犹如故，而并于官言之，不别言差遣，至其阶、勋、爵则前为湖州刺史，约在广德中，书《臧怀恪碑》为抚州刺史，在大历十二年，书《李元靖碑》，署衔即此阶勋爵也。《旧·地志》湖州上，抚州中，而上州刺史从三品，中州刺史正四品上阶，乃其后直至尚书，阶、勋、爵始终不改，即此足证官与阶、勋、爵不必相应。要之，彼时人臣衔名，犹不过官、阶、勋、爵四项，其后愈觉猥滥，五代尤甚。《旧五代史·冯道传》道著《长乐老自叙》，阶自将仕郎转朝议郎、朝散大夫、银青光禄大夫、金紫光禄大夫、特进、开府仪同三司；职自幽州节度巡官、河东节度巡官、掌书记，再为翰林学士，改授端明殿学士、集贤殿大学士、太微宫使，再为弘文馆大学士，又充诸道盐铁转运使，南郊大礼使，明宗皇帝、晋高祖皇帝山陵使，再授定国军节度、同州管内观察处置等使，一为长春宫使，又授武胜军节度、邓随均房等州管内观察处置等使；官自摄幽府参军、试大理评事、检校尚书祠部郎中兼侍御史、检校吏部郎中兼御史中丞、检校太尉、同中书门下平章事、检校太师、兼侍中，又授检校太师兼中书令；正官自行台中书舍人，再为户部侍郎，转兵部侍郎、中书侍郎，再为门下侍郎、刑部吏部尚书、右仆射，三为司空，两在中书，一守本官，又授司徒、兼侍中，赐私门十六戟，又授太尉、兼侍中，又授戎太傅，又授汉太师；爵自开国男至开国公、鲁国公，再封秦国公、梁国公、燕国公、齐国公；食邑自三百户至一万一千户，食实封自一百户至一千八百户；勋自柱国至上柱国；功臣名自经邦致理翊赞功臣，至守正崇德保邦致理功臣、安时处顺守义崇静功臣、崇仁保德宁邦翊圣功臣。此正分官与职而别言之，又分官与正官而别言之，职与官，皆其实任事者，皆似差遣；但犹不言差遣，此种纠纷制度并功臣名号皆起唐末，中世尚未有。

司马温公论唐宋官制

司马温公作《百官表》已佚，《文献通考》第二百二卷《经籍考》采其自序云:"唐初职事官有六省、一台、九寺、三监、十六卫、十率府之属,其外又有勋官、散官。勋官以赏战功,散官以褒勤旧,故必折馘执俘,然后赐勋,积资累考,然后进阶,以其不可妄得,故当时人以为荣。及高宗东封,武后预政,欲求媚于众,始有泛阶,自是品秩浸讹,朱紫日繁矣。肃宗之后,四方麋沸,兵革不息,财力屈竭,勋官不足以劝武功,府库不足以募战士,遂并职事官通用为赏,不复选材,无所爱吝。将帅出征者皆给空名告身,自开府至郎将,听临事注名,后又听以信牒授人,有至异姓王者,于是金帛重而官爵轻矣,或以大将军告身,才易一醉,其滥如此。重以藩方跋扈,朝廷畏之,穷极褒宠,苟求姑息,遂有朝编卒伍,暮拥节旄,夕解褐衣,旦纡公衮者矣。流及五代,等衰益紊。三公端揆之贵,施于军校;衣紫执象之荣,被于胥吏。名器之乱,无此为甚。大宋受命,承其余弊,方纲纪大基,未暇厘正,故台、省、寺、监、卫、率之官,止以辨班列之崇卑,制廪禄之厚薄,多无职业。其所谓官者,乃古之爵也;所谓差遣者,乃古之官也;所谓职者,乃古之加官也。自余功臣检校官散官阶勋爵邑,徒为烦文,人不复贵,凡朝廷所以鼓舞群伦、缉熙庶绩者,曰官、曰差遣、曰职而已。于三者之中,复有名同实异,交错难知。"案:温公此序最中肯綮,而"官乃古之爵,差遣乃古之官,职乃古之加官"三语尤为扼要,此沿五代制,并改冯道之所谓官者而名以差遣矣。此表所载乃自宋建隆以下,讫于熙宁,文官自知杂御史以上,武官自阁门使以上,内臣自押班以上,记其迁除黜免,而此序却追溯官制紊乱之所由,然直从唐高宗、肃宗说起,欲以见此弊不但不始于宋,并不自晚唐及五代而始,其来久矣。学者读史,于《新》、《旧唐书》及《宋史》所最苦者,官名之淆杂累坠,眩瞀心目,试将温公所谓"官乃古之爵"云云者以求之,则唐宋官制乃可考见。明正德戊寅书坊慎独精舍刻《通考》,脱误不可据,今用《文集》参校增改。

《杜佑传》:"佑上议曰:'魏置柱国,当时宿德盛业者居之,贵宠第一,周、隋间,授受已多,国家以为勋级,才得地三十顷耳。'"洪容斋《续笔》第五卷云:"唐自肃、代以后,赏人以官爵,久而浸滥,下至州郡胥吏、军班校伍,一命便带银青光禄大夫阶,殆与无官者等。明宗长兴二年,诏不得荐银青阶为州县官,贱之至矣。晋天福中,中书舍人李详上疏,以为十年以来,诸道职掌皆许推恩,藩方荐论动逾数百,乃至藏典书吏、优伶奴仆，初命则至银青阶，被服皆紫袍象笏，名器僭滥，贵贱不分，请自今节度州听奏大将十人，他州止听奏都押牙、都虞候、孔目官。从之。冯拯之父俊，当周太祖时，补安远镇将，以银青光禄检校太子宾客兼御史大夫。至本朝端拱中，拯登朝，遇郊恩，始赠大理评事。予八世从祖师畅，畅子汉卿，卿子膺图，在南唐时皆得银青阶，至检校尚书、祭酒，然乐平县帖之，全称姓名，其差徭正与里长等。"愚谓司马氏言大将军告身易一醉，此言官之滥；杜氏言柱国值三十顷，此言勋之滥；洪氏言银青与里长等，此言阶之滥。盖唐官制至五代益乱，宋沿五代之弊，是以官、职、差遣，化一为三，不胜其烦，而阶、勋、爵、邑之类，徒设空文，皆无实事。

十七史商榷卷八十二

新旧唐书十四

内样巾子

《旧·舆服志》："武德已来,始有巾子。中宗景龙四年三月,因内宴赐宰臣已下内样巾子。"本纪误作"甲子",已见前。宋凤台子王得臣彦辅《麈史》卷上《礼仪》篇云："隋大业中,牛弘请着巾子,以桐木为之,内外皆漆。唐武德初,置平头小样巾子,武后赐百僚丝葛巾子,中宗赐宰相内样巾子,盖于裹头帛下着巾子耳。"钱希白《南部新书·丙》同,如王、钱二说,巾子隋时已有,不始唐初,但用桐木,自不如丝葛,着"裹头帛下"一语,其制可见。

总论新书兵志

《旧书》无《兵志》,《新书》补之甚善,但其首段泛说一朝大意,而终之云："若乃将卒[①]、营阵、车旗、器械、征防、守卫,凡兵之事不可以悉记,记其废置、得失、终始、治乱、兴灭之迹,以为后世戒云。"愚谓征防守卫,事之大者,后世所欲考而知者正在乎此,乃谓其不可悉记而略去之,何也?既略去制度不详,而记废置治乱何益?且此段之前半截极力提唱摇曳府兵立制之美,又言府兵之所以为美者,以其能寓兵于农,使人读之不觉神往,及徐徐读至下文,实叙府兵制度,而所谓寓兵于农者,仍不可得而详也。所云"居处、教养、畜材、待事、动作、休息皆有节目,虽不尽合古法,盖得其大意"者,毕竟如何节目,如何不尽合古,如何得其大意,但有空空唱叹,绝未明叙其制,令人徒增怅闷。夫古今时势不同,当隋唐而必欲行三代之事,反嫌执泥。府兵不尽合古,得其大意,此正其善于调剂处,何但空说一番乎?此制起于周、隋,定于唐初,

---

① "将卒",原本作"将率",今据《新唐书·兵志》改正。

至天宝而坏，一坏不可再复，然其立法之善，存之足备采取，窃计三百年中兵事头绪繁多，而提掇唱叹空句，亦叙事之不可少者，约须二万言可了，今只七千余字，宜其不详，乃《新志》既不详，而《通典·兵门》但载行伍营阵中事，于府兵全不记载，亦为可恨。

"武德三年，析关中为十二军，军置将、副一人，以督耕战。六年，军置坊主一人，以检察户口，劝课农桑"，军将不但督战，且督耕，又有检察户口、劝课农桑者，可见府兵平日即农夫也，无不耕而食者，其制美矣。但所耕之田不知在何处，如何给之，如禁军"以渭北白渠旁民弃膄田分给之"，有此一句，而天下府兵所耕之田则不见。如何督之，如何检察劝课之，且府兵散在天下，而隶于诸卫折冲都尉府，诸卫府在京师，平日如何统属，关内道近尚可，若远者，殊不晓其统属之法，其平日受治于州刺史、县令，与其所出租庸调与平民同乎异乎，皆不得知。以意度之，军将、副、坊主大约似今卫守备耳，下文云："凡发府兵，皆下符契，州刺史与折冲勘契乃发。若全府发，则折冲都尉以下皆行，不尽则果毅行，少则别将行。"又云："府兵居无事时耕于野，其番上者，宿卫京师而已，四方有事，则命将以出，事解辄罢，兵散于府，将归于朝，故士不失业，而将无握兵之重。"此二段稍见寓兵于农崖略，然于所谓征者略见之矣，而所谓防守卫者则全未之及。

杜牧《樊川文集》第五卷《原十六卫》篇多是议论，亦不见制度，中一段云："所部之兵散舍诸府，三时耕稼，被襏袯耡耒，一时治武，骑剑兵矢，父兄相言，不得业他，籍藏将府，伍散田亩，力解势破，人人自爱。及缘部之兵被檄，乃来受命于朝，不见妻子，斧钺在前，爵赏在后。"此段亦颇见征防守卫之概。

置府之数各书互异

《新·兵志》云："诸府总曰折冲府。凡天下十道，置府六百三十四，皆有名号，而关内二百六十有一，皆以隶诸卫。"《文献通考》一百五十一卷引章氏曰：名俊卿，著《山堂考索》。"《会要》云：'折冲府二百八十，通计旧府六百三十三。'陆贽奏议则以为太宗置府八百，在关中者五百。杜牧《原十六卫》：'上畜养戎臣，外开折冲果毅府，五百七十有四。'其数不同。"愚谓章氏所考数不同者，犹据他书，今观《新·百官志》"折冲都尉"下注"三辅及近畿州都督府皆置府,凡六百三十三",与《会要》同,与《兵志》已自相违。又《兵志》言关内二百六十一,而《地理志》关内道所载府凡二百七十五,二者亦不同,何也?《新书》意主简明,爱惜笔墨甚矣,而此段《百官志》注文与《兵志》多重复,何不归并一处,而于《官志》但云"详《兵志》"。又杜牧《原十六卫》篇目注又云:"五百七十四府,凡有四十万人。"甚分明,不知何以互异如此。

兵志校误

"每岁季冬,折冲都尉率五校兵马之在府者"云云一段,说农隙阅武之法,内"二人校之人合噪而进"云云,上"人"字衍;又"左右击钲,少却"云云,"右"当作"校"。二字《文献通考》误与汲古阁《新·兵志》同,以意改。此在京师教阅训练也,天下州县府兵如何训练则不可考。

彍　骑

《新·兵志》:"府兵之法坏,番役更代不以时,卫士稍亡匿,宰相张说请一切募士宿卫。开元十一年,取京兆、蒲、同、岐、华府兵及白丁,益以潞州长从兵,共十二万,号'长从宿卫',岁一番。明年,更号'彍骑'。十三年,始以彍骑分隶十二卫,总十二卫,为六番。"案:《张说传》:"卫兵贫弱,番休者亡命略尽,说建请一切募勇强士,优其科条,简其色役。不旬日,得胜兵十三万,分补诸卫,以强京师,后所谓彍骑者也。"据此,似其初本府兵散居各州郡,番上宿卫,说所募则聚居京师,以十二万兵聚居京师,势有不给,故复分隶之,而所分隶亦但在近畿无远者。《兵志》空发议论多,纪载实制少。《文献通考》抄撮而已,无所发明,故不能详悉。

方镇节度使之兵

《旧书》于《地理志》中说方镇兵制,《新书》则撅入《兵志》,虽意在移易其篇名,以审改阅者之耳目,但《旧》无《兵志》,故入《地理》,此等本是兵事,入《兵志》是也。惟其所叙各道之各军、各守捉、各城、各镇,与《旧·地志》颇多互异,此等皆是实法实事,作者固不便以意妄造欺人,自是各有所据。大约《新书》据后定者,然以《新书》之立意欲求异于《旧书》，则此等互异处，断不可偏信《新》而废《旧》。如《旧·地志》平卢二军，此一军；又范阳，彼九军，此十六军；又河西，彼八军，此十军；又陇右，彼九军，此十八军；又剑南，彼六军镇，此十军三十八镇；又岭南，彼二军，此六军。其他数虽同而名亦多异，至于福州经略军一，曰江南道；平海军一，东牟、东莱守捉二，蓬莱镇一，曰河南道，此二段似与《旧·地志》更大不同。考江南道、河南道并非节度道名，彼但云福州刺史，莱州、登州刺史领之，恐此《志》据后定者。至于朔方经略、丰安、定远、新昌、天柱、宥州经略、横塞、天德、天安军九，三受降、丰宁、保宁、乌延等六城，新泉守捉一，曰关内道。考此九军、六城、一守捉，《旧·地志》皆为朔方节度所管，而此乃以为关内，盖其实是朔方节度所管，但在关内道界中耳，似异实同也。

三苍说文字林

《旧·经籍志》小学类："《三苍》三卷，李轨等撰，郭璞解。""李轨"当作"李斯"。又："《三苍训诂》二卷，张揖撰。《说文解字》十五卷，许慎撰。《字林》十卷，吕忱撰。"愚案：《三苍说详》二十二卷，史籀所作《史篇》十五篇，西汉时著于功令，学僮能讽，乃得为史，建武虽亡其六，残本尚存，今《唐志》遂不载，则已亡矣。窃疑魏晋、南北朝人好古者多，何以致亡？据《汉志》，《三苍》多取《史篇》文字，然则《史篇》即在《三苍》中，士子以其不必两习，故亡耳，然《三苍》故在也。吕忱，晋人，《晋书》无传，其爵里可考者，《北史》三十四《江式传》延昌三年式上表，称"晋义阳王典祠令任城吕忱"，而《隋书·经籍志》则云"弦令"，其《字林》卷数，江式云"六卷"，已与《旧唐志》不同，封演《闻见记》第二卷《文字》篇又作"七卷"，《新唐·艺文志》又作"十卷"，《宋史·艺文志》又作"五卷"。其作书之旨，江式云："寻其况趣，附托许慎《说文》，而按偶章句，隐别古籀奇惑之字，文得正隶，不差篆意也。"封演云："吕忱按群典，搜异字，撰《字林》，亦五百四十部，凡一万二千八百二十四字，诸部皆依《说文》，《说文》所无者是忱所益。"张参《五经文字》序例云："许叔重收集籀篆古文诸家之学，就隶为训注，谓之《说文》。后有吕忱，又集《说文》之所漏略，著《字林》五篇以补之。《说文》体包古今，先得六书之要，有不备者，求之《字林》。"自注云："若桃祧逍遥之类，《说文》漏略，今得之于《字林》。"就江式、封演、张参说寻之，规模约略可睹，《新书·选举志》云："凡学馆诸生，《九经》外读《说文》、《字林》、《三苍》。凡书学，石经三体限三岁，《说文》二岁，《字林》一岁。"张参亦云："今制，国子监置书学博士，立《说文》、《石经》、《字林》之学，举其文义，岁登下之。"唐时三书与蔡邕石经并立学课士如此。《宋史·艺文志》杂乱无章，诚难深据，姑就考之，此《志》已无《三苍》，则《三苍》亡于宋，然犹有《字林》，不知何时又亡之，尚幸《说文》岿然特存，若有神物护持，学者未通此书，不得其门而入，不见宗庙之美、百官之富。

苍颉埤苍

《汉志》又有《苍颉篇》，即《三苍》也，但合之耳。今《旧唐·经籍志》、《新唐·艺文志》皆有《苍颉训诂》二卷，杜林撰，似唐尚有此书，《宋志》则亡矣。又曹魏张揖撰《埤苍》，似是埤益《苍颉》者，又撰《广雅》以广《尔雅》，二书《新》、《旧唐志》亦皆有。《旧·埤苍》下注"张抱撰"，误。隋曹宪注《广雅》，避讳改《博雅》，《宋志》直言曹宪《博雅》，非也，而无《埤苍》，则亦亡于宋。今吴琯刻《广雅》存，阳湖孙星衍采群书所引《苍颉篇》，兴化任大椿采《字林》，皆成卷帙，虽不全，稍存古人面目。

唐以前音学诸书

小学有二，首文字，次声音。论其根本，声音原在文字之前；论其作用，必以文字为主，声音反在所缓。盖二者皆易变乱，但文字实、声音虚，既从实处捉定，声音虽变不怕。唐以前字学书存者尚多，而《说文》之存，尤为斯文之幸。能通《说文》，得其门而入，可与言学矣。其次则声音亦宜稍留意，观《旧唐·经籍》、《新唐·艺文志》，唐以前音学诸书竟无一存者，惟《广韵》虽宋人所修，尚存唐人规模。

字学书，《史籀》已有；音学书，魏晋以下方有。今既尽亡，而刘渊《壬子新刊礼部韵略》、阴时夫《韵府群玉》，并二百六部为一百六部，变乱旧章者，盛行于流俗，有志之士反而求之《广韵》，其亦足以知声音矣乎？曰：否。《广韵》虽仍存魏、晋、齐、梁及唐人面目，但李登、吕静、沈约诸人作韵书，只据当时之音为定而已，不能追考三代以上古音也。宋吴棫才老作《韵补》五卷，虽有意考古音，然实不知古音，滥取汉魏、隋唐之文异于今者，即以为古，杂乱谬误。明陈第季立《毛诗古音考》四卷、《屈宋古音义》三卷，稍知求其原本，直至顾绛宁人《音学五书》及《韵补正》出，古音始复存。予深信笃好之，友人戴震、段玉裁议顾氏尚有失，予未能究通，且从顾氏。

宁人宿傅青主家，晨未起，青主呼曰："汀芒矣。"宁人怪而问之，青主笑曰："子平日好谈古音，今何忽自昧之乎？"宁人亦不觉失笑。古音"天"呼若"汀"，"明"呼若"芒"，故青主以此戏之。然则古可好，不可泥也。声音固尔，文字亦然。盖声音、文字随时而变，此势所必至，圣人亦不能背时而复古。文字虽易变，《说文》不亡，则字学常存，此书殆将与天地无终极，字不虞其变也。声音虽易变，皆变在未有韵书之前，李登、吕静、沈约诸人过小功大，既有韵书，音亦不虞其变也。苍颉古文、史籀大篆、李斯小篆，不可不知也，如用之，则吾从隶书，吾从众也。惟于隶书中，去其舛谬太甚者，使不违古篆之意，且于唐宋史鉴所无，徐铉新附所无之字，屏而不用，亦足矣。古音不可不知也，如用之，则吾从唐宋，亦吾从众也。要惟读周、汉以前书用古音，读晋、唐以后书用今音，斯可矣。大约学问之道当观其会通，知今不知古，俗儒之陋也；知古不知今，迂儒之癖也。心存稽古，用乃随时，并行而不相悖，是谓通儒。

声音、文字，学之门也，得其门者或寡矣，虽然，苟得其门，又何求焉？终身以之，惟是为务，其他概谢曰"我弗知"，此高门中一司阍之老苍头耳。门户之事，熟谙极矣，行立坐卧，不离乎门，其所造诣，铃下而止，不敢擅自升堂阶，况敢窥房奥乎？予于此等姑舍是。因读《新》、《旧唐志》，附论之。

开元礼

唐礼莫著于开元，《旧·经籍志》有《大唐新礼》一百卷，房玄龄等撰，此贞观礼也，而无《开元礼》，《新·艺文志》则以《新礼》为《大唐仪礼》，注云："长孙无忌、房玄龄、魏徵、李百药、颜师古、令狐德棻、孔颖达、于志宁等撰，贞观十一年上。"而又载《永徽五礼》一百三十卷，注云："长孙无忌、许敬宗、李义府、刘祥道、许圉师、韦琨、萧楚材、孔志约等撰，显庆三年上。"又载《开元礼》一百五十卷，注云："开元中，通事舍人王岩请改《礼记》，附唐制度，张说引岩就集贤书院详议。说奏：'《礼记》，汉代旧文，不可更。请修贞观、永徽礼为《开元礼》。'命贾登、张烜、施敬本、李锐、王仲丘、陆善经、洪孝昌撰缉，萧嵩总之。"《新·选举志》云："凡《开元礼》，通大义百条、策三道者，超资与官，义通七十、策通二者及第，散试官能通者与正员。"又云："贞元二年，诏习《开元礼》者举同一经例。"然则此书立于学官，以为科目，课试取士，其重如此。李涪以《开元礼》及第，见《北梦琐言》第九卷。所以《艺文志》别载《开元礼义镜》一百卷，《京兆义罗》十卷，《类释》二十卷，《百问》二卷，皆所以发挥此书之义，其学盛矣。《旧志》之不载，诚为阙漏。《宋史》二百四卷《艺文志》三仪注类仍有之，并有《百问》、《类释》，而又有《仪镜》五卷，韦彤《义释》二十卷，《义镜略》十卷，《教林》一卷，是宋代此学犹在，逮及元、明，遂无闻焉，各家书目皆不见，惟朱先生彝尊集中有跋，予从平望汪鸣珂借录，凡一百有八卷，今存。

唐　律

夫子称信而好古，又称好古敏求。居今日而言古，唐以前书是也。朱先生彝尊《跋石药尔雅》云："唐代遗书，传世者罕矣。"此真一语破的，盖其生平搜奇访秘，专务博采，晚乃有见，故能为此言。窃谓唐人之书如《石药》固无甚关系，即《开元礼》亦非至要，独《唐律》之仅存者，乃为希世之宝。元泰定四年刻，柳赟为序，附以王元亮释文者，朱先生亦有跋，以《旧志》所载《刑法类》中各书考之，不知元刻《唐律》当《志》中何家。予访求三十年不获，近始钞得。

员半千

《新·艺文志》第五十别集类《员半千集》十卷，董冲《唐书释音》第五卷"音王问切"，则当读若"运"矣。吴曾《能改斋漫录》第三卷《辨误》篇谓："《左传》伍员，陆德明音云平声，唐员半千十世祖凝之，仕刘宋，奔元魏，本彭城刘氏，以忠烈自比伍员，改姓员，则员姓正当为平声，董音误。窦苹《音训》曰'唐人读半千姓皆作运'，未详何据。张嘉贞荐苗延嗣、吕太一、员嘉靖、崔训位清要，当时语曰：'令君四俊，苗、吕、崔、员。'员姓音误久矣。《前凉录》已有金城员敞，此姓不始凝之。又《芸阁姓苑》云：'员氏，其先楚令尹子文斗伯比之子，育于郧公辛，辛生斗怀，员盖辛之后，平王时敫为大夫。'则此姓又不始于敫。郧音'云'，则员不当音'运'。"以上皆吴说。愚谓元黄公绍《韵会》第六卷："员，于权切。音与元韵元同。《诗》'聊乐我员'、'员于尔辐'、'景员维河'并音'云'，行人子员、伍员音亦同，唐员半千，董冲音'运'。"窦苹书至元而亡，今惟董冲存，此类正如"繁钦"之"繁"音若"婆"，姑仍唐读，毋庸辨正。吴曾掇拾，徒长芜蔓，愚所不取。《新唐》列传第三十七卷半千有传。

李 康

李康《玉台后集》十卷，晁氏《读书志》作"李康成"，此脱一字。

唐人文集

《旧志》载唐人文集只百余家，《新志》约六百余家，今世宋、元集数见不鲜，唐人集则寥寥矣。张天如但采汉魏六朝，不及唐人，予访求数十年，又有友人张、德荣。吴翌凤。相助，所得颇博。王阮亭《居易录》一则云："朱竹垞言所见唐人文集，自韩、柳、元、白数集外，则张曲江、颜鲁公、独孤及、刘禹锡、元结、李卫公、陆宣公、杜牧、沈亚之、欧阳詹、吕温、李观、司空图、皮日休、陆龟蒙、罗隐、皇甫湜、李翱、孙樵、刘蜕、黄滔二十余家，皆予所及见者，若富嘉谟、吴少微、李华、萧颖士、贾至、李翰、樊宗师、梁肃、卢肇、冯宿、刘轲之徒，皆不见其全矣。"竹垞、阮亭皆见之二十一家，予少吕温、刘蜕，余皆有。竹垞见阮亭不见之十一家，予有李华，余皆无。此外，竹垞、阮亭未举及而予有者又数家，合人间所习见共约四十家，以《新志》考之，未及十之一。《新志》有诗无文者亦以充数，予则徒诗者不取。明蜀刻《权德舆集》但有诗，文则目录空存，故置不列。

明代诸公创论不读唐以后书，此辈固不读唐以后书矣，而亦何尝读唐以前书乎？剿其字句，袭其声调，但以供诗文之用，遂可谓之能读乎？若果实能读遍唐以前书，虽未读唐以后书，吾必谓之学矣。然果实能读遍唐以前书，其势亦必须会通宋、元，必不能截然自唐而止，画断鸿沟矣。经学、史学姑不论，即唐以前文集，七才子所摹拟，大抵不过几名家、几大家，且多看选本，少看全集。博观而约取，去短而集长，惟深心嗜古之士为能然也。

新食货加详

《新·食货志》较《旧志》加详，约几倍之有余，似胜于《书》。

庸法新旧不同

《新·食货志》："授人以田，取之以租、庸、调之法。用人之力，岁二十日，闰加二日，不役者日为绢三尺，谓之庸。有事而加役二十五日者免调，二十日者租、调皆免。"《旧书》："旬有五日免其调，三旬则租、调俱免。"二者既不同，《新》"加役二十五日者"、"二十日者"亦似互误。

餧

《新·食货志》："凶荒溃散，餧死相食。"《说文》卷五下《食部》："餧，饥也。"俗误作"馁"，《说文》无此字，已见前六十八卷。

澹

"商贾钱，每缗税二十，竹木茶漆税十之一，以澹常平本钱"，"澹"，《旧》作"充"，俗作"赡"，在《说文》卷六下《贝部》新附。

釽

"挽夫系二釽于胸而绳多绝"，《说文》十四上《金部》新附："釽，裂也。从金、爪。普击切。"与此文义不合，且董冲《唐书释音》第五卷音攻乎切，则从"瓜"不从"爪"。然此字他书未见有用者，董氏亦但释其音，不解其义也。详考之，《新书》此条实采自张鷟《朝野金载》第二卷，彼详述杨务廉于陕州三门凿山烧石，施栈道，牵船运米。盖小人立苛法，徒病民而无利于国，其害如此。此《新书》之采小说而有益者，《旧书》则无。"釽"乃俗字，张鷟用之而《新书》仍之。

十七史商榷卷八十三

新旧唐书十五

卢承庆参知政事

《新·宰相表》："显庆四年五月丙申，度支尚书卢承庆参知政事。"承庆本传作"同中书门下三品"。

神龙二年应添一句

神龙二年七月辛未，"流晖于嘉州，彦范于瀼州，恕已于环州，元晖于古州，柬之于泷州"，此下应添一句云"晖、彦范、恕已寻皆被杀"。此后如昭宗朝裴枢、独孤损、柳璨之类遗漏其被杀者甚多。此《表》之例，宰相除拜、罢免、贬窜、诛死皆书，而自乱其例者却不少，今不备及。

论方镇表

方镇之建置，分割移徙，最为纠纷，以唐一代变更不一，竟无定制，所以览史者苦于眯目。《旧书》无表，《新书》特补《方镇表》，开卷了然，此《新书》之最善者。但《旧·地志》于节度使亦曾分作两番叙述，前面先列十节度，开元二十一年所置，每道用小字注其治所及所管，后面又列四十七使，系至德以后所置，亦每道用小字注其治所及所管。十节度易于明了，如《旧志》所列已足，其四十七使分合更易，繁若乱丝，此非《表》不能整理，而《旧志》但累历而举之，岂能条析乎？且兵自宜别为志，方镇自宜别为表，尽入《地理》，一何喧混，此《新书》体裁所以为善也。其以十道节度入《兵志》，以四十余使入《方镇表》，瓜畴而芋区之，此亦出于不得已。要之，十道者即四十余使之先声，四十余使乃十道之后局也，相为首尾，不可离析。今《兵志》有其始制，不见后来改更，《方镇表》但有后事，不见其初来历，此合之则两美，离之则两伤，而作者竟不得不出于此，何也？避重复也。窃谓重复固不可，然宜于《兵志》叙完各道节度所管军城镇守捉之下，转到开、宝乱后事，添入醒目之语云："自肃、代以后，增置节度愈多，列镇相望，星罗棋布，其建置沿革详见《方镇表》。自是天下府兵，昔时隶籍卫府者，皆变为方镇之兵，天子不得而调发之矣。"又《方镇表》叙首云："高祖、太宗之制，兵列府以居外，将列卫以居内，有事则将以征伐，事已各解而去。兵者，将之事，使得以用，而不得以有之。"数语略见府兵大概，正与《兵志》中语相仿佛，此下乃直接"及其晚也，土地之广，人民之众，城池之固，器甲之利，举而予之"云云，其下又接"方镇之患，各专其地，连衡叛上，以力相并"云云，末径结云："可不戒哉。"下即编年列表，其冒头本说府兵法制之善，而下半段直说方镇为害，亦不说作表缘起，转落承接处，眉目全不分晓，宜于"不得以有之"之下接云"此府兵之制，所以为善也。其后弊坏，睿宗之世始置节度使，开元增置有八，所管守捉军城镇，详见《兵志》，天宝大乱，自是增置诸镇，凡有数十"，然后接"土地之广"云云，至末"可不戒哉"之下，宜云"今断自景云元年，列其疆域、建置，作《方镇表》"，如此方明析达心。则其言略不为下学之地，此其病也。

方镇表与他家互异

《新·方镇表》与《旧·地志》所列至德后四十七使及杜氏《通典·州郡门》皆有互异处，其名称、其体制、其品秩、其管辖、其职掌，频经改易，又数数叛服不常，纪载之纷岐，固难画一也。李吉甫《元和郡县志》据自序称四十七镇，《方镇表》所列凡四十四镇，吉甫书进于元和八年，《方镇表》始景云，至唐末，其数之不同，今未暇详考。且吉甫书已阙六卷，就其存者与《新表》、《旧志》参对，三者已各不同，移徙分割，纷乱不可爬梳，不耐更参求矣。

方镇但表其地未表其人

《新·方镇表》但表其地，未表其人，亦一恨事。窃谓《宰相世系》举宰相家之子弟族姓尽陈简册，方镇乃一代兴亡所系，较彼尤切，若能取《新》、《旧》各列传及唐人文集、碑刻、小说，胪其人而表之，年为经，地与人为纬，尤为史家快举。予老矣，欲辨此，钩稽甫始，便觉目眩魂摇，尝劝友人诸廷槐成之，尚未脱稿。

宰相世系先后之次

《宰相世系表》编次先后，理须立为义例，而众姓未便以意为先后也，故仍依除拜之先后。《宰相年表》首列武德元年六月裴寂拜右仆射、知政事，《世系表》即以裴姓居首，而凡此姓中各房所有宰相，直至唐末俱以类从，叙毕裴姓，即及刘氏者，以刘文静即次裴寂为纳言也。此例甚妥。

世系表与年表例不同

《宰相年表》陈叔达之下即次以凉州总管杨恭仁，遥领纳言，但遥领不同真授，故《世系表》不数，越过恭仁而先及封德彝，德彝之下，恭仁即入为吏部尚书兼中书令，故以杨氏次之。《年表》杨恭仁之下即次以宇文士及，权检校侍中，检校亦非真授，故《世系表》越过宇文氏不数，先列高士廉，然则《世表》之例，以遥领、检校不数，而兼御者仍数之，与《年表》例不同。

杨氏越公房

《宰相世系表》杨氏越公房，自中山相结，传至越恭公钧，号越公房。其后传至国子祭酒宁，生四子，汝士、虞卿、汉公、鲁士，皆贵。钱希白《南部新书》卷乙同，而此下所叙则不同，《南部新书》："虞卿生知退，知退生堪，堪生承休，承休生岩，岩生郁，郁生覃。覃，太平兴国八年成名，近为谏议大夫，知广州，卒。堪为翰林承旨学士，随僖皇幸蜀。承休自刑部员外郎使浙右，值多难，水陆相阻，遂不归。岩侍行，十六矣，我曾祖武肃辟之幕下，先人承袭，岩为丞相，及叔父西上，岩以图籍入觐，卒于秀州，年八十余。岩之第三子曰郾，入京为员外郎分司，判西台，卒。郾之子曰蟆、曰蜕。蜕，淳化三年登科。司封员外郎蟆之子曰侃，端拱二年成名，今刑部郎中，直集贤院。"希白是钱镠之曾孙，元瓘之孙，倧之子，叔父俶纳土归宋，岩为其丞相，故奉图籍将入觐而死于路也。《世系表》则以堪为知退之弟，非其子，郁为鲁士子思实之子，与《南部》以为虞卿玄孙之子者大不合，且鲁士既与汝士、虞卿、汉公嫡兄弟，汝士、虞卿、汉公官位皆显于文宗之初年，则鲁士当不大远，何以隔百四五十年至宋太宗即位之八年，其孙方得成名？此大可疑，而杨氏既官于吴越，希白于祖父寮属亲与周旋，知之必审，《旧书·虞卿传》亦以堪为知退弟，与《世系表》同，而与《南部》不合，疑《旧书》亦误，乃又以汝士为虞卿从兄，非嫡兄，则又与《世系表》不同矣。《世系表》追溯其上世宗派直至秦、汉、三代者，往往附会荒诞，洪迈《容斋随笔》第六卷已辨之，若其支裔仕唐者，宜皆可信，然犹不免多所抵牾若此。

李元纮衍

李氏除宗室自入《宗室世系表》外，其非宗室而入《宰相世系》者分而为二，曰陇西、曰赵郡。陇西定著四房，武阳、姑臧、燉煌、丹阳；赵郡定著六房，南祖、东祖、西祖、辽东、江夏、汉中也。丹阳李氏有元纮，是武后宰相昭德之子，而汉骑都尉陵裔李氏又有元纮，相玄宗。"丹阳李氏"下"元纮"二字必是传写误衍，非同姓名者。

观太冲华

赵郡李氏南祖之下有观，无位，而东祖之下亦有观，则注云"监察御史"。考朱文公校《昌黎先生集》卷二十四《李元宾墓铭》云"李观，字元宾。陇西人"，则非赵郡甚明，其下文又言"观登进士第，举宏辞为太子校书郎"，《新书·文艺传》皆与之合，则非此。南祖、东祖之下一无位，一御史，又甚明。乃《文艺传》先言"李华，赵州赞皇人"，是赵郡矣，其下文言"从子观，字元宾"云云，不合一也。《文艺传》华曾祖太冲，今《世系表》赵郡东祖下，太冲虽为华曾祖一行，而华曾祖自名赞王，太冲曾孙中无华，不合二也。《文艺传》太冲官祠部郎中，华官右补阙，而《世系表》太冲官雍王友，华无位，不合三也。《表》、《传》抵牾如此。

两泌繁

赵郡东祖下有父名泌、子名繁者，泌无位，繁怀州录事，而辽东李氏又有泌，字长源，相德宗，子繁，和州刺史，已属可怪。乃一百三十九卷有《李泌传》，后附其子《繁传》甚详明，首言泌为魏八柱国弼六世孙，《世系表》叙赵郡各房之先人不及弼，且《繁传》言其历隋州、亳州二刺史，与《表》和州亦不合，种种龃龉，皆不可解。

元和太和开成间李氏六宰相

《世系表》赵郡李氏，晋司农丞、治书侍御史楷五子，辑、晃称南祖，芬、劲称西祖，睿称东祖。赵璘《因话录》卷二《商部》云："赵郡李氏，三祖之后，元和初，同时各一人为相。蕃，南祖；吉甫，西祖；绛，东祖，而皆第三。至太和、开成间，又各一人前后在相位，德裕，吉甫之子；固言，蕃再从弟，皆第九；珏亦绛之近从，诸族罕有。"今考《宰相年表》，元和初固有李藩、李吉甫、李绛三人，《因话》作"蕃"者，特传写误。而《世系表》绛出东祖，吉甫出西祖，与《因话》合，至藩，则《世系》末段总叙某房宰相若干人数内，藩在南祖之列，亦与《因话》合，独横格内有脱误，遂似无可考。《世系》德裕为吉甫子，固不待言，而固言亦列南祖下，云："字仲枢，相文宗。"再考《旧书·藩传》，曾祖至远，天官侍郎、壁州刺史，祖畬，考功郎中，父承，湖南观察使。《新·世系表》南祖下鄚令休烈生五子，长鹏，字至远，壁州刺史，鹏子畬，字玉田，考功郎中。畬子承，山南东道节度使，承子潘。《旧》称鹏为至远者，唐人多以字行也。承官与《旧》异，当以《世系表》为正也。"潘"即"藩"，传写误，又脱去"字叔翰，相宪宗"六字也。汲古阁板号精善，而脱误甚多，未见胜他本，往往如此。至远之第四弟希远，希远子并，并子岘，岘子固言，则固言于藩为同高祖缌麻弟兄，当云"三从弟"，《因话》云"再从弟"，微误。其珏，《世系》虽列于东祖，但绛是东祖睿之后，此为嫡支，若珏，则别一支，跳行另起，但云东祖之后，又有谔，自谔更五传至珏，谔于睿，其世次已无考，况珏与绛乎？则《因话》谓珏为绛近从者，误。又《世系》南祖有敬玄，相高宗，而东祖又有平阳令敬玄，按其年数、辈行，平阳令实在后，虽服属已远，但族中有宰相，竟与同名，无此理，此亦传写误。

李氏宰相世表遗漏

《玉泉子》："相国李石，河中永乐有宅，庭槐一本，抽三枝，直过屋脊，一枝不及。相国同堂昆弟三人，曰石、曰程皆登宰执，惟福历七镇使相而已，盖一枝稍短尔。"今《世系表》无三人者，《宗室世系表》亦云某房宰相若干人，石、程、福已入彼表故也。惟《宰相年表》会昌二年，尚书左丞兼御史中丞李让夷为中书侍郎、同中书门下平章事，《宗室世系表》、《宰相世系表》皆无，疑遗漏，大约他姓遗漏尚多，今未暇详考。
《旧》一百七十六《让夷传》陇西人，则非宗室。

郑氏北祖南祖各房

赵璘《因话录》卷二《商部》云："司徒郑真公，与其宗叔太子太傅细
俱住招国，太傅第在南，出自南祖；司徒第在北，出自北祖，时人谓之南
郑相、北郑相。司徒堂兄文宪公，前后相德宗，亦谓之大郑相、小郑相
焉。"案："真公"当作"贞公"，传写误，余庆也。招国，长安坊名，屡见李
商隐诗，此种乃小说家闲话，而《新书》于《余庆传》遂撼入之，又以"招
国"为"昭国"，张鷟《朝野金载》卷一云："贵主家昭国里。"未知孰是。宗叔
者，犹言族叔，盖虽同宗而疏远无服，考《宰相世系表》郑氏后魏建威将
军南阳公晔为北祖，其弟简为南祖。晔生胤伯，胤伯生幼儒，幼儒生敬
德，敬德生抷，抷生弼诚，弼诚生九思，九思生曾，曾生长裕，长裕生慈
明，慈明生余庆，此为北祖一派；简生季骃，季骃生宵，宵生伯钦，伯钦
生孝纪，孝纪生过庭，过庭生崇业，崇业生杳，杳生羡，羡生细，此为南
祖一派。细虽于余庆为叔父，然细之十世祖方与余庆之十一世祖为嫡
兄弟，故曰宗叔。赵璘与《世系表》合也。《新》于《余庆传》乃改为"从
父细"，从父者，父之同祖弟兄方可称之，此非是。于《细传》云："余庆
从父行。"添一"行"字便妥。又《新·余庆》及《细传》不载其祖、父之名
与官，《旧书》传则载之，与《世系表》多同，而余庆父单名慈，则脱下
"明"字。文宪公，珦瑜也，《新书·珦瑜传》作"文献"，未知孰是。堂兄
是同祖弟兄，按《世系表》，余庆之父慈明与珦瑜之父谅皆许州刺史长
裕之子，则赵璘与《世系表》合，璘于末自注云："其后门内居台席者多
矣。"按：《世系表》珦瑜之子覃相文宗，朗相宣宗，余庆之孙从谠相僖
宗，故璘云云也。

十七史商榷卷八十四
新旧唐书十六

旧书避唐讳

刘昫以唐为本朝,故避其讳,而亦有不讳者,此乃后人所改;其讳者,则改之未尽耳。如《旧·林士弘传》"持书侍御史","持"本"治"也,而《封伦传》仍有"治书侍御史唐临";《刘文静传》"右骁卫大将军刘弘基",原本无"基"字,而《长孙顺德传》"刘弘基",原本仍有"基"字,弘基本传及《长孙无忌传》同,此类甚多,不可枚举,聊一见之。至于一百三十四卷《马燧》、《浑瑊传》赞云:"再隆基构,克珍昏氛。"连用"隆基"二字,则不可解。

宗室诸王

宗室及诸帝子,《旧》皆按其时代而分厕之,《新》改为总聚于诸臣之前,二者似皆可。

开国名将战功甚略

尉迟敬德、秦叔宝等皆百战名将,《新》、《旧书》于其战功叙述甚略,盖草昧之初,未立记注,事多湮没。

一事并载各传文复宜并

《旧书》一事而各传并见,其文重复者颇多,俱宜归并一处,如《刘文静传》文静与刘政会投急变告副留守王威、高君雅反,此事《政会传》又重出之,宜归并一处。《李纲传》巢王元吉授并州总管,宇文歆为佐,放纵,攘夺百姓,歆上表奏之,坐免,寻又复职,刘武周来攻并州,元吉弃城遁归,高祖欲斩宇文歆,纲谏止之,后《元吉传》与《纲传》重复者凡四五百字,宜归并一处。《房玄龄传》贞观元年,论功行赏,以玄龄等为第一，皇从父淮安王神通与之争论一段，已载《神通传》，宜归并一处。《酷吏·来俊臣传》胁狄仁杰承反，不肯从，王德寿牵杨执柔，书被头帛寄子光远讼冤，俊臣又代为谢死表，召见，知其伪，得出，此事已见《仁杰传》，但《俊臣传》视彼稍详，宜归并一处。又李善，曹宪之弟子，而邕之父也，《旧书》于《儒学·曹宪传》后已附《善传》，而邕在《文苑传》，又复详叙善事，两处虽稍有详略不同，然大概无异，宜归并一处。又《杨炯传》载炯所议冕服之制，多与《礼仪志》复出，宜归并一处。所谓归并一处者，非谓已见彼传，此传可不见也，但宜详于一传，而于他传之互见者则删之极简，云“详某传”，如此乃为得体，既令事迹详明，又不烦浪费笔墨。

《朱敬则传》与三从兄同居，财产无异，一传之中重复叙述，其疏尤甚，更不待言。

《新书》自称为文省于《旧》，然如《来济》、《高智周传》本系闲谈，而两处复载，此类颇多，已见吴缜《纠谬》第十二卷。又如第百八十二卷《崔远传》载其祖母唐乳姑事，已见《柳玭传》，此尤重出可厌。

旧书各传无字者多

史家列传之体，每人辄名字并举，此常例也。《旧书》各传亦举其字，而其无字者则甚多，如宗室襄武王琛，庐江王瑗，温大雅之弟彦博，郑善果之从兄元璹，李大亮之族孙迥秀，宇文士及，高祖子卫王元霸、虢王凤，李勣，岑文本兄子长倩之子羲，薛收子元超之从子稷，崔仁师之孙湜，湜弟液，太宗子恒山王承乾，庶人祐，杨纂，纂族子弘礼，刘德威子延景，柳亨，于志宁，韩瑗，上官仪，崔敦礼，卢承庆，刘祥道，许敬宗，李义府子湛，张俭，刘仁轨，裴行俭，行俭子光庭，唐临，张文瓘，裴炎，刘祎之，魏玄同，韦思谦子嗣立，苏瑰子颋，狄仁杰族曾孙兼谟，桓彦范，敬晖，赵彦昭，宗楚客，娄师德，薛讷，李峤，崔融，姚崇，李元纮，严挺之子武，毕构，卢从愿，李朝隐，王丘，韦凑，凑从子虚心，虚心父维，韩思复，辛替否，刘子玄子贶、𫗧、秩、迅，贶子滋，萧颖士，郭知运子英杰、英义，王君㚟，韦坚，崔圆，杜鸿渐，冯盎，阿史那社尔叔祖苏尼失、子忠，契苾何力、子明，房琯，张镐，高适，苗晋卿，裴冕，裴遵庆，元载，第五琦，令狐彰，张镒，李抱真，李宝臣，李光颜，冯宿，萧俛从弟仿，马植，刘瑑，豆卢瑑，窦德明，佅怀贞，长孙敞，敞从父弟操，崔知温，张知謇，欧阳询，张后胤，萧德言，许叔牙，王绍宗，祝钦明，徐齐聃，杜易简，从祖弟审言，沈佺期，陈子昂，宋之问，阎朝隐，李适，贺知章，王瀚，李邕，唐次，李嗣真，吴筠，以上诸人《旧》皆无字。以《新书》考之，则琛字仲宝，瑗字德圭，彦博字大临，元璹字德芳，回秀字茂之，士及字仁人，玄霸字大德，凤字秀成，勣字懋功，羲字伯华，稷字嗣通，湜字澄澜，液字润甫，承乾字高明，祐字赞，纂字续卿，弘礼字履庄，廷景字冬日，亨字嘉礼，志宁字仲谧，瑗字伯玉，仪字游韶，敦礼字安上，祥道字同寿，敬宗字延族，湛字兴宗，俭字师约，仁轨字正则，行俭字守约，光庭字连城，临字本德，文瓘字稚圭，炎字子隆，祎之字希美，玄同字和初，嗣立字延构，颐字廷硕，兼谟字汝谐，彦范字士则，晖字仲晖，彦昭字奂然，楚客字叔敖，师德字宗仁，讷字慎言，峤字巨山，融字安成，崇字元之，元纮字大纲，武字季鹰，构字隆择，从愿字子龚，朝隐字光国。丘字仲山，凑字彦宗，虚心字无逸，维字文纪，思复字绍出，替否字协时，觊字惠卿，悚字鼎卿，秩字祚卿，迅字捷卿，滋字公茂，颖士字茂挺，英杰字孟武，英乂字元武，君奭字威明，坚字子全，圆字有裕，鸿渐字之巽，盎字明达，忠字义节，明字若水，琯字次律，镐字从周，适字达夫，晋卿字元辅，冕字章甫，遵庆字少良，载字公辅，琦字禹珪，彰字伯阳，镒字季权，一字公度，抱真字太元，宝臣字为辅，光颜字光远，宿字拱之，仿字思道，植字存之，瑑字子全，豆卢瑑字希真，怀贞字从一，敞字休明，操字元节，知温字礼仁，知謇字匪躬，询字信本，后胤字嗣宗，德言字文行，叔牙字廷基，绍宗字承烈，钦明字文明，齐聃字将道，审言字必简，佺期字云卿，子昂字伯玉，之问字延清，一名少连，朝隐字友情，适字子至，知章字季真，瀚字子羽，邕字太和，次字文编，嗣真字承胄，筠字贞节，《新书》必非妄造，《旧》不如《新》。

又如房乔字玄龄，而《新》云"玄龄字乔"，本碑同。《旧书》于志宁无字，而《新》云"字仲谧"，此见《崔敦礼碑》，《新》与《碑》同，碑乃当时所立，而《新》与之同，知其非妄。裴行俭字，张说撰《神道碑》正与《新书》合，见《英华》八百八十三卷。行俭子光庭字，张九龄撰《神道碑》正与《新书》合，光庭卒于开元二十一年，碑立于二十四年。契苾明字，娄师德撰碑，正与《新书》合，碑立于先天元年。李光颜字，李程撰碑正与

《新书》合，碑立于开成五年，足见《新书》之确。惟孔颖达《新》、《旧》皆云"字仲达"，而本碑云"字冲远"，此以字相似而误也。

此外如尉迟敬德、阎立德、高季辅、苏定方、徐有功、王方庆、唐休璟、徐彦伯、郭元振、元行冲、张道源、徐文远、陆德明，《旧》皆无字，而《新》则云"尉迟恭，字敬德，以字行"，"阎让，字立德，以字行"，"高冯，字季辅，以字行"，"苏烈，字定方，以字行"，"徐弘敏，字有功，避孝敬皇帝讳，以字行"，"王綝，字方庆，以字显"，"唐璿，字休璟，以字行"，"徐洪，字彦伯，以字行"，"郭震，字元振，以字显"，"元澹，字行冲，以字显"，"张河，字道源，以字显"，"徐旷，字文远，以字行"，"陆元朗，字德明，以字行"，并当以《新》为正。

若李嗣业、张嘉贞、郭子仪、刘允济，《旧》皆无字，而《新》云"李嗣业，字嗣业"，"张嘉贞，字嘉贞"，"郭子仪，字子仪"，"刘允济，字允济"，此等在今日观之，则殊属可笑，反不如《旧书》之佳，然考之前史，亦自有此等，如《梁书》"刘孝绰，字孝绰"之类。蕃将尽可无字，而云"尚可孤，字可孤"则无谓。

至于崔胤字昌遐，而《新》云字垂休，此则二书各有字而不同者。《旧》韦机，《新》作韦弘机；《旧》卢鸿一，《新》作卢鸿，此则并其名亦不同者。《旧》张知謇，蒲州河东人，而《新》云幽州方城人；《旧》李嗣真，滑州匡城人，而《新》云赵州柏人人；《旧》吴筠，鲁中儒士，而《新》云华州华阴人，此又乡贯之不同者。

美恶宜别卷

凡作史者，美恶必宜别卷，所以类族辨物，使薰莸异器，阅者一览可知。《旧唐书》不然，姚璹邪佞，乃与狄仁杰同传，王及善、杜景俭、朱敬则皆属清正，而以杨再思小人与之同卷，亦非其类。《新书》则及善、景俭自与王綝等同卷，朱敬则与狄仁杰、郝处俊同卷，再思改为与宗楚客、祝钦明等同卷。钦明鄙劣小人，《旧》乃入《儒学传》，《新》改之，极当。又如仆固怀恩之反，辛云京酿成之，而《旧》乃与李光弼同卷；李正己背叛，而《旧》乃与薛嵩、令狐彰、田神功同卷；陆宸非小人，《旧》至与柳璨相次，凡此皆以《新书》所改为允。若刘玄佐、董晋、陆长源、刘全谅四人者，情事相连，《旧》合为一卷尚可，乃将李忠臣、李希烈、吴少诚及弟少阳、子元济一并搀入同卷,亦为非类,《新》改忠臣入《叛臣》、希烈入《逆臣》,是也,但元济不入《叛臣》,则又未妥。

段秀实、颜真卿恰好合传,天造地设,马燧、浑瑊同传,秤停而出,搭配极精。宇文融、韦坚、杨慎矜、王𫓧皆聚敛小人,自宜类聚,《新书》每事必与《旧书》违异,而于此等处亦不能出其范围。

前史惟《晋书》中间亦有忠奸同在一卷不拘其类者,此必别有相与类叙之道,其中颇有关涉,不便分析故耳。《旧书》间有可援此为例者,如第五琦、班宏皆小人,而刘晏无大劣迹,居官颇有可称,三人亦似不宜同卷,而同卷者,或以其皆理财赋,亦可类从。《新书》每多改《旧》,而刘晏以下五人同卷则仍之。田承嗣、田悦等之凶逆,田弘正、田布父子之忠贞,一门之内,善恶判如冰炭,然因事类记,或不得不聚于一卷中,此似亦未可以编次不伦责之。

可以无传而有传

赵涓、李纾、郑云逵官非要重,又无大功、大过,皆可不必立传。《旧》皆入列传,殊为烦冗,《新》既称为文省于《旧》,于此等正宜省之,乃仍存之,又取《旧书·忠义》中之庾敬休,《儒学》中之徐岱、冯伉,《文苑》中之王仲舒并入,共为一卷,实皆可以不载者,明知其赘而阙论赞,则更为非体矣。敬休之祖父不过遇乱逃匿,未尝有抗节不挠、捐躯殉国之事,未可言忠义,至敬休安流平进,乃列为《忠义》,殆因其祖父而误入之,《旧书》之谬,于此为甚,改入列传,虽稍胜,其实敬休亦可无传。又《旧·良吏》中如阎济美者,《新》改为列传,此求异于《旧书》耳,其实此人毫无事迹,删去可也。

当有传而无传

裴枢,《旧》附在《裴遵庆传》,而与枢同死之独孤损、崔远、陆扆、王溥、赵崇、王赞,皆并命于白马驿者,惟扆有传,余皆不见有传,此为阙事。又《旧·宦官》中无仇士良,此疏漏之甚者,《新书》补之,甚善。此外应载而不载者,两书皆有之。

美恶不别卷,可无而有,当有而无,《旧书》于此三种弊病,已见于吕夏卿《唐书直笔新例》卷末一段中者,今不重出。

王通隋唐二书皆无传

邵氏远平曰:"王通拟经,宋儒讥其僭,然正学蓁芜,通崛起河汾,毅然自任,就其所至,岂出陆德明、颜师古、孔颖达下?乃《隋史》既逸其传,《唐书》又不补入,殊属阙然。"愚谓通,隋人,《唐书》本不当有专传,然《新》、《旧·隐逸传》于通之弟绩传中已附见通事,非全不见也。而《旧书》乃云"通自有传",则史之驳文耳。且以通之浮虚无实,原未足比德明诸人,而今所传《文中子》,在唐已多尊信之者,如陆龟蒙《笠泽丛书》卷乙《送豆卢处士谒宋丞相序》云:"文中子王先生《中说》与《法言》相类,文中子生于隋代,知圣人之道不行,归河汾间,修先王之业,九年而功就,谓之《王氏六经》,门徒弟子有若钜鹿魏公、清河房公、京兆杜公、代郡李公,咸北面称师,受王佐之道。隋亡,文中子没,门人归于唐,尽发文中子所授之道,左右其治。"皮日休《文薮》第四卷《文中子碑》云:"仲尼删《诗》《书》,定礼乐,赞《易》道,修《春秋》。先生则有《礼论》二十五篇,《续诗》三百六十篇,《玄经》三十一篇,《易赞》七十篇。孟子之门人有高第者公孙丑、万章焉,先生则有薛收、李靖、魏徵、李勣、杜如晦、房玄龄。孟子之门人郁郁于乱世,先生之门人赫赫于盛时,较其道与孔、孟,岂徒然哉。"司空图《一鸣集》第五卷《文中子碑》云:"仲尼不用于战国,致其道于孟、荀而传焉,得于汉,成四百年之祚。乱极于周、齐,天生文中子,以致圣人之用,得众贤而廓之,以俟我唐,亦天命也。故房、卫数公皆为其徒,恢文武之道,以济贞观治平之盛,今三百年矣。"又第九卷《三贤赞》云:"隋大业间,房公、李公、魏公皆师文中子,尝谓其徒曰:'玄龄也志而密,靖也惠而断,徵也直而遂,俾其遭时致力,必济谟庸。'厥后果然。"皮、陆、司空皆未免于诞,至赵宋,妄人阮逸以《中说》注,又多增窜,非尽出通手也。假如其说,唐初房、杜辈皆出通门下,平日讲道论德,佩服训言,后得君秉权,位极将相,纵不能表彰先师,备加崇奉,而《隋书》实出诸公手,为立一传何难,乃亦靳之,有是理乎?腐头巾村学究,牛宫傍教三五儿童,日长渴睡,无以自遣,援笔辄效圣经,开口自任道统,非王通、阮逸辈为之作俑哉?

十七史商榷卷八十五

新旧唐书十七

新书创立体例远胜旧书

《循史》、《儒林》、《酷吏》、《游侠》、《佞幸》、《滑稽》，子长所立品目也。各列传中固已忠佞并著，愚智兼载矣，而偏美、偏恶抽出别题之，后之作者或因或革，随事为名，亦无不可。《新唐书》又特变前例，而别为一体，凡方镇之守臣节者，既入之列传矣，其余桀骜自擅而犹羁縻为臣者则自名《藩镇传》，而聚于《酷吏》以下，盖此辈皆未至于叛而近于叛者也，故其位置如此。至于恶之甚者为《奸臣》，敢为悖乱者为《叛臣》，称兵犯上僭窃位号者为《逆臣》，此皆创前史之所未有。《旧》惟《逆臣》中人总附于末，不与众传相混，犹少一李希烈，其余直与希烈一概列各传中。愚谓《新唐书》固远胜《旧书》，何则？《新书》于《希烈传》中以希烈与梁崇义、李纳、朱滔、田悦谓之"五贼"，《旧书》于史宪诚等传论中说河北凶横之状，谓之"魏、镇、燕三镇"，谓魏博、镇冀、幽州也。即李宝臣、李怀仙辈皆跋扈无君，《旧书》乃与诸传平列，毫无分别，可乎？故知《新书》所改是也。

《旧书》之尤可怪者，《安禄山传》后有高尚、孙孝哲，是矣，乃朱泚既与禄山等同列，则姚令言、源休辈助逆丑徒，正当附《泚传》，此《侯景传》后附以王伟例也，乃又提令言与休入之前列传中，此更错乱之至。《新书·泚传》中既附令言等事，极是；目录于禄山下小字注高、孙，亦极是；乃《泚传》下不注姚令言、源休等名，亦系漏去。

新改旧有是有非

《新》于《旧书》，不但增损改易其正文已也，即其标目名号、位置先后、分合编类，亦移动十之七八。平心而论，有是有非，今未暇视缕，略举几事以明之。陈子昂，《旧》入《文苑》，是也，《新》改列传，非也。刘赍,《旧》入《文苑》,非也,《新》改列传,是也。李巨川,《旧》入《文苑》,非也,《新》改《叛臣》,是也。刘子玄之孙滋,《旧》别为传,非也,《新》改附《子玄传》,是也。严挺之之子武,《旧》附挺之,是也,《新》改为父子各自别传,非也。阳城大有关系,当入列传,《旧》在《隐逸》,固系大谬,《新》改《卓行》,尚嫌偏隘,皆非也。张嘉贞与其子延赏相继为宰相,而俱不得为贤,《旧书》因其事迹颇多而各传,固宜,《新书》因其皆无大功、大罪而合传,亦通,皆是也。

子孙无大善而别传,《旧书》此病已见吕夏卿《直笔新例》者,此不重出。

邵氏经邦曰:"《新书》韩愈、柳宗元不居《文学》,段秀实、颜真卿不列《忠义》,李淳风、吕才不归《方伎》,皆非是。"案史例,其人其事大者、著者为列传,微而不著者别为《文学》、《忠义》等传,韩、柳等入列传,正史例也。

节镇治所

《旧·地志》历叙天下节镇,凡有四十七使,每使下注明治所,《新·地志》各采访使、《方镇表》各节度使皆有治所,更明析矣。读两书者,欲读各传,则先记明某使治在某地,以此考其行事,而当日情势如在目前,此因志以通传也。及读各传,即其行事以考,则某治在某地一一可知,此又因传以证志也。不能饶舌,试随举两则。《旧志》淮南节度使治扬州,今为府治,江都、甘泉属江南、江淮等处布政司,观《旧书》杜佑、韦元甫等传则可见。浙西观察使治润州,今为镇江府治,丹徒属江南、苏松等处布政司,观《新书·李德裕传》则可见。

诸　仓

《新唐·李密传》:"密说翟让曰:'今群豪竞兴,公宜先天下攘除群凶,若直取兴洛仓,发粟以振穷乏,百万之众一朝可附,霸王之业成矣。'让曰:'仆起畎陇,志不及此,须君得仓,更议之。'二月,密以千人出阳城北,逾方山,自罗口拔兴洛仓,据之,因袭取黎阳仓。"案:兴洛仓,一名洛口,见《食货志》,在今河南省河南府巩县。黎阳者,《续汉·郡国志》魏郡有黎阳县,其故城在今卫辉府浚县东北也。《新·任瑰传》："义师起,瑰至龙门,见高祖曰:'瑰在冯翊久,悉其人情,愿为一介使,入关宣布威灵,以收左辅。繇梁山济河,直趣韩城,逼郃阳,循朝邑,萧造文吏,势当自下,次招诸贼,然后鼓行而前,据永丰积粟,虽未得京师,关中固已定矣。'高祖曰:'是吾心也。'乃授银青光禄大夫,遣陈演寿、史大奈步骑六千趣梁山,以瑰及薛献为招慰大使,高祖谓演寿曰:'阃外事与任瑰筹之。'既而贼孙华、白玄度等果降,且具舟于河以济师。瑰行说下韩城,与诸将进击饮马泉,破之,拜左光禄大夫,留戍永丰仓。"案:韩城县,今属陕西同州府,在黄河南岸,与北岸山西之荣河县相对,永丰仓当在此,亦见《食货志》,隋人积粟处。唐兵自太原渡河,即取此仓,世乱民饥,有粟则民来附也。帝都所在,必于近都地筑仓贮粟,而转漕适中便地,亦或置之,以为委输。洛口仓系隋炀帝所置,穿三千三百窖,窖容八千,共至二千六百余万石,事详《文献通考》第二十五卷《国用考》。李密据此,故《新·马周传》贞观六年上疏有云"隋贮洛口仓而李密因之",是也。黎阳仓无考,疑亦隋所置。永丰仓据《任瑰传》亦隋所置,而唐人因之者。唐人自置仓复数十事,详《新·食货志》。《文献通考》全用其文。又有敖仓,考汉荥阳县属河南郡,今属开封府,故城在县北,隋析荥阳地置荥泽县,明移荥泽治于隋故城南五里,今仍之,亦属开封府。敖山本在荥阳县西北,山上有城,秦置仓其中,曰敖仓城。此城本在荥泽县西北十五里,今县治移,则相去十里矣。此见唐《括地志》,说详予《尚书后案·禹贡》及《书序》。秦都关中,故于敖置仓,以为溯河入渭地。后楚、汉交战,郦食其劝汉坚守敖仓之粟,见《汉书》本传。北方土坚燥,掘土为窖,藏粟至百余年不坏,而何学士焯云:"闻中州人言,秦人因土山窖粟其下,不与今他处仓廪等。"然则此仓本自有异。且西汉都关中,东汉都洛阳,魏晋及北魏皆因之,至隋唐又都关中,敖仓转输为便,所以历代因之。《新·康承训传》"庞勋反,据徐州。或劝西举汴、宋,食敖仓",则唐末犹存,千余年矣。宋、金、元、明都徙而诸仓皆不用。

《新·藩镇》李正己之孙师道传:"宪宗讨蔡,师道选卒二千,阳言助王师,实欲援蔡。亡命少年为师道计曰:'河阴者,江淮委输,河南,帝都,请烧河阴敖库,募洛壮士劫宫阙,即朝廷救腹心之疾,此解蔡一奇也。'师道乃遣客烧河阴漕院钱三十万缗,米数万斛,仓百余区。"敖仓本在荥阳县,析为荥泽,唐开元中,又析二县地置河阴县,故此言河阴。

分司官

唐都长安,而洛阳为东都,相去非远,其宫阙盖亚于西都,不特人主临幸频数,而官于朝者亦多置别业于其中,士自江淮来者,至此则解装憩息焉。又设为分司官,不关政事而食其禄,本以处罢黜之人,或既远黜,复量移于此,而性乐恬退者,亦或反从而求为之,此其制颇似明南京官,而宋奉祠亦似之。乃新旧《地理志》、《职官志》、《方镇表》概未之及,殆因其闲散猥冗,故从略,而见于诸传者则甚多,姑随举如干条,以存其制。如《旧书》之《王缙传》:"授门下侍郎、中书门下平章事,贬括州刺史,移处州,除太子宾客,留司东都。"又《白居易传》:"太和二年,转刑部侍郎,封晋阳县男。三年,称病东归,求为分司官,寻除太子宾客。居易惧以党人见斥,求致身散地,冀于远害,凡所居官未尝终秩,率以病免,固求分务,识者多之。五年,除河南尹。七年,复授太子宾客,分司。"又《刘瞻传》:"瞻罢相,贬康州刺史,移虢州。入朝为太子宾客,分司。"又《文苑传》:"齐浣为汴州刺史,李林甫恶之,坐赃,废归田里。起为员外少詹事,留司东都。严挺之由绛州刺史为林甫所构,除员外少詹事,留司东都。与浣皆朝廷旧德,既废居家巷,每园林行乐,杖履相过,谈宴终日。司空图召拜殿中侍御史,以赴阙迟留,责授光禄寺主簿,分司东都。乾符六年,宰相卢携罢免,以宾客分司。图与之游。"又如《新书》之《皇甫湜传》:"仕工部郎中,辨急使酒,数忤同舍,求分司东都。"又《舒元舆传》:"迁刑部员外郎。李宗闵以为浮躁诞肆,不可用,改著作郎,分司东都。"又《王璠传》:"左仆射李绛用太子少师分司东都。"又李固言以右仆射为太子太傅,分司东都。又康日知孙承训传:"以冒功移右武卫大将军,分司东都。"又李珏由宰相贬昭州刺史,徙郴、舒二州,以太子宾客分司东都,又崔珙以宰相斥恩州司马,徙商州刺史,以太子宾客分司东都,又起执政,又以不自力避事,下除太子少师,分司东都。又《田弘正传》:"擢其兄融太子宾客,东都留司。"《杜牧传》:"以监察御史移疾分司东都。"据此诸条,则知不论尊卑文武,上自宰相,下讫庶僚,皆可分司,大约宰相多以宾客居之,故《新·李德裕传》德裕凡三次分司,始以宰相出为节度,又被谗贬为太子宾客,分司东都,再贬袁州长史,徙滁州刺史,又以太子宾客分司东都,后相武宗,宣宗即位,罢相,出为东都留守。白敏中等素仇,斥其阴事,故以太子少保分司东都。至于节镇,亦有分司者,如《通鉴》二百四十二卷:"长庆元年七月,贬卢龙军节度使张弘靖为宾客,分司。"胡三省曰:"贬为太子宾客,分司东都也。"案:时军人呼弘靖为"相公",弘靖亦带使相衔者,要之,自请移疾而得之者斯为上矣,遭谗而被放者抑其次乎?

后妃乡贯世系新旧全异

《旧·后妃传》："高祖太穆皇后窦氏，京兆始平人。"而《新书》则"京兆平陵人"。"太宗文德顺圣皇后长孙氏，长安人"，而《新书》则"河南洛阳人"。"肃宗张皇后，本南阳西鄂人，后徙家昭应"，而《新书》则"邓州南阳人"。"德宗昭德皇后王氏，父遇，官秘书监"，而《新书》则"本仕家，失其谱系"。"德宗韦贤妃，不知氏族所出"，而《新书》则云："戚里旧族也。祖濯，尚定安公主。"按：《韦后传》载驸马韦捷、韦濯，分掌左右屯营，似即其人。"宪宗孝明皇后郑氏，宣宗之母也，盖内职御女之列，旧史残缺，未见族姓所出、入宫之由"，而《新书》则云："丹阳人，或云本尔朱氏。元和初，李锜反，有相者言后当生天子，锜闻，纳为侍人，锜诛，没入掖庭。""穆宗恭僖皇后王氏，越人"，而《新书》则"越州人"。"昭宗积善皇后何氏，东蜀人"，而《新书》则云"梓州人"。至穆宗宣懿皇后韦氏、武宗王贤妃、宣宗元昭皇后晁氏、懿宗惠安皇后王氏，并注云"事阙"，而《新书》则纪载甚详明。一代中后妃有传者仅三十余人，《旧书》于其里居籍贯、氏族世系，半属讹舛阙佚，必待《新书》改正补完之，恐非情实。《旧书》据实录、国史，况相去之时尚近，乃反讹阙，修《新书》者在其后几及百年，乃反详明，似觉难信。若敬宗郭贵妃，《旧书》反居穆宗后萧氏、韦氏之前，叙次不顺，而文宗之后妃竟无传，僖宗亦无后妃，《新书》乃改敬宗郭妃入穆宗诸后及尚宫宋氏下，为得其次，其文、僖无后妃，仍与《旧书》同。

监门卫大将军范云仙

《新·武后本纪》："长寿二年一月，杀内常侍范云仙。"《后妃传》则云"监门卫大将军范云仙"。吴缜遂从而纠之，以为二者未知孰是，必有一误。按《旧·职官志》内侍省，内常侍六人；左右监门卫，大将军各一员。二者虽其职不同，然方是时，宦官之兼十六卫将军名号者多矣，内常侍乃其本职，监门卫大将军则其兼官也。纪、传虽宜画一，然互见之亦可，未可便指为疵病，吴所纠太觉苛碎。

中宗以祖姑之女为妃

汉惠帝后张氏，姊之子也。此人伦之极变。《旧传》："中宗和思皇后赵氏。父瑰，尚高祖女常乐公主。"按：高祖女是中宗之祖姑，以祖姑之女为妃，虽未至如惠帝，于理亦殊不顺。

玄宗后王氏

玄宗废后王氏，神念裔孙。《新》、《旧书》甚明，李濬《松窗杂录》见平湖陆烜《奇晋斋丛书》。乃云姓何，传写误。

杨贵妃国忠世系

《旧·玄宗杨贵妃传》："高祖令本，金州刺史。父玄琰，蜀州司户。妃少孤，养于叔父河南府士曹玄璬。既承礼遇，赠玄琰太尉、齐国公，叔玄珪光禄卿，再从兄铦鸿胪卿，锜侍御史。"后又言妃弟鉴尚公主。又《杨国忠传》："本名钊，父珣，以国忠贵，赠兵部尚书，则天朝幸臣张易之即国忠之舅也。"其后又云："贵妃兄铦，拜鸿胪卿。"《新·贵妃传》云："隋梁郡通守汪四世孙，而以铦、锜为妃宗兄。"《国忠传》则云："太真妃之从祖兄而以玄琰为国忠从父。"考《世系表》，汪之子令本，库部郎中，令本之长子友谅，昊陵令，友谅之子珣，宣州司士参军，珣之子即国忠，令本之次子志谦，志谦三子，长玄琰，次玄珪，次国子司业玄璬，铦则玄琰子，锜则玄珪子，鉴则玄璬子也。据此，令本为妃曾祖，《旧》云高祖，误。令本、玄璬官皆与表异，铦是妃嫡兄，锜是妃从兄，而《旧》皆以为再从兄，亦误。《新》皆以为妃宗兄，则似无服之族兄，更误矣。予得《杨珣墓碑》拓本，玄宗御制，并八分书，太子亨奉敕题额。案其文，珣字仲珣，右相国忠之父，卒于开元五载，二十七载葬于岐阳，天宝十二载，重赠武部尚书，追封郑国公，碑立于是年。《旧书》天宝十一载正月，改吏部为文部、兵部为武部、刑部为宪部，《通鉴》正月作三月，

《唐六典》不载此事,《新唐书》则漏去武部之文,又以宪部为司宪,亦误也。以予所见,唐碑之称文部、武部者,《内侍孙府君墓志铭》"行文部常选",申堂构撰《多宝塔铭》,武部判官徐浩题额是已。考胡三省引郑审《天宝故事》,谓国忠本张易之之子,史及《通鉴》皆云国忠为易之之甥,今此碑云珣夫人中山张氏,与史合,其云:"叔虞翦圭,自周封晋。伯乔食菜,受邑君扬。"案:《汉·扬雄传》:"其先出自有周伯侨者,以支庶初食采于晋之扬,因氏焉。"则伯侨乃雄之祖,其字从手不从木,自雄而外,别无扬氏,今叙珣先世而述扬氏之先,妄矣。昊陵者,武后为其父墓所立名也。据《世表》,友谅既是珣之父而国忠之祖,志谦,玄琰之父而妃之祖,则是妃为国忠之再从妹,正与《传》云国忠为妃从祖兄合。今此碑乃以志谦为珣父,盖国忠当日倚恃戚畹,以作威福,引而近之,冒称与妃同祖,玄宗蔽惑,为其父制碑,遂据其所称者书之耳。又《新书·传》及《世表》于汪皆书"隋梁郡通守",而碑云"国子祭酒、吏部尚书";表于志谦不书官,而碑云"青城令",恐碑辞皆不足信也。赵明诚信碑疑史,殊属不确。

懿安皇后郭氏二书大异

《旧书·宪宗懿安皇后郭氏传》云:"尚父子仪之孙,赠左仆射、驸马都尉暧之女,母代宗长女升平公主。宪宗为广陵王时,纳后为妃,以母贵,父、祖有大勋于王室,顺宗深宠异之。贞元十一年,生穆宗皇帝。元和元年,册为贵妃。穆宗嗣位,册为皇太后。敬宗即位,尊为太皇太后。敬宗被弑,立文宗。文宗孝谨,奉祖母有礼。武宗即位,奉之益隆。既而宣宗继统,即后之诸子也,恩礼愈异于前朝。大中年,崩于兴庆宫,谥曰懿安皇太后,祔葬景陵。后历位七朝,五居太母之尊,人君行子孙之礼,福寿隆贵四十余年,虽汉之马、邓无以加,识者以为汾阳社稷之功未泯,复钟庆于懿安焉。"《新书》言穆宗崩,中人谋为后谋称制,后怒不许。武宗喜畋,后属览谏臣章疏,帝索阅,往往道游猎,自是畋稀,后之贤如此。《旧书》于二事皆不载,已为可恨,乃《新书》于传末一段又云:"宣宗立,于后,诸子也,而母郑,故①侍儿,有曩怨,帝奉养

礼薄，后郁郁不聊，与一二侍人登勤政楼，将自陨，左右共持之，帝闻不喜，是夕，后暴崩。有司上尊谥，葬景陵外园，太常官王皞请后合葬景陵，以主祔宪宗室，帝不悦，令宰相白敏中让之。皞曰：'后乃宪宗东宫元妃，事顺宗为妇，历五朝，母天下，不容有异论。'俄贬皞句容令。懿宗咸通中，皞还为礼官，申抗前论，乃召后主祔庙。"此段与《旧书》更大相矛盾，观裴庭裕《东观奏记》卷上各条，见商濬《稗海》、钟人杰《唐宋丛书》。乃知《新书》传末一段本裴氏也。裴《记》于"帝闻不喜"作"上大怒"，"后暴崩"下有"上志也"一句，《新书》删改，盖以宣宗在位，颇多善政，虽载其事，稍为讳之。后人动訾《新书》好采小说，如此等采之却有益，据裴《记》则宣宗贼害嫡母，恶逆之尤。要之，后本宪宗元妃，以后宫多嬖，不得正位，追穆为后子，敬、文、武皆后孙，奉养之隆，自不待言，不料武宗崩而所立乃宣宗，当日阉宦横行，立君皆出若辈手，宣宗之立，定非后意，其崩纵未必遇弑，幽逼而终，自是真情。《旧书》谓宣宗事后"恩礼愈异于前朝"，此岂足信？且王皞之争，事难臆造，《旧书》何得抹去之？断以《新书》为胜。

李训郑注恶李德裕

《旧·女学士尚宫宋氏传》："李训、郑注恶宰相李宗闵、李德裕。"《新书》无"李德裕"，是。

个小儿

《旧·李密传》："为左亲侍，在仗下，炀帝谓宇文述曰：'个小儿视瞻异常，勿令宿卫。'"《新》作："此儿顾盼不常，无入卫。"此等却以仍《旧》为佳。《通鉴》第一百八十五卷："炀帝好效吴语，谓萧后曰：'外间大有人图侬。'"胡三省注："吴人自称曰侬。""个小儿"亦吴语也。

窦建德自言充裔

《旧·窦建德传》篇首但云"贝州漳南人"，《新书》则云："自言汉景帝太后父安成侯充之苗裔。"《旧书》叙建德杀宇文化及、迁都洺州之下，乃云："遣使往灌津，祠窦青之墓。""灌"，原本作"观"，是。"青"，原本同，皆误，当作"充"。此云"祠充"，则篇首宜如《新书》自言充后为得,《旧书》无此句,则叙事无根。

李轨传旧不如新

《旧·李轨传》先叙安修仁本与胡助轨举事,其后梁硕劝防察诸胡,硕与修仁由是有隙。"由是"二字,遥应前文,乃其下突接"又轨子仲琰怀恨,形于辞色",则绝不知其何故。《新书》补之云:"仲琰候硕,不为起,仲琰憾之。"《旧》不如《新》。

刘黑闼传脱文

《旧·刘黑闼传》:"以范愿为左仆射,董康买为兵部尚书,高雅贤为右领军。"《新书》作"以高雅贤为左领军,王小胡为右领军",此脱,原本脱同。以后凡脱误一二字不悉著,多者出之。

陈当世

《旧·辅公祏传》:"遣其将冯惠亮屯于博望山,陈正通、徐绍宗屯于青林山。""惠亮"下脱"陈当世",原本同。

东郡贼帅

《旧·沈法兴传》:"大业末,为吴兴郡守,东郡贼楼世干举兵围郡。""东郡"当作"东阳",原本误同。又"法兴克毗陵,称梁",原本作"称王",愚谓当从《通鉴纪事本末》作"梁王"为是。

李子和建元正平

《旧·李子和传》:"据榆林,自称永乐王,建元为正平。"原本同,《新书》及《通鉴》皆作"丑平",是年大业十三年,岁在丁丑故也,作"正"非。窦建德亦以是年建元丁丑。

长孙顺德发疾

《旧·长孙顺德传》:"顺德发疾,太宗鄙之,谓房玄龄曰:'顺德无慷慨之节,多儿女之情,此疾何足问也?'"《新书》云:"顺德丧息女,感疾。"《旧》无此句,则下文语皆无根,《旧》不如《新》。

武士彟应入外戚

《旧·武士彟传》论云:"士彟首参起义,例封功臣,无截难之劳,有因人之迹,载窥他传,过为褒词。虑当武后之朝,佞出敬宗之笔,凡涉虚美,削而不书。"愚谓士彟之于高祖,不过旧故承恩泽耳,何足以言功臣?此论可云直笔。但《传》中后半截既言"义师起,士彟不预知",而前半段仍有"阴劝高祖举兵"、"自进兵书及符瑞"等语,自相矛盾,此正武后朝佞笔,削之未净者,《新书》不载,极是。且《旧》论既显斥其本无截难之劳,乃仍列功臣之次,竟与唐俭等觍颜并列,尚属过优。《新唐书》退入《外戚》,裁断最妙,邵经邦《弘简录》从之,是也。若长孙顺德自有功劳,非以后族进,《新书》附入《无忌传》中可耳,邵氏亦入《外戚》则似过矣。大凡《外戚》一门,必庸碌苟富贵者宜入之,有善可纪者不必入,顺德是也;恶著者亦不宜入,杨国忠,《旧书》在列传,正所以著其恶,而《新书》改入《外戚》,亦非。

任蛮奴

《旧传》:"任瑰字玮,陈镇东大将军蛮奴弟之子。父七宝,陈定远太守。"《新书》云:"陈将忠之弟七宝子。"忠即蛮奴也。

许绍授陕州刺史终凉州都督

《旧·许绍传》:"绍家于安陆,大业末为夷陵郡通守,率黔安、武陵、澧阳等郡遣使归国,授陕州刺史,封安陆郡公。"《新书》同。按:王得臣《麈史》卷中《碑碣》篇载绍之子智仁墓碑而论之,因引《唐书》云:"绍唐初为峡州刺史。"彼时绍虽遣使归附,尚有王世充,道梗,故遥授峡州。峡州即是夷陵,岂有即为陕州刺史之理?《新》、《旧书》皆传写误也。《新书》又言"绍卒,子智仁继守夷陵",《旧书》则云:"授温州刺史,寻继其父为硖州刺史,后历太仆少卿、凉州都督。"《说文》卷九下《山部》、《石部》皆无"峡"、"硖"二字,并新附亦皆无,盖隋唐人所造之字,而"硖"即"峡"之别体,非有二也。峡为今湖北宜昌府,陕则在今陕西,相去远矣。《新》已削去"温州"、"太仆"不书,而据《麈史》所载碑,智仁又为冀州刺史,且于仪凤三年正月薨于汾州之官舍。《新》、《旧书》不但略去"冀州"不书,并其所书之"凉州"又当为"汾州"之误。《地志》河东道汾州不言都督,恐又《地志》之阙。

许绍传错乱

《旧·许绍传》叙绍事屡及其子智仁事,《绍传》完后乃接云"子钦寂嗣"云云;叙完钦寂事,则接云"钦寂弟钦明"云云;叙完钦明事,却接"绍次子智仁"云云;叙完智仁事,又云"绍少子圉师"云云。原本与近本同。今考《新书》,智仁、圉师二段当在前,"子钦寂"云云二段当在后,钦寂、钦明本皆圉师子也。传写之误,遂致错乱耳。而"绍次子"三字则又衍文也。

胶东郡公道彦

吴缜《新唐书纠谬》掎摭烦碎,吹毛求疵,如开卷第一篇自序云:"纪、志、表则欧阳公主之,传则宋公主之。所主既异,不务通知其事,故纪有失而传不知。"自注云:"如胶东郡公道彦等,纪书降封县公,而传乃郡公之类。"案《本纪》:"武德九年八月,太宗即位。十一月庚寅,降宗室郡王非有功者爵为县公。"浑而言之,不显道彦名,《胶东郡王道彦传》但言"太宗即位,降封公",并不言是郡公、县公,惟是道彦既是郡王,而云降封公,则自是郡公,而纪中仅失落一字,若云郡县公即得之,吴所纠似太苛。吾所嫌者,《道彦传》前半篇但云"高祖初,封义兴郡公,例得王",竟不知所得何王,太欲简省,愚见当云"以例进胶东郡王"。

温彦博传

《温彦博传》,《新》、《旧》大同小异。予得彦博碑拓本,考《金石录》彦博有墓志,无撰人姓名,有碑,则岑文本撰,而书者皆欧阳询。予所得残缺甚,而篆额云"唐故特进尚书右仆射虞恭公温公之碑"十六字甚明,则是碑,非志。彦博卒于贞观十一年,碑即是年十月所立,赵崡谓是询年八十余所书也。《新》、《旧》但于彦博之兄大雅传中叙其父君攸,而碑则并及其祖裕,又有云"大业之始,以亲丧去官",当是指大雅。又云"出奔高丽,乘辕南反,衔命蕃境",则不知何指。叙彦博卒后诏民部尚书莒国公唐俭护丧,给东园秘器,则《新》、《旧》皆不载,此碑以

"准"为"準",以"逮"为"逮",以"启足"为"颜子",皆误。其《新》、《旧》互异及碑与《新》、《旧》可相参证者,详金坛王氏澍《虚舟题跋》第三卷。

谓开元为今

《旧·窦威传》末段云:"窦氏自武德至今,再为外戚,一品三人,三品以上三十余人,尚主者八人,女为王妃六人。""今"谓开元时也,此沿袭当时实录原文。唐临等传谓玄宗"今上",已见顾氏笔记。

韩王元嘉为绛州刺史

《旧·高祖二十二子传》,韩王元嘉不言其有几子,见者训、谊、讷三人,《新书》则云六子,训、谊、谌、撰、讷,其一不见。今有《碧落碑》,尚在绛州龙兴宫,无撰书人名,李绰《尚书故实》见陈继儒《秘笈续函》。云是元嘉之第四男,为其先妃所制,陈惟玉书。赵明诚《金石录》第二十四卷云:"其词黄公撰所述。或云陈遗玉书,或云撰自书,皆莫可知。"观《新书》撰实元嘉第四男,封黄公,工为辞章。合之《尚书故实》,为撰所制文无疑。惟《新书》元嘉垂拱中为绛州刺史,《旧书》则云历刺潞、泽、定三州,不言其曾刺绛,疑《旧书》有阙。碑立于咸亨元年,必是其时元嘉刺绛而妃卒,故立之。倘如《新书》云在垂拱中,则当咸亨时元嘉尚未刺绛,碑何以豫立于此? 疑《新书》有误。

元轨事迹历官

《新书》于各帝子,惟中宗、睿宗子有论,余则十一宗子共一论,而高祖、太宗、高宗之子皆无论。或论或否,例既参错,有叙无断,成何体式? 班、范史裁,毅然决裂之,此宋人妄态也。《旧》于《高祖二十二子》论中标元嘉、元轨、元裕、元名、灵夔五人为贤,王禹偁著论独推元轨,历举其诸善行,见《小畜集》第十五卷。《新》于其事迹刊削颇甚,并其历官之年皆去之,而作总撮之笔。若《旧》云"高宗"者,《新》必改而但称曰"帝",省却一字,使读者不辨其为在太宗时、高宗时,《新书》如此等处,往往令人齿冷。

元轨子七人

《旧·元轨传》："有子七人。长子绪，垂拱中被杀。神龙初，封诸孙晖为嗣霍王。"余无所见，《新书》则六子，而于绪之外，又多纯事。

房熊字子绎

《旧·房玄龄传》："祖熊，字子绎，褐州主簿。"原本同，抄宋本作"字子释褐"云云，"子"字之下应脱一字，而所脱即"绎"字也。熊绎是楚之祖，故熊字子绎，"绎"与"释"连，相似而致脱误耳。

房玄龄异文

《旧·房玄龄传》："贞观四年，代长孙无忌为尚书左仆射，封魏国公。十一年，改封梁国公。"《贞观政要·任贤》篇则云："三年，拜尚书左仆射，封梁国公。"《通鉴》一百九十三卷："玄龄以三年二月戊寅与杜如晦同拜仆射。"《政要》是。又《旧书》玄龄卒年七十，《新书》作"七十一"，疑"一"字衍。

京兆杜陵

《杜如晦传》："京兆杜陵人。"《新》、《旧书》同。案：《旧·地理志》京兆府绝无所谓"杜陵"县，但有万年县，《贞观政要·任贤》篇作"京兆万年人"，是。赵明诚据虞世南所撰碑，谓其祖名徽，而《唐书》传云名果，可据碑以正其失。考《新书》但书其祖果，而《旧书》则具列其高祖名徽，祖名果，明诚但观《新书》，不考《旧书》，予未见碑，恐系明诚不详审，轻发此疑，俟再考。

李靖传互异

《李靖传》，《新》、《旧》大同小异，靖陪葬昭陵，予得其碑拓本，断缺多，不见撰书人名及年月，据《金石录》，许敬宗撰，王知敬书，显庆三年五月立也。《新》不叙其先世而《旧》云："祖崇义，后魏殷州刺史，永康公。"碑则云："曾祖□，魏河、和、复、硖、殷五州刺史，永康县公。"盖此人都督五州，书法似异实同，但一以为祖、一以为曾祖，且碑乃单名，虽漫,的非"崇义"字。《旧》云"初仕隋,长安县功曹",与碑合,《新》无。《旧》此下云"后历驾部员外郎",《新》则云"殿内直长",未知孰是。碑二者皆不见,恐在断缺中。"进兵袭突厥",《新》云"去其牙七里,颉利乃觉",何近如此?《旧》作"十五里"为得。"杀颉利之妻隋义成公主",《新》删削,直云"杀义成公主",读者茫然,知"义成"为何人?亦宜仍《旧》。"破突厥归",《旧》云"温彦博谮其纵兵掠奇宝",而《新》改为萧瑀所劾,未知孰是。"赐食邑,通前五百户",《新》、《旧》同,而碑云"三千户"者,碑言虚数,《新》、《旧》言实封也。靖妻卒,坟象突厥铁山、吐谷浑积石山者,以靖破此二寇,旌之也,《新》乃删去"突厥"、"吐谷浑"字,亦令读者茫然不晓其故,《新》之妄删改多此类。"封卫国公",《旧》竟重复两书之,《旧书》之芜秽亦甚矣。"卒,赠并州都督",《新》、《旧》同,碑作"使持节,都督□□箕、岚四州诸军事,并州刺史",《新》、《旧》省文也。"给东园秘器",《新》、《旧》略之,其他《集古录》据碑驳史未当,见《金石录》。明知其非,而于《新书》仍不补正,见《石墨镌华》。

段志玄新旧碑异同

《段志玄传》,《新》、《旧》有小异,予得其残碑,无书撰人名,据《金石录》,立于贞观十六年。"以功授乐游府骠骑将军",《新》改为"车骑",碑正作"骠骑",《新》非。"与尉迟敬德同诛建成、元吉",《新》削去。此下碑有"除左虞候率",《新》、《旧》皆不载。《新》于"太宗即位加封"下添出"诏率兵至青海,夺吐谷浑牧马,以逗留免。未几复职"一节,《旧》无,碑有,但讳逗留,宜从《新》。贞观十二年,拜右卫大将军,《新》亦削去,碑结衔正有此,不当削。"卒,赠辅国将军",《新》作"大将军",碑正作"大",当从《新》。《新》、《旧》无卒年若干,碑则云"年四十五",余见《金石录》、《石墨镌华》。

王珪隐居与房杜善

《旧书·王珪传》:"季叔颇有人伦之鉴。""颇",《通鉴》作"颋",是。《新书》于传末赘一段云:"始隐居时,与房玄龄、杜如晦善,母李尝曰:'而必贵,然未知所与游者何如人,而试与偕来。'会玄龄等过其家,李窥大惊,敕具酒食,欢尽日,喜曰:'二客公辅才,汝贵不疑。'"《旧书》本传无此事，吴曾《能改斋漫录》第三卷《辨误》篇云："杜子美《送重表侄王砅评事使南海》诗谓王珪微时，房、杜与太宗过其家，妻能识之。蔡绦《西清诗话》：'按史所载，太宗不在坐，子美独得其详，史为疏略。'以予考之，房、杜等旧不与太宗相识，及太宗起兵，然后玄龄杖策谒军门，乃荐如晦耳，若珪，则诛太子建成而后见知。"吴曾此辨是。如曾辨，《新书》与杜诗皆非也。洪迈《容斋随笔》第十二卷谓：子美以为珪之妻杜氏，《新书》以为珪之母李氏，蔡绦又妄引《唐书·列女传》以为珪之母卢氏，而其实《唐·列女传》并无此言。如蔡绦之谬陋狂鄙固宜，其轻信杜诗，诚不足责矣。洪迈又言："唐高祖在位日，太子建成与秦王不睦，珪为太子中允，说建成击刘黑闼，立功以倾秦王。高祖责珪等构兄弟之怨，流之，太宗即位，乃召还任用。宴近臣殿内，长孙无忌曰：'王珪昔为仇雠，不谓今日同宴。'上曰：'珪尽心所事，故用之。'然则珪与太宗非素交明矣。"洪此辨甚精，可以折倒杜诗之诬。乃又言"杜称其祖姑，不应不实"，殊不知杜甫不过一诗人而已，诗人之言，往往无实，即其诗云"我之曾祖姑，尔之高祖母"，则正当呼王砅为表侄，何云重表侄？一称谓间乖舛迁谬，所叙述事岂足信哉？至《新唐书》虽列正史，但宋子京好采小说，坐长繁芜，此等必中晚唐人或宋初人因杜诗白撰出，子京信之，遂成此累。其实珪不但微时未识太宗，亦并未交房、杜，如果于隐居时即与房、杜交善，则志同道合，方其择主而事，自当相与订约，共拥戴太宗于潜邸，何以玄龄当太宗初起兵即参帷幄，乃其后荐如晦不荐珪，珪且力为建成画策，欲挤陷太宗乎？其水火矛盾如此，《新书》之妄显然，宜痛削去，一以《旧书》为正。

魏徵传新旧详略互异

魏徵始事元宝藏，继事李密，降唐高祖，又仕窦建德，复归隐太子，终事太宗，更六主矣。然夫子许管仲以仁，则徵可以此例。生当乱世，不得不尔，功足晚盖，可无苛责矣。《新》、《旧·徵传》载其匡辅直谏之事，详略互异，沈氏已考得。愚谓徵谏事，吴兢《贞观政要》详载之，然此书犹兼载他人之言，若尚书吏部郎中琅邪王方庆所集《魏郑公谏录》五卷，《宋史》二百三卷《艺文志》作王綝，即方庆名。则专为徵作者，所载多至百有余事，《传》中岂能尽入？乃《新》、《旧传》皆云"徵谏事前后二百余则"，《谏录》尚未尽也。

围川县

《谏录》第一卷《谏科围川县官罪事》，《旧书》则作"沔川县"，《新书》作"围川宫"，考《旧·地理志》凤翔府下云："武德元年，割雍、陈仓、郿三县置围川县，其年，割围川属稷州。贞观元年，废稷州，以围川来属。八年，改围川为扶风县。"此事《谏录》言李靖、王珪奉使至围川县，有宫人先舍于令厅，靖等后至，乃移却宫人，安置靖等。太宗怒，令案验围川县官。《旧》作"沔川"，固无此县，《新》改为"围川宫"，亦因别见作"围川"，据以改《旧》，而又疑其不似县名，改为宫名。二者皆误，当以《谏录》为正。

魏徵卒年并赠拜官

《旧书》叙徵将卒之事云"贞观十六年，拜太子太师，其年称绵惙"，以下即连述"徵病笃，帝幸其第"等语以及"徵薨"。其下却云"年六十四"，乍读之，似卒于十六年矣。《新书》则作十七年，亦无月日，且不言其年若干。《通鉴》第一百九十六卷：徵卒于十七年正月戊辰。观此，年月日方分明。徵病已久，《旧书》因于十六年"绵惙"下连叙徵卒，不复书其年月日，非误认作十六年卒也，而词不别白，遂致牵混。《新书》具年差善，不具月日及年若干，亦非。"太子太师"，《新》同，《谏录》第五卷作"太傅"，当从《新》、《旧书》。"赠相州都督"，《新》、《旧》同，《谏录》作"相、卫、黎、魏、洺、邢、贝七州诸军事，相州刺史"，文异实同。

十七史商榷卷八十七

新旧唐书十九

褚亮传异同

《旧·褚亮传》叙其曾祖、祖、父三世官位而云"并著名前史"。《新》尽削其官，但云"皆有名梁、陈间"，差可。但举其曾祖及父，独删其祖名，则吾不知其成何义例。三人名位略相等，无优劣也。大业中，奏宗庙议，非毁郑玄，袒护王肃，俗学蔽锢，彼时已然，议九百余字，《新》删仅存三十余字，太略，不见其意矣。谏唐高祖猎二百三十余字，《新》全删去，但云"恳恫致谏"，此等迂谈，无关典故，删之差可。予得《亮墓碑》，为太常博士在隋大业七年，为秦王文学在唐武德元年，皆见于碑，《旧》皆无年也。《新》则凡年月皆删，必使事不系年，后人若欲作编年史，事几无所丽，此《旧》所本无者，不必言矣。"太子入春宫，除太子舍人，迁太子中允。贞观元年，为弘文馆学士"，《新》尽删去，皆非。"先封阳翟男，后进侯"，《新》删"男"，尚差可。"卒，赠太常卿"，《新》、《旧》同，碑篆额"大唐褚卿之碑"六字，据赠官也。《旧》又载亮二子，"长子遂贤，守雍王友，次子遂良，自有传"，《金石录》二十四卷有《阳翟侯夫人陆氏墓志》，即遂贤妻，碑云："子□□，袭封阳翟侯。"名虽漫，要即遂贤也。《新传》竟削遂贤不载，余详《金石录》。

长雏

《旧·薛收传》："收与从父兄子元敬及族兄德音齐名，时谓'河东三凤'。收为长雏，德音为鹫鹫，元敬年最小，为鹓雏。""长雏"当作"长离"，原本亦误，《新书》误同。

薛收历官

《旧·薛收传》叙收归唐，授秦王府主簿，判陕东道大行台金部郎中、天策府记室参军,封汾阴县男,兼文学馆学士,卒,赠定州刺史,又赠太常卿。《新书》删去"文学馆学士"。杨炯《盈川集》第十卷《薛振行状》叙其父收亦有此一官,《新》删,非。《行状》于"判陕东"上有"上开府","汾阴男"上有"上柱国",则《新》、《旧》皆略去。《行状》有"谥曰献",《新》、《旧》皆删,非。《新》、《旧》皆云"收子元超",而《行状》则云"振字元超",唐人多以字行,《新》、《旧》遂失书其名,皆非。

薛元超历官

薛元超历官,新旧《书》略同,惟于"拜东台侍郎"之上,《旧》有"出为饶州刺史"一节,杨炯作《行状》亦有之,谓在饶凡六年,始复入,而《新书》删去,非是。又高宗幸洛阳,元超留侍太子监国,《新》、《旧书》皆有,而《行状》于此又有兼户部尚书,《新》、《旧》皆删,亦非。《新》、《旧》言元超荐人有任希古、高智周、郭正一、王义方、孟利贞、郑祖玄、邓玄挺、崔融,而《行状》又有顾彻、沈伯仪、贺䚷、颜强学,《新》、《旧书》皆删,亦非。

服　色

《新·马周传》:"品官旧服止黄、紫,周建白三品服紫,四品,五品朱,六品、七品绿,八品、九品青。"《旧·太宗纪》贞观四年八月丙午诏与此略同,即周所建白也,而"朱"则作"绯"。又《高宗纪》龙朔二年九月,司礼少常伯孙茂道奏:"八品、九品旧令着青,乱紫,非卑品所服,望令着碧。"从之。又上元元年八月,敕文武官三品已上服紫,金玉带;四品深绯,五品浅绯,并金带;六品深绿,七品浅绿,并银带;八品深青,九品浅青,鍮石带;庶人服黄,铜铁带。《车服志》略同,惟服黄多流外官。流外官者,疑即今未入流也。然则上元所定较贞观之制,诸色各分深浅,而龙朔所云"着碧"者又不用之矣。又《幽闲鼓吹》《见秘笈普函》。《文献通考》二百十五卷云:"一卷,唐张固撰,懿、僖间人,记唐遗事,二十五篇。"今卷数篇数正同。云:"宣宗与韦澳谋去宦官,澳请勿谋之外廷,即就其中拔有才识者委之。上曰:'此乃末策,朕已行之。初擢其小者,自黄至绿,至绯,皆感恩。若紫衣挂身,即一片矣。'"据此则知唐时宦者服色与外廷同也。《说文》十三上《糸部》:"絑,纯赤也。从糸,朱声。""红,帛赤白色。""绯"字则在新附,注云:"帛赤色也。""朱"固与"絑"通,其色似即绯无异,但别为浅绯,是即红矣。红,间色也,绿亦间色,而紫之为间色更不待言,《论语》云:"红紫不以为亵服。"又云:"恶紫之夺朱。"亵服尚不可为,朝祭可知。《诗》刺绿衣黄裳为其正色,反居下,间色反居上,旧服黄、紫已属不伦,唐人所定服色,恐皆非是。

豆卢襃

《旧·苏世长传》:"王世充僭号,署为太子太保、行台右仆射,与世充兄子弘烈及将豆卢襃俱镇襄阳。"《新书》作"豆卢行襃"。

废濮王泰杀吴王恪

《旧·太宗诸子传》史臣论曰:"太宗诸子,吴王恪、濮王泰最贤,皆以才高辩悟,为长孙无忌忌嫉,离间父子,遂为豺狼,而无忌破家,非阴祸之报欤?"愚谓太宗所以不肯立濮王泰而立高宗治者,以承乾失德,泰树党倾之,谓若立泰,则储位可以图谋而得,不可为训,且以治柔仁,立之则诸子获全,立泰则恐其害诸子也。孰知治立,反兆武氏大祸,诸子几无遗种。在彼时固不能逆料,长孙无忌从而赞成其事,似尚差可,迨后太宗又嫌治懦暗,欲废之而立吴王恪,谓恪英果类我,无忌力尼之而止。太宗曰:"公殆以恪非己甥乎?"此言洞见无忌肺肝,无忌固徇私见,非为国本地也。更可恨者,永徽中房遗爱之反,无忌因嫌,遂牵恪而杀之,恪竟以无罪死,无忌于此罪不胜诛矣,后为武氏所杀,不亦宜乎?《旧书》之论最为痛快,前已见《宗室诸王传》论,而《新书·无忌传》赞末数语亦见此意。

秦庄襄王四十八年

《旧·吕才传》:"才驳禄命书不验云:《史记》秦庄襄王四十八年,始皇帝生,宋忠注云:'因正月生,乃名政。'依检襄王四十八年,岁在壬寅,计其崩时不过五十。"考《史记·秦本纪》及《六国表》,秦昭襄王之子为孝文王,孝文王之子为庄襄王,庄襄王之子即始皇帝,始皇帝于昭襄王四十八年壬寅生,乙卯即位,在位三十七年,辛卯崩,年五十。此文前云"庄襄",当作"昭襄",后云"襄王",脱一"昭"字,《新》《旧》误同。

官数各处不同

《新·百官志》云:"太宗省内外官,定制为七百三十员。"《曹确传》确谏懿宗则云:"太宗著令,文武官六百四十三。"吴缜已纠其不同矣。又有《刘祥道传》:"显庆中,迁吏部黄门侍郎,知选事,上疏曰:'内外官一品至九品万三千四百六十五员。'"显庆比贞观官数多少相悬至此,尤不可解。吴未举及。吕夏卿《唐书直笔新例》又云:"文武官数,元和中二千七百八十八员。大中中二千七百九十九员。"与前诸处又各不同。

李敬玄战败事

李敬玄率兵御吐蕃败归事,《旧》但言其狼狈却走,不言何地。《新》则言其与吐蕃将论钦陵战于青海,又战湟川。《朝野金载》则云:"至树墩城。"《旧书》言副之者刘审礼,《新书》又有黑齿常之,而《金载》又有将军王杲、副总管王怀舜。

李敬玄子思冲

《旧·李敬玄传》但有子思冲,《李绅传》则云:"高祖敬玄,则天朝中书令,自有传。祖守一,成都郫县令。父晤,历金坛、乌程、晋陵三县令。"《新书》于《敬玄传》则云:"二子,思冲、守一。"其下叙思冲事毕,乃云"守一郫令,孙绅别传"。于《绅传》则云"中书令敬玄曾孙",当以《新书》为正,《旧书·绅传》云"高祖敬玄"云云者,"高"当作"曾"。

勋　格

《新·奸臣·李义府传》:"贞观中,高士廉等修《氏族志》,凡升降,天下允其议,于是州藏副本,以为长式。时许敬宗以不载武后本望,义府亦耻先世不见叙,更奏删正。委孔志约等定其书,以仕唐官至五品皆升士流,于是兵卒以军功进者悉入书限,更号《姓氏录》,缙绅共嗤靳之,号曰勋格。"案:勋官之滥,已见前第八十一卷,此云云者,非以其据勋为定而号为勋格也。当时删正仍据官,不据勋,惟不论其先世贵贱,但在唐至五品者皆升入,故戏目曰"勋格",见其滥如勋之易得。

长名榜

《旧·裴行俭传》："总章中，迁司列少常伯。咸亨初，官名复旧，改为吏部侍郎，与李敬玄为贰，同时典选十余年，甚有能名，时人称为裴李。行俭始设长名姓历榜，引铨注等法，又定州县升降、官资高下，以为故事。"《新·行俭传》作"长名榜铨注等法"。又《新·选举志》云："初，铨法简而任重，高宗总章二年，司列少常伯裴行俭始设长名榜，引铨注法，复定州县升降为八等，其三京、五府、都护、都督府悉有差次，量官资授之。"《新·奸臣·李林甫传》："初，吏部置'长名榜'，定留放。宁王私谒十人，林甫曰：'愿绌一人以示公。'遂榜其一，曰：'坐王所嘱，放冬集。'"所谓"长名榜"，言豫为长榜，具列其名，每遇铨选，据此为定也。放言去之，不得留也。封演《闻见记》第三卷《铨曹》篇亦云："高宗龙朔之后，以选人不堪任职者众，遂出长榜放之冬集，俗谓之'长名'。"张鷟《朝野佥载》第四卷云："崔湜为吏部侍郎，父挹受选人钱，湜不知，长名放之。"李商隐登进士第后，又以书判拔萃，《与陶进士书》云："去年入南场作判，比于江淮选人，正得不忧长名放耳。"谓既中书判，则可得官，长名榜上可以留而不放矣。江淮路远，人尤患放，故云。"南场"未详，疑指吏部。钱希白《南部新书》卷乙云："吏部故事，放长名榜，语曰：'长名以前，选人属侍郎；长名以后，侍郎属选人。'"未登长名，恐其被放，故属侍郎；既登长名，即日为官，侍郎将以公事请托之。

裴行俭论王勃等

《新·裴行俭传》："李敬玄称王勃、杨炯、卢照邻、骆宾王之才，行俭曰：'勃等虽有才，浮躁炫露，岂享爵禄？炯颇沉默，可至令长，余皆不得其死。'果如其言，世以行俭为知人。"予谓非也。勃慕诸葛武侯之功，读《易》，作《发挥》数篇，其学行卓然如此。照邻隐居具茨山下，自以为高宗尚吏，己独儒；武后尚法，己独黄老；后封嵩山，屡聘贤士，己独废，著《五悲》以自明，其意气肮脏，不肯诡随徇俗可知。至炯坐从父兄神让与徐敬业起兵，谪梓州司法参军。宾王则与敬业共举义旗，所为檄文，至今读之犹凛凛有生气。初唐文士如苏味道之模棱，李峤之赋金枢诗，颂周功德，杜审言、沈佺期、宋之问皆张易之、武三思家鹰犬耳，虽享爵禄，固不足道。四杰风概，迥出辈流，何得以浮躁斥之？且论人而徒以其不能安享爵禄为言，可鄙甚矣。行俭议论如此，宜其家法之丑，子孙遂为宦官窦文场养子。

裴光庭书名错误

《旧》裴行俭之子光庭传，传中"庭"字①二十见，书前总目、卷首目并同，而《新书》作"廷"，传中十三见，并目并同，其《宰相年表》"光庭"凡四见，仍与《旧》合。《光庭神道碑》，张九龄撰，玄宗御书，据顾宁人《金石文字记》第四卷云在闻喜县东门外，裴、赵二公祠前，其阴刻玄宗赐九龄敕。而宁人以为赐张说，误也。此碑载《文苑英华》第八百八十四卷、九龄《曲江集》第十九卷，皆作"光庭"，予又得拓本，每行七十二字，今仅存上截，每行二十五六字，其下截断坏，亡佚约三之二，"公讳光庭"云云已不见，然碑阴所刻，系玄宗令九龄制此文而降以敕云"赠太师光庭"甚明。《集古录跋尾》第六卷载此碑，亦云"光庭"，而《新书》之谬至此。想宋祁养尊处优，作传分授门生子弟，已特总其大纲，书成，一任吏胥钞誊，懒于检校，于宰相书其名尚舛讹至此，何论其他。吴缜《纠谬》第四卷《自相违舛》、第六卷《姓名谬误》、第九卷《表传不相符合》三门内皆遗漏未纠。

光庭传异同

《旧书》："行俭父定高，冯翊郡守。"宋板《张九龄文集·光庭神道碑》作"定，周大将军，冯翊太守"云云，"周"是代名，"高"字传写误。虽《英华》所载张说撰《行俭神道②碑》已作"定高"，予所得九龄撰碑石本，此文已剥落，但宋板甚明，似为可据。"父仁基"，碑本避讳去"基"字，此碑玄宗御书，凡"上"字、"圣上"字皆不空，而御名仍避。《集古录》云："《唐书》列传光庭卒，帝赐谥'忠宪'，今碑及题额皆为'忠献'。《传》云'撰《摇山往则》'，而碑云'往记'，皆以碑为是。"考《旧书》作"忠献"，"瑶山"碑文石本同，《英华》与《集》本始误写"忠宪"，而"瑶山"仍

不误,《新书》反误作"忠宪"、"摇山",欧所指摘之《唐书》,反在宋祁,非刘昫矣。公跋此在治平元年,《新书》成已久,知其误而不改,何也? 又光庭之祖谥忠,父谥献,《新》、《旧书》同,光庭乃合两谥为一,此亦无理可笑。谥非封爵,不可传袭,况又兼二美以上掩前人乎? 光庭庸相,一无可取,敕中称其忠节行能,此彼为善之耳。碑多虚誉,《旧》亦过优,《新》好删《旧》,此等浮泛者反不删,《旧》载韦述驳赠谥太滥,却删去,尤非。《旧》不载其子,《新》添其子积,碑作"积",《新》亦误。

懿德太子重润年

吴缜《新书纠谬》第五卷《年月时世差互》一门内,据《懿德太子重润传》云:"大足中,或潜重润窃议,武后杖杀之,年十九。"纠云:"传首言重润生,高宗喜甚,乳月满,为大赦天下,改元永淳。而是年岁在壬午,大足止有元年,岁在辛丑,则重润年二十,谓之十九,误也。"案:"年十九",《旧书》偶误,而《新》沿袭之。彼文略云:"重润,中宗长子。开耀二年,中宗为皇太子,生于东宫内殿。高宗甚悦,及月满,大赦,改元永淳。大足元年为人所构,杖杀,年十九。"开耀二年数至大足元年,实二十,彼乃误云十九,诚粗疏。《新》既削其所生之年不言,又改"月满"为"乳月满",岂以儿初生至满一期为乳月满乎? 若然,则生于开耀元年矣。儿生一期,正当吮乳,何名已满? 文义鄙晦,且使果别有所据,知其生在开耀元年,即当直书之,何以混而不言? 其死正是大足元年耳,必改为"大足中",大足只一年,何"中"之有? 总之,有意改窜,动成疣痏,吴缜所纠固佳,惜不将《旧书》一参。

裴炎为崔察诬奏

裴炎请还政豫王旦,为御史崔察诬奏死,《新》、《旧书》同,其事甚明。孙樵可之《文集》第五卷《孙氏西斋录》云:"崔察贼杀中书令裴老何? 诡谀梯乱,肇杀机也。""裴"字下注云:"名犯武宗庙讳。"其下又自注云:"裴为顾命大臣,屡白天后归政,御史崔察廷诘裴曰:'若不有异谋,何故白太后归政?'天后遂发怒,斩裴于都亭驿,故书曰崔察贼杀中书令裴也。"按:武宗讳瀍,孙氏云云,未详。其书法之妄不必论。

狄仁杰历官事迹二书详略位置不同

《狄仁杰传》,《旧书》载其祖、父皆有名位,《新书》删。赴并州法曹参军任时,亲在河阳,登太行山,望云思亲,其下文即继以同府参军郑崇质,母老病,当使绝域,仁杰请代行,《新》、《旧书》同此,则与上段文意矛盾,殊为可疑。恐是赴参军任之后,旋丁亲忧,服阕仍补是职,方有请代发出使事。此下仪凤中迁大理丞,授侍御史,《旧书》有奏韦机营恭陵宫殿壮丽太过,机坐免官事,《新书》删。此下《新书》有使岐州,安戢亡卒剽行人者事,《旧书》无。此下加朝散大夫,迁度支郎中,高宗幸汾阳,为知顿使,转宁州刺史,《旧书》有御史郭翰巡陇右、入境闻耆老歌德美、荐名事,《新书》删。此下征为冬官侍郎,充江南巡抚使,转文昌右丞,出为豫州刺史。此下《旧书》叙越王贞反,仁杰原诖误者罪及拒张光辅纵兵杀降事,反复三百余字,甚详明。《新书》所削几三之一,乃并越王之名贞亦削去,而但书为越王,为欲省此一字,必使读者于越王名思而得之,不能举目即见,此何意邪?此下左授复州刺史,入为洛州司马,天授二年九月丁酉,以地官侍郎、判尚书、同凤阁鸾台平章事。此下《新书》有太学生谒急,后报可,仁杰以为丞簿职,天子不当问事,《旧书》无。此下有为来俊臣诬构下狱,使承反,召见得释事,此事情节曲折甚多,《旧书》亦三百余字,甚详明,《新书》削亦三之一,乃并《旧书》中承反之“承”字凡三见,悉改作“臣”,此又何意邪?想宋子京必以改此字自夸古奥,而予殊不解其妙处也。《旧书》谓武承嗣屡奏请诛仁杰,而《新书》改为御史霍献可,则必《旧书》是,《新书》非矣。即欲见献可名,亦宜先言承嗣奏诛仁杰,然后继以其党御史霍献可叩首苦争,欲必杀仁杰,何得舍首恶但言其支党乎?此下贬彭泽令,万岁通天年征为魏州刺史,转幽州都督。此下《新书》有“赐紫袍龟带,后自制金字十二于袍以旌其忠”,《旧书》无。而所谓十二字者,吴曾据家传,金字环绕,五色双鸾,其文曰“敷政术,守清勤,升显位,励相臣”,见《能改斋漫录》第十四卷《记文》篇。《新书》犹恨其略。此下神功元年入为鸾台侍郎,复同凤阁鸾台平章事,加银青光禄大夫,兼纳言。此下《新书》有属张易之劝迎庐陵王,又后欲以武三思为太子,仁杰请以庐陵王继统,又后以梦双陆不胜,问仁杰,仁杰讽其无子,且极言姑侄不如母子至亲,后悟,遂复皇嗣一段,凡三百六七十字,《旧书》则以此事提出,叙于仁杰病卒之后,且又先叙明荐桓彦范等,又荐张柬之为宰相,以表柬之兴复中宗,皆由仁杰,然后详叙其以子母恩情劝导,卒召还中宗。二书之详叙复嗣事,大同小异,而位置则殊。要之,《新书》之叙此事于再相后者,《通鉴》第二百六卷仁杰以神功元年十月再相,而中宗即以明年圣历元年三月召还,故按其次第而叙于此也。《旧书》移叙于病卒后者,以此事关系甚重,尤为仁杰一生大节,提出另叙,方见醒目,况召还虽在圣历元年,而仁杰之深谋密算、委曲启沃,实在平日,故又言"仁杰前后匡复奏对,凡数万言,开元中,北海太守李邕撰《梁公别传》,备载其辞",见其不可胜载,当观《别传》也。以二者较之,《旧书》为长。此下检校纳言兼右肃政台御史大夫。圣历初,突厥入寇,为河北道元帅,又为安抚大使。军还,授内史。圣历三年九月,病卒。此下《新书》有"年七十一"句,《旧书》无,此下赠官及谥则《新》、《旧》同。合而论之,《新书》所增者皆有益,所删者当仍存,所改者当依《旧》,如迁擢、左授,《旧》皆有纪年,《新》尽削去,独于其卒留圣历三年,且并高宗而改为帝,不知此皆眉目所在,一经删改,俱成晦昧。两次入相并无年,虽宰相别有年表,然传中削去,亦为不可。其兼衔、其加阶俱削去,独存其职事官,亦嫌草草,《新》务求异于《旧》,凡传皆然,不能饶舌,特于仁杰详之。

好　汉

《新·张柬之传》:"武后谓狄仁杰曰:'安得一奇士用之?'仁杰曰:'荆州长史张柬之,宰相才也。'"《旧》入此事《仁杰传》,"奇士"作"好汉"。《能改斋漫录》第六卷《事实》篇引东坡诗云:"人间一好汉,谁似张长史。"谓男子为"汉",唐已有之。玄宗谓吉温为"不良汉",见《旧书·酷吏·温传》;刘蕡为杨嗣复门生,对策忤时,仇士良谓嗣复曰:"奈何以国家科第放此风汉?"见《玉泉子》;郑愔骂选人为"痴汉",见张鷟《朝野佥载》第四卷,是也。

杜景俭党李昭德

《旧》杜景俭,《新》作"景佺",本一人,已见前。《新》又云:"景佺本名元方,垂拱中改今名。"《旧》无此言,此皆本之张鹭《朝野佥载》卷一见陈继儒《秘笈普函》,《佥载》又云:"内史李昭德以刚直下狱,景佺廷诤其公清正直,左授滦州刺史。"《新》亦采用其意,此《新》之采小说而佳者,《旧》但云"周允元奏景佺党李昭德",语未足。"滦州"作"秦州",传写误。

武氏死中宗立皆在洛

五王杀二张,枭首于天津桥南,见《旧·张行成传》附《易之昌宗传》。可见武氏之死在洛。后武三思潜使人榜韦后秽行于天津桥南,以激帝怒,见《旧·桓彦范传》。可见中宗既立,尚在洛,未归京师,说已见前。三国曹氏始居洛,后迁许,又都邺,后又归洛。孙氏始起吴,后迁秣陵,又迁武昌,后又归秣陵,陈寿一一书之,眉目了然,使读者开卷自明。《旧唐》于武氏、中宗之由长安之东都,又由东都复还长安,犹具书之,而《新书》概从删削,凡史文繁简合宜者少,赖善读书者从旁见侧出而得之。

不诛武氏新旧不同

中宗复位后,《旧书》称薛季昶劝尽诛武三思之属,敬晖、张柬之屡陈不可而止,三思得政,晖等受制,柬之叹曰:"主上昔为英王时,素称勇烈,吾留诸武,冀自诛锄耳,今事势已去,知复何道?"《新书》则云:"柬之勒兵景运门,将遂夷诸武,桓彦范不欲广杀,曰:'三思机上肉,留为天子借手。'俄三思入宫盗权,彦范曰:'主上昔为英王,故吾留武氏,使自诛定。今大事已去,得非天乎?'"与《旧》不同,而以柬之之言为彦范之言,恐当从《旧》。"英王"是封号,而《新》以为"英烈"之意,亦误。《文艺·王勃传》:"勃戏为文檄英王鸡,高宗怒。"《旧·中宗纪》:"仪凤二年,封英王。"《新》删去。

阿武子

《新·魏元忠传》:"安乐公主私请废太子,求为皇太女,帝以问元忠,元忠曰:'公主而为皇太女,驸马都尉当何名?'主恚,曰:'山东木强,安知礼?阿母子尚为天子,我何嫌?'宫中谓武后为阿母子,故主称之。元忠固称不可,自是语塞。"考公主,中宗女,韦后所生,最昵爱,故求废节愍太子，立己为皇太女，欲中宗身后传位于己，但两"阿母子"皆当作"阿母"，误衍"子"字。《新》又复载此事于《公主传》，而稍异其文云："元忠山东木强，乌足论国事？阿武子尚为天子，天子女有不可乎？""阿武子"亦当作"阿武"，衍"子"字也。《旧》无《公主传》，此事惟见《元忠传》，《新》既两处复载，又多讹舛，宋子京牵率已甚。

楚王有社稷大功

《旧·睿宗诸子·让皇帝宪传》："宪本名成器，睿宗践祚，将建储贰，以成器嫡长，而玄宗有讨平韦氏之功，意久不定。成器辞，诸王公卿亦言楚王有社稷大功，合居储位。""楚王"，原本同，《新书》亦作"楚王"，影宋抄本则作"平王"。考《玄宗纪》，生三岁即封楚王，时为武后垂拱三年，至平韦氏后方封平王，盖以其平乱，故为此称。此时睿宗已即位，议立太子，何得尚仍其旧称楚王邪？作"平"为是。

汝阳王琎

《旧·睿宗诸子传》："让皇帝宪十子，琎、嗣庄、琳、璹、珣、瑀、玢、珽、琄、璀等。"《新书》作十九子，《旧书》有阙，又琎封汝阳郡王，《杜甫集》卷七《八哀》诗、卷九《赠王二十韵》诗同，卷一《饮中八仙歌》："汝阳三斗始朝天。"即其人。《南卓羯鼓录》见陈继儒《秘笈广函》。作"汝南王"，传写误。

姚崇十事要说

《新书·姚崇传》载其以十事要说玄宗，而不见于《旧书》本传，本纪亦无之，杨慎《丹铅总录》第十卷乃言《旧唐书》与《新书》同载此一事，而《新》远不如《旧》，欧为宋一代文人，刘昫乃五代不以文名者，然《旧书》所传问答具备首尾，照映千年之下，犹如面语，《新书》所载则蒻截晦涩，事既多枉，文又不通，良可慨也。此下又具载二书之文，据彼所指，以为《旧唐书》文者，今《旧唐》纪传皆不见，而所指以为《新唐书》文者则良是，实为可怪。绎其词，《新》不如《旧》，诚然，无如其非《旧书》文，何也？必杨氏偶见他书载之而误记耳。先天二年十月，皇帝讲武于骊山，时元崇为冯翊太守，车驾幸三百里内令朝觐，遣中官促元崇赴行在。上方猎于渭滨，而元崇至，上曰："朕久不见卿，卿可宰相行中行。"元崇犹后，上案辔久之，顾曰："卿何后？"元崇曰："臣官疏职卑贱，不合参宰相行。"上曰："可兵部尚书、同中书门下平章事。"元崇不谢，上颇讶之。至顿，上命宰相坐，元崇乃跪奏曰："臣三奉作弼之诏，未即谢者，臣以十事上献，有所不行，臣不敢奉诏。"曰："卿悉数之，朕当量力而行，然定可否。"元崇对曰："自垂拱以来，朝廷以刑法治天下，臣请政先仁义，可乎？"上曰："朕深有望于卿也。"又曰："圣朝自丧师青海，未有牵复之悔，臣请三数十年不求边功，可乎？"上曰："可矣。"又曰："先朝轻狎大臣，或亏君臣之礼，臣请陛下接之以礼，可乎？"上曰："诚当然，有何不可？"又曰："自武氏诸亲猥窃权要之地，继以韦庶人、安乐、太平用事，班序错杂，臣请国亲不任台省官，凡有斜封、待阙等官，悉请停罢，可乎？"上曰："是朕素志也。"又曰："近密佞幸之徒，冒犯宪纲者，皆以宠免，臣请行朝典，可乎？"上曰："朕切齿久矣。"又曰："比因侯家戚里，进奉求媚，近及公卿，方镇亦为之，臣请除租庸赋税之外，尽杜塞之，可乎？"上曰："愿行之。"又曰："太宗造福先寺，中宗造圣善寺，上皇造金仙、玉真观，皆费巨万，蠹生灵，凡诸寺观宫殿，请止绝建造，可乎？"上曰："朕重观之，即心不安，而况敢为之者哉？"又曰："自燕钦融、韦月将献直得罪，由是谏臣阻绝，臣请凡在官之士，皆得触龙鳞、犯忌讳，可乎？"上曰："朕非惟容之，亦能行之。"又曰："太后临朝以来，喉舌之任，或出于阉人之口，臣请中官不预公事，可乎？"上曰："怀之久矣。"又曰："吕氏产、禄几危西京，马、邓、阎、梁交乱东汉，万古寒心，国朝为患，臣请书诸史册，永为商鉴，作万代师，可乎？"上乃潸然良久，曰："此事可谓剖肌刻骨者。"元崇再拜曰："此陛下致仁政之初，是臣千载一遇之日，敢当辅弼之任，天下幸甚。"又再拜舞蹈，称万岁者三，从官千万皆出涕，上曰："坐卿于燕公上。"燕公不敢坐，问之，说曰："元崇是先朝旧臣，合当首坐。"元崇曰："张是紫微宫使臣，外宰相不合首坐。"上曰："可。"元崇遂居首坐，天下称贤相焉。以上杨上以为《旧唐书》文。帝曰："卿宜遂相朕。"崇知帝大度，锐于治，乃先设事以坚帝意，即阳不谢，帝怪之，崇因跪奏："臣愿以十事闻，陛下度不可行，臣敢辞。"帝曰："试为朕言之。"崇曰："垂拱以来，以峻法绳下，臣愿政先仁恕，可乎？朝廷覆师青海，未有牵复之悔，臣愿不幸边功，可乎？比来壬佞冒触宪纲，皆得以宠自解，臣愿法行自近，可乎？后氏临朝，喉舌之任出阉人之口，臣愿宦竖不与政，可乎？戚里进奉以自媚于上，公卿方镇亦为之，臣愿租赋外一绝之，可乎？外戚贵主，更相用事，班序荒杂，臣请戚属不任台省，可乎？先朝亵狎大臣，亏君臣之严，臣愿陛下接之以礼，可乎？燕钦融、韦月将以忠被罪，自是谇臣沮折，臣愿臣皆得批逆鳞、犯忌讳，可乎？武为造福先寺，上皇造金仙、玉真二观，费巨百万，臣请绝道佛营造，可乎？汉以禄、莽、阎、梁乱天下，国家为甚，臣愿推此鉴戒，为万代法，可乎？"帝曰："朕能行之。"崇乃顿首谢，翌日，拜兵部尚书、同中书门下三品。以上《新唐书》文。**然《旧传》不载十事要说而《文**

苑英华》八百八十四卷张说撰《神道碑》亦无此，若谓《新书》滥采小说不可信，则非，盖《神道碑》简略草率之至，事迹殊觉寥寥，此真不可解、不足据也。惟谥文献，《新》、《旧》同，而碑作"文贞"，则当以碑为正。

初七至终七设七僧斋

《旧·姚崇传》："崇临终遗令，戒子孙不作佛法，若未能全依正道，须顺俗情。从初七至终七，任设七僧斋。"考《北史·外戚传》："胡国珍薨，明帝诏自始薨至七七，皆为设千僧斋，斋令七人出家，百日设万人斋，二七人出家。"又《恩幸传》："阉人孟栾死，七日，灵太后为设二百僧斋。"《北齐书·儒林传》："孙灵晖为南阳王绰师，绰死后，每至七日及百日，灵晖恒为请僧设斋，传经行道。"俗"七七"之说，盖自佛法入中土时有之，然昏主孽后，未足多怪，灵晖以儒林中人为之，亦可愧矣。皇甫湜《持正文集》第六卷《韩文公神道碑》云："四年十二月丙子，薨靖安里第，遗命丧葬，无不如礼，俗习异教，尽写浮图，日以七数之，及拘阴阳，所谓吉凶，一无污我。"李翱习之《文集》第四卷《去佛斋论》自序云："故温县令杨垂撰集《丧仪》，其一篇云：'七七斋，以其日送卒者衣服于佛寺，以申追福。'翱以杨氏《丧仪》多可行者，独此一事伤礼，故论而去之。"此文真德秀《文章正宗》第十二卷采之。如韩、李可谓知者不惑，如姚崇未免信道不笃。

宋璟无字

旧、新《宋璟传》皆无字，而颜真卿撰《神道碑》，其文载颜《文集》第三卷，又载都穆《金薤琳琅》第十六卷，此碑今在直隶顺德府沙河县北，古吴杜灏《沙河志》第一卷《古迹》，第二卷《祠祀》、《冢墓》等门言县北食膳铺留客村西北里许有宋公墓，墓前有祠堂，碑在祠内，撰文、书丹、篆额皆颜公，名"三绝碑"，已断仆，明正德中，知县方豪出之土中，复立于此。归震川《文集》有《与沙河令乞碑札》。予藏有拓本。据碑，于"公讳璟"下有"字"字，其下空二格，宋、颜相去时代不远，且颜作碑，据卢僎《行状》，必同时人，而竟阙然。盖唐初人多以字行，宋则直有名无字，尤异事也。里巷小夫，乳臭之子，不但有字，且多别号，闻此亦足愧矣。

自广平徙

《新》但云"邢州南和人"，《神道碑》同，而《旧》则此下多一句云："其先自广平徙焉。"此句却不可少。宋崇宁二年范致君跋谓墓之东别有一碑，乃公之祖赠邢州刺史墓碑，为居民斧而剥之。此碑予亦得拓本，字皆不可辨，其可辨者第二行有"广平"字，第三行有"列人"字。《宰相世系表》：汉中尉宋昌"居西河介休，十二世孙晃，晃三子，恭、畿、洽，徙广平利人"。"利"当作"列"，《汉·地理志》广平国属县也，《颜集》作"烈"，非。璟之先占籍此县，故璟贵，封广平公，其后乃徙南和耳。知《旧传》此句不可少。

玄抚赠邢州刺史

颜碑历叙璟之七世祖弁、五世祖钦道、高祖元节、曾祖弘峻，《颜集》作"俊"，非。祖务本、父玄抚，皆与《世系表》合，而碑于钦道，独但言祖，不言几代，此唐人拙句。玄抚己身所历之官为卫州司户，碑、表同，表无赠官，而碑言赠户部尚书，《旧传》言赠邢州刺史，则异。尚书尊，刺史卑，盖先赠刺史，后赠尚书，当以碑为正，《旧传》非。其邢州刺史之尝为玄抚赠官，则可信。今墓东别碑，在宋已剥，今又隔六七百年，剥落更甚，然篆额"唐赠邢州刺史宋府君神道碑"十二字，标题"唐故赠邢州刺史宋公神"十字皆极明，第十行有"烹鸡"字，当即指为司户，其为璟父玄抚碑无疑，特立碑之时尚未得赠尚书耳。而范致君以为璟祖，谬也。

杨再思宣敕令璟出

《旧传》："长安中，张昌宗私引相工李弘泰观占吉凶，言涉不顺，为飞书所告，璟廷奏请穷究其状，则天不悦，内史杨再思恐忤旨，遽宣敕令璟出。"《新传》于此事则传宣令璟出者为姚璹，非再思。考《通鉴》第二百七卷长安四年十二月叙此事，正与《旧书》同，而颜公所作《神道碑》于此则云："内史令出。"《新·宰相年表》"长安四年七月，左肃政台御史大夫杨再思守内史"，则碑云内史正谓再思，再思党于张易之、昌宗，媚悦取容，时号"两脚狐"，姚璹未闻有此，《新书》务改《旧》以求异，不顾事实。

三使皆辞

《新传》言诏璟按狱扬州，又诏按幽州都督屈突仲翔，又诏副李峤使陇、蜀，三使皆辞，易之冀璟出，劾奏诛之，计不行。此事《旧传》及《神道碑》皆无。愚谓《新书》此上文已言二张常欲中伤，后知之，得免，则易之虽劾奏，当亦不能害矣。若果能劾奏诛之，何分内外？果有此事，关系历官出入，《神道碑》不宜不载，当从《旧书》。

典选一段语未明

《旧·宋璟传》："崔湜、郑愔典选，为权门所制，九流失叙，预用两年员阙注拟，不足，更置比冬选人，大为士庶所叹。"语甚不明，《新书》改为"至迎用二岁阙，犹不能给，更置比冬选，流品淆"亦甚费解。

被召不与杨思勖一言

璟为广州都督，开元初，征拜刑部尚书，《新》、《旧书》同，封演《闻见记》第九卷《端悫》篇云："璟在广府，玄宗使内侍杨思勖驰马往追，璟在路，不与思勖交一言。思勖以将军贵幸殿庭，因诉，玄宗嗟叹良久，即拜刑部尚书。"此事亦见颜公《神道碑》，而颜公既作此文之外，别掇拾璟轶事如干条为《碑侧记》刻之，予亦得拓本，末段言昭义节度使薛嵩命屯田郎中、权知邢州刺史封演办立碑事，可见演因摹勒，特摘此事载入所著《闻见记》。宋公刚正，美不胜书，而此事人情所难，亦公风节表著处，乃《新》有《旧》无，此《新》胜《旧》。

事迹详略互异可两通者

《旧传》："中宗幸西京。"时居东都久，反谓西京为幸，言之不顺，《新传》改作"还京师"，是。《旧传》璟"检校贝州刺史，时河北频遭水潦，百姓饥馁，三思封邑在贝州，专使征其租赋"，璟拒不与，《新传》改云"检校贝州刺史，时河北水，岁大饥，三思使敛封租"云云，乍观之，令人茫然不晓，但求文减，不顾义晦。《旧传》："迁幽州都督、兼御史大夫，转广州都督，为五府经略使。"《新》省去御史大夫及经略，此差可。

"转京兆尹",《新》于其上加"以雍州为京兆府",然后言"复为尹",《新》是。"兼黄门监。明年,官名改易,为侍中",《新》删官改一层,直言"兼侍中",非。《新》载日食陈奏一段,又载抑郝灵佺斩突厥拔曳固功一段,此二事《旧》皆无,《神道碑》亦皆无。《旧》载勒还朝集使、绝改转侥求及禁断恶钱一段,此二事《新》皆无,《神道碑》亦皆无。以上各条虽小有得失,然皆尚可两通。

璟有八子

《旧传》不言璟有几子,但载其子事,凡六人,升、尚、浑、恕、华、衡也。《新书》据之直言璟有六子,而《世系表》则璟八子,升之上尚有复,华之上尚有延,《传》与《表》不相应也。《神道碑》则云"公有七子",而其下列八人名,皆与《世系表》合,《碑侧记》亦云第三子浑、第八子衡云云,故赵明诚《金石录》第二十八卷谓颜公误书"八"为"七",此说甚确。王氏澍《竹云题跋》第三卷谓碑明言"长子复,先公卒",然后列七子名位,则此非笔误,乃据存者有七而言之。此说亦通,但此碑笔误甚多,如"狂竖犯阙,凶渠既戕",此谓权梁山构逆事,《文集》甚明,而碑误作"凶渠既臧";"乃陟右揆,谠论泱泱",此谓拜尚书右丞相,而碑乃重二字,误作"右揆泱泱";末云"丰碑坚碣,万古詟相",碑误作"丰碑碣竖",亦皆不词。全文约一千七百字,皆正书,笔误自所不免。"七子"之"七",究以笔误为是。至范致君重刻碑及碑侧记,与原刻异者皆误,《文集》则与原刻碑合者居多,与重刻碑殆必不同。都氏未见原刻碑,执重刻碑当之,反据之以驳《文集》为非。予既得原刻碑矣,未见重刻碑,而得其碑侧记,中有二处,小字双行注云"缺三字"、"缺五字",其为重刻极明,碑无注缺处,则为原刻亦极明。都氏竟不能辨,是其所非,非其所是,误甚。然《文集》亦多谬者,有一处上下文皆叙中宗、睿宗事,忽插一句云"玄宗将幸西蜀",岂非笑端? 且璟卒于开元二十五年,乃见玄宗幸蜀,此真不辨菽麦者所妄改。

姚宋后人贤否悬殊

姚崇、宋璟二人皆贤相,而崇尚权谲,璟惟正直。然璟六子,皆贪淫荒秽,丑声狼藉,颓其家门,而崇之子孙多贤者。论者遂谓崇近情,故多福;璟溪刻,故无后。但许善心,隋之忠臣,其子敬宗奸邪,敬宗之曾孙远则又死难者也。卢怀慎清正,子奂亦名宦,奂则殉节,入《忠义传》,而奂之子杞为元恶巨憝,乃杞子元辅,《新·忠义传》又言其"少以清行闻,端静介正,能绍其祖,历显剧,而人不以杞之恶为累"。李义府,奸臣也,而其子湛为中兴功臣,《新书》本传称"世不以其父恶为贬"。狄仁杰一代纯臣,其子景晖居官贪暴,民苦之,共毁其父生祠,不复奉。由此观之,天道难知,人贵自立耳。《新》赞云:"崇善应变,璟善守文。道不同,同归于治。"斯平允之论,且崇尝荐璟自代,则知两贤心事固有殊途而同归者矣。

玄宗初政,能并用姚、宋,心实乐崇之通,恶璟之介。肃宗即位凤翔,玄宗与裴士淹论"崇在,贼不足灭",璟"卖直取名",玄宗心于此尽露。见《新·奸臣·李林甫传》。

崔湜崔羲

《旧·刘幽求传》："幽求令张晔密奏玄宗曰：'宰相中有崔湜、崔羲。'"原本同误也。"崔羲"当为"岑羲"。

姚崇谗毁魏知古

《旧·魏知古传》："知古自睿宗时同平章事，姚崇深忌惮之，阴加谮毁。开元二年，罢知政事。"《新书》但改云"与姚崇不协，罢政"。李德裕《次柳氏旧闻》见《秘笈续函》。则言："魏知古起诸吏，为姚崇所引用。及知古拜吏部尚书，知东道选事，崇二子分曹洛邑，知古至，恃恩请托，知古归，悉以闻。上召崇问其子才否，崇揣知上意，反直言其子之过，上于是明崇不私其子，而薄知古之负崇，遂罢知古。"此事《新书》移入《崇传》，故于《知古传》不见，《新书》好采小说，《次柳氏旧闻》一卷，掇拾殆尽，几无遗者。

崔日用多杀为功

张鷟《朝野佥载》卷一云："广平王诛逆韦，崔日用将兵杜曲，诛诸韦略尽，绷子中婴孩亦榐杀之，诸杜滥及者非一。"玄宗封平王，"广"字衍。《新》、《旧书·日用传》皆不载此事。愚谓尽诛诸韦，是也。及诸杜，非也。观日用之为人，一片权谋诡道，多杀为功，是其所长。《新书》好采小说，何以遗之？

张九龄辞起复

张九龄由工部侍郎知制诰，迁中书侍郎，以母丧解，夺哀起复，同中书门下平章事。《新》、《旧书》并《新书·宰相年表》略同，而"以母丧解"，《旧》作"母丧，归乡里"；"平章事"下，《新》多"固辞不许"一句，《新书》是也。予所藏宋刻张子寿《曲江集》第十三卷载其《辞起复表》云"伏奉去年十二月十四日制，复臣中书侍郎、同平章事者，外沮公望，内夺私情"云云，又云"臣比年限役，多阙晨昏。疢疾之际，遽乖救药；凶讳之日，远隔追攀。而星霜未周，冠冕载迫；庭闱昔绝，几筵今阻。凡曰名教，实所深哀"云云，末云："实冀哀素有次，丧纪获终，俯鉴荒迷，乞遂情礼。谨诣朝堂，奉表陈乞以闻。开元二十二年正月二十七日草土臣张九龄上。"表后附御批云："卿去岁礼闱擢受枢密，实关政本，将倚为相。顷来升用，是会宿心。虽属家艰，已逾年序，不有至孝，谁能尽忠？若墨缞之义不行，苍生之望安在？谓此情难夺，岂成命可移？比日行在仵卿促辔，今既至止，无劳固辞。朕以非常用贤，曷云常礼？哀诉即宜断，表今日便上。"然则九龄韶州曲江人，以开元二十年闻母讣，道远未即归里，身尚留京，未届期年即起复，故固辞。第十五卷又有《赴祥除状》云"殃衅残生，谬承天泽。日月迅速，祥制有期；几筵在远，追慕不亲。伏望察臣罔极，俯遂哀恳，假以传乘，暂赴旬月"云云，御批云"不可复见，惟余孝思。情礼所归，近远无别。卿当大任，朝夕谋猷，既从夺礼，安得顾思"云云，此第二次进状，又不许也。九龄贤相，删此一节便觉减色，《旧》不如《新》。

吴兢贞观政要

《旧书·吴兢传》绝不言其作《贞观政要》，《新书》于其历官及事迹大有不同，且《旧》云"天宝八年卒，年八十余"，而《新》去其"八年"，且但云"年八十"，不云"余"，今无以核其是非，只可两存。但《旧传》三百余字，《新》则极详，增至一千八百八十字，而仍不言《贞观政要》。此书凡十卷，四十篇，元临川戈直者曾为集论，刻于至顺四年，有吴澄、郭思贞序，明成化元年又重刻之，今世多有之。《新书》魏徵之五世孙谟传亦言"文宗读《贞观政要》，思徵贤"云云，不知史于《兢传》何以不言。

郭虔瓘传脱句

《旧·郭虔瓘传》："虔瓘以破贼之功，拜冠军大将军。"此下原本多一句云"行右骁卫大将军",近本脱。

郭知运传互有详略

《郭知运传》,《新》、《旧》互有详略,如以战功累除左骁卫中郎将、瀚海军经略使,转检校伊州刺史,兼伊吾军使,《旧》有《新》无。副郭虔瓘破突厥,《旧书》书其时曰"开元二年春",《新》删去。以破突厥功,加云麾将军,擢右武卫将军,《新》删"云麾",又改"武卫"为"骁卫"。吐蕃入寇,《新》有彼将名曰垄达延、乞力徐,《旧》无。以败吐蕃功进阶冠军大将军,兼临洮军使,又以功兼陇右经略使,营柳城,《旧》亦无冠军大将军、经略使二官,独孤及《毗陵集》第六卷《知运谥议》书衔有之,不当删去。卒年五十五,上元中配飨太公庙,永泰初谥曰威,《旧》亦皆无,威之谥即独孤及所议也。及《集》又附左司员外郎崔厦驳谥议,据礼,赐谥当在葬前,知运"承恩诏葬向五十年",追请易名为非礼。按:知运卒于开元九年,至永泰元年凡四十五年,故曰"向五十年"。及又援引经传以驳崔厦为一篇,洋洋六百二三十字,虽近理,颇辞费,而崔厦以为因知运之子英乂位表端揆,附从者窃不中之礼,作无妄之求,其言却侃直。

王忠嗣两传异同

《旧·王忠嗣传》一千八百三十六字,《新》一千三百三十七字,稍有异同。忠嗣有碑,今在渭南县,元载撰,王缙书,立于大历十年四月,予得拓本,虽有剥落,存字尚多。《旧传》云"太原祁人,家于华州之郑县",《新》则直云"华州郑人",而碑云"公本太原祁人。五代祖随周武帝入关,徙家于郑,今为华阴人"者,《旧》、《新·地志》华州有郑县,又有华阴县。古人著籍必指定某县,碑非以忠嗣为华阴县人,但《旧志》天宝元年改华州为华阴郡,碑据忠嗣时制以为华阴郡之郑人耳,似异实同也。父海宾,太子右卫率、丰安军使,两传同,碑则以九原太守、领军使,当以碑为正。"吐蕃入寇,率兵御之,及贼于渭州西界武阶驿,苦战胜之,无救,没于阵",《新》删去"渭州西界",直云"战武阶",使观者不知武阶在何处,此《旧》胜《新》。《新》于"战武阶"下添"追北至壕

口"，碑叙此事亦云"终夜追奔，迟明会食，剿归帅于壕口，戮困兽于建
毗^①"，与《新》合。碑又云："揉輷之所残，戈矛之所斃，积尸将崆峒侔
厚，漂血与洮河争流。气盛忘衔橛之虞，战酣无存变之意。苍黄颠仆，
落于戎手，亦足以暴威武于天下，憺洪棱于蛮貊。玄宗省书废朝，问故
流悼。伟其心而大其节，哀其殁而念其忠。褒赠开府仪同三司、安北
大都护，使给事中倪若水乘驿吊祭，命许国公苏颋为之文。"两《传》叙
事虽同，而所赠官乃左金吾大将军，与碑全不合。《旧》有安西大都护，
非安北，《新》则删去，当皆以碑为正。吊祭、立碑事，则两《传》皆不载。
碑又云："公之遘闵，年初九岁。诏复朝散大夫、尚辇奉御，特令中贵扶
入内殿，意苦而赢形绝地，辞哀而迸血沾衣，左右动容，上亦歔欷，因抚
而谓曰：'此去病之孤，吾当壮而将之，万户侯不足得也。'衣以朱绂，锡
名忠嗣。部曲主家，后宫收视。每随诸王问安否，独与肃宗同卧起。
至尊以子育，储后以兄事。"朝散阶，《旧》有《新》无，见内殿及帝慰勉
语，《新》有《旧》无，《新》采此碑也，余皆与碑合。《新》于此下叙其初仕
为代州别驾，大猾不敢干法，数轻骑出塞，忠王恐亡之，言于帝，召还。
此节《旧》无，《新》亦据碑添入，但碑以别驾为大同军戎副，《新》删之，
则似忠嗣但为治民之官，非武臣矣，谬也。

　　此下碑叙忠嗣"以仇耻未雪，激愤逾深，对案忘餐，独居掩涕。玄
宗乃命以中郎将，从徐公萧嵩出塞，但使通知四夷事，饱习军阵容，不
得先启行，无令当一队，且有后命，虞其殀阅。及徐公将入觐京师，改
辕张掖，公毋以归报，不甘心^②，乃候月乘风，鞭马深入郁标川，遇赞普
牙官，践更角武，戈铤山立，介马云屯，将校失色，犹欲引驰。公谓一足
未移，追射且尽，无敢妄动，观吾破之。乃超乘贯羌，陷胸走腹，取白马
于众中，舍大黄而益振。芟夷之又蕴崇焉，系累之亦焚燎焉。执讯获
丑，何啻数千？牵羊絷驹，殆将万计。幕府上功，上益叹息，御勤政楼，
亲阅军实。太常稽宪度，奖授执金吾。上亦多元戎，用为右丞相，仍令
图写，置于座隅"。

　　愚考此所叙战事乃忠嗣立功之始，据两传，皆并提河西节度、兵部

尚书萧嵩,河东副元帅信安王祎,皆引为麾下,而碑则惟言从萧嵩,其从信安王祎,抽出另叙,在此段之下,且萧嵩系河西节度,则为今甘肃之甘、凉等处,其信安王据两传皆言在河东,则为今山西太原、汾州一路,而碑乃言辽碣,则为今直隶永平、奉天锦州一路,地理亦不合,未详。且此时忠嗣初立战功,官职尚卑,《旧》但言为嵩、祎部曲,转左领军卫郎将、河西讨击副使、左威卫将军,赐紫金鱼袋,清源男,兼检校代州都督,并不言有深入斩获事,《新》虽据碑采添破赞普郁标川事,然加官惟将军、男爵、都督三者与《旧》同,余并略去。碑乃侈言其得右丞相。考开元元年,改尚书左右仆射为左右丞相。唐制,仆射不同平章事不得为宰相,俗人见"丞相"字,便误认作宰相,诚可笑;但忠嗣此时即为丞相,恐无此事,两传皆不取,而元载,忠嗣之婿,记事不宜不实,此当阙疑。

《旧》、《新》于此下皆言为皇甫惟明所陷,贬东阳府左果毅,而碑无此事,即接以总领之笔云:"自兹厥后,恒当重任。"此下多漫,略云:"赵承□之败于怒皆也,只轮不返,公度桑干河,虏其全部,复失亡之车重;杜希望之辑盐泉也,三帅受擒,公独溃坚围,护经时之板筑。信安王之临辽碣也,用武于卢龙塞,朝鲜盛刊垒之功;韦光乘之征骆驼峡也,会援于李陵台,河□受全军之惠。"以上实排四段,繁而不杀,竟不知四事先后次序如何,据《旧》、《新书》,贬东阳后因杜希望荐,追赴河西立功,方再授左威卫郎将,知行军司马,是秋又败吐蕃,拜左金吾卫将军,同正员,又兼左羽林军上将军、河东节度副使,兼大同军使。二十八年,以本官兼代州都督,摄御史大夫,兼充河东节度,又加云麾将军。二十九年,代韦光乘为朔方节度使。天宝元年,兼灵州都督。是岁北伐,与奚怒皆战于桑干河,败之,虏其众。《新书》虽多删削,大略同。败怒皆事最后,而碑最在前;杜希望是从贬后,奏为部下;助信安,则是初出从军时事,而碑乃平列于此。至韦光乘,则不过是朔方受代之帅,而所云忠嗣援其军者,史并不见,况奚怒皆则当为契丹部落,盐泉则当今宁夏,辽碣当今永平锦州,李陵台在今大同,其文参互不合。碑文特错综之词,不可据,当以史为正。

碑于此下又作束上起下一段云:"初佐戎关、陇,分镇河、湟。一之岁,拔新城,走□布,夷烽垒,烧积聚。二之岁,开九曲,夺三桥,梁洪河,溯西海。开元之末,拥旄汾代;天宝之始,南统朔方。"以上一段,皆过峡语,前数句是结束上文,后四句是起下文。"佐戎关陇"即指从萧嵩事,"分镇河湟"即指杜希望荐追赴河西事,"拔新城",《旧》同,《新书》作"新罗城",其下文仍言"新城",则"罗"字衍,此正追赴河西时事,其余各功,史不见,碑以偶俪语叙述,事迹转不明。"南统朔方",《旧》、《新书》亦开元二十九年事,而碑以为天宝之始,天宝系正月朔改元,不可与开元混,此事当从碑。

　　碑于此下云:"獯鬻内离,九姓横叛。大单于控弦度漠,声□□附;拔悉蜜引弓乘后,克日会师。中使遽闻,帝思扫荡,受降尽狄,屈指犹迟,亟决急装,天书百下。公以为出疆之任,得守便宜。冒顿之强,未当屈折;叛胡畏服,不轻用兵。势阏言甘,可虞他变,盛师临木剌,致饩出兰山。含垢并容,闭壁坚营。无名王大人到辕门受事,绝单车匹马报候吏前期。防密虑周,诈穷情见,果穿庐桀黠,将侵镐及方,右地郅支已解仇交质,几欲图成大祸,宁唯响化未醇。于是设间以散其从,肆谍以离其约,二虏不合,遁逃远舍。天子使绣衣御史问后将军畏懦优游之故,且陈支解戎丑之谋。苟事得其中,如将军素料,又匈奴何时可灭?公条对不羁之虏,易以计破,难以兵碎,因白逗留未决之状,备列平戎一十八策。玺书还报,从公所画。突厥前有畏汉之逼,后有事仇之恐,遭罹瘼堕之患,傍缘谕告之辞,朝不及夕,以俟王师。受□而去者□□王,委辫而降者五千帐。明年秋,引军度碛,定计乘虚,至多罗斯,坏巢焚聚,涉泪昆水,下将降旗,皆倒戟自残,舆尸请命。斩白眉可汗之首,传置槁街,系葛督禄婆甸可敦,献于阙下。阿波达干持爱妾宵遁,乘六骡突围,啸聚东蕃,迫胁小种,立乌苏为名长,自尊为贤王,保萨河仞山,据丁零古塞,谓中国有碛卤之限,官军无可到之期。按甲休徒,击鲜高会,思归故地,平复大名。间岁方暮,严冬仲月,公出白道,誓众北伐,俾仆固怀恩、阿布斯为觇视,命王思礼、李光弼为游军,顾万里若俄顷,过山川如枕席。夜驱胡马,暗合戎围,自丑至辰,头擒面缚,羁虏全部,永清朔土。三代之盛,猃狁孔炽,方叔、吉甫,驱之而已。虽张愿列三城,卫公擒颉利,才遏乘冰之势,但雪泾阳之耻。则自命将以来,肃将天刑,诛而不伐,素定庙胜,阵而不战,龙荒绝贵种,大漠无王庭,恢武节而振天声,未有如公之比。公始以马邑镇军,守在代北,外襟带以自隘,弃奔冲而蹙国。河东乃城大同于云中,徙清塞横野,张吾左翼;朔方则并受降为振武,筑静边云内,直彼獯虏。巨防周设,崇墉万堵。开阳闭阴,拓迹变土;藏山掩陆,磅礴遮护。西自五凉,东暨渔阳,南至阴山,北临大荒,联烽接守,乘高掎要,塞风扬沙,绝漠起鸟。悉数于瞬息,传致于晷刻,玄黄不得杂其象,秋毫无以逃其状。剥袭侵与牧马,敢凌遽而南向。冰河风壮,车甲鳞萃,谁何强理,千长百帅。秦将隶于降虏,汉军羁于戎骑。公乃衡悬华裔,势分众寡,由中制外,长御远驾,恢我朝边有如彼,图难于易又如此。"以上一大段叙忠嗣功甚畅,虽用偶俪,又杂以用韵,而情节具见。"葛督禄",《旧》、《新》作"葛逻禄",对音无定字。"汩昆水",《新》但作"昆水",似脱字,《旧》不如《新》之详者,《新》采碑故也。而《旧》于此节下又略作贬词云:"初,忠嗣在河东朔方日久,备谙边事,得士卒心。及至河陇,颇不习其物情,又以功名富贵自处,望减于往日矣。"按其上下文力表其战功谋略,此段自相矛盾,《新》删去是。

碑于此下云:"当秉钧之颛国也,巧文伤诋,纲密事蒙,借公为资,动摇国本。讽操危法,言酷意诬。虽丞相置辞,犹惊狱吏,而贯高长者,竟出吾王,成公谪居,人无不恨。当逆胡之兆乱也,意并河东,伪筑雄武。常山临代,飞狐扼塞,制夷夏之吭,抚崤函之背。征邻请助,邀公赴会。将欲诡遇买欢,冀得兵留镇废。公克期应诏,未觌而退,奏论本末之难,指切未然之戒。危辞泄漏,凶党交害;摘剥排折,俾公终败。"以上劈分两段,前段"秉钧"谓李林甫,"国本"谓肃宗,"贯高"谓哥舒翰,事详《旧》、《新书》;后段"逆胡"谓禄山,为禄山所陷事,《旧书》竟不载,而《新》有之,《新》亦采碑也。

碑首先有冒头一大段,既约举一生功烈,即接以"安禄山保奸伺变,忌公宿名",其下文漫不成句,有"甫"字,盖"林甫"也。其下云:"嫌公不附,寝营平之奏,沮乐毅之谋。内陈外谲,阴中交讧,卒从吏议,竟罗大狱。虽钊、温肆爪牙之毒,而哥舒有折槛之争。黜守沔上,没于汉东,年四十五。"林甫为内陈,禄山为外谲,钊当是杨钊,即国忠,温当是吉温。《旧·国忠传》云:"本名钊,李林甫将不利于皇太子,掎摭阴事以倾之。侍御史杨慎矜承望风旨,诬太子妃兄韦坚与皇甫惟明私谒太子,以国忠怙宠敢言,援之为党,以按其事。京兆府法曹吉温舞文巧诋，为国忠爪牙之用，因深竟坚狱，坚及太子良娣杜氏亲属柳勣、杜昆吾等痛绳其罪，皆国忠发之。林甫方深阻保位，国忠凡所奏劾，涉疑似于太子者，林甫虽不明言以指导之，皆林甫所使，国忠乘而为邪，得以肆意。”此事中当有忠嗣，彼时国忠尚未与林甫、禄山构隙，温则正系林甫、禄山之党，群奸方合，倾摇国本，以忠嗣少与肃宗同卧起，因以陷之。《旧》、《新·国忠》及各传皆不及忠嗣被陷者，史有所漏，赖碑得见也。碑将此段置在前，已将群奸谮诬、哥舒翰救之及贬死事揭明，故入正叙完后，但将此事重提一遍，用偶俪语不必出姓名，其下乃反覆唱叹，以致惋恨云：“公自家移孝，□童被识，策虑奋发，尽瘁事国，信廉仁勇，内和外重。处盛权不得以非理挠，临大节不可以危亡动。道将世逆，器与时屯。折冲厌难之臣，旋踵祸及其身；不淄不磷之坚，挫于刀笔之前。此慷慨义烈之士，所以掩泣而流连。”此下但点明己为忠嗣婿，制文勒石，而肃宗追加褒赠不及者，亦以碑首冒头提叙在前，于“年四十五下”云“悲夫，忠邪易地，谪放殒落。人之云亡，邦国殄瘁。狩皇舆于巴蜀，委宫庙于蛇虺。今上抚军，用公旧校，士留残愤，将有余雄。谓诸葛之犹生，走仲达而知惧。及肃清东土，正位北宸，伤闻鼓鼙，载感风烈。追赠兵部尚书、太子太师。边吏增气，三军激节。盖念功悼枉，国之经也”云云，皆与史合，赠太子太师则史略去。“旧校”即李光弼等。忠嗣在唐名将中当居第一等，其老谋成算，体国惠民，尤不易得，横遭冤诬，身殒业丧，使忠嗣得竟其用，不但二边无扰，亦无禄山之难矣。唐人自坏长城，乃天下之大不幸也。碑文四千余字，古今谈金石文字者，惟赵明诚、赵崡、顾绛三家有此碑，明诚、绛无跋，崡跋空语无考证，《文苑英华》既不收，而石本流传又少，予故详论之，以为后人考史之助。

高仙芝传非体

　　《旧·高仙芝传》叙至仙芝与封常清“至潼关，修守具，贼至不能攻，仙芝之力也”，此处便住，不及后事。但仙芝之死虽见《常清传》中，然叙事参变，《史记》体也，《汉书》则已慎核整齐其文，凡传俱各自了截，无此不了而以彼见之者，《旧唐书》本用《汉书》体，何忽自乱其例？宜于“力也”之下缀三四句云“语在《常清传》”，方为得体。又仙芝、常清二传脱误尤多,皆当从原本添改。

杨正道年九十余致仕

《旧·杨慎矜传》:"父崇礼,开元初为太府少卿,擢太府卿,在职二十年,公清如一,年九十余,授户部尚书,致仕。"案:"年九十余"之上原本空三字,影宋抄本则有"二十一"三字,《新书》直作"任职二十年,年九十余"云云。愚谓当从宋本作"二十一年"而重一"年"字为得。观下文慎矜丁父忧,二十六年服阕,则崇礼卒于开元二十四年,盖致仕后又三四年而卒,则其致仕必在开元二十一年,其拜太府卿,大约在二年,故云"在职二十年"。

监节度兼节度

李林甫为宰相,专权,监陇右、河西节度使久之,又兼安西大都护、朔方节度使。此二处《旧书》皆作"兼领",不云"监",似当从《旧》。唐时节度或以亲王、宰相兼领,皆居中遥领,不之任,其莅事者副大使也,而其后强藩又无不兼宰相衔,官制乱甚。

红　巾

李林甫病,帝登降圣阁,举红巾招之,《新书》改为"绛巾",可笑。

崔涣传语多不可解

《旧·崔涣传》"乾元中,迁御史大夫,加税地青苗钱物使。时以此钱充给京百官料,涣为属吏希中,以下估为使料,上佑为百官料。其时为皇城副留守张清发之,诏下有司讯鞫,涣无词以对,坐贬"云云,原本于"充给京百官料"下作"上估为百司料,涣为属吏希中,以上估为使料,下估为皇城副留守"云云,脱误殊甚,近本所改,不知何据,而尚不可解。《新书》云"以钱给百官,而吏用下直为使料,上直为百司料。元载讽皇城副留守张清摘其非"云云,亦未详。料者,俸料也。就两文参之,《新书》为胜。

契苾明官宜从旧

《旧》契苾何力子明,但云"左鹰扬卫大将军,兼贺兰都督,袭爵凉国公",如是而已,《新书》添百数十字。予得明墓碑拓本,娄师德撰,殷元祚书,《新书》所添皆取之碑也。但既欲事增于前,而云"明终于鹰扬卫大将军",反省却"兼贺兰都督",则非。碑首标题其结衔却正与《旧书》合,宜从之。

李光弼掘壕作墼

《旧·李光弼传》:"贼史思明等攻太原,光弼躬率士卒百姓于城外作掘壕以自固,作墼数十万。"原本与近本同,校本改为于"百姓"之下云"外城掘壕以自固,脱墼数十万",亦未明妥。愚谓当云:"于城外掘壕以自固,作墼数十万。""墼"字在《说文》卷十三下《土部》:"瓴适也。一曰未烧也。"

李 暠

《晋书》列传第五十七卷①有《凉武昭王李玄盛传》云:"王讳暠,字玄盛,此唐之祖也。"而《旧书》第一百十二卷又有《李暠传》,云是淮安王神通玄孙,则亦宗室矣。殊不可解,俟考。

裴冕传脱文

《旧·裴冕传》:"太子入灵武,冕与杜鸿渐等劝进,曰:'主上厌勤大位,南幸蜀川,宗社神器须有所归,天意人事不可少失,况贤智乎?'"原本与近本同,校本添改云:"天意人事不可固违,若逡巡固辞,失亿兆之心,则大事去矣。臣等犹知不可,况贤智乎?"校本据宋刻。

郭子仪讨周智光

《新·叛臣·周智光传》:"大历二年,诏郭子仪密图之,子仪得诏未行,帐下斩其首来献。"《旧·智光传》略同,而本纪云:"二年正月丁巳,密诏子仪讨智光。甲子,智光帐下将斩智光首以献。"此为得实,独孤及《毗陵集》第四卷《贺擒周智光表》云:"朝命将帅,夕歼渠魁。"此夸言之,其实相距八日。《新》本纪云:"丁巳,郭子仪讨周智光。甲子,周

---

① "卷"下当有"八十七"三字。

智光伏诛。"此不当言"伏诛",亦不如《旧纪》。

臧玠杀崔瓘

《新·代宗纪》：大历五年四月庚子，"湖南兵马使臧玠杀其团练使崔瓘"。《崔瓘传》："累官澧州刺史，诏特进五阶。大历中，迁湖南观察使。别将臧玠杀判官达奚觏，瓘惶惧走，遇害。"吴缜纠云："纪书团练使崔瓘，传乃观察使崔瓘，不同如此。"愚考《旧书》纪、传皆作"瓘"，《新》乃互异，传写之讹也。《通鉴》二百二十四卷作"灌"，非是。至《旧纪》书"湖南都团练使崔瓘"，《新纪》去"都"字，此字恐不可去。《旧·地理志》云："至德之后，中原用兵，刺史皆治军戎，遂有防御、团练、制置之名，要冲大郡皆有节度之额，寇盗稍息，则易以观察之号。"湖南观察使，治潭州，管潭、衡、柳、连、道、永、邵等州，湖南不置节度，但置观察，观察即节度也，而治所在潭州，则潭州刺史即观察统摄，不别置。至其所属各州，逐州有刺史，当无不兼防御、团练、制置等名，故瓘死，所属道州刺史裴虬、衡州刺史杨济出军讨玠，其兼团练明矣。然虽兼团练，不可云"都"，惟观察称之，故知"都"字不可去也。《旧》于《瓘传》则云："由澧州刺史，优诏特加五阶，至银青光禄大夫，迁潭州刺史，兼御史中丞，充湖南都团练观察使。兵马使臧玠杀判官达奚觏，玠遇害。"所书甚详明，纪与传一一相应，盖纪书都团练，则其以刺史充观察可知，《新纪》既删"都"字，又于传尽削他衔，单书观察，致动吴缜之疑，固属非是。但缜著书当宋哲宗时，去唐肃、代甚近，竟不知唐制，反不如我辈追考于千年以下者，亦太粗疏。

澧州系江南西道荆南节度使所管之下州，下州刺史系正四品下阶，而银青光禄大夫则系从三品之文散官，所差不过两阶，乃云加五阶，盖官与阶不必相当，官大阶小，瓘虽为下州刺史，所得阶仅止正五品上阶，故加五阶始至银青光禄大夫，《新传》但浑言特进五阶，不言所进何阶，省文可也。至于纪削去"都"字但言团练，传削去"都团练"但言观察，则谬矣。然犹曰善读书者自能微会其似异实同之故，犹差可。其"兼御史中丞"一句，因唐外官无不兼京衔者，御史中丞亦正五品上阶，瓘虽加至从三品阶，所带京衔止此，带职与阶尤可不必相当耳。《新》既一意删削，即并此句去之，亦或尚可。若乃"迁潭州刺史"一句，则因潭州即湖南观察治，欲用瓘为观察，故即令其以刺潭充，瓘外别无刺史也，此一句则断不可省，乃一并去之，识暗心粗，胆大手滑，宋人通病。

《旧传》"兵马使臧玠"，《新》必改为"别将"，亦非。

十七史商榷卷八十九

新旧唐书二十一

李怀光为部将所杀

《旧·李怀光传》："怀光叛,朔方部将牛名俊斩其首以降。"《新书》本传同,而于《韩游瑰传》乃云："怀光见势单蹙,乃缢死。"一书中自岐其说。《陆宣公集·制诰》第三卷《诛李怀光后原宥河中将吏并招谕淮西诏》叙此事云："渠魁授首,余众革心。制胜以谋,兵无血刃。"则知非擒获伏诛,亦非临阵斩之,但为部将所杀,与自缢有别,其事宜核实归一。诏中论平怀光为马燧、浑瑊、骆元光、韩游环、唐朝臣五人功,《新》、《旧》怀光、游瑰传皆作"瑰",《陆集》误。骆元光,后改赐姓名李元谅。诸人惟唐朝臣《新》、《旧》皆无传。

杨子院

《新书·班宏传》："贞元初,宰相窦参为度支使,宏以尚书副之。杨子院,盐铁转运之委藏也,宏任徐粲主之,以贿闻,参议所以代之,宏不可。二人不相合,参知帝薄己,乃让使,知张滂与宏交恶,荐滂为户部侍郎、盐铁转运使,而以宏判度支,分滂关内、河东、剑南、山南西道盐铁转运隶宏,以悦其意。"愚按:唐时天下财赋转运使掌外,度支使掌内,见《新书·食货志》第四十一。虽有此分,然此等使名,实无定员,其爵秩职掌随时变易,有以宰相兼领者,有以节度、观察等使兼领者。杨国忠为相,领四十余使,《新》、《旧唐》皆不详载其职,洪迈考得中有度支。见《容斋续笔》第十一。至转运,虽有特遣使者,而中叶后节度、观察之兼之者尤多,如浙西观察使李锜,领江淮盐铁转运使是也。见《新书·食货志》第四十三。转运在外,亦遥隶度支,故杨子院为转运委藏,则主之者似宜转运择置,而度支使及副使乃从中制之,及班宏为正使,而关内诸道转运复隶之,则可见矣。杨子院在广陵,《旧书·温庭筠传》"咸通中，失意归江东，路由广陵，乞索于杨子院"是也。转运委藏，他无所见，而于杨子特设之，且宰相与尚书争欲以私人主其事，而往来游客如庭筑者从而乞索之，可见盐利聚于扬州，委积富厚，甲于他道矣。盖自汉初吴王濞盗铸钱，煮海为盐，见《汉书》。其时兹地已为利薮，故鲍照《芜城赋》云："孳货盐田，铲利铜山。"唐昭宗谓扬州富庶甲天下，称"扬一益二"，见《通鉴》。则知唐时此地景象。

阳　刘

《新·藩镇淄青》李正己之孙师道传叙师道叛，诸镇奉诏讨之之事，有云："魏博节度使田弘正将兵自阳刘济河，拒郓四十里而营。""拒"当作"距"。愚案：阳刘当在黄河之南岸，弘正自魏博向南行来，至此济河，将取郓也。郓州，今东平州。亦作"杨刘"，《新五代史·唐庄宗纪》：天祐十四年冬，梁谢彦章军于杨刘。十二月，攻杨刘，破之。"十五年正月，梁、晋相拒于杨刘，彦章决河水以隔晋军。六月，渡水击彦章，破其四寨"。《通鉴》第二百七十卷《后梁均王纪》中云："贞明三年十二月戊辰，晋王畋于朝城，大寒，王视冰已坚，引步骑度，此乃漯川，为河所行。梁甲士三千戍杨刘城，缘河数十里，列栅相望，晋王急攻，皆陷之。进攻杨刘城，拔之。四年正月，晋兵侵掠，至郓、濮而还。"胡三省注云："晋拔杨刘，杨刘属郓州界，之西则濮州界。"此"西"字上当脱"东"字。其下又云："六月壬戌，晋王自魏州劳军于杨刘，自泛舟，测河水，其深没枪，王谓诸将曰：'梁军非有战意，但欲阻水以老我师，当涉水攻之。'甲子，王引亲军先涉，诸军随之。是日水落，深才及膝。北面行营排陈使谢彦章帅众临岸拒之，晋兵稍引却，梁兵从之。及中流，鼓噪复进，彦章不能支，稍退，登岸，晋兵乘之，梁兵大败。是日，晋人遂陷滨河四寨。"《通鉴》所叙与《新五代史》是一事，但晋拔杨刘城，必据有之，断无退至河北岸之事，既据有河南之城，而梁人亦结寨于此，晋人利速战，梁人恶其屡来挑战，故决河水隔之，盖小支流决之使大，则可隔晋军，然则晋王泛舟测水，涉水以攻，水落及膝，皆指谢彦章所决，非真黄河，若真黄河，则是时晋兵已据河南，河水岂能陷隔乎？《新五代史》叙事不误，但其文太简，观薛居正《旧五代史》第二十八卷《庄宗纪》叙此甚详，且云："谢彦章率众迫杨刘，筑垒自固，又决河水，弥漫数里，以限帝军。"则了然矣。《通鉴》不叙彦章决水隔晋军，大非。朝城，今属山东曹州府，彼时河夺漯出朝城东情形，与今迥别。梁、晋夹河之战总在杨刘、德胜，盖欲自东而西，以逼汴梁。

萧复父讳更官名

《新·萧瑀》附《复传》："进复户部尚书、统军长史。旧制谓行军长史，德宗以复父讳更之。"考复父名衡，非行也，此云父讳，乃讳嫌名耳。以人臣家讳嫌名，至为改官名，无理甚矣。《贾曾传》："父言忠，曾擢中书舍人，以父嫌名不拜。"《冯宿传》："父子华，宿出为华州刺史，避讳不拜。"《新五代史·杂传·刘昫传》："唐明宗崩，太常卿崔居俭以故事当为礼仪使，居俭辞以祖讳蠡。"唐人风气相沿如此。

南衙北司

夫子以北辰比人君，记曰"南面而听天下"，然则君位北而南面，臣位南而北面。若宦官居宫掖，称"北司"，而以群臣为"南衙"，则惟唐之中叶有之。诸葛亮云："宫中、府中，当为一体。"宫中，君所在也；府中，臣所在也。犹元首之于股肱，而宦竖挟君以制群臣，天下有不乱者乎？《新唐·李揆传》："京师多盗，至驺衢杀人，尸沟中，吏褫气。李辅国方横，请选羽林骑五百，备徼捕，揆曰：'汉以南北军相统摄，故周勃因南军入北军，以安刘氏。本朝置南北衙，文武区别，更相检伺，今以羽林代金吾，忽有非常，何以制之？'"揆此论切中情事，盖羽林即唐之北军，金吾即唐之南军，当李辅国时，宦官尚未专兵柄，而兆已见，故揆切言之。汉吕后崩，吕氏欲为乱，吕产为相国，吕禄为上将军，太尉周勃欲入北军而不得者，以兵柄在禄也，纪通尚符玺，既持节矫内勃北军，而郦寄复说禄，使归将军印，以兵授勃，则诸吕如孤豚矣，李揆所谓"勃因南军入北军"也。李辅国则欲以北军兼夺南军权者也。唐中叶后，宦官皆吕禄矣，而禄肯去兵，唐宦官不肯，无陈平、周勃，其奈之何哉？

《新·袁恕己传》："与诛二张，又从相王统南衙兵，备非常。"五王此时南北兵柄在手，后乃失之耳。又《新·高宗女太平公主传》："主有逆谋，先天二年，与尚书左仆射窦怀贞，侍中岑羲，中书令萧至忠、崔湜，太子少保薛稷，雍州长史李晋，右散骑常侍昭文馆学士贾膺福，鸿胪卿唐晙及元楷、慈、慧范等谋废天子,使元楷、慈举羽林兵入武德殿杀太子,怀贞、羲、至忠举兵南衙为应。"羽林与南衙相应,则兵柄尽归之。玄宗之得以平此难,亦危矣。自开元以前,史文称南北非一,但中人未典禁军,乱犹易弭,代、德两朝,兵权尽入宦官,故《新·王叔文传》叔文谋取神策兵,宦人始悟夺其权,《王伾传》伾请中人起叔文为宰相,且总北军,不许。借令叔文与伾计得行,唐且大治。自宪、穆以下,愈不可问,《新·刘蕡传》:"元和后,权纲弛迁,神策中尉王守澄负弑逆罪,更二帝不能讨。文宗思洗宿耻,方宦人握兵,横制海内,号曰北司,外胁群臣,内侮天子。蕡对策曰:'法宜画一,官宜正名。今分外官、中官之员,立南司、北司之局。或犯禁于南则亡命于北,或正刑于外则破律于中,法出多门,人无所措。太宗置府兵,台省军卫,文武参掌,闲岁则囊弓力穑,有事则释耒荷戈,所以修复古制,不废旧物。今则不然,夏官不知兵籍,止于奉朝请;六军不主武事,止于养阶勋。军容合中官之政,戎律附内臣之职。'"蕡对策语,此段最为扼要,而《新》李训等传赞又云:"李德裕尝言天下有常势,北军是也。训因王守澄以进,此时出入北军,若以上意说诸将,易如靡风,而反以台、府抱关游徼抗中人以搏精兵,其死宜哉。"此赞意尤精。蕡对策时,宦官握兵之势已牢固,然使训善谋,出以持重,如此赞中云云,事尚可成,且郑注谋以群阉送守澄葬诛之,此计亦佳,训反忌注功成,急欲先发,所谓"以台、府抱关抗精兵,宜其死"者是也。要而言之,则祸根总在中人得兵。

李泌传据其家传

　　《旧·李泌传》深贬泌之挟左道,绝无美词,而《新传》大有褒许,与《旧》绝异。观其论赞,则知《新》所据者,其子繁所作《家传》也。《宋史》第二百三卷《艺文志》:"李繁《邺侯家传》十卷。"《新》于《繁传》中既斥其无行,倾险淫乱,且谓"繁之言多浮侈,不可信",而又言"掇其近实者著于传",岂其每事必欲求异于《旧》,不顾虚实邪?钱希白[①]《南部新书》卷一云:"李泌好言神仙鬼道,云与赤松、王乔、安期、羡门游处,坐此为人所讥。"今有《邺侯外传》一卷,陆楫刻入《说海》者,一派诡怪之谈,因泌

本好左道，故小说从而附会。《通鉴》自二百十八卷以下，于肃宗时书泌辅导事颇详，以后历代、德两朝，则略去泌事，司马君实诚笃之人，殆亦不甚取泌。

李抱真传异同

《李抱真传》，《新》、《旧书》稍不同，如叙田悦、朱滔、王武俊反，德宗出亡奉天之下，《旧》先言李怀光奔命，马燧、李芄归镇，然后朱泚污宫阙，李希烈、李纳皆反，此下方言帝幸梁州，怀光亦叛，抱真独于扰攘倾溃中，以山东三州抗群贼，《新书》因如许节次与抱真无涉，于"帝狩奉天"下即并书希烈纳怀光反，文诚省净，却不显抱真之历尽群凶，危疑中赤心无贰一段血诚矣。"兴元初，检校左仆射、平章事"之下，《新书》有"由倪国公进义阳郡王"。《抱真德政碑》，董晋撰，班宏书，今在潞安府城内，予有拓本，其标题可识者有"昭义军"字，下空，有"支度营田兼泽潞"字，下空，有"邢"字，下空，有"州观察处置等使光禄大夫检校司"字，下空，有"同中书门下平章事兼潞州大都督府长史上柱国义阳郡"字，下空，有"公"字，下空，有"铭"字，凡五十字。"军"下当是"节度"字，"潞"下当是"磁"字，"司"下当是"空"字，"郡"下当是"王"字、"李"字，"公"下当是"德政碑"字，据史及赵明诚《金石录》知之，而碑文之首即有"唐元臣义阳郡"云云，其末段总叙有云"公历官十八政，再为侍御、中丞、尚书常侍，三领郡守，一登亚相，两践端揆，封义阳郡王，食封六百户"，然则碑与《新书》合，人臣封王者少，在抱真诚可无愧，《旧书》漏去，非也。"六百户"，《新》同，《旧》作"五百"，亦非。《新》、《旧书》皆言抱真本姓安，武德功臣兴贵裔，而碑叙其先世云"某部尚书怀恪之孙，太子太保齐管之子"，皆《新》、《旧书》所无。初入朝，因策仆固怀恩败，授殿中少监，《新》、《旧书》同，而碑则云："拜殿中少监，兼御史中丞。"《新》、《旧书》略去兼官。其余所历官大约皆与《新》、《旧书》合。前半篇有"肆其猖狂及理乱之道、祸福之门"等语，案：群贼皆反，抱真以数骑入王武俊营，说之曰："泚、滔等欲陵驾，吾属足下舍九叶天子而臣反虏乎？"明日，武俊遂从抱真击破朱滔。"九叶"者，高、太、高、中、睿、玄、肃、代、德也，碑文所叙指此事。其余褒奖之词有曰："威励霜雪，气凌云霓。"又曰："德及苍生，忠贯白日。"又曰："为国之桢，隐如长城。英风外驰，明谟内融。王度克遵，惠此罢人。以德代刑，废浇为淳。恢振皇纲，辅弼天业。帝曰抱真，允文允武。俾登鼎铉，锡之茅土。名高方召，道冠申甫。"以抱真之忠义勇略，功名政绩，碑词良非过誉，《文苑英华》既不载，石本又漫漶，可读者止于此，惜哉。碑立于贞元九年，而《旧书》言抱真即以贞元十年卒，《新书》略去卒年，亦谬。

李晟大功旧传为详

《旧·李晟传》："吐蕃寇剑南，时节度使崔宁朝京师，三川震恐。"《新》改云："吐蕃寇剑南，方崔宁未还，蜀土大震。"叙事一也，本无差别，乃必强删改之，突出崔宁，不知何人。混称"未还"，究在何处？宋祁之妄，大率如此。《旧传》最为详赡，共七千余字，《新》无所增而多所删，只四千二百余字。晟《神道碑》，裴度撰，柳公权书，立于太和三年，赵崡所见石已泐，今本乃后人重刻者，其文简略之至，晟纯忠大功，多所遗落，如破朱泚，收京城，功之尤大者，亦甚略，殊不可解。《旧》、《新传》皆言德宗自制纪功碑以赐，立石东渭桥，而《神道碑》云"嗣子听，以太和元年七月上疏言公之徽烈，则御制碑文于渭川矣。惟丘陇无碑，将刊石式表，乃命臣度"云云，则知度之所以不详者，避重出也。所载历官，碑与史不同者凡七条，见《金薤琳琅》，诸子之名，多少、详略不同者见《金石录》、《石墨镌华》。

李愬平蔡功居其半

《旧·李晟传》史臣论曰："西平作善遗庆，诸子俱才，元和平贼之功，听、愬居其半。父子昆弟皆以功名始终，道家所忌，李氏以善胜矣。"又赞云："愬事章武，诛蔡平齐。凌烟画图，父子为宜。"平齐，谓愬于擒吴元济、平淮蔡之后，又平淄青李师道也。《旧书》此论甚允，愬既大功臣之子，入蔡功又甚伟，自请囊鞬见裴度，使蔡人知上下分，事见《旧》本传，亦载钱希白《南部新书》丙。其公忠不伐如此。韩昌黎《平淮西碑》叙愬之功，实为太略，罗隐《谗书》第五卷《说石烈士》篇言："魏人石孝忠事愬为前驱，蔡平，诏刑部韩侍郎撰碑，孝忠熟视其文，大恚，作力推其碑倾欹，上召见，顿首曰：'吴季琳，蔡奸贼也，愬降之；李祐，蔡骁将也，愬擒之。蔡之爪牙脱落于是矣，及元济缚，丞相不能先知也。蔡平,刻石纪功,尽归丞相,愬名反与光颜、重胤齿,愬固无言,不幸复有一淮西将略如愬者,复肯为陛下用乎?'宪宗复诏翰林段学士撰《淮西碑》,一如孝忠语。"《唐文粹》第五十九卷录段文昌作,不及韩作,《文苑英华》第八百七十二卷虽采韩作,而仍并列段作,其有见于此与?

浑瑊传宜从新改

《旧·浑瑊传》叙德宗至奉天,为朱泚所围,杜希全、戴休颜、常春合兵六千人赴难,将至,议其所向,卢杞以漠谷①路为便,瑊曰:"漠谷①险隘,必为贼所邀,不若取乾陵北过,附柏城而行,便取城东北鸡子堆下营,与城中犄角相应。"原本于"取乾陵北过"之下作"附使城守固而行,便取城东北鸡子堆下,与城中犄角"云云,语多艰晦,不如近本之确。自一百二十卷起至一百四十五卷共二十六卷,宋刻本及影宋抄本并亡,故校本皆阙,《新》改者虽不知其何据,然近理者当从之。奉天,县名,睿宗置,今为陕西乾州。乾陵,高宗、武后合葬陵名,在今州城西北五里,见《陕西通志》七十一卷《陵墓》门。诸节度赴难奉天,取乾陵路事,散见《休颜》及《韩游瑰》等传中。观下文杞与瑊辨论,杞虑惊陵寝,而瑊云:"贼斩伐柏城,惊动已多。"则柏城应即陵上松柏环列如城者,故欲令附之而行,下亦别有"鸡子堆下营"语,则"营"字不可少,知《新》改皆近理。

战 多

"浑瑊父释之,积战功迁开府仪同三司",《新》改为"积战多",《新》于《契苾明传》、张守珪之子献诚传、《叛臣·李怀光传》皆用此语。又如《王忠嗣传》叙其拔吐蕃新罗城则云"忠嗣录多",若《段志玄传》则并省文,直云"多矣",此直文理不通耳。假令观者偶不记《周礼》有"战功曰多"之文,则安知所谓"多"者为何等语乎?又如《旧·酷吏·吉温传》:"中官纳其外甥武敬一女为盛王妃。"《新》则用《左传》改为"纳其出武敬一女"云云,宋人说经,于三代古言不通,便以汉注为误,奋笔改之,若宋祁之修史,喜掉书袋,动辄改抹。《旧唐书》而用三代语以叙唐事,亦觉可厌。

---

① "漠谷",原本误作"汉谷",据《旧唐书》卷一三四改。

陆贽论裴延龄

裴延龄，聚敛之臣，谗谄面谀之人也。陆贽《论延龄奸蠹书》载《文集·奏议》第七卷，长至五千九百余字，《旧书·延龄传》虽删节，所存犹不下二千三百字。此不独关唐代兴衰，实可备千秋鉴戒，载之岂嫌太繁乎？《新书》乃尽削去，仅存数语，非是。《旧》于延龄死后书"赠太子少保"，《新》作"太子太傅"，恐当从《新》。《新》并及"永贞初，度支言延龄列别库分藏正物无益，而有吏文之烦，改归左藏"，又"元和中，有司追谥曰缪"。此能补《旧书》之缺，亦佳。

王叔文谋夺内官兵柄

《旧·王叔文传》："叔文谋夺内官兵柄，乃以故将范希朝统京西北诸镇行营兵马使，韩泰副之。初，中人尚未悟，会边上诸将各以状辞中尉，且言方属希朝，中人始悟兵柄为叔文所夺，中尉乃止诸镇无以兵马入。希朝、韩泰已至奉天，诸将不至，乃还。"此事又见《宦官·窦文场》、《霍仙鸣》、《俱文珍》等传。《新·叔文传》云"叔文谋取神策兵，制天下之命"云云，又云"宦人悟夺其权，大怒曰'吾属必死其手'"云云，语虽小异，意则同。作史者既知此，则叔文之忠于谋国显然矣，乃论赞又云："叔文沾沾小人，窃天下柄，与阳虎取大弓，《春秋》书为盗无异。"何宋祁之但以成败论人乎？叔文所引用者皆贤，无论刘禹锡、柳宗元，才绝等伦，即韩晔亦有俊才，陈谏警敏，一阅簿籍，终身不忘，凌准有史学，韩泰有筹画，能决大事，程异居乡称孝，精吏治，厉己竭节，矫革积弊，没无留赀，历历见《新传》，岂小人乎，何又斥其"傅匪人，规权遂私"乎？至于用范希朝，则《新书》于《兵志》已表其欲夺宦者权而不克，于希朝本传更盛称其治军整毅，当世比之赵充国，且历叙其安民御虏保塞之功，与《旧·韩游瑰传》所云"大将范希朝善将兵，名闻军中"者正合，然则叔文之用希朝，举贤为国，可谓忠矣。斥为小人，直是自相矛盾，何以服叔文于地下？常熟陈司业祖范《文集》第一卷《昌黎集跋》一篇正与予意合。

《新·宦者传》："肃、代庸弱，倚中人为捍卫，故辅国以尚父显，元振以援立奋，朝恩以军容重，然犹未得常主兵也。德宗惩艾泚贼，故以左右神策、天威等军委宦者主之，置护军中尉、中护军，分提禁兵，是以威柄下迁，政在宦人，举手伸缩，便有轻重。至慓士奇材则养以为子，巨镇强藩则争出我门，小人之情，猥险无顾藉，又日夕侍天子，狎则无威，习则不疑，故昏君蔽于所昵，英主祸生所忽。玄宗以迁崩，宪、敬以弑殒，文以忧愤，至昭而天下亡矣。祸始开元，极于天祐。凶愎参会，党类奸灭，王室从而溃丧，譬犹灼火攻蠹，蠹尽木焚，讵不哀哉？"此一段极论宦官典兵之害，其言绝深痛，乃反以谋夺宦官兵柄者为沾沾小人，与窃盗无异，其亦不思而已矣。《宦官·程元振传》详载柳优谏德宗疏，亦极言任宦竖之害，请斩元振首，持神策兵付大臣。

《旧唐书》亦徇众论，以叔文与诸奸同卷，而就中于白志贞及叔文数人，独于其《传》首称为"某人者"，添一"者"字，贱而忽之之词。志贞以其出身之微，叔文以其进用之骤，而资望之浅也，但论中极论奸邪误国，而于叔文独云"乘时多僻，欲斡运六合"云云，足见叔文迹虽狂妄，心实公忠，就《旧书》绅绎之，尚可平反此狱。若《新书》于本纪尽删叔文所行善政，并斥其名不见，而于其本传，亦因芟削改窜，使后人无可据以理叔文之冤矣。《旧书》之不亡，唐人之幸也。

《容斋续笔》第四卷谓："柳子厚、刘梦得皆坐王叔文党废黜，刘颇饰非解谤，柳独不然，其《答许孟容书》云：'与负罪者亲善，奇其能，谓可共立仁义，裨教化。暴起领事，人所不信，射利求进者，百不一得，一旦快意，更恣怨讟，诋诃万状，尽为敌仇。'见《柳先生集》三十卷。及为叔文母刘夫人墓铭，极其称颂，谓叔文'坚明直亮，有文武之用。待诏禁中，遇合储后。献可替否，有康弼调护之勤；讦谟定命，有扶翼经纬之绩；将明出纳，有弥纶通变之劳。内赞谟画，不废其位。利安之道，将施于人。而夫人终于堂，知道之士为苍生惜焉'。见《柳先生集》十三卷。"容斋意固不以叔文为善，而所举子厚自叙之词，特为具眼，子厚非怙过也，道其实耳。若禹锡子刘子自传，则其于叔文竟黜其邪佞，并若自悔其依附之谬矣。见《中山外集》第九卷。

窦参传当从新改

《旧·窦参传》："迁奉先尉。县人曹芬，名隶北军，芬素凶暴，因醉殴其女弟，其父救之不得，遂投井死。参捕理芬当死，众官请俟免丧，参曰：'父由子死，若以丧延罪，是杀父不坐也。'正其罪，杖杀之。""其父"，原本作"族人"，按其文义，自当作"其父"，近本改是。

卢迈贾耽皆陆贽所荐

《旧·卢迈传》云："九年，以本官同中书门下平章事。"九年者，贞元九年也，而其上文不言贞元，此驳文。又《贾耽传》亦书贞元九年征为右仆射、同中书门下平章事，考《新书·宰相年表》，二人同时入相，《旧》两传皆与《年表》合。李观《元宾文集》第四卷有《上陆相公书》，陆贽也，中有云"相国立身已来，不二十年，兴乎诸生，践乎三公。昨者卢、贾二公同升台鼎，天下谓贤，相公荐贤，莫不欣欣"云云，据此则卢、贾皆贽所荐，而《旧传》皆不言，《新》于二人传亦无此语。二人相业虽不甚著，然皆清正，以贽之贤，所荐自必端人，《新》、《旧书》于二人传苦事迹寥寥，宜各添"陆贽荐之"一句。

李贺不就进士试为协律郎

《旧·李贺传》："父名晋肃，以是不应进士，韩愈为作《讳辨》，贺竟不就试。"《新书》同。案：康骈《剧谈录》："贺与元稹有隙，后当要路，因议贺父名晋肃，不合应进士举。"王定保《摭言》亦云："贺举进士，或谤贺不避家讳，文公特著《讳辨》一篇。"进士乃科中一目，州县乡贡，但可谓之"应进士举"，不可谓之"就进士试"。贺因人言，虽应举，仍不赴礼部，故云"不就试"。史文非有误也。故明有科无目，必待及第方成进士，其余但呼举人，与唐、宋异矣。又云："补太常寺协律郎，卒时年二十四。"考《职官志》，太常之属有奉礼二人，从九品上，协律郎二人，正八品上。李商隐作《贺小传》云："生二十七年，位不过奉礼太常。"《贺集》有《始为奉礼忆昌谷山居》诗，贺未及第，大约不过以恩泽得官，岂能遽正八品上阶，当作"奉礼"为是，《新书》亦作"协律"，误与《旧》同，改为"卒年二十七"则是也。

贾耽地理学

《旧·贾耽传》叙其地理之学，凡一千三百余字，备载其各种著述大略及《进书表》二篇，大约系全文。耽书已亡，而读此可见梗概，殊为可喜。《新传》于此事删削只存二百余字,诚简净,然无以摅怀旧之蓄念,发思古之幽情矣。《陆宣公集》第八卷《贾耽东都留守制》有云:"贾耽黪达贞方,识通大体。明九域山川之要,究五方风俗之宜。"即一命官制词亦必及之,可知耽地学为当时所重,而郑余庆所撰《耽神道碑》述之亦详,约不下三百字,见《文苑英华》第八百八十七卷。

姜公辅策朱泚反

姜公辅,宰相也,而《旧书》本传云:"不知何许人。"《新书》传则云:"爱州日南人。"自当有据。但《世系表》于天水姜氏叙述颇详,九真姜氏但云"本出天水"而已,概不能言其宗派所自。公辅之上但有祖、父,旁但有一弟,其下子姓无一人,则以生于天水①,终归茫昧也。朱滔以泾原兵乱长安,德宗出奔,时朱泚在京,公辅请取以从,或杀之,无为群凶所得,不从。及出,帝欲幸凤翔,公辅劝幸奉天,从之。帝至奉天,人言泚反,卢杞尚以百口保不反。二书于《公辅传》所载略同,而苏鹗《杜阳杂编》上卷商濬《稗海》刻本。记此事,其时其地参错龃龉,皆当以正史为据,《杂编》不可信也。公辅之策泚反,与张九龄识禄山反无异,德宗以直谏弃之,宜乎乱终不弭。厥后顺宗复起吉州刺史,亦王叔文起之耳。可见叔文能引贤,所相为异者,惟郑珣瑜辈而已,岂朋邪害正者乎?

---

① "天水",原本误作"天末",今据上下文意改正。

十七史商榷卷九十
新旧唐书二十二

韦皋纪功碑

《新·韦皋传》：皋为剑南西川节度使，历叙皋战功，进检校司徒兼中书令、南康郡王，帝制纪功碑褒赐之。顺宗立，又检校太尉。《旧书》不载赐碑事，欧阳氏《集古录》予未见全目，但有跋尾，不载此碑，赵氏《金石录》有之，云："德宗撰，皇太子诵正书，立于贞元二十年十二月。"而王象之作《舆地碑目》，于成都府列唐韦南康碑二，注云："并在大慈寺殿中。"今《纪功碑》尚存成都，家观察凤仪。拓以寄予，剥落殊甚，殆不可读。首行标题可辨者有"川节度大使检校中书令上柱国南康郡王韦皋纪碑铭"二十二字，末行可辨者有"和三年四月廿五日勒"九字，则立碑之年月也。据史，碑文乃德宗御制纪功以褒赐之，若然，则"川"上阙者"剑南西"三字，"纪"下阙者"功"字，而"检校"下阙者当为"司徒兼"三字，然则立碑当在贞元时，今"和"字极明，其上一字虽漫漶，却的系"元"字，乃其前"检校"下一字虽亦漫漶，而的系"司"字，非"太"字，皋死于永贞元年，则位终检校司徒，未尝加太尉，史言"顺宗进太尉"为非，抑德宗制文以赐者，决无不即勒石，直迟至元和三年之理。今赵《录》固明言贞元二十年十二月立矣，王象之既言韦有两碑，则予所得乃后碑，而赵所录乃前碑，恐已亡矣。前碑当贞元，后碑则当元和，而亦出宪宗御制，故标题直书名，不称"韦公"，其题首当更有"御制"二字。

皋遣刘辟谒王叔文

史言："王叔文干政，皋遣刘辟来京师谒叔文曰：'公使私于君，请尽领剑南，则惟君之报。不然，惟君之怨。'叔文怒，欲斩辟，辟遁去。皋知叔文多衅，又自以大臣可与国大议，即上表请皇太子监国。又上笺太子，暴叔文、伾之奸，且劝进。会大臣继请，太子遂受禅，因投殛奸党。"叔文欲斩辟，亦见《南部新书》卷丙。愚谓皋虽有功，位已极矣，地已广矣，又欲尽领剑南，何其贪也。始知叔文专权，则私请之，鄙甚；后知其孤立，为中人所恶，则乘间倾之，险甚。表请监国，岂为国乎？憾其不许辟请耳。皋以辟为腹心，辟之乱，皋实启之，惜叔文之先见，而其计不行也。宪宗仇视其父所任用之人，而隐德皋之首请太子监国，且上笺劝进，故于其死后，追思不已，曲加褒美。碑中"宣翼赞之力，著恢复之勋"、"御大灾，清大难"等语，此谓皋不受朱泚伪命，归附德宗于奉天，犹可；至"谋歼杖忠义之臣，得镇抚之宜"及"输睐委赘"等语，此谓皋通云南、破吐蕃，亦犹可；乃又屡称为"纯臣"、为"忠良"，则非。《新》、《旧书》言刘辟厉阶，实皋所为，在蜀侈横，敛财以事月进，幕僚皆奏署属郡刺史，又务私其民以市恩，其于叔文，干请挤陷，反覆倾危，真小人之尤，岂纯臣耶？《新书》一百八十卷《李德裕传》言皋在蜀"启戎资盗"，"养成痈疽"，则功固未足以偿其罪也。

韦皋避父嫌名

《新·韦皋传》末附皋兄皋："迁秘书郎，以父嫌名换太子司议郎。"《旧书》无此言，《新书》所添也。但《旧书》不言皋与皋之父何名，《新书》既欲载此事，而其前亦并无父名，令人不晓其何谓。权德舆《南康郡王家庙碑》："皋父名赍，与秘同音。"见《唐文粹》第六十卷。

唐以河北为山东

《新·藩镇·魏博传》首论肃、代以下瓜分河北地以付叛将，杜牧以山东王不得不王，霸不得不霸，贼得之，故天下不安。愚谓唐以河北、魏博、镇冀诸镇为山东，前于《后汉·邓禹传》论山东、山西与此亦略同，至今之山东则大不同。《潜丘劄记》第三册言今山东本宋之京东东路、京东西路，金以都不在汴，改"京"为"山"，而"山"字无著矣。愚谓今之山东，若指为陕山以东，亦可，未必遂无著，如《史记》云"山东豪杰并起亡秦"是，要与河北之山东大异。《通鉴》第二百七十一卷《后梁均王纪》下龙德二年"晋王李存勖率兵至新城南，候骑白契丹前锋宿新乐，涉沙河而南，诸将劝击之，晋王亦自负云'帝王之兴，自有天命，契丹如我何？吾以数万之众平定山东'"云云，胡三省注云："河北之北在太行、常山之东。"此下"北"字误，当作"地"。观此，则河北之为山东自明。

王莽河

《旧书》一百四十一卷田承嗣之侄悦传"悦叛，马燧讨之，李怀光率禁军助讨。王武俊救悦，怀光军败，武俊决河水入王莽故河，以隔官军，水深三尺，粮饷路绝"云云，《新书》二百十卷田承嗣之子绪传"绪杀悦，自为留后。朱滔令将马寔率兵讨之。进攻魏州，寔濒王莽河壁，南距河，东抵博州"云云，又二百十一卷《王武俊传》叙武俊救田悦，决河断王师饷路，与《旧书·悦传》所叙是一事，而称为"王莽渠"。考悦、绪据魏博，而唐魏州即今直隶大名府。《史记·河渠书》云："禹道河至大伾，以为河所从来者高，水湍悍，难行平地，乃厮二渠以引其河。"二渠之解有二，孟康曰："其一出贝丘西南南折，其一漯川。""南折"二字有误，不如郦道元解："一则漯川，则今所流也。一则北渎，王莽时空，故世名是渎为'王莽河'也。"二渠皆自长寿津以引其河，长寿津在今浚县、滑县之间。《河渠书》又云："元光中，河决瓠子，注钜野，通淮、泗，天子发卒塞瓠子，导河北行二渠，复禹旧迹。"据此，司马迁以武帝塞决为复禹迹，则其意以西汉见行之河即禹河，所谓北渎，一名"大河故渎"者也。其实此乃周定王五年河所徙，非禹河，至《汉志》魏郡邺县，"故大河在东北入海"，此漳水与河经流徙骇相乱，尤非禹河，据郑康成注《禹贡》，以屯氏河为禹河也。自王莽时北渎又空，河夺漯以行，自朝城东出矣。《悦》、《绪传》云云，犹是后汉所行，郦道元所见之道，彼时在代、德间，王莽河已涸不待言，故决水入之而仅得三尺，抑虽涸而河形犹在，故濒河置壁也。《唐史》少及河事，聊一考之。

归卒于魏州

《旧·田弘正传》："弘正由魏博节度使移镇冀，以与镇冀有怨，以魏兵二千为卫从，朝廷不许。明年七月，归卒于魏州。"文义滞拙，忽称兵，忽称卒，殊不分明，当云："明年七月，弘正不得已，乃归其兵于魏州。"

朱滔王武俊将救田悦

《旧·张孝忠传》："朱滔、王武俊谋叛，将救田悦于魏州。"原本作"诏田悦救于魏州"。案：田悦乃承嗣侄，世济其恶，与朱滔、王武俊同逆，时马燧等率王师讨悦，故滔、武俊欲救之，闻人诠原本大谬，近本改是。

李宝臣传异同

李宝臣本安史逆党，其后来降，《新》、《旧》二传颇多异，今有《宝臣纪功载政颂碑》，尚在真定府察院故址，予得其拓本，残缺甚，就可辨者与二书亦有异。始名张忠志，降后赐姓名，二书同。今碑第一段有云："我亚相张公忠志。"又云："公越在东土，受制宇下。"此即叙其从禄山事，与史合，其拒安庆绪而降，《旧》但言为恒州刺史，而《新》则添封密云郡公，今碑第二段有"授恒州刺史，封密云郡"云云，正与《新》合。史思明反，宝臣又叛从之，思明败，不受朝义命而降，《旧》所叙只如此，《新》则添叙宝臣为贼固守，与贼党辛万宝相掎角，思明死，杀万宝。今碑第三段先云："归于朝，朝廷嘉茂功，锡礼部尚书兼御史大夫、成德军节度使、清河郡王，赐姓李。率宁全赵，开复东土。是用苴白茅，昭崇武功。"史不言御史大夫，省文。史言封陇西郡王，在大历末，碑说拒史朝义初来降事，故封清河，此碑立于永泰二年，陇西乃后来改封也。碑于此段下追叙其功有云："庆绪奔邺，修好于公。"又云："思明外公，以其党辛万宝。"又云："夏四月，戮万宝。"又云："朝义播亡，系命于公。自公归朝，是翦厥翼。翌日，公会王师于赵郊，恭行天用剿焉。"亦与史合，但碑多饰词耳。史言宝臣拒朝义降，即有恒、定、易、赵、深、冀六州，而碑叙此事则云："克谐五州，允奉如一。虏不我制，公用哆然。"又云："戎性沓贪，南自相、魏、邢、贝，东至沧、德、瀛、鄚，匹夫匹妇，荡在草莽，越践公境，宣服公威，惕惕瞿瞿，摄进成序，若公在首，五州之人无荒，宁风行于冀，冀人熙熙。"此止言五州，与史不同，未详。碑又云"惟九年冬，帝命宗臣，特拜右仆射"，其碑首标题亦有"右仆射"字，而史作"左仆射"，疑亦后来所转。但碑立于永泰，此必非大历之九年，而天宝末至永泰，纪年无九年，此亦未详。碑又称："公德载于人，人以蕃殖。翼赞三主，铺敦四凶。圣咨乃贤，神被乃禄。惟公牧恒，尔有君臣，公正，尔有父子，公保，尔有灾厉，公奠，尔有稼穑，公成。微公畴依。昭茂德，崇丰碑，阜成于文，庶永于世。克建乐石，勋扬颂声。"颂曰："惟君配天，惟臣配君。蟜蟜我公，为君武臣。翼赞皇家，奄有世勋。"其夸美如此，三主，玄、肃、代也；四凶，禄山、庆绪、思明、朝义也。宝臣玄宗时为射生子弟，叛从禄山，降而复叛，叛而再降，凶狡悖逆，罪不胜诛，何翼赞之有？陆贽《论关中事宜状》曰："往岁为天下所患，咸谓除之则可致升平者，李正己、李宝臣、梁崇义、田悦。"是也。碑，支度判官王佑文，推勾官王士则书，皆其幕僚，大书深刻，欲欺天下后世，然是非千载炳然，小人奸言则何益矣。

王武俊传脱误

《旧·王武俊传》："赵州刺史康日知遣人谓武俊曰：'惟岳孱微而无谋，何足同反？我城坚众一，未可以岁月下。且惟岳恃田悦为援，前岁悦之丁勇甲卒涂地于邢州城下，犹不能陷，况此城乎？'复给伪手诏招武俊，信之，遂倒兵入恒州，率数百骑入衙门，使谓惟岳曰：'大夫举兵与魏、齐同恶，今田尚书已丧败，李尚书为赵州所间，军士自束鹿之役，伤痛轸心。朱仆射强兵宿境内，张尚书已授定州，三军俱惧殒首丧家。闻有诏征大夫，宜亟赴命。'"案："勇"，原本作"男"，是。"招武俊"之下宜重"武俊"二字，原本、近本皆脱，今以意添。"魏齐"，原本作"魏帅"，魏帅即田承嗣也，但上文并称承嗣与李正己，下文亦并举田尚书、李尚书，此处不应专言魏帅，齐即正己也，当从近本所改。朱仆射，滔也；张尚书，孝忠也。"授"，原本作"援"，是。

王镕传未了

《新·藩镇镇冀·王镕传》末叙镕事未了，阒然便止。古来纪述家无此体裁，当赘一句云："后事入梁，在《五代史》。"

李元谅传互异

《旧·李元谅传》与《新传》详略互异，元谅由潼关节度移镇陇右。贞元五年十月，华州吏民为立㭎功昭德碑，张濛撰，韩秀弼八分书。顾宁人云："今在州治大门内。"予得拓本尚可读。《旧书》元谅始为镇国军副使，领州事，在潼关领军，《新》但言镇国副，余皆省去，以守华州拒朱泚功，加御史中丞，又省去，似尚可；及迁华州刺史，兼御史大夫、潼关防御、镇国军节度使，加检校工部尚书，《新书》乃但书其为镇国节度，其余尽削去，则非也。观碑首标题因元谅已迁陇右，而碑立于华，故连累书之，曰"潼关、镇国军、陇右节度使"，其御史大夫、华州刺史亦具书之，可见《新书》删削之非。其后又加检校尚书右仆射，实封七百户，《新》改为左仆射，五百户，而碑正作"右仆射"。碑叙战功皆与《旧》合，其同李晟收京后，出屯章敬佛寺，正与碑合，而《新》改为出屯近郊，恐皆以《旧》为正。至于未收京之先，《新》添出李希烈师出关，朱泚使刘忠孝召还，元谅斩之，所召兵不得入一节；斩徐庭光，马燧怒，将杀元谅，《新》添出韩游瑰救解一节；与浑瑊御吐蕃，《新》添出泾原节度李观与元谅相表里一节，皆碑所无。其前两节，《新书》或别有据，至李观与元谅相为表里，《旧书》已详《观传》，故于《元谅传》不复出，《新书》乃取《旧·观传》中语入之《元谅传》，而于《观传》又不便竟削去，乃但云："平凉之盟，吐蕃不得志。""不得志"者，何语也？明是有意改移，窜易阅者之耳目。宋祁用心如此，予所不解。《传》曰："仍旧贯，何必改作。"此之谓矣。余见《石墨镌华》。

吴少诚应诛而反赏陈仙奇应有传而无传

李希烈功少于李怀光，而罪则什倍于怀光，亲将陈仙奇杀之，其功甚伟，朝廷即授仙奇淮西节度，此举甚当。乃仙奇无端俄为吴少诚所杀，少诚本希烈党，为希烈报仇，是即逆人也，应加诛讨，乃亦以授仙奇者授之，可乎？彼时兵连祸结，苟且图宁，不顾其后，《陆宣公集》第三卷有《诛李希烈后原淮西将士并授陈仙奇节度诏》，又有《重原宥淮西将士诏》云："希烈乱常，阻兵窃号。惟兹一军，代著忠节。果歼元恶，不替旧勋。询于众情，就拜戎帅。旋乖恤下之方，重致丧身之祸。犹赖将校士旅，秉其诚心，邦人不惊，军部无挠。以兹节效，良有可嘉，所宜慰安，俾洽宽泽。应将士吏人承前所有诸过犯罪，无轻重一切释放，旷然昭洗，咸与惟新。"杀希烈，仙奇一人之力，而曰"一军"，仙奇有功无罪，而曰"乖恤下"，少诚擅杀，朝廷命帅，而曰"有可嘉"，皆迁就曲词，以宣公之明达忠诚，岂不知之？姑息出于不得已也。然特赦之耳。集中无授少诚节度制词，此则宣公所不肯草。《新书·希烈传》附希烈强取窦良女，女与仙奇谋杀希烈一家，奇女子可人。传末于仙奇被杀下云"窦亦死"，盖亦为少诚所杀，尤为恨事。此种大约采之小说，要非妄造，《旧书》无之，此《新》胜《旧》。仙奇当有专传，且与尽忠死王事者同卷方是。《旧》仅于《希烈传》后提一笔云"陈仙奇者"云云，凡两三行，已恨轻率，《新》并无特提之笔，更觉阙然。想仙奇乡贯履历及入官本末，史家已佚去，故以聊尔附见了之。愚见以为起首可云："陈仙奇，不知何许人。为李希烈亲将。"以下只须取希烈叛逆、仙奇杀希烈事详叙入，于《希烈传》则以二三句了之，而云"事详《仙奇传》"，再取宣公诏词入之，并入窦良女事，如此已可得洋洋一大篇。

尊韩非宋祁笔

韩子在唐虽名高，及唐末已少问津者，直至欧阳公方表章推重。宋祁手笔与欧公迥不同，《李蔚传》末论赞痛辟佛教，此欧阳公笔也。宋有为长吉上人书《般若经》，刻石台州大固山嘉祐院，见《台州志》。此等恐非宋笔，乃欧所改。至作《藩镇·吴元济传》，竟全载《平淮西碑》，尊韩如此，恐亦欧改，要非史体。末段以元济平由裴度，语意轩轾，抑李愬功，以改碑为非，说已见前。

杜佑作通典

左补阙李翰撰杜佑《通典》序云："淮南元戎之佐曰尚书主客郎京兆杜公君卿，以大历之始，实纂斯典，累年而成。"案：《旧书·佑传》："佑以荫入仕，补济南府参军、剡县丞。润州刺史韦元甫奏为司法参军。元甫为浙西观察、淮南节度，皆辟为从事，深所委信。累官至检校主客员外郎。"此检校主客，即元甫所奏署者，其时尚在元甫幕下，故翰称为"淮南元戎之佐"，《旧书》于此下乃云"入为工部郎中，充江西青苗使，转抚州刺史。改御史中丞，充容管经略使。杨炎入相，征入朝，历工部、金部二郎中，并充水陆转运使，改度支郎中，兼和籴等使。时方军兴，馈运悉委于佑，迁户部侍郎、判度支。为卢杞所恶，出为苏州刺史。佑母在，苏州忧阙，换饶州刺史。未几，兼御史大夫，充岭南节度使。贞元三年,征为尚书左丞,又出为陕州观察使,迁检校礼部尚书、扬州大都督府长史,充淮南节度使。丁母忧,特诏起复,累转刑部尚书、检校右仆射。十六①年,徐州节度使张建封卒,其子愔为三军所立,诏佑以淮南节制检校左仆射、同平章事,兼徐泗节度使,委以讨伐。及诏以徐州授愔,而加佑兼濠、泗等州观察使,在扬州开设营垒"云云,"十九年入朝,拜检校司空、同平章事,充太清宫使。德宗崩,佑摄冢宰,进检校司徒,充度支盐铁等使,依前平章事,旋又加弘文馆大学士。顺宗崩,复摄冢宰。元和元年,册拜司徒、同平章事,封岐国公。元和七年,光禄大夫、守太保,致仕。十一月,薨,年七十八",此下总论佑生平为人,因及作《通典》事,则云"贞元十七年,自淮南使人诣阙献之",并载其《进表》云"自顷缵修,年逾三纪"云云。考佑以大历之始纂斯典,大历元年,佑年三十二,贞元十七年进书,佑年六十七,相距恰三十六年,故云"三纪"。翰作序之时,佑为淮南幕僚,及书成上进,则自为淮南主帅矣。实更三纪,而但云"累年而成"者,其实官使府时,但粗就初稿而已,尚未成也。佑入仕虽蚤,亦当弱冠历佐倅两处,方入元甫幕,佐幕之初,大约已近三十,时方草创此书,在幕阅数任,方为主客,而初稿乃成,故云"累年而成"。翰,天宝中已以进士知名,代宗初年为侍御史,见《旧书·文苑传》。于佑为先达,佑欲借皇甫士安重其《三都》,故以初稿急求为序,厥后改润,大约屡易稿方定。

《旧·韦元甫传》:"大历初,由浙西观察入为尚书右丞,会淮南节度使缺,授扬州长史,兼御史、淮南节度观察等使。在扬州三年,大历六年八月,卒于位。"然则元甫之出镇淮南以大历四年,而佑之历主客亦在六年以前也。入为工部郎中,是佑居京职之始,后又出历三官,杨炎入相方征入朝,《新书·宰相表》炎相系大历十四年,佑时年四十五。军兴治馈运,系朱滔、李希烈、朱泚等乱,约俱在德宗建中三四年间事,而卢杞于四年贬,则佑之出为刺史在建中四年以前也,贞元三年又入,时佑年五十三。其节度淮南大约在贞元七八年,或十余年,自此以后,在淮南甚久,合兼濠、泗观察共有十余年,进书在此年中,直至贞元十九年方复入为宰相,自是不复出矣。约计佑历事六朝,玄、肃、代、德、顺、

---

① "十六",原文误作"十三",今据《旧唐书》改正。

宪。仕宦五十年，出入将相，屡遇戎寇纷纭，为权臣所引而不为所累，为奸臣所忌而不为所害，以功名始终，贵极富溢，而寿跻大耋，未尝以纤毫挫辱。幼则生长阀阅之门，老则目睹昆弟诸子并登显位，且著述擅名，传至今千余年，部帙如新，哀然为册府之弁冕，孙牧又以才称，能世其家学，如佑诚可云全福，自古文人罕见其比。

李翰称《通典》凡有八门，《旧传》云："开元末，刘秩采经史百家之言，取《周礼》六官所职，撰分门书三十五卷，号曰《政典》。佑得其书，以为条目未尽，因而广之，加以开元礼乐书，号曰《通典》。"《献书表》曰"书凡九门，计贰伯卷"，似分门有异，或疑翰作序时门类未定，后复广之，故先后不同者，非也。观佑自序，以兵、刑为一，皆称为刑，与《班史》同，所谓大刑用甲兵，其次五刑，故翰序言八门，今其细目兵、刑仍分为二者，合之中又自分也。一食货，二选举，三职官，四礼，五乐，六兵，七刑，八州郡，九边防。

九门中礼居其一，然礼共一百卷，自四十一卷起至一百五卷止，既已历叙吉、嘉、宾、军、凶五礼矣，而于一百六卷以下至一百四十卷共三十五卷，俱撮取《大唐开元礼》之文，钞誊入之，仍以吉、嘉、宾、军、凶为次，何其繁复乎？既以刘秩书为蓝本，乃自序中只字不及，复袭取官书攘为己有，以佑之事力，撰集非难，而又取之他人者若是之多，则此书之成亦可云易也。

《献书表》云："《孝经》、《尚书》、《毛诗》、《周易》、《三传》，如日月之下临，天地之大德，百王是式，终古攸遵。然多记言，罕存法制。愚管窥测，莫达高深，辄肆荒虚，诚为亿度。"佑意以经学但可明道，非法制所垂，惟典礼为关法制，欲撇去经学，以伸己之《通典》，且深诋世之说经者多疵病也。然此书中偶涉经处，每驳去古义，别创新说，所云"辄肆荒虚，诚为亿度"者，佑每自蹈之。盖唐中叶，经学已乱，故佑多徇俗，今不暇毛举，姑就予《尚书后案》所辨数条，如大陆、九河、流沙、昆仑、河源、嶓冢、汉源等考之则可见。

忧 阙

"苏州忧阙"，似难分晓，故《新》改云："前刺史母丧解，佑母在，辞不行。"语似明了。考钱希白《南部新书》辛卷云："三铨之士，具庆之下多避忧阙,除则皆不受,对易于他人。"然则此乃唐人语,不宜改。

不讥佑母丧不去官

杜佑妻死而以妾为正,究属小失,佑之大节有亏,在母丧不去官耳,《新》、《旧书》皆于此无讥,而但疵其宠妾,何见之陋!

新佑传与旧异者

《新》于《佑传》中添入父希望事,极详,《旧》无,传末云:"为人平易逊顺,人爱之,方汉胡广,然练达文采不及也。""方汉胡广"一句,《旧》无,寓贬于褒,甚佳。然云"练达文采不及",则不确。佑练达何必不如广,而广亦不作诗文,何云文采不及乎?其下云"朱坡、樊川,颇治亭观林茢,凿山股泉",《旧》但云"城南樊川有佳林亭,卉木幽邃",仍其语可也,必改之而入以"茢"字?《说文》卷一下《艸部》云:"茢,艸也。从艸,乃声。如乘切。"无"茢"字。此字实属杜撰。《新书》好用"林芳"字,如《卢简求传》亦云"治园沼林芳,置酒自娱"是也,而忽加人傍,则非。又考《瀛奎律髓》载宋子京《春宴行乐家园》七言律诗,首句云"园茢初干小雨泥",自注:"茢,人去声。"窃谓即以"茢"代"芳",亦宜依《说文》读平声,乃读去声,则不知何据。子京每好妄作。董冲于《简求传》音"如乘切",于《佑传》则云"而证切。草不蔿",一若分而为二者。如董冲本无知识,以盲证盲,所谓谬种流传也。"股泉"字亦雕巧无理。

杜悰常延接寒素

《旧·杜悰传》:"悰无他才,常延接寒素,甘食窃位而已。"原本同。桐乡冯先生浩注李义山诗,据说家以驳《旧书》此条之误,甚精。《新书》则云:"悰才不周用,出入将相,厚自奉养,未尝荐进幽隐。"为得其实,《旧》不如《新》。

李吉甫作元和郡国图

《旧·李吉甫传》:"吉甫尝分天下诸镇,纪其山川险易故事,各写其图于篇首,为五十四卷,号为《元和郡国图》,又与史官等录当时户赋兵籍,号为《国计簿》,凡十卷,皆奏上之。"今此书钞本流传尚多,而名为《元和郡县图志》，窃以唐与汉不同，当称"郡县"，不当称"郡国"，且今书图已亡，独志尚在，不得省"志"字单称"图"。《旧传》所载，殆其初成书时，未定之名也。自序即系《进书表》，中云"伏惟睿圣文武皇帝陛下"云云，此尊号据《旧·宪宗纪》，元和三年正月癸未朔所上也。又云："天宝之季，王途暂艰。坠纲解而不纽，强侯傲而未肃。逮至兴运，尽为驱除，蜀有阻隘之夫，吴有凭江之卒，莫不手足裂而异处，封疆一乎四海。"蜀谓刘辟，吴谓李锜，平蜀在元和元年，平吴在二年，表中但举此两事，余平叛皆不及，进书时淮、蔡未平故也。又云"臣吉甫当元圣抚运之初，从内廷视草之列，寻备衮职，久尘台阶"云云，《旧传》："宪宗即位，召入翰林为学士，转中书舍人。二年春，擢中书侍郎、平章事。"《本纪》则在元和二年正月己卯，是也。又云："每自循省，赧然收汗。久而伏思，方得所效，以为成当今之务，树将来之势，莫若版图地理为切。所以前上《元和国计簿》，审户口之丰耗；续撰《元和郡县图志》，辨州域之疆理。起京兆府，尽陇右道，凡四十七镇，成四十卷。每镇皆图在篇首，冠于叙事之前，并目录两卷，总四十二卷。"案：《旧传》不言进书何年，然先言《郡国图》，后言《国计簿》，《宪宗纪》则云："元和二年十二月己卯，史官李吉甫撰《元和国计簿》。八年二月辛卯，宰相李吉甫进所撰《元和郡国图》三十卷。又为《十道州郡图》五十四卷。"据此则《国计簿》在前，《郡县图志》在后，与《进书表》合，但彼文之上文二年春正月吉甫已入相，即十二月之甲寅，亦书宰相李吉甫封赞皇公矣，不应于进书忽改称史官，此非是。又《州郡图》当即《郡国图》，非有二，重言之，亦非。若其卷数，或云三十，或云五十四，皆与《进书表》不合，未详。是年进书，明年冬，吉甫卒矣，亦见《旧传》。

杜佑《通典·州郡门》序目云："凡言地理者多矣，在辨区域，征因革，知要害，察风土。纤介毕书，树石无漏，动盈百轴，岂所谓撮机要者乎？如诞而不经，偏记杂说，何暇遍举。或览之者，不责其略焉。"自注云："谓辛氏《三秦记》、常璩《华阳国志》、罗含《湘中记》、盛弘之《荆州记》之类，皆述乡国灵怪、人贤物盛，参以实证，则多纰谬。既非通论，不暇取之矣。"吉甫《进书表》亦云："古今言地理者凡数十家，尚古远者或搜古而略今，采谣俗者多传疑而失实，饰州邦而叙人物，因丘墓而征鬼神，流于异端，莫切根要。至于丘壤山川，攻守利害，本于地理者，皆略而不书,将何以佐明王扼天下之吭,制群生之命,收地保势胜之利,示形束壤制之端,此微臣之所以精研,圣后之所宜周览也。"此二段议论实获我心,二公皆唐中叶良臣,学行名位并高,固宜辞尚体要,若合符节。抑岂独谈地理者当如是,凡天下一切学问,皆应以根据切实,详简合宜,内关伦纪,外系治乱,方足传后。掇拾鬼琐,腾架空虚,欲以哗世取名,有识者厌薄之。

杜、李两家书佳处只在体段规模,其学之徇俗,则限于时代,又开赵宋气习。地理沿革冗乱,本易差讹,再加以后人好改前人旧说,则治丝而棼之矣。前论杜佑之谬,而吉甫亦所不免,观予《禹贡后案》所驳诸条自明。

《元和志》世无刻本,传钞者缺第十八卷第十一叶以下及第十九、第二十、第二十三、第二十四、第三十五、第三十六六卷。"河南府河南县中桥,咸通三年造",咸通是懿宗号,三年上距吉甫之卒已四十九年,则此书后人附益者多,别见予所著《蛾术编·说录门》。

自唐以前,除偏方纪载外,其通天下地理书,如京相璠《土地名》、阚骃《十三州志》、魏王泰《括地志》之类,皆无存者,有之,自《元和志》为始,宋乐史《太平寰宇记》、王存《元丰九域志》、欧阳忞《舆地广记》、祝穆《方舆胜览》、元无名氏《混一方舆胜览》皆可参取,要不及《元和志》。

李藩[①]王锷二传自相违

《新》百六十九《李藩传》云:"河东节度使王锷赂权近,求兼宰相,密诏中书门下曰:'锷可兼宰相。'藩遽取笔灭'宰相'字,署其左曰:'不可。'还奏之。宰相权德舆失色,曰:'有不可,应别为奏,可以笔涂诏邪?'藩曰:'势迫矣,出今日便不可止。'既而事得寝。"此事《旧》一百四十八《藩传》亦有。然考《新》一百七十《王锷传》,则知兼宰相之事未尝寝,二传自相矛盾矣。锷事既未得寝,则藩之执争为徒然,《藩传》并此事可以不叙,又《锷传》李绛欲阻之,亦不能。

---

① "李藩",原本误作"李籓",今据《新唐书》改正。

沈既济论武后不当入纪

　　《新·沈既济传》载既济论武后不宜作本纪，宜入列传，而以中宗表年，纪武后事。此本采之《旧书》，然则作《旧书》者固早知有此段议论矣，而仍以武后为本纪；作《新书》者其意盖深有取于既济之论，则竟从之可也，乃仍作《武后纪》，且又入之《后妃传》。一人之身，既列本纪，又为列传，进退无据，彼此两岐，反不如《旧书》专归于纪者，犹差稳惬，殆因纪中不便显著其恶故邪？宋修唐史有何嫌忌，而当讳邪？《旧书·朱敬则》等传中丑秽之语，《新》皆删，却是何意见？窃又怪既济以《春秋》"公在乾侯"书法自居，笑《史》、《汉》纪吕后之陋，此尚可也，乃又有云："仲尼有言：'必也正名。'故夏、殷二代为帝者三十世矣，而周人通名之曰王；吴、楚、越之君为王者百余年，而《春秋》书之为子。"夏、殷为帝，周名之曰王，此是何语？诡妄不经，大可骇诧。《新书》既有取于既济，因藏其短，为之删去，论赞中痛詈《旧史》云："猥酿不纲，浅则入俚，简则及漏。因浅仍俗，不足于文。"宋祁亦太轻《旧史》矣，其实互有短长，彼我易观，得无更相笑乎？

　　《旧》作《沈传师传》，以传师标首，而附见其父既济，然既济事约一千四百字，详载其奏议，传师只百余字，但有官衔，绝无事迹，于体裁大不合，此则不如《新》以既济标题而附传师为妥，所增传师事亦参倍之。

十七史商榷卷九十一

新旧唐书二十三

羼 名

《新·薛存诚传》:"琼林库广籍工徒,存诚曰:'此奸人羼名以避征役,不可许。'"董冲《释音》第十七卷云:"羼,初限切。《说文》曰:'羊相厕。'"案:在《说文》卷四上《羴部》。

还 制

《新书·许孟容传》:"浙东观察使裴肃诿判官齐总暴敛以厚献,厌天子所欲。会肃卒,帝擢总自大理评事兼监察御史为衢州刺史。衢,大州也。孟容还制曰:'方用兵处,有不待次而擢者。今衢不他虞,总无功越进超授,群议谓何?'"唐宋有祖宗家法,故给事、补阙皆得还制执争。

武平一当附元衡

《旧·武元衡传》:"曾祖德载,天后从父弟。"考《外戚·武承嗣传》,当作"载德",此误。"祖平一,事在《逸人传》",而《旧》无《逸人传》,有《隐逸传》,其中亦无平一,此谬之甚。《新书》遂为平一特补一专传,本无事迹,而敷衍浮词至千一百余字,有意增多,求异于《旧》,实则但当附见《元衡传》。

二子孔

《新·武平一传》:"《春秋》郑穆公十一子,子然及二子子孔三族亡,子羽不为卿,故称七穆。"二子孔,谓子孔及士子孔,衍一"子"字。

阿　跌

《旧》李光进与其弟光颜合传云"本河曲部落稽阿跌之族也"，令狐楚撰《光进墓碑》云"公之先本阿跌氏"，与《旧书》合，温飞卿《醉歌》云："阿鬅光颜不识字，指挥豪隽如驱羊。""跌"作"鬅"者，但取对音，无定字。考《新·回鹘传》，其部落有十五种，阿跌其一，又云："阿跌，亦曰诃咥，或为跱跌。跱跌思泰来降。后光进、光颜以战功至大官，赐李氏。"

李光进战功

光进、光颜，《新》、《旧》皆合传，而《旧》述其父良臣为鸡田州刺史，隶朔方军，《新》则削去良臣名，非也。三人墓碑，朱锡鬯云："并在今榆次县赵村。"前人录此者，惟赵明诚有良臣一通而已，无余二碑，此外各家则三碑皆无也，直至锡鬯与顾宁人始并著之。予亦全得三碑拓本。光进碑无立碑之年，钱大昕考得立于元和十五年，令狐楚撰，嗣子季元书。良臣碑立于长庆二年，李宗闵撰，杨正书。光颜碑立于开成五年，李程撰，郭虔书。按：《旧·光进传》，当肃宗在灵武，即从郭子仪破贼，收两京有功。上元初，又从子仪讨范阳、河北残寇，而其下叙至元和四年则云"王承宗、范希朝引师救易定，表光进为步都虞候，战于木刀沟，光进有功"，其下叙至元和八年迁灵武节度使之下，乃又接云"光进尝从马燧救临洺，战洹水，收河中，皆有功"云云。此段舛谬之至，何则？《旧书》各传挨年顺叙者多，《新》嫌其平直，往往削去年月，固为可恨，乃《旧》此传既挨年顺叙矣，从郭子仪破贼者，破安禄山、庆绪也，讨范阳、河北残寇者，亦谓庆绪及史思明也，此下正宜接从马燧战事。救临洺者，德宗建中二年，田悦围邢州，次临洺，燧救之，悦败走也。战洹水者，三年，悦又合散卒，壁洹水，燧又破之也。收河中者，贞元元年，燧讨李怀光，贼将斩怀光降，河中平也。何不顺叙，乃越过元和而另叙于后，乱其次乎？王承宗自为留后，伐易定张茂昭，_{即义武节度使。}朝廷命河东节度使范希朝讨承宗，救易定，与承宗战于木刀沟，事见《新书·宪宗纪》及《希朝》、《茂昭》并《沙陀》各传，又见《通鉴》第二百三十八卷，此乃云云，荒诞已极。乍读之，疑传写错误，作《旧书》者不至此，观《新·光进传》亦然,则非传写之误矣。《新》、《旧》皆云是战光进、光颜皆在军中,而《沙陀传》亦言从希朝者有光颜,此战正为讨叛逆之承宗,光进助战有功,何言承宗、希朝奏光进为将,岂非白日说梦? 而宋、欧钜公,亦竟承讹至此。再考《旧传》于元和八年光进迁灵武下书"十年七月,卒,年六十五",《新》但于徙灵武下书"卒年六十五",而削去"元和十年",墓碑则言"安定郡王光进节制灵武之三年,岁在乙未,季夏六月,寝疾于理所,旬有八日,考终厥命,享年五十七矣",其文甚明,而乙未正是元和十年,当以碑为正。逆数之,光进生于肃宗乾元二年,当子仪破贼收京,光进尚未生,即上元初亦尚在襁褓,乃云从子仪战有功,诚可发一大笑。《良臣碑》云:"安禄山反,肃宗立灵武,良臣率所部驰诣行在,战有功。"《旧书》因良臣事附会为光进事也。《光进碑》叙光进战功云:"发迹云中,策名太原。始以勇敢,从北平王燧战于蒲。"此指临洺、洹水之战。又云:"范司徒之东讨常山也,军旅之事,悉以咨之。或堙水以绝其归,或断桥以防其走。开网竟从于朝旨,改辕无失于戎律。"此指木刀沟之战,碑独有此战功,其余《旧书》诸乱道皆无。宋、欧未见碑,乃亦独存此三战,余皆削去,暗与碑合,似有识矣,乃于王承宗事之大谬者,仍不能改正,吴缜亦未纠,掩卷茫然,恨千古少善读书人。

光进充振武节度使

"元和六年,拜光进银青光禄大夫、检校工部尚书,充单于大都护、振武节度使",《宪宗本纪》光进为单于大都护、振武节度在元和五年十一月庚戌。

赵崇绚《鸡肋见《百川学海》。·唐有两李光进》:"其先皆蕃部人,皆为名将,建节钺,一乃光弼之弟,一乃光颜之兄。"《集古录》所收系光弼弟。

光颜传添马燧赠刀

《光颜传》,《新》、《旧》略同,《新》添入马燧褒奖其美、解赠佩刀事,此事今见李程所撰碑,《集古录》于三碑皆无有,宋祁亦恐未见,盖别有所采。

崔雍坐迎庞勋死事

《新·崔戎传》云："子雍,为和州刺史。庞勋劫乌江,雍持牛酒劳之,赐死。"载高彦休参寥子《唐阙史》卷上。见顾嗣立《闾丘辨囿》。《旧·戎传》无雍,《新》盖取《阙史》,《阙史》但云"时宰置之法",而《新》实以路岩,则又别有据。

洪氏妄驳卢知猷传

《旧书》一百六十三《卢简辞传》附其兄简能"为凤翔节度郑注判官。注诛,简能为监军所害。简能子知猷"云云,"知猷子文度"云云,《新书》一百七十七《简辞传》云"兄简能,事见《郑注传》,其子知猷,字子谟"云云,"知猷子文度"云云,二书合也。《宰相世系表》亦与《旧书》及《新书》列传合,司空图《一鸣集》第五卷《太子太师致仕卢公神道碑》题下注"名渥",文则云："讳某,字子章,位终检校司徒。子膺,刑部侍郎。"《世系表》亦有其人,所载亦与《神道碑》合,《新》、《旧书》渥无传也。洪迈《容斋续笔》第十四卷误以司空图《神道碑》为卢知猷撰,因据碑以驳《新》、《旧·知猷传》为误。碑凡二千余字,予以碑与二传参对,书讳某而不著其名,唐宋人恒有之,而子章固非子谟,至父讳某,官州刺史,非凤翔判官,而叙其一生之官爵出处、履历事迹、卒年赠官及子之名与官无一同者,则碑为渥撰,不为知猷撰,洪以张甲魂魄附李乙形体,岂非笑端?

礼部户部同省

《新·杨嗣复传》："迁礼部员外郎,父于陵,为户部侍郎,嗣复避同省,换他官,有诏:'同司,亲大功以上,非联判句检官长,皆勿避。官同职异,虽父子兄弟无嫌。'"案:"同省"者,谓同在尚书省也。唐时尚书有都省,令与仆射方为长官,而尚书非长官,故部虽分,省则同,后世无省名,六部各自治其事,无相统摄者,与唐不同。

外　郎

《新·柳玭传》："玉工货钗直七十万钱,后钗为冯球外郎妻首饰。"

"外郎"当即"员外郎"。

柳公度传有脱

《旧·柳公绰传》附《公度传》:"公度善摄生,年八十余,步履轻便,或祈其术,曰:'吾初无术,但未尝以元气佐喜怒,气海常温耳。'"愚谓《大学》言"忿懥好乐恐惧忧患",《中庸》言"喜怒哀乐",《礼运》言"喜惧哀乐爱恶欲",此但举"喜怒",盖举以例其余。至于"喜怒"之下,必有脱句,盖气海之不温,则在于受寒湿及啖生冷,非喜怒所致,今其文不完,故知有脱。《宋景文笔记》云:"摄生不可不知,毋以吾胃熟生物,暖冷物,毋以吾气赞喜怒。"此正本之公度者,片言居要,善摄生者宜揭之坐右。

翰林学士行宰相事

《新·李训传》:"太和八年,由四门助教迁《周易》博士,兼翰林侍讲学士。明年,进翰林学士、兵部郎中、知制诰,居中倚重,实行宰相事。"翰林学士之设始于玄宗,其权甚重,已见前论《顺纪》王叔文事。李训以翰林学士行宰相事,与叔文正同。

李训传多疵

《新》于《训传》小疵颇多,如云"坐武昭狱,流象州",武昭死宝历元年,见《旧·敬宗纪》,《新纪》既不载此事,此处突如其来,令人不解所谓。"训、元舆奏言甘露"云云,此上舒元舆绝未一见,而突出"元舆",不言姓,非也,当云"训及舒元舆奏言"云云。"涯曰'上将开延英邪'"亦突出无根,元舆、涯皆宰相,虽有不署名之例,为符牒章疏则然耳,若纪事固当连姓,况又突出邪?

宗　密

"训败,走终南山,依浮屠宗密"云云,宗密即圭峰定慧禅师,作《圆觉经大疏》,裴休为序者。死后,休又作《传法碑》,并书,柳公权篆额,见《蛾术编·说碑》。

训注皆奇士

李愬目郑注为奇士，其实训、注皆奇士，特奇功不成耳。训本因注进，反媚功先发，是其罪也。若用注策，因群阉会送王守澄葬，以镇兵擒诛之，何难？后人反惜训而恶注，何哉？然训杀守澄及陈弘志、杨承和、韦元素、王践言，剖崔潭峻棺，鞭其尸，元和逆党几尽，见本传及《宦者·守澄传》。功亦大矣。《训传》言训本挟奇进，及权在己，锐意去恶，欲先诛宦竖，乃复河湟，攘却回鹘、吐蕃，归河朔诸镇，志大如此，非奇士乎？《注传》言"日日议论帝前，谋锄翦中官"，亦忠于为国者。即使本欲揽权，假公济私，脱令其功得成，乱本拔矣。天不祚唐，俾王叔文一不成，训、注再不成，以至于不可救，而训、注固未可深责。传中讥其诡谲贪沓，皆空诋无指实，指实处仅榷茶税、兴曲江工役二事。茶者末业妨农，榷之未为过；曲江小役耳，士大夫尚有别墅，天子一葺池亭，奚不可？注为节度，请复旧仪，戎服谒兵部，宁自卑以存礼，则其用心尚公平，诋讥之词，安知非沿当日史官曲笔？千载而下，读史者于训、注，但当惜之，不当复恶之。至于王涯、贾𫗧，本不与谋，横被惨戮，尤为可痛。又云"涯女为窦缃妻，以痼病免"，然则已嫁之女皆见杀，伤哉！

训遣宦官六人按边，既行，为诏赐六道杀之，会败不果。观其所杀监军，有王践言，而践言监军剑南西川，言悉怛谋不宜拒，则似有可取，训所杀或不无枉滥。要之，内官为监军，有益国家者千百之一二，偾事者十九，《德裕传》末一段即详言其害，而《新》、《旧》各传中所载宦官监军误国事不可枚举，则固未可以偶有过当而为此辈恕也。且《新传》上文历叙训所杀诸阉，下文总云"元和逆党"，则践言亦与闻宪宗之弑者，而可赦乎？

光启雪王涯等诏

甘露之变，宦竖横行，朝臣糜烂，非常之乱，亘古所少，读者至今有余恨焉。僖宗光启四年正月，下诏昭雪王涯以下十七家，诏曰："太和元年，故宰相王涯以下十七家并见陷逆名，本承密旨，遂令忠愤，终被冤诬。六十余年，幽枉无诉。宜沾霈泽，用慰泉扃。并宜洗雪，各复官爵。兼访其子孙与官，使衔冤之众魄，亦信眉于九原矣。"此诏见王明清《玉照新志》,《旧纪》、《传》皆不载,《新》于《涯传》末云:"昭宗天复初,大赦,明涯、训之冤,追复爵位,官其后裔。"而于《刘蕡传》末亦载:"昭宗诛韩全诲等之后,左拾遗罗衮上言:'蕡当太和时,宦官始炽,因直言策请夺其爵土,复扫除之役,遂罹谴逐,身死异土,六十余年。今天地反正,枉魄愤恚,有望陛下。'帝赠蕡右谏议大夫。"恐是误记。天复雪刘蕡,遂以雪涯等亦天复,其实则是光启,当从《玉照》。又蕡对策在太和二年,诛韩全诲在天复三年,相去七十六年,而云"六十余年"者,蕡对策但不第,犹未贬逐,故《新传》言蕡对后七年有甘露之难,令狐楚、牛僧孺节度山南东西道,皆表蕡幕府,授秘书郎,然后其下言"宦人深嫉蕡,诬以罪,贬柳州司户参军,卒",则贬死已在对策之后数年,故衮云"六十余年"。至甘露之难至光启四年仅五十四年,而诏文亦云"六十余年"者,传写之误,当作"五十余年"。但《新书》绝不载诏令,王明清既见此诏,则所载大略当无虚也。

牛僧孺新旧互异

《旧·牛僧孺传》:"父幼简。"《文苑英华》第八百八十八卷李珏撰《僧孺神道碑》、杜牧《樊川集》第七卷《僧孺墓志铭》皆作"幼闻"。长庆三年三月,以户部侍郎同平章事,敬宗即位,加中书侍郎、银青光禄大夫,封奇章子,邑五百户。十二月,加金紫阶,进封郡公,集贤殿大学士、监修国史。《新书》则惟郡公为敬宗封,而中书侍郎仍穆宗迁也,其余皆略去不书,《神道碑》一概略去,《墓志》则与《新书》合,而银青、集贤、监修亦皆在穆宗时,当以《新书》及《墓志》为是。穆宗因得其辞韩弘赂,自喜知人之明,屡加优异,与敬宗无涉。《旧书》太和五年但言幽州军乱,逐其帅李载义,下文"僧孺言今志诚亦由前载义也","由"当作"犹",而其上无所谓"志诚"者,则二字突出,闻人本作"今日诚亦由前也",更欠通。《新书》则先言杨志诚逐李载义,后言"今志诚繇向载义也",此是,而"繇"字用古体,则甚可厌。《神道碑》及《墓志》皆不言其卒后有谥,《旧书》则云"谥文贞",《新书》"谥文简",未知孰是。《旧传》于僧孺大加褒美,其恶无一及,交结刘稹事,《神道碑》及《墓志》尚皆为之辨,《新传》则直书之,而《旧传》隐而不言。《旧》论赞不甚贬僧孺,《新》论则极其贬黜,《新》是《旧》非。

李绅拒李锜书币

《旧·李绅传》于拒李锜事，但云"观察使李锜爱其才，辟为从事，绅以锜所为专恣，不受其书币，锜怒，将杀绅，遁而获免。锜诛，朝廷嘉之，召拜右拾遗"，如是而已。《新传》则云："李锜辟掌书记。锜浸不法，宾客莫敢言，绅数谏不入，欲去不许，会使者召锜，称疾，留后王澹为具行，锜怒，阴教士裒食之，即胁使者为众奏天子，幸得留。锜召绅作疏，坐锜前，绅阳怖栗，至不能为字，下笔辄涂去，尽数纸，锜怒骂曰：'何敢尔，不惮死邪？'对曰：'生未尝见金革，今得死为幸。'即注以刃，令易纸，复然。或言许纵能军中书，绅不足用，召纵至，操书如所欲，即囚绅狱中，锜诛乃免。或欲以闻，谢曰：'本激于义，非市名也。'乃止。"较《旧传》不但详略互异，情事绝不同。观沈亚之《下贤文集》第四卷《李绅传》，乃知《新书》全取彼文，盖其作书之旨，务求异于《旧》，掇拾小说、文集，见异于《旧》者必取之，亚之称绅临大节不可夺，恐有增饰溢美，未足信，《旧书》则据国史实录，似宜仍《旧》。

绅死后削官

李绅以淮南节度使于会昌元年入相武宗，四年，复出为淮南节度，六年，卒。卒后，李宗闵、崔铉等摭其在淮南杀吴湘事，削绅三官。《新》、《旧书》略同，其事甚明。《南部新书》卷丁乃云："以吴湘狱仰药而死。"小说家言不可尽信如此，《新》、《旧书》皆言湘之坐赃乃群小欲倾绅以及李德裕，而孙光宪《北梦琐言》第六卷则谓绅镇淮南，湘为江都尉，有零落衣冠颜氏女寄寓广陵，有容色，绅欲纳之，湘强委禽焉。绅大怒，因其婚娶聘财甚丰，乃罗织执勘，准其俸料之外，有陈设之具，皆以为赃，奏而杀之。绅本狂暴，此说恐当得情，绅罪甚大，得良死为幸，《新》、《旧书》皆以湘实受赃，绅杀之非枉者，恐皆非实录。

李珏传新书多取东观奏记

裴庭裕《东观奏记》上卷载李珏事最详，自注云："庭裕亲外叔祖。"外叔祖，疑必是外祖之弟母之叔父也。二传叙其历官阶次出处本末大同小异，与裴《记》亦大同小异，但《旧书》所无而《新书》增入者多取《东观奏记》。若《旧书》太和九年出为江州刺史，系因李宗闵得罪，珏正是宗闵死党，《旧书》当得实，而裴《记》谓由李训、郑注交谮，《新书》虽更易其词，以掩好采小说之迹，而意则同，训、注以国难湛其族，冤惨可怜，而彼时举世目为奸邪，庭裕既是珏之戚昵，欲文饰其守正孤直，恐不可信。珏生平虽无甚劣迹，然君子群而不党，珏专务植党，岂得为君子？武宗即位之初，《旧书》但言其与杨嗣复俱罢相，则其因植党而罢显然。裴《记》乃谓因文宗以犹子陈王成美当璧为托，故贬，《新书》遂据而演之，以为珏争立陈王，果尔，则珏守故君之遗命，不从宦官之拥立，大节尤觉卓卓，然愚谓恐是裴庭裕之缘饰也。惟裴云"贬昭州刺史"，《新书》从之，而《旧》作"桂州刺史、桂管观察使"，则似当从裴。

李德裕主议杀郭谊

《新唐·李德裕传》："郭谊持刘稹首降，帝问何以处谊，德裕曰：'稹竖子，安知反？职谊为之。今三州已降，而稹穷蹙，又贩其族以邀富贵，不诛，后无以惩恶。'帝曰：'朕意亦尔。'因诏石雄入潞，尽取谊等及尝为稹用者，诛之。"案：此段载德裕之主议杀郭谊，最为明确，《通鉴》第二百四十八卷："会昌四年八月，郭谊杀刘稹，又杀张谷，陈扬庭、李仲京、郭台、王羽、韩茂章、茂实、王渥、贾庠等十二家，并其子侄甥婿无遗。仲京，训之兄；台，行余之子；羽，涯之从孙；茂章、茂实，约之子；渥，璠之子；庠，𫗧之子也。甘露之乱，仲京等亡归从谏，从谏抚养之。谊函稹首降，李德裕曰：'宜及诸军在境，并谊等诛之。'乃诏石雄将七千人入潞，执谊等送京师，皆斩之。王羽、贾庠等已为谊所杀，李德裕复下诏称逆贼王涯、贾𫗧等，已就昭义诛其子孙，宣告中外。"司马君实既评德裕不当杀谊，胡三省又讥德裕不当呼王、贾为逆，皆非也。王氏懋竑谓谊杀王羽等，欲以悦宦官，取节钺，德裕心实痛羽等冤死，假为此诏，使羽等之死似出朝廷意，则谊不得居其功，然后谊始可得而杀。此论最精，可云卓识，见《白田存稿》第四卷。

李义山诗："明神司过岂令冤，暗室从来有祸门。莫为无人欺一物，他时须虑石能言。"冯先生浩谓为此事作。

吴兴韩敬求仲刻李德裕《会昌一品集》，其中为讨昭义刘氏事所作文最多，而《诛张谷等告示中外敕》在第九卷，篇首先揭明刘从谏与李训、郑注结谋,则宦官已自不疑,前半篇历数张谷、陈扬庭等罪恶,未尝及王涯、贾𫗧等罪也,但于篇末缀及其子侄等名而已,德裕虽不喜训、注,于王、贾则必无嫌,而且深哀其死,但其子侄业已为谊所杀矣,今杀谊反似为王、贾报仇,漫诡言之以释宦官之恨,此正德裕之权用耳。韩敬刻乃俗本,多讹脱,但唐人文集难得,聊复据之。孙之翰亦诋德裕,声涯、𫗧罪以快忿,见《唐史论断》下卷,胡三省之误,正与之同。

李德裕贬死年月

会昌六年三月武宗崩,四月宣宗立,明年改元大中,故《旧书·李德裕传》:"宣宗即位,罢相,出为东都留守。大中元年秋,以太子少保分司东都,再贬潮州司马。明年冬,又贬潮州司户。二年,自洛阳水路经江淮赴潮州。其年冬,至潮阳,又贬崖州司户。三年正月,达珠崖郡。十二月卒,年六十三。"所谓"明年"者,大中二年也,其下文"二年"当作"三年","三年"当作"四年","年六十三"当作"六十四",皆传写误也。《新书》本传"元年,贬潮州司马"之下删去"潮州司户"一节,即书"明年贬崖州司户,明年卒,年六十三"云云,则似真以二年贬崖州,三年卒,而《旧书》非传写之误矣。此因删之不当,又据误本以成误者。《南部新书》卷戊云:"以二年正月贬潮州司马,其年十月再贬崖州司户,三年十二月卒于贬所,年六十四。"所书贬官年月亦与《旧史》参错不合,而年六十四却是。考《李卫公别集》第七卷《祭韦相执谊文》"维大中四年月日,赵郡李德裕谨以蔬礼之奠,致祭故相韦公之灵。公遭谗投荒,某亦窜迹南陬,从公旧丘"云云,末句云:"其心若水,其死若休。临风敬吊,愿与神游。"盖德裕将终之语,执谊亦由宰相贬崖州司户,故云然,则为大中四年甚明,为误此一年,故以年六十四为六十三,《旧书》不过数目字误,《南部新书》乃传闻失实,而《新书》则武断已甚。

《容斋续笔》卷一载德裕手帖云:"闰十一月二十日,从表兄崖州司户参军同正李德裕状。"此正是大中四年之闰十一月,发此书后至十二月而卒矣。洪迈亦因史文而误以为三年。

仇士良潜杀安王溶

《新唐书·杨嗣复传》:"帝崩,中尉仇士良废遗诏,立武宗。帝之立,非宰相意,故内薄执政臣,不加礼,自用李德裕,而罢嗣复为吏部尚书,出为湖南观察使。会诛薛季棱、刘弘逸,中人多言尝附嗣复、李珏,不利于陛下。帝刚急,即诏中使分道诛嗣复等,德裕与崔郸、崔珙等诣延英言:'故事,大臣非恶状明白,未有诛死者。昔太宗、玄宗、德宗三帝皆常用重刑,后无不悔,愿徐思其宜,使天下知盛德有所容,不欲人以为冤。'帝曰:'朕缵嗣之际,宰相何尝比数。且珏等各有附会,若珏、季棱属陈王,犹是先帝意。如嗣复、弘逸属安王,乃内为杨妃谋。且其所诒书曰:"姑何不教天后?"'德裕曰:'飞语难辨。'帝曰:'妃昔有疾,先帝许其弟入侍,得通其谋,禁中证左尤具,我不欲暴于外。使安王立,肯容我耶?'言毕戚然,乃曰:'为卿赦之。'因追使者还。"愚谓甘露之事本出文宗,仇士良辈切齿怨恨,即帝有子,阉人亦将害之,乃帝既无子,而其所立为太子之陈王成美,亦为士良易去,而立文宗之弟武宗。成美者,敬宗子,文宗侄也。唐本传子不传弟,立成美为顺,士良恨文宗,故废其所立而立武宗。武宗既立,遽劝令杀成美,至于安王溶,则亦文宗弟,虽非士良所深忌,然以文宗所宠之杨贤妃尝欲立安王,故并潜妃及溶而俱杀之。考《新书·十一宗诸子传》,穆宗五子,敬宗、文宗、武宗皆有母位号,而余二王则亡其母之氏位。二王者,漳王、安王也。漳王先薨,而《安王溶传》则云:"杨贤妃得宠于文宗,晚稍多疾。妃阴请以王为嗣,为自安地,帝与宰相李珏谋,珏不可,乃止。帝崩,仇士良立武宗,摘溶尝欲为太子事,杀之。"又文宗之子《庄恪太子永传》云:"母爱弛,杨贤妃方幸,数谮之,帝怒,废之。"以上各段所叙皆明析,参之《旧·文宗》、《武宗纪》略同,乃《旧·安王溶传》则云:"穆宗第八子,母杨贤妃。"乍观之,竟若贤妃为穆宗妃者,文宗后妃《新》、《旧书》皆无传,然杨贤妃为文宗妃无疑,《旧书》此条似因贤妃欲以安王为嗣,遂率尔云云,此其大纰缪者,观《新·嗣复传》情事益明。

魏谟世系

《旧》魏谟专传,《新》则附其五世祖《徵传》,与《旧》略同。《新》添中尉仇士良捕妖民贺兰进兴,具反状,谟谏宜付府县有司,惟此一事《旧》无。予得《魏公先庙碑》拓本,大中六年崔玙撰,柳公权书。赵明诚作崔绚撰,误。此碑系谟建家庙而玙为记之,已残缺,碑首言特进、侍中、赠太尉、郑国文贞公魏氏家庙在昌乐里,而其后又言葺故庙于旧宅永兴里,盖魏徵家庙在昌乐,谟所葺则在永兴也。《旧书·徵传》言徵有四子,叔玉、叔瑊、叔璘、叔瑜,而其下言叔玉袭开国公,官至光禄少卿,叔瑜潞州刺史,叔璘礼部侍郎,叔玉子膺继封公,叔瑜子华太子右庶子,独不言叔瑊官。《谟传》云:“五代祖徵,宰相。曾祖殷,汝阳令。祖明,亦县令。父冯,献陵台令。”《新·徵传》叙徵四子,与《旧》同,惟“潞州”传写误作“豫州”,而《谟传》则不及其曾祖、祖、父三代,合《新》《旧传》无谟高祖名,则不知叔玉等四人何人为谟所出,《宰相世系表》于馆陶魏氏叙谟之曾祖、祖、父,虽与《旧》合,但明为监察御史,非县令,于徵四子则叔瑜职方郎中,非刺史,亦不足论。可怪者,叔玉等四人下皆无殷至谟一支,而殷之上空格另起,此尤舛谬。《家庙碑》虽漫漶,然叙谟先世有云“四廿孙曰钊”者,此魏长贤之祖,徵之曾祖也。其下又云:“怀忠乱朝,直封诋政。侵轹奸佞,不容于时。出长屯留,或有致诮者,方激发忼叱,志气横厉。遭时浊昏,劢勤西东。怀奇含耀,濡足需晦。”此谓长贤,徵之父也。俱详《北史》。其下又云:“竟逢大晨,龙摅凤鸣,为祥辅昌。”又云“为臣克配于□享,为祖不迁于家祀,虽童子妇人亦”云云,此谓徵也。此下缺数字,即云“府君讳□瑊”,此下缺一二十字,即云“潜于廿次为显考”,然则谟之曾祖殷当为叔瑊子。“廿”者,避太宗讳阙笔,而谟父名潜不名凭也。此下有云颍川府君、河西府君者,有为邑南阳,当希烈猖狝之余者,有召拜大理司直者,有吏部府君者,有以大理评事兼监察殿中侍御者。考之《世系表》,馆陶魏氏皆无,此不知何指。此下言“郑公终始一德,命求昆裔,期肖前人”,此则指文宗思徵贤,诏访其后,杨汝士荐为右拾遗。下云“会昌中,权幸恶忌,挤之外郡”,指武宗立,谟坐李珏、杨嗣复党,出为汾州刺史。下云“兼领邦宪,间岁进陟公台”,则指宣宗嗣位,召授给事中,迁御史中丞,顷之同中书门下平章事也。

九宫神

崔元略、崔龟从,《旧书》各专传,二人不过皆姓崔耳,本非一族,全无干涉,《新》于《元略传》强附龟从,欠妥之至。彼传云:“太和初,迁太常博士。定九宫皆列星,不容为大祠。诏可其议,九宫遂为中祠。”吴缋《纠谬》第十四卷诋其书中全不载九宫贵神,使后学罔然不知所本。按:九宫详见《旧书·志》,与《河图》、《洛书》相发明,《新书》尽删去,使祀典没不见,但《龟从传》一条之外,亦曾于《肃宗纪》乾元二年正月书"祠九宫贵神",祠九宫必不止此一次,而独于此书之,本纪之去取诚为率尔。要之,《礼志》既不载,纪传所书愈觉突出无谓,反不如并此去之矣。李德裕《会昌一品集》第十一卷有《论九宫神坛状》及《论九宫神合是大祠状》,述九宫甚详,此乃汉人经学,欧阳氏最不喜,故痛削之。

杨收入相之官罢相之年

《新·杨收传》书懿宗时入相,至罢免贬死,但屡书"明年",其上文不见有年,史家往往如此,殊嫌牵混,何不直书某号某年乎?《旧书》本传书其为中书侍郎、同平章事无年,下文书"八年十月,罢为宣歙观察使",下文又书"明年八月,贬为端州司马,寻尽削官爵,长流驩州。又令内养郭全穆赍诏赐死",下文又书"九年三月十五日,全穆追及,宣诏"云云。考《新·宰相表》,收于咸通四年以翰林学士承旨、兵部侍郎、同中书门下平章事,五年为门下侍郎兼刑部尚书,六年为尚书右仆射兼门下侍郎,七年十月壬申检校工部尚书、宣歙池观察使,是收由兵部侍郎入相,而始终未尝为中书侍郎,《旧书》误。又罢相在七年十月,非八年,此《旧书》传写之误,惟其为七年也,故其下言"明年",则是八年,其下言九年三月死,亦顺。若以八年十月罢,则明年八月即是九年之八月,其下不合又书九年三月矣。"内养"必宦官名色,《新》于九年追及事尽削,又削郭全穆名,但云"俄诏内养追赐死"。其实留此一名,则"内养"之义望文可知,今削此一名,文义晦矣。《新》、《旧书》书收置镇南军节度于豫章事,皆无年,而吴曾《能改斋漫录》第一卷《事始》篇以为咸通六年,《新·方镇表》正同,《旧》本传韦保衡评收以严撰为江西节度,纳赂,殆亦六年事。

刘瑑毕诚

刘瑑、毕诚辈出将入相,而庸碌伴食,《东观奏记》所载皆宣宗一朝事,于瑑稍有所称述,亦不过言其受知,而《旧书》不采小说,《瑑传》但有官衔而已。《诚传》则云:"郓州须昌人。伯祖构,高宗时吏部尚书。

构弟栩，酆王府司马，生凌。凌为汾州长史，生匀，为协律郎。匀生诚。"《东观记》乃云："本估客子，升甲乙科。杜琮为淮南节度，置幕中，始落盐籍。"《旧传》言大中末为翰林学士、中书舍人，迁刑部侍郎。其为邠宁、昭义、河东等处节度，皆因受知懿宗，为所特简。而《东观记》则以为令狐绹恐其入相，忌而出之。又载诚欲结绹，购美妾献之。果尔，则诚真小人，不但庸人矣。裴庭裕唐末人，恩仇之口，不尽可从，而《新书》遂尽掫入，宜再考。

李蔚节度淮南之年

《旧·李蔚传》："咸通十四年，转扬州大都督府长史、淮南节度副大使，知节度事。"高彦休《唐阙史》卷下云："丞相陇西公蔚建大旆于广陵，时咸通十二年也。泗州状言女僧二人，至普光王寺，云后二年国有变，此寺大圣和尚当履宝位，至十四年懿皇晏驾，今上即位，是为普王。"小说好言鬼怪不足道，然据此则"十四年"当作"十二年"。

崔彦昭事与阙史不合

《唐阙史》卷下云："丞相兰陵崔公俭德，时所推服，尝统戎番禺，有酌泉投香之誉。今上诞圣于壬午，龙飞于癸巳，皇算十有二岁矣。思命耆德，左右大化，乃自奉常卿起公为上相，时年八十有三。居台席数载，薨于位，废常朝三日，册赠有加美焉。"《阙史》所言"今上"，皆僖宗；此"今上"，亦僖宗也。考《旧·僖宗纪》咸通三年生，岁在壬午；咸通十四年即位，岁在癸巳，时年十二，皆合。再考《新·宰相年表》，僖宗即位之明年改元乾符，时入为宰相而崔姓者惟彦昭，此外惟有一崔沆，直至五年五月方入相，岁在戊戌，非龙飞之初，而沆至广明元年岁在庚子为黄巢所杀，不得云"薨于位"，则《阙史》所记为彦昭明矣。但《新》、《旧·彦昭传》"清河人"，非兰陵；其为节度在河阳、河东，非岭南；由吏部侍郎《新》作"兵部"，亦异。入相，非由奉常；居相位四年，固可云"数载"，但《新》、《旧》皆无卒年若干；而大中三年方擢进士第，释褐诸侯府，至乾符初入相，不过二十余年，年已八十三，亦可疑。种种不合，稗官之言殊难尽信。

卢携无拒王景崇事

观《旧·卢携传》，举人不当，致贼充斥，及再相，以私憾尽易王铎、郑畋所任帅，内倚田令孜，外援高骈，高下在心，货赂公行，贼陷潼关，皆携所致。《唐阙史》乃盛称其美，又载王廷凑之孙景崇为弟景儒请镇易定，枢密使欲许之，携拒而不许，遂止。此事必系虚浮，《新》、《旧·景崇传》皆不载，可见《新书》虽好采小说，尚稍有裁断，未至极滥也。

萧遘旧太详新太略

僖宗出亡于蜀，萧遘不过随从而已，实无功绩，孙樵《可之文集》第四卷《萧相国真赞》云："锦浦宸游，传岩梦说。再安宗祐，荡扫氛孽。黄道回日，翠华归阙。秕糠魏、丙，肩袂稷、契。"樵时亦为从臣，与相款曲，故有此饰词。及朱玫立襄王熅，遘虽罢相，仍署太子太保，则已污伪命，遘时不幸，其心可谅，赐死诚可怜，然《旧传》长至一千五六百字，且褒之不容口，未免太过，《新》竟无传，则又太略。

张濬依杨复恭

《旧·张濬传》："乾符中，宦官杨复恭自处士荐为太常博士，转度支员外郎。直至僖宗再幸山南，复恭失势，乃依田令孜。"其事甚明。孙光宪《北梦琐言》第五卷乃谓濬为处士，令孜荐为起居郎。荐者非复恭，官亦非博士也。令孜，《阉人传》无字，而光宪称为"子方"者，取田子方姓呼之。此书多有虚诞，五代人记唐末事尚如此，况宋人小说乎？

超蹋宰相

唐世命相不论官资，但同两省平章即为相，已见前第七十四卷。《新·奸臣》："柳璨以谏议大夫同中书门下平章事。起布衣，至是不四岁。"超蹋若此。若同时朱朴以《毛诗》博士，亦擢谏议大夫、同两省平章，此虽末世事，不足据，然亦可见唐制。

罗　威

《旧书》于魏博节度使《罗弘信传》附其子《威传》，考之《新书·藩镇传》及《新》、《旧五代史》、《资治通鉴》,弘信之子承袭其父,杀牙军八千家,而称臣于朱梁者名绍威,孙光宪《北梦琐言》及范祖禹《唐鉴》并同,此乃作"威",误也。然此卷中称"威"者凡十六见,则非传写之讹,再考。《旧》于昭、哀本纪仍作"绍威"。

偷江东

《新·藩镇·绍威传》:"江东罗隐工为诗,绍威厚币结之,通谱系昭穆,因目己所为诗为《偷江东集》云。"《旧书》:"罗隐有诗名,号江东生。威遣使赂遗,隐亦集其诗寄之。"《新书》删去"隐号江东生,以诗寄绍威",则"偷江东"语突然无根。

王重荣父纵兄重盈

《旧·王重荣传》但云"父纵,盐州刺史,咸通中有边功",《新传》则云:"父纵,太和末为河中骑将,从石雄破回鹘,终盐州刺史。"司空图《一鸣集》第六卷《王纵追述碑》云"欲绍家声,遂参戎右。会昌二年,回纥扇酷,蒲帅石公雄总戎出塞,公为都知兵马使,出从间道,已继捷书"云云,与《新书》合,碑末言公有五子,长重章,次重简,次重盈,次重荣,次重益,亦与《新》、《旧传》合,重荣为河中节度使,死后,重盈继之。重盈前已历汾州刺史、陕虢观察使,迁检校尚书右仆射,拜节度使,同中书门下平章事,进太傅,兼中书令,封琅邪郡王,此《新书》所载。《一鸣集》第五卷又有《重盈河中生祠碑》,载重盈官位与《新书》亦同,但据碑,重盈又加太尉,而史无之。又碑言重盈以大顺二年为河中节度,而《新书》则以为在僖宗时,此大不合,碑立于景福元年,当以碑为正。

祇衼

《新·李罕之传》:"初为浮屠,行丐市,穷日无得,抵钵褫祇衼去。"董冲《释音》第二十卷:"祇,巨支切。衼,章移切。胡衣。"而薛居正《五代史》第十五卷《罕之传》但云"掷钵于地,毁弃僧衣,亡命为盗",欧阳氏《五代史》第四十二卷略同,即此见宋祁之务改旧文,炫其奥博,细思之,殊觉无谓。

呼妻兄弟为舅

《新·朱延寿传》:"事杨行密。田頵之附全忠,延寿阴约曰:'公有所为,我愿执鞭。'頵喜,二人谋绝行密。行密忧甚,绐病目,行触柱僵。妻,延寿姊也,掖之,行密泣曰:'吾丧明,诸子幼,得舅代我,无忧矣。'"《通鉴》二百六十四卷作"军府事当悉以授三舅",胡三省注:"延寿第三。"呼妻之兄弟为舅,始见于此,而《新五代史·吴世家》叙此事但称"延寿",不称"舅"。

十七史商榷卷九十二
新旧唐书二十四

武承嗣传太杂

武氏一家，亲党子姓俱系贪暴邪淫、奸狡悖逆之徒，戾气交遘，凶德参会，以祸天下，天为之乎，人为之乎？不可得而知矣。然其中亦间有彼善于此者，攸绪、平一是也。而平一之孙元衡为宰相，颇著诚款，为悍藩刺杀，尤可悯。元衡固当入列传，平一当附元衡，说已见前矣。攸绪稍贤，虽可入《外戚》，当专传。《旧》附武承嗣，嫌贤否混淆，《新》入《隐逸》则又太优，且《旧》既以承嗣标首，遂将武姓并外姻共数十人一概挽入，太觉猥杂，不成体裁。窃谓武氏宗支戚属，诚不可无提挈眉目处，《旧》既以士彠入列传，无所统领，不得已于《承嗣传》作提纲一段，遂顺手将诸人悉附承嗣。《新》以士彠入《外戚》，诸武皆附，较《旧》则胜矣。然愚意但当以《士彠传》作提纲，其余若三思，若懿宗，皆元恶大慝，罪不容于死；若攸暨事迹亦著，皆宜各自为传，胪列以表其罪状；惟延秀当附承嗣，而崇训则当附三思耳，《新书》犹恨眛没也。又公主，史家例得立传，况唐家公主丑逆相踵，虽于主婿延秀辈传中见之，而公主固宜别自有传，今皆附承嗣一传中，喧闹已甚，此则《新》得之。至薛怀义、沈南璆，宜别为嬖幸，《旧》亦附承嗣，更为可笑，《新》无传，亦非。

郑克杀武三思

张鷟《朝野金载》第一卷云："神龙初，武三思改封德靖王，有窥鼎之志，被郑克等斩之。"考《旧书·外戚传》作"德静郡王"，疑当从《金载》。《新传》略去，非是。节愍太子率李多祚等杀三思，《新》、《旧传》甚明，此云郑克者，以当日挥刃之人言之。

宝历当作大历

《旧·吴溆传》:"宝历二年,代宗始封拜外族。""宝历",敬宗号,此当是"大历",乃传写之误。

吴凑传改非

《新书·吴凑传》:"凑候帝闲,极诤不避。或劝论事宜简约,不尔,为上厌苦,凑曰:'反复启悟,幸一听之,则民受赐为不少。挢舌阿旨固善,有如穷民上诉,亘云罪,何以能?'"①《旧书》云"如穷民上诉,罪在何人",《新》之改《旧》,词艰意晦。

郑 颢

《旧书》无《公主传》,《新书》增入,《宣宗万寿公主传》云:"下嫁郑颢。"据唐张固《幽闲鼓吹》作"郑尚书之弟颛",考《宰相世系表》,德宗宰相郑絪之子祗德,兵部尚书,祗德长子颢,驸马都尉,而颛则颢之弟也。《幽闲》误以子为弟,颢为颛。

宦官传原本脱文

《旧·宦官传》首总叙云:"五局,掖廷局掌宫人簿籍,宫闱局掌宫内门禁,其属有掌扇、给使等员,奚官局掌宫人疾病死丧,内仆局掌宫中供帐灯烛,内府局主中藏给纳。"原本无"内府局"句八字,则五局少其一,非也。但不知近本何据补入。

高力士为高延福假子

《旧·高力士传》,其出甚微,但云"潘州人,本姓冯。少阉,为岭南讨击使李千里进入宫,则天因小过逐之,内官高延福收为假子,延福出武三思家,力士往来三思第,得复入",如是而已,初不言其本为何人之后,而《新书》以为冯盎曾孙。予得《力士碑》拓本,大历十二年五月建,虽亡其下半截,存字尚多。首云"初有适越者,请观南方之乐,主人为

---

① "何以能",中华书局本《新唐书》将"亘云罪何"点断,下句为"以能,进兼兵部尚书"。

之歌冯，宾曰：远矣。衰而复起，一飞冲天，自北而南，以至于盎。五岭之表推为”，下缺，又云“子智戣，高州刺史；智戴，恩州刺史；智彧，潘州刺史”，下缺，又云“袭位象贤，主祀守封”，则叙盎之孙语。而其下虽漫，有云“天子广锡类之恩，览先贤之状。初赠潘州刺史，又赠广州大都督”。据《盎传》，盎三十子，智戴，春州刺史，非恩州，后入朝，终左武卫将军，而碑不言；智彧，东合州刺史，亦非潘州；盎乃北燕冯弘之裔，自晋宋至隋唐，世为王侯君长，盎为高州都督，封越国公，贵盛无比。据碑，智戣，盎长子，袭位云云，是指智戣之子袭盎都督国公官爵，即力士父，而“锡类”赠官云云，则指力士贵，赠其父也。据《新》、《旧书》言岭南节度使送力士本母麦氏至京，赠力士父广州大都督，麦氏越国夫人，正与碑合，然力士父特一岭南人姓冯耳，必非盎之孙也。试思上公之嫡长孙主祀守封，何以其子少即阉割为长吏市之以进乎？碑乃文人代力士附会为此说，其间当更有增饰入宫缘由，石缺文灭，故不见耳。铭云“公本南海，家传拥旄。有冯之后，遂育于高要”，为不可信，《新书》据碑添入，甚谬，从《旧》为是。予又得内侍高福字延福墓志，开元十二年正月孙翌撰，有“君之宠嗣曰力士”云云，与《新》、《旧》合，而为冯盎曾孙则非。两碑从未著录，录者，《力士碑》自顾绛《金石文字记》始，《延福志》自钱大昕《潜研堂金石跋尾》始。《新》、《旧》皆言力士陪葬泰陵，而顾云《力士碑》在今蒲城县，宋敏求《长安志》云：“玄宗泰陵在蒲城县东北三十里金粟山，陪葬者惟一高力士。”然则碑即立于陵侧。

鱼朝恩传新旧互异

宦者鱼朝恩恣横之状，《新书》描摹曲尽，大半皆《旧书》所无，至如朝廷裁决，或不预，辄怒曰：“天下事有不由我乎？”养息令徽尚幼，服绿，与同列争，朝恩见帝，请得金紫，帝未答，有司已奉紫服于前，令徽称谢。此皆出苏鹗《杜阳杂编》卷上。见商濬《稗海》。《新书》好采小说，如此种，采之却甚有益，《旧书》不采，使朝恩恶不著，固可恨。若其死也，《新》言“帝与元载密谋，结其党周皓，寒食内宴，朝恩乘小车入宫，皓与左右擒而缢杀之”，情事如绘，必得其实。《旧书》寥寥数语，但云“寒食宴罢，诏留之，朝恩言颇悖慢，上不之责，朝恩还第，自经卒"。彼时朝恩声势尚张,既不之责,纵使还第,安肯遽自经?此全非情理,《旧》不如《新》。

韩日华

《旧·宦官·俱文珍传》有韩日华,一字分二,其例不知始何时,《王叔文》、《王伾》等传中仍未改,宜画一。

王守澄传新旧互异

《旧书·宦官传》云:"王守澄,元和末宦者。宪宗疾大渐,内官陈弘庆等弑逆,守澄与中尉马进潭、梁守谦、刘承偕、韦元素定册立穆宗皇帝。"《新书·宦者传》则云:"宪宗不豫,元和十五年罢元会。是夜,守澄与内常侍陈弘志弑帝于中和殿,以暴崩告天下,乃与梁守谦、韦元素等定册立穆宗。俄知枢密事。文宗嗣位,守澄有助力,进拜骠骑大将军。帝疾元和逆罪久不讨,故以宋申锡为宰相,谋因事除之,不克,更因其党郑注、李训乘其罅,于是流杨承和于驩州、韦元素象州,遣中人刘忠谅追杀元素于武昌,承和次公安赐死。训乃胁守澄以军容使就第,使内养贲酖赐死。"愚谓"陈弘志",《旧》作"弘庆",定册四人、二人亦不同,虽未知孰是,但如《旧书》,则守澄于弑逆无涉,且有定策立穆宗大功,而文宗之立又出其力,后来文宗何为讨而诛之乎?自不如《新书》为得实。《旧书》记事既虚谬,则"弘庆"之为误笔亦可知。《旧·守澄传》叙其死云:"太和元年,帝令内养李好古赍酖赐守澄死。"《新》删其年及李好古名,此《新》之谬,而《旧》"元年",原本作"九年",是当从之。至梁守谦者,二书皆无传,予所藏《邠国公功德碑》,立于长庆二年,即杨承和撰文,邠国公即守谦,文中推重甚至,想必倩人代作,而其情甚为可恶。此辈大约俱系逆党,朋比为奸,与闻弑事者,文宗讨诛不及守谦,当因其前死耳。

鱼弘志等

甘露之变,杀李训等者,仇士良、鱼弘志也。见《新·李训》及《士良传》。而其前弑宪宗者已有陈弘志,见《王守澄传》。相距未远而同名,据吴缜,当作"鱼志弘",已见前第七十五卷。但其前顺宗朝立宪宗者有俱文珍,而同时又有薛文珍,见《文珍传》。则意者若辈同名不足异,至于弑敬宗者又有鱼志弘,见《刘克明传》。相去亦甚近,不知与杀李训之鱼弘志是一是二,未详。

澧朗忠硖

《旧·良吏·吕谌传》:"上元元年七月,授谌荆州大都督府长史、兼御史大夫,充澧、郎、忠、硖五州节度观察处置等使。""澧、朗、忠、硖",原本作"澧、荆、忠、硖",愚谓既云"五州",则似当云"荆、澧、朗、忠、硖"为合,然以《新书·方镇表》考之,至德二载置荆南节度,领荆、澧、朗、郢、复、夔、峡、忠、万、归十州,治荆州,升夔州防御为夔峡节度使,乾元元年废夔峡节度使,二年置澧、朗、溆都团练使,治澧州,以夔、峡、忠、归、万五州隶夔州,上元元年,废澧、朗、溆都团练使,荆南节度使,兼江南尹,_{"江南"似当作"江陵"。}复领澧、朗、忠、峡四州。今此传云云之下,言"谌至治所,请于江陵置南都,敕改荆州为江陵府",则谌之为荆南节度可知,荆州其所治,传"澧朗"之上必是脱"荆"字,但荆南节度所领,实不止此五州,尚有郢、复,何以不举,而此外又别无他节度领此二州者,此则当阙其疑。

韦丹何易于

《旧书·良吏》中无韦丹、何易于,而《新书》补之,丹事则采杜牧牧之《樊川文集》第七卷《江西观察使武阳公韦公遗爱碑》,_{此文亦见《文苑英华》八百七十卷。}易于事则采孙樵《可之文集》第三卷《书何易于》。

酷吏吉顼新书减其恶增其美

吉顼,《旧书》入《酷吏传》,而《新书》升为列传。顼本系险恶小人,阴贼狠戾,据《旧书》云:"万岁通天二年,有箕州_{疑当作"冀州"。}刺史刘思礼,自云学于张憬藏,善相,云洛州录事参军綦连耀应图谶,有'两角麒麟儿'之符命。顼告之,则天付武懿宗与顼对讯。懿宗与顼诱思礼,令广引朝士,必全其命。思礼乃引凤阁侍郎李元素,夏官侍郎孙元通,天官侍郎刘奇、石抱忠,凤阁舍人王处、来庭,主簿柳璆,给事中周潘,泾州刺史王勔,监察御史王助,司议郎路敬淳,司门员外郎刘慎之,右司员外郎宇文全志等三十六家,微有忤意者,必构之,楚毒百端,以成其狱,皆海内贤士名家,天下冤之,亲故连累窜逐者千余人。顼由是擢拜右肃政台中丞。"按:此事见张鷟《金载》第一卷,《旧书》以王助为顼诱思礼引出之一,而《金载》则谓"顼与助同宿,助以亲故为说綦连耀男大觉、小觉云:'应两角麒麟也。耀字光翟,言光宅天下也。'顼明日遂录状付来俊臣",然则王助知情不举,为顼所告,即当坐,不待思礼引之也。当从《金载》。《新书》欲宽顼罪,于此事痛删削,只存四五十字,且直书刘思礼谋反,若无《旧书》,几令读者疑思礼实反,非以口语被诬矣。顼党张易之、昌宗,劝二人请立庐陵相王,此其一节之善,《旧书》有之,《新书》乃又添出召见泣请,太子已立,勿并封外家诸王。其时武氏诸王具在,此言何补?《新书》减其恶而曲增其美,何哉?

《新书》云"父名哲,易州刺史",而《朝野金载》云"父名懋,为冀州长史",二者不同。《新书》云"突厥陷赵、定,授相州刺史,募兵制虏,顼辞不知",殊不成语,《旧书》云"顼以素不习武为辞",较明白。又《新书》云"贬琰川尉,徙始丰尉,客江都,卒",《旧书》则云"贬琰川尉,改安固尉,寻卒",而《朝野金载》云"出为温州司马,卒",三者不同。

顼弟琚、子温,酷吏中之至狠戾无耻者,玄宗谓为酷吏子侄,可见温之酷,系顼之家法,玄宗犹知之,作《新书》者乃为平反乎?

旧周利贞传太略

《旧·酷吏·周利贞传》:"玄宗正位,利贞与薛季昶、宋之问同赐死于桂州驿。""桂州",《新书》作"梧州"。此传《旧书》太略,而《新书》则甚详备,描摹小人素行之丑,及其枉杀诸功臣冤惨情状,无不曲尽,实远胜于《旧书》。

王同皎传新改旧非

《新·王同皎传》叙其与张仲之、祖延庆、周憬、李悛、冉祖雍谋杀武三思,后因仲之、延庆漏泄其谋,为三思所觉,其下即言"三思遣悛上急变告同皎,帝怒,斩同皎,仲之、延庆皆死,憬自刭",其下则言"睿宗立、复同皎官,谥忠壮。诛祖雍、悛等",此事就使所书果实,而纪载之体已属大乱,殊令读者茫然,何则?悛、祖雍本与同皎同谋者也,乃三思即遣悛告之，则悛已背同皎而从三思，此处须提明一句方醒目，岂可平平叙述，一若其上文并无同谋之说者？至祖雍一人独不见下落，睿宗之诛悛，则以其背同皎从三思也，而亦诛祖雍，然则祖雍亦背同皎从三思者，乃其上文绝未提明，突出"诛祖雍、悛等"一句，尤为蒙混，今以《旧书》勘之，复与《新》大相刺谬，始与同皎同谋者，但有冉祖雍、周憬，无仲之、延庆及悛。如仲之、延庆及悛，或者传闻异词，在《新书》别有所据。若祖雍，据《旧书》本同谋，后反以其计密告三思，小人倾险，与崔湜之善桓彦范等，同谋去三思，后反以告三思正同，《新书》反不著其始同谋后反噬之状，恐非是。

卢奕赠官谥议

《旧·忠义·卢奕传》："奕为贼所害，玄宗闻而愍之，赠兵部尚书。"《新传》则云"肃宗诏赠礼部尚书"，未知孰是。《旧》详载独孤及所作谥议，约五百字，《新》删削仅存一百余字，诚为简净，然此等表彰忠义语，载之，却不厌其详，此文见及《毗陵集》第六卷。

旧祝钦明传脱误

《旧·儒学·祝钦明传》："爵人职云：'大祭祀，与量人授举斝之卒爵。'尸与斝，皆宗庙之事，则宗庙亦称大祭祀。"原本并与近本同。此《周礼·春官》郁人职，讹"郁"为"爵"，已不可解。又"卒爵"下脱"而饮之"三字，遂不成句。"尸与斝"仍有误。又"祀大神，祭大祇，享大鬼，帅执事而卜日宿，视涤濯，莅玉鬯，省牲镬，奉玉齍，制大号，理其大礼，制相王之大礼"，原本作"师执事而卜宿，视涤濯，莅王鬯，省牲镬，奉王齐，制大号，理其礼，制相天王之大礼"，近本改正已多，而尚不能无误，末三句当作"诏大号，治其大礼，诏相王之大礼"。又"王后无助祭于天地之服"，"之服"二字原本脱去，近本补正。又"宗庙有裸。天地大神，至尊不裸，圆丘之祭与宗庙不同"，原本作"拾同"，"拾"盖"祫"字之误，观《礼记·郊特牲》疏自明，而改作"不同"，尤非。

新啖助传误

《新·儒学·啖助传》："助爱《公》、《穀》二家，以左氏解义多谬，其书乃出于孔氏门人。且《论语》孔子所引率前世人，老彭、伯夷等，类非同时,而言'左丘明耻之,丘亦耻之'。丘明者,盖如史佚、迟任者。左氏集诸国史以释《春秋》,后人谓左氏,便傅著丘明,非也。助之凿意多此类。"案:陆质《纂例》云"啖氏依旧说,以左氏为丘明,受经于仲尼。今观左氏解经,浅于《公》、《穀》,诬谬实繁,若丘明才实过人,岂宜若此?推类而言,皆孔门后之门人,且夫子自比皆引往人,故曰:'窃比于我老彭。'丘明者,盖夫子以前贤人,如史佚、迟任之流,见称于当时"云云。是则陆质之意,以丘明为夫子以前贤人,非作传者,而作传者别是一人,乃孔门后之门人,盖亲受业者为弟子,受业于弟子为门人也。若啖助之意,则直以左氏即丘明,亲受经于仲尼者耳。宋祁不考,以质说为助语,失之。且以左丘明为古史,本孔安国《论语》注,其说误。刘歆则以为丘明亲受经于仲尼,说《左氏》当以刘歆、贾逵、服虔为正,此条未见服说,且当从歆。啖与歆合,颇是。若质以丘明与左氏非一人,左氏为孔门后门人,丘明为夫子以前贤人,二说皆大谬,而祁之讥助,尤非。惟赞云:"左氏与孔子同时,以《鲁史》附《春秋》作《传》,而公羊高、穀梁赤皆出子夏门人。三家言经各有回舛,然犹悉本之圣人,其得与失盖十五,义或缪误,先儒畏圣人,不敢辄改也。啖助在唐,名治《春秋》,擿讪三家,不本所承,自用名学,凭私臆决,尊之曰孔子意也,赵、陆从而唱之,遂显于时。鸣呼,孔子没乃数千年,助所推著果其意乎?其未可必也。以未可必而必之,则固;持一己之固而倡兹世,则诬。诬与固,君子所不取,助果谓可乎?徒令后生穿凿诡辨,诟前人,舍成说,而自谓纷纷,助所阶已。"此段论断则甚确,切中若辈病痛。

替

《新·文艺·杜审言传》:"审言病甚,宋之问省候,曰:'吾在,久压公等。今死,但恨不见替人。'"杜甫诗:"故著浮查替入舟。"李商隐诗:"月没教星替。"皆以"替"为"代"。《说文》卷十下《并部》云:"替,废一偏下也。"本无"相代"之义,然《北史·隋·李德林传》:"文帝以逆人王谦宅赐之,寻改赐崔谦,令德林自选一好宅作替。"则此语隋已有之。

司空图不怿而疾卒

司空图,《旧书》在《文苑传》,《新书》改入《卓行》,云:"哀帝被弑,图闻,不食而卒,年七十二。"近时编唐诗、作小传者皆从之。《旧书》则云:"唐祚亡之明年,闻辉王遇弑于济阴,不怿而疾,数日卒。"不食而卒,不怿而疾卒,二者相去绝远,不知《新书》何据? 成人之美,诚君子之心,然史贵纪实,不可饰伪也。王禹偁《五代史阙文》因《梁史》旧文语多污蔑,力为辨诬,且推重图之大节甚备,然亦不过云"梁祖受禅,以礼部尚书征,辞以老疾,卒时年八十余"。禹偁登第授官在宋、欧阳之前约五十年,其见闻岂反不确而遽改之乎?《阙文》云"年八十余",而《新书》云"年七十二",亦当以《阙文》为正。禹偁所辨《梁史》旧文者,谓《梁实录》也。《梁实录》是梁末帝均王友贞所修,以图义不仕梁,故多贬斥语,薛居正《五代史·梁书》中无《图传》,极是。

孙思邈年

《旧·方伎·孙思邈传》:"周宣帝时隐居太白山,隋文帝辅政,征为国子博士,称疾不起。太宗即位,召诣京师,授以爵位,不受。显庆四年,高宗召见,拜谏议大夫,又不受。上元元年,辞疾请归,特赐良马,及鄱阳公主邑司以居。卢照邻师事焉。思邈尝从幸九成宫,照邻留在其宅,为序曰:'癸酉之岁,余卧疾长安光德坊之官舍,父老云是鄱阳公主邑司。昔公主未嫁而卒,故其邑废。时有孙思邈处士居之。'思邈自云开皇辛酉岁生,至今年九十三矣,询之乡里,咸云数百岁人,话周、齐间事,历历如眼见,以此参之,不啻百岁人矣。"上文明云"周宣帝时隐太白山,隋文帝辅政征为博士",此何以云"开皇辛酉岁生"? 开皇辛酉,隋文帝在位之二十一年,是年改元仁寿,至照邻作序之年癸酉,是唐高宗在位之二十四年,咸亨四年,当云"年七十三",思邈盖不欲以长生不死惊骇世人,故自隐其年,而诡词云开皇辛酉生,故云"以此参之,不啻百岁人矣",非自相矛盾也。但"七十三"而云"九十三"者,此传刻之误耳,原本亦误。《旧》于传末直云"永淳元年卒",更不言年若干,盖的年实无可考,而以上文历叙者参详之,则自是百余岁人,不言可知矣。《新》则改云"永淳初卒",而又添一句云"年百余岁",永淳之号本只二年,初与元年有何分别,何必改作? 而所添之句则反成赘疣。凡宋祁之务欲自炫其长,而实则无加于《旧》者,多如此。

西域记

《旧·方伎传》:"僧玄奘,贞观初,随商人往游西域,在西域十七年,经百余国,采其山川谣俗土地所有,撰《西域记》十二卷。贞观十九年,归至京师,太宗诏将梵本六百五十七部于弘福寺翻译。显庆元年,高宗又令于志宁等助加翻译,凡成七十五部,奏上之。后以京城人众竞来礼谒,奏请逐静,敕移于宜君山故玉华宫。六年,卒。”考石刻太宗御制《圣教序》及高宗为太子时制《述圣记》,弘福寺沙门怀仁集王羲之书,并钱希白《南部新书》辛卷所载与《旧书》略同。《玉海》第十六卷云:“《唐西域记》十二卷,玄奘译,辨机撰。”今《佛藏》有此卷,首并列二僧名,据《旧书》云云,则玄奘所译乃佛经,此书玄奘自撰,何译之有?辨机恶僧,岂能著书?《玉海》非是。藏本承其误耳。钱希白又言著作郎敬播为之序。今本有二序,一署张说,一无名,当即敬播作。六百五十七部西域所得,译成者七十五,则举其要矣,而《圣教序》末又附刻《般若波罗蜜多心经》,此则要中之要也。“宜君”,钱作“坊郡”,“坊”是州名,“宜君”其县名。

新隐逸叙首

《新·隐逸》叙首云:“古之隐者大抵有三概,上焉者,身藏而德不晦,故自放草野,而名往从之,虽万乘之贵,犹寻轨而委聘也;其次,挈治世且弗得伸,或持峭行不可屈于俗,虽有所应,其于爵禄也,泛然受,悠然辞,使人君常有所慕企,怊然如不足,其可贵也;末焉者,资槁薄,乐山林,内审其材,终不可当世取舍,故逃丘园而不返,使人常高其风而不敢加訾焉。”愚谓上者为末,末者为上,宋子京不知隐逸。

王绩绛州龙门人

写本王绩《东皋子集》三卷,河东吕才君英序,《旧书·隐逸传》于《绩传》即采此序为之,但序云“太原祁人”,而《隐逸传》则云“绛州龙门人”,《新·隐逸传》同,序但追溯其上世之族望言之,传则据其身实籍言之。《旧·地志》“河东道河中府龙门县,贞观十七年属绛州”,是也。传末云:“兄通,字仲淹。隋大业中名儒,号文中子。”今文中子《中说》第一卷《王道篇》:“子曰:吾家铜川六世矣。”阮逸注云:“上党有铜堤县。”又:“董常曰:‘夫子自秦归晋,宅居汾阳。’”《中说》未可尽信,所言乡里,虽与绛州龙门相近,却非一地。序云“与李播、陈永、吕才为莫逆交”,传删去“陈永”,非。

召还阳城

《新·卓行·阳城传》:“顺宗立,召还城,而城已卒。”《旧·顺纪》但有赠城左散骑常侍,无召还事,此善政,皆王叔文所施设。

三垂薄海

《新·突厥传》:“其地三垂薄海,南抵大漠。”愚谓西、北两面似不应薄海,何至如此之远,殊难信。

高祖称臣于突厥

《新·突厥·颉利传》,其上文既言高祖待突厥用敌国礼,其下文叙至贞观元年,帝谓群臣曰:“往国家初定,太上皇以百姓故,奉突厥,诡而臣之。”二文自相矛盾,盖高祖起事之时,倚仗突厥,屈体称臣,乃其实也。李靖擒颉利,太宗语群臣云“可雪太上皇称臣于颉利之耻”,见《贞观政要》第二卷《任贤》篇及《旧书·李靖传》。薛居正《旧五代史》第八十九卷《晋·桑维翰传》维翰上高祖书云“神尧武略,尚称臣于可汗”,谓此事。

阿史那忠

《新书·诸夷蕃将列传》第三十五阿史那忠,《突厥列传》第一百四十上阿史那泥熟,本一人,前既有《忠传》,则后不必别立《泥熟传》也。前传略云:“阿史那忠,字义节,苏尼失子。以功擢左屯卫将军,尚宗室女定襄县主。会立阿史那思摩为突厥可汗,以忠为左贤王。及出塞,不乐,见使者必泣,请入侍,许焉。封薛国公,擢右骁卫大将军。宿卫四十八年,卒,赠镇军大将军,谥曰贞,陪葬昭陵。”后传云:“右贤王阿史那泥熟,苏尼失子。始归国,妻以宗女,赐名忠。及从思摩出塞,思慕中国,见使者必流涕求入侍,许之。”愚谓凡外国,应居诸传之后,而外国人入仕中土者,则与中土人并列为传而无别,此史家旧例也。《新书》亦用此例,忠宿卫四十八年,卒于中朝,故与朝臣并列为传,而突厥等国则列在最后,居《藩镇》之次,于例合矣。但《突厥传》篇首先总叙突厥来历，其余每一可汗辄提行另起，各为之传，今于《思摩传》中牵及阿史那忠，因于叙毕思摩下，即提行另起，特叙忠事，不与前传犯复乎？且其上文《思摩传》中牵叙处竟误认忠与泥熟为二人，及徐读至下文，方知忠即泥熟，并非二人，岂非谬中之谬乎？前《忠传》与后《泥熟传》相隔一百余卷，不相审照，或尚可，《思摩传》与《泥熟》紧相承而自相矛盾，不太可笑乎？吴缜纠《新书》，谓："纪、志、表，欧阳公主之；传，宋公主之。所主既异，不务通知其事，纪有失而传不知，传有误而纪不见。"夫纪、传不相通，已属粗疏，传与传重复而矛盾，则甚矣。然以忠与泥熟为二，此本《旧书》之失，《新书》袭之，一人而前后两传，则《新书》之谬也。当于前《蕃将传》"阿史那忠字义节"下补一句云："本名泥熟。"又于"定襄县主"下补一句云："赐名忠。"《思摩传》牵及阿史那忠之下接云："阿史那忠者，本名泥熟，自有传。"下接"薛延陀闻突厥之北"云云，以终思摩事，其下"右贤王阿史那泥熟"云云一段删去，径接"思摩既不能国"云云一段，以终思摩入朝后，其故地为车鼻盗有之事。

如思摩辈入官中朝，卒于京师，陪葬昭陵，当与忠同入来降蕃将传中，而今乃入《突厥传》，似若自乱其例者，然此乃介于两可，苟不重出，不必苛求。

十　睑

《新·南蛮传·南诏》："有十睑，夷语睑若州。"董冲《释音》第二十四卷云："睑，九俭切。"明洪武间，桐乡程本立为云南马龙他郎甸长官司吏目，有《晚至晋宁州》诗云："青山蒙氏睑，绿树爽人家。"见《巽隐集》，朱氏彝尊改为"蒙氏险"，非。金檀刻《巽隐集》，于《白崖关》诗注引《新传》，是。

南诏蒙舍

《旧·南蛮传》云："南诏蛮，姓蒙氏。蛮谓'王'为'诏'，代居蒙舍州为渠帅，在汉永昌故郡东，姚州之西。其先渠帅有六，号六诏。国初有蒙舍龙，生迦独庞。迦独生细奴逻，高宗时来朝。细奴逻生逻盛，武后时来朝。"此下叙至开元中逻盛之孙归义合六诏为一，愈强盛，此下历叙章仇兼琼、鲜于仲通、张虔陀、杨国忠与南诏构衅征战，南诏叛，臣于吐蕃，后复归唐等事，叙至开成、会昌而止，后事阙。《新书》所叙与《旧》略同，文则倍详，且直叙至唐末，较《旧》为周匝。予藏《骆宾王集》三本，一宋板十卷，郗云卿序；一颜文选注四卷，汤宾尹序；一虞九章、陆弘祚、童昌祚注六卷，汪道昆序。集有《姚州道破逆贼诺没弄杨虔柳露布》，文中叙蒙俭、和舍等作乱，臣遣左二军子总管、宁远将军刘玄暎等率兵追讨，生擒数千人，斩首数千级，斩诺没弄、杨虔柳等，蒙俭、和舍遁走。又有《破设蒙俭露布》，盖即前次遁走者，今又破之而作，文中叙遣副总管李大志等往讨，斩七千余级，获马五千余匹，蒙俭仍遁。虞九章曰："姚州，今云南姚安府。"颜文选曰："姚州，今为大理府。"按今姚州属楚雄府。宾王所叙，《新》《旧书》传皆无之，其主帅究不知何人，且《新》、《旧》皆以"蒙舍"为地名，露布中"蒙俭"、"和舍"是人名字，却相涉，与《旧书》"蒙舍龙"又似相涉，蛮语固难考。要之，宾王死于武后光宅元年，露布中所叙必是高宗时事，而史不载，此史之阙漏也。高宗时来朝之细奴逻，其蒙俭之臣子邪？蒙俭败走，故惧而来朝邪？不可知矣。

日本尚文

《旧唐·日本传》："日本国者，倭国之别种，以在日边，故以日本为名。长安三年，其大臣朝臣真人来贡方物。朝臣真人者，犹中国户部尚书，冠进德冠，其顶为花，分而四散，身服紫袍，以帛为腰带。真人好读经史，解属文，容止温雅，则天宴之于麟德殿，授司膳卿，放还本国。开元初，又遣使来朝，因请儒士授经，诏四门助教赵玄默就鸿胪寺教之，乃遗玄默阔幅布以为束脩之礼，题云'白龟元年调布'，所得锡赉尽市文籍，泛海而还。其偏使朝臣仲满慕中国之风，因留不去，改姓名为朝衡，仕历左补阙、仪王友。衡留京师五十年，好书籍，放归乡，逗留不去。天宝十二年，又遣使贡。上元中，擢为左散骑常侍、镇南都护。贞元二十年，遣使来朝，留学生橘免势、学问僧空海。元和元年，日本国使判官高阶真人上言：'前件学生艺业稍成，愿归本国，便请与臣同归。'从之。"《新唐·张荐传》："祖鷟，早惠绝伦，新罗、日本使至，必出金宝购其文。"又《文艺中·萧颖士传》："倭国遣使入朝，自陈国人愿得萧夫子为师。"观此三条，日本之尚文可见。郑若曾《筹海图编》第二卷亦云："日本重儒书，多中国典籍。"朱氏《经义考》第七十三卷云："欧阳永叔《日本刀歌》：'传闻其国居大海，土壤沃饶风俗好。前朝贡献屡往来，士人往往工词藻。徐福行时书未焚，逸《书》百篇今尚存。令严不许传中国，举世无人识古文。'永叔虽有是说，而叶少蕴、马翔仲皆疑之，郑麟趾《高丽史》宣宗八年五月，李资义还自宋，奏云帝闻吾国书籍多好本，命馆伴书所求书目授之，且曰虽有卷第不足者，亦须传写附来。目录首开百篇《尚书》，而高丽未之有也。宣宗八年者，宋元祐六年。先是，咸平中日本僧奝然以郑康成注《孝经》来献，不言有《尚书》。王恽《中堂事纪》载中统二年，高丽世子禃来朝，宴于中书省，问曰：'传闻汝邦有《古文尚书》。'答曰：'与中国不殊。'然则百篇《尚书》高丽且无之，况日本乎？乃万历初，尚书郎叶春及请命封倭使臣多方索之以归，无异痴人说梦矣。"朱意以日本不及高丽，近日从彼土传入中国者有孔安国《古文孝经传》、皇侃《论语义疏》，皆中国所无，而彼土又有王段吉备诸氏所得唐宋古本《五经》及《论语》、《孝经》、《孟子正义》，有山井鼎为作《考文》，以订近本之讹，又有物观等为作《补遗》。然则日本尚文，胜于他国，奝然所献，因赵宋人不好古，仍致亡佚，而永叔之言非无因，叶春及亦未必痴，证以《新》、《旧唐书》诸条，知日本文学自唐已然，至今不改。

李克用入沙陀传

李克用一生事迹皆在唐，本唐臣也。薛氏《旧五代史》援操、懿例，称为武皇，入本纪，作《旧唐书》者不欲登之本纪，然又以为究未便夷之列传之中，故竟不及。虽觉阙然，亦差可。《新书》既欲为立传，则当念其勤王大功，入于列传，与田弘正辈并列，亦无愧，即或因其迹颇跋扈，要当在《藩镇传》，顾乃别为《沙陀列传》，位置大不妥。《五代史》出欧阳公，而《新书》修成上进之时，亦欧一手裁定，《五代》已以克用入《后唐·庄宗纪》，《新书》何不直云"事在《五代史》"，而又必为之传乎？又传末述"天复三年，克用攻晋州，闻帝自凤翔还京，乃去"云云，其下又述"帝东迁，诏至太原"云云，又"克用与阿保机期冬大举度河，会昭宗弑而止"，此一段皆天复四年，亦即天祐元年之事，乃竟失书其年，又其下则云"四年，王建等约克用大举，建兵败，唐亡"云云，末结之云"是岁，克用有疾"，此一段则是天祐四年之事，乃混书四年，绝未出天祐号，此下直云"明年卒"，明年者，《五代史·后唐庄宗纪》据后唐人之言称为天祐五年,即梁太祖之开平二年也。《新书》牵混纠缠,全不分明。

黄巢传二书详略甚远

《黄巢传》,《新书》几及六千字,而《旧书》只一千六百余字,详略相去甚远。《旧》又全载阉人杨复光破贼收复京师露布,约七八百字,而《新书》但以"杨复光献捷行在"一句了之。《旧书》遗漏巢事多矣。《新》于已斩王仙芝,余党溃归巢,推巢为主之下,叙巢掠淮南,败于申州,又破考城,取濮州,掠襄邑、雍丘、寇叶、阳翟、窥东都,连败,诣天平军乞降,又叛去,转寇浙东,破虔、吉、饶、信等州,趋建州,围福州,然后陷桂管,寇广州。然则巢未入广州之前有如许曲折,《旧》乃尽略去,直云"南陷湖、湘,遂据交、广"。其自广疫死十三四而北归逾岭也,所寇掠之地亦甚多节次曲折,凡有数层,方及陷东都,而《旧》亦尽略去,但言犯湖、湘、江、浙,逼广陵,渡淮,陷洛阳,破潼关,入京师矣。即此以观,则《旧书》遗漏之多可知。宋无名氏《平巢事迹考》一卷见陆炬《奇晋斋丛书》。载巢事颇详,撰者当系宋初人,《新书》大半采之,《事迹考》所无,则又别有据。

磔当作缚

《旧·秦宗权传》"以组练磔之",当作"缚之",字稍相似而误。

唐亡无义士

西汉亡,义士不如东汉亡之多,西汉重势利,东汉重名节也。宋亡有文信国,唐亡无一人,宋崇道学,唐尚文词也。

旧唐载俗字

《旧唐·史思明传》:"思明将死,骂曹将军曰:'这胡误我。'""这"字特见于此。《宦官·杨复恭传》:"刘季述废昭宗,手持银挝,数上罪云:'某事,你不从我言。'""你"字,《北史》第六十卷《李密传》、第八十三卷《许善心传》已有,而又见于此。

唐书直笔新例

《唐书直笔新例》一册，宋吕夏卿撰。夏卿与宋、欧等同修《新唐书》，而此书所述体例与《新唐》多不合，俱属自出意见，不知是同修之时夏卿建议如此，宋、欧不用其言邪？抑书成后夏卿不服，别作此例邪？观其卷尾一段，纠《旧书》之谬而云"《唐书》著于五代幅裂之际，成篇匆遽，殊未详悉，故有诏纂辑，十余年矣"云云，则其为同修之时夏卿建议如此，而其后不用可知，观其条例棼烦，正是宋人气习。夏卿，《宋史》第三百三十一卷有传。

唐史论断

《唐史论断》，宋朝散大夫、尚书刑部郎中、充天章阁待制兼侍读、上轻车都尉、赐紫金鱼袋孙甫之翰撰。甫以仁宗天圣五年同学究出身，八年再举，登进士第，除秘阁校理，擢至今官。其人正与宋、欧同时，而于修史事却不与，别自作《唐史记》七十五卷，今已亡，而此则其论断也。凡九十二首，分上、中、下三卷。观其自序，欲效《春秋》书法，以褒贬予夺示劝戒，以制度为不必具载，不作志。幸其书亡，若存，徒汩乱学者耳目。论断虽多平正，皆空论，亦不足传。大抵作史者宜直叙其事，不必弄文法、寓予夺；读史者宜详考其实，不必凭意见、发议论。宋人略通文义，便想著作传世，一涉史事，便欲法圣人笔削，此一时习气，有名公大儒为之渠帅，而此风益盛。名公大儒，予不敢议，聊借甫以发之。

唐　鉴

司马光修《通鉴》，汉属刘攽，三国、南北朝属刘恕，唐属范祖禹，各因其长，见胡三省《通鉴注》自序。而祖禹别自作《唐鉴》，采唐事可为法戒者，作论凡三百六篇。自序篇首云"臣祖禹受诏与臣光修《资治通鉴》，臣祖禹分职唐史，得以考其兴废治乱"是也，元祐元年二月二十八日承议郎、行秘书省著作佐郎、骑都尉、赐绯鱼袋某上表，并上太皇太后表，俱言分十二卷，今本分二十四卷，吕祖谦注。大约卷数即祖谦所分。此书纯是议论，于考证无益，议论佳者，已俱采入《通鉴》。

十七史商榷卷九十三
新旧五代史一

开宝五年薛居正监修

《宋史》第二百六十四卷《薛居正传》：太祖开宝五年，自吏部侍郎、参知政事"兼淮南、湖南、岭南等道都提举三司水陆发运使，又兼门下侍郎，监修国史，又兼修《五代史》，逾年毕，锡以器币"。其下乃云"六年，拜门下侍郎、平章事"云云。第二百十卷《宰辅年表》则于五年书居正加"参知政事兼提点三司淮南、荆湖、岭南诸州水陆转运使事"，于六年四月戊申书居正"自参知政事加监修《五代史》"，九月书居正"自吏部侍郎、参知政事加门下侍郎、同平章事，仍兼都提点湖南等路转运使事、兼修国史"。如传，则似居正之监修国史、《五代史》皆在五年矣。窃谓《传》文有误，而《表》又有传写之误，何则？《玉海》第四十六卷《艺文》门引《中兴书目》云："开宝六年四月二十五日戊申，诏梁、后唐、晋、汉、周五代史宜令参政薛居正监修，卢多逊、扈蒙、张澹、李穆、李昉等同修。七年闰十月甲子，书成，凡百五十卷，目录二卷，赐器帛有差。其事凡记十四帝五十三年，为纪六十一、志十二、传七十七。"此与《年表》所书之日俱合，可以无疑。监修必系六年，非五年。至居正之门下侍郎，据《传》，五年但为兼衔，六年方真拜。而其参政，则于乾德二年已为之，《年表》五年"加"字之下"参知政事"四字衍，"兼"字下应添"门下侍郎又兼提点"云云。

薛系官书欧系私撰

《玉海》又引《中兴书目》云："《五代史记》，欧阳修撰，徐无党注。纪十二、传四十五、考三、世家及年谱十一、四夷附录三，总七十四卷。修没后，熙宁五年八月十一日，诏其家上之。十年五月庚申，诏藏秘阁。"考欧公《文集》附《年谱》，但言其修《唐书》，不及《五代史》，而淳熙间所进《四朝国史本传》云："奉诏修《唐书》纪、志、表，自撰《五代史记》。"然则薛所监修者系官书，欧则私撰也。不料其后私书独行，官书遂废。近于乙未年，馆阁诸臣从《永乐大典》中抄出《薛史》残阙者，取他书所引补之，尚未镂板，抄本今存，其书事迹颇为详备，识见断制则薛不及欧。

五代史纂误

吴缜《五代史纂误》，所以正《欧史》之失，已亡佚久矣。近丁酉年，馆阁诸臣从《永乐大典》抄出，厘为三卷，约得原书十之五六，今存。

断代为史错综非是

史家自班、范断代为史，体裁已定，准情酌理，百世不可易也。陈氏志三国，逐国各断，未尝并合，则《南》、《北史》亦宜逐朝各断，而李延寿乃合之，纪为一类，传为一类，已属非是，又于传之中，取各朝后妃总叙在前，余仍以各朝为分限，间又于其中，以一家兄弟子姓分仕各朝者，汇聚一处，此两种新例，尤谬中之谬。延寿剿袭各书，直同钞胥，未尝自吐一语，聊以穿联撮合见长，其实南北诸朝，各自为代，何可合也？薛居正《五代史》力矫延寿之失，梁、唐、晋、汉、周仍各自为一书，极是。乃欧阳永叔《五代史记》又大反故辙，各帝纪总叙在前，次将各代后妃、皇子类叙为《家人传》，次将专仕于一代者类叙为《梁臣》、《唐臣》、《晋臣》、《汉臣》、《周臣传》，次《死节传》，次《死事传》，次《一行传》，次《唐六臣传》，次《义儿传》，次《伶官传》，次《宦者传》，然后将历事累朝者胪列为《杂传》，又其次为《司天》、《职方》二考，又其次为《世家》，又其次为《世家年谱》，又其次为《四夷附录》。乍观之，壁垒一新，五花八门。徐思之，五代各自为代，乃错综纪载，若合为一代者然，此何说乎？即如晋臣止三人，周臣止三人，太觉寂寥，已为可笑，况彼时天下大乱，易君如置棋，安所得纯臣而传之？晋三人中，桑维翰唐同光中已登进士第；景延广梁开平中已在行间；而吴峦唐长兴中为大同军节度判官，又为唐守城，已非纯晋。况周王朴，汉乾祐中擢第解褐，授校书郎，非曾仕汉者乎？妇人屡嫁，以末后之夫为定，援此为例，则《薛史》以冯道入《周书》极妥，反嫌他传未能如此画一耳，何必别题作《杂传》？若以其失节而别题之,则似各代之臣为贤于《杂传》中人,而其实专仕一朝者,其中奸佞亦多,欧公已自言之,岂不进退无据?且唐明宗不但与庄宗非一家,并即是庄宗之叛臣,废帝别姓王氏,又系弑愍帝自立者,而其臣历事各主者概入《唐臣》,则与名为"杂"者何异哉?

其所以错综纪载,岂非欲效《史记》乎?《史记》意在行文,不在记事,况上下数千年,贯串数十代,自不能断代为之。若五代,仍《薛史》旧规可矣,何必改作?梅舜俞云:"欧九自欲作韩愈,却将我比孟郊。"愚谓自欲作《史记》,却将五代比黄帝讫太初。

欧法春秋

欧不但学《史记》,并往往自负法《春秋》。建安陈师锡序云:"五代距今百余年,故老垂绝,无能道说者。史官秉笔之士,文采不足以耀无穷,道学不足以继述作,使五十余年间废兴存亡之迹、奸臣贼子之罪、忠臣义士之节,不传于后世,来者无所考焉。惟庐陵欧阳公慨然以自任,潜心累年而后成。其事迹实录详于《旧记》,而褒贬义例仰师《春秋》,由迁、固而来未之有也。"《文集》附《四朝国史本传》亦称其法严词约,多取《春秋》遗旨,殆与《史》、《汉》相上下。愚谓欧公手笔诚高,学《春秋》却正是一病。《春秋》出圣人手,义例精深,后人去圣久远,莫能窥测,岂可妄效?且意主褒贬,将事实壹意删削,若非《旧史》复出,几叹无征。师锡反谓《旧史》使事迹不传,来者无考,而推《欧史》为详于《旧》,语太偏曲,又何足信哉?

薛应旂《宋元通鉴义例》云:"《春秋》诸侯而或书其名,大夫而或书其字,或生而书其爵,或卒而去其官,论者以为夫子之褒贬于是焉在也。夫《春秋》大义,炳如日星,而其微词变例,美恶不嫌同辞,则有非浅近之所能推测者,后人修史辄从而拟之,不失之迂妄,则失之鄙陋。愚观诸古,周公称召公为君奭,子思称圣祖为仲尼,《左氏》书'孔丘卒',而不及其尝为司寇,则名字与官又曷足为重轻哉?"薛氏此论是。

帝纪书名

向来帝纪,创业者当起事之初,守成者在藩邸之日,即称"帝",此定例也。然则《梁本纪》第一"太祖神武元圣孝皇帝,姓朱氏"之下当云

"讳晃。初名温,降唐,赐名全忠,即位改今名",然后继以某处人,而《欧史》则于此直接云:"宋州砀山午沟里人也。其父诚,以《五经》教授乡里,生三子,曰全昱、存、温。"徐无党注云:"变讳某书名,义在称王注中。"其下俱称名,叙至光启二年十二月封吴兴郡王,其下云:"黄巢死,秦宗权攻汴,王顾兵少,不敢出。"徐注云:"始而称名,既而称爵,既而称帝,渐也。爵至王而后称,著其逼者。"而《薛史》则称帝不称名。窃谓朱温之恶,亘古所少,特立此例以示贬,诚善。唐、晋、汉、周之立,与唐取隋殆无大愧,而概从此例书名,甚至以周世宗之贤,亦然。一书中,例不可屡变,强抑以就温亦差可。惟是既恶温而变例,则温子友珪杀温,当入本纪,乃仍夺其帝号,又于《梁家人传》论巧说以为欲伸末帝讨贼之志,正友珪为贼,则是实予温矣,何其出入纷纷乎?纪末书:六月,"郢王友珪反。戊寅,皇帝崩"。徐注云:"不书'崩'处,以异于得其终者。乾化二年十一月,友珪葬之伊阙,号宣陵。以不得其死,故不书葬。"此篇弑昭宗、弑济阴王皆直书,于此又为讳,不言"弑"而言"崩",后各帝不善终者亦皆书"崩",何义例之繁曲也。宜尽去诸例,据事直书某人反,弑帝于某处,下书帝年若干,某帝某年上尊谥曰某皇帝,庙号某,葬某陵。

《玉海》引《中兴书目》,称《薛史》纪十四帝,似连友珪数之,《欧史》则十三帝,据《五代会要》载,周广顺中,张昭修实录,以友珪篡弑居位,奏请依《宋书》刘劭例,书为"元凶友珪"。今《永乐大典》抄出者仍归列传。

欧史喜采小说薛史多本实录

何义门谓欧公《五代史》亦多取小说。何说确甚。《薛史》则本之实录者居多,陈振孙《书录解题》载后唐庄宗、明宗、废帝,晋高祖、少帝,汉高祖、隐帝,周太祖、世宗凡八主皆有实录,惟无梁,然王禹偁《五代史阙文》记朱全忠为唐昭宗系鞋事,而云梁祖在位正六年,均帝朝诏史臣修《梁祖实录》,系鞋事耻而不书。然则《梁太祖实录》,禹偁固见之,薛居正又在禹偁之前,五代实录盖尽见之。均帝者,即梁末帝均王友贞也。今《薛史·梁纪》亦无系鞋事,可见其据实录矣。欧采此事于《敬翔传》。均王讨贼而立,方欲颂扬其父,实录中必多虚美,而各实录亦多系五代之人所修，粉饰附会必多，今《薛史》以温为舜司徒虎之后，令人失笑，又言生时庐舍有赤气，熟寐化为赤蛇，居然以刘季等话头作装缀，他所载机祥图谶颇繁，非得之实录者乎？欧阳子尽削去，真为快事。大约实录与小说互有短长，去取之际，贵考核斟酌，不可偏执。如《欧史》温兄全昱传，载其饮博，取骰子击盆，呼曰"朱三，尔砀山一百姓，灭唐三百年社稷，将见汝赤族"云云，据禹偁谓《梁史·全昱传》但言其朴野，常呼帝为三，讳博戏事。所谓《梁史》者，正指《梁太祖实录》。今《薛史·全昱传》亦不载博戏诋斥之语，欧公采小说补入最妙。然则采小说未必皆非，依实录未必皆是。

《薛史·张全义传》誉之不容口，而《欧史》采王禹偁《阙文》，备言其丑恶，欧为得之。洪迈《容斋随笔》载张文定公《搢绅旧闻》数百言，极赞全义治洛，劝民务农善政，《三笔》又言之。观《薛史》褒奖如此之至，而叙此亦颇略，则张说未必皆真，即有之，亦意在殖谷积财以助乱逆，何得徇实录曲加推誉？《玉海》引胡旦语，谓《薛史》褒贬失实，诚有之，张世南《游宦纪闻》第十卷载杨凝式颂全义云："洛阳风景实堪哀，昔日曾为瓦子堆。不是我公重葺理，至今犹自一窝灰。"全义辟凝式幕僚，故以献谀。此小说之不足采者。

《欧史·苌从简传》载其好食人肉，所至潜捕小儿为食。此等当出小说所载，其事必真。《薛史》无之，盖五代诸实录皆无识者所为，不但为尊者讳，即臣子亦多讳饰，当因从简以功名善终，故讳之也。《薛史》误据，而不暇旁采以补阙。

亦有各实录互异，《薛史》择善从之，而欧亦同于《薛史》者，如唐愍帝出亡，遇晋高祖，从官沙守荣等欲刺高祖，高祖亲将陈晖扞之，见《欧史·王弘贽传》、《薛史·闵帝本纪》同，《通鉴》第二百七十九卷亦同，而《考异》谓从《闵帝实录》，其苏逢吉等所撰《汉高祖实录》，则扞晋高祖者石敢，非陈晖也。

十七史商榷卷九十四
新旧五代史二

不及哀帝之立非是

《欧史·梁祖纪》上书"弑昭宗",下书"天子赐王迎銮纪功碑",中间不及哀帝之立只字,然则天子为何人乎？非是。

梁有两都

《欧史·梁纪》:开平元年四月,"升汴州为开封府,建为东都,以唐东都为西都,废京兆府为雍州"。《薛史》同,但此下多一句云:"以为佑国军节度使。"于慎行《穀山笔麈》第十二卷《形势》篇云:"汉唐以长安为西京、洛阳为东京,五代及宋以洛阳为西京、汴梁为东京。"宋王存等《元丰九域志》卷一首列东京开封府,即今府河南省城,次列西京河南府,即今府属河南,古洛阳也。愚谓自汉及唐为都之地甚多,著者莫如关中,次洛阳,其次金陵,即僭伪割据,从无都汴者,不意朱梁凶丑,忽创都于此,汴本非可都之地,而晋、汉、周皆因之不改,惟后唐都洛阳,至石晋仍迁于汴。而赵宋且运臻二百,流俗口传,动辄称为汴梁,犹是凶丑之遗,亦可异矣。

朱温自以金德代唐土德,于汴起金祥殿。《唐六臣传》:天祐四年三月,唐逊位于梁。四月,册礼使同平章事张文蔚等奉册宝,朝梁于金祥殿。《汉臣·苏逢吉传》:"逢吉夜宿金祥殿东阁。"

追尊四代

《欧史·梁祖纪》篇首但言其父诚,及即位则突叙追尊四代事,言外见本系微贱群盗,高、曾之名恐皆是贵后白撰出,用笔超妙之至。且其叙事则云"高祖黯,谥曰宣元,庙号肃祖,祖妣范氏,谥曰宣僖"云云,"宣元"之下省去"皇帝"两字,"宣僖"之下去"皇后"两字,其例亦欧阳公所特创,当是恶温而立此例,故为简忽之词,乃复抑唐庄宗、明宗,晋高祖,汉高祖,周太祖之追尊其祖父者,皆用此例。若《薛史》,则于纪首先实叙四代之名"高祖黯"以下云云,及即位叙追尊四代,则云"高祖妫州府君,上谥曰宣元皇帝,庙号肃祖,太庙第一室,陵号兴极陵,祖妣高平县君范氏,追谥宣僖皇后"云云,用笔呆钝,全无作意,诚为不及欧公。"妫州"当是在唐所赠,黯为妫州刺史,"高平县君"亦然,其曾祖称宣惠,王祖称武元,王父称文明,王祖妣皆某国夫人。此皆唐所追谥、追赠,而母独称"晋国太夫人",多一"太"字者,疑因温贵,独母尚在故耳。其不称名而称爵、称谥,乃实录体,《薛史》沿袭实录元文,欧公则并其陵名等尽削之。

王溥《五代会要》第十四卷尚书省司封门内俱说母妻叙封事例,一条云:乾祐元年七月,"中书帖吏部废置司,令具新旧敕例"。"父在,母叙封、进封合加'太'字事例申上。吏部废置司,以前后格敕内"。"凡母皆加'太'字,在殁并同。即不说父在不加'太'字"。此下又引近例,有晋天福五年中书舍人艾颖、八年尚书司门郎中尹偁,皆父在母封县君,不加"太"字。此下即奉敕父在母封合加"太"字与不,虽有艾颖等例,宜令尚书省集议奏闻云云。所引晋时近例,恐即是唐末以来相沿成例,观温高曾祖母无"太"字,母独有"太"字,则可知。予未见《唐会要》,但五代袭唐制居多。

茂　林

"追尊曾祖茂林"云云,《薛史》作"茂琳",王溥等《五代会要》卷一亦作"琳"。

改戊为武

《欧史·梁纪》:开平二年三月戊寅,"封鸿胪卿李崧介国公"。徐无党注云:"梁尝更'戊'曰'武',而旧史悉复为'戊'。"按:凡有改制,史当因而书之,以著其实。梁既更"戊"曰"武",史何以仍复为"戊"乎?此非是。予得《重修墙隍神庙兼奏进封崇福侯碑》拓本,碑末书"大梁开平二年岁在武辰,吴越王镠记",顾宁人《金石文字记》谓以"城"为"墙",以"戊"为"武"者,全忠父名诚,曾祖名茂琳,城,诚之嫌名;戊,茂之嫌名。此说是矣。又谓郑樵谓十辰十二日皆为假借，甲本戈甲，乙本鱼肠，丙本鱼尾，丁本蚕尾，戊本武，己本几。又据后汉《执金吾丞武荣碑》，白居易"有木名樱桃"诗，以证"茂"可读"武"，"戊"可与"露"、"去"等字为韵。此说则非也。盗贼篡窃之朝，何知学问？彼欲避嫌名，强改"戊"为"武"耳。郑樵妄谈，本不足援引。语转可通，理虽有之，要岂朱梁所计及哉？"牆"从"牀"，省声，不从"土"，乱世不识字，亦不足责。

一岁两祀南郊正祀又在正月

《欧史·梁纪》二：开平三年正月辛卯，"有事于南郊"。徐注："祀天于南郊，书曰'有事'，录当时语。"案：此为篡唐之三年，始郊见上帝，何其缓也，岂温清夜扪心，亦有所惧，不敢遽行此大礼乎？然唐明宗即位五年乃郊，周世宗在位六年，未一郊，则此不足异。其下文"十一月甲午，日南至，告谢于南郊"，徐注："南至不必书，因其以至日告谢而书。告谢主用至日，故书之。不曰有事于南郊，亦从其本语。盖比南郊礼差简。"案：尹洙《五代春秋》书此事则云："正月辛卯，帝祀上帝于圜丘。十一月甲午，帝告谢于圜丘。"考之《薛史》第四卷，所书与尹正同，则此为欧公所改。正月祀感生帝于南郊，冬至祀昊天上帝于圜丘，一年两次祀天，此三代以上则然。汉唐以下，无郊、丘之别，何必改"丘"为"郊"？即此见欧公之好改《旧》。据《薛史》，为北征犬羊，西下鄜、翟，扫荡左冯，讨除岘首，而行告谢，非行夏正南郊、冬至圜丘之礼而有一岁两祀。所异者，正郊不在冬至而在正月，与汉唐以来大不同。又"有事"云云者，《春秋》宣八年："有事于太庙。"昭十五年："有事于武宫。"欧公欲摹仿圣经笔法，故特改《薛史》旧文，此正欧公之病，徐无党乃以为"录当时语"，不知五代本无此语也。无党空疏，并《春秋》亦未读乎？

《五代会要》载五代行郊礼共只五次，梁祖二郊之外，则唐庄宗同光二年二月一日、明宗长兴元年二月二十一日，周太祖显德元年正月一日也，皆以春行之。

文明殿

乾化元年九月辛巳朔，"御文明殿入阁"，盖文明是当时正衙，朔望御此见群臣，名为"入阁"，详第五十四卷《杂·李琪传》。又《唐家人传》：同光二年四月己卯，皇帝御文明殿，册皇后刘氏。则为正衙无疑。又考《新唐书·杨嗣复传》："故事，正衙，起居注在前；便坐，无所纪录。"今观《琪传》，唐制本每日御殿见群臣，朔望御便殿曰"入阁"。唐末不能日见群臣，以入阁为重，故御殿犹谓之"入阁"。愚谓不能日见，惟有便坐，则政事废，而记注亦废，故以二者为一，使得纪录，非必以入阁为重。观《旧唐》昭、哀两本纪，极乱之世，纪录犹详赡乃尔，则可见记注之益。

入阁事又见《契丹附录》第一篇。

各帝年数

《梁祖纪》末小字注"年六十一"，按《薛史》温以唐宣宗大中六年生，数之适符。至《末帝纪》之末云"皇帝崩，年三十六"，此汲古板也，而南雍本则"年三十六"四字用小字旁注，此恐是欧公自注。然则梁祖"年六十一"四字亦自注，因下有徐注，无界画，故不可别。观唐庄宗、明帝、废帝、晋高祖、汉高祖、隐帝、周太祖、世宗年皆旁注则可知。

唐庄宗注"年四十三"，考《薛史·庄宗纪》同，却于纪首言庄宗生于唐光启元年，岁在乙巳，冬十月二十二日癸亥，数至庄宗崩于同光四年，实年四十二，则两书皆以传写误"二"作"三"。明宗注"年六十七"，考《薛史·明宗纪》同，而于纪首言明宗生于唐咸通丁亥岁九月九日。丁亥，乃懿宗咸通八年，数之适符。乃《通鉴》第二百七十八卷言明宗殂下注"年六十七"，而胡三省又注云："下文云登极之年已逾六十，则是年年六十八。"《欧史·明宗纪》论但云"即位春秋已高"，至《通鉴》此段，略本王禹偁《五代史阙文》，但《阙文》作"即位之岁，年已六旬"，被《通鉴》窜改此八字，致令三省执泥生疑。又《欧史》论云："在位十年，于五代之君，最为长世。"则明宗即位实八年，非十年，欧又误也。《冯道传》："道相明宗十余年。"其误同。废帝注"年五十三"，考《薛史》本纪同，却于纪首言帝与庄宗同以唐光启元年生，数至清泰三年自焚死，实五十二岁,则两书亦皆以传写误"二"作"三"。《晋高祖纪》注"年五十二",考《薛史》作"五十一",于纪首言以唐景福元年生,数至天福七年崩,正五十一,《欧史》传写误。周世宗年二十九,《薛史》作"三十九",欧亦传写误。

《薛史》每帝皆有生年月日,及崩,则又著其年数,《欧史》则但于"崩"下注年数,《欧史》意主简净也。晋出帝,《薛史》无崩年,于欧不待言矣。若唐愍帝,则《薛史》生年日月并崩年年数皆具,而《欧史》不载。欧于《愍帝纪》末叙事不了,其崩别见于《废帝纪》,因以略之,但正史与编年不同,正史自当于每帝备书首尾以符体裁。若《通鉴》则专以编年为主,而逐年年号以后改为定,废帝清泰元年即是愍帝应顺元年,既以清泰为主,愍帝不复标题其事,但见于长兴四年,其死亦见于《愍帝纪》下,《通鉴》作"潞王",第二百七十九卷。然犹注其年数。《欧史》既为愍帝作纪,而体独不备,叙事不了,不详年数,特异于他纪,殊为自乱其例。

周恭帝,《薛史》有生年月日,纪末又备书"皇朝开宝六年春,崩于房陵",无月日而但言春,盖亦颇有暧昧不明者。其下不言年若干,数之则二十一岁也。而《欧史》既列恭帝于纪,纪末但书"逊于位,宋兴",竟不志其崩葬、赠谥,亦属非是。

梁纪晋唐互书非是

《欧史·梁末帝纪》:龙德三年,上书"李继韬叛于晋,来附",下书"唐人取郓州"。唐即晋也,而一行之中,上下异称,可乎? 自应如《薛史》第十卷先书"晋王即唐帝位于魏州"云云,然后继以"唐军袭郓州,陷之"云云,方是。徐无党乃附会《欧史》为说云:"晋未即位,已与梁为敌国,至其建号,于梁无所利害,故不书。唐建号而书'唐人'者,因事而见尔。"夫既以梁为本纪,凡天下事之大者,皆不可不书,况晋与梁为世仇,晋垂欲灭梁矣,而其建号何得谓于梁无利害乎? 欧阳氏之师心自用,无党之阿私所好,按之史法,其失不小。

四彦章

梁将王彦章最有名,而谢彦章屡与王同战晋兵,吴又有彭彦章,楚有姚彦章,同时为将者凡四彦章。

李克用救王处存

前言《新唐书》不应以李克用入《沙陀传》，然叙事尚详，约四千一二百字，《薛史》遂以克用入本纪，更详赡，约一万一百余字，《欧史》附叙于《庄宗纪》，约不过三千字，删去者几四之三，如光启元年，幽镇李可举伐易定王处存，克用救之，今定州曲阳县北岳庙内有克用题名，_平州黄华蓍作《恒山石墨考》，所载凡三十一种，深泽王灼摹拓，赠予十余通。即克用亲率兵过此，与处存同祷于庙而题者。顾宁人、朱锡鬯各有考证，皆确切。此事虽非甚要，然处存固与克用共败黄巢、扶王室者，可举因河朔诸镇同恶相济，惟易定为朝廷所有，忌而欲灭之，则克用此事亦为忠义，而《欧史》不载，其余削去者，《薛史》复出，学者自能参观，未暇备陈。

唐有四都

《欧史·唐纪》：同光元年四月，即皇帝位。国号唐，以魏州为东京、太原为西京、镇州为北都。十月，灭梁。十一月乙巳，复北都为镇州，太原为北都。丙辰，复汴州为宣武军。辛酉，复永平军为西都。甲子，如洛京。十二月庚午朔，至自汴州。三年正月庚子，如东京。三月庚申，至自东京。辛酉，改东京为邺都，以洛京为东都。据此，唐有四都，《职方考》一一书之，东都、西都、北都、邺都也。考《薛史·唐纪》云："升魏州为东京兴唐府，改元城县为兴唐县。"府名不宜删去，改县名本可入《地理志》，不必入纪，然《欧史》不志地理，但为《职方考》，既简极，纪又略去，则建置沿革几于无征，况此乃都邑，非他州县比，欧公平生闲文浪语亦多矣，于典实何吝惜笔墨如此。"至自汴州"，法《春秋》也。《春秋》于鲁君出至他所而返国，则书公至自某地，如桓二年"公至自唐"是。庄宗一生不识洛阳门，此初到，因其都于此，故效此书法。要之，当据实书至洛京可耳。《薛史》作"车驾至西京"，此当作"洛京"，传写误。复西都事，欧书于十一月辛酉，时尚在汴也。薛则书于十二月戊寅，至洛已九日矣。二者不同，未知孰是。而《薛史》云"改伪梁永平军大安府复为西京京兆府"，"汴州开封府复为宣武军"，亦较详。其余各州军亦具书之。改东都事，《薛史》云："诏本朝以雍州为西京、洛州为东都、并州为北都，近以魏州为东京，宜依旧以洛京为东都，魏州改为邺都，与北都并为次府。"亦较详。于慎行《穀山笔麈·形势》篇云："五代以大名为邺都，李氏得之，改其府曰兴唐，石氏得之，改其府曰广晋，而其军曰天雄，总之故魏州也。"于说是。此邺都与曹魏邺都不同，彼邺都，则今彰德府，晋仍其称，见《欧·桑维翰传》。大名府，今仍属直隶布政司。

《欧史》纪又书同光二年正月丁卯，七庙神主至自太原，祔于太庙。《薛纪》又有停北都宗庙事，而《郡县志》又云："长兴三年四月，中书门下奏：'据十道图，本朝都长安，以关内道为上。今宗庙宫阙皆在洛阳，请以河南道为上。'"明宗以叛将入汴，闻庄宗遇弑，入洛即位，仍以洛为都也。

新史意在别立体裁

李克用似未便与曹孟德一例，故《薛史》虽作本纪，称为"武皇"，削一"帝"字，稍示别异，陶岳、王禹偁皆有此称，《宋史》第二百五十二卷《郭从义传》犹仍此名，大约当时人语如此。《欧史》则以其事入《庄宗纪》，但题为庄宗，而尽一卷皆叙克用事，实所未安。凡论赞不云"论曰"、"赞曰"或"史臣曰"，而以"呜呼"领之，已为可怪，乃梁末帝竟无论赞，意以末帝无大劣迹，蒙父余孽，为强敌所灭，故置不论，然即以此意论断亦可，何以阙之，使史体欹侧偏枯。克用事叙毕，既用"呜呼"唱叹，乃忽考沙陀种族原委，克用功罪概置不论，唐庄宗、晋高祖、周太祖亦无论赞，则更不可解。唐愍帝、废帝共一纪，而论赞独论安重诲之死与愍帝之见弑，若废帝之得失，不及一语，亦失体。《晋·出帝纪》论赞痛诋其封父敬儒为王，称为皇伯事。愚谓满腹是议濮王一种见识，故有此论冲口而出，皆触着平生蕴蓄，但濮议多谬，而执此以讥出帝之绝其本生，未为不是。予所未喻者，一篇本纪缀以论赞，自当详说其政事得失与致亡之由，乃独摘一事论之，其余皆置不道，何哉？汉高祖、隐帝共一纪，而论赞独论高祖黜开运号一事，隐帝则只字未提，亦非。《唐·愍帝纪》末但云"戊辰，如卫州"，便阒然而终，徐注云："不书帝崩者，当于《废帝纪》书弑鄂王也。"注虽如此曲说，其实应并后事书之，使首尾完具，不当作此不了之笔。即不然，亦宜接一句云"后事在《废帝纪》",今悬空缩住,全无结构,成何体制? 总而言之,欧公以《薛史》为平钝,欲法《史记》,意在别立体裁,决破藩篱,致此纷纷,聊于纪论之,余不具。

甲子欧薛与通鉴目录异

《薛史》:同光元年冬十月辛未朔,"日有蚀之"。《欧史》不书,非也。薛于此下书"壬申,帝自杨刘济河。癸酉,至郓州",《欧史》云:"冬十月壬申,如郓州以袭梁。"不言朔,则亦以辛未为朔,此下所书,二史详略悬殊而大判则同。《薛史》书十月事至庚子止,当为三十日,下书"十一月辛丑朔",又书"丁未日南至",则七日也。计是月当小尽,何则? 下文"甲子,车驾发汴州。十二月庚午朔,至西京",则甲子是十一月二十四日,己巳是二十九日矣。《欧史》亦言"十二月庚午朔,至洛",必与薛合,《通鉴目录》是年十一月庚子朔,八日冬至,与欧、薛不同。十七史似此者似非一处,偶摘此条。

尊号删削

同光二年二月癸酉,"群臣上尊号曰昭文睿武光孝皇帝"。《薛史》"睿武"下多"至德"二字,此当时实事也。欧公乃加删削,则何以传信乎? 大约《欧史》此类非一,不能枚举。

东京王莽河

《欧史》:同光三年正月,"如东京"。"射雁于王莽河"。东京即魏州,今大名。此事《薛史》亦载。前九十二卷据《新》、《旧唐书》考王莽河在唐代、德间尚微有河形,至庄宗,又一百六七十年,河身更涸,大约仅存洲渚,要与滑县之河不相通矣。予尝行大名城外,投宿旅店,一望断堙荒冈,并塘泺涓流渺不可见,盖金元以降,汲胙之流已绝,滑且无河,矧此地邪?

闵帝改愍

唐闵帝,明宗之子,据《薛史》,乃晋高祖即位后所补谥。本纪内此字凡数见,甚明析,而《末帝纪》中又屡见之,确然无疑,而《欧史》改为

"愍帝",原欧意,当因唐庄宗谥为光圣神闵孝皇帝,嫌复"闵"字,遂率意改之,但《说文》卷十下《心部》:"愍,痛也。从心,敃声。"卷十二上《门部》:"闵,吊者在门也。从门,文声。"二字判然不同,何得辄改?改之则失实矣。《通鉴》虽不为闵帝作纪,但附见其事,然亦作"闵"。王溥《五代会要》第一卷《帝号》同。至后唐废帝,《薛史》本作"末帝",《五代会要》同。考陈振孙《书录解题》有张昭等撰《后唐废帝实录》十七卷,系周世宗时所修,若果彼时已称"废帝",则后来王溥、薛居正何苦必改为"末帝",反使其与梁末帝相混?王溥、薛居正一辈人诚实谦退,必无此事,必是欧公所改。陈振孙系宋南渡后微末小儒,震骇大名,反改张昭原称"末帝"者以就欧称"废帝"耳。至《宋史》出元季陋儒手,《艺文志》作"愍帝"、"废帝",更无怪矣。晋出帝,《薛史》作"少帝",《五代会要》同。欧以其为契丹所虏,援周卫辄及鲁哀公号"出公"之例改之。

《通鉴》于被弑或失国者辄降称王、公,如刘宋少帝改称营阳王,后废帝改称苍梧王,陈废帝改称临海王,后主改称长城公之类,此等本是帝,何以降为王、公?又如五代梁末帝则仍称均王,后唐废帝则仍称潞王,晋少帝则仍称齐王,皆复其初封之王号,恐皆非是。

《通鉴》第二百七十九卷《考异》引《闵帝实录》作"闵",又引窦贞固《晋高祖实录》、苏逢吉《汉高祖实录》,则又称为"少帝"。要之,《闵帝实录》最在前,当从之。

周世宗大毁佛寺

《欧·周世宗纪》:显德二年夏五月甲戌,"大毁佛寺,禁民亲无侍养而为僧尼及私自度者"。《薛史》全录诏文八百余字,欧公括为十九字,诚简净,然此乃当时实政,今《薛史》复出,读之殊不厌其繁也。诏文有云"近年私度僧尼,日增猥杂。漏网背军之辈,苟剃削以逃刑;行奸为盗之徒,托住持而隐恶。将隆教法,须辨否臧。诸道州府县镇应有敕额寺院,一切仍旧,其无敕额者,并仰停废"云云。予得泽州阳城县《龙泉禅院记》拓本,守泽州司法参军徐纶撰,末题"大周开基之二载,岁值壬子,三月壬申记",是周太祖广顺二年也。又有乡贡进士王献可撰后记一篇,末题"显德三年岁次丙辰九月丙申记",则当世宗时。

前记言主僧憨公请于郡牧，因飞笺奏，于唐乾宁元年十月降敕额为龙泉禅院。后记则云："大周皇帝承祧之二祀，震雄风，匡霸业，从谏诤，遂贤良。外则以四夷未王，尚征伐而执戎事；内则以百揆方序，兴礼乐而敷文德。皇纲既已大矣，儒风又已亨矣。乃有释教，爰疚宸衷，虑真俗而相参，遂鼎革而垂制。凡曰梵宇，悉去无名。九州四海之中，设像栖真之所并扫地矣。是院以有唐乾宁元年所赐敕额，时虽绵远，名仍显著。征其验而斯在，询其由而匪虚。遂免雷同，得安云构。盖存旧制，式叶新规。得非澄汰合宜，隆替有时乎？"此皆与欧、薛二史合。

家人传首语自相违

《家人传》首叙引极言女色能败人国，与后《宦者传》论言女色之惑，"捽而去之"之易，语自相违。

各纪传冗文宜归并

《梁家人传》太祖之母事叙毕，又叙追尊，与纪复。《杂传·和凝传》叙晋高祖幸邺，凝虑安从进反，请豫为宣敕命将以待之，与《从进传》复。又《杂传·王晏球传》叙其与契丹战事，与《附录·契丹传》互有详略。欧节字缩句，惜墨如金，偏有此冗文，宜归并一处详之，而于他传互见者则云"详某处"。吴缜《五代史纂误》所摘文复各条，兹不载。

骰　子

《广王全昱传》有骰子，又董昌临民讼，掷骰子以决胜负，见《吴越·钱镠世家》。案：《广韵》："骰子，博陆采具。出《声谱》。"案其意当为从骨，投省声。《说文》卷四下《骨部》本无此字，新附亦无，而温庭筠诗："玲珑骰子抛红豆，入骨相思知不知。"则此物以骨为之。

梁诸王互有详略

欧公《梁家人传》与《薛史·宗室诸王传》互有详略，然太祖八子，其封号事迹，颇有欧详而《薛史》反略者，如第三子友璋，欧叙其初为寿州团练使，直至末帝时为武宁节度使，颇备，《薛史》于本传及《末帝纪》中皆不载。今有末帝贞明三年十一月辛丑荥阳郑义《造佛顶尊胜陀罗尼石幢记》，在河南许州龙兴寺，亡友钱唐周<small>天度</small>让谷知州事，拓以寄予。《记》言"义为武宁军亲王元从，家寄瑕丘，主当许下"，武宁亲王即友璋，与欧合。瑕丘，今山东兖州。许下，今河南许州。主者，府主，而武宁，徐州军名，义寄家于兖，而己身则从友璋于许也。盖友璋本由陈许一镇徙武宁军，虽徙，未赴徐时犹在许，义尚从在许，故造此幢。

博王友文传未了

《博王友文传》叙至"友文留守东京"之下便止，其事未了，与前《唐愍帝纪》末同，其下却接"庶人友珪者"云云，当于"东京"之下添一句云"后事在《友珪传》"，"庶人友珪"宜提行另起。

溺涎液斗余

《唐明宗家人·秦王从荣传》："明宗病溺涎液斗余。"《通鉴》注："《薛史》作'便溺升余'。"案：此见今本《旧五代史》第四十四卷《明宗纪》。

刘延皓事未了

《唐废帝家人传》废帝后刘氏之弟延皓事，叙至为天雄军节度使，被张令昭逐走，帝但削延皓官爵而已便止，此处尚不见延皓下落，如何住得？《薛史》则延皓自有传，此下言晋高祖入洛，延皓逃匿龙门广化寺，自经死，但不甚吝惜笔墨，只须多叙两句十七字则首尾完具矣。前代皆别有《外戚传》，今附见《后传》中，又作此不了之语，壹意铲削，毋乃太简！《通鉴考异》引《唐实录》，以延皓为刘后侄，《薛史》作弟，欧从薛。

重贵降表出亡事

《薛史》于《晋少帝纪》载其上契丹主降表，太烦非体，欧改入《晋家人高祖皇后李氏传》为得之。且《薛史》只有帝降表，而欧并全载李后降表，亦为可喜，《契丹国志》所载与欧同。又欧目少帝为"出帝"，于纪末只用"契丹灭晋"一句结束，其出亡以后事亦别见于《高祖皇后李氏》之下，裁翦颇工。《薛史·少帝纪》末历叙出亡以后繁猥事，殊为失体，不如《欧史》。《薛史》末段言周显德初，人自塞北至者，言帝无恙，欧用之而添一句云"后不知所终",亦觉比薛语气为完备。

冯后事叙述不明

欧叙出帝后冯氏本重胤妻,既不言姓,似是宗室,而绝不言重胤何人,重胤死而出帝娶之,其下突言"契丹责帝纳叔母",读者疑重胤与重贵同行,何以称叔? 及读至下文,别一篇叙高祖之叔父兄弟子孙,方知重胤本高祖弟,养以为子,故与其诸子之名排行。叙事如此,太求省笔,殊眩人目,应于前先揭明。

郭崇韬安重海皆枢密兼节度

枢密使之名始于唐,以宦者为之,至朱梁、后唐则以朝臣充之,自是遂夺宰相之权,而宰相反拥虚名矣。说见《容斋三笔》第四卷。《欧史·唐臣郭崇韬传》:庄宗即位,拜兵部尚书、枢密使。灭梁,拜侍中、成德军节度使,依前枢密使。《薛史》则云:庄宗即位,加检校太保、守兵部尚书,充枢密使。诛梁氏,至汴州,宰相豆卢革在魏州,令崇韬权行中书事,俄拜侍中兼枢密使。郊礼毕,以崇韬兼领镇冀州节度使。检校太保系加衔,《欧史》删之差可,不曰"守"、曰"充",而以"拜"统之,未妥。至拜侍中,虽已为真宰相,然唐宰相制度已详第七十四、第七十六、第八十一、第九十二等卷矣,而至此时则其制又变,盖唐时侍中、中书令不轻授,而同三品、同平章事即为宰相,若五代则又必以兼枢密者方为有相权,如豆卢革辈,但有相名耳。自当如《薛史》先言以侍中兼枢密,次及兼镇为是。成德即镇冀,宰相兼节镇始于唐,如李林甫、杨国忠皆然,但居京师遥领,不赴镇,此庄宗以宠崇韬也。又《欧史·安重海传》:"明宗即位,以为左领军卫大将军、枢密使,兼领山南东道节度使。固辞不拜,改兵部尚书,使如故。在位六年,累加侍中兼中书令。"案:固辞者,辞大将军也;改尚书者,由大将军改也;使如故者,枢密使如故也。郭崇韬、安重海皆忠于谋国而诬枉见杀,作合传,配搭颇精。若论赞中言两人皆为枢密,因专论枢密夺宰相权,余皆不及,此论赞之变体。惟是《薛史·重海传》已残缺,据王溥《五代会要》所载唐庄宗宰相五人、使相三十一人,两处内皆有崇韬,此可见遥领者亦为使相矣,何也? 崇韬未尝出镇也。乃明宗使相三十八人中有重海,以重海实曾为河中节度也，而宰相十人中反无重海，则大不可解，岂《欧史》云加侍中、中书令皆失实乎？枢密虽有权，究非相乎？此当阙疑。篇首云：其父福迁，为晋将。晋救朱宣，福迁战死。而《薛史》则云："重海，其先本北部豪长。父福，迁于河东，将兵救兖、郓而没。"重海之父单名福，而"迁"字则连下文读，《新史》讹舛，令人喷饭满案，其所书恐多不可信。

三省长官皆宰相，而唐偏以同平章事充之，后又移其权于翰林学士，五代又移其权于枢密使，唐宦官之所以擅国者，枢密出纳王命，神策掌握禁军也。五代则鉴其弊，枢密以大臣为之，改左右神策为侍卫亲军，其都指挥使亦以大臣充之，官制随时不同如此。

守魏固杨刘自郓袭汴

崇韬曰："愿陛下分兵守魏，固杨刘，而自郓长驱，捣其巢穴，不出半月，天下定矣。"庄宗即日下令军中归其家属于魏，"夜渡杨刘，从郓州入袭汴州，八日而灭梁。"案："汴州"之"州"，南雍本作"用"，"用"字佳。《欧史》此段乃梁、晋兴亡大关目，所叙亦差简明，但《薛史》载崇韬说庄宗之言，则云"闻汴人决河，自滑今滑县，属河南卫辉府。至郓，今东平州，属山东泰安府，皆在河南岸。非舟不能济。又闻精兵尽在段凝麾下，段凝时驻守滑州。王彦章日寇郓境，彼既以大军临我南鄙，又凭恃决河，谓我不能南渡。志在收复汶阳，本作"汝阳"，以意改。此汴人之谋也。臣谓段凝保据河壖，苟欲持我，臣但请留兵守邺，今直隶大名府，当时名曰邺，即魏州。保固杨刘，见下文。陛下亲御大军，倍道直指大梁今河南开封府。"云云，此段于情事尤详析，若《欧史》则未免删改太多。向来史家动称梁、晋夹河之战，此战盖相持数年方得灭梁，大约东起杨刘，西至浚、滑，沿河皆战垒也。《通鉴》第二百七十二卷胡三省注杨刘，引《九域志》在郓州东阿县，极精确，其间扼要处为德胜，夹河两岸皆有城，号南城、北城，见《新·唐臣》符存审、王建及二传。又有杨村，有潘张，有麻家口，《新·唐臣·周德威传》作"麻家渡"。有景店，有马家口，有邹家口，有清兵驿，有王村，有高陵津，此皆河津夹寨，梁、晋战地。胡注亦不能一一凿指，《薛史》以"决河自滑至郓"一句括之，甚妙，大约诸地名总在此一句中。《通鉴》叙此事作"梁主命于滑州决河，东注曹、今山东曹州府。

濮今濮州,属曹州府。及郓,以限唐兵",尤明。此水乃梁人所称"护驾水"也。其时庄宗以魏为都,故须固守;而杨刘则极东河南岸旁所筑城,亦须固守,方可从此而南,自郓袭汴也。前第八十九卷《杨刘》一条已考此事,今再将诸河津地名考之,则当日战地情形益可见。又观此则自滑至郓为决河所行之道,而经流亦相去不远,今则桑麻遍野,一望皆成平地,曾无涓滴河流,试就梁、晋事寻之,犹可想其遗迹,《禹贡锥指》除解经再商外,其于后世事则详明可取,卷首有《唐大河图》,考之则五代河形亦自了然矣。

观第六卷《唐明宗纪》第四十四卷《康延孝传》并《崇韬传》,劝庄宗自郓袭汴,三人所见如一,庄宗又果锐,梁安得不灭?若从邺渡河而来,则段凝重兵驻守滑台,其势必来争战,未便长驱而南,故必迁道从杨刘夜渡,自郓入汴。凝本怯懦持两端,即使觉之,亦必观望不前,梁若未遽灭,则谍言未及觉知,故不急赴救,梁一灭,则旋踵降唐矣。唐人早已料破,定计之妙如此,是以所向无敌。

所以必守魏者,庄宗为欲灭梁,从太原迁此根本之地,隔河对岸即滑,梁重兵在焉故也。《通鉴》一百十九卷《宋高祖武皇帝纪》:永初三年五月,帝崩。九月,魏人入寇。"奚斤等率步骑二万济河,营于滑台之东"。又一百二十五卷宋文帝欲伐魏,帝策军势,先言乘夏水浩汗,河道流通,泛舟北下,先取碻磝、滑台二城,并虎牢、洛阳,然后下文言"比及冬初,城守相接,虏过河即成擒"。彼时魏都平城,即今山西大同府,尚未迁洛也。观此二条,则知南北朝时滑在河南。唐沈亚之《下贤文集》第三卷《魏滑分河录》云:"元和八年秋,水大至滑,河南瓠子堤溢,将及城,居民震骇,帅恐,出视水,迎流西南行,欲救其患,闻故有分河之事,其水尝导出黎阳傍,其功尚可迹,于是遣其宾裴引泰请于魏曰:'河东滑最大,自洛以西,百流皆集于滑,而堤防不固,窃以黎阳西南回堰拒流,以生冲激之力,诚愿决一派于斯,幸分其威耳。今秋雨连久,洛、滑以西,雄川峻谷暴发之水,争怒以走,会河势,日益壮,恐一旦城郭无类,谨听命于将军。'魏帅许之,其将卒吏民请曰:'滑得水祸于天久矣,魏何戚,乃许移于己哉?'帅曰:'黎阳与滑俱帝土,人有不幸,凡见其苦即为举手,宁皆有戚者。夫全大以弃细,理也。且滑壁卒数万人,民不安生,未知其赖,吾安敢以河鄙咫尺地为惜乎?顾桑麻五谷之出，不能赈百户。假如水能尽败，黎阳尚不足爱，况其无有？民何患无土以食。'因召吏，趣籍民地所当夺者，尽以他地与之籍。奏天子，天子嘉其意而可之。明年春，滑凿河北黎阳西南，役卒万人，间流二十里，复会于河，其堨田凡七百顷，皆归属河南。夏六月，魏使杨茂卿授地。"按：《新唐·方镇表》肃宗上元元年置滑卫节度使，号永平军，改义成。治滑州，即今河南卫辉府滑县，在黄河之南岸，广德元年置魏博节度使，号天雄军。即今直隶大名府，治元城县，在黄河之北岸，今则禾麻遍野，庐舍相望，抚兹日之桑田，何知昔时之沧海乎？观亚之所录，则唐时大势尚可想像得之，《南》、《北》各书，《新》、《旧唐书》皆无《河渠志》，河事须旁考而得也。赵彦卫《云麓漫钞》第二卷载东京至女真御寨行程云"东京四十五里至封丘县，皆望北行，四十五里至胙城县腰顿，四十五里至渡河沙店，四十五里至滑州馆"云云，彦卫此书当宋光、宁间，其时河已徙阳武而南，汲胙之流已断，滑反在河之北，今则视彼时徙而愈南，河堨去滑远矣。当梁、晋夹河战争时，河形大约与唐元和不异，魏、滑南北对峙，而魏乃晋都，滑对岸最近，梁人防晋切要处也。梁人决河以限晋兵者，若是专指大河，则彼时之河即夺漯出朝城者，是其流必大，似无待于决，且晋人之渡河而军者多矣，河南之地晋兵充斥，但恃经流，未足限隔晋兵，故予前于八十九卷以为此恐别是小支流，盖多为之阻，使不得便耳。其如晋人之勇锐，竟长驱入汴，何哉？

晋兵之神速，不但以段凝怯懦观望而已也，梁既于滑州决河东注曹、濮及郓以限晋兵，当晋之自郓袭汴也，已渡河而南矣，而段凝精兵在滑，若欲赴救，反在决河之北岸，曩所恃以限晋兵者，今反自限隔。《通鉴》载李嗣源之策云：段凝"即发救兵，直路则阻决河，须自白马南渡，数万之众，舟楫亦难猝办。此去大梁至近，段凝未离河上，友贞已为吾擒"。又敬翔谓梁主曰："今唐兵且至，段凝限于水北，不能赴救。"胡三省注云："言凝欲还救大梁，为决河所限，其道回远。"此二节叙事，情状如绘。

决河为害，见于史鉴，累累不绝书，想赵宋横陇之决，尚是朱梁贻祸生民，余毒数百年。

史匡翰尚高祖女

《欧史·史匡翰传》："尚晋高祖女，是为鲁国长公主。"《薛史》则云："长公主，高祖之妹。"予得《匡翰神道碑》拓本，朝议郎、尚书吏部员外郎、知制诰陶谷撰，待诏、朝散大夫、太府卿、赐紫金鱼袋阎光远书。碑云："尚鲁国大长公主。"二史皆省"大"字，然据碑，则惟其为帝之妹，故加"大"字以别之。若帝女，则但称"长公主"矣。《五代会要》第二卷载诸帝女，晋高祖长女降杨承祚，非匡翰，封秦国公主，又封梁国长公主，非鲁国，故知《薛史》是也。《欧史》书其官略，《薛史》则详，终于检校司徒、义成军节度、滑濮等州观察处置、管内河堤等使，丁母忧，起复本镇，卒，皆与碑合。惟碑有起复冠军大将军、右金吾卫大将军、员外置同正员并兼御史大夫、驸马都尉及赠太保，则《薛史》亦省。

孟汉琼宋令询欧皆无传

《欧史·朱弘昭冯赟传》：明宗病，"孟汉琼、王淑妃用事，弘昭及赟并掌机务于中，大事皆决此四人。及杀秦王而立愍帝，益自以为功。是时，弘昭、赟遣汉琼至魏，召愍帝入立，而留汉琼权知后事。明年正月，汉琼请入朝，弘昭、赟乃议徙成德范延光代汉琼，北京留守石敬瑭代延光，凤翔潞王从珂代敬瑭。三人者皆唐大臣，以汉琼故，轻易其地，又不降制书，第遣使者监其上道，从珂由此遂反"。愚谓从珂之反，皆为朱冯欲召汉琼入，辄易三帅，故反，而愍帝被弑矣。汉琼罪首祸魁也。《薛史》有传，并载杀秦王从荣，皆出其谋。从荣虽当诛，然汉琼设心乘乱幸功，已为可恶，乃从珂才反，即单骑驰至渑池谒见，自预从臣之列，倾险若此，欧竟不立传以垂炯戒，可乎？柳开《河东集》门人张景编。第十四卷载其仲父承昀墓志铭："长兴时，诛秦王从荣，宣徽使孟汉琼驰传就邺宫，召宋王从厚，仲父为有司主笺奏，告王元从都押衙宋令询曰：'窃闻帝疾弥亟，秦王夷戮。今一单使征王，王即挺身往，未为利也。大臣奸豪，赓相结附，但苟其身，不顾于国。王至，孤坐宫中，但名曰君。天下安危未易知。不如尽率府兵，步骑齐发，按甲徐行，若必迎嗣君，命礼来之，我兵在卫，强者絷之，乱者翦之，而后遵上先旨，不为失耳。'不纳。王即去。令询至洛，果出磁州刺史，王之属臣悉为冯赟、朱弘昭辈远之,不复迩帝也。后凤翔兵起,帝遇祸卫州。"欧不但不作《汉琼传》,并附见《弘昭传》者亦不能带补汉琼数语,以见其始末,并"宣徽使"三字亦削之,且使柳承昫之计行,翦除权奸,愍帝位固矣。欧、薛皆不载,盖未能搜补,此差可,而《薛史》却有《令询传》,叙其被摈,正与柳开合。又言其始终只事一君,知书乐善,动必由礼,闻愍帝遇害,大恸半日,自经而卒。此五代完人,应入《死节传》,欧乃删落,只字不存,又不可解。

桑维翰子孙

《欧史》于桑维翰其谋议删削过甚,亦不见其子,而《薛史》甚详。维翰实一时英杰,二子皆有名位,并载维翰为子让官事。王禹偁《小畜集》第四卷《怀贤》诗于维翰推许甚至,末云:"子孙亦不振,天道难致诘。"此谓其后人入宋者。

死节死事

欧公作《王彦章画像记》,褒之不遗余力,而《五代史》又为特立一《死节》之目,共只三人,彦章冠之,在彦章差不愧,而待朱梁则过优。

史建瑭与父敬思皆捐躯尽忠,应入《死节》,否亦宜在《死事》,而《欧史》但入《唐臣》。匡翰仕唐,又仕晋,应入《杂传》,乃《薛史》各传,而欧附《建瑭传》,则又乱矣。即元行钦、桑维翰亦"死事"也,而但为《唐臣》、《晋臣》,立例太多,则不能不乱。王得中为北汉使契丹,被获于周,不以情告,世宗杀之,卓然死节,详见《通鉴》,而二史皆遗之,何哉?

若黄震《日抄》第四十九卷谓:"王师范饰治以儒,谋杀朱全忠,虽不遂,其忠于唐可知。至全忠既帝天下而族之,则置酒行礼,少长以次就戮,其与结缨之勇何异? 惟其力屈降梁,欧公并辱之《杂传》,惜哉,何不以其死为守节而死耶?"愚谓如震言,直欲以师范入《死节》矣。既降梁,难入《死节》,入《杂传》又实太屈,总因多立名目,又将五代打和,故多不稳,若如《旧史》之逐代各断,名目不繁,则无此失。

杨涉父子互有详略

杨涉凝式父子,欧、薛互有详略。欧本尚简,而以涉入《唐六臣传》，叙其家世历官本末，一百三四十字，颇完备。《薛史》于《凝式传》附父涉，但云"唐末梁初再登台席，罢相，守左仆射，卒"，只十五字。凝式，欧附《涉传》，只二十九字，而《薛史》则四百余字，叙其自唐昭宗时登进士第，授官，历事六代九姓，至周世宗显德中死，甚详，张世南《游宦纪闻》第十卷载凝式事，皆与《薛史》合。《纪闻》云"为张全义留守巡官"，《薛史》作"张宗奭"，宗奭即梁太祖赐全义改名。惟《纪闻》"唐明宗时历工、礼、户三侍郎"，《薛史》作"工、户二侍郎"，《纪闻》"字景度"，薛无。《纪闻》"年八十二"，薛云"八十五"为小异。凝式谏其父勿为押传国宝使，《纪闻》与陶岳《五代史补》皆有，但如凝式之为人，世南誉以节义，得毋可笑。

义儿不当别目

欧公既以纯乎一朝者为《梁臣》、《唐臣》、《晋臣》、《汉臣》、《周臣传》，仕各朝者为《杂传》，乃李嗣昭等八人别目为《义儿》，作一卷，多立名色，体例纠纷。其实嗣昭等本可入《唐臣传》，而五代养子甚多，不独唐有，何为标异之？

山　东

《义儿·李存孝传》："晋已得泽、潞，岁出山东，与孟方立争邢、洺、磁。"《死事·张源德传》："晋已先下全燕，而镇、定皆附于晋，自河以北、山以东皆归晋。"此"山东"谓太行山之东，即以河北为山东也，说已见第三十五及第九十等卷。

李斥威

吴缜《五代史纂误》卷中举《李存孝传》"求救于幽州李斥威，斥威兵至"而驳之云："按《王镕传》，乃是李匡威，作'斥'则非也。"今汲古阁正作"匡"，欧公避宋太祖讳阙笔耳，缜之驳妄矣。予尝购得宋板《春秋繁露》，解《洪范》"为天下王"，采其《深察名号》篇云："深察王号大意，中有五科，皇科、方科、斥科、黄科、往科。"独"斥"字积疑莫释，质之卢学士文弨，以为"匡"字阙笔，予为拊掌称快。学士当千载下能识宋事，缜生长北宋，乃不知庙讳邪？

又如《新唐书·藩镇传》李匡威与弟匡筹并《新五代史·梁太祖纪》赵匡凝，《唐臣传》史匡翰，《职方考》匡国军、匡义军之类，皆不阙笔，此皆后人所改，在当时本阙笔作"匡"，久之而传写之误，遂变为"斥"，朱子注《论语》称赵匡之字曰伯循，宋人避讳本无定例。

李存进互异

《欧史·李存进传》与《薛史》尤多异，予得存进墓碑拓本，立于同光二年，判官吕梦奇撰，参军梁邕书并篆额。顾宁人云："今在太原县。"钱大昕。辨《欧史》"存进本姓孙名重进，当太祖即克用。攻破朔州得之，即赐姓名，养为子"，碑则存进从克用破黄巢，直至景福二年始赐姓名，补右厢义儿第一院军使，上距破朔州甚远。《欧史》存进历慈、沁二州刺史，碑则太祖时权知汾、石二州，庄宗时真授石州刺史，再知汾州，又授慈州刺史，又权知沁州，实未真授沁州刺史。《通鉴》载存进为天雄都巡按使，碑则为天雄军都部署巡检使。又碑言存进字光嗣，年六十八。《欧史》失之。予考《薛史》载赐姓名之年正与碑合，与《通鉴》不同者，薛误亦与《通鉴》同。"字光嗣"，《薛史》亦漏，"年六十八"，《薛史》作"六十六"。要之《薛史》叙事详明，大略则与碑同。

李茂贞改封秦王

《杂传·李茂贞传》叙唐昭宗出居华州，后"加拜茂贞尚书令，封岐王"，又叙至梁太祖即位，诸侯强者相次称帝，独茂贞但称岐王云云。其下文又叙至唐庄宗"破梁，茂贞称岐王，上笺以季父行自处，及闻入洛，乃上表称臣，庄宗以其耆老，改封秦王"云云。以上各段皆有误，《薛史》第一百三十二卷《世袭传》与《欧史》略同，改"封"作"进封"，皆非是。《通鉴》第二百六十六卷：梁太祖开平元年三月，"下制削夺李克用官爵。是时惟河东、凤翔、淮南称'天祐'，西川称'天复'年号，余皆禀梁正朔"。河东即克用，凤翔即茂贞，淮南杨渥，西川王建也。又第二百七十三卷：唐庄宗同光二年二月，"进岐王爵为秦王"。《考异》曰："李茂贞改封秦王，《薛史》无的确年月。《实录》同光元年十一月已称秦王茂贞遣使贺收复，自后皆称秦王，至二年制秦王李茂贞可封秦王，岂有秦王封秦王之理？必是至是时始自岐王封秦王也。"《通鉴》此二处亦皆有误。考《大唐秦王重修法门寺塔庙记》,薛昌序撰,王仁恭正书。秦王即茂贞,此碑予现藏有拓本,称碑立于天祐十九年二月。天祐十九年者,岁在壬午,梁末帝龙德二年也。据此,则是时已称秦王矣。再考《旧唐书·昭宗本纪》,景福二年十一月,制以凤翔节度使李茂贞守中书令,进封秦王。是年岁在癸丑,茂贞称秦王始于此。曰"进封",则自此以前盖为岐王矣。岐惟凤翔,而秦则大名,故云"进"也。若昭宗出居华州,则在乾宁三年,岁在丙辰,《欧史》乃于丙辰之后方书"封岐王",岂不谬哉?《通鉴》则书封岐王于天复元年,岁在辛酉,皆大误也。欧并于梁太祖、唐庄宗之世言茂贞称岐王,岂知茂贞封秦,下距庄宗入洛岁在癸未已三十余年矣。《实录》本无误,庄宗特因其旧封,锡以新命,非改亦非进。司马君实反以《实录》为误而强改之。以碑为证,乃得其实。茂贞,唐之叛臣,唐不得已加之大封,而逼唐愈甚,屡屡称兵犯阙,如史所书,罪恶转不甚显白矣。顾氏绛以碑中秦王系茂贞所自称,尤非。又天复年号止于四年三月,四月即改天祐元年,今碑述前事,有天复十九年、二十年,至壬午岁乃改称天祐,然则《通鉴》云梁篡后凤翔仍称天祐,亦不确,盖惟河东、淮南称"天祐",而茂贞与西川仍称"天复",至壬午岁,晋王李存勖未建尊号,而有指日灭梁之势,茂贞不敢自异,故改称之。《欧·李彦威传》云:"晋人、蜀人以为天祐之号非唐所建,不复称之,但称天复。""晋"字乃"岐"字之误,万氏斯同《纪元汇考》岐于梁篡后历称天祐,亦误也。

韩建德政碑

《欧史·韩建传》叙其初起至入蜀,从"僖宗还长安,为潼关防御使、华州刺史"以下,颇美其政绩。《薛史》则建之入蜀,乃田令孜唊以厚利诱之,非建自欲扈从也。《欧史》此下书大顺元年从张濬伐晋,此事《薛史》无之。此下《欧史》历著其逆节,结王行瑜、李茂贞犯京师,杀宰相,谋废昭宗,晋兵至,乃还,此二年事。又书乾宁三年请昭宗幸华,遂以兵劫昭宗,杀亲将李筠,逐散卫兵,又围十六宅,杀诸王,昭宗无如何,为建立德政碑以慰安之。光化元年,昭宗还长安,封建颍川郡王,建辞,乃封许国公云云。《薛史》载建政绩颇与欧同。又云俄迁华商节度使,加检校太尉、平章事,而不言立碑事,余则略与欧同。《欧史》失书节度使及太尉固非是，而昭宗为建立德政碑，其文司空图撰，载《一鸣集》第六卷，系乾宁元年，欧书于三年杀诸王下，尤误也。文中称华商节度使、太尉、颍川郡王，而题则云"华帅许国公"者，让王封、受公爵故也。叙其封王事则言"本郡王"者，建，许州长社人，颍川则本郡也。叙让封事则言"诚在求能，形于崇让，自加相印太保及今封拜，沥恳数十上"，则是时又加太保，而欧、薛皆遗之。文约二千三百字，谀词夸饰，极尽褒扬，若其时昭宗已至华，断无不颂其迎奉忠勤，乃只字不及，且乾宁三年，建凶焰益张，刻刻欲谋废君弑君，_{见金张建撰《济安侯庙碑》，}_{予亦藏有拓本。}但力未至耳，岂徒立碑所能慰安乎？则欧书于三年诚误矣。封王公乃元年事，欧、薛书于光化元年，又皆大误矣。建之悖逆，罪不胜诛，司空图，《卓行传》中人，乃如此献媚。但乾宁元年，建恶尚未彰露，则图犹可恕，倘作于三年，岂得为有人心者乎？张濬败归，狼狈逃窜，仅以身免，碑乃云"擒戮五六千众，收夺堡寨七所"，真堪一笑。厥后建父子同时为乱军所杀，《薛史》颇详，读史者至此稍快意，欧乃删去其子见杀事，何哉？

卢光稠等传

第四十一卷卢光稠等传，皆薛氏《旧史》所阙而欧补之者。

朱宣诱汴亡卒

《朱宣传》叙宣救梁太祖，破秦宗权，后太祖欲并吞诸镇，即驰檄言宣诱其军卒亡以东，因攻灭之。此所谓欲加之罪，何患无词，以德为怨而反噬之者也。《薛史》则竟实叙宣诱汴卒，以为果有其事，《薛史》不如《欧史》远甚。《薛史》称梁为"我"，又为"王师"，皆本《梁实录》，故多曲笔。

《欧史》于此事先见《梁本纪》，云："朱宣、朱瑾兵助汴，已破宗权东归。王移檄兖、郓，诬其诱汴亡卒以东，乃发兵攻之。"尤为明显。

惕隐

《杂·王晏球传》：王都反，契丹遣惕隐以七千骑益都。惕隐，典族属官，见《辽史》第一百十六卷《国语解》。此事见《附录·契丹传》，而彼作"惕隐赫邈"，赫邈其名，而《晏球传》屡单称"惕隐"，似误认为人名。

王殷冤死

《欧史·王殷传》：为天雄节度使。广顺三年九月，求入为寿，太祖惧其疑也，止之。明年，太祖有事于南郊，是冬，殷来朝。时太祖卧疾，疑殷有异志，力疾御滋德殿，殷入，即命执之，已而杀之。曰"明年"，则四年也。考《通鉴》二百九十一卷广顺三年十二月丁未朔，殷之见杀在壬申之二十六日也，本纪同，是月小尽，明年正月丙子朔，改元显德，十七日壬辰崩矣，距殷死二十日耳。欧公本不误，但"有事"上必须加一"将"字，无此字，则下文"是冬"为何年之冬乎？殊混目矣。《通鉴》力表殷之被诬冤死，极是。欧公于纪传皆未见其冤，而《薛史》本传更多周内文致语，柳开作《仲父承昫墓志》云："广顺高祖时，仲父为有司主兵骑，外女弟刘为留守王殷妾，殷视我姻家也。及礼圆丘，诏殷入觐，殷典卫兵，权势动主，深惑去就，私问仲父以决其谋曰：'上召吾，往可也，不往可也？'不答。殷曰：'汝不言，是吾往可也。'殷即赴阙[①]，高祖杀之。仲父叹曰：'邺自唐庄宗后历变叛非一，生民破散，今主上英武，不类晋汉，殷将不行，必须作乱。戈甲一临，城溃族灭，非惟连我之家，其惟动国兴戎，扰挠中夏。殷去，即止殷不利耳，吾岂以苟殷一身而反为国害乎？所以吾不答殷，以安国家也。'"此说则恐系开欲饰仲父忠智，附会为之，其实殷有何罪？

两王景崇

《新五代史》第五十三卷《杂传》有《王景崇传》，死于周隐帝时，《新唐书》第二百二十四卷《藩镇·镇冀传》有王景崇，乃王镕之父，死于唐末中和二年，同姓名，非一人。

冯道自叙

方氏苞《望溪集·书王莽传后》云："冯道事四姓十君，窃位于篡弑武人之朝，其丑行秽言必多矣，欧公无一及焉，而转载其直言美行，当时士无贤愚皆喜为称誉，至拟之于孔子，是谓妙远而不测也。"欧公之

---

① "赴阙"，原本缺"赴"字，据《河东先生集》补入。

思深,望溪之悟微,洵两得之。抑诸传无论赞者多,有者少,独《道传》之前先空发议论一段,断定其无廉耻,欧公固豫为痴人不识文章者地,揭明宗旨,不待巨眼乃能识破。又用王凝妻李氏相形,见道巾帼之不如,尤为刻毒。昔孔子黜乡愿为德之贼,却不说乡愿如何,至孟子始曲意描绘先代乡愿口吻,刺讥狂狷,然后一语断之云:"阉然媚于世者,是乡愿也。"又申说之云:"非之无举,刺之无刺,同乎流俗,合乎污世,居之似忠信,行之似廉洁,众皆悦之,自以为是。"孟子宛然为道画出小影矣。要之,五代之际,国如传舍,君如弈棋,如道之所为者甚多,只因道偏好自矜炫,又浪得美名,齿德位望兼优,反令后世笑骂不已,正如无盐、嫫母,若过自韬敛,亦复何与人事?反欲争妍出相,搔首弄姿,婢媵辈又复为之涂泽粉黛,遂令观者作恶不可耐矣。道虽智,其《自叙》不甚愚耶?

　　欧公谓道无耻。愚谓道不知命。命者,不可知者也。知命者,以不知知之。盖善余庆,恶余殃,此儒者所据之理;利必趋,害必避,此小人自全之术。若以命言,二者皆不足恃,道周旋危乱,卒以富贵寿考终,此道之命也。道竟自谓有术焉以致此,此之谓不知命。

　　或云:"道著《长乐老自叙》云'余世家宗族,本始平、长乐二郡',长乐乃标其郡望,非谓长自取乐。"愚谓篇中夸张其显荣贵盛,雄畅快适,满纸淋漓,自诩忠孝两全,结尾两句云:"老而自乐,何乐如之。"明明点出胸怀本趣,彼爱道者,尚欲曲为回护,岂能解其秽乎?遗诗云:"穷达皆由命,何劳发叹声。但知行好事,莫要问前程。冬去冰须泮,春来草自生。请君观此理,天道甚分明。"其知命如此,而吾以为不知命,正在此。道意明明自负能行好事,故有美报,试问古来圣贤,无端蒙难者甚多,道之行好事,遂能操券责报于天乎?又云:"莫为危时便怆神,前程往往有期因。须知海岳归明主,未必乾坤陷吉人。道德几时曾去世,舟车何处不通津。但教方寸无诸恶,狼虎丛中也立身。"道能于狼虎丛中取其富贵,故夸张如此,阅之令人嗢噱,又令人呕哕。

　　《薛史》第一百二十六卷《道传》独为一卷,首尾几四千字,似呆钝板重,然亦详明可喜。论言道履行有古人之风,宇量得大臣之体,惟历事四朝,比于女子之屡嫁。其立意精当,措词严冷,固未尝不妙。

　　后《李琪传》言琪在唐为霍彦威作神道碑,叙彦威在梁事,不目梁为伪，为道所驳。道历事刘守光及唐、晋、汉、周，独未仕朱梁，宜于此明目张胆言之，真觉问心无愧，理直气壮，读之又不禁捧腹绝倒。

道有子吉

《传》末缀以"道有子吉"一句，案：《薛史》道《自叙》，道有六子，惟一早亡，余五子皆通显，欧公独举一吉，似以吉为有可述而及之，乃又不加一语，毫无收杀，恐属非体。吉于天福中已贵，入宋建隆四年而死，亦历事四朝者，可谓肖子矣。其事迹皆在五代，自宜略叙几句，至《宋史》第四百三十九卷《文苑传》有《吉传》，称其滑稽佻薄，无操行，好弹琵琶侑酒，如伶官状，而《五代史补》又言吉于周世宗御前弹琵琶，世宗号其琵琶为"绕殿雷"。吉之无耻似甚于道。道方且以端方厚重率其子，岂知道即吉之本色，而吉乃道之化身，家风勿替，正所谓异曲同工者乎？如吉者，入之列传却无不可，乃入《文苑》，《宋史》若此等处殊为舛谬，此书无怪不慊人意。

刘昫无字

《欧史》各传或举其字，或无字，皆无定例。若刘昫，宰相也，既为之传，自应有字，故《旧史》第八十九卷"昫字耀远"，元戈直注《贞观政要》同，而《欧史》偏去其字，不可解。尤异者，吕夏卿《唐书直笔新例》卷首第一条云："汉高祖以刘季称，光武以文叔称。帝之有字，尚矣。唐高祖字叔德，刘敬之书不载，史之阙文也。"今《新书》高祖字叔德，昫《旧书》无之。然则昫字敬之，又与《薛史》不同。

吏部三铨

《杂·姚顗传》："唐制，吏部分为三铨，尚书一人曰尚书铨，侍郎二人曰中铨、东铨，每岁集以孟冬三旬，而选尽季春之月。天成中，冯道为相，建言：'天下未一，选人岁才数百，而吏部三铨分注，虽曰故事，其实徒繁而无益。'始诏三铨合为一，而尚书、侍郎共行选事。"考《新唐书·崔琯传》以尚书左丞判兵部西铨、吏部东铨，六部同在一省，但分曹耳。吏与兵既分东、西，故吏部侍郎但分东、中，不言西，恐与兵部混也。

刘岳讥冯道

《杂·刘岳传》:冯道行反顾,岳讥其遗下《兔园册》。《兔园册》,"乡校俚儒教田夫牧子所诵也"。道大怒。《薛史》此事在《道传》中,以为语出任赞,亦不云"大怒",欧阳公别有所据也。《北梦琐言》第十九卷云:"北中村墅多以《兔园册》教童蒙。"意与欧同。道之厚重皆伪为之,实非有大度能容物者,岳累世为公卿,讥道寒鄙,切中其陋态,一时不能忍,遂露本相,不觉大怒,欧是。

书 仪

《杂·刘岳传》:"郑余庆尝采唐士庶吉凶书疏之式,杂以常时家人之礼,为《书仪》两卷。"唐明宗诏岳增损其书,公卿家颇遵用之。案:古为《书仪》者甚多,若唐瑾、鲍行卿、裴矩诸家,见《旧唐书·经籍志》,今诸家与岳书皆亡,司马温公《书仪》正是吉凶书疏家人之礼,疑以岳为蓝本。

中华古今注

《欧史·马缟传》,因缟称知礼,为礼官,摭一时集议典制事尽入之,几八百字。《薛史》残阙,仅存约二百字。今有《中华古今注》三卷,载吴琯《古今逸史》,所言多典礼,题曰"太学博士马缟集",而欧、薛二史皆未之及。

五代土地梁最小唐最大

五代土地,梁为最小,晋、汉差大,周又大,而唐为最大。梁只有一片中原,四边皆属他人,北有燕、晋,西有岐与蜀,东有吴与吴越及闽,南有荆南与楚及南汉,故为最小。唐起雁门,镇河东,至庄宗既灭燕刘守光,天祐十二年取魏博,据魏临河,以为攻取计,自后遂尽取梁河北地,然后灭梁,又并吞岐与蜀,虽后蜀复起,而地尚最大。晋、汉承之,山后十六州入于辽,故又小。周则河东虽为北汉割据,世宗屡与汉、辽战,河北、山前州郡恢廓者多,而南唐江北、淮南尽为所取,故小于唐而大于晋、汉也。观《欧·职方考》自明,此考虽简略,然提纲挈领,洗眉刷目,此则欧公笔力,非《薛史》所能及。

梁晋争泽潞

梁、晋之争也,河北诸镇忽梁、忽晋,殊难考矣。即以泽潞军名昭义,晋改安义,梁又改匡义,晋灭梁,又复名安义。言之,此镇梁、晋所必争,据《欧史·唐纪》晋王李克用于中和三年初破黄巢,为河东节度,即攻昭义孟方立,取泽、潞二州,大顺中,梁将葛从周取潞,言潞则泽归梁可知。光化二年,克用将李嗣昭又取泽、潞。天复元年,梁将氏叔琮又取泽、潞。天祐初,克用子存勖曰"今天下势,归梁者十七八,赵、今真定府。魏、今大名府。中山今定州。莫不听命,自河以北,无为梁患者,所惮惟我与燕刘仁恭"云云。时晋又攻取潞,遂以李嗣昭为节度,则此军长为晋有矣。克用卒之年,梁人复攻潞,而庄宗新丧中,又破梁军于上党,置酒三垂冈,囊矢告庙,则泽、潞长属晋矣,故《欧史》于天祐十八年胪列诸节度劝王即帝位中有昭义也。同光元年四月,书即帝位,而下文八月又书"梁人克泽州,守将裴约死之",徐无党云:"唐末泽、潞皆属晋，梁初已得泽州，至此又属晋，而梁克之，中间不见晋得泽州年月，盖旧史阙不书。"愚谓上卷《欧史》具书梁晋泽、潞得失，无党乃为此言，其愦愦几如不辨菽麦者，乃覥颜注史乎？《欧史》于此下书"十月壬申，如郓州袭梁"，已卯即灭梁矣。用八日灭梁，迅速如此，盖自滑、卫渡河，此自北而南直取之，自郓袭梁，绕东而行曲取之也。梁有泽、潞约两月耳。是年春为晋之天祐二十年，称帝改元在是年四月，灭梁在十月，而梁人之暂有泽、潞，即在是年之八、九月间。考是年岁在癸未，即梁龙德三年，《薛史》于三月言潞州留后李继韬叛降梁，庄宗谓李嗣源曰"昭义阻命，梁将董璋攻迫泽州，梁志在泽、潞"云云，而《通鉴目录》第二十七卷《梁均王纪》于龙德三年言晋李继韬以潞州来附，裴约据泽州，不从，遣董璋攻之。又云帝召王彦章助董璋攻泽州。璋拔泽州，杀裴约。《通鉴》第二百七十二卷《唐庄宗纪》于同光元年春载："李继韬受晋命为安义 即昭义。留后，而欲自托于梁，使弟继远诣大梁，请以泽、潞为梁臣。梁更安义军曰匡义，以继韬为节度使。安义旧将裴约戍泽州，泣谕其众曰：'余事故使二纪。胡三省曰："故使，继韬父嗣昭也。"见其志灭仇雠，捐馆未葬，郎君遽背其亲，吾不能从也。'遂据州自守。梁以董璋为泽州刺史，将兵攻之。"又于秋七月后载："裴约遣使告急于帝，帝曰：'吾兄生此枭獍，胡三省曰："李嗣昭于帝为兄。"裴约能知逆顺。'顾李绍斌曰：'泽州弹丸地，朕无所用，胡三省曰："自并、潞窥怀、洛，则泽州为要，志在自东平取大梁，故云然。"胡注此条甚妙，观此可知晋所以争泽、潞之故矣。卿为我取裴约以来。'八月壬申，绍斌将甲士五千救之，未至，城已陷，约死。"此下书十月辛未朔，又书壬申，帝自杨刘济河，至郓州。已卯，灭梁。与《欧纪》略同。考《目录》是年八月壬申朔，十月辛未朔，俱合，则八、九两月，一月大、一月小，裴约之死必在八月初，而庄宗入汴、梁主见杀在十月八日，则梁人之有泽、潞，只两月可知。周广顺二年《泽州龙泉禅院碑》言其先主僧愍公以天祐十九年示寂，顾宁人遂谓此地本属梁，碑乃追削梁号而称天祐。案：《薛史·梁末帝纪》贞明二年云："是岁，河北诸州悉入于晋。"此年乃晋称天祐十三年，此时河北已悉入晋，况十九年乎？却因明年天祐二十年即同光元年，正当灭梁之岁，而梁人反有暂取泽、潞一事，宁人记忆不审，误以为十九年，遂率尔有此论，其实碑文据实以书，非追削梁号也。宁人考古本极精核，此乃偶失之。

职方考中有表

欧公改"志"作"考",而《职方考》每行分六格,横列之即表也。第一行第一格书"州"字,下五格书五代名。第二行以下第一格皆州名,下五格每代有者书"有",无者空;始置者书"有",而小字注"某帝置";为都者书"都",在他国者书他国名;本有而后入他国者,先书"有",而又书他国名;先有而后废者,先书"有",而小字注"罢";军罢州存者注"罢军",都罢者注"罢都";军名改易者,"有"字下注军名。梁之州多有先书"有"又书"唐"者,若泽、潞,直书"唐",不曰"有",以其有之甚暂,不足以为有也。观此益见顾宁人之误。

《通鉴》同光元年四月即帝位下云:"时唐国所有凡十三节度、五十州。"《通鉴》此文采自《薛史》。胡三省注云:"十三节度,天雄、成德、义武、横海、卢龙、大同、振武、雁门、河东、护国、晋绛、安国、昭义。五十州,魏、博、贝、澶、相、郓、洺、磁、镇、冀、深、赵、易、祁、定、沧、景、德、瀛、莫、幽、涿、檀、蓟、顺、营、平、蔚、朔、云、应、新、妫、儒、武、忻、代、岚、石、宪、麟、府、并、汾、慈、隰、泽、潞、沁、辽,凡五十州。而昭义领泽、潞二州,已附于梁,止有十二节度、四十八州耳。"胡虽云云,其实此时潞州虽附梁,泽州仍为唐守。

职方与马令合与戚光异

陆游《南唐书》后附戚光《音释》,列州军之名,自注凡三十八,数之止三十七,此或传写之误。就其三十七州军中有一处但作空格,旁注一"摄"字,不可解,余三十六州军则似的然者。马令《南唐书》第三十卷《建国谱》列州凡三十五,数其下文所列之州,其目相符。今以二者校之,除两处皆有之三十三州不论外,戚有而马无者,一雄州,二通州,三雄远军,四南州。考马令《谱》彰州注云:"保大三年取,改为南州,俄复旧。"戚于"南"下夹注多作空格,中有"漳"名云云,盖《马谱》"漳"字传写讹为"彰"耳,欧阳氏《五代史·职方考》亦作"漳"也。此即今福建漳州府。既是暂改俄复,何得言南不言漳?戚光谬甚。然则此州两处实皆有,以上凡三十四州,此外所谓雄州者,据戚谓割扬之六合、天长置,此必暂置俄并者,故《马谱》不取,戚列入亦非。通州亦不宜列入,戚误甚,说详后。其雄远军,据戚于升州注,谓以当涂置此军,乃升州所属,何必另列? 戚亦误。若然,马所有之三十五州,戚尚少一,则歙州也。此州《职方》亦有,不应戚独无,空格注"摄"字者,必即"歙州"也,因音近而误。再以《职方》校《马谱》,三十五州并同,南唐州数,以欧、马为是,戚光不可用。

南唐本无通州

《欧史·职方考》于吴、南唐所有各州,濠州之后列通州,其下于梁、唐、晋、汉四格皆空,于周则书一"有"字,又注云:"世宗置。"其横格之后继以直行,则云:"通州,本海陵之东境,南唐置静海制置院,周世宗克淮南,升为静海军,后置通州,分其地置静海、海门二县为属而治静海。"考《舆表》第三卷扬州府通州下云:"南唐于海陵县盐亭场置静海都镇,周升为静海军,寻改为通州,置静海县为州治。"略与《欧考》同。盖自显德五年以后,兹地已为周有,方置州,其前本无州,《欧史》不误也。陆游《南唐书》后附戚光《音释》,列南唐州军之名,中有"通",注云"静海军",则直以周、宋之州,入之南唐州数中,此则戚光之误矣。

八十陌钱

《薛史·食货志》:"唐同光二年,度支请榜示府、州、县、镇,军民、商旅,凡有买卖,并须使八十陌钱。"按短陌之制,顾宁人《日知录》此书今载《四库全书简明目录》。第十一卷,考得自晋已有之,并历引《抱朴子》、《梁书》、《隋书》、《旧唐书》、沈括《笔谈》、《宋史》、《金史》以证梁武帝,唐宪宗、穆宗、昭宗、哀帝,五代后汉隐帝,宋太宗,金世宗各朝短陌事甚详明,独无后唐庄宗同光中事。《容斋三笔》第四卷云:"用钱为币本皆足陌,梁武帝时以铁钱之故,商贾浸以奸诈自破,岭以东,八十为百,名曰东钱;江郢以上,七十为百,名曰西钱;京师以九十为百,名曰长钱。大同元年诏通用足陌,诏下而人不从,钱陌益少,至于末年,遂以三十五为百。唐之盛际,纯用足钱,天祐中,以兵乱窘乏,始令以八十五为百。后唐天成又减其五,汉乾祐中,王章为三司使,复减三。皇朝因汉制,其输官者亦用八十或八十五,然诸州私用,犹有随俗至于四十八钱。太平兴国二年始诏民间缗钱定以七十七为百，自是以来，天下承用，公私出纳皆然，故名省钱。"此段亦首尾完备，独无同光事，然则不但宁人未见《薛史》，容斋亦未见也。且宁人说正与容斋同，而不著容斋名，岂此为暗合耶？容斋以"自破"为句，宁人乃读作"自破岭以东"，以宁人之精核，决不舛讹至此，岂传写偶误邪？

附论赵宋官制

《薛史·职官志》不载往代之制，直从五代叙起，并五代亦简略甚，绝不胪列其制，因五代皆沿唐制，故惟有厘革、升降者始志之，其与唐同者，并略去，叙首已自言之。予前论历代官制亦详矣，书止于五代，而赵宋官制虽承五季，其间委曲则更有难明者，如宰相大抵类唐，而宋则又以枢密、参知为执政也。翰林学士、中书舍人分掌内外制，在唐已然，宋则遂目为两制，而又以大学士至待制为侍从也。其次台谏，其次庶寮，姑勿论。若外官，则宋与唐大有别，藩镇之权既夺，防御、团练、采访、观察等使亦改，大约统率所部者有帅、漕、仓、宪诸官，帅则诸路安抚使，漕则诸路转运使，宪则诸路提刑按察使，仓则提举常平仓，谓之仓司。唐节度多兼观察及度支、营田、招讨、经略等使，宋则监司各有建台之所，每司专有长官，专有掾①佐，而号令之行于统属者，较唐为烦，其余州县官亦姑勿论。若其结衔，又有异于唐者。总之，赵宋人官制，不但所授之阶、勋、爵、邑皆为虚名，柳开作《仲父赠大理评事柳公墓志》云："有阶勋爵邑，略不之书。"因其为纸上空文，猥贱者往往得之，不足书故也。即其身所居之官，亦但居此官而不任以此官之事，特使之食其禄而已，故谓之"寄禄官"，其所办之事，别有一官，谓之"差遣"，盖在唐季及五代则分为官与正官者是也。

---

① "掾"，原本误作"椽"。

十七史商榷卷九十七

新旧五代史五

南唐诸臣见骑省集

《薛史·僭伪传》但略载伪主事,其臣多无传,不如《欧史》稍详备,如《南唐主李景世家》叙陈觉等矫命发兵攻闽,溃归,觉与冯延巳、冯延鲁、魏岑、查文徽号"五鬼"。时景怒,而延巳方为宰相,宋齐丘自九华召为太傅,为稍解之,乃流觉蕲州,延鲁舒州。韩熙载上书切谏,请诛觉等,齐丘恶之,贬熙载和州司马。御史中丞江文蔚劾奏延巳、岑乱政,与觉等同罪而不见贬黜,景怒,贬文蔚江州司士参军。考抄本徐铉《骑省文集》宋天禧中胡克顺编。第十六卷《熙载墓志铭》载此事,但云"为权要所嫉,罢职。丞相宋公,朝之元老,势逼地高,公廷奏党与,贬和州司事参军",不明言其事,亦不备列其人,铉与诸人同朝,故稍讳之。《唐六典》诸州司马与司士参军各自一官,则当以《墓志》为是。其第十五卷《文蔚墓志铭》但言"拜御史中丞,矫枉时事,无所顾惮,坐廷劾宰相,贬江州司士参军",并宋公亦没而不言。《欧史》又载契丹遣使来聘,以兵部尚书贾潭报聘,周世宗来伐,泰州刺史方讷弃城走,此二人者俱见《骑省集》十五卷,《潭墓志》载出使事,《讷墓志》云:"拜泰州刺史,强敌深侵,东京失守,州兵尽出,人心大摇,士庶老幼尽室南渡,公自归阙下,坐是除名。"亦回护语。

伐闽之役

《秘笈续函》郑文宝《南唐近事》云:"宋齐丘坐党陈觉,饿死于青阳。"《说海》陈彭年《江南别录》云:"冯延鲁欲以功名图重位,乃兴建州之役。陈觉为招讨使,既下建州,矫制进围福州。元宗令王崇文为统帅,冯延鲁亦往,诸将争功,自相违贰。钱唐以兵来救,我师不战而溃。"《欧史》无齐丘饿死事,又兴伐闽之役者乃查文徽,非延鲁,招讨使乃王崇文，而延鲁、魏岑、陈觉则监军使也，与文宝、彭年二书小异，恐当从欧。

蜀梼杌

宋尚书屯田员外郎、黄松子张唐英汝功《蜀梼杌》二卷，自序云："凡《五代史》所载者，皆略而不书。"陆昭迥跋云得见此书系英宗治平四年，《欧史》熙宁五年始出，亦但藏中秘，未行人间，则此序所称乃《薛史》也。然《欧史·蜀世家》与薛多同而较详，详观《梼杌》所书，凡《薛史》所载者亦多有之，与自序不相应。

蜀梼杌但言孟知祥为衙吏

《薛史》云：孟知祥"伯父方立为邢洺节度使，从父迁为泽潞节度使"。《欧史》则但追叙其叔父迁据邢、洺、磁，为晋所虏，以守泽、潞，梁攻晋，迁降梁。考《新唐书·方立传》附从弟迁事，与薛、欧略同，彼但言为晋虏而不及其降梁者，事入五代，故不及，非有异也。张唐英《蜀梼杌》下卷叙知祥初起甚详，并及其符瑞异征，然但言为郡衙吏而已，绝不云其先有显贵者，岂此即所谓"《五代史》所载，皆略而不书"者邪？

南汉事欧详薛略

僭伪诸国，皆欧详薛略，盖薛据《实录》，《实录》所无，不复搜采增补，欧则旁采小说以益之。《南汉世家》载刘𬬮信任阉人龚澄枢，澄枢托左道，蛊𬬮乱政致亡，其事甚备，而《薛史》皆不及。广东广州光孝寺见存二铁塔，各有题记，予得其拓本，其一云"玉清宫使、德陵使、龙德宫使、开府仪同三司、行内侍监、上柱国龚澄枢同女弟子邓氏三十二娘，以大宝六年岁次癸亥五月壬子朔，十七日戊辰铸造，永充供养"，其一云"大汉皇帝以大宝十年丁卯岁用乌金铸造千佛宝塔一所七层，并相轮莲花座高二丈二尺，以乾德节设斋庆赞"，后列僧名，其衔皆金紫大夫检校工部尚书，欧公但书"宦者龚澄枢"而已，其官衔亦不能详。吴任臣《十国春秋》始具书之，盖取之塔记。德陵者，南汉开国之主刘隐陵名，"乾德"是蜀王衍及宋太祖纪年，而此以名节，揣之必𬬮生日，其臣为立美名，可以补欧、薛二史之阙。

马殷事互异

马殷，《欧》、《薛史》皆云"鄢陵人"，《通鉴》云"扶沟人"，而宋儒林郎、试秘书省校书郎、前桂州修仁令周羽冲撰《三楚新录》分三卷，一卷马殷，二卷周行逢，三卷高季兴也。明上海陆楫刻入《说海·偏记门》。则云"上蔡人"。此辈起于乱兵，本无一定乡贯，如王建少为贼，号贼王八，而欧云许州舞阳人，薛云陈州项城人，《蜀梼杌》云颍川郫城人，亦其类也。但《新录》叙事与正史互异者过半，断不可信。初从叛将孙儒，后从刘建峰为先锋，欧、薛同，而《新录》云"随渠帅何氏"，有姓无名，其妄可知。《欧史》言梁太祖拜殷中书令，封楚王，而《薛史》则云贞明中方至此官爵，未知孰是。《欧史》殷以廖光图为学士，《新录》则言岭外廖光图自韶阳来奔，殷以为永州刺史，光图陈南越可取状，因使李勋击拔桂管十八城，刘龚惧而乞盟，此等欧、薛皆无之，无以辨其真伪。又殷之谋臣高郁，欧云高季昌用反间，殷次子希声杀之，而《新录》及《五代史补》以为殷子希范使唐，得庄宗之间，归而杀郁，皆未知孰是。若《欧史》言殷子十余人，殷薨，希声立；希声薨，希范立；希范薨，希广立；希萼缢杀希广而自立，希崇又废希萼而自立，彭师暠别奉希萼为衡山王，乃为李景所灭，此分明可据。而《新录》则云殷薨，希范立，希萼为廖仁勇所奉，非师暠，恐皆虚妄。

周行逢事，欧、薛多合，而《新录》与二史皆多不合，恐不可信，未暇详及。

钱镠先世

《欧史·吴越世家》篇首但云"钱镠字具美，杭州临安人"，绝不及其先世，盖其出本微，而《吴越备史》第一卷以镠为唐武德中陪葬功臣潭州大都督巢国公九陇八代孙，又历叙其曾祖沛，唐宣州旌德县令，父宽，威胜军节度推官、职方郎中、守太府少卿。《备史》乃武胜军节度使书记范坰、巡官林禹同撰，《宋史·艺文志》云："吴越钱俨托名范坰等。"殆不可信。《薛史》第一百三十三卷《世袭列传》篇首亦不言镠祖父，而叙至镠贵后，父宽自言家世田渔为事，未尝贵达，见镠车徒雄盛，走窜避之，则知《备史》之诬。

董昌死状三处不同

《欧史·钱镠世家》：镠将顾全武"执昌归杭州，行至西小江，昌顾其左右曰：'吾与钱公俱起乡里，吾常为大将，今何面目复见之乎？'左右相对泣下，因瞑目大呼，投水死"。《新唐书·逆臣传》则云："全武执昌还，及西江，斩之，投尸于江，传首京师。"《薛史·世袭·钱镠传》则云："乾宁四年，镠率浙西将士破越州，擒昌以献。"昌死状，三处各自不同。

天福当为天复

《欧史·钱镠世家》：昭宗"天福二年，封镠越王"。按：天福，石晋年号，此当为"天复"。《十国年谱》于丁卯年梁开平元年第四格书蜀王建所称之号，亦误以"天复"为"天福"，此皆因音近而误。

客劝镠拒梁

"梁太祖即位，封镠吴越王兼淮南节度使。客有劝镠拒梁命者"，镠不从，遂受之，按：温篡唐，罗隐劝镠举兵讨梁，曰："纵无成功，犹可退保杭越，自为东帝，奈何交臂事贼？"镠以隐不遇于唐，有怨心，其言虽不能用，心甚义之。所谓客者，乃隐也。欧公何为没其名？偶看明诗，有刺隐者云："憔悴感恩依尚父，可怜尚父事朱温。"尤谬。

钱镠加官

《欧史》：唐昭宗加镠"检校太尉、中书令"。梁太祖"开平二年，加镠守中书令"。由检校而进守也。欧所书开平二年以前镠所加官如此，《薛史》则云："镠于唐昭宗朝，位至太师，食邑二万户。"位太师则非太尉，而食邑欧略去。镠撰《开平二年墙隍庙碑》结衔云"启圣匡运同德功臣、淮南镇海镇东等军节度使、检校太师、守侍中兼中书令吴越王镠"，正作"太师"，与薛合。功臣名、侍中，则二史《镠传》皆无，而《薛史》却于《末帝纪》贞明三年别见镠功臣名，正与碑同。

三　节

《欧·钱镠世家》："开平四年，镠游衣锦军，作《还乡歌》曰：'三节还乡兮挂锦衣。'""三节"者，镠在唐已领镇海、镇东两军节度，入梁又兼淮南也。《吴越备史》作"玉节"，此不读书人妄以意改。

钱俶入朝

"太平兴国三年，钱俶来朝，举族归于京师"，俶纳土实以二年，"三年"传写误。宋敏求《春明退朝录》载《百川学海》。卷下云："江南平，尚父钱忠懿王请入觐，太祖诏趣其还。后二年，举版籍纳王府。"亦谓二年也。至若钱世昭《钱氏私志》载《说海》。云："先文僖为西京留守，欧文忠在幕下，亲一妓，公屡微讽之，翻以为怨。后修《五代史·十国世家》，痛毁吴越。"如世昭之妄诞，岂可信哉？

杨怤王恁

洪迈《容斋三笔》云："刘道原《十国纪年》载杨行密父名怤。"《王审知德政碑》载其父名恁，见《蜗术编·说碑》。二字虽出《说文》卷十下《心部》，流俗不知，只作俚鄙用，此辈起群盗微贱，故名如此，欧、薛《五代史·行密传》不载其父名，《审知传》载之，不画一。

王审知事迹

欧公《闽王审知世家》："其先世为农。"《薛史》同，而《新唐书》审知兄潮传则云：五代祖华，为光州固始令，因家焉。唐天祐中所立《审知德政碑》，银青光禄大夫、行尚书、礼部侍郎于兢撰，亦云："以太祖就禄光州，因家于是。"审知起群盗，安得出仕籍？碑饰词，《新唐》妄采。泉州刺史廖彦若贪暴，州人礼请潮，因攻杀彦若，观察使陈岩表潮泉州刺史，岩卒，其婿范晖称留后，潮又遣审知攻破福州，杀晖。《欧史》、《薛史》与《新唐》略同，其纪载虽尚得实，而所云彦若贪暴，州人来迎，亦后来文士归闽者代为缘饰，宋、欧、薛误据之，果尔，则潮杀彦若为民除害，碑当夸美，乃讳而不言，直言潮誉蔼乡曲，岩遣人礼请，署为州牧，岂可信乎？潮兄弟作贼，专以剽夺为事，既得泉，又攻福，且岩有德于潮,岩死婿代,不俟朝命,唐季藩方大小皆然,无足多怪,潮等又攻杀据有之,乃碑于此又言岩病不能视事,军士等惧无统御,皆愿有所依从,潮遂以泉郡委仲弟审邽,而与审知偕赴,诏授潮节度使,则于攻杀晖亦讳之,而直以为军士乐推,其诞明矣。潮死,审知代立,据碑,在唐已加同中书门下平章事,《欧史》则云"梁太祖加拜审知中书令",乃《五代会要》于《使相》一门直至梁末帝及唐庄宗方有审知,而于梁太祖时则不书,此《会要》之漏也。碑又云"佛齐国虽同临照,靡袭冠裳。公示以中孚,致其内附",即史所谓"招来海中蛮夷商贾"是也。孙光宪《北梦琐言》云:"王审知患海畔石碕为舟楫之梗,夜梦吴安王伍子胥,许以开导,乃命判官刘山甫躬往祈祭,三奠才毕,风雷勃兴,山甫凭高,见海中有黄物,可长千百丈,奋跃攻击,凡三日,晴霁,见石港通畅,便于泛涉。于时录奏,赐名甘棠港。"此事碑亦载之,与《欧史》所述并合,而孙氏尤详。又此碑立于天祐三年闰十二月,而《旧唐·哀帝纪》:天祐三年"闰十二月己酉朔,福建百姓僧道诣阙,请为节度使王审知立德政碑,从之"。与《旧唐》正合。碑又言节度都押衙程赟列状上请刊勒,考《欧史》,后有朱文进作乱,据福州,以程赟守漳州,为州人所杀,即此人也。

王曦伪号

《欧史》:延羲,审知少子。更名曦,改元永隆。六年见杀,"谥曰景宗"。《薛史》略同。曦尝造塔九层于城南,既成,名曰"崇妙保圣坚牢塔",命其臣中故□□守中书令上柱国赐紫金鱼袋林同颖撰记,右街神光寺文章应制宏慈大师赐紫僧无逸书,神光寺长讲两经三论大德赐紫僧文于篆额。记中称兴工于永隆三年岁次辛丑十一月,曦之僭帝位即是年六月也。中散大夫正五品上阶乃守中书令,官与阶不相应如此,其末一行云"睿明文广武圣光德隆道大孝皇帝王曦"。既称帝,乃直书姓名,亦可笑。此殆初即伪位,即上此尊号,而《欧》、《薛史》皆不载。《塔记》与《审知德政》两碑,从来谈金石者皆未见,予入闽,访于孟吏部超然得之,著录自予始。

高氏事删削不全

《三楚新录》所纪载惟高氏一家,与《欧史》无甚抵牾,但《说海》刻非足本,而删削又未当,如季兴卒,子从诲立;从诲卒,子保融立;保融卒,弟保勖立;保勖卒,保融之子继冲立。归宋国除,《新录》乃于从诲之后即次以继冲事,残阙显然。

康延泽谕降高继冲

《欧·南平世家》:保融卒,弟保勖立。保勖卒,保融之子继冲立。"湖南周行逢卒,子保权立。其将张文表作乱,建隆四年,太祖命慕容延钊等讨之,延钊假道荆南,约以兵过城外"。继冲大将李景威请严兵以待之,判官孙光宪"劝继冲去斥堠,封府库以待,继冲以为然",景威"扼吭而死,延钊军至,继冲出逆于郊,而前锋遽入其城,继冲遽归,见旌旗甲马布列衢巷,大惧,即诣延钊纳牌印,太祖优诏复命继冲为节度使。乾德元年,有事于南郊,继冲上书愿陪祠。九月,具文告三庙,率其将吏、宗族五百余人朝于京师"。考王禹偁《小畜集》第二十八卷《康延泽神道碑》云:"我太祖开国,以荆湘未下,诏宣徽南院使李处筠、襄帅慕容延钊南讨,公实从焉。时江陵高保融死,其子继冲权领军府,因命公赍玺书,乘驿骑以吊抚,且观便宜,二帅留襄阳以待。公宣谕而回,尽得机事,前导师旅,长驱而南,平定荆湘,易于拾芥。寻转染院使、监护荆南军,赏功也。乾德中,受代归朝。"案:此事见《宋史》二百五十一《延钊传》、二百五十五《延泽传》、二百五十七《处耘传》。《延泽传》与碑正同,略去保勖,以继冲即嗣保融者,此省文,《延泽传》亦然,盖《延泽传》即采碑文,而《世家》不叙此事,亦略之耳。"耘"作"筠",则传写误,乃《宋史》于《处耘传》又以使高氏者为卢怀忠,假道者为丁德裕,此史自相矛盾者最多,此亦其一端。延泽监荆南军,至乾德中方代归,则以建隆四年继冲虽纳牌印,宋太祖仍命为节度故也,此正与《世家》合。

北汉刘氏欧详薛略

《薛史》能叙降王终事,欧无,然北汉刘氏事,则《欧史》为详,而《薛史》反略,不但因《薛史》成时,刘氏未亡之故也。即其叙刘崇不过六七百字,《欧史》则一千五百余字,详略已悬殊,至崇子承钧及承钧之养子继恩、继元相继袭位,而《薛史》承钧只一句,继恩、继元并其名不见,

《欧史》则叙至一千八九百字，详略相去甚远，且《薛史》成于开宝七年，继元在位已七年，而竟不书，薛居正但就史官已录者抄撮成书，其余概不添补，叹史裁惬人意者，千古罕见。

刘崇汉祖母弟

刘崇，欧云"汉高祖母弟"，《通鉴》二百九十卷胡三省注同。薛云"从弟"，恐当从欧。

刘氏建号

《欧史·世家》云：刘旻崇改名。僭号，仍称乾祐汉隐帝号。不改元。承钧立，始"改乾祐十年曰天会元年"。又云："继元立，改元曰广运。"欧公作文主于简严，故语意似涉牵混，使读者乍观之，似承钧、继元初立即改元者，其《年谱》则旻之仍称乾祐自四年始，是年岁次辛亥。即周太祖广顺元年。至乾祐七年，旻死，承钧立，是年岁次甲寅。即周世宗显德元年。承钧仍称乾祐，至丁巳岁，承钧始改乾祐十年为天会元年，即显德四年。《年谱》终于天会三年，是年岁次己未，即显德六年周恭帝即位之年，明年禅宋。至天会十二年戊辰岁，即宋太祖开宝元年。承钧死，继元立，亦不改元，仍称天会，至甲戌岁，即开宝七年。继元始改天会十八年为广运元年。广运六年，是年岁次己卯，即宋太宗太平兴国四年。继元亡，而《年谱》皆不书者，因天会四年已入宋故也。以上所推据《通鉴考异》所采刘恕道原说。《世家》中不书承钧、继元立，不改元，仍称乾祐、天会，但浑而言之，达心则其言略，而《年谱》固无误也。乃《薛史·周世宗纪》及《僭伪列传》皆言旻死于显德二年乙卯十一月，《薛史》误矣。《通鉴》第二百九十二卷周世宗显德元年十一月，北汉主疾病，命其子承钧监国，寻殂。又二百九十三卷显德四年正月己丑朔，北汉大赦，改元天会，皆与欧合。《考异》载刘道原说，驳《薛史》为非，又言："刘氏有国，全无纪录，惟其旧臣中书舍人、直翰林院王保衡归朝后所纂《晋阳伪署见闻要录》云：'甲寅春，南伐，败归。夏，周师攻围，旻积忧劳成心病，是冬卒，钧即位。丁巳年，正月旦，改乾祐十年为天会元年。'右谏议大夫杨梦申奉敕撰《大汉都统进封定王刘继颙神道碑》云：'天会十二年，今皇帝践祚之初年也。十七年，继颙卒。'末题：'广运元年，岁次甲戌，五月丙午朔。'"道原以此为据，推其历年，自属的确之至。道原史学之精，于此可见，而《薛史》之误明矣。《辽史·穆宗纪》应历五年十一月，汉主崇殂。应历五年即显德二年，《辽史》亦误。予又得《天龙寺千佛楼碑》拓本，继元之臣行尚书左仆射兼中书侍郎平章事李恽撰，末题广运二年岁次乙亥八月庚子朔，二十一日则立碑时也。顾宁人作开运二年，开运系晋出帝年号，宁人误。石本甚明，碑乃当时所立，本国之臣所撰，凿凿可信，岂敌国传闻之比？万季野先生斯同。《补历代史表》与道原及碑皆符，先生史学精绝。元陈子经桱。《通鉴续编》第三卷、明薛方山应旂。《甲子会纪》第三卷皆以继元初立即改元，误不待言，而季野《纪元汇考》乃与陈、薛同，一人之作，如出二手，是可疑也。朱竹垞彝尊。据碑讥欧公书继元之改元，未得其详。若欧果误认，则《世谱》书承钧之改元未尝误，何以《世家》文法与继元同？欧不误，竹垞误耳。

侯霸荣杀继恩

《欧·世家》云：承钧卒，养子继恩立，"卧阁中，供奉官侯霸荣率十余人挺刃入阁杀之"，郭无为遣人入杀霸荣。初，承钧语无为，继恩非济世才，无为不对，"继恩怨无为不助己。及立，欲逐之，未果。霸荣之乱，人谓无为之谋。霸荣死，口灭，无知者。无为迎继元而立之"。《千佛碑》云："及皇帝践祚，加太师、行太原尹，寻领侍卫亲军事。未几，值仓卒之变，震骇非常。上独执雄断，入平内难。时戊辰秋九月朔。"此皇帝指继恩，继恩之弑，继元为主，无为谋之，霸荣特挥刃者。绎碑词，情事如见，欲盖弥彰。后无为又为继元所杀。

嬖者范超

《欧·世家》又云"继元为人忍"，杀旻子十余人，无遗类，又遣嬖者范超杀承钧妻郭氏。其主杀继恩无疑，而超但云"嬖者"，不书其官。《千佛碑》则云："壬申十二月，冶铸千佛，诏宣徽北院使、永清军节度使、检校太保范超监修。"《宋史》四百八十二卷《北汉世家》云：宋太宗征北汉，"继元宣徽使范超来降。攻城者以超为出战，禽而戮之。继元斩超妻子，投其首城外"。是也。予得山西诸碑，皆分巡河南开归陈许兵备道常熟蒋果所赠。

后事具皇家日历

《薛史》第一百三十四卷《僭伪列传》于南唐李景以宋建隆二年疾，卒，其子煜袭伪位。又第一百三十五卷《僭伪列传》于宋开宝四年灭南汉，俘刘𬬮至京。又于东汉刘崇以周显德二年病死，其子承钧袭伪位之下皆云："后事具皇家日历。"《刘崇传》赞云："今元恶虽毙，遗孽尚存。势蹙民残，不亡何待？"则以此书作于开宝六年，时煜尚在位，𬬮尚存，承钧之养子继元亦尚在位故也。第一百三十三卷《世袭列传》吴越钱氏亦如此，若宋乾德三年灭后蜀，俘孟昶至京，而昶即于是秋卒，则于其传中详书其卒及年若干，以为结束，然后再加其后"具皇家日历"云云，盖每叙一降王，虽事入后代，不可不见其卒也。欧阳子作史时距诸国降灭已百余年，而于李煜、刘𬬮、钱俶辈，皆但云"事具国史"，不见下落。性乐简净，总不屑详叙首尾，后之读者稍觉未慊，然薛虽有叙降王卒年，其各国事迹却疏漏之至，反不如《欧史》之详。若《宋史》自第四百七十八卷以下亦有南唐等《世家》，但从李煜辈叙起，而略追叙其先，则又深得之。

吴越改元

《欧史·十国世家年谱》叙首云："闻故老谓吴越亦尝称帝改元，而求其事迹不可得，独得其封落星石为宝石山制书，称'宝正六年辛卯'，则知其尝改元矣。"范坰等《备史》固无年号，而明钱肃润刻《备史》，跋其后，即力辨《欧史》之非。《薛史》亦云：镠命"所居曰宫殿，府署曰朝廷"，其参佐称臣，但不改年号而已。考洪迈《容斋四笔》第五卷驳《欧史》之疏漏，援王顺伯所收碑有《临安府石屋崇化寺尊胜幢》系天宝四年辛未，《明庆寺白伞盖陀罗尼幢》系天宝五年壬申，顺伯考其年，知非唐天宝辛未，乃梁开平五年，其五月改乾化，壬申乃二年。梁以丁卯篡唐，武肃是岁犹用唐天祐，次年自建元也。《钱唐湖广润龙王庙碑》钱镠正明二年丙子建，《新功臣坛院碑》、《封睦州墙下神庙敕》，皆正明中登圣寺磨崖，梁龙德元年辛巳钱镠建。又有龙德三年《上宫诗》，是岁梁亡。《九里松观音尊胜幢》，宝大二年乙酉建，《衢州司马墓志》云："宝大二年八月殁。"顺伯案：乙酉乃唐庄宗同光三年，其元年当在甲申，盖自壬申以后用梁纪元，至后唐革命，复自立正朔也。又《水月寺幢》云："宝正元年丙戌十月，钱镠建。"是年为明宗天成。《招贤寺幢》云："丁亥宝正二年。"又小昭庆金牛、码磁等九幢皆二年至五年所刻，贡院前桥柱刻"宝正六年辛卯造"。然则宝大止二年，而改宝正。宝正尽六年，次年壬辰，有《天竺日观庵经幢》，复称长兴三年八月，用唐正朔，其年三月，武肃薨。方寝疾，语其子元瓘曰："子孙善事中国，勿以易姓废事大之礼。"于是以遗命去国仪，用藩镇法。此上皆王说。洪申之云："有天宝、宝大、宝正三名，欧阳公但知其一耳。自是历晋、汉、周及本朝，不复建元。今犹有清泰、天福、开运、会同、系契丹年。乾祐、广顺、显德石刻，存者三四十种。"顺伯名厚之，临川人。当绍兴、乾道间，与洪同时。又有王象之者，宁宗以后人，著《舆地碑录》，予有抄本，所载与洪所引顺伯语同。予谓洪、王是矣。但《镇东军墙隍庙碑》系开平二年岁在戊辰，下有一"月"字，而上下皆空，盖是年未改元之前所立，然则温篡唐，镠受其封号，即称臣奉其纪年，观望久之，知其未能一统，乃改元自娱。顺伯谓温篡后镠犹用天祐，误也，而其余考据则博而且精。秀水钟渊映又搜得《旧·武原志》载土中所得《朱府君墓志》，题云"宝大元年岁次甲申"。此顺伯所未见者。要之，天宝改于戊辰，梁开平二年；宝大改于甲申，唐同光二年；宝正改于丙戌，唐天成元年。历历可考，欧公说极确，所恨寡闻。范坰、钱肃润与《薛史》谓钱镠未尝改元，则大误矣。外惧诛讨，尊奉中朝，实则自帝一方，以愚其民，乃掩耳盗铃之计。

欧公惟举宝正，《通鉴》及《目录》亦然，而《考异》则历引阎自若《唐末泛闻录》、《纪年通谱》，余公绰《闽王事迹》，林仁志《闽王启运图》以证之，至《玉海》则于天宝、宝大、宝正外又载广初一号，此号则不知吴越何王、何年之所改。

洪言晋、汉、周及宋，吴越不复改元，今苏州虎丘千人石畔有大佛顶陀罗尼石幢一座，四面刻之，高约二丈余，末题："下元甲子显德五载龙集戊午日躔南斗高阳许氏建。"此吴越忠懿王钱俶时所立，可见其时不改元。予少与妹婿钱大昕同游，访得此幢。及老，先后归田，予徙家洞泾，距虎丘三里，时往摩挲，妹婿来，又同观焉。八九百年中，著录自吾两人始，每叹金石之有关史学，惜同嗜者寡也。

白　貂

《附录》契丹：耶律德光"脱白貂裘以衣晋高祖"。白貂，俗呼银鼠。

赵德钧延寿父子

《薛史》第九十八卷以赵德钧、延寿父子入《晋书》为列传，而《欧史》但入之《契丹附录》。不为传者，以其死于契丹也。

十七史商榷卷九十八

新旧五代史六

欧史脱文误字

常熟毛氏汲古阁刻《欧史》目录第四十八卷"杨思权"下漏去"尹晖"。《梁纪》一：光启二年"十二月，封吴兴郡王"，"封"上脱"徙"字。大顺元年四月，"张濬私与汴交"，"张"上脱"宰相"二字。"乾宁元年二月，王及朱宣战于渔山"，"渔"当作"鱼"。天复元年正月，"天子复立"，"立"当作"位"。天祐二年二月，"杀王德裕等"，"德王裕"误倒。《梁纪》二：开平二年三月"癸巳，卜郊"，上文正月己亥已卜郊，此处"卜"上脱"改"字。三年九月，徐注"乱军"当作"军乱"。乾化元年正月，"赦流罪以下因，求危言正谏"，"因"当作"囚"。九月，"御文明殿，入阁"，"阁"当作"阎"。论赞"独不为梁"，"为"当作"伪"。《梁纪》三：贞明四年，"刘郭为兖州安抚制置"，一本下有"使"字。龙德元年三月，"惠王能反"，"能"上脱"友"字。三年，"王彦章为北面行营招讨使"之下脱"取德胜南城。秋八月，段凝为北面行营招讨使"十八字，本是彦章有功，反用凝代之，脱此，似彦章未尝受代者，校勘不精，误人如此。《唐纪》四：乾宁二年，"克用军留余月"，当作"月余"。光化"三年，李嗣昭败汴军于汴河"，当作"沙河"。天祐六年，"以李嗣昭为潞州留后后"，下"后"衍。《唐纪》六：同光元年，"拜天平军节度使、蕃汉马步军副都总管"，一本无"副"字。天成二年六月，"幸白司马坡"，"坡"当作"坂"。《唐·酷吏·侯思止传》思止鞫诬告人反者，辄云："急承白司马。"此因洛有白司马坂，故用歇后语，诱令承反也。其时武后方居洛，而明宗入汴后旋即迁洛，则此作"坂"无疑。后《唐臣·刘延朗传》"遣宋审虔将千骑至白司马坡踏战地"，误同。"长兴元年"连写，非是，当提行。《唐纪》七《废帝纪》"率戍兵自曲阳、孟县驰出常山"，"孟"当作"盂"。清泰元年，"慈州刺史宋令询死之"，"慈"当作"磁"。三年六月，"以张令昭为右千牛卫将军,权知天雄军事",一本"事"上有"府"字。《晋纪》八:天福元年,"先帝受吾太原","受"当作"授"。《晋纪》九:天福七年六月,"如京师。使李仁廓使于契丹",南雍本无"师"字。《周纪》十二:显德三年八月,"课民种禾","禾"当作"木"。《梁家人传》"太祖元贞皇后张氏",连写非是,应提行。"天福元年",当作"天祐"。《末帝德妃张氏传》"贞明年","年"上脱"五"字。《次妃郭氏传》"庄宗入宫","庄"上脱"唐"字,"宫"上脱"汴"字。《唐太祖家人·庄宗后刘氏传》"略可记亿",当作"忆"。"太后称诏令","诏"当作"诰"。"同光三年十二月猎",当作"腊"。《克让传》"以千余人进至滑桥","滑"当作"渭"。《克宁传》"存颢等各遣其妻入说孟氏,数以迫克宁","孟氏"下应重"孟氏"二字,此脱。太祖子八人,篇中凡"存义"字皆当作"存乂"。又"庄宗大怒,以兵围其第而族之",此庄宗弟而云"族之",必有误。又"自河中奔太原北至","北"当作"比"。《庄宗子继岌传》"今大将军发",当作"大军将发"。《唐明宗家人传》卷首又自有细目,他卷皆无,盖古人目在每卷首,后人迁于第一卷之前,去每卷目,此其去之未净者。《秦王从荣传》"从荣尚忌宋王从厚","尚"当作"常"。"此事须得侍卫兵马为助",南雍本无"马"字。《晋家人传》"出帝与太后至建州,得地五千余顷","千"当作"十"。《汉家人传·高祖皇后李氏传》"周高祖起兵向京师",当作"周太祖"。《高祖二弟三子传》并论赞,凡"巩庭美"皆当作"廷美"。"吾尝为天无眼","为"当作"谓"。注"便于实事","实"当作"述"。《梁臣·张归霸传》"子汉卿、汉融,梁亡皆诛族","族诛"误倒。《杨师厚传》"攻枣彊,三月不能下","月"下注:"一作'日'。"南雍作"日"。考《薛史》作"逾旬",然则"月"、"日"皆非是,此欧之改薛而误者。《王景仁传》"以景仁为淮南招讨使,攻庐、寿","使"下,南雍复有"使"字。《唐臣·郭崇韬传》"唐军东保杨刘,彦章图之","图"当作"围"。又"事不与卿一镇","不"当作"了"。又"桥坏,庄宗正舆","正"当作"止"。《安重诲传》"锋即引谍者见重诲","锋"当作"镪"。"缮治甲器","甲"当作"兵"。《王建及传》"晋遂军得胜","得"当作"德"。"斧其竹窄","窄"当作"笮"。《西方邺传》"父再遇,为汴州军校",一本无"汴"字,是。邺,定州满城人,而此下文云邺"以勇力闻,年二十,南渡河,游梁,不用,复归"云云,则非汴州可知。又"谭善达数以谏,邺怒"，"邺"下当复有"邺"字。《李严传》"伐蜀，严为三川招讨使"，"讨"一作"抚"，是。时招讨乃郭崇韬，非严也。《何瓒传》"知祥以军礼事瓒，常绳以法"，"瓒"下当复有"瓒"字。《晋臣·桑维翰传》"又来见帝"，"来"当作"求"。《汉臣·苏逢吉传》：诱人告李崧，"诬伏：'与家僮二十人，谋因高祖山陵为乱。'狱中上书，逢吉改二十人为五十人"，"狱中上书"，南雍作"狱上中书"，是。《死节传》论赞"三人者，或出于伪国之臣"，南雍本"者"下多"或出于军卒"句，此脱。《死节》共只三人，军卒谓王彦章、裴约，伪臣谓刘仁赡也，脱去则不可读。《一行·郑遨传》"遭乱世，污于荣利"，"污"上脱"不"字。《义儿·李嗣昭传》"礠"俱误作"慈"。《杂传·王镕传》"馆于梅子园"，义门何氏从沈存中《笔谈》改"海子"。"梁太祖为书诏镕"，"诏"下注："古本作'招'。"案：南雍本正作"招"。"赵独安乐王氏之无事"，姚世钰读"安"字句绝。《罗绍威传》"赵文建为留后"当作"留後"。前帅"皆牙军所立，怒辄遂杀之"，"遂"下注："古本作'逐'。"案：南雍正作"逐"。此言或逐之，或杀之，作"遂"无理。《王处直传》"战于河沙"，当作"沙河"。《刘守光传》"遣其妻祝氏乞食于田家"，南雍无"其妻"二字，是。《韩建传》"欲邀庄宗游幸"，"庄"当作"昭"。《高万兴传》"葬于州南"，"葬"下脱"敬璋"二字。《温韬传》"韬复叛茂贞降梁，梁改耀州为崇州，鼎州为裕州，义胜为静胜军"，南雍本无下"梁"字，非是，"义胜"下当有"军"字。《卢光稠传》"刘龚已取韶州"，"龚"当作"龑"。《朱瑾传》"拜瑾秦宁军节度使"，当作"泰宁"。"瑾婴城自守，而与葛从周等战城下，瑾兵屡败"，"与"下十二字，南雍本脱。《孟方立传》"泽、潞、邢、洺、礠五州"，误作"三"。"逐其帅"，误作"师"。"以窥山东"，误作"失"。《王珂传》"唐兵已过冤朐"，误作"宛"。《孙德昭传》"判神策军，号扈驾都"，徐氏葆光云："本纪天复元年正月，扈驾都头孙德昭诛季述，天子复立。'都'下当有'头'字。"《刘知俊传》"败邠、岐兵于幕谷"，本纪作"漠谷"。《张全义传》"改用年来二月"，"来年"误倒。《房知温传》"稍迁亲随指挥使"，"随"下，南雍有"军"字。《王晏球传》"龙骑五百"，"骑"当作"骧"。"李霸一部"，"部"当作"都"。"庄宗兵变"，"庄"当作"明"。《安仲霸传》"王衍立，少年"，"年少"误倒。《张希崇传》"乃先为突"，南雍作"阱"，是。《皇甫遇传》"战尚或生，走则死也。我等死战，犹足以报国"，"我等死

战"四字,南雍作"等死死战",是。"以重威为都招讨使","重"上脱
"杜"字。《王弘贽传》与《尹晖传》误连,应提行。《高行周传》"匡威为
其弟光俦所篡","光俦"当作"匡俦"。"历朔、沂、岚三州刺史","沂"当
作"忻"。《孙方谏传》"郑州清苑人","郑"当作"鄚",南雍本误同。《王
峻传》"事三司使张延朗,不甚爱之","延朗"下当重"延朗"二字。《王
殷传》"大明人",当作"大名"。《范延光传》"宗正丞石昂",误作"承"。
"高祖犹豫未决",脱"犹"字。《安重荣传》"镇州曰恒州",误作"有州"。
《安从进传》"领贵州刺史",当作"青州"。《杜重威传》"契丹留燕京兵
五百人","五"上脱"千"字。《张彦泽传》:迁晋出帝于开封府,"遣控鹤
指挥使李筠以兵监守,内外不通"。帝"求酒于李崧,崧曰'虑陛下忧
躁,饮之有不测之虞。所以不进'",《通鉴》第二百八十五卷于此事亦
作"李崧",《崧传》在五十七卷。耶律德光灭晋入汴,拜崧太子太师,正
为德光任用,则似作"崧"无误,而别本作"求酒于李筠",以上文"筠以
兵监守"考之,作"筠"为是。义门何氏谓此又一李筠,非《周三臣》之李
筠。愚亦谓此为德光任用之李崧,乃又一李崧,非《梁纪》开平二年为
鸿胪卿、封介国公之李崧也。《职方考》叙首"唐自中世多故",误作"中
势"。"秦、凤、阶、成、瀛、鄚",误作"瀛汉"。横列之图中,第一格"岐"字,
列其州名也。第二格于梁则书岐,其时为岐李茂贞所据也。其下旁注一
"凤"字,又一字漫,当云"凤翔"。秦、成、阶、凤四州于汉亦云"有"者,误,
皆当作"蜀"。吴与南唐所有各州,于吉州后四行连脱州名,当云"虔、筠、
建、汀"。又广州更五代皆南汉,当于第一个"南汉"下注"清海"二字。
"五代之际,外属之州"云云,南雍本提行,是,此误连。"益州、梓州曰剑
南东、西川","川"当作"道"。"长垣,唐改曰匡城",应提行起,此误连。
《南唐·李昇世家》"昇字正伦","昇"字见《说文》第七卷上《日部》。马
令、陆游《南唐书》同,此篇中段多误作"昇"。《李景世家》"自号中天八国
王","八"当作"大"。"始改名璟",当作"景"。《前蜀世家》论赞"予读蜀
书",脱"书"字。《南汉·刘玢世家》"玢立二年,卒",脱"卒"字。《刘铢世
家》"十月,平韶州","铢喜曰:韶、桂、连、贺"云云,二"韶"字皆当作"昭"。
《楚·马希范世家》"开封承制","封"当作"府"。《吴越·钱镠世家》"镠
之孙元瓘之子佐,字祐",据《吴越备史》,则当作"弘佐",字元祐。《闽·
王审知世家》"唐以福州为武威军",据天祐三年于兢撰《审知德政碑》,当

作"威武"。《十国世家年谱》丁卯年第五格天福七年,当作"天复",说已见前。庚戌年第三格"八"字衍。卷末论"不以忘汉为仇","忘"当作"亡"。《契丹附录》第一"距幽州北七百里有榆关","榆"当作"渝"。《于阗附录》第三"始涉醲碛","醲"当作"醾",字见《辽史》。

五代俗字俗语

《新五代史》用俗字俗语,如《晋高祖纪》明宗战胡卢套,"套"字始见于此。《李崧传》晋高祖谓崧曰:汝造浮屠,为我合尖。"尖"字已见《北史》第四十三卷《郭祚传》、四十九卷侯深等传,而又见于此。《广韵》在下平声二十四《盐》。又《道德经》卷一:"揣而锐之。"王弼注:"揣末令尖,又锐之。"然《说文》无此字。《汉高祖纪》耶律德光谓曰:"此军甚操剌。"今人以雄猛为插剌,"操剌"当即此意。又"契丹赐以木拐一",今人呼老人所用杖,音如《夬》卦之"夬",作此字,史文惟见于此。汪钝翁尧峰诗云:"一拐扶身两鬓星,纸标略画卦中形。怜渠那识羲文《易》,自道侬家打瓦灵。"用此字。《唐臣·任圜传》崔协号"没字碑",《杂·安叔千传》叔千亦号"没字碑",此等皆当时俚俗语。

五代春秋

《五代春秋》二卷,宋尹洙师鲁撰,即附于《河南先生文集》后。柳开、尹洙,宋初以古文词著名,为欧阳子之先声者也。观《河东》、《河南》两集,手笔诚可观,其于经史,则皆茫然者。师鲁此作全仿《春秋》,谬妄已甚,即如晋人、燕人、赵人、秦人、吴人、楚人等称,此史家于叙事中间贪其文省用之则可,若以此摹效《春秋》笔法,动辄云"某人伐某"、"某人败某师于某地",岂非笑端? 且如李克用、李茂贞不言姓名,而突书之曰晋人、秦人,后世读者知为谁乎? 岂师鲁有待于后有为之《左氏》者乎? 唐庄宗已建尊号,国为唐矣,而于梁事中称为晋人,是其意将夺唐而与梁乎? 其他名号之进退、义例之出入,纠纷无定,盖有不可知者。幸师鲁不秉史笔,若令修史,史法坏矣。

五国故事

《五国故事》二卷,宋无名氏记吴杨行密、南唐李昇、前蜀王建、后蜀孟知祥、南汉刘岩、闽王审知事，末附朱文进诸人。曰“五国”者，合前后蜀为一也。仁和吴长元。以为吴越国人所作，歙县鲍廷博。刻入《知不足斋丛书》第十一集。

十国春秋

《十国春秋》一百十四卷，吴氏任臣撰。吴字志伊，仁和人，康熙己未博学鸿词、翰林院检讨。志伊以欧阳氏《五代史》附《十国世家》于末，而尚简略，思取其人物事实而章著之，故勒为本纪二十、世家二十二、列传千二百八十二，又作表五篇。博赡整理，诚史学之佳者。顾其为书之体，每得一人即作一传，凡僧道及妇人之传，每篇只一二行者甚多，乃徐铉《骑省文集》三十卷，其后十卷系入宋后所作，而前二十卷则皆在南唐时作也，其中碑志若岐王仲宣、马仁裕、刘崇俊、陈德成、江文蔚、乔匡舜、韩熙载，志伊虽皆有传，而徐所叙事迹遗漏者已甚多，若贾潭、方讷、陶敬宣、周廷构、苗廷禄、包谔、赵宣转、刘鄗皆有事迹，而志伊皆无传。潭、讷《欧史》一见其名，只有一句，故不能措手，志伊之学，专以博为事者也，然竟未见《骑省集》矣。亡友惠定宇、戴东原每与予极论学之贵精，不贵博，予深韪其言。由今观之，博亦大难事，特不可与兰艾同收、玉石混采者道耳。志伊《凡例》自述所采古今书籍约一二百种，但已自为裁割，缉练成文，读者不能知其某事出某书，反不如同时朱竹垞《日下旧闻》具注所出也。又志伊自言采薛氏《旧五代史》，恐实未见，虚列此目，竹垞亦每如是，则不能无遗憾焉。予所著述，不特注所出，并凿指第几卷、某篇某条，且必目睹原书，佚者不列，惜不得起两先生一质之。

此书佳处在表，《地理表》与欧阳氏《职方考》参观，则五代十国全局如见，至十国之官制虽大抵沿唐，而一时增改亦已纷冗不可爬梳。任臣为作《百官表》，甚便考览，尤其妙者也。惜欧阳氏不志职官，犹恨多茫昧，《五代会要》虽存，非博学者不观，恐终归于无征矣。若《藩镇表》以区区僭伪僻陋一隅而多立军名，假称节度，诚属不成事体。要之，胪而陈之，亦稽核之一助也。

十七史商榷卷九十九

缀言一

记言记动

《礼记·玉藻》篇云："天子动则左史书之，言则右史书之。"要之，其始虽分书，其后必合编，故《尚书》记言，而亦间及于记动，《春秋》记动，《左传》记言以附益之。

正史编年二体

《汉·艺文志》无所谓"史"之一目，即以附于六艺《春秋》之后，《隋·经籍志》始以经、史、子、集判分四部，《隋书》唐人所作，簿录之体至是始定，而史部首列"正史"一门，次列"编年"一门，史家之体亦至是始定。正史标目后既历叙古者国史纪载、职掌、收藏，遂详述《史记》、《汉书》、《三国志》原委，此下则云："自是世有著述皆拟班、马，以为正史，作者尤广，一代之史至数十家，惟《史记》、《汉书》师法相传，并有解释。《三国志》及范蔚宗《后汉》，虽有音注，既近世之作，并读之可知。今依其世代，聚而编之，以为正史。"编年标目后既言"自史官放绝，作者相承，皆以班马为准"，其下言："起汉献帝，以班固《汉书》文繁，命荀悦仿《春秋左传》体，为《汉纪》，大行于世。至晋太康元年，汲郡发魏襄王冢，得竹简纪年书，皆编年相次，文意大似《春秋》，学者因之，以为《春秋》则古史之正法，有所著述，多依《春秋》之体。今依其世代，编而叙之，以见作者之别，谓之古史。"此志之意以编年本为古法，马、班出而编年废，直至《汉纪》复用编年，至《竹书纪年》出，始悟此为古法，而复多用此以纪事者，文义甚明。要之，并列二体，其意则以纪传为正体，编年为别体。

编年虽古法，而古不可泥，宜以后出为定，即如《尚书·牧誓》篇首突书"时甲子昧爽"，《金縢》篇首突书"既克商二年"，《康诰》篇首突书

"惟三月哉生魄",此岂后之史官所当取法乎?《春秋》或书爵,或不书爵,或降而称人,或书名,或书字,或有日,或无日,说者以为夫子意有予夺,此岂后人所可妄效乎? 可见作史不得拟经。抑本纪与表,即用《春秋》编年之式;而《尧典》、《太誓》、《武成》,本纪皆有相肖处;若志,则又《周礼》、《仪礼》体也。正史于《五经》已拟其三矣,正史足兼编年,编年不能包正史,皇甫湜《持正文集》第二卷《编年纪传论》此文《文苑英华》、《唐文粹》皆采之。略云:"古史编年,至汉司马迁始更其制而为纪传,相承至今,无以移之。历代论者以迁为率私意,荡古法,纪传烦漫,不如编年。湜以为合圣人之经者,以心不以迹,得良史之体者,在适不在同,编年、纪传,系于时之所宜耳,何常之有? 夫是非与圣人同,辨善恶得天下之中,不虚美,不隐恶,则为纪传、为编年,皆良史矣。若论不足以析皇极,辞不足以垂无穷,虽为纪传、编年,斯皆罪人,司马氏纪项羽、吕后,以历年不可中废故也。其作传之意,将以包该事迹,参贯话言,纤悉百代之务,成就一家之说,必新制度而驰才力焉。编年记事,束于次第,牵于混并,举其大纲而简于叙事,是以多阙载,多逸文,乃别为著录,以备书之语言而尽事之本末,故《春秋》之外则有《尚书》,《左传》之外又为《国语》,可复省左史于右,合外传于内哉? 故合之则繁,离之则异,削之则阙,子长病其然也。于是革旧典,开新程,为纪、为传、为表、为志,首尾具叙述,表里相发明,庶为得中,将以垂不朽。自汉至今,代已更八,年几历千,其间贤人摩肩,史臣继踵,权今古之得失,论述作之利病,各耀闻见,竞夸才能,莫能改其规模,殊其体统,传以相授,奉而遵行,而编年之史遂废,盖有以也。唯荀氏为《汉纪》、裴氏为《宋略》,强欲复古,皆为编年,然善语嘉言、细事详说,所遗多矣,必览正史,方能备明,则其密漏得失,章章于是矣。今之作者,苟能遵纪传之体制,同《春秋》之是非,文适迁、固,直如南、董,亦无上矣。倘舍源而事流,弃意而征迹,虽服仲尼之服,手绝麟之笔,等古人之章句,署王正之月日,谓之好古则可矣,顾其书何如哉?"湜此论甚是,孙甫、晁公武辈纷纷訾说,反谓宜以编年为正,不亦谬乎? 即用编年,亦必至司马君实,方成一大著作,荀悦、袁宏等聊堪充数,犹未成章。

以学问言,则《汉·艺文志》乃其根本,《隋志》舛误不足信者多;若以目录体制言,刘歆、班固、荀勖、王俭、阮孝绪辈,皆不可为法,必以

《隋志》为主。而以马、班、陈、范作正史,尤为千古定论。

唐以前惟三史三国

自唐以前,通行人间者,惟马、班、范之《史记》,《前》、《后汉书》三史而已,其次则《三国志》,若《晋书》及南北朝各史,未流布也。以《史》、《汉》目为"三史",始于司马彪《续汉·郡国志》,已见前。其时范蔚宗书未出,所据《后汉书》当是谢承或华峤书,若《三国·吴·吕蒙传》之三史,则并非谢、华所作,恐是指《战国策》、《史记》、《汉书》,说亦见前。厥后以"三史"并言者颇多,且以配《六经》,如阚骃之"三史群言,经目则诵",见《北史》本传。杨绾①之讥"《六经》未尝开卷,三史几同挂壁",见《旧唐书》本传。唐陈州司法孙愐《唐韵序》亦称"九经三史",此则皆指马、班、范矣,而唐人并以三史为一科,以此科应举得第者颇多。见《唐·选举志》及各传。盖三史者,史家之眉目也,《三国志》则名仅亚之,至于《晋书》及南北朝各史成于唐人之手,唐三百年中人著述引此者殊不多见,观刘知幾《史通》第十卷《自叙》篇,叙其少时读《左氏》、《史》、《汉》、《三国志》,迄皇家实录,窥览略周云云,以知幾之聪颖淹洽,所习亦仅三史、《三国》而止,乃并下及于唐之实录,而不及晋与南北朝各书,则唐人史学概可知矣。惟《新唐书·柳仲郢传》:"家有书万卷,所藏必三本,上者贮库,其副常所阅,下者幼学焉。仲郢尝手抄《六经》,司马迁、班固、范蔚宗史皆一抄,魏晋及南北朝史再。"仲郢之博,盖当时所罕,窃谓马、班、范史皆仅一钞,魏晋及南北朝史乃再者,当由三史自幼成诵,故一抄已足,非轻三史而重魏晋以下诸史也。

十七史

大约《史》、《汉》、《三国》备于晋初,晋及南北朝皆定于唐太宗、高宗之世,而书犹深藏广内,既无刻板,流布人间者甚少,故学者所习三史、《三国》而止,直至宋仁宗天圣二年,方出禁中所藏《隋书》付崇文院雕板,嘉祐六年并《梁》、《陈》等史次第校刻,其工盖至英宗方粗就,观校者称"仁宗"云云,则可见。于是历代事迹粲然明著,然其中如《魏

---

① "杨绾"及"《旧唐书》本传"原本空缺,今据《旧唐书》卷一一九补。

书》,以学者陋之而不习,亡逸不完者已无虑三十卷,校者各疏于逐篇之末,《北齐》亦多阙者,《宋书》第四十六卷亦阙,盖皆以《南》、《北史》补之,又改刘昫《旧唐书》为《新唐书》,改薛居正《五代史》为《五代史记》,乃合为十七史。《宋史·艺文志》史抄类有周护《十七史赞》三十卷,不知作者《名贤十七史确论》一百四卷,"十七史"之名始见于此。又有王先生《十七史蒙求》十六卷,系宋王令逢原著,载《宋史·艺文志》,建中靖国改元弟英州刺史献可序,近日程宗典据乾道己丑麻沙板刊行。朱甫田跋云:"《蒙求》非一,其便于记诵者,惟李氏瀚及王先生令。李书旧板罕存,坊刻止取其总目而删去其注,惟王书仅存。"按:此书剽掇猥琐,无当实学,恐未必出于令,特南宋书坊伪托耳,然即此可见"十七史"之称至宋始著。李瀚后唐天成中登第,仕晋为翰林学士,《五代史》无传,《挥麈后录》言其后仕契丹,《蒙求》一卷,载《全唐诗》第十二函第八册,晁氏《读书后志》有之,其书与王令书体例正合,如出一手,而不称"十七史",知五代时尚无此称。刘过改之《龙洲道人集·赠许从道之子祖孙》诗:"祖孙今年几年齿,两髻耽耽垂到耳。读书要以六经先,次第汉唐十七史。"又吕祖谦有《十七史详节》二百六十九卷,此书随意采掇,粗疏无理,疑亦出于南渡书肆,嫁名祖谦,而其为宋时人笔则无疑。又文忠烈《文山文集》第十五卷《纪年录》,文山被执,见博罗丞相,文山曰:"自古有兴有废,天祥今日忠于宋,以至此,幸早施行。"博罗曰:"你道有兴有废,且道盘古到今,几帝、几王?"文山曰:"一部'十七史',从何处说起?我今非赴博学宏词科,不暇泛言。"又有旧板无姓名《读书随语》、《剩语》各一卷,各自为序并注,书中称引南宋人而下及于马氏《通考》,则是元人。《随语》自序署"湖上逸人题于三十树梅花阁",当为杭州人;《剩语》题"上章摄提格",当为顺帝至正十年。其书无标目,每条末则注所论之书名,《续语》中一条末注云"右《十七史通要》",此书本名《十七史纂古今通要》,分十七卷,双湖胡一桂庭芳著,亦宋末元初人,予未见此书,而钱曾《读书敏求记》第二卷载之,盖《辽》、《金》二史皆成于至正四年,《宋史》成于五年,三史流布已当元之末季,而刘昫、薛居正之书又皆湮没无闻,故宋、元人之恒言,凡史以十七为最备。

孙愐《唐韵序》又称"《史》、《汉》、《三国志》、《晋》、《宋》、《后魏》、《周》、《隋》、《陈》、《宋》、《两齐书》",下"宋"字当作"梁",此传写之误。

案：其所举凡有十三，不数《南》、《北史》故也，兼数则十五，再加唐及五代则十七矣。盖历代渐积而来，至宋方定。

前言诸史校成已当英宗之世，而颁行则直至徽宗时矣。晁公武《郡斋读书志》第二卷上云："嘉祐中，以《宋》、《齐》、《梁》、《陈》、《魏》、《北齐》、《周书》舛谬亡缺，始命馆职雠校。曾巩等以秘阁所藏多误，不足凭以是正，请诏天下藏书之家，悉上异本，久之始集。治平中，巩校定《南齐》、《梁》、《陈》三书，上之，刘恕等上《后魏书》，王安国上《周书》。政和中始皆毕，颁之学官，民间传者尚少。未几，遭靖康丙午之乱，中原沦陷，此书几亡，绍兴十四年，井宪孟为四川漕，始檄诸州学官求当日所颁本，时四川五十余州皆不被兵，书颇有在者，然往往亡缺不全，收合补缀，独少《后魏书》十许卷，最后得宇文季蒙家本，偶有所少者，于是七史遂全，因命眉山刊行。"观晁氏说，知颁行实已至徽宗，而彼时疑尚未刻板，颁之学官者，恐尚是写本，故云"民间传者尚少"也。但云"七史"者，《隋书》先已校成，想《晋书》又在前，故不及。井宪孟，南阳人，为四川转运使，以书五十箧赠公武，见自序。民间刻史，似自井氏蜀板始，而所刻似尚未有十七史全书，其汇刻十七史，则已在南宋时。

校史诸臣，各题名于卷尾，曰绶，曰华，曰恂，曰宝臣，曰穆，曰藻，曰洙，曰觉，曰彦若，曰巩，曰攽，曰恕，曰焘，曰祖禹，曰安国，曰希。绶者，尝校巢元方《诸病源候论》之翰林学士、尚书左司郎中宋绶也。宝臣者，丁宝臣也。穆者，郑穆，《宋史》三百四十七卷有传，或云钱穆。藻者，秘阁校理钱明逸之从子，《宋史》三百十七卷附传。洙者，知太常礼院兼史馆检讨孙洙，《宋史》三百二十一卷有传。觉者，秘书少监孙觉，《宋史》三百四十四卷有传。彦若者，赵彦若也。巩者，集贤校理曾巩，《宋史》三百十九卷有传。攽者，馆阁校勘刘攽，传亦在《宋史》三百十九卷别见。恕者，秘书丞刘恕，详见后。焘者，秘阁校理安焘，《宋史》三百二十八卷有传，或梁焘。祖禹者，范镇之从孙，著作郎兼侍讲，《宋史》三百三十七卷有传。安国者，崇文院校书王安国，《宋史》三百二十七卷有传。希者，秘书少监林希，《宋史》三百四十三卷有传，余存考。

明嘉靖初，南国子监祭酒张邦奇、司业江汝璧等请校刻史书，欲差官购索民间古本,部议恐滋烦扰,世宗命将监中十七史旧板考对修补,仍取广东《宋史》板付监,《辽》、《金》二史无板者求善本翻刻,十一年七月成,总为二十一史,祭酒林文俊等表进。其后当神宗时,北监亦刻二十一史,祭酒方从哲、司业黄汝良等校定。阅数十年,而海虞毛氏汲古阁又刻诸史,则仍惟十七而已。予今亦以十七史为断,用毛板作读本,自宋以下不及者,智有所未周,而力有所不逮也。

十七史商榷卷一百

缀言二

资治通鉴上续左传

十七史至宋已备，而编年未有全书，英宗治平三年，命司马光编《资治通鉴》，神宗元丰七年，历十九年书成，上起战国，下终五代，为二百九十四卷。公名德笃学，所引以自助，若刘攽贡父、刘恕道原、范祖禹淳父，又极天下之选，故能成此。专取关国家盛衰，系生民休戚，善可为法，恶可为戒者，洵不愧"资治"之称，此天地间必不可无之书，亦学者必不可不读之书也。其所以托始于威烈王二十三年命韩、赵、魏为诸侯者，晁公武《郡斋读书志》谓因不敢续《春秋》之故，而《文献通考》一百九十三卷采洪迈《容斋随笔》云："司马公修《通鉴》，辟范梦得为官属，尝以手帖论缵述之要，大抵欲如《左传》叙事之体。"胡三省注《通鉴》，自序亦云："《通鉴》之作，实接《春秋左氏》后。"愚谓《春秋》终于获麟，而《左传》则从获麟以后续书其事，迄于哀公之末。《春秋》始隐公元年，终哀公十四年，其事未竟，故作传者竟之。其下又赘以哀公子悼公四年事，而其末段乃云："赵襄子甚知伯，遂丧之，知伯贪而愎，故韩、魏反而丧之。"杜注："《史记》谓晋哀公之四年，鲁悼公之十四年，知伯帅韩、魏围赵襄子于晋阳，韩、魏反，与赵氏谋，杀知伯于晋阳之下。其事在《春秋》后二十七年。"考此年乃周定王之十六年，岁在戊子，周有两定王，此后定王也，说详第三卷。此则作传者附缀后事，故上距获麟已有二十七年之久，自定王十六年至崩而考王立，又崩而至威烈王之二十三年，虽中间相隔又有四五十年，但《通鉴》虽托始于此，以命韩、赵、魏为提纲，其下却仍追述前事，直从智宣子立瑶为后叙起，自下历叙知伯求地，三家共灭之之事甚详，然则君实盖不敢续《春秋》而欲接《左传》也。续经则僭，续传则可，其微意如此，岂其前无所承而强出意见，好为武断，截从一王之二十三年为首，使其著述偏侧畸零、不成体裁者哉?

七国,秦、齐、燕、楚皆旧封,韩、赵、魏则新国,自三家灭知伯,而分晋之势成于此,七国之势亦成于此,《左氏》欲下接战国,故以此事终;司马君实欲上续《左传》,故以此事始。

通鉴与十七史不可偏废

史炤《通鉴释文》冯时行序谓:"司马公不用纪传法律,总叙历代,以事系年,粲然可考,虽无诸史,可也。"愚谓冯氏此言妄矣。纪传、编年,横纵经纬,不可偏废,司马公虽欲上续《左传》,究以十七史为依借,方能成《通鉴》,岂有正史可无之意在其胸次邪?大凡人学问精实者必谦退,虚伪者必骄矜。生古人后,但当为古人考误订疑,若凿空翻案,动思掩盖古人以自为功,其情最为可恶。司马公秉性诚笃,安有此事?时行极力推尊,反失其本旨。

通鉴神宗序

《通鉴》有神宗御制序,前明刻本皆佚去,光《进书表》及《谢赐序表》俱载《传家集》第十七卷,而诸刻但有《进表》。史炤《通鉴释文》开卷即释神宗序,但此书之例,仿陆德明《经典释文》,摘取一句半句释之,故不可属读。章俊卿《山堂群书考索·前集》第十六卷《正史门》摘录其大略,亦非全文,疑其亡久矣。余姚卢学士文弨始从宋板搜得全篇,刻入《群书拾补》中,今已行世,好事者宜以此序合《谢序表》并刻补入,方为完美。

通鉴前例

司马公之子康,字公休,在书局为检阅文字官,胡三省《释文辨误跋》言:"公薨,康以毁卒。《通鉴》之学,其家几于无传矣。南渡后,有司马伋字季思者,搜得公与范梦得即淳父。论修书义例二帖,又与刘道原十一帖,编为《通鉴前例》刻之。"《宋史·艺文志》载作一卷,前一条内采《通考》所载《容斋随笔》云云,即从此书撦入。三省以为时人附会而作,不足信。三省此言太过,恐未可泥。观与范帖,《文集》亦收,则可知。至云伋是公之从曾孙,似必有据,而其上文又以为公休之孙。予所据明吴勉学刻，必是脱一字，当作公休之从孙，但陈氏仁锡刻《通鉴》，以此《前例》冠于其前，而仉跋称曾大父温国文正公，又自署曾孙，不容传刻如此之多误，恐三省所考亦未的，疑仉真公之曾孙。又有道原之子羲仲，字壮舆，所编司马公与道原论修书事，陈亦附刻于前，《宋史·艺文志》亦载之，作《通鉴问疑》一卷，《郡斋读书志》亦有。

通鉴目录

公既成《通鉴》，又略举事目，年经国纬，以备检寻，为《目录》三十卷。又参考群书，评其同异，为《考异》三十卷。本各自为一书，后胡三省作注，取《考异》散入而《目录》仍单行，今世所行《通鉴》，莫善于徐氏刻，惜无《目录》，而陈氏刻有之。《尔雅·释天·岁名》篇"太岁在甲曰阏逢，乙曰旃蒙"等，又"在寅曰摄提格，卯曰单阏"等，此岁名也。而甲、乙等十干，子、丑等十二支，古人以纪日，不纪岁，司马子长亦从俗取便，以日名岁，独《通鉴》悉以《尔雅》岁名，《目录》亦然，即此一端，见其不苟。

通鉴考异

《通鉴考异》三十卷，无序引、题跋、目录，但每卷前列衔名，其衔与《进书表》衔同，每叶板心有"万历十四年"五字，此刻书之年，下有姓名，当是写书人或刻书人。予初疑胡氏散入书中，或有遗漏，今得此单行刻本，未暇胪全书对勘，姑就首一二卷勘之，则绝无遗漏，惟原本《考异》第一卷于汉高后元年"欲王诸吕，使大竭者张释风大臣"下有《考异》一条，胡已散入《通鉴》第十三卷高后元年此文之下矣，乃于前第十二卷惠帝三年匈奴致书褒嫚，使大谒者张释报书下，已先载此一条，盖《考异》此条辨张释、张泽异同，胡因惠帝一条在前，欲移入，又忘删后条，遂彼此复见耳。其疵谬如此而已，然则全书皆未必有遗漏。或谓陆德明《经典释文》后人散入各经注疏，遗漏甚多，故单行足本可贵；《考异》散入既无遗漏，则单行本徒为赘疣。予谓不然，古人著述，当留其真面目，方见古人苦心，只因后生既懒惰，又急躁，故欲省两读，胡氏散入诚便，予特爱单行本，谨藏之。

通鉴史氏释文

《通鉴释文》三十卷，宋右宣义郎、监成都府粮料院眉山史炤见可撰。陈振孙《直斋书录解题》第四卷、马端临《通考》第二百卷皆载之。彼先载司马康公休《释文》二十卷于前，次载此书，而云"考之公休之书，大略同而加详焉，盖因其旧而附益之者"。胡三省《通鉴注》自序虽讥史炤乖剌，却言《释文》本出于史炤，而公休《释文》与炤大同小异者，非公休为之。其作《释文辨误》，既以炤为多谬，而又言今海陵刻伪托名司马康之《释文》，并蜀中费氏刻《通鉴注》，号为"龙爪本"者，皆蹈袭史炤，故辨之。然则炤实创始，非因旧附益。陈振孙云云，谓吕尚盗陈恒之齐耳。冯时行序谓："《通鉴》之成殆百年，未有释文，学者艰于寻绎，见可始著此书。"若其前先有公休《释文》，时行安能为此言？《通鉴》成于元丰七年，时行序作于绍兴三十年，实八十三年，故云殆百年。此书虽非大醇，然时行序云："字有疑难，求于本史，本史无据，则杂取六经诸子释音、《说文》、《尔雅》及古今小学家训诂、辩释、地理、姓纂、单闻小说，精力疲疲，积十年而后成。"又云："无用之学，圣贤所不取，古今以文章名世传后不少，未必真有补于世，见可精索而粗用，深探而约见，不与文人才士竞能，而为后学垂益于无穷。"然则此书非无足取，乃元明以来数百年收藏家号极博者皆未见此书，予偶从吴兴书估见一秘钞本，为之喜剧，用重资购得之。

时行序又云："嘉祐治平间，眉州三卿为搢绅所宗，东坡兄弟以乡先生事之，见可即清卿之曾孙也。"予寡闻，不知"三卿"何人，张晋生等《四川通志》第九卷《眉州人物》无史氏三卿，其先列三苏于前，后列史炤，而云博古能文，著《通鉴释文》三十卷，似矣。乃炤之字与官皆不著，而又言苏氏兄弟以师事之，则大误。时行序言炤"年几七十，好学之志不衰"，则绍兴三十年尚在，安得有东坡兄弟师事之之理？盖未见《释文》及序，而传闻之谬。

通鉴释文胡氏辨误

《释文辨误》十二卷，胡三省撰。愚谓炤之学诚不及胡，所辨大抵皆是也。但胡注《通鉴》取史语甚多，今未暇以全书对勘，姑就前十余卷勘之，大约每卷辄有三四十条，此内大半因两家同取《史记》、《汉书》旧注，所以相同，而史不著作者姓名十之七八，胡则一一著之，置勿论，其少半竟系胡之窃取史矣。即如开首威烈王标题之下，史云："自武王至平王凡十三世，自平王至威烈王又十八世，自威烈王至赧王又五世。"此条胡即取之而没其名，此类不可胜数，然犹曰字数少，或偶合，未必尽剽袭，亦姑置勿论。至若第三卷慎靓王五年"犹豫"注百余字，赧王①十七年"坚白同异"、"臧三耳"注二百四五十字，胡注皆同史，如此类，十余卷中已有数条，岂得云皆偶合，非剽袭乎？又若第四卷赧王三十六年乐毅与燕王书，有伍子胥盛尸鸱夷事，胡注亦与史同，考此段《通鉴》采自《史记·乐毅传》，而《史记》此处裴骃《集解》无注，史炤则采《伍子胥传》裴骃所引应劭语，又因此事见《国语》，更引彼韦昭注，且于应、韦语倒易增益之，而胡遂全取其所采用及倒易增益者，其为剽袭显然，如此类颇多，举一以见之。且胡之取史皆没其名，予所勘十余卷中，惟有十一卷汉高帝五年，田横乘传诣洛阳注一条载明炤名，然又诋其择不精、语不详，此特欲援之为呵斥地耳。更可怪者，蜀本注，胡既知其为蹈袭史炤而力言之，乃第一卷烈王五年韩严遂令人刺韩傀并弑哀侯一条下，史炤因《通鉴》于安王五年先已载聂政刺侠累事，而于此又载人刺韩傀，分而为二，《史记·年表》、《世家》亦然，《刺客传》则从《战国策》合为一事，故详辨之，约二百三四十字，胡全取之，乃诡移作蜀本注，不言出史炤，因史炤此条能剖析异同，有益考证，恐显炤之美，遂称为蜀本注。平心论之，炤诚不能无误，但首创音释，实属有功。胡自揣用力已深，其注足以传世，恨炤先有《释文》，既攘取之，又攻击之，隐善扬恶，用心私曲，却所不免，后人遂因胡之《辨误》欲废炤书，今幸尚存，而无镂板，恐终归泯灭。

通鉴胡氏音注

　　史炤②功在草创，究尚粗疏，至胡三省注，始成巨观，可云青出蓝，蓝谢青，《通鉴》之功臣，史学之渊薮矣。三省自序述其父好读史，于淳

---

① "赧王"二字原缺，但周慎靓王在位仅六年，无十七年，据《通鉴》补入。
② "史炤"，原本误作"史释"。

祐癸卯，命三省刊正诸家《通鉴》注之误。乙巳，父卒，尽瘁家蛊，又从事科举之业，而史学不敢废。宝祐丙辰，出身进士科，始得大肆其力于是书，游宦必以自随，依陆德明《经典释文》为《广注》九十七卷。咸淳庚午，从淮壖归杭都，延平廖公礼致诸家，俾雠校《通鉴》，又转荐之贾相国。德祐乙亥，从军江上，言辄不用，既而军溃，间道归乡里。丙子，浙东始骚，辟地越之新昌，师从之，以挈免，失其书，乱定反室，复购得他本为之注，始以《考异》及所注散入各文之下，讫乙酉冬，乃克辍编。按癸卯，理宗淳祐三年；乙巳，淳祐五年；丙辰，宝祐四年；庚午，度宗咸淳六年；乙亥，瀛国公德祐元年；丙子，德祐二年，即益王景炎元年；乙酉则元世祖至元二十二年也。三省之父委三省以刊正误注，其时三省年虽甚少，亦必在二十以外，或三十，自此以至元之至元乙酉，凡四十余年，其时三省约已六十外，或七十，方得成书。元袁桷《清容居士集》第三十三卷述其父洪师友为《渊源录》，言三省注《通鉴》三十年者，自宝祐丙辰始下笔，自丙辰至乙酉恰三十年也。延平廖公当为廖莹中，贾似道之幕官也。德祐元年，吕师夔以江州降元，似道帅师次芜湖，军溃，奔还扬州，事见《宋史》第四百七十四卷、明莆田柯维骐《宋史新编》第一百八十七卷及元四明陈桱《通鉴续编》第二十四卷，三省盖参似道军事。丙子，元兵顺流而下，五月，破临安，瀛国公出降，故云"浙东始骚"云云也。注成，上距临安破宋亡，恰十年。

胡注本只九十七卷，自为一书，不载本文，但摘取数字或数句释之，至乱后书亡重作，始散入，盖初意本仿史氏，后渐宏博，不欲因仍故也。自序之末称"乙酉十一月，日长至，天台胡三省身之父书于梅涧蠖居"。《渊源录》称其释《通鉴》，兵难稿三失，乙酉岁留袁氏塾，乃手钞定本，与自序合，则梅涧蠖居即袁氏塾也。《渊源录》又云："己丑，寇作，以书藏窨中得免。"按胡于注成后，又作《释文辨误》，自跋署丁亥春，则在乙酉后二年，而己丑又在其后二年，元混一天下十年矣。寇作者，土贼之窃发者也。盖胡于此书用力可谓至勤，而所历困厄亦至多，得传于后世为至难。

胡学长于地理，以阎氏若璩之卓识，亦极推之，而其余一切亦略皆贯通。似道虽奸臣，三省参其军，却于大节无害。自序云："世运推迁，文公儒师，从而凋谢，吾无从取正。或劝北学于中国，嘻，有志焉，然吾衰矣。"此未尝仕元者也。则其立身出处,亦无瑕玷,如此人,史家自当入《儒林传》,乃元修《宋史》、明修《元史》,秉笔者多浮薄文人,不重实学,皆不为立传,《浙江通志》第一百八十一卷《文苑传》但言终于朝奉郎,不详其历官本末,盖但据其《通鉴》自序,虽言所著又有《竹素稿》一百卷,想已久佚,事迹零落,不可得而详也。进士出身后游宦淮上,当是簿、尉之流,从军既以不合罢,似道不肯拔擢,故所得朝奉郎而已。《宋史》一百六十八卷:"朝奉郎,正七品。"至自署"天台身之父",《渊源录》亦云天台人,而《通志》则云宁海人,又有三省之姻友四明陈著者,撰《本堂先生文集》称三省字曰景参。

通鉴胡注陈氏举正

《举正》一卷,吴趋陈景云少章撰。少章长于稽核,所举皆确,然胡氏之学,不以小疵掩其大美。

通鉴地理通释

王应麟《通鉴地理通释》十四卷。虽题曰《通鉴》,实是泛考古今地理,不专释《通鉴》。大略亦本《通典》,要足与胡三省互参,在宋人考证书中,为有根柢者。

通鉴答问

《通鉴答问》五卷,亦王应麟撰。与《通鉴》俱刻附《玉海》后。王氏之学,主于考据,此编却纯是空议论,至西汉宣、元而止,实未成之书。

稽古录

《稽古录》二十卷,亦君实撰。起伏羲、神农,下至英宗治平四年。其书成进御,当元祐初,距《通鉴》之成甚久。朱子尝称赏之,刻之长沙。

通鉴外纪

《通鉴外纪》十卷,《目录》五卷,刘恕撰。自序述其于"治平三年,司马公受诏修《通鉴》,始蒙辟置史局。熙宁三年冬,公出守京兆,明年春,移帅颍川,固辞不行,退居洛阳。恕以褊狷,不敢居京师,请归江东养亲,公以书未成,不废刊削。恕亦遥隶局中,尝思书不及周威烈王之前,学者考古,莫知适从。欲以包牺至未命三晋为诸侯为《前纪》,本朝一祖太祖。四宗太宗、真宗、仁宗、英宗。一百八年,可请实录、国史于朝为《后纪》。将俟书成,请于公为之。熙宁九年,恕罹家祸,悲哀愤郁,遂中瘫痹,右肢既废,凡欲执笔口授,子羲仲书之。自念平生事业无一成就,史局十年,俯仰窃禄,因取诸书,编《通鉴前纪》,家贫书不具,南徽僻陋,卧病六百日,无一人语及文史,昏乱遗忘,烦简不当,远方不可得国书,绝意于《后纪》,乃更《前纪》曰《外纪》,如《国语》称《春秋外传》之义也。自周共和元年庚申,至威烈王二十二年丁丑,四百三十八年,见于《外纪》;自威烈王二十三年戊寅,至周显德六年己未,一千三百六十二年,载于《通鉴》,然后一千八百年事坦然可明。昔李弘基用心过苦,积疾而药石不继,卢升之手足挛废,著《五悲》而自沉颍水。予病眼病创,不寐不食,才名不逮二子,而疾疢艰苦过之。陶潜豫为祭文,杜牧自撰墓志。夜台甫迩,归心若飞,聊叙不能作《前》、《后纪》而为《外纪》焉。他日书成,恕不及见也”。恕自序如此,因不能作《后纪》,故并《前纪》改名《外纪》,但前言始包牺,后言始共和,今观其书,实始包牺,临终昏乱,语多参错也。《宋史》第四百四十四卷《文苑传》:“刘恕字道原,筠州人。”司马公作《外纪序》云:“道原,其先万年人。祖度,为临川令,卒官,葬高安,因家焉。”按:北宋筠州为今江西瑞州府,高安县即府治,临川县则今抚州府治,与高安亦相近。若万年县者,恕自署云京兆万年,乃今陕西西安府治,若今江西饶州府亦有万年县,则系明置,非此万年也。恕之史学,实为宋人中翘楚,今观《外纪》之为书,似无甚可取者,盖恕自治平初即助修《通鉴》,至熙宁四年,前后共六年,所修已多,是年司马公辞颍川归洛,恕亦指斥新法,忤王安石,即以此时归江东。江东即筠州,与洛相去甚远,似不能与修书事。其实《宋史》第三百三十六卷《司马光本传》光归洛后凡十五年,不与政,专务修书,而恕虽远遥隶局中,则于家中修纂,邮寄者必多,况本传又言恕归里后,又尝请诣光,留数月而归于道,得风挛疾,然则《通鉴》之出于恕手者多矣。司马《序》又云:“英宗诏光自择馆阁英才共修,光对曰:‘馆阁士诚多,至专精史学,臣惟识刘恕一人而已。’上曰:‘甚善。’即奏召共修书。

凡数年，史事之纷错难治者，则以诿之，光仰成而已。"由此观之，《通鉴》之出于恕手者多矣。恕卒于元丰元年，年止四十七，《通鉴》成，果不及见矣。所著《五代十国纪年》已不传，所传唯《外纪》，而此书不足以尽其蕴，恕之学，几不甚著于天下后世，予故特表出之。司马公《外纪序》《文集》乃作《十国纪年序》，大误。《五代十国纪年》，去"五代"二字，亦非。

通鉴纲目

《通鉴纲目》五十九卷，朱子属其门人赵师渊字几道，号讷斋，天台人。作也。自序云"表岁以首年，而因年以著统，大书以提要，而分注以备言"四语，全书体例已尽此序。孝宗乾道八年壬辰作，至宁宗嘉定十二年己卯，朱子之门人李方子与真德秀同刻于泉州。朱子卒于庆元六年，此书之行世，距朱子没已二十年矣。展转传钞，不知是原本否，且方子序有云"晚岁欲加更定，以趋详密，而力有未暇"，则此本并为朱子未定之稿。又有《凡例》一卷，则直至度宗咸淳元年乙丑，金华王柏始刻之，距朱子没又六七十年，不知果真出朱子否？假令果真，而明宪宗序又称书与《凡例》或有不同，是皆大可疑者。

陈景云曰："纲下分注之目，朱子属赵师渊成之，赵氏史学，视温公书局中二刘、范氏未知孰先孰后。且以一人独任其采节，岂能悉审？况又非身侍讲堂，随事讨论，每纂成若干卷寄呈，而朱子复书，往往云'未暇观'也，则分注未必尽经朱子之目矣。"景云此条是，所作《纲目订误》四卷，学者观之可以隅反。以师渊较二刘，判如玉石，景云犹作巽词。

王宗沐《宋元资治通鉴义例》云：宗沐书与薛应旂书同时出，而各不相知，故其书同名，惟薛省"资治"二字。"温公《通鉴》有大臣之拜除、死免或政令之新定、更革，或地方城镇之得失、移徙事，关系大而议论多者，则先提其纲，而后原其详。记事之常体不得不然，而亦使览者知其稍别于他事也。计朱子之后为《纲目》，亦不过因此起例。"王氏此论是，温公书盖未尝无提纲挈领之处，特其意惟在乎按年编次，据事直书，而不在乎立文法以为褒贬，至《纲目》方以此为事。

通鉴纪事本末

《通鉴纪事本末》四十二卷，宋建安袁枢机仲撰。《宋史》第三百八十九卷《枢传》云:"枢喜读《资治通鉴》,苦其浩博,乃区别其事,而贯通之。"赵与篑序云:"《通鉴》以编年为宗,《本末》以比事为体。编年,则虽一事而岁月辽隔;比事,则虽累载而脉络贯联。故读《通鉴》者如登高山、泛巨海,未易遽窥其津崖。得《本末》而阅之,则根干枝叶,绳绳相生,不待反复它卷而了然在目。故《本末》者,《通鉴》之户牖也。"今考此书分《通鉴》为二百三十九事,一事为一篇,颇便下学,觉《纲目》不作无害,而此书似不可无。若乃有《通鉴》,又有金履祥之《通鉴前编》,有《纲目》,又有南轩之《纲目前编》,而且有《通鉴前编》,又有沈朝阳之《前编纪事本末》,蛇足不已,则吾不欲观之矣。

通鉴节要

《通鉴节要》五十六卷,宋少微先生崇安江贽撰。贽之后人有名默者,游晦庵先生门,以此书质之先生,深加赏叹。又有名渊者,附益润色之,刻于嘉熙丁酉,有迪功郎、劭武军劭武县南尉、巡捉私茶盐矾私铸铜器兼催纲江镕序。愚谓宋人史学,提纲撮略之书自《通鉴目录》、《稽古录》外,如慈溪黄震东发《古今纪要》十九卷、豫章南宫靖一仲靖《小学史断》四卷书成于理宗端平三年。之类,亦已多矣。乃江贽先有此抄掠剽拟之作,想晦庵必不赏叹及此。江镕序云尔,恐不足信。入明,而如此辈者益夥,三家村夫子头脑冬烘,授徒多暇,无以遣日,动欲操笔削之权,纂史自娱,皆床上安床,屋下架屋也。

史　　通

《史通》二十卷,唐刘子玄知幾著。评史家得失,有精确者,有苛碎差谬者,前人论之已详,兹不复赘。知幾自序云:余历事二主,从官两京。遍居司籍之曹,久处载言之职。商榷史篇,遂盈筐箧。予体例与知幾异,而"商榷"之义亦窃取之。《文选》第二十八卷陆机《吴趋行》结句"商榷为此歌",李善注:"《广雅》曰:商,度也。许慎《淮南子》注曰:商榷,粗略也。言商度其粗略也。"《说文》卷六上《木部》:"榷,水上横木,所以度者也。"商度虽仅粗略,而初学观之,不啻涉水之得渡矣。《通鉴》第二百九十四卷云:周世宗"闲暇则召儒者读前史,商榷大义"。又司马温公《与范内翰祖禹论修通鉴体例书帖》云:"甚思与足下相见,熟共商榷。"可见商榷乃史家语，若《宋书·谢灵运传》论云："敷衽论心，商榷前藻。"《南史·庚肩吾传》：简文帝与湘东王论文书云："每欲论之，无可与晤。思与毛板误作"言"，今从王氏懋竑改。子建一共商榷。"韩昌黎、孟东野《纳凉联句》云："儒庠恣游息，圣籍饱商榷。"柳河东《谢杨尚书寄郴笔诗序》云："今更商榷，使尽其功。"则凡论文艺者皆可以"商榷"言之。又颜师古《汉书叙例》云："不耻狂简，辄用上闻。粗陈指例，式存扬榷。"扬榷，即商榷之意。

《史通·自叙》篇云：予幼读史，年十有七，窥览略周。于时将求仕进，兼习揣摩。专心诸史，我则未暇；洎乎弱冠，射策登朝。思有余闲，获遂本愿。又云："余幼喜诗赋，壮都不为。耻以文士得名，期以述者自命。"予幼攻《四书》八股文，及登第，领史职，始罢举子业，治经史，然犹兼习诗赋，四十有二归田，于今二纪有余，诗文皆辍不为，惟以考史为务，故每卷辄自题曰某述，亦窃比述者自命之意云。考《礼记·乐记》篇云："作者之谓圣，述者之谓明。"注云："述，谓训其义也。"疏云："作者，尧、舜、禹、汤是也。述者，子游、子夏是也。"此虽据礼乐为言，不据史籍，然史籍所载，礼乐居其大端，知幾不敢作史，而自居于述，意在斯乎？《论语·述而》篇："子曰：'述而不作，信而好古，窃比于我老、彭。'"又曰："盖有不知而作之者，我无是也。"夫子之圣言犹如此，后学可妄作乎？然则知幾之自命曰述，任也，非谦也。又《论语·雍也》篇云："文胜质则史。"《卫灵公》篇云："吾犹及史之阙文。"诚能有疑则阙，事必纪实，自无文胜之敝，知幾虽有踳驳，要为有意务实者，故予窃比之。

历代建元考

《历代建元考》两册，秀水钟渊映广汉辑。王氏《玉海》所载建元已备，而钟氏此编采前人辨证极详，自历代外，僭伪、异域及道经所称毕收。就予所见，其为钟所遗漏者，惟远西艾儒略《西方答问》所载意大里亚国吴尔巴诺一名而已。此书未刻，予从陈树华芳林抄得，著之以谂考古者。

纪元汇考

《纪元汇考》五卷，鄞县万斯同季野辑。尧至共和，佺经所增，已见前。商沃甲在位二十五年，而《竹书纪年》则五年；祖丁在位三十二年，而《纪年》则九年；南庚在位二十五年，而《纪年》则六年；阳甲在位七年，而《纪年》则四年；小辛在位二十一年，而《纪年》则三年；小乙在位二十八年，而《纪年》则十年；祖庚在位七年，而《纪年》则十一年。共和前本无甲子，而《纪年》晋人伪造，两者同是捕风捉影，所以不合。至周灭商之年，此云在己卯，予以《周易·乾凿度》及《国语》推之，实岁在辛未，非己卯，说详《尚书后案》。又《史记·十二诸侯年表》始于共和元年庚申，直至癸酉为共和十四年，而此则以庚申为周厉王之三十八年，直至癸酉为厉王五十一年，削去"共和"之名，此后世书生之见。

诸帝自唐以下皆称其庙号为"某祖某宗"，无庙号者方称其谥法为"某帝"，其余即宋端宗犹称庙号也。自唐以前则但称为"某帝"，已为自乱其例，而其中又有不画一者，如刘宋称"高祖"，不称"武帝"。

晋怀帝乃惠帝弟，而误作"子"。唐武后万岁通天二年九月改元神功，此漏去。中宗神龙元年误衍四字，昭宗乾宁元年误作"乾符"，五代唐愍帝误作"愍宗"，下小字"明宗养子"，误作"明帝"，元顺帝误作"顺宗"，大约多有传写之误。

补历代史表

《补历代史表》亦万斯同季野撰。十七史无表者，咸为补之。序称六十卷，而今刻止五十三，疑尚有未脱稿、未付梓者。季野生千数百年下，追考千数百年上事，胪而列之，诚为快举。此种史学，唐宋亦不多得，明人所未有也。窃谓史之无表者，固宜补矣，有有表而尤不可以不补者，季野但择其无表者补之，余则置之，不无遗恨。如唐宰相有表，而中叶以后相权分于翰林学士，当时谓之"内相"，此亦当表。禁军以宦官掌之，不但朝政尽为所挠，并废立皆出其手，则左右神策中尉亦当表。至方镇有地无人，尤属缺事，说已见前。若乃三公、三师、宰相、大将军、杂号将军、司隶、京尹总为将相大臣，刺史、牧尹、都督、节度总为方镇，不复曲别分析，惧累坠也。曹魏始有尚书、中书、侍中三省长官，以后其名递变，而五代又添崇政院使、枢密使、三司使，各因其时也。非季野之博通而妙于镕裁，不能有此。

　　熊方《后汉书年表》，季野若见之则不须重作，即有不同，著其说可矣。因未见熊书，故别自作东汉诸表，熊方惟有同姓王侯、异姓诸侯、百官三目，季野于同姓王侯与熊方略同，而异姓则分外戚、功臣、宦官为三，百官则分将相大臣与九卿为二。熊方之得失，前已论之矣。季野之分析，俱无不可，所嫌者，未见熊书也。熊氏概言将军，而季野则分骠骑大将军、建威大将军、建义大将军、征南大将军、征西大将军、强弩大将军、虎牙大将军、横野大将军、左右前后将军，建武二十七年改官制后，以大将军移入三公，又分为车骑将军、卫将军、骠骑将军，而以暂设之征西将军附入，次则度辽将军，至献帝时又有更易，一一具列之，较熊为密。若乃季野于功臣，但取云台诸臣，所附益不过马援以下中兴之著者，而熊于异姓诸侯下至建安、延康。虽熊氏独表一代，取其周备；季野通表十七史，毋庸泛列，两者义各有取。然季野别作《汉季方镇年表》，入之三国，今计汉末惟州牧、刺史为重，封侯反在所轻，季野之理较长。

　　《南齐诸王世表》高帝子首豫章王嶷，次临川王映，次长沙王晃，次武陵王晔，次安成王暠，次鄱阳王锵，次桂阳王铄，次始兴王鉴，次江夏王锋，次南平王锐，次宜都王铿，次晋熙王铣，次河东王铉，据史，铣在铄之前，铿在锋之前，铉在锐之前，三人序次皆误。又嶷之子子廉，封永新侯，而此云"未封，卒"，亦误。条件既多，自不能无小失，聊一摘之，余未暇详考。